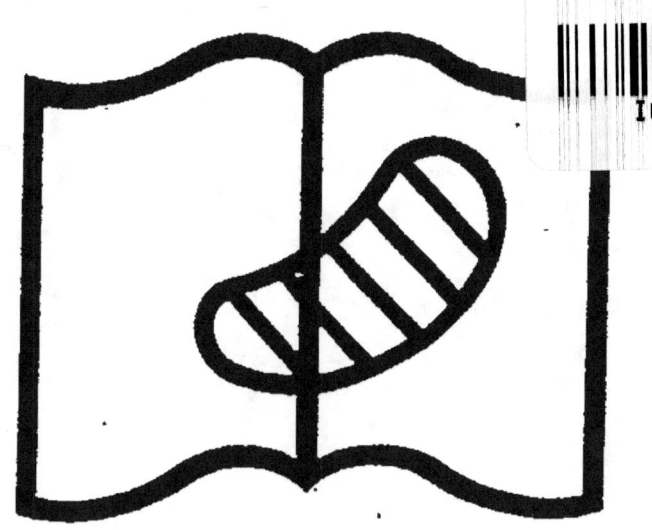

Original illisible
NF Z 43-120-10

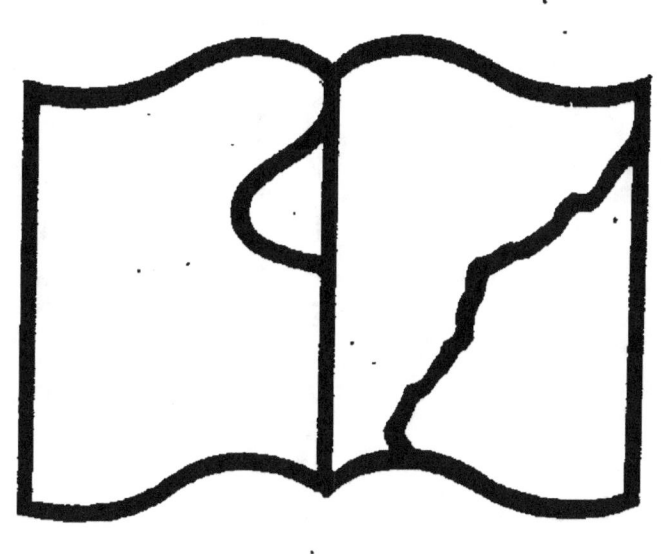

Texte détérioré — reliure défectueuse
NF Z 43-120-11

"VALABLE POUR TOUT OU PARTIE
DU DOCUMENT REPRODUIT".

L 26
61
A

VOSGES, ALSACE-LORRAINE
ARDENNES & CHAMPAGNE

ÉTABLISSEMENTS DIVERS

CLASSÉS COMME SUIT :

	Pages.		Pages.
Aillevillers	2	Luxeuil	9 10
Belfort	2	Martigny-les-Bains	10
Bourbonne-les-Bains	2	Metz	10
Châlons-sur-Marne	3	Mulhouse	10
Charleville-Mézières	3	Nancy	11
Château-Thierry	3	Plombières	12 à 15
Chatenois	4	Reims	16 17
Colmar	3	Remiremont	1
Contrexéville	5 8	Saint-Dié	17
Epernay	6 à 8	Strasbourg	18
Epinal	8	Toul	20
Gérardmer	9	Troyes	20
Gray	9	Vittel	19 20

Publicité des **GUIDES JOANNE**
Exercice 1883-1884

Type 14

AILLEVILLERS (HAUTE-SAÔNE)
PRÈS PLOMBIÈRES (VOSGES)

Véritable KIRSCH des VOSGES

J.-P. ÉTIENNE, distillateur, *vis-à-vis la gare* d'Aillevillers. — Livraisons faites en bonbonnes de 5 à 10, 15, 20 à 70 litres de kirsch véritable, expédié *franco d'emballage*, après envoi d'échantillons, en franchise, sur toute demande. — L'Hôtel-Café-Restaurant de la Gare d'Aillevillers appartient au même propriétaire.

BELFORT

HOTEL DE L'ANCIENNE POSTE

Tenu par J. MARTZLOFF, magnifique situation en face du LION, près du chemin de fer, au centre du commerce. — Confortable. — Belle position. — Café attenant à l'hôtel.

Omnibus de l'hôtel à la gare

HOTEL LAPOSTOLEST

Situation centrale, faubourg de France. — Bonne maison confortable. — Table d'hôte à midi et 7 h. du soir. — Voitures pour promenades et excursions. — Omnibus spécial de l'hôtel à la gare.
N. LAPOSTOLEST, propriétaire.

BOURBONNE-LES-BAINS (HAUTE-MARNE)

GRAND HOTEL DES BAINS

LE SEUL SITUÉ PRÈS DES ÉTABLISSEMENTS THERMAUX
LACORDAIRE-LOGEROT, propriétaire

Établissement de premier ordre, spécialement destiné aux baigneurs et aux familles. — Chambres confortables, grands et petits appartements pour familles. — Villa. — Vastes jardins ombreux. — Salons de conversation, musique, lecture. — Terrasse, salle à manger de 200 couverts. — Salles particulières. — Table d'hôte et services à la carte. — Grands vins de tous crûs. — Boîte aux lettres et téléphones. — Omnibus à tous les trains. — Prix modérés.

FIRST CLASS HOTEL

Handsome apartments. — Apartments for families. — Saloons. — Table d'hôte. — Private service. — Wines of first-rate quality.

Omnibus to and from the trains.

CHALONS-SUR-MARNE

HOTEL DU RENARD

GUIF-CHOLET, propriétaire. — Bonne cuisine et bonnes chambres. — Au centre de la ville — Omnibus à tous les trains.

HOTEL DE LA HAUTE MÈRE-DIEU

Bien situé au centre de la ville et du commerce. — Grand confortable et soins de propreté. — Cuisine et cave renommées. — Table d'hôte à 10 h. 1/2 et à 6 h.; service à la carte; salons particuliers. — **Poste et Télégraphe** en face l'entrée sur la rue Lochet. — *Omnibus aux gares de l'Est et d'Orléans.* — English spoken.

MEUNIER-CORDIER, Propriétaire.

CHARLEVILLE-MÉZIÈRES (Ardennes)

MOYSES-GOUGE, propriétaire.

HOTEL DU LION D'ARGENT

Maison de premier ordre, située près de la gare entre Charleville et Mézières. — Confortable et soins réunis. — Appartements pour familles. — *Omnibus à tous les trains.* — Voitures à volonté.

CHÂTEAU-THIERRY (Aisne)

ÉTABLISSEMENT HYDROTHÉRAPIQUE

Maison charmante et très confortable pour les convalescents et les vieillards. — Vie de famille. — Prix très modérés. — Traitement en toute saison des maladies chroniques, paralysies, rhumatismes, diabète, goutte, affections du foie, de l'estomac, maladies des femmes. — Docteur **PETIT**, Directeur.

COLMAR (Alsace)

HOTEL DES DEUX-CLEFS
(ZWEI SCHLÜSSEL)

Hôtel de premier rang, nouvellement restauré. — Excellente table d'hôte. Restaurant à la carte. — Appartements très confortables. — Prix modérés. — Bains et Douches à l'hôtel. — *Omnibus à tous les trains.* — **MATHIEU MURBACH**, propriétaire.

CHATENOIS

KESTENHOLZ (ALSACE).

Ligne de Schlestadt à Sainte-Marie-aux-Mines

5 FRANCS PAR JOUR

ÉTABLISSEMENT THERMAL et HYDROTHÉRAPIQUE de premier ordre. — 120 chambres ; 900 mètres carrés de promenoirs couverts. — **CASINO, THÉATRE**, Gaz, Poste, Télégraphe. — Promenades faciles, variées et bien ombragées, entre autres à six ruines grandioses, particulièrement le Hohkoenigsbourg. — Cure d'air et magnifique séjour d'été. — **PENSION** (3 repas), eau minérale, chambre et service, par semaine : **35 FRANCS**.

Les **Eaux thermales** de Chatenois (ALSACE), sont **salines iodo-bromo-fluorées, ferrugineuses** et **arsénicales** ; elles sont surtout **reconstituantes** quoique **laxatives**.

Les sommités médicales, les professeurs et membres de l'Académie de médecine : MM. OSSAN HENRY, PERSOZ, NICKLÈS, TOURDES, STOLZ, etc., les recommandent d'une manière toute spéciale dans la **Chloro-anémie**, les maladies de l'**Estomac**, des **Voies urinaires**, la **Sciatique**, le **Rhumatisme**, la **Goutte** et les **Affections chroniques**, organiques et nerveuses.

J.-B. PETITDEMANGE, propriétaire.

EAU MINÉRALE
DE
CONTREXÉVILLE
(Vosges)
SOURCE DU
PAVILLON

SEULE DÉCRÉTÉE D'INTÉRÊT PUBLIQUE

Employée avec succès depuis plus d'un siècle

Contre la Goutte, la Gravelle,
les Coliques néphrétiques et hépatiques, le Catarrhe
vésical et toutes les maladies des voies urinaires

ÉTABLISSEMENT OUVERT DU 20 MAI AU 15 SEPTEMBRE

BAINS, DOUCHES, HYDROTHÉRAPIE

CASINO, THÉÂTRE, JEUX
Vastes et confortables Salons de lecture et de jeux

MUSIQUE DANS LE PARC
Tous les jours, matin et soir

TÉLÉGRAPHIE, BUREAU DE POSTE

Nombreux Hôtels et Maisons meublées à des prix très modérés.

EXPÉDITION DES EAUX DANS LE MONDE ENTIER

DÉPOT CENTRAL
A Paris, 34, boulevard des Italiens.

Tous les chemins de fer conduisent à Contrexéville.

ÉPERNAY (Marne)

Compagnie des Grands Vins
DE
CHAMPAGNE
Union de Propriétaires fondée en 1858

E. MERCIER & Cie
AU CHATEAU DE PÉKIN
PRÈS ÉPERNAY

Immenses Caves très curieuses à visiter, les plus grandes de la Champagne :

(15 KILOMÈTRES DE LONGUEUR)

DEMANDER LA MARQUE
E. MERCIER & Cie
(Médailles à toutes les Expositions.)

Par suite d'un traité passé avec MM. MERCIER ET Cie, tout porteur du **Guide des Vosges**, passant à Épernay, aura le droit de visiter les Caves de la Maison MERCIER ET Cie
Une des curiosités de la ville.

Station thermale de CONTREXÉVILLE (Vosges)

HOTEL DE LA PROVIDENCE

Splendide situation près l'Établissement et la gare. — De premier ordre. — 120 chambres très confortables. — Salons. — Vaste jardin. — Excellente direction.

G^D HOTEL DES XII APOTRES
Tenu par A. BLAISOT

Bien situé en face de l'Établissement des Sources et Bains. — 60 chambres meublées; Salon; Piano. — *Chalet dépendant de l'hôtel*. — Café. — Billard. — Voitures pour promenades. — Table d'hôte : 10 h. et 5 h. 1|2. — **Prix très modérés.**

HOTEL HARMAND
EN FACE DE L'ENTRÉE DES SOURCES

70 chambres confortables. — **Table d'hôte.** — Diners à la carte et Service à toute heure. — Salon. — Voiture à la gare. **Prix modérés.**

ÉPERNAY

HOTEL DE L'EUROPE

BASINET et GOUDOT, successeurs de DOMBIOS-PETIT

Bien situé au centre de la ville. — Confortable et soins. — Omnibus à la gare.

ÉPINAL (VOSGES)

HOTEL DU LOUVRE
V. TAILLARD, propriétaire.

Bonne maison bien située au centre de la ville, sur les quais de la Moselle. — **Jolie vue.** — Recommandée aux touristes et aux familles. — Nouvellement agrandie et remise à neuf. — Salons de famille. — Confortable et soins. — *Omnibus de l'hôtel à tous les trains.*

GÉRARDMER (Vosges)

ÉTABLISSEMENT HYDROTHÉRAPIQUE

OUVERT DU 1ᵉʳ MAI AU 1ᵉʳ OCTOBRE

Directeur : M. le docteur GREUELL, membre correspondant de la Société d'hydrologie médicale de Paris et de la Société de médecine de Nancy.

L'Établissement est situé dans le Jardin même de l'Hôtel de la Poste, à proximité du Lac et de l'Avenue du Casino.

HOTEL DE LA POSTE

Hôtel de famille. — 100 Chambres et Salons. — Vue sur le lac. — Salons de récréation, de lecture. — Fumoir. — Billard. — Vaste jardin d'agrément, avec Établissement hydrothérapique attenant à l'hôtel. — PRIX MODÉRÉS.

REITERHART, propriétaire.

HOTEL DES VOSGES

BERQUAND, E. LEVAXELAIRE, successeur, propriétaire.

Nouvellement agrandi et restauré. — Omnibus à tous les trains. — Maison de famille offrant un bon confortable, recommandée par sa propreté, ses bons lits, son excellente cuisine et ses prix modérés. — On y trouve des chevaux et des voitures pour promenades et excursions.

GRAY (Haute-Saône)

HOTEL DE LA VILLE-DE-LYON

ROUSSET-FOREST, propriétaire.

Au centre des affaires. — Recommandé à MM. les voyageurs par sa situation et son confortable. — Omnibus de l'hôtel à tous les trains.

LUXEUIL-LES-BAINS (Haute-Saone)

GRANDS HOTELS DES THERMES

A DIX MÈTRES DE L'ÉTABLISSEMENT THERMAL

Tenus par CH. MARCHAND, propriétaire.

Établissements de premier ordre. — Bon confortable. — Chambre et pension comprises depuis 7 francs par jour. — Grands et petits appartements pour familles. — Prix modérés. — 200 chambres. — Grands salons de jeux et de conversation. — Billard. — Vaste terrasse avec vue splendide. — Magnifique salle à manger. — Salles particulières.

Cet Établissement possède une vaste annexe spécialement installée pour familles. Y jouit d'une parfaite tranquillité. — Grands jardins d'agrément.

Omnibus de l'hôtel à tous les trains. — Remises et écuries.

LUXEUIL-LES-BAINS (SUITE)
Gᴅ HOTEL DU CHALET BEAUREGARD

AVENUE DES BAINS. — Situation recommandée par les médecins, près de l'Établissement thermal. — *Vue splendide.* — Parc et bosquets. — Grands et petits appartements. — Table d'hôte. — *Prix modérés.* — Omnibus à tous les trains. — **V. PHILIPPON**, propriétaire.

ÉTABLISSEMENT HYDRO-MINÉRAL DE
MARTIGNY-LES-BAINS
(VOSGES)
(Lignes de Dijon-Langres à Nancy)

Eaux alcalines, lithinées, ferrugineuses, magnésiennes. — Station thermale de 1ᵉʳ ordre. — En face de la Gare. — Installation balnéaire et hydrothérapique. — Beaux hôtels. — Casino. — Salles de concerts et de théâtre. — Salons de jeux et de lecture. — *Parc de 8 hectares avec villas et lac.* — Expéditions d'eau par caisses de 25 et de 50 bouteilles. — Établissement complètement restauré, ouvert le 1ᵉʳ mai 1883, et géré par ses nouveaux propriétaires : **MM. J. KIEFFER**, de Langres, et **A. CHAPIER**, de Neufchâteau.

METZ

GRAND HOTEL DE METZ
DE PREMIER ORDRE
Recommandé. — Prix modérés
TABLE D'HOTE à 11 heures, à 1 heure et à 6 heures.
ENGELMANN, Propriétaire.

HOTEL DE FRANCE
Place de Chambre, 25, au centre de la ville.
BÉCHET ET VAUTRAIN
Cuisine bourgeoise. — Table d'hôte à 3 fr., bon vin de pays compris. — Propreté et soins. — Chambres des plus confortables. — Recommandé aux personnes qui voyagent. — Omnibus à la gare.

MULHOUSE (ALSACE)
HOTEL CENTRAL
(Ancien hôtel ROMANN)

Établissement de premier ordre pour le commerce et les familles. — Maison entièrement remise à neuf. — Bains. — Grand café, fumoir et billards. — A proximité de la Bourse, de la Poste et du Télégraphe. — Le Téléphone relie l'hôtel avec les comptoirs des Industriels de la ville et des environs.

N. B. — *Meilleure station de halte entre la Suisse, la France, la Belgique et la Hollande.*— **E. GRAEUB**, Ci-devant au Buffet de Strasbourg.

NANCY

BUFFET DE LA GARE
Tenu par CLÉRIN frères.

Un des mieux installés de la ligne de l'Est. — Consommations de 1er choix. — Déjeuners à 3 fr. 50. — Dîners à 4 fr. et repas à la carte à toute heure. — Grand assortiment de vins fins et liqueurs. — Seul dépôt des célèbres macarons des Sœurs de Nancy.
Service actif et soigné.

RESTAURANT ANGLAIS
Place Stanislas.

Établissement de premier ordre entièrement nouveau et luxueusement installé. — Confortable et soins. — Salons particuliers. — Cave et cuisine recommandées. — Grand choix de vins fins, aux caves du boulevard Saint-Jean.

GRAND HOTEL DE FRANCE
CLAVIER, BESITZER

GASTHOF PREMIER RANGES. — Franzoesische und auslaendische Küche. — Der groesste und bequemste Gasthof der Stadt. — FAMILIEN und FREMDEN besonders empfehlenswerth. — In Verbindung stehende Zimmer und Salons. Conversations- und Lese-Saele. — Rauch- und Badezimmer. — Wagen für Austfuge.

CLAVIER, PROPRIETOR

FIRST-CLASS HOTEL. — French and foreign cooking. — The largest and most confortable in the town. — Especially recommanded to FAMILIES and ETRANGERS. — Salon and apartments communicating one with another. — Reading-conversation-smoking and bath rooms. — Carriages for excursions.

CLAVIER, PROPRIÉTAIRE

ÉTABLISSEMENT DE PREMIER ORDRE. — Cuisine française et étrangère, le plus grand et le plus confortable de la ville. Spécialement recommandable aux FAMILLES et ÉTRANGERS. — Salons et appartements communiquant. Salon de lecture et de conversation, fumoirs et salles de bains. — Service de voitures pour excursions.

HOTEL et RESTAURANT
DU ROCHER-DE-CANCALE
11, rue des Carmes, à l'angle de la rue Dom Calmet.
G. KANDEL, propriétaire

Déjeuners et dîners à prix fixe et à la carte. — Salons de société.

PLOMBIÈRES

(VOSGES)

ÉTABLISSEMENT THERMAL

OUVERT DU 15 MAI AU 1er OCTOBRE

Traitement des maladies du tube digestif (Dyspepsie, Gastralgie, Entéralgie, Troubles intestinaux, Diarrhée chronique, etc.), de la Goutte et des affections rhumatismales (Rhumatisme musculaire, articulaire, sciatique, névralgique et viscéral).

Traitement des maladies des femmes (Nervosisme, Métrite, Névralgies utérines, troubles de la menstruation, stérilité).

Douches chaudes, froides, écossaises, massage sous la douche, hydrothérapie.

ÉTUVES ROMAINES, sans rivales (source du Robinet 73° c.) avec lits de repos, salle de massage, etc.

Action puissante contre la goutte, le rhumatisme et les névralgies.

CASINO, THÉATRE, trois représentations par semaine. — Salle des fêtes, Salons de jeu, de conversation pour les dames; billards, etc. — Parc, pêche, tir au pistolet, à la carabine, promenades en voitures, à ânes. — Concerts le soir sur la promenade.

Grands hôtels. — Pensions et Maisons particulières. — Expédition des Eaux pour boisson, des Bains concentrés pour usage à domicile et des Pastilles digestives de Plombières.

Dépot principal a Paris : *Maison ADAM, 31, boulevard des Italiens, où l'on trouvera tous les renseignements utiles pour se rendre à Plombières.*

On se rend de Paris à Plombières par la ligne de Belfort en neuf heures, trajet direct sans transbordement. — La Compagnie de l'Est met à la disposition des voyageurs des coupés-lits, wagons-salons à prix modérés.

PLOMBIÈRES-LES-BAINS
(Vosges)

HÔTEL DE L'OURS

Cet établissement, le plus ancien de la localité, se recommande à MM. les baigneurs, les touristes et les voyageurs par son excellente réputation.

Bonne table d'hôte, appartements pour familles confortablement meublés. — Beau et vaste parc, propriété privée, dépendance de l'hôtel. — GIRARD-REIBER, propriétaire

HÔTEL DU LION D'OR

Propriétaire : Madame Vᵉ VIAL

Cet hôtel, spécialement fréquenté par MM. les voyageurs de commerce, se recommande à MM. les baigneurs et touristes par le confortable de sa table d'hôte et de ses chambres. — Prix modérés. — Omnibus à tous les trains et service à domicile.

GRAND HÔTEL STANISLAS

Maison de famille, dans une position splendide à proximité de *la Petite promenade et du Casino*, et non loin des *Thermes et du Parc*. — Appartements confortables. — Table d'hôte et service particulier. — Omnibus à tous les trains.

HAUMONTÉ et DESCHASEAUX, propriétaires.

HÔTEL DE LA TÊTE-D'OR

DUVAL-BAUDOIN

AU CENTRE DE LA VILLE, PRÈS DES BAINS

Voitures pour promenades. — *Omnibus de l'hôtel à tous les trains.*

GRAND HÔTEL DE LA PAIX

C. DESCHASEAUX, propriétaire.

Vue magnifique sur la campagne. — Jardin, terrasse à proximité des Thermes. — Grands et petits appartements pour familles. — Musique tous les jours, de 3 h. 1/2 à 5 h. — Table d'hôte. — Prix modérés.

PLOMBIÈRES (Suite)

MAISON Vᵛᵉ HAUMONTÉ
5, RUE DE LA PRÉFECTURE, 5
Près des Bains et des Étuves

Grands et petits appartements. — Table d'hôte. — Salon.
PRIX MODÉRÉS.

MAISON LUCIEN HÉRISÉ
RUE STANISLAS, 20, AU COIN DES ARCADES

Située au centre des Établissements thermaux et à proximité des Étuves romaines.

Grands et petits appartements pour familles. — Table d'hôte.
Service particulier et dîners en ville.
PRIX MODÉRÉS.

MAISON ANDRÉ WERLHÉ
A proximité des Établissements thermaux.

Grands et petits appartements pour familles. — Table d'hôte. — Service particulier dans les chambres et en ville. — Vue magnifique dominant la ville et la vallée.
Maison recommandée à MM. les baigneurs pour sa bonne tenue et son excellente table d'hôte.

MAISON RÉSAL-CORNUOT
RUE STANISLAS, 10
Au centre des Établissements et près des Étuves romaines.
Grands et petits appartements pour familles. — Table d'hôte — Salon de réunion.

MAISON RÉSAL-DUROCH
RUE STANISLAS, 28
En face le Bain romain et à proximité de tous les autres Établissements.
Appartements séparés et pour familles. — Table d'hôte. — Service particulier. — Salon.

PLOMBIÈRES (Suite)

MAISON AUGUSTIN PARISOT
37, Rue Stanislas, 37

Au centre des Étuves et des Bains, Romain, Tempéré, National et des Dames. — Appartements pour familles. — Table d'hôte. — Service particulier. — Prix modérés.

MAISON LAPLACE
RUE DE L'ÉGLISE, 7 et 9

A proximité des Bains et contiguë au Bain des Dames

Cette maison se recommande à MM. les baigneurs par son excellente table d'hôte.

MAISON JULES HÉRISÉ
AU CENTRE DE LA VILLE
En face des Étuves

Appartements confortables. — Lits de repos et de massage

FABRIQUE DE COUTELLERIE FINE
EDME COLAS
Rue Stanislas, en face le Bain romain.

Grands appartements meublés à louer avec ou sans cuisine.

PLOMBIÈRES

Imprimerie et Librairie **SOYARD**, rue de l'Église, 3

ABONNEMENT A LA LECTURE — LISTE DES ÉTRANGERS

Collections Hachette, Hetzel, Lévy, etc.

GUIDES JOANNE

Agence pour grands et petits appartements avec cuisine, pour familles.

REIMS (Marne)

BISCUITS DE REIMS

BISCUITS

MASSEPAINS

NONNETTES

—

FOSSIER

PAINS

D'ÉPICES

PAVÉS

—

FOSSIER

Succursale à Paris, rue des Bourdonnais, 39. — *Éviter les contrefaçons.*

HOTEL DE LA MAISON ROUGE

HEINRICH-BRION.

Place de la Cathédrale

OMNIBUS DE L'HOTEL A LA GARE

REMIREMONT (Vosges)

HOTEL DE LA POSTE

Tenu par IZELIN et DENIZOT

Maison de famille très confortable. — Soins et service parfaits. — Omnibus de l'hôtel à la gare. — Bureau de la voiture pour Plombières, partant trois fois par jour de l'hôtel.

HOTEL DU CHEVAL-DE-BRONZE

Tenu par AUGUSTE FLEURY

Successeur de Mme Vve DROUHIN

Maison recommandable. — Table d'hôte et service spécial. Omnibus à tous les trains. — Voitures à volonté.

SAINT-DIÉ (Vosges)

HOTEL DU COMMERCE

Rue Grande. — Tenu par Ch. DUBACH.

Des mieux fréquentés. — Bon et recommandable aux touristes et aux familles. — *Prix modérés.* — Omnibus de l'hôtel à tous les trains.

STRASBOURG (Alsace)

BUFFET DE LA GARE

E. FEYPEL, Restaurateur

Service très confortable. — Terrines de foies gras pour l'exportation. — Prix modérés.

HOTEL DE LA MAISON-ROUGE

22, PLACE KLÉBER, 22

A. GOEBEL, propriétaire

Dans la meilleure position, près du Chemin de fer, de la Cathédrale et du Théâtre

Hôtel jouissant d'une ancienne et bonne renommée, Cuisine excellente et bon vin

OMNIBUS AU CHEMIN DE FER.

HOTEL D'ANGLETERRE

Quai de Paris

Vis-à-vis de la Gare et près du Télégraphe

Maison de 1er ordre offrant tout le confortable désirable.

MATHIS, propriétaire.

HOTEL DE L'ESPRIT

Vis-à-vis de la Gare de Départ, près du centre de la Ville

Bonne maison. — Confort et soins réunis

OTT, propriétaire.

Station Thermale de VITTEL (Vosges).

SOCIÉTÉ ANONYME AU CAPITAL DE 1,700,000 FRANCS.

ÉTABLISSEMENT OUVERT DU 25 MAI AU 1er OCTOBRE.
Grand Hôtel de l'Établissement. — Théâtre. — Tir aux pigeons. — Bals. — Concerts. — Jeux de toutes sortes.

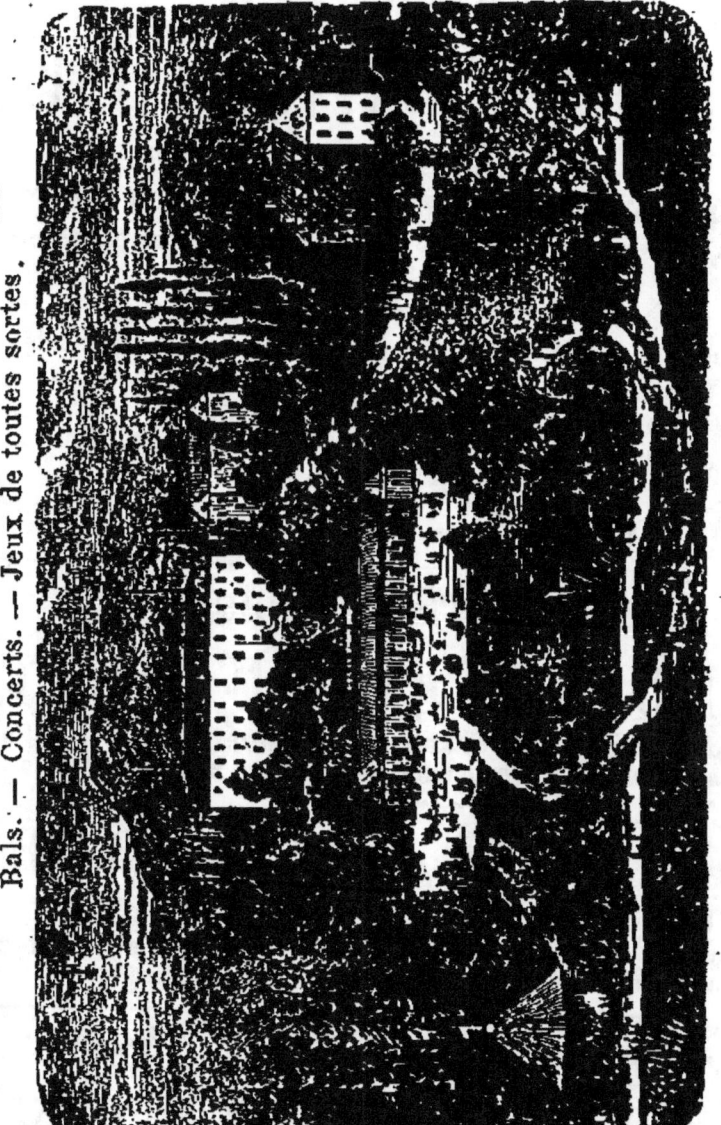

Vue de l'Établissement et du Grand Hôtel, à Vittel.
Desservi par la station de Vittel (ligne de Mirecourt à Chalindrey.)

GRANDE SOURCE
(DIURÉTIQUE)
Goutte. — Gravelle. — Dyspepsie. — Maladie des voies urinaires.

SOURCE SALÉE (purgative)
SOURCE MARIE (laxative)
Coliques hépatiques. — Constipation. — Engorgement du foie.

TOUL

Nous engageons MM. les Voyageurs et les Touristes à visiter la
MANUFACTURE
DE
FAÏENCE ARTISTIQUE
DITE DE BELLEVUE
SITUÉE PRÈS DE LA GARE DU CHEMIN DE FER

Jardinières, Cachepots, Vases de Jardin en émail uni et en décoration de tout style.

Peinture au grand feu

Suspensions, articles en biscuit. Statuettes d'après les moules de Cyfflé

JULES AUBRY
Directeur propriétaire
EXPOSITION PERMANENTE

TROYES (AUBE)
GRAND HOTEL DU MULET

Nouvellement agrandi et restauré, 70 chambres et salons. — Se recommandé aux familles et voyageurs. — Omnibus à tous les trains.

HOTEL DU COMMERCE
DEROZE-ARNOULT, propriétaire.

Au centre de la ville et des affaires. — Se recommande par son confortable et ses soins. — Omnibus de l'hôtel à tous les trains.

Station thermale de VITTEL (Vosges)
HOTEL DE LORRAINE

Maison très recommandable. — Déjeuners et dîners à toute heure et à la carte. — Chambres, Appartements et salons de familles.

MM. les Touristes et Buveurs y trouveront tout le confortable nécessaire à des prix modérés. — Voitures à volonté. — Café à l'hôtel. — Omnibus à tous les trains. — Tenu par BOUILLOT. — Prévenir par télégrammes : BOUILLOT, VITTEL.

VOSGES
ALSACE ET ARDENNES

A LA MÊME LIBRAIRIE

GUIDES FORMAT IN-16

Guide du Voyageur en France, par RICHARD,
8 plans et 2 cartes . . . . 12 fr. »

Les Bains d'Europe, par AD. JOANNE et le
docteur A. LE PILEUR, 1 carte . . . . 12 fr. »

GUIDES DIAMANT

Eaux minérales des Vosges (Vittel, Contrexéville, Plombières, Luxeuil, Bourbonne, etc.),
par AMBROISE BOULOUMIÉ, 6 gravures, 1 carte 3 fr. »

France, par P. JOANNE, 2 cartes . . . . . . 6 fr. 50

Allemagne méridionale, par P. JOANNE,
6 cartes et 11 plans . . . . 3 fr. »

Belgique, par P. JOANNE, 2 cartes et 8 plans. . 4 fr. »

8026. — Imp. A. Lahure, rue de Fleurus, 9, Paris.

COLLECTION DES GUIDES JOANNE

— GUIDES DIAMANT —

VOSGES
ALSACE ET ARDENNES

PAR

PAUL JOANNE

7 CARTES ET 3 PLANS

PARIS
LIBRAIRIE HACHETTE ET Cie
79, BOULEVARD SAINT-GERMAIN, 79

1883

Tous droits réservés.

Toutes les mentions et recommandations contenues dans le texte des Guides Joanne sont entièrement gratuites.

TABLE MÉTHODIQUE.

	Pages.
Table méthodique.	v
Routes.	v
Cartes et plans.	xii
Préface.	xiii

Conseils aux voyageurs, xv. — Plan de voyage, modèles d'itinéraires, xv. — Établissements d'eaux minérales, xxiii. — Moyens de transport (chemins de fer de l'Est; chemins de fer d'Alsace-Lorraine), xxiii. — Poste et télégraphe, xxviii. — Monnaie, xxviii. — Budget de voyage, costume et bagage, passe-port, xxix. — Cartes. xxx

Abréviations. xxxi
Avis aux touristes. xxxii

ROUTES.

1. De Paris à Strasbourg, par Nancy et Avricourt.	1
De Paris à Nancy.	1
Nancy.	11
De Nancy à Strasbourg.	21
Saverne.	25
Excursions : Châteaux du Haut-Barr, du Grand et du Petit-Géroldseck, 26; — Château de Greifenstein et chapelle Saint-Vit, 27; — Rocher du Saut-du-Prince-Charles, côte de Saverne, le Schlittenbach, 28; — Saint-Jean-des-Choux et chapelle Saint-Michel, 28; — le Craufthal, la Petite-Pierre et Neuwiller, 29; — Vallée de la Zorn, montagne et chapelle de Dabo.	31
Strasbourg.	32
Excursion à Kehl.	47

TABLE MÉTHODIQUE.

2. De Paris à Bâle.................................... 48
   A. Par Vesoul, Belfort et Mulhouse............. 48
      De Paris à Mulhouse........................ 48
         Belfort................................. 57
         Excursions............................. 60
         Mulhouse............................... 61
         Environs............................... 64
      De Mulhouse à Bâle......................... 64
   B. Par Vesoul, Belfort et Delle................ 65
3. De Paris à Bourbonne-les-Bains, par Vitrey...... 65
      Bourbonne-les-Bains........................ 65
      Excursions................................. 67
4. De Paris à Luxeuil............................... 68
   A. Par Port-d'Atelier et Aillevillers........... 68
   B. Par Nancy, Blainville, Épinal et Aillevillers.. 68
   C. Par Nançois-le-Petit, Neufchâteau, Mirecourt, Épinal et Aillevillers........................ 69
      De Paris à Neufchâteau..................... 69
      De Neufchâteau à Épinal.................... 70
      D'Épinal à Luxeuil.......................... 71
         Luxeuil................................ 71
         Promenades et excursions, 74. — De Luxeuil à Saint-Maurice, par Faucogney............ 74
5. De Paris à Plombières............................ 75
   A. Par Port-d'Atelier et Aillevillers........... 75
   B. Par Nancy, Blainville, Épinal et Aillevillers.. 75
   C. Par Nançois-le-Petit, Neufchâteau, Mirecourt, Épinal et Aillevillers........................ 76
      Plombières................................. 76
      Promenades et excursions................... 79
6. De Paris à Bains................................. 82
   A. Par Port-d'Atelier et Aillevillers........... 82
   B. Par Nancy, Blainville et Épinal............. 82
   C. Par Nançois-le-Petit, Neufchâteau, Mirecourt et Épinal....................................... 82
      Bains...................................... 83
      Excursions................................. 84
7. De Paris à Contrexéville et à Vittel............. 85
   A. Par Langres et Andilly....................... 85
   B. Par Langres et Chalindrey................... 85

C. Par Blesmes, Bologne, Neufchâteau et Mirecourt. 86
 De Paris à Mirecourt. 86
 De Mirecourt à Contrexéville. 87
  Vittel. 87
  Excursions. 88
  Contrexéville. 88
  Excursions. 89
8. De Nancy à Chaumont, par Pagny-sur-Meuse, Neufchâteau et Bologne. 90
9. De Nancy à Langres. 91
 A. Par Mirecourt et Andilly. 91
 B. Par Mirecourt et Chalindrey. 92
10. De Nancy à Vesoul. 92
 A. Par Épinal, Aillevillers et Port-d'Atelier. 92
  De Nancy à Épinal. 92
  Épinal. 95
  D'Épinal à Vesoul. 95
 B. Par Lure. 96
11. De Nancy à Rambervillers. 96
12. De Nancy à Saint-Dié, par Épinal. 97
13. De Paris à Épinal. 97
14. D'Épinal à Remiremont. 97
 Remiremont. 98
  Le Saint-Mont, 100. — Pont des Fées, 100. — Cascade de Miraumont, montagne de Fossard, Pierre Kerlinkin, fontaine Sainte-Sabine, roche du Thym, 101. — Saut de la Cuve ou cascade de Saint-Amé, 101. — Vallée d'Hérival, 101. — Cascade du Géhard, Pierre du Tonnerre. 102
15. De Remiremont à Plombières. 103
16. De Remiremont à Luxeuil, par le Val-d'Ajol. 103
17. De Remiremont à Belfort, par le Ballon d'Alsace. 104
18. De Remiremont à Wesserling, par Saint-Maurice. 104
 De Remiremont à Saint-Maurice. 105
  Le Ballon d'Alsace, 106. — Le Ballon de Servance, 107. — Vallée des Charbonniers, Rouge-Gazon, les Neufs-Bois, le Séchenat, 108. — Lac de Perche, le Gresson, col des Charbonniers, le Rundkopf. 109
 De Saint-Maurice à Wesserling. 110

19. De Remiremont à la Bresse, par Cornimont. 112
20. De Remiremont à Saint-Dié, par Gérardmer. 114
        De Remiremont à Gérardmer. 114
        A. Par Vagney et Rochesson. 114
        B. Par le Tholy. 116
        De Gérardmer à Saint-Dié. 117
21. D'Épinal à Gérardmer, par Granges. 117
        Gérardmer et ses environs. 117
        Gérardmer. 119
        Excursions. 120
            Le Biazot, les Goutte-Ridos, 122. — Le Phény, la Charme, vallée de Ramberchamp, écho Saint-Antoine, le Grand-Étang, la Vierge de la Creuse, 123. — Le Sapin-Géant, l'école du Beillard, le Cresson, 124. — La Haie-Griselle, le Grand-Kerné, glacière du Kertoff, Beau de Pierre, Kichompré, Basse de l'Ours, 124. — Pierre de Charlemagne, Saut des Cuves, lacs de Longemer, de Retournemer et de Lispach, Roche du Diable, col de la Schlucht, le Hoheneck 125
22. De Gérardmer à la Bresse. 130
23. De Gérardmer à Colmar, par la Schlucht et Munster. 130
24. De la Bresse à Wesserling, par Wildenstein. 131
25. De Paris à Saint-Dié. 132
        A. Par Nancy et Lunéville. 132
        De Paris à Lunéville. 132
        De Lunéville à Saint-Dié. 132
        B. Par Nançois-le-Petit et Épinal. 134
        Saint-Dié. 134
        Excursions : Taintrux et la montagne de Kemberg, 136 ; — Château de Spitzemberg, 137 ; — Moyenmoutier et Senones, par Étival. . . 137
26. De Saint-Dié à Colmar, par Fraize et la Poutroye. . . . 130
27. De Saint-Dié à Schlestadt, par Sainte-Marie-aux-Mines. 139
28. De Saint-Dié à Strasbourg, par Rothau. 148
        Le Donon 142
        Niederhaslach, Oberhaslach, cascade et château du Nideck. 144
        Château de Guirbaden. 145
29. De Raon-l'Étape à Schirmeck, par la vallée de Celles. . 146

TABLE MÉTHODIQUE.

30. De Belfort à Guebwiller, par Cernay.................... 147
31. De Bâle à Strasbourg, par Mulhouse et Colmar........... 148
 De Bâle à Colmar................................. 148
  Soultzmatt....................................... 149
  Colmar... 150
  Excursions : La Baroche, le Hohnack, 154; — Kaysersberg, Orbey, lacs Blanc, Noir et de Daren. 155
 De Colmar à Strasbourg........................... 161
  Ribeauvillé...................................... 161
  Châteaux de Saint-Ulrich, du Girsberg et du Hohrappolstein, 163. — Tannenkirch, le Tænnichel et le Mur Payen, 164. — Notre-Dame de Dusenbach, 165. — Aubure, Riquewihr, 165. — Guémar................................... 167
  Schlestadt....................................... 167
  Le Hohkœnigsbourg............................... 168
  Ebermunster, 170. — Château de Bernstein.. 170
32. De Mulhouse à Mülheim................................ 172
33. De Mulhouse à Sentheim et à Wesserling............... 172
34. De Mulhouse à Guebwiller, par Bollwiller............... 177
  Soultz... 177
  Ballon de Guebwiller, par Jungholtz et Rimbach, 177. — Montagne d'Hartmannswiller, châteaux du Herrenfluch et du Hirtzenstein. 178
  Guebwiller....................................... 178
  Bühl, Murbach, Ballon de Guebwiller........... 180
35. De Colmar à Neuf-Brisach............................. 183
36. De Colmar à Munster.................................. 184
  Turckheim....................................... 185
  Notre-Dame des Trois-Épis, 185. — Château de Hohlandsperg, 186. — Tour de Pflixbourg, 187. — Soultzbach, châteaux de Wasserbourg, de Hattstatt et de Schrankenfels, le Kahlenwasen... 188
  Munster.. 190
  Excursions....................................... 191
37. De Schlestadt à Sainte-Marie-aux-Mines, par Châtenois. 192
  Châtenois.. 195
  Château de Kintzheim, 195. — Châteaux de Ramstein et d'Ortenberg......................... 195
38. De Sainte-Marie-aux-Mines à Ribeauvillé.............. 198
39. De Schlestadt à Schirmeck, par Villé et Bruche........ 198

TABLE MÉTHODIQUE.

40. De Schlestadt à Saverne, par Barr et Molsheim. 199
 . . De Schlestadt à Barr. 199
 . . . Barr. 200
 . . . Sainte-Odile, 200 : *A.* Par le chemin du Vogesen-Club, 200 ; *B.* Par Mœnchalb, 200 ; *C.* Par Truttenhausen, 201 ; *D.* Par le château de Landsperg et le Mænnelstein ou le Mur Payen, 202. — Château de Landsperg, 202. — Châteaux d'Andlau et de Spesbourg, 202. — Le Hohwald et le Champ du Feu, 203 : *A.* Par la vallée d'Andlau, 203 ; *B.* Par la vallée du Kirneck, 205 ; *C.* Par Mittelbergheim, 206.
 — Le Ban de la Roche.. 206
 . . De Barr à Obernai. 206
 . . . Obernai. 206
 . . . Couvent de Sainte-Odile, chapelles de Sainte-Odile, châteaux de Lutzelbourg, de Rathsamhausen, de Dreystein, de Hagelschloss, etc. ; Mur Payen, Mænnelstein, etc. 208
 . . D'Obernai à Wasselonne. 217
 . . . Château de Guirbaden. 218
 . . . Wasselonne 220
 . . . Wangenbourg, 220. — Le Schneeberg. 221
 . . De Wasselonne à Saverne. 222
41. De Strasbourg à Schirmeck et à Rothau, par Molsheim. 223
42. De Strasbourg à Wissembourg, par Haguenau. 224
 . . Bataille de Wissembourg (1870). 227
43. De Wissembourg à Bitche, par Lembach. 230
44. De Strasbourg à Metz. 232
 A. Par Saverne, Sarrebourg, Benestroff et Remilly. 232
 B. Par Haguenau, Reichshoffen, Niederbronn et Sarreguemines. 233
 . . De Strasbourg à Niederbronn. 233
 . . . Frœschwiller, Wœrth, Morsbronn, 234. — Bataille de Frœschwiller ou de Wœrth. 235
 . . . Niederbronn. 238
 . . . Excursions : Château de Wasenbourg, camp celtique du Ziegenberg, la Liss, le Signal du Grand-Wintersberg, la Garenfürst, 240 ; — Vallée de Jægerthal, châteaux de Windstein, de Winéck, de Dambach, 242 ; — Châteaux de

Falkenstein et de Waldeck, 243; — Forges de Bærenthal et tour de Ramstein, 243; — Château de Fleckenstein. 243
De Niederbronn à Sarreguemines et à Metz. . . 243
45. De Saverne à Sarreguemines, par Bouxwiller. 243
46. De Sarreguemines à Nancy. 245
   A. Par Sarrebourg et Avricourt. 245
   B. Par Sarralbe et Château-Salins. 245
47. De Sarreguemines à Thionville, par Bouzonville. . . . 247
48. De Paris à Metz. 248
   A. Par Châlons et Verdun. 248
   B. Par Frouard et Pagny-sur-Moselle. 250
      Metz. 252
      Excursions. 277
49. De Metz à Niederbronn, par Sarreguemines et Bitche. . 278
50. De Metz à Sarreguemines, par Forbach et Sarrebruck. 281
   De Metz à Sarrebruck 281
   Bataille de Spicheren. 281
   Combat de Sarrebruck. 283
   De Sarrebruck à Sarreguemines. 285
51. De Metz à Luxembourg, par Thionville. 285
   Thionville. 286
   Sierck, château de Mensberg, 287. — Bains de Mondorf. 288
52. De Metz à Mézières. 291
   A. Par Thionville, Montmédy et Sedan. 291
      Sedan. 294
      Bazeilles, 295. — Bataille de Sedan (1870). . . 296
   B. Par Pagny-sur-Moselle et Conflans-Jarny. 303
      De Metz à Pagny-sur-Moselle. 303
      De Pagny-sur-Moselle à Mézières, par Conflans-Jarny. 304
53. De Sedan à Nancy. 304
   A. Par Verdun et Lérouville. 304
      De Sedan à Lérouville. 304
   B. Par Longuyon, Conflans-Jarny et Pagny-sur-Moselle. 307
54. De Paris à Givet, par Reims et Mézières-Charleville. . 307
   De Paris à Reims. 307
   Reims. 307

De Reims à Mézières-Charleville. 314
De Mézières-Charleville à Givet. 321
55. De Rethel à Verdun, par Vouziers et Sainte-Ménehould. 325
56. De Givet à Dinant. 325
57. De Longuyon à Arlon, par Longwy et Mont-Saint-Martin. 326
De Longuyon à Mont-Saint-Martin. 326
De Mont-Saint-Martin à Arlon. 328
INDEX ALPHABÉTIQUE contenant les renseignements pratiques. 329

CARTES

Les Vosges, en tête du volume.
Gérardmer et ses environs. 120
Klingenthal, Sainte-Odile et le Hohwald 212
Champ de bataille de Frœschwiller. 234
Metz et ses environs. 276
Champ de bataille de Sedan. 296
Département des Ardennes. 316

PLANS

Nancy. 12
Strasbourg. 56
Mulhouse 60

PRÉFACE

La guerre de 1870-71 et le traité de Francfort, signé le 10 mai 1871 entre les gouvernements de la République française et de l'empire d'Allemagne, ont enlevé à la France une grande partie des localités décrites dans ce volume. Nous ne saurions cependant trop engager les touristes français à parcourir, à visiter, à étudier, les belles et riches contrées, restées si françaises de cœur, qui sont aujourd'hui réunies à l'empire d'Allemagne. Ce voyage, souvent pénible mais toujours instructif, aura pour but de leur faire connaître et regretter tout ce que la France a perdu avec l'Alsace et la Lorraine !

Cette nouvelle édition a été entièrement revue et corrigée soit d'après mes notes personnelles, soit d'après les notes manuscrites de M. le Dr Fournier, président de la section d'Épinal du Club Alpin Français ; qu'il me permette de lui adresser ici tous mes remercîments pour son utile et active collaboration.

Je remercie également, pour les renseignements et corrections qu'ils ont eu l'obligeance de m'envoyer, MM. : Jules Lejeune, président de la section des Vosges

(Nancy), Louis Mohr (Strasbourg), Armbruster (Belfort), Auguste Dollfus (Mulhouse), Dr A. Renard (Bourbonne-les-Bains), Dr Émile Tillot (Luxeuil), Hérisé (Plombières), Petitjean (Bains), De la Tour (Contrexéville), Aimé Reinhard (Metz), Charles Grad (Colmar, les Vosges et l'Alsace). Enfin M. le D^r Le Pileur a classé toutes les notes qui m'ont été communiquées, et corrigé les épreuves de tout l'ouvrage.

Parmi les ouvrages dont je me suis servi le plus utilement pour la description des batailles, sièges de villes et autres opérations militaires, je mentionnerai : la *Guerre de Sept Mois*, par M. T. de Saint-Germain ; *les Prussiens chez nous*, par M. Édouard Fournier ; *la Guerre en province pendant le siège de Paris* (1870-1871), par M. Charles de Freycinet, et surtout *la Guerre de France* (1870-1871), par M. Ch. de Mazade.

Ai-je besoin d'ajouter, en terminant, que je recevrai avec la plus vive reconnaissance toutes les corrections que les touristes voudront bien m'adresser ?

P. Joanne.

1er juin 1883.

CONSEILS AUX VOYAGEURS

PLAN DE VOYAGE. — MODÈLES D'ITINÉRAIRES

Tracer son itinéraire, tel est le premier *devoir* du voyageur. Pour qu'un voyage soit en même temps utile et agréable, il faut qu'il ait été étudié avec intelligence et avec goût. Avant de l'entreprendre, on doit, non seulement s'y préparer par de bonnes lectures, mais avoir bien déterminé l'emploi de son temps, de manière à en tirer le plus grand profit possible pour son plaisir et pour son instruction. Sans s'imposer sottement des étapes invariables, tout en laissant une large part à l'imprévu, à la fantaisie, il importe, quand on se met en route, de bien savoir où l'on veut aller, et pourquoi l'on se propose de visiter telle localité plutôt que telle autre.

Le réseau des chemins de fer de l'Est et les chemins de fer de l'Alsace et de la Lorraine desservent un grand nombre de villes et de localités intéressantes, soit par leurs souvenirs historiques, leurs monuments et leurs œuvres d'art, soit par leurs paysages, soit enfin par leur industrie et leur commerce. Mais ce sont surtout les curiosités naturelles des Vosges et des Ardennes, leurs lacs, leurs forêts, leurs rivières, leurs vallées, leurs sommets qui ont le privilège d'attirer et de retenir les touristes. Les Vosges et l'Alsace, que l'on ne peut séparer l'une de l'autre quand on les examine à ce point de vue, méritent une longue exploration. Les vieilles auberges y ont subi une métamorphose à peu près complète; de nouveaux hôtels y ont été bâtis ou s'y construisent; les prix sont encore modérés. On y voyage avec autant de facilité que de plaisir; on y séjourne volontiers; on commence même à s'y établir sur certains points pour une saison.

Les Ardennes et la Lorraine, sans avoir tous les attraits pittoresques de l'Alsace et des Vosges, méritent aussi à certains égards la visite des touristes. Nous en indiquons dans les modèles d'itinéraires suivants les localités et les sites les plus intéressants.

MODÈLES D'ITINÉRAIRES

Dans tous les modèles d'itinéraires que l'on trouvera ci-dessous, nous ne comprenons pas les jours de repos. Chaque touriste séjourne à sa guise dans les localités qu'il préfère et selon le temps dont il peut disposer. — Pour les excursions de huit, dix et quinze jours, on devra prendre, au départ de Paris et au retour, les trains de nuit, ce qui augmente d'autant la durée effective du voyage. — Pour les excursions de vingt, vingt-cinq et trente jours, les trains du matin (départ de Paris), qui permettent de voir rapidement l'ensemble de ligne, sont préférables.

Voyages de huit, dix, quinze et trente jours.

I

Départ du soir. — De Paris à Saverne en chemin de fer (R. 1); arrêt à Saverne (le Hohbarr, les Géroldseck, grotte de Saint-Vit, le Greifenstein, côte de Saverne, rocher du Prince-Charles). — De Saverne à Strasbourg en chemin de fer (R. 1). . . . . 1 j.

Strasbourg (R. 1). — De Strasbourg à Obernai, en chemin de fer (R. 31 et 40). 1

D'Obernai à Sainte-Odile, en voiture particulière (R. 40); l'église et les chapelles, le Dreystein, le Mænnelstein. — Coucher à Sainte-Odile (R. 40). . . 1

De Sainte-Odile à Barr, par Truttenhausen, partie en voiture, partie à pied (R. 40, C). — Barr, R. 40 (châteaux d'Andlau et de Spesbourg, R. 40). — De Barr à Schlestadt, en chemin de fer (R. 40). 1

Schlestadt (R. 31). — De Schles-

A reporter. . 4 j.

Report. . 4 j.

tadt à la station de Wanzel, en chemin de fer, R. 37 (excursion au Hohkœnigsbourg, en voiture ou à pied, R. 31). — Retour à Schlestadt (R. 31). — De Schlestadt à Colmar (R. 31). 1

Colmar (R. 31). — De Colmar à Munster, en chemin de fer (R. 36). — De Munster au Hoheneck, par la Schlucht, à cheval ou à pied (R. 21 et 37). — Coucher au chalet de la Schlucht (R. 21). 1

De la Schlucht à Gérardmer, par Retournemer et Longemer, à pied ou en voiture (R. 21). — Gérardmer (vallée de Granges), R. 21. 1

De Gérardmer à Remiremont, en voiture jusqu'à Vagney, en chemin de fer de Vagney à Remiremont (R. 19 et 20). Descendre de voiture à Saint-Amé (cascade de Saint-Amé, R. 20). — Remiremont (R. 14); visite au Saint-Mont (R. 14). — Épinal (R. 10).

A reporter. . 7 j.

Report. . 7 j.
— Retour à Paris par le train de nuit (R. 13). 1
                                        ———
                                        8 j.

II

Départ du soir. — De Paris à Épinal, en chemin de fer (R. 1 et 10). — D'Épinal à Remiremont, en chemin de fer (R. 14). 1
Remiremont (Calvaire, Saint-Mont ; R. 14). — De Remiremont à Plombières, en voiture (R. 15). 1
Plombières (R. 5, *C*). — De Plombières à Mulhouse, par Aillevillers, Port-d'Atelier, Vesoul et Belfort, en chemin de fer (R. 5, *A*, 4, *A*, et 2, *A*). 1
De Mulhouse à Guebwiller, en chemin de fer (R. 34). — De Guebwiller au Ballon de Guebwiller, par Murbach, et retour par Lautenbach à Guebwiller, en voiture et à pied (R. 34). . . 1
De Guebwiller à Colmar, en chemin de fer (R. 31 et 35). — Colmar (R. 31). — Excursion au couvent des Trois-Épis, par Turckheim, en chemin de fer (jusqu'à Turkheim) et en voiture (R. 36). — De Colmar à Strasbourg, en chemin de fer (R. 31) 1
Strasbourg (R. 1). — De Strasbourg à Barr, en chemin de fer (R. 40 et 41). 1
Barr (château d'Andlau), R. 40. — De Barr à Sainte-Odile, par Truttenhausen (R. 40, *C*). — Sainte-Odile (l'église, les chapelles, le Mænnelstein ; R. 40). — De Sainte-Odile à Obernai, en voiture particulière (R. 40). 1
D'Obernai à Wasselonne, en chemin de fer (R. 40). — De Wasselonne à Saverne, par Marmoutiers, en chemin de fer (R. 40). — Saverne (environs), R. 1. — Retour à Paris par le train de nuit (R. 1). 1
                                        ———
                                        8 j.

III

Départ du soir. — De Paris à Saverne, en chemin de fer (R. 1). — Saverne (environs), R. 1. — De Saverne à Strasbourg, en chemin de fer (R. 1). . . . . 1 j.
Strasbourg (R. 1). 1
De Strasbourg à Schlestadt, en chemin de fer (R. 31). — Excursion au Hohkœnigsbourg (R. 31), par le Val de Villé, et retour par Wanzel. — De Wanzel à Sainte-Marie-aux-Mines, en chemin de fer (R. 37). 1
De Sainte-Marie-aux-Mines à Saint-Dié, en voiture (R. 27). — Saint-Dié (le mont Saint-Martin), R. 25. 1
De Saint-Dié à Gérardmer, en voiture (R. 20). — Gérardmer (le lac, vallée de Granges, etc.), R. 21 1
De Gérardmer à la Schlucht par Longemer et Retournemer (le Hoheneck), R. 21. 1
De la Schlucht à Munster (R. 23). — De Munster à Colmar, en chemin de fer (R. 36). — Colmar (R. 31). 1
De Colmar à Guebwiller, par Bollwiller, en chemin de fer (R. 31 et 34). — Excursion au Ballon de Guebwiller, par Murbach (R. 34). — Retour à Guebwiller par Lautenbach (R. 34). . 1
De Guebwiller à Mulhouse, en chemin de fer (R. 34 et 31). — Mulhouse (R. 2). — De Mulhouse à Wesserling, en chemin de fer (R. 33). — De Wesserling à Saint-Maurice, en voiture (R. 18). 1
Saint-Maurice (R. 18). — Ballon d'Alsace (R. 18), et du Ballon à Belfort, par Giromagny, en voiture (R. 17). — Retour à Paris par le train de nuit (R. 2). . . . 1
                                        ———
                                        10 j.

IV

Départ du soir. — De Paris à Mulhouse, en chemin de fer (R. 2). — Mulhouse (R. 2). — De Mulhouse à Guebwiller, par Bollwiller, en chemin de fer (R. 31 et 34)................ 1 j.

Guebwiller (R. 34). — Excursion au Ballon de Guebwiller, par Murbach (R. 34). — Retour à Guebwiller par Lautenbach (R. 34).............. 1

De Guebwiller à Colmar (R. 34 et 31). — Colmar (R. 31). — Excursion au Hohlandsperg et au Pflixbourg, par Turckheim et Wintzenheim, en chemin de fer et à pied (R. 36)......... 1

De Colmar à Munster, en chemin de fer (R. 36). — De Munster à la Schlucht, à cheval ou à pied (R. 21). — Le Hoheneck (R. 21).................. 1

De la Schlucht à Gérardmer, par Retournemer et Longemer, à cheval ou à pied (R. 21). — Gérardmer (le lac, vallée de Granges, etc.), R. 21....... 1

De Gérardmer à Saint-Dié, en voiture (R. 20). — Saint-Dié (le mont Saint-Martin, promenade de Gratin), R. 25........ 1

De Saint-Dié à Sainte-Marie-aux-Mines, en voiture (R. 27). — De Sainte-Marie-aux-Mines à Ribeauvillé, par la vallée du Strengbach, en voiture (R. 38). 1

Ribeauvillé (chapelle de Dusenbach, château de Ribeauvillé), R. 31. — De Ribeauvillé à Schlestadt, en chemin de fer (R. 31)................ 1

Schlestadt (R. 31). — Excursion au Hohkœnigsbourg, par Wanzel ou par le Val de Villé R. 37 et 31). — De Schlestadt à Strasbourg, en chemin de fer R. 31)................. 1

A reporter. 9 j.

Report. . 9 j.

Strasbourg (R. 1)........ 1

Excursion à Reichshoffen et au champ de bataille de Frœschwiller, en chemin de fer (R. 44). 1

De Strasbourg à Barr, en chemin de fer (R. 40 et 41). — Excursion aux châteaux d'Andlau et de Spesbourg (R. 40). — De Barr à Sainte-Odile (R. 40)... 1

Sainte-Odile (l'église et les chapelles, le Mænnelstein, le Dreystein), R. 40. — De Sainte-Odile à Obernai (R. 40)...... 1

D'Obernai à Rosheim, en chemin de fer (R. 40). — De Rosheim au Guirbaden, en voiture (R. 40). — Du Guirbaden à Mutzig (R. 41). — De Mutzig à Molsheim, en chemin de fer (R. 41)................. 1

De Molsheim à Wasselonne, en chemin de fer (R. 40). — De Wasselonne à Saverne, en chemin de fer (R. 40). — Saverne (environs), R. 1. — Retour à Paris par le train de nuit, en chemin de fer (R. 1)........ 1

15 j.

V

Départ du soir. — Coucher à Troyes (R. 2). — Troyes (R. 2). — De Troyes à Chaumont et à Neufchâteau, en chemin de fer (R. 2 et 8).............. 1

De Neufchâteau à Domrémy, en chemin de fer (R. 8). — De Domrémy à Nancy, par Pagny-sur-Meuse, en chemin de fer (R. 8)............. 1

Nancy (R. 1). — De Nancy à Épinal, en chemin de fer (R. 10). — Épinal (R. 10). — D'Épinal à Remiremont, en chemin de fer (R. 14)................. 1

A reporter. . 3 j.

MODÈLES D'ITINÉRAIRES. XIX

Report. . 3 j.

Remiremont et ses environs (Saint-Mont, Saut-de-la-Cuve à Saint-Amé, hauteurs de Fossard), R. 14. 1
De Remiremont à Luxeuil, par le Val-d'Ajol, en voiture et en chemin de fer (R. 16). — Luxeuil (R. 4). — Excursion à l'ermitage de Saint-Valbert (R. 4). 1
De Luxeuil à Lure, en chemin de fer (R. 10, B). — De Lure à Belfort et à Mulhouse, en chemin de fer (R. 2). — Mulhouse (R. 2). 1
De Mulhouse à Guebwiller, par Bollwiller, en chemin de fer (R. 34). — Excursion au Ballon de Guebwiller, par Murbach, et retour à Guebwiller (R. 34). . . . 1
De Guebwiller à Thann, par Bollwiller et Lutterbach, en chemin de fer (R. 31, 33 et 34). — Thann. — De Thann à Wesserling, en chemin de fer (R. 33). — De Wesserling à Wildenstein. 1
De Wildenstein à la Bresse, par le col de Bramont, en voiture (R. 24). — La Bresse (lac des Corbeaux), R. 19. — De la Bresse à Gérardmer, en voiture (R. 22) 1
Gérardmer (le lac, la vallée de Granges), R. 21. — De Gérardmer à la Schlucht (R. 21). — Le Hoheneck (R. 21). — Coucher au chalet de la Schlucht (R. 21). . . 1
De la Schlucht aux lacs de Daren, Noir et Blanc (coucher à l'hôtel du Lac-Blanc), R. 21. . . . 1
Du lac Blanc à Kaysersberg, par Orbey, partie en voiture, partie à pied (R. 31). — De Kaysersberg à Colmar, en voiture (R. 31) 1
Colmar (R. 31). — Excursion aux tours d'Eguisheim et au Hohlandsberg, à pied (R. 31 et 36). — Retour à Colmar. — De

A reporter . 15 j.

Report. . 15 j.

Colmar à Ribeauvillé, en chemin de fer (R. 31) 1
Ribeauvillé (châteaux), R. 31. — De Ribeauvillé au Hohkœnigsbourg (R. 31). — Du Hohkœnigsbourg au Val de Villé (R. 37). — Du Val de Villé à Schlestadt, en chemin de fer (R. 37). 1
Schlestadt (R. 31). — De Schlestadt à Sainte-Marie-aux-Mines, en chemin de fer (R. 37). — De Sainte-Marie-aux-Mines à Saint-Dié, en voiture (R. 27). 1
Saint-Dié (R. 25). — De Saint-Dié à Raon-l'Étape, en chemin de fer (R. 25). 1
De Raon-l'Étape à Raon-sur-Plaine, par la vallée de Celles, en voiture (R. 29). 1
De Raon-sur-Plaine au Donon (R. 28 et 29). — Du Donon à Schirmeck (R. 28). — De Schirmeck à Mutzig, en chemin de fer (R. 28). 1
De Mutzig à Molsheim, en chemin de fer (R. 41). — De Molsheim à Obernai, en chemin de fer (R. 40). — D'Obernai à Sainte-Odile (R. 40). — Sainte-Odile (l'église, les chapelles, le Mœnnelstein), R. 40. 1
Sainte-Odile (châteaux de Dreystein et de Hagelschloss), R. 40. — De Sainte-Odile à Barr (R. 40). 1
Barr (châteaux de Landsperg, d'Andlau et de Spesbourg), R. 40. — De Barr au Hohwald (R. 40). 1
Le Hohwald (excursion au Champ-du-Feu), R. 40. — Retour à Barr. 1
De Barr à Wasselonne, en chemin de fer (R. 40). — De Wasselonne à Saverne, en chemin de fer (R. 40). — Saverne (environs), R. 1. — De Saverne à Strasbourg, en chemin de fer (R. 1). 1

A reporter . 24 j.

CONSEILS AUX VOYAGEURS.

Report. . 24 j.

Strasbourg (R. 1). 1
De Strasbourg à Haguenau et à Wissembourg, en chemin de fer (le Pigeonnier, le Gaisberg et les lignes de Wissembourg), R. 42. 1
De Wissembourg à Walbourg, en chemin de fer (R. 42). — De Walbourg à Reichshoffen, par Wœrth (champ de bataille de Frœschwiller), R. 42 et 44. — De Reichshoffen à Niederbronn, en chemin de fer (R. 44). 1
Niederbronn (R. 44). — Château de Wasenbourg (excursion à Jægerthal et à Windstein, retour à Niederbronn), R. 44. . 1
De Niederbronn à Metz, par Bitche, Sarreguemines et Bening, en chemin de fer (R. 49). 1
Metz et ses environs (visiter les champs de bataille), R. 48. — Retour à Paris par le train du soir (R. 48). 1

30 j.

VI

Départ de Paris le matin pour Reims, en chemin de fer (R. 54). — Reims (R. 54). — De Reims à Givet, en chemin de fer (R. 54). 1
Givet (R. 54). — De Givet à Mézières-Charleville, en chemin de fer (R. 54). — Mézières-Charleville (R. 54). — De Mézières-Charleville à Sedan, en chemin de fer (R. 52). 1
Sedan (visiter le champ de bataille), R. 52. — De Sedan à Metz, par Montmédy et Thionville, en chemin de fer (R. 52). 1
Metz et ses environs (visiter les champs de bataille), R. 48. . 1
De Metz à Nancy, en chemin de fer (R. 48, B). — Nancy (R. 1). 1
De Nancy à Saverne, en che-

À reporter. . 5 j.

Report. . 5 j.

min de fer (R. 1). — Saverne et ses environs (R. 1). 1
De Saverne à Dabo, par Lutzelbourg (R. 1). 1
De Dabo à Wangenbourg (R. 1) et de Wangenbourg à Wasselonne (R. 40). — De Wasselonne à Strasbourg, en chemin de fer (R. 40 et R. 1) 1
Strasbourg (R. 1). 1
De Strasbourg à Wissembourg (le Gaisberg), R. 42. 1
De Wissembourg à Walbourg, en chemin de fer (R. 42). — De Walbourg à Reichshoffen, par Wœrth (champ de bataille de Frœschwiller), en chemin de fer (R. 42 et 44). — De Reichshoffen à Niederbronn, en chemin de fer (R. 44). 1
Niederbronn et ses environs (R. 44). — De Niederbronn à Strasbourg, en chemin de fer (R. 44). 1
De Strasbourg à Molsheim, en chemin de fer (R. 41). — De Molsheim à Mutzig, en chemin de fer (R. 41). — De Mutzig au château de Guirbaden (R. 28). — Du Guirbaden à Rosheim (R. 40). — De Rosheim à Obernai (R. 40). 1
D'Obernai à Sainte-Odile (R. 40). — Sainte-Odile (châteaux de Dreystein et du Hagelschloss), R. 40. 1
Sainte-Odile (la Bloss et le Mænnelstein), R. 40. — De Sainte-Odile à Barr (visiter le château de Landsperg), R. 40. — Barr (château d'Andlau), R. 40.
De Barr au Hohwald (R. 40). — Du Hohwald au Champ-du-Feu (R. 40). — Du Champ-du-Feu à Fouday (R. 40 et 28). — De Fouday à Schirmeck, en voiture et en chemin de fer (R. 23). 1
De Schirmeck au Donon (R. 23).

À reporter. . 16 j.

Report.. 16 j.

— Du Donon à Allarmont, par la vallée de Celles, en voiture (R. 29)................ 1
D'Allarmont à Raon-l'Étape, en voiture (R. 29). — De Raon-l'Étape à Saint-Dié, en chemin de fer (R. 25). — Saint-Dié (R. 25)................ 1
De Saint-Dié à Sainte-Marie-aux-Mines, en chemin de fer (R. 27). — De Sainte-Marie-aux-Mines à Wanzel, en chemin de fer (R. 37). — Excursion au Hohkœnigsbourg et retour au Val de Villé (R. 31 et 37). — Du Val de Villé à Schlestadt, en chemin de fer (R. 37)....... 1
Schlestadt (R. 31).— De Schlestadt à Ribeauvillé (châteaux de Ribeauvillé), en chemin de fer (R. 31). — De Ribeauvillé à Colmar, en chemin de fer (R. 31). . 1
Colmar (R. 31). — Excursion au Hohlandsperg et au Pflixbourg (R. 56). — Du Pflixbourg à la station de Wihr-au-Val (R. 56) et, de là, à Munster en chemin de fer (R. 56)......... 1
De Munster aux lacs Noir et de Daren, par Soultzeren (R. 31). — Du lac de Daren à la Schlucht (R. 31)............. 1
Le Hoheneck (R. 21). — De la Schlucht à Gérardmer (R. 21).

A reporter.. 22 j.

Report:.. 22 j.

— Gérardmer (R. 21)....... 1
De Gérardmer à Remiremont, par Rochesson (s'arrêter au Saut-du-Bouchot et gagner Remiremont à pied, par Vagney et Saint-Amé; Saut-de-la-Cuve, Saint-Mont), partie en chemin de fer, partie en voiture (R. 20, A). — Remiremont (R. 14).... 1
Remiremont (R. 14). — De Remiremont à Épinal, en chemin de fer (R. 14). — Épinal (R. 10). 1
D'Épinal à Plombières, en chemin de fer (R. 5, B). — Plombières (R. 5). — De Plombières à Luxeuil, par le chemin des Feuillées, le Val-d'Ajol et Fougerolles (R. 4, 5 et 16)...... 1
De Luxeuil à Saint-Maurice, par Faucogney, en voiture et en chemin de fer (R. 4)....... 1
Le Ballon d'Alsace (R. 18). — De Saint-Maurice à Bussang, en voiture (R. 18).......... 1
De Bussang à Wesserling, en voiture (R. 18). — De Wesserling à Thann et à Mulhouse, en chemin de fer (R. 53)...... 1
De Mulhouse à Belfort, en chemin de fer (R. 2). — Belfort (R. 2). — De Belfort à Langres, en chemin de fer (R. 2). — Langres (R. 2). — Retour à Paris, par le train de nuit (R. 2)... 1 j.

30 j.

Itinéraire général.

Outre les modèles d'itinéraires pour un nombre de jours déterminé, variant de huit à trente jours, que nous avons donnés ci-dessus, nous avons cru devoir placer ici un itinéraire général comprenant, sans condition de temps, tout ce qu'un voyage dans les Vosges, l'Alsace et les Ardennes offre d'intéressant. C'est en quelque sorte un memento, un programme à l'aide duquel le touriste pourra, selon ses préférences, modifier plus facilement nos différents modèles d'itinéraires.

LES VOSGES. *b*

Paris, — Nancy, — Épinal, — Remiremont et ses environs, — Saint-Amé (cascade), — Vagney, — Sapois (cascade du Bouchot), — Rochesson, — Gérardmer et ses environs (excursion à la cascade de Tendon par le Tholy), — la Schlucht, par les lacs de Longemer et de Retournemer (le Hoheneck), — le Valtin, — Plainfaing, — Saint-Dié (mont Saint-Martin, Taintrux, Spitzemberg, Moyenmoutier, Senones), — Baccarat (cristallerie), — Lunéville, — Saverne et ses environs (excursions à Dabo, à Phalsbourg, au Craufthal, à la Petite-Pierre, à Saint-Jean-des-Choux), — Marmoutiers, — Wangenbourg (Schneeberg), Wasselonne, par Romanswiller, — Strasbourg, — Haguenau, — Wissembourg, — Lembach (châteaux de Fleckenstein, de Frœnsburg, de Wasenstein), — Wœrth, champ de bataille de Frœschwiller, Reichshoffen — Niederbronn et ses environs (excursions à Jægerthal, aux châteaux de Windstein, à Bærenthal et au château de Falkenstein), — Bitche, — Lemberg (excursion à Sarreguemines, Sarrebruck et Spicheren), — Gœtzenbruck, — Ingwiller, — Bouxwiller, — Hochfelden, — Strasbourg, — Molsheim, — Mutzig (excursion au château et à la cascade du Nideck, par Niederhaslach), — château de Guirbaden, — Rosheim, — Obernai, — Sainte-Odile et ses environs (Bloss, châteaux de Dreystein, de Hagelschloss, etc.), — Barr et ses environs (châteaux de Landsperg, d'Andlau, de Spesbourg), — Andlau, — le Hohwald et ses environs, — le Champ-du-Feu, — Waldersbach (château de Bellefosse ou de la Roche), — Schirmeck, — Donon, — Allarmont (vallée de Celles), — Raon-l'Étape, — Saint-Dié, — Sainte-Marie-aux-Mines, — Wanzel ou Val de Villé (excursion au Hohkœnigsbourg et au Frankenbourg), — Châtenois (excursions aux châteaux de Kientzheim, de Ramstein et d'Ortenberg), — du château d'Ortenberg au château de Bernstein et à Dambach, — Ebersheim (excursion à Ebermunster), — Schlestadt, — Ribeauvillé (les trois châteaux, la chapelle de Dusenbach; excursion à Aubure par la vallée du Strengbach et retour à Ribeauvillé par Riquewihr), — Bennwihr, — Kaysersberg, — Orbey (lacs Noir, Blanc, Vert ou de Daren), — Soultzeren, — Stosswihr, — Munster et ses environs, — Soultzbad et ses environs (excursion à Wasserbourg, au Kahlenwasen et aux châteaux de Hattstatt et de Schrankenfels), — Wintzenheim (châteaux de Pflixbourg et de Hohlandsperg), — Colmar (excursions aux Trois-Épis, par Turckheim, et à Neuf-Brisach), — Eguisheim (tours d'Eguisheim), — Rouffach (excursion à Soultzmatt), — Bollwiller (excursions à Soultz, à Guebwiller, à Murbach, au Ballon de Guebwiller; retour du Ballon soit à Guebwiller, par Lautenbach, soit à Soultz, par Rimbach), — Lutterbach (excursion à Wesserling, par Thann et Saint-Amarin, et retour à Lutterbach), — Mulhouse (excursion à Bâle et retour), — Altkirch, — Belfort (excursion à Massevaux et au Rossberg), — Lure, — Luxeuil (Saint-Valbert), — Faucogney, — Rupt, — Saint-Maurice (Ballons d'Alsace et de Servance), — Bussang (source de la Moselle), — Urbès, — Wesserling, — Felleringen, — Oderen, — Wildenstein (château de Wildenstein), — col de Bramont, — la Bresse (excursions aux lacs des Corbeaux, de Lispach, de Blanchemer), — Cornimont, — Saulxures (excursion à Ventron et au col d'Oderen), — Vagney, — Remiremont, — Val d'Hérival, — Val d'Ajol, — Laitre, — Plombières et ses environs, — Aillevillers, — Bains et ses environs, — Épinal, — Mirecourt, — Neufchâteau, — Domrémy, — Commercy, — Lérouville, — Verdun, — Metz (environs et champs de bataille), — Thionville, — Montmédy, — Sedan (champ de bataille), — Mézières, — Charleville, — Givet, — Reims.

ÉTABLISSEMENTS D'EAUX MINÉRALES

Bourbonne-les-Bains (Haute-Marne).
Contrexéville (Vosges).
Vittel (Vosges).
Bains (Vosges).
Plombières (Vosges).
Bussang (Vosges).
Gérardmer [établissement hydrothérapique] (Vosges).
Luxeuil (Haute-Saône).
Wattwiller (Alsace).
Soultzmatt (Alsace).
Soultzbach (Alsace).
Châtenois (Alsace).
Le Bühl, près de Barr (Alsace).
Holtzbad (Alsace).
Soultzbad (Alsace).
Niederbronn (Alsace).
Benfeld [établissement hydrothérapique] (Alsace).
Mondorf (Lorraine).
Martigny (Vosges).

MOYENS DE TRANSPORT

Chemins de fer de l'Est.

Aperçu général. — Le réseau des chemins de fer de l'Est, qui a été pendant la guerre de 1870-1871 le théâtre des hostilités jusqu'à la conclusion de la paix, avait eu nécessairement beaucoup à souffrir. Quarante et un ouvrages importants avaient été renversés, tant par l'armée française que par l'armée allemande, sur la partie du réseau qui a été restituée à la France, un grand nombre d'autres dégradés, plusieurs stations détruites, le matériel disséminé et ayant subi de nombreuses détériorations. Le total des dépenses de guerre (réparations des dégâts, rétablissement des ateliers et gares de tête) s'est élevé (31 décembre 1875) à la somme de 15 903 085 fr. 53 c.

Le traité de paix de Francfort (10 mai 1871) enleva à la Compagnie des chemins de fer de l'Est 840 kil. de lignes en exploitation, auxquelles il faut ajouter 257 kil. du réseau Guillaume-Luxembourg, dont l'exploitation lui était assurée pour une période de 42 ans. Par suite d'une convention passée en 1875 entre l'État et la Compagnie, celle-ci reçut, comme indemnité des pertes et dommages résultant pour elle du traité de paix de Francfort, un titre inaliénable de rente de 20 500 000 fr. Ce titre représente, au taux de l'emprunt du 2 juillet 1871, la somme de trois cent vingt-cinq millions qui, en vertu de ce traité, avait été défalquée de l'indemnité de guerre pour la cession des droits de la Compagnie de l'Est sur les lignes situées dans les territoires cédés. La Compagnie jouira de cette rente jusqu'à l'expiration de sa concession.

L'exploitation des chemins de fer de l'Est comprend une longueur de 3635 kil., y compris les lignes d'intérêt général ou local.

Bagages. — Les billets pour l'Alsace-Lorraine donnent droit au transport gratuit de 30 kilogr. de bagages sur le parcours français seulement.

Afin d'éviter toutes difficultés à la douane, MM. les voyageurs sont instamment priés d'assister à la visite de leurs bagages aux gares frontières : de **Fontoy**, de **Novéant**, d'**Amanvillers**, d'**Avricourt (Deutsch-Avricourt)** et de **Montreux-Vieux** pour les trains sortant de France ; d'**Audun-le-Roman**, de **Batilly**, **Pagny-sur-Moselle**, **Avricourt**, **Petit-Croix** et **Delle** pour les trains entrant en France.

Dépôt des bagages. — Les voyageurs peuvent laisser en dépôt dans les gares ou aux stations tout ou partie de leurs bagages, sous la responsabilité de la Compagnie. Il est perçu un droit de garde de 5 c. par article et par jour ; toutefois le minimum de perception est fixé à 10 c. par jour.

Cette faculté est très utile pour le touriste qui, en partant d'une gare ou station pour une excursion, peut ainsi ne se charger que du strict nécessaire et laisser en dépôt le gros de son bagage.

Compartiments-salons. — Des voitures dont les compartiments du milieu sont disposés en salon contenant trois fauteuils-lits, deux fauteuils ordinaires et un water-closet, seront mises à la disposition des voyageurs qui en feront la demande au départ de Paris pour une station située à une distance d'au moins 250 kil. de cette gare dans la direction de Mézières-Charleville, Sedan, Bar-le-Duc, Neufchâteau, Nancy, Igney-Avricourt, Épinal, Plombières, Luxeuil-les-Bains, Martigny-les-Bains, Contrexéville, Vittel et Bourbonne-les-Bains, Vesoul, Belfort, et pendant la belle saison jusqu'à Bâle, Strasbourg et Metz, et *vice versa*. Les places de compartiments-salons sont taxées moitié en sus du prix des places de 1re cl. (réduction pour les familles).

Coupés-lits. — La Compagnie met à la disposition des voyageurs des places de coupé-lit ; mais elle n'est pas tenue d'en délivrer lorsqu'il ne s'en trouve pas dans les voitures composant le train. — La taxe du billet coupé-lit est celle de la 1re classe du tarif général, augmentée de 1/3. Pour les militaires ou les marins et les enfants, la majoration est perçue sur les prix entiers de la 1re classe du tarif général.

Wagons-salons. — Prix par wagon, 2 fr. 20 par kil. pour une distance inférieure à 200 kil. ; 1 fr. 65 par kil. pour une distance supérieure à 200 kil., sans que le produit de la taxe puisse être inférieur à 440 fr. Les taxes seront perçues sur les distances légales par rail.

Dix personnes peuvent, sans supplément de prix, voyager dans une voiture-salon; les voyageurs excédant ce nombre payent le prix des places de coupé. Les voyageurs ne peuvent pas exiger de wagon-salon s'il ne s'en trouve pas dans la gare à laquelle la demande en est faite, ou si le train ne contient pas de voitures de cette espèce, ou enfin si celles qui s'y trouvent ne sont pas disponibles. Les militaires ou les marins voyageant en wagons-salons n'ont droit qu'à la remise qui leur serait faite individuellement s'ils voyageaient en voiture de 1re classe.

Wagons-lits (*Sleeping-Cars*). — Des wagons-lits circulent entre Paris et Vienne, *via* Avricourt et Strasbourg, Paris et Francfort, Paris et Bâle, dans les trains-poste de nuit. — Le supplément à payer pour un lit est, en sus du prix de la 1re cl., de 14 fr. 75 de Paris à Metz, de 17 fr. 50 pour Strasbourg, de 25 fr. pour Bâle. — On peut retenir des billets à l'avance à l'agence de la Cie internationale des wagons-lits, 2, rue Scribe (Grand-Hôtel).

Buffets. — Il existe des buffets aux stations suivantes: Meaux, Château-Thierry, **Épernay**, Reims, Charleville, Givet, Blesmes, Bar-le-Duc, Frouard, **Nancy**, Verdun, Longueville, Flamboin, **Troyes**, Chaumont, Chalindrey, Port-d'Atelier, Vesoul, Belfort et Gray.

Bureaux dans Paris. — Rue du Bouloi, 9. — Boulevard de Sébastopol, 34, et rue Quincampoix, 47 et 49. — Place de la Bastille (gare du chemin de fer de Vincennes). — Place Saint-Sulpice, 6. — Rue Basse-du-Rempart, 52 (boulevard des Capucines) — Rue Sainte-Anne, 4-10, et rue Molière, 7. — Rue Turbigo, 55 (rue Vaucanson, 4, et rue Conti, 7).

OMNIBUS DE FAMILLE POUR CONDUIRE A DOMICILE

Paris (anciennes limites), y compris *Montmartre, la Chapelle, la Villette* et *Belleville*.

De 7 h. du matin à minuit: de 1 à 3 voyageurs, 3 fr.; au-dessus de 3 voyag., par place, 1 fr. — De minuit à 7 h. du matin: de 1 à 3 voyageurs, 4 fr.; au-dessus de 3 voyageurs, par place, 1 fr.

(Pour prendre à domicile, par omnibus, de 1 à 5 voyageurs, 5 fr.)

Batignolles, les Ternes, Ménilmontant et *Charonne.*

De 7 h. du matin à minuit : de 1 à 3 voyageurs, 3 fr. ; au-dessus de 3 voyag., par place, 1 fr. — De minuit à 7 h. du matin : de 1 à 3 voyag., 5 fr. ; au-dessus de 3 voyag., par place, 1 fr.
(Pour prendre à domicile, par omnibus, de 1 à 5 voyag., 6 fr.)

Passy, Auteuil, Grenelle, Vaugirard, Ivry-Paris, Bercy.

De 7 h. du matin à minuit : de 1 à 3 voyag., 5 fr. ; au-dessus de 3 voyag., par place, 1 fr. — De minuit à 7 h. du matin : de 1 à 3 voyag., 6 fr. ; au-dessus de 3 voyag., par place, 1 fr.
(Pour prendre à domicile, par omnibus, de 1 à 5 voyag., 7 fr.)
Les voyageurs transportés par ces voitures jouiront pour leurs bagages de la franchise suivante :
De 1 à 3 places, 60 kilog. ; de 4 à 5 places, 100 kilogr.
Au-dessus de ces poids, il sera perçu 1 c. par kilog.
Les demandes d'omnibus de famille doivent être faites au moins 6 heures à l'avance, à la gare de Paris (Bureau central des Omnibus), dans les bureaux ci-dessus, établis par la Compagnie dans Paris et au bureau des omnibus de Vincennes, place de la Bourse.

EXCURSIONS ET VOYAGES CIRCULAIRES A PRIX RÉDUITS

Voyages circulaires à prix réduits pour visiter : — 1° les bords du Rhin et la Belgique ; — 2° la Suisse centrale (Oberland bernois) et le lac de Genève ; — 3° l'Est de la France, le Jura et l'Oberland bernois ; — 4° Le Nord-est de la Suisse et le grand-duché de Bade ; — 5° l'Allemagne du Sud, l'Autriche et la Suisse ; — 6° les Vosges et Belfort.

Pour tous les détails concernant les Voyages circulaires, les prix des billets, les divers itinéraires facultatifs à suivre, etc., consulter les affiches et les prospectus de la Compagnie de l'Est, que les voyageurs trouveront dans toutes les gares du réseau de l'Est.

Pendant la saison d'été, du 15 mai au 15 octobre, la Compagnie fait délivrer à la gare de Paris des billets de Paris à Bâle *via* Belfort-Delle ou *via* Belfort-Mulhouse et retour.

Prix des billets valables pendant un mois : 1re cl., 106 fr. 05 ; 2e cl., 79 fr. 35. Les voyageurs ont droit au transport gratuit e 30 kilog. de bagages sur tout le parcours.

Voyages circulaires de vacances. — Itinéraires établis au gré des voyageurs. La Compagnie des chemins de fer de l'Est met à la disposition du public, pour la saison des vacances, à partir du 15 juillet jusqu'au 15 octobre : — 1° des billets à prix réduits de voyages circulaires sur son réseau, à itinéraires composés au gré des voyageurs, pour le parcours de 300 kil. et au-dessus ; — 2° des billets à prix réduits de voyages circulaires communs entre la Compagnie des Chemins de fer de l'Est et celle de Paris à Lyon et à la Méditerranée, à itinéraires facultatifs permettant d'effectuer, en empruntant les deux réseaux des parcours totaux de 500 kil. et au-dessus, devant former des circuits complètement fermés, afin que le voyageur revienne à son point de départ. Les prix et conditions de ces voyages sont portés à la connaissance du public par un livret spécial.

Chemins de fer d'Alsace-Lorraine.

Le réseau des chemins de fer d'Alsace-Lorraine (*Elsass-Lothringen*) était de 840 kil. lorsqu'il fut détaché, en 1871, du réseau des chemins de fer de l'Est. Depuis, il s'est augmenté de nouvelles lignes, achevées ou en construction, et il atteint une longueur de 1530 kil. (avec le réseau du Luxembourg).

Dès qu'on sera entré en Alsace-Lorraine, on devra avoir le soin d'acheter l'*Indicateur des chemins de fer, postes et télégraphes pour l'Alsace-Lorraine*.

Les voitures sont en général propres et confortables. Il est permis de fumer partout, sauf dans les compartiments sur la portière desquels on lit : *Zum nicht Rauchen*, ou bien *Für nicht Raucher*.

Il faut prêter une grande attention à l'appel des stations, fait *en allemand* par les employés. *Einsteigen*, veut dire : montez en voiture ; *umsteigen*, changez de voiture ; *aussteigen*, descendez de voiture.

Dans les gares où viennent aboutir plusieurs lignes et où plusieurs trains se croisent en même temps, on devra avoir soin de ne pas se tromper et s'informer exactement de la direction à suivre.

Le prix des places est plus élevé pour les trains express (*Schnell-Züge*) que pour les trains omnibus (*Personen-Züge*). — Le nouveau système monétaire, par *marc* et par *pfennig* (*V.* ci-dessous), est mis en vigueur dans toutes les gares de l'Alsace-Lorraine. Il faut donc avoir le soin de se procurer de la monnaie (marc et pfennig) avant de prendre son billet.

Le prix du transport des bagages est calculé pour un poids de 15 kilog. au moins et ne peut être inférieur à la somme de 40 c. (20 pf.). — Les bagages que les voyageurs conserveront avec eux dans les voitures ne devront pas dépasser le poids de 10 kilog.

Des buffets (*Restaurations*) sont installés dans les gares principales de l'Alsace-Lorraine.

TARIF DES COMMISSIONNAIRES AUX GARES IMPORTANTES DE L'ALSACE-LORRAINE. — Pour un colis à transporter de la ville à la gare ou *vice versa* : 40 pf. ; — pour 2 à 4 colis inclusivement : 48 pf. (que le commissionnaire emploie une brouette ou non) ; — pour chaque colis en sus : 8 pf. ; — pour porter un ou deux colis de la voiture arrêtée devant la gare à la salle des bagages et *vice versa*, ou bien pour prendre ou changer des billets de bagages et transporter les bagages d'un bureau dans un autre : 8 pf. ; — pour 3 ou 4 colis : 16 pf. ; — pour chaque colis en sus : 4 pf.

POSTE ET TÉLÉGRAPHE

D'après la convention postale, mise en vigueur le 1er janvier 1876, le prix du port des lettres dont le poids ne dépasse pas 15 grammes est, entre la France et l'Alsace-Lorraine, de 50 c. pour les lettres affranchies et de 60 c. pour les lettres non affranchies.

Le tarif d'une dépêche télégraphique de 20 mots expédiée d'Alsace-Lorraine est ainsi fixé : — Alsace-Lorraine ou Empire d'Allemagne (suivant la zone, calculée par milles géographiques), 50 pf., 1 m., 1 m. 50 pf. ; — France, 1 m. 60 pf. ; — Angleterre, 6 m. 10 pf. (Londres, 5 m. 60 pf.) ; — Suisse, 80 pf. ; — Italie, 4 m.

MONNAIE

Le nouveau système monétaire de l'Empire d'Allemagne a pour unité le marc (*die Mark*, désigné par m. dans ce livre), qui vaut 1 fr. 25 c. de notre monnaie. Les pièces d'or sont de 20 et 10 marcs, les pièces d'argent de 5 marcs, 1 marc, 50 et 20 pfennigs. La monnaie de billon est en nickel pour les pièces de 10 et 5 pfennigs, et en bronze pour celle de 2 et 1 pfennig.

En Alsace et en Lorraine, on compte partout encore par francs et par centimes, sauf dans les administrations publiques (chemins de fer, bureaux de la poste et du télégraphe, etc.).

MONNAIE. — BUDGET DE VOYAGE.

Le tableau suivant rendra facile la comparaison entre les systèmes monétaires français et allemand.

Tableau de réduction des monnaies de l'empire d'Allemagne.

Fr.	Cent.	Mrk.	Pfg.	Fr.	Mrk.	Pfg.
»	1	»	0.80	7	5	60
»	2	»	1.60	8	6	40
»	3	»	2.40	9	7	20
»	4	»	3.20	10	8	»
»	5	»	4	11	8	80
»	6	»	4.80	12	9	60
»	7	»	5.60	13	10	40
»	8	»	6.40	14	11	20
»	9	»	7.20	15	12	»
»	10	»	8	16	12	80
»	15	»	12	17	13	60
»	20	»	16	18	14	40
»	25	»	20	19	15	20
»	30	»	24	20	16	»
»	35	»	28	30	24	»
»	40	»	32	40	32	»
»	45	»	36	50	40	»
»	50	»	40	60	48	»
»	55	»	44	70	56	»
»	60	»	48	80	64	»
»	65	»	52	90	72	»
»	70	»	56	100	80	»
»	75	»	60	200	160	»
»	80	»	64	300	240	»
»	85	»	68	400	320	»
»	90	»	72	500	400	»
»	95	»	76	600	480	»
1	»	»	80	700	560	»
2	»	1	60	800	640	»
3	»	2	40	900	720	»
4	»	3	20	1000	800	»
5	»	4	»	10 000	8000	»
6	»	4	80	100 000	80 000	»

BUDGET DE VOYAGE. — COSTUME ET BAGAGE. — PASSE-PORT

Budget. — Les prix des hôtels, ainsi que nous l'avons déjà fait remarquer, sont encore assez modérés dans les Vosges proprement dites, et en général en Alsace. Aussi, les billets de chemins de fer soldés, la dépense ne dépasse guère en moyenne 15 fr. par jour, les frais de guides et de voitures particulières compris, à la condition de ne pas voyager seul. — Le prix d'une voiture à 2 et 3 places varie de 15 à 20 fr. par jour. On paye de 25 à 30 fr. la voiture à 4 places. — Quant aux guides, ils sont rarement nécessaires.

Costume et bagage. — Un voyage dans les Vosges n'exige pas, comme un voyage en Suisse, un costume spécial. Point de passages difficiles ni dangereux; pas de différences énormes de température résultant des altitudes auxquelles on s'élève. Cependant, sur les principaux sommets (Ballons d'Alsace, de Servance, de Guebwiller, Hohenock), l'air est habituellement très vif; aussi fera-t-on bien de se prémunir d'un vêtement chaud pour s'en revêtir à l'arrivée. La transition, sans être extrême, pourrait avoir des inconvénients, surtout à la suite de la transpiration qu'occasionne toujours une longue montée.

Pour les vêtements de voyage, la *laine* est de beaucoup préférable à la toile; le coutil devient froid quand on a transpiré ou quand on a été mouillé; il est prudent de porter un gilet ou une chemise de flanelle. Avec des chaussettes de laine, on n'a presque jamais d'ampoules aux pieds. Chacun s'habillera du reste à sa guise, mais de bons souliers à la semelle épaisse et garnie de clous sont indispensables pour la marche.

Diminuer son bagage de poids et de volume, tel est, quand il a tracé son itinéraire, le dernier problème qu'ait à se poser, avant de se mettre en route, un touriste qui veut voyager à pied. Ce bagage, aussi réduit que possible, doit peser 6 ou 8 kilogrammes au plus et tenir aisément dans un havresac semblable, pour la forme, à un sac de soldat.

Passeport. — Le passeport n'est plus exigé nulle part maintenant en Allemagne. Il est utile cependant d'avoir un papier quelconque pour prouver son identité, quand on retire à la poste des lettres chargées et surtout quand on rentre en France.

CARTES

La meilleure carte de la France est celle de l'État-major de la guerre au $80/1000^e$. Chaque feuille pleine se vend séparément 4 fr., et chaque demi-feuille 2 fr. Les feuilles utiles pour la région des Vosges et de l'Alsace sont les suivantes: Lure, Épinal, Saverne, Wissembourg, Strasbourg, Colmar, Altkirch. — Les piétons qui entreprendront des courses dans les parties montagneuses feront bien de se procurer ces feuilles. Mais les cartes jointes à ce volume, qui reproduisent la carte gravée à l'échelle de 320 1000ᵐ, sont très suffisantes pour les directions générales et les principaux points d'excursions. Une excellente carte de la France, en couleurs, dressée par le service vicinal à l'échelle de 1/100,000ᵐ, est en cours de publication. Les feuilles comprenant les départements des Ardennes et de la Marne en entier, ainsi qu'une partie de ceux de la Haute-Marne, de la Meuse et des Vosges, sont en vente au prix de 75 cent. la feuille, à la librairie Hachette.

ABRÉVIATIONS

alt.	altitude.
arr.	arrondissement.
aub.	auberge.
c.	centimes.
ch.-l. de c.	chef-lieu de canton.
dép., départ.	département.
dil.	diligence.
dr	droite.
env.	environ.
fr.	francs.
g.	gauche.
h.	habitants ou heure
ham.. . . .	hameau.
hôt.	hôtel.
k.	kilomètres.
l.	lieues.
m	minutes ou marc.
mèt.	mètres.
p.	poste.
pf.	pfennig.
t. l. j. . .	tous les jours.
V.	ville.
v.	village.
V.	voir.
voit. . . .	voitures.

N. B. — A défaut d'indication contraire, les hauteurs sont évaluées au-dessus du niveau de la mer.

AVIS AUX TOURISTES

Les renseignements pratiques (hôtels, omnibus, guides, voitures) disséminés précédemment dans les Guides Joanne, en tête de l'article consacré à chaque localité, se trouvent désormais réunis à la fin de chaque volume. Ces renseignements, qui varient quelquefois pendant une saison, seront réimprimés dès que la correction en sera devenue nécessaire. MM. les touristes devront donc les chercher, quand ils en auront besoin, non dans le texte même du Guide, mais dans l'*Index alphabétique* à la fin du volume.

Ce signe * placé à la suite du nom d'une localité quelconque dans le corps du volume indique qu'il se trouve à l'Index alphabétique des renseignements pratiques à consulter.

L'orthographe française a été conservée pour tous les noms des localités de l'Alsace-Lorraine; l'orthographe allemande est indiquée entre parenthèses.

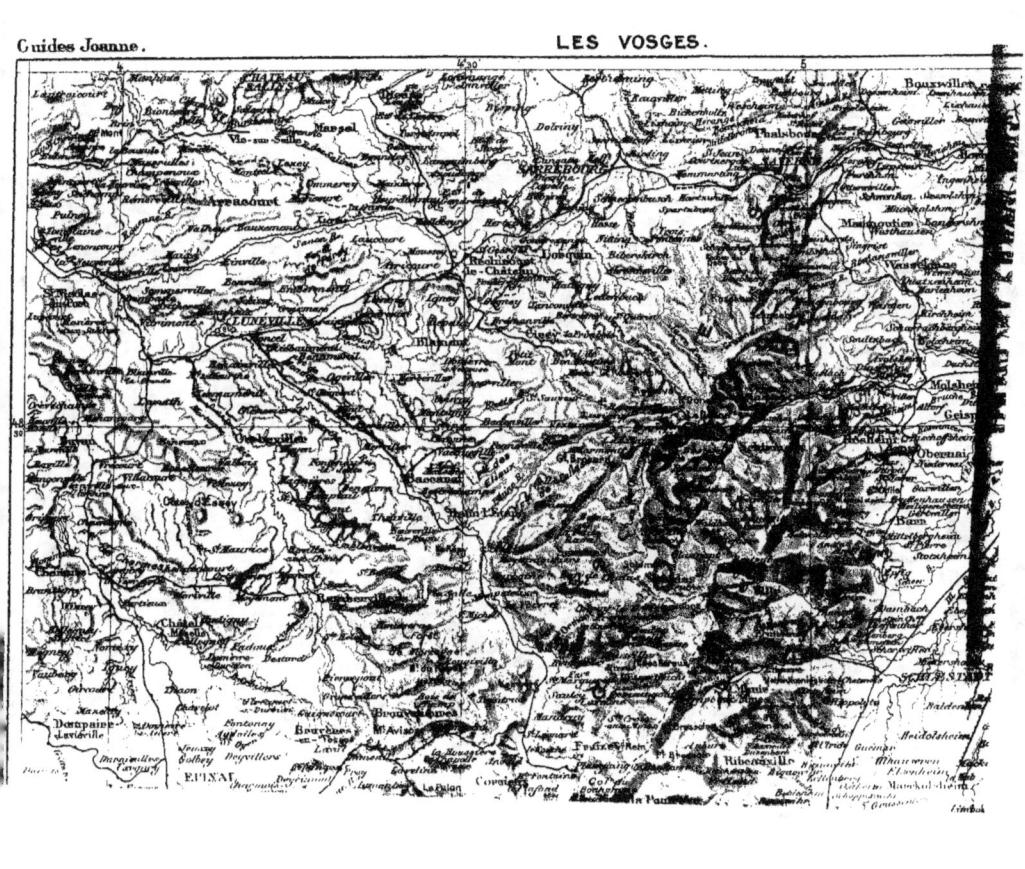

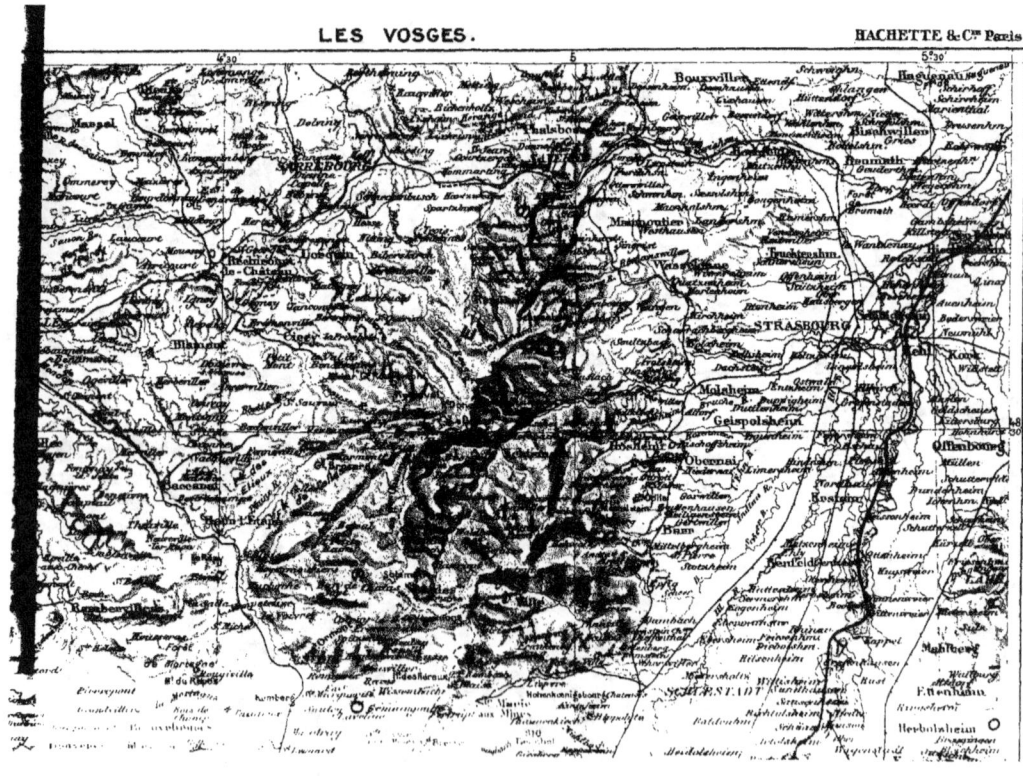

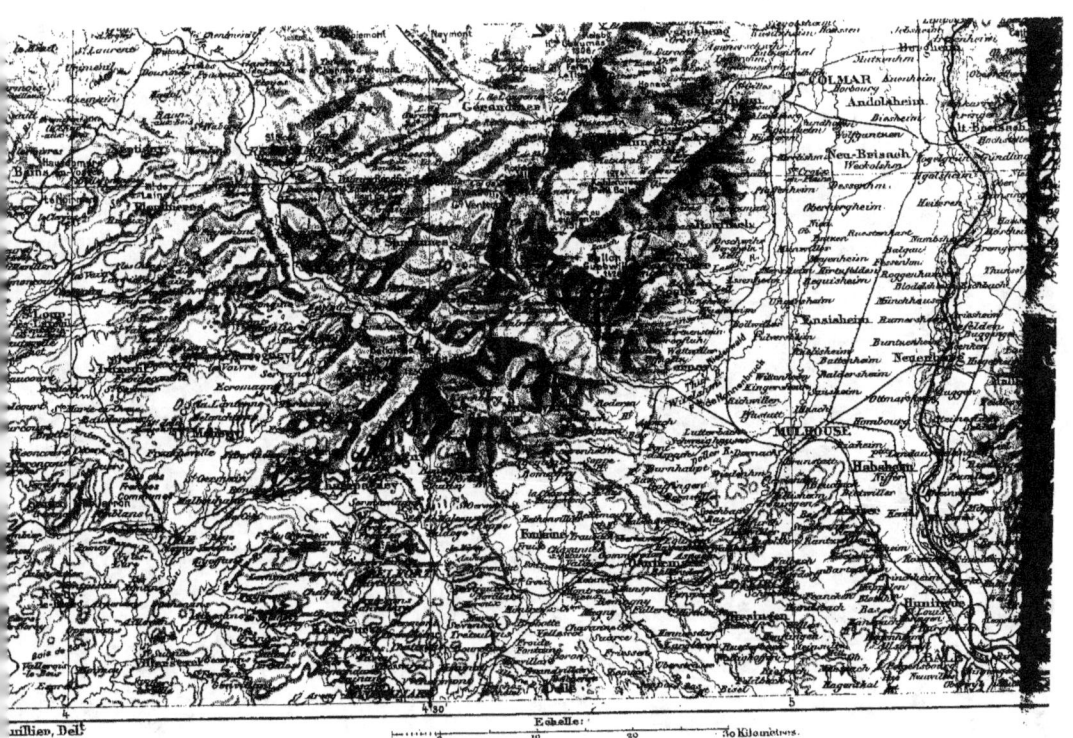

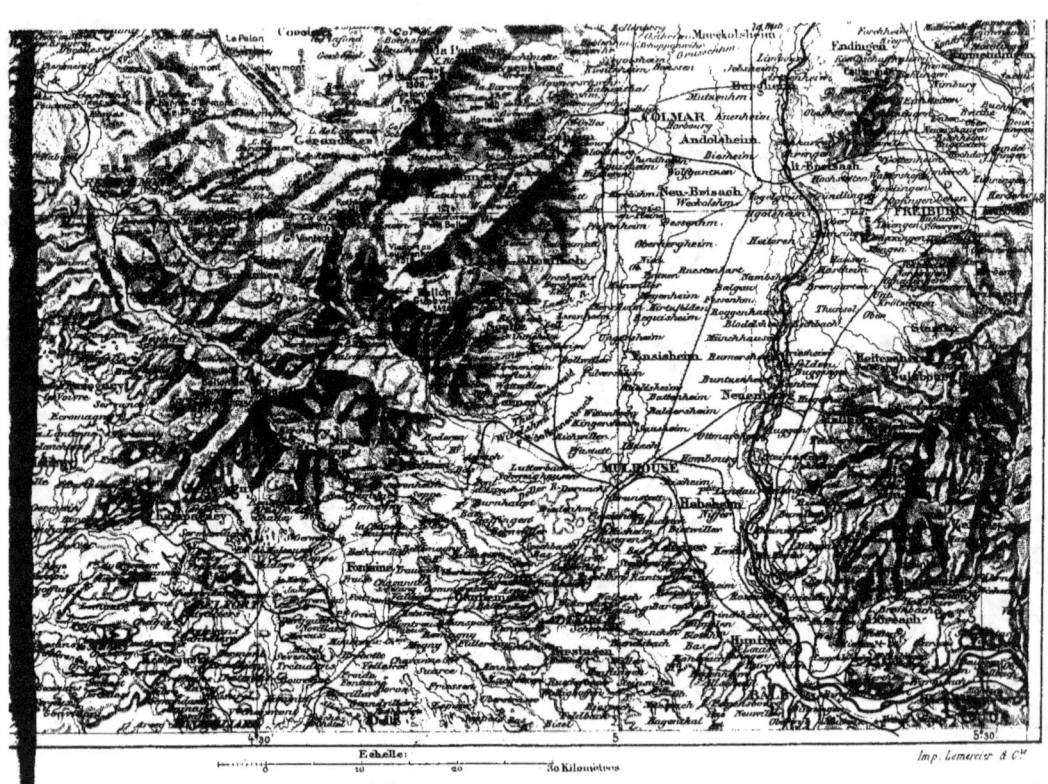

VOSGES
ALSACE ET ARDENNES

ROUTE 1.

DE PARIS A STRASBOURG
PAR NANCY ET AVRICOURT

503 k. — Chemin de fer (gare de l'Est, boulevard de Strasbourg). — Trajet en 11 h. 10 et 14 h. 55, par trains express.—Prix: 1re cl., 61 fr. 35; 2e cl., 45 fr. 55; mixte (1re cl. en France, 2e cl. en Allemagne), 58 fr. 25, par trains express (*Schnell-Züge*); 1re cl., 59 fr. 95; 2e cl., 44 fr. 15; 3e cl., 31 fr. 85, par les autres trains (Personen-Zuge).

N. B. — L'heure allemande est en avance de 25 m. sur l'heure française à la station de Deutsch-Avricourt, où les trains s'arrêtent pendant une demi-heure au moins, pour la visite de la douane allemande.

DE PARIS A NANCY

353 k. — Trajet en 6 h. 30 à 7 h. 20 env., par trains express; en 9 h. 10, par train direct; en 11 h. env., par trains semi-directs; en 10 h. 45, par train omnibus. — 1re cl., 43 fr. 50; 2e cl., 52 fr. 60; 3e cl., 23 fr. 90.

6 k. *Pantin*. — On croise le canal de l'Ourcq.

9 k. *Noisy-le-Sec*. — A dr., ligne de Mulhouse (R. 2).

11 k. *Bondy*. — A g., ligne d'Aulnay-lès-Bondy.

13 k. *Le Raincy-Villemomble*.

15 k. *Gagny*.

19 k. *Chelles*, 2702 h., sur la Marne. — *Église* (chœur du XIIIe s., réparé en 1772). — Dans une prairie voisine du chemin de fer, *pierre* (mon. hist.) marquant, selon la tradition, le lieu où fut assassiné Chilpéric Ier (584) par Landry, amant de Frédégonde.

28 k. *Lagny*, ch.-l. de c. de 4621 h., sur les bords de la Marne.— *Église* du XVe s. (transformée en auberge et en magasins). — *Ponts*, dont l'un en fer et en pierre.

A dr., ligne de Villeneuve-le-Comte.

Après avoir traversé *Dampmart*, la voie ferrée franchit la Marne sur un beau pont et traverse le coteau de *Chalifert* dans un tunnel de 168 mèt. — A dr., souterrain servant au passage du canal de Chalifert.

LES VOSGES. 1

37 k. *Esbly.*

45 k. **Meaux** * (buffet), ch.-l. d'arrond. du dép. de Seine-et-Marne, V. de 12 525 h., sur la Marne, qui la divise en deux parties.

Cathédrale commencée au XII° s., terminée seulement au XVI° s. et restaurée depuis 1854. — Tour du N., haute de 76 mèt. (310 marches pour monter à la plate-forme; belle vue), seule complètement achevée. — Intérieur long de 84 mèt., large de 41 mèt., haut de 31 mèt. — Dans le bas-côté de dr., *monument* érigé en 1822, par le sculpteur Rutxiol, à Bossuet (la *tombe* de l'illustre évêque est indiquée à l'entrée du sanctuaire, à dr., par une dalle en marbre noir). — Charmante porte du XV° s., dite *porte Maugarni*, à la hauteur du chœur, à g. — *Buffet d'orgues* (1627) reposant sur une très belle arcade. — Magnifique *verrière* de la fenêtre du transsept (bras S.). — *Chaire* refaite avec les panneaux de celle dans laquelle prêcha Bossuet.

Palais épiscopal. Au 1er étage, appartements de l'évêque, du XVII° s., mais reposant sur des constructions d'une époque bien antérieure. — Au rez-de-chaussée, du côté du jardin, *galerie* du XV° s. — *Jardin* dessiné, dit-on, par Le Nôtre (au N., terrasse et pavillon, dans lequel Bossuet se retirait souvent pour travailler). — Chapelle de l'évêché.

Bâtiment dit *de la Maîtrise* édifice de forme massive (XIII° s.) situé au côté N. du chevet de la cathédrale (rue Notre-Dame).

Meaux est entouré de boulevards qui forment une charmante promenade.

La voie ferrée traverse de belles cultures maraichères, puis franchit le canal de l'Ourcq à deux reprises, et ensuite la Marne sur un pont de 70 mèt.

51 k. *Trilport.* — Tunnel d'*Armentières* (672 mèt.). — On croise la Marne.

58 k. *Changis.*

66 k. **La Ferté-sous-Jouarre** *, ch.-l. de c. de 4859 h., dans une position charmante, au débouché de la vallée du Petit-Morin dans celle de la Marne. La ville est divisée par la Marne en deux parties que relie un beau pont en pierre et en fonte, récemment construit. — *Église paroissiale* (fin du XV° s. ou commencement du XVI°). — Fabrication de meules d'une qualité très estimée.

Au-dessus de la Ferté (à l'O.), *château de Venteuil*, autrefois habité par le botaniste A. de Jussieu.

[A 5 k., **Jouarre** *, 2488 h. — *Église* de la fin du XV° s. (vitraux du XVI° s. et châsses richement ornées dont la plus remarquable, renfermant les reliques de saint Jules, date du XIII° s.) avec *crypte* formant deux églises souterraines qui semblent remonter au XI° s. et renfermant des sarcophages des XII° et XIII° s. — *Croix* du XIII° s. dans un cimetière abandonné (derrière l'église). — *Tour* du XIII° s.]

Le chemin de fer pénètre

Pagination incorrecte — date incorrecte

NF Z 43-120-12

dans la plus belle partie de la vallée de la Marne, et, jusqu'au delà d'Épernay, circule entre deux lignes de riants coteaux, tantôt boisés, tantôt cultivés, et se couvrant de vignes à mesure qu'on approche d'Épernay. — A g., *château de Tanqueux* (xviie s.).

On croise deux fois la Marne. — Tunnel de Nanteuil (945 mèt.), à la sortie duquel on franchit de nouveau la Marne, dont on suit dès lors la rive g. jusqu'à Vitry-le-François.

74 k. *Nanteuil.* — On passe du départ. de Seine-et-Marne dans celui de l'Aisne, dont on traverse l'extrémité S.

81 k. *Nogent-l'Artaud.* — Tunnel de *Chézy-l'Abbaye* (440 mèt.).

94 k. **Château-Thierry** * (buffet), ch.-l. d'arr., V. très pittoresque de 7015 h., dominée par les ruines de son ancien château fort et limitée au S. par une ligne de boulevards s'étendant de l'E. à l'O. sur la rive dr. de la Marne.

Église paroissiale (Grand'Rue) en partie du xve s. — Au S. de la façade, tour massive, quadrangulaire. — A l'int. : trois nefs; *piliers* du bas-côté de g. sur lesquels se dessine une spirale très élégante ; *vitraux* modernes, et vestiges de vitraux du xvie s.; *clefs de voûte* armoriées de la nef et belle *boiserie* à l'entrée de l'aile S.

Maison où est né **La Fontaine** (rue du Collège ou La Fontaine, n° 13). Sur la façade (au fond d'une cour), date de 1559, époque probable de la construction. A l'intérieur, *escalier voûté* et quelques *chambres* supérieures dans leur état primitif. Sur le derrière de la maison, petit *jardin* existant déjà du temps de La Fontaine (à g., couvert de tilleuls où le fabuliste aurait parfois rêvé).

Château fort, sur un mamelon complètement isolé et dominant la ville. Ce château, dont la construction primitive remonte au viiie s. et dans lequel Charles le Simple fut retenu prisonnier par le comte de Vermandois, est entouré d'une charmante promenade (très belle vue). — *Tour Balan* ou *du beffroi* (xve s.), dont le sommet, flanqué de tourelles, s'aperçoit de tous les abords de la ville. — *Statue de La Fontaine* (à l'entrée de la rue du Pont), en marbre blanc (1824). — *Fontaine* élégante, sur la place du Marché Saint-Martin.

104 k. *Mézy-Moulins* ou *Molins*.

107 k. *Courtemont-Varennes*.

117 k. *Dormans*, ch.-l. de c. de 2179 h. — *Église* du style ogival. — *Château* avec parc. — Restes de *remparts*.

126 k. *Port-à-Binson*, dépendant de *Mareuil-le-Port*.

A dr., sur une colline, beau *château* moderne de *Boursault* (style de la Renaissance).

135 k. *Damery*, sur la rive dr. de la Marne.

142 k. **Épernay** * (buffet), ch.-l. d'arr. de 16 588 h., sur la rive g. de la Marne, en face de

coteaux fournissant les vins renommés de la Champagne.

Église paroissiale, de construction moderne (une nef et deux collatéraux). — Sur le latéral du N., *portail*, œuvre de la Renaissance et dernier reste de l'église primitive. — A l'int., *vitraux* du XVI° s. (*Noé foulant le raisin*).

Fontaine monumentale devant l'église. — *Palais de justice*, édifice moderne d'un aspect grandiose, qui domine la *promenade du Jard*.

Faubourg de la Folie, où s'élèvent les beaux *hôtels* des grands négociants en vins de Champagne (MM. Perrier, Moët, Piper, Auban, Mercier, etc.). — C'est là que se conservent, au fond de caves immenses, pratiquées dans un roc crayeux, les précieux vins, en bouteilles rangées par centaines de mille. Les caves de M. Mercier, au château de Pékin, présentent un développement de plus de 15 k. et sont très curieuses à visiter, ainsi que les foudres énormes renfermant les cuvées et dont l'un contient 75 000 bouteilles. On estime à 8 millions le nombre de bouteilles de vin de Champagne entreposées annuellement dans les caves d'Épernay. 800 000 proviennent du territoire même de la ville, et le surplus, des autres vignobles champenois. — C'est principalement dans l'arrondissement d'Épernay et dans celui de Reims, sur la ligne de coteaux dite *montagne de Reims*, que se trouvent les crus les plus célèbres, parmi lesquels se placent au premier rang ceux de *Sillery*, d'*Aï*, de *Bouzy*, etc.

D'Épernay à Givet, par Reims et Mézières-Charleville, R. 55.

Le chemin de fer s'écarte de la Marne. — Sur la dr. se dressent les grands arbres de la route d'Allemagne. — Les terrains crayeux de la Champagne pouilleuse ne tardent pas à se montrer.

148 k. *Oiry-Mareuil*.

[A dr., un embranchement, de 84 k., mène, par Fère-Champenoise et Sézanne, à Romilly, station de la ligne de Mulhouse (R. 2).]

159 k. *Jaalons-les-Vignes*. — *Église* avec tour carrée et beau clocher roman (crypte du VII° s.).

On franchit la Somme-Soude, puis on laisse à g. la ligne de Châlons-Reims et de Châlons-Verdun (V. R. 48, A).

173 k. **Châlons-sur-Marne** *, ch.-l. du dép. de la Marne, V. de 23 199 h., sur la Marne.

Cathédrale, bel édifice du XIII° s. — Tour du N. du XII° s.; chapelles et collatéral du chœur du XIV° s.; portail de 1624. — A l'int., dont le pavage est presque entièrement formé de *pierres tombales* du XII° au XVI° s.; *maître-autel* très riche avec baldaquin; beaux restes de *vitraux* des XII°, XIII°, XIV°, XV° et XVI° s.; tableaux de Jean de Boullogne (*Jésus-Christ au jardin des Oliviers*, et *Jésus-Christ* *et la Samaritaine*); tableau (retouché) du xv° s. (*Consécration de la cathédrale par le pape Eugène III*); *buffet d'orgues* moderne.

Notre-Dame, construite en bois au v° s., rebâtie de 1158 à 1322, dans les styles roman et ogival (le *porche* du S. n'a été achevé qu'en 1469). — A l'int. (trois nefs) : tribunes du chœur et de la nef principale; *chapiteaux* variés des colonnes; *pierres tombales*; magnifiques *verrières* du xvi° s. (celles du collatéral N. surtout sont d'une exécution supérieure, et notamment l'*Assomption de la Vierge* et la *Victoire miraculeuse de Las Navas de Tolosa*); carillon.

Saint-Alpin, des xii°, xv° et xvi° s. (*vitraux* du xv° s.; *Christ* d'Albert Dürer; *tableaux* des Bassan).

Saint-Jean, du xii° au xvi° s. (*Saint Sébastien*, par Philippe de Champaigne). — *Saint-Loup*, du xv° s., avec portail du xvii° s. (*triptyque* de l'*Adoration des Mages* dont la peinture intérieure est attribuée au Primatice; *Sainte Madeleine morte*, de Simon Vouët; statue en bois du xv° s. représentant saint Christophe). — *Temple israélite* (1875). — *Chapelle Sainte-Pudentienne*, pèlerinage très fréquenté.

Hôtel de ville (1771) renfermant : la *bibliothèque publique* (28 000 vol.); le *musée* et le *cabinet Picot* (tableaux, statues, objets d'art et antiquités); des collections d'histoire naturelle.

— *Préfecture* (1750 à 1764). — *Palais de justice* (1872). — *Porte Sainte-Croix*, arc de triomphe inachevé (1770). — *Ponts des Archers* (xvii° s.) et *de l'Arche Mauvilain* (1550). — *Ancienne maison* (rue Vivier), avec écussons armoriés. — *Tourelle du bastion d'Aumale*. — *Promenade du Jard*, bordant le canal de la Marne. — Ancien *établissement Jacquesson* (caves d'un développement de plus de 10 k., pouvant contenir 3 millions de bouteilles). — École et casernes d'artillerie.

De Châlons à Verdun et à Metz, R. 48, A.

Au delà de Châlons, le chemin de fer, laissant à dr. la ligne de Troyes (R. 2) par Arcis-sur-Aube, prend la direction du S.-E. et longe à g. la Marne et le canal latéral.

188 k. *Vitry-la-Ville* (*église* ogivale; *château* du xvii° s., avec jardins dessinés par Le Nôtre).

199 k. *Loisy* (*église* du xvii° s.; *jardins* et *serres* remarquables). — La voie ferrée franchit une dernière fois la Marne et prend la direction de l'E.

205 k. **Vitry-le-François** *, ch.-l. d'arr. du dép. de la Marne, V. de 7760 h., sur la rive dr. de la Marne. — *Église Notre-Dame*, du xvii° s. (*chœur* pavé en marbre; belles *stalles*; *pierres tombales* de 1500 à l'entrée latérale de dr.). — *Hôtel de ville* (bibliothèque de 12 000 vol.). — *Statue* en bronze *de*

Royer-Collard (1846), par Marochetti. — Vaste *place d'Armes*.

Le *canal latéral à la Marne* (ouvert en 1845), long de 65 100 mèt et qui descend en rivière à Dizy, à 4 k. environ au N.-O. d'Épernay, et le *canal de la Marne au Rhin* ont leur point de jonction à Vitry-le-François. Le canal de la Marne au Rhin, ouvert conformément à la loi du 3 juillet 1838, présente, avec les embranchements d'Houdelaincourt et de Toul, une longueur totale de 319 829 mèt. Il a son débouché dans la rivière d'Ill, au-dessous de Strasbourg, en face du canal de l'Ill au Rhin (*V.* ci-dessous).

218 k. **Blesmes** (buffet), point d'embranchement de la ligne de Blesmes à Chaumont par Saint-Dizier et Joinville. — *Église* avec abside du xiiie s.

De Blesmes à Neufchâteau, par Bologne, R. 7, C.

226 k. *Pargny-sur-Saulx*. — *Château* avec vestiges d'anciens fossés. — Nombreuses *tuileries*.

Le chemin de fer longe le canal de la Marne au Rhin.

231 k. *Sermaize*, V. de 2582 h. — *Église* ogivale de la fin du xiie s. — *Ruines* d'une ancienne forteresse.

[A 2 k. au S. (omnibus pendant l'été), *source* minérale dite *des Sarrazins*, employée contre les affections calculeuses et l'anémie (eau froide, sulfatée magnésienne, bicarbonatée calcique, ferrugineuse, limpide, inodore).— *Établissement thermal* (12 cabinets de bains et salles de conversation et de lecture).]

Le chemin de fer franchit la Saulx, puis le canal, entre dans le dép. de la Meuse et se rapproche de l'Ornain (à g.).

239 k. *Revigny-aux-Vaches*, ch.-l. c. de 1810 h.

A g., ligne de Rethel (*V.* R. 48 et 55).

245 k. *Mussey*.

A dr., *Fains* (asile d'aliénés). — On croise de nouveau le canal, puis l'Ornain.

254 k. **Bar-le-Duc*** (buffet), ch.-l. du dép. de la Meuse, V. de 17 485 h., en partie dans la vallée, en partie sur les hauteurs qui dominent la rive g. de l'Ornain.

Direction. — En sortant de la gare, après avoir traversé un faubourg et un pont en pierres sur l'Ornain, on arrive dans la *rue de la Rochelle*, conduisant : à g., à la promenade des Saules (*monument du docteur Champion*) ; à dr., à la *rue Entre-Deux-Ponts*, par laquelle, en tournant à g., on gagne la *place Reggio* ; au delà de celle-ci, et après avoir dépassé le bras canalisé de l'Ornain et l'église Saint-Antoine, la *rue de la Côte-de-l'Horloge* mène à la ville haute. On peut revenir à la ville basse en suivant les *rues des Ducs, de la Côte-du-Château* et *Gilles-de-Trèves*. De la haute esplanade, à l'entrée de la *Côte-du-Château*, on jouit d'une très belle vue.

Ville basse. — *Église Saint-Antoine*, dans le style ogival du xive s. (beau *chœur* avec vitraux). Le bras canalisé de

[ROUTE 1].   BLESMES. — BAR-LE-DUC.   7

l'Ornain passe sous l'église. — *Église Notre-Dame*, près du chemin de fer (clocher avec pilastres corinthiens). — *Temple protestant* (sur une petite place, à dr., dans la rue de la Rochelle), construit en 1864, dans le style roman de transition. — *Pont Notre-Dame*, avec une *chapelle* dédiée à la Vierge. — *Hôtel de ville* (place Reggio) dans l'ancienne résidence du maréchal Oudinot. — *Statue* (en bronze) *du maréchal Oudinot*, sur la même place. — Deux *maisons* du xvi° s. (rue du Bourg et rue Gilles-de-Trèves). — Restes d'une *porte* du xvii° s. (rue Véel). — *Théâtre* et *café des Oiseaux* (dans les vitrines de la salle du café, nombreux et remarquables spécimens d'histoire naturelle). — *Ateliers de M. Champigneulles* (peinture sur verre; ancienne maison Maréchal, de Metz), situés à l'extrémité de la promenade des Saules.

VILLE HAUTE. — Église Saint-Pierre, du xiv° s., terminée probablement au commencement du xv° s. *Portail* bâti par Louis XI. A g., tour arrêtée à la hauteur du pignon et surmontée d'une sorte de campanile. A l'int. (3 nefs) : dans le collatéral de dr., entrée de la *chapelle des fonts baptismaux*, ornée d'une guirlande de fleurs sculptée, et, du même côté, autre chapelle (voûte à nervures terminées par d'élégants caissons; curieuse clôture en pierres et à jour). A l'extrémité S. du transsept, admirable *statue*, due à l'illustre sculpteur lorrain *Ligier Richier* (xvi° s.). Elle est placée entre deux colonnes de marbre noir, dans un cadre grossier en bois et cachée par un rideau de serge (s'adresser au sacristain, côté g. du chevet de l'église). Cette statue, qui ornait le mausolée de René de Châlons, tué en 1544, au siège de Saint-Dizier, est en marbre blanc et représente un homme plus grand que nature, mort et dont les chairs à demi décomposées, déjà dévorées par les vers, laissent apercevoir çà et là le squelette. — *Tour de l'Horloge* (rue de la Côte-du-Château), débris du château fortifié de Bar (un escalier contournant la base de cette tour permet de descendre, de ce point, dans la ville basse par la rue de la Côte-de-l'Horloge). — *Couvent des Sœurs dominicaines*, vaste construction en avant de laquelle s'élève une *chapelle* moderne du style ogival. — Charmantes *maisons* des xv°, xvi° et xvii° s. (rue des Ducs, n°° 38, 41, 47, 55, 67, et rue et place Saint-Pierre, n°° 4, 7, 8, 9 et 14). — Anciennes dépendances du château de Bar, à l'extrémité supérieure de la rue Gilles-de-Trèves, et un peu plus bas vieille *porte* ogivale.

Musée, fondé en 1841 et installé dans une *maison de la Renaissance*, avec balcon en pierre, donnant sur la place de l'église Saint-Pierre. Elle renferme au rez-de-chaussée et au 1ᵉʳ étage de vastes salles, dont deux ont de belles *cheminées* sculptées dans le goût du xvi° s. Le musée comprend : une collection de tableaux (*portraits de la marquise du Châtelet et de Louis XV; ruines à Nîmes*, par Hubert Robert; *fête flamande* attribuée à Breughel le Vieux; *Enlèvement de Proserpine*, de Lebrun; *portraits des ducs de Lorraine; Médée*, par Morot; un *Marché*, par Eug. Lambert; deux *Vieillards*, par Maréchal, de Metz); — une collection de sculptures (*bustes* en marbre, l'un *de Trajan*, l'autre *d'Adrien*, donnés par le général Oudinot, fils du maréchal; petite *statue* équestre *du duc Antoine de Lorraine*; bustes de *Perronet* et de la *reine Marie-Amélie;* antiquités provenant de fouilles faites à *Nasium* en 1845; fragments du moyen âge et de la Renaissance; plâtres d'après l'antique); — une galerie spécialement consacrée aux *illustrations militaires* de la Meuse; — des collections d'histoire naturelle et un médaillier; — une riche collection de *porcelaines*, réunie par les soins de M. Oudet, ancien conservateur du musée.

Les coteaux qui entourent Bar-le-Duc, et particulièrement ceux s'élevant sur la rive dr. de l'Ornain, donnent des vins d'excellente qualité, qui constituent une des principales branches du commerce de Bar-le-Duc. — *Confitures* blanches et rouges de groseilles et de framboises très estimées. — Manufactures de corsets sans coutures et de tissus de coton.

Le chemin de fer remonte la vallée de l'Ornain et croise le canal en face de *Savonnières*.
259 k. *Longeville*.
265 k. *Nançois-le-Petit*.

De Nançois-le-Petit à Luxeuil, R. 4, C; — à Plombières, R. 5, C; — à Bains, R. 6, C; — à Saint-Dié, R. 25, B.

La voie ferrée abandonne la vallée de l'Ornain, s'écarte du canal qui continue à la remonter (à dr.), et pénètre dans la vallée de la Meuse par le tunnel de *Mauvage*.
276 k. *Loxéville*.

On croise l'Aire et, entre cette rivière et le village de *Cousances-aux-Bois*, on franchit la ligne séparative des bassins de la Seine (vallée de l'Ornain) et de la Meuse. Dans ce passage se rencontrent de profondes tranchées (la plus remarquable a 22 mèt. de profondeur).
289 k. *Lérouville*.

De Lérouville à Verdun, à Nancy et à Sedan, R. 53, A.

293 k. **Commercy***, ch.-l. d'arr. de la Meuse, V. de 5262 h., sur un bras de la Meuse. — *Château* (aujourd'hui caserne) reconstruit dans le style du xvii° s. par Henri de Vaudemont. Cette résidence lui avait été cédée par le cardinal de

Retz, qui y passa les dernières années de sa vie et y écrivit une partie de ses Mémoires. Lorsque le roi de Pologne Stanislas devint duc de Lorraine, il agrandit et embellit encore le château et y ajouta un parc et des jardins magnifiques. Il y reçut plusieurs personnages célèbres, entre autres Voltaire, qui y vint en 1747 et y composa *Sémiramis* et *Nanine*. — *Église* du xviie s. — *Statue* en bronze du savant bénédictin D. Calmet (1865). — *Fontaine* monumentale sur la place de l'Hôtel-de-Ville. — Belles *promenades* dans la forêt de Commercy. — Pâtisseries connues sous le nom de *Madeleines*.

Le chemin de fer franchit la Meuse.

303 k. *Sorcy*. — On se rapproche du canal de la Marne au Rhin et l'on traverse un tunnel (570 mèt.).

308 k. *Pagny-sur-Meuse* ou *Pagny-Vaucouleurs*. — Beau *pont* sur la Meuse.

De Pagny à Chaumont, par Neufchâteau, R. 8.

On passe du dép. de la Meuse dans celui de Meurthe-et-Moselle. — Tunnel de 1120 mèt. — On entre dans la vallée de la Moselle, après l'avoir traversée. Le canal de la Marne au Rhin pénètre également dans le bassin de la Moselle par un souterrain de 1100 à 1200 mèt., presque parallèle à celui du chemin de fer.

313 k. *Foug*. — A 4 k. au S., *Savonnières* (anciennement *Saponaria*), où l'on a découvert un grand nombre d'*antiquités* gallo-romaines.

[A dr., embranchement pour (34 k.) Favières.]

320 k. **Toul***, ch.-l. d'arr. du dép. de Meurthe-et-Moselle, V. de 10 012 h., sur la Moselle.

Le 16 août 1870, la garde royale prussienne investit la ville de Toul. Après plusieurs sommations, le bombardement commença ; l'artillerie de la place répondit avec avantage. Le 11 septembre, les assiégeants, ayant tenté une attaque de vive force, furent, après une lutte de neuf heures, repoussés avec des pertes sensibles ; mais cette héroïque résistance ne pouvait se prolonger. Toul fut obligé de capituler le 23 septembre. 5500 prisonniers tombèrent entre les mains des Allemands avec 200 canons, dont 48 rayés, et 5000 fusils.

Église Saint-Étienne, fondée en 970, simple église paroissiale depuis la suppression du siège épiscopal de Toul, anciennement l'un des trois évêchés (Toul, Metz et Verdun). C'est un édifice du style ogival, remarquable par la légèreté et l'élégance de sa construction (chœur et transsept du xiiie s. ; nef et bas-côtés du xive s.; *portail*, chef-d'œuvre d'architecture, et tours hautes de 75 mèt., du xve s.). — A l'int. : belle nef, haute de 36 mèt., longue de 88, large de 13 mèt. entre les piliers (27 mèt., y compris les deux collatéraux); *chapiteaux* des colonnes de la nef; beaux *vitraux*, particulièrement le grand vitrail du transsept (moderne), d'après les cartons de Casimir de Balthasar, et un vitrail de 1507 (*Baptême du Christ*); *buffet d'orgues* soutenu par une voûte plate, merveille d'architecture; *maître-autel* en marbre blanc et bleu turquin; *chapelle du Sacré-Cœur* (fondée par Stanislas, Marie Leczinska et le grand dauphin), *chapelles de Saint-Étienne et des Évêques*; *siège épiscopal* (xiii° s.) en pierre sculptée. — Sur le côté S. de l'église, beau *cloître* comprenant 27 travées qui s'ouvrent sur le préau par une grande arcade ogivale. — Dans une chapelle attenant au cloître, joli morceau de sculpture (*Adoration des bergers*) trouvé en 1839 à Pont-à-Mousson.

Église Saint-Gengoult, du style ogival (xiii° s.). — *Portail*, surmonté d'une grande fenêtre ogivale à trois compartiments, et flanqué de deux tours d'un aspect sévère (celle du N. est seule terminée). — A l'int. : élégantes colonnettes; vitraux; pierres tombales. — *Cloître* du xvi° s., remarquable par la richesse et la variété de ses sculptures.

Hôtel de ville installé dans l'ancien palais épiscopal (xviii° s.). — *Pont* en pierre (1770) sur la Moselle. — *Porte* d'entrée et *donjon* de la maison appelée *le Gouvernement* (rue Foy). — *Soubassements* de deux très vieilles *tours* (rue des Tanneurs). — *Casernes*. — *Collège*. — *Halles*. — *Forts* détachés, construits depuis 1871 et dominant la ville. — Au haut de l'*Esplanade*, près de la porte de France, *monument* à la mémoire des victimes du siège de 1870.

On croise le canal, qui va (à g.) contourner le petit plateau de Liverdun, en traversant un souterrain de 500 mèt. percé à plus de 30 mèt. au-dessous de Liverdun, puis on franchit la Moselle sur un pont de 7 arches.

329 k. *Fontenoy-sur-Moselle*. En janvier 1871, ce village a été incendié de fond en comble par les Allemands, irrités de ce qu'une poignée de soldats français, trompant leur vigilance, étaient venus jusque-là faire sauter une arche du pont du chemin de fer.

Le chemin de fer franchit de nouveau deux fois la Moselle à l'entrée d'une gorge d'un aspect agreste. La rivière y est elle-même croisée par le canal (beau pont-canal).

338 k. *Liverdun*, V. de 1920 h., sur une colline baignée par la Moselle. — *Église* du xiii° s., mais complètement remaniée (*tombeau de saint Eucaire*; *stalles* intéressantes dans le chœur; *sculptures* de la Renaissance dans la sacristie). — Restes considérables d'une *enceinte fortifiée* (tours, remparts). — *Maison* dite *du Gouvernement* et *tour* ruinée (xv° s.). — *Presbytère* (portail orné de

médaillons en plâtre du XVIIIᵉ s.). — Vue très pittoresque.

On longe la Moselle à g. et le canal à dr. — A g., *Pompey* et à dr., *Frouard* (3391 h.; *église* du XVIᵉ s.; *pont* sur la Moselle, 1781-1792).

345 k. **Frouard** (buffet à la gare), station à 1 k. du village.

De Frouard à Metz, R. 48, B.

348 k. *Champigneulles* (halte).

De Champigneulles à Sarreguemines, par Château-Salins, R. 46, B.

On franchit le canal sur un pont biais, puis on traverse *Boudonville*.

353 k. **Nancy** (buffet à la gare).

NANCY

Situation. — Aspect général.

Nancy*, ch.-l. du dép. de Meurthe-et-Moselle, V. de 73 225 h., ancienne capitale du duché de Lorraine, est située sur la rive g. de la Meurthe, à 10 k. environ au-dessus de l'embouchure de cette rivière dans la Moselle. Bien que partagée en *ville vieille* et en *ville neuve*, Nancy est une cité toute moderne. Elle doit à ses rues larges et régulières, à ses nombreux édifices publics, à plusieurs places d'une physionomie grandiose, un aspect vraiment monumental.

Histoire.

Les origines de Nancy sont assez obscures. Dès le VIIᵉ s., il semblerait que des habitations s'étaient groupées autour d'une forteresse qui, en 1070, était capable d'arrêter les trois armées réunies de l'archevêque de Trèves, de l'évêque de Metz et du comte de Bar. La maison de Nancy remonte à Odelric, qui prend le titre d'Odelric de Nancy en 1069.

Cette cité devint la capitale des ducs de Lorraine et eut une grande importance dès le XIIᵉ s. Vers la fin du XIIIᵉ s., elle eut à se défendre de nouveau contre l'archevêque de Metz, et, en 1409, le duc Charles II battit à Champigneulles les forces réunies du duc d'Orléans, du comte de Bar, de l'évêque de Verdun, etc. C'est ce même duc Charles II qui donna à Jeanne d'Arc des armes et un cheval tout harnaché.

En 1476-1477, Nancy résista à Charles le Téméraire. C'est de cette époque que date sa grandeur comme capitale d'un état souverain. Le duc Charles III reconstruisit ses fortifications, ouvrit de nouvelles rues, créa la place de la Carrière, etc. La prospérité de Nancy subit un temps d'arrêt sous le règne agité du duc Charles IV; mais après la paix de Ryswick, en 1697, Léopold Iᵉʳ, ayant repris possession de son duché, sut réparer les malheurs du passé. De nombreuses rues furent ouvertes, des académies furent fondées et une foule de manufactures s'élevèrent. Stanislas, beau-père de Louis XV, ayant reçu, en compensation de son royaume de Pologne, les duchés de Lorraine et de Bar, en 1736, acheva les embellissements commencés par le duc Léopold; il termina la place qui porte son nom, créa celle de l'Alliance, etc. A partir de sa réunion à la France, qui eut lieu le 23 février 1766, Nancy cesse d'avoir une histoire particulière.

C'est à Nancy que fut tué, le 31 août 1790, le jeune officier Desilles qui, pour éviter l'effusion du sang, s'était jeté devant la bouche des canons. On prétend que les empereurs d'Autriche, de Russie et le roi de Prusse conçurent, dans cette ville, qu'ils occupèrent deux fois en 1814 et 1815, la première idée de la Sainte-Alliance.

Lors de la troisième invasion, en 1870, les Allemands entrèrent à Nancy le 12 août, exigèrent de cette ville des sommes énormes, et lui firent subir des réquisitions dont le chiffre ne peut se calculer.

Les principaux personnages que Nancy a vus naître sont : l'auteur dramatique Palissot, le chevalier de Boufflers, le critique Hoffman, les sculpteurs Nicolas Drouin et Clodion, les peintres Bellangé et Isabey, les graveurs et dessinateurs Jacques Callot et Grandville, le serrurier-artiste Jean Lamour, la tragédienne Raucourt, le général Drouot, l'agronome Mathieu de Dombasle, etc.

Direction.

A la sortie de la gare (en face, statue de Thiers), tourner à dr. dans la *rue Stanislas* (*porte Stanislas*); au delà, à dr., *place Dombasle* (statue du célèbre agronome). Arrivé sur la *place Stanislas*, prendre (à l'angle g. en regardant l'hôtel de ville) la *rue de la Constitution*, menant en face de la cathédrale. En tournant à g. dans la *rue Saint-Georges*, qui traverse la *place de la Cathédrale*, parallèlement à la façade de l'église, la première rue qu'on rencontre à g. longe la *place d'Alliance* et aboutit à la *rue d'Alliance*, par laquelle, en appuyant encore une fois à g., on revient à la place Stanislas en laissant à g. l'hôtel de la Préfecture. Quand on est au milieu de cette place, auprès de la statue de Stanislas, et qu'on a l'hôtel de ville à sa g., on a en face de soi le théâtre et derrière soi l'évêché et la rue Sainte-Catherine, sur laquelle se trouvent les magnifiques casernes Sainte-Catherine et le jardin botanique. Si l'on se dirige à dr., on passe sous l'arc de triomphe appelé *porte Royale*, pour gagner la *place de la Carrière*, en face du Palais du Gouvernement. A dr., *promenade de la Pépinière*; à g., *place de la Petite-Carrière*, menant à la *Grande-Rue*. On suit celle-ci (en tournant à dr.) et l'on rencontre successivement, à dr., la façade de l'ancien palais ducal, l'École supérieure puis l'église des Cordeliers. La Grande-Rue aboutit à la *porte de la Craffe* ou *de Notre-Dame*, puis à la *porte de la Citadelle*, d'où l'on se rend à la Meurthe et à Malzéville. En revenant sur ses pas, et immédiatement après avoir dépassé le portail des Cordeliers, on entre, à dr., dans la petite *rue des États*; on a en face de soi la manutention militaire; on tourne à g. par la *rue du Point-du-Jour* (hôtel d'Haussonville, n° 9) et l'on atteint la *place Saint-Epvre* (statue équestre du duc René II), sur laquelle se trouve la nouvelle église Saint-Epvre. On regagne ensuite la rue du Point-du-Jour et, prenant à g. la *rue Saint-Michel*, on parvient au *cours Léopold* (statue du géné-

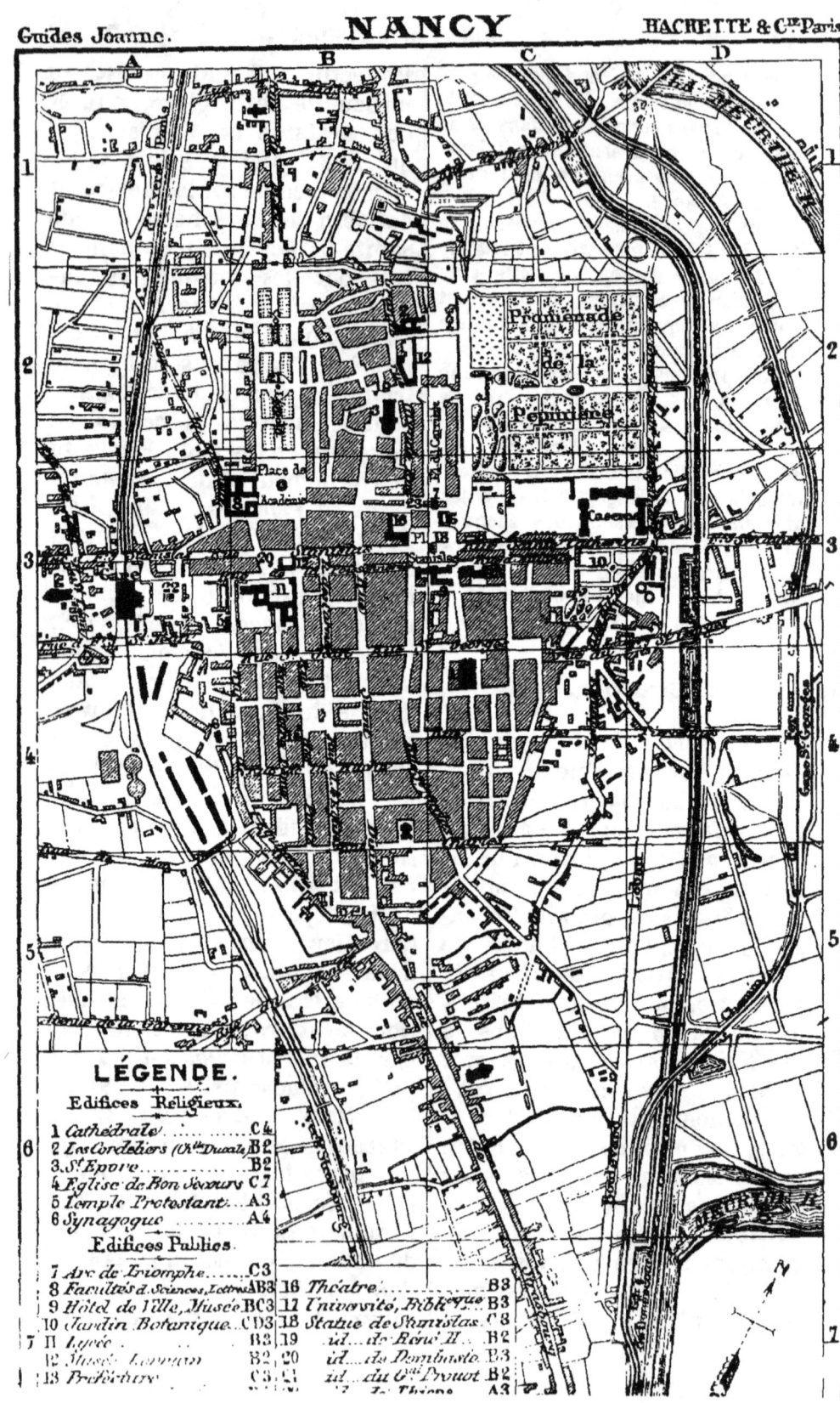

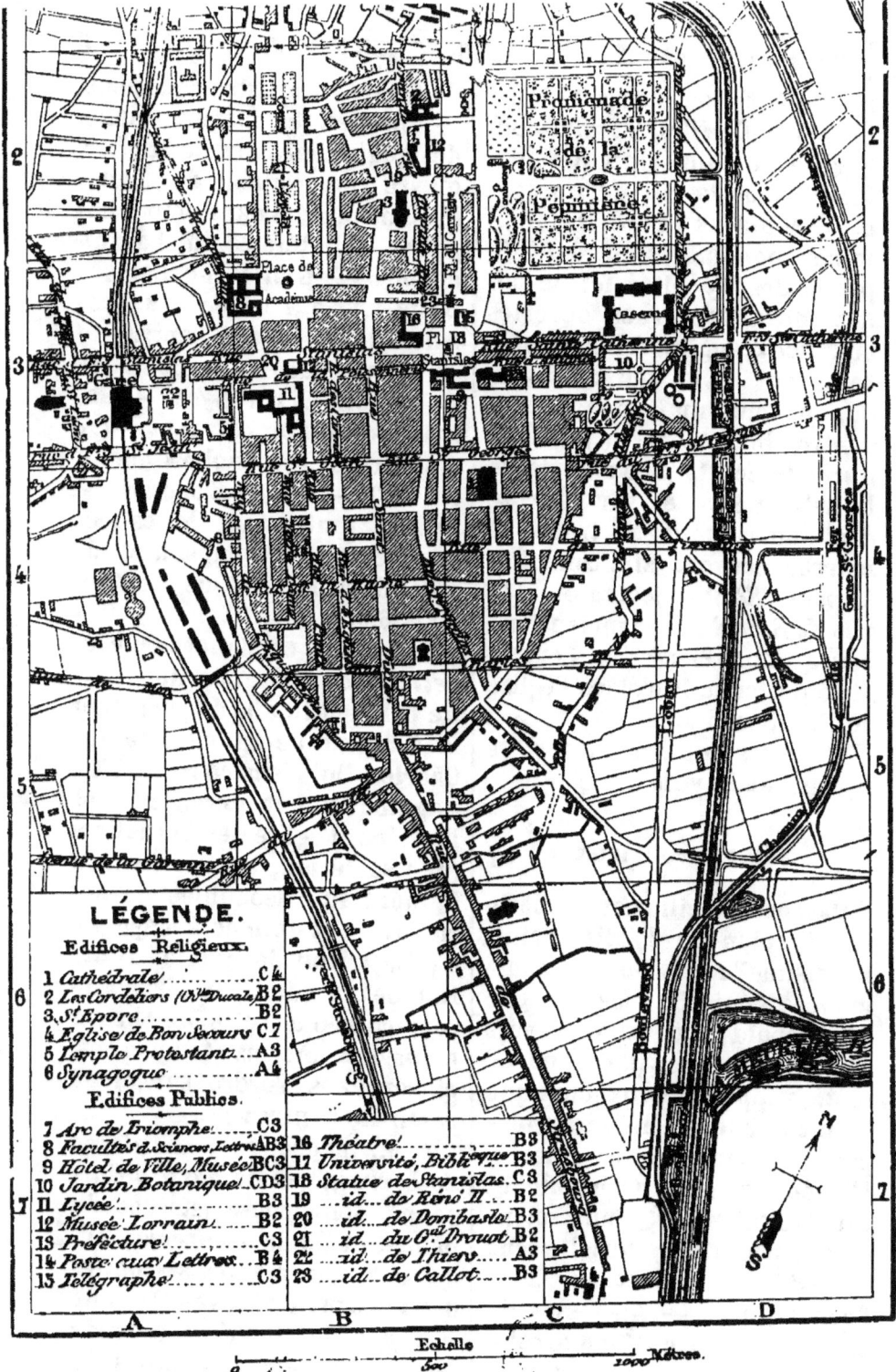

[ROUTE 1] NANCY : — ÉDIFICES RELIGIEUX. 13

ral Drouot); on aperçoit à dr. là *porte Desilles*, et plus loin l'église de Saint-Vincent-Saint-Fiacre dans la *rue de Metz*; à g., la *place de l'Académie* (fontaine monumentale), dont le palais des Facultés forme un des côtés. Deux rues, ouvertes aux deux angles de la place, ramènent à la rue Stanislas, où, en tournant à g., on rencontre bientôt (à dr.) la *rue Saint-Dizier*, la plus animée de la ville neuve et sur le côté droit de laquelle se trouve le marché couvert. Elle conduit à la *porte Saint-Nicolas* et à la *rue de Strasbourg* (ancien faubourg Saint-Pierre), à l'extrémité de laquelle s'élève l'église de Bon-Secours.

Plusieurs lignes de tramways traversent la ville.

Édifices religieux.

Cathédrale (ville neuve), bâtie sur le plan de l'église Saint-André-du-Val à Rome, commencée en 1703, sous le règne de Léopold, et achevée vers 1740. La façade, large de 50 mèt., s'appuie à deux tours que surmontent des dômes terminés par une lanterne en pierre. L'intérieur (nef principale et deux collatéraux), d'une solennité un peu froide, rappelle ceux de Saint-Sulpice et de Saint-Roch à Paris. — Au-dessus du chœur, dôme décoré d'une peinture à fresque (le *Séjour des Bienheureux*) par Jacquart. — *Tableaux* de Claude Charles et de Girardet, artistes nancéiens. — *Statues*, en marbre blanc, des quatre *Docteurs de l'Église*, œuvre remarquable de Nicolas Drouin, placées dans deux chapelles collatérales, à l'avant-chœur. — *Grilles* de Lamour (XVIII° s.), à l'entrée des chapelles de Saint-Jean-Baptiste et de Saint-Charles. — *Bénitiers* en marbre et porphyre. — Magnifique *lampe d'argent*, don d'un prince espagnol prisonnier en 1809. — *Buffet d'orgues*. — *Trésor* renfermant le calice, la patène et l'évangéliaire de saint Gauzelin, évêque de Toul (922-962).

Église des Cordeliers ou *chapelle Ducale* (Grande-Rue), bâtie par René II, afin de perpétuer le souvenir de sa victoire sur Charles le Téméraire (1476). Magnifiquement décorée dans l'origine, l'église des Cordeliers (une seule nef, large d'environ 9 mèt.) fut dépouillée de ses richesses et fermée à l'époque de la Révolution; elle a été rendue au culte en 1825. Elle renferme une suite de beaux mausolées anciens et modernes, placés dans l'ordre suivant à partir de l'entrée :

A g., mausolées : d'*Antoine de Lorraine* et de *Marie d'Harcourt*, son épouse (statues du prince et de la princesse; au-dessous, charmantes statuettes dans des niches ogivales); — de *Philippe de Gueldres*, seconde femme de René II (statues de Philippe de Gueldres, étendue sur un stylobate, œuvre d'une merveilleuse exécution par Ligier Richier); — de *Jacques Callot*, reproduction d'un monument plus ancien détruit par un écroulement en 1751 (pyramide avec le portrait de Callot, soutenu par un génie); —*statue du duc Charles V et monument* commémoratif de *Léopold I*, avec son buste.

A dr., mausolées : de *Henri III*, comte de Vaudemont, et d'*Isabelle de Lorraine*, son épouse; — de *Thibault de Neufchâtel;* — de *René II* (ce monument, très curieux, fut élevé à René II par sa veuve, en 1515; il représente le prince agenouillé sous une arcade appuyée à des pilastres. Toute la partie architecturale et une portion de la décoration sculpturale appartiennent au xvi° s.; la statue du prince et celle de la Vierge sont modernes. Les pilastres, les corniches et le sarcophage sont peints en azur et en vermillon rehaussés d'arabesques d'or; sur une plaque de marbre noir, une inscription rappelle les titres et les grandes actions de René II); — du *cardinal de Vaudemont* (statue du cardinal revêtu de son costume de prince de l'Église et agenouillé à un prie-Dieu, remarquable sculpture de Nicolas Drouin).

En face du mausolée du cardinal de Vaudemont se trouve l'entrée de la **Chapelle Ronde** ou *chapelle ducale*, construite de 1608 à 1611 par l'ordre du duc Charles III, pour y déposer les restes des princes de la maison de Lorraine. On y entre par un *portique* (deux colonnes de marbre noir et deux pilastres d'ordre ionique) fermé par une *grille* en fer doré rehaussée des armes d'Autriche et de Lorraine. Dans le vestibule qui sépare la Chapelle Ronde du chœur de l'église, on a placé (à g.) le *tombeau de Gérard I d'Alsace*, apporté en 1822 de l'abbaye de Belval. — La Chapelle Ronde forme un octogone de 9 mèt. de diamètre env., percé de 5 fenêtres ornées de vitraux violets. Dans l'intervalle des 16 colonnes en marbre noir à chapiteaux blancs, sont rangés 7 *mausolées* érigés à la mémoire des ducs de Lorraine. Au milieu de la chapelle s'élève un *autel* en marbre blanc dont le devant est décoré d'un bas-relief (*le Christ dans son linceul*). La coupole est ornée de caissons sculptés par Drouin. Un *caveau* sépulcral, sous la chapelle, renferme les dépouilles mortelles des ducs de Lorraine, qui, en partie dispersées pendant la Révolution, ont été rendues à leur première retraite dans une cérémonie solennelle (le 9 novembre 1826). On descend à ce caveau par un escalier s'ouvrant à g. du grand autel, dans l'église des Cordeliers.

Parmi les visiteurs illustres qu'a reçus la Chapelle Ronde, nous nommerons : Marie-Antoinette; les empereurs d'Autriche Joseph II et François I; l'infortuné Maximilien, empereur du Mexique, et l'empereur actuel d'Autriche, qui, lors de son voyage en France en 1867, est venu, accompagné des deux archiducs ses frères, saluer les tombes de ses ancêtres.

Le chœur de l'église a des boiseries sculptées intéressantes.

Église Saint-Epvre (place du même nom, ville vieille), construite de 1864 à 1874, par M. Morey, sur l'emplacement de l'ancienne église Saint-Epvre, et appartenant au style ogival des XIII°, XIV° et XV° s. — Au-dessus du portail principal, *tour* surmontée d'une flèche (hauteur, 87 mét.); au centre de la jonction des deux grandes nefs, *campanile* haut de 20 mét. — A l'int., long de 84 mét. et haut de 24 mét. (la grande nef) : 74 grandes fenêtres et 3 grandes rosaces ornées de magnifiques vitraux dont la plupart ont été donnés par des familles nancéiennes (quelques prélats, l'empereur Napoléon III, l'empereur d'Autriche, etc., comptent aussi parmi les donateurs de ces vitraux); *maître-autel* et *chaire* en bois sculpté; *orgue* de Merklin-Schütze.

Église de Bon-Secours (faubourg Saint-Pierre), élevée en 1748 par Stanislas. — Façade, formée d'une ordonnance de colonnes corinthiennes, et se terminant par un clocher dont l'horloge surmonte un écusson aux armes de Pologne. — A l'int., très richement décoré : peinture de la voûte (l'*Annonciation* et l'*Assomption*), par Joseph Gilles, dit Provençal. — Belle et antique *statue* miraculeuse de Notre-Dame de Bon-Secours (au fond du chœur), donnée par René II après la défaite des Bourguignons. — *Mausolée de Catherine Opalinska*, femme de Stanislas (à g. du chœur); ce monument remarquable montre la reine agenouillée; un ange vient lui annoncer le terme de ses épreuves, et l'aigle polonaise, sortant du tombeau, semble soutenir le groupe sur ses ailes déployées; les sculptures, d'un excellent travail, ont été exécutées par Sébastien Adam, artiste lorrain. — *Mausolée de Stanislas*, roi de Pologne (à dr. du chœur). Ce monument, commencé par Vassé, élève de Bouchardon, et terminé par Félix Lecomte, se compose d'une pyramide au devant de laquelle on voit la statue de Stanislas entre les figures allégoriques de la Lorraine et de la Charité accablées par la douleur. — Petit *tombeau* en marbre (à l'un des angles du sanctuaire) contenant le cœur de Marie Leczinska. — *Tombeau* du duc Tenczin-Ossolinski, parent du roi de Pologne.

Les Polonais qui traversèrent Nancy en 1832 pour venir chercher un asile en France, ont placé à Bon-Secours une inscription à la mémoire du roi de Pologne.

Église Saint-Sébastien (place du Marché, ville neuve), édifice (XVIII° s.) d'un style médiocre (sculptures de Meny au portail). — A l'int. : peintures de Jean Leclerc et Claude Charles; sculptures de Bagard; *monument* en marbre noir et blanc (adossé à la muraille du latéral de g., près du chœur) élevé à *Girardet*, peintre nancéien.

Église Saint-Vincent-Saint-Fiacre, rue de Metz. — *Église Saint-Léon*, bâtie récemment près de la gare, entre le faubourg Saint-Jean et le faubourg Stanislas. — *Église des Oblats*, à l'extrémité de la rue du Montet. — *Église Saint-Pierre*, en construction, dans le faubourg du même nom.

Édifices civils.

Palais ducal (ville vieille), commencé au xv° s. par le duc Raoul, terminé par René II, et dont il ne reste qu'une aile de bâtiment ayant sa façade sur la Grande-Rue. Cette aile comprend un vestibule (voûté en briques à clefs de voûte historiées de portraits et de devises), une galerie basse s'ouvrant sur une cour et une galerie haute (*galerie des Cerfs*), qui doit son nom aux bois de cerf dont elle était primitivement décorée. Un grand et bel escalier en pierre mène de la galerie du rez-de-chaussée à la galerie des Cerfs. — La façade a conservé sa double entrée, désignée sous le nom de *grande* et de *petite porterie*, charmant spécimen du style ogival tertiaire du commencement du xvi° s., ses deux balcons, une partie de ses fenêtres du xv° s. et le cordon élégant qui dessine la corniche. La porterie de Mansuet Gauvain est surmontée de la statue du duc Antoine (xvi° s.).

La galerie des Cerfs et la galerie inférieure, longtemps défigurées par des constructions parasites, avaient été restaurées et consacrées à l'installation d'un musée archéologique lorrain, inauguré le 20 mai 1862. Dans la nuit du 16 au 17 juillet 1871, un effroyable incendie détruisit entièrement la partie du palais qui était affectée à la gendarmerie, anéantit la toiture de la partie attribuée au musée archéologique et quelques-uns des objets précieux renfermés dans ce musée. L'empereur d'Autriche fit immédiatement don d'une somme de 100 000 fr. pour la restauration de la demeure de ses aïeux. Les travaux ont été dirigés par M. Bœswillwald et terminés en 1875. — Pour le musée historique lorrain, *V.* ci-dessous.

Une école primaire supérieure a été construite dans le style du xv° s. sur l'emplacement antérieurement occupé par la gendarmerie, pour laquelle a été bâtie une belle caserne derrière l'église des Cordeliers.

Hôtel de ville (place Stanislas, ville neuve), édifice dans le grand style du xvii° s. — *Escalier* orné d'une rampe en fer, d'un travail plein de goût, et de peintures de Girardot. —

[ROUTE 1]. NANCY : — ÉDIFICES CIVILS. 17

Magnifique *salle de bal et de concert*. — Musée de peinture et de sculpture (*V.* ci-dessous).

Palais du Gouvernement (place de la Carrière, ville neuve), construit par Stanislas avec une richesse de décoration d'un goût contestable. Il s'élève de deux étages au-dessus d'un péristyle formant vestibule ; un balcon en pierre règne sur toute la largeur du premier étage. Une galerie demi-circulaire, avec pilastres et colonnes, rattache le palais aux habitations particulières de la place de la Carrière.

Palais de la Faculté (place de l'Académie), bâti dans ces dernières années. — Façade ornée de statues (*Charles III*, le *cardinal de Lorraine*, *Stanislas* et *Napoléon III*), de médaillons (à g., *Henri Braconnot*, chimiste, *Charles le Pois*, médecin ; à dr., *François Guinet*, jurisconsulte, *Nicolas Gilbert*, poëte) et d'une horloge encadrée de sculptures. — Bustes (sur les pilastres supportant la grille) de *Saint-Lambert*, de *Jean Bourcier*, de *Joseph Bagard* et de *Sonnini*. — Médaillons (sous le vestibule) de *dom Calmet* et de *Haldat du Lys*.

Palais de la Cour d'Appel (place de la Carrière). — *Évêché* (place Stanislas). — *Théâtre* (même place). — *Lycée* (place Dombasle). — *Grand séminaire* (faubourg Saint-Pierre). — *École forestière*, près de la place d'Alliance. — *Casernes* (faubourg Sainte-Catherine).

Hôtel d'Haussonville (xve s.), rue du Point-du-Jour, 9. — *Maison à tourelle* proéminente (rue Callot), où est né, dit-on, l'illustre dessinateur et graveur Callot. — *Maison* (rue de la Monnaie) où est né Grandville. — Deux *maisons* du vieux Nancy et *hôtel Lillebonne* (rue de la Source). — *Maison* (rue des Dominicains, 57) habitée par les frères Adam, sculpteurs ; ils en ont décoré la façade d'une suite de sculptures allégoriques. — *Maison* (rue Saint-Thiébaut, 22) où naquit l'illustre général Drouot, etc.

Le *faubourg Saint-Jean* (au delà du chemin de fer) doit son nom à une commanderie de l'ordre de Saint-Jean de Jérusalem dont il reste une *chapelle* et une *tour* (à dr., dans une propriété particulière, à 5 ou 6 m. de l'entrée du faubourg) ; on les aperçoit du dehors. A g., on rencontre, à peu près en face de cette construction, la *rue de la Croix-de-Bourgogne*, menant à un rond-point (à g.) qui faisait partie de l'étang où fut trouvé le corps de Charles le Téméraire. Une *croix* en pierre à double croisillon, détruite à l'époque de la Révolution et rétablie en 1822, consacre ce souvenir historique.

Presque à l'entrée du faubourg Saint-Jean, au n° 24, se trouve la *station agronomique de l'Est*, la première créée en France. Comprenant un laboratoire d'analyses et des champs d'expériences, elle met les enseignements et les procédés de la science au service journalier des agriculteurs de la région.

Places, statues, promenades.

Place Stanislas, magnifique et digne d'une grande capitale, située à peu près au centre de Nancy. Elle est entourée d'une suite d'édifices d'aspect monumental, construits sur un plan uniforme (hôtel de ville, en face de la place de la Carrière, évêché à dr., théâtre à g.). Les rues aboutissant à la place sont clôturées par des *grilles* en fer, dorées et d'un dessin à la fois riche et élégant; elles ont été exécutées par le célèbre serrurier-artiste Lamour. Aux angles N.-E. et N.-O. sont placées deux *fontaines* décorées de groupes mythologiques (*Amphitrite* d'un côté, *Neptune* de l'autre) et encadrées de grilles. Au milieu de la place s'élève la *statue* en bronze *de Stanislas* (par M. Jacquot), érigée en 1831 et remplaçant une statue de Louis XV. Un arc de triomphe, dit la *Porte Royale*, forme la communication entre la place Stanislas et la place de la Carrière; il se compose de 5 portiques ornés de bas-reliefs en marbre blanc, et que couronne un groupe composé d'un Génie et des figures de la Renommée et de la Lorraine entourant un médaillon de Louis XV, en plomb doré.

Place de la Carrière, formant un parallélogramme allongé, dont le périmètre intérieur est dessiné par une bordure en pierres de taille, qui supporte des vases et enveloppe une double rangée d'arbres.

Place Saint-Epvre (ville vieille). — *Fontaine* surmontée d'une petite *statue* équestre *de René II*.

Place de l'Académie (ville vieille). — Au centre, *fontaine* monumentale.

Place Dombasle (ville neuve). — *Statue* du célèbre agronome *Mathieu de Dombasle*, par David d'Angers.

Place Thiers (en face de la gare; ville neuve). — *Statue de Thiers*, par Guilbert (1879).

Place Vaudemont (ville neuve). — Fontaine monumentale surmontée (1877) de la statue en bronze de Jacques Callot, par Eug. Laurent.

Place d'Alliance, ouverte sous le règne de Stanislas et environnée de beaux hôtels. — Au centre, entre quatre rangées d'arbres, *fontaine* d'un style très maniéré, construite par Stanislas pour consacrer le traité d'alliance conclu le 1er mai 1736 entre Louis XV et l'impératrice Marie-Thérèse. C'est près de cette place que se trouve l'école forestière.

Places Lafayette, du Marché, de la Cathédrale, Saint-Georges, etc.

Porte Notre-Dame ou *de la Craffe* (ville vieille), un des plus anciens monuments de Nancy; c'est par là que les ducs faisaient autrefois leur entrée solennelle. La façade intérieure présente quatre *bas-reliefs* sculptés par Florent Drouin, la croix de Lorraine et une statue de Vierge Noire, découverte dans les environs. Au delà d'un passage voûté, flanqué de tours rondes ayant servi de prison militaire, on arrive à la façade extérieure, décorée de quatre pilastres rustiques, de trophées et de deux figures allégoriques.

Les autres portes, véritables arcs de triomphe, désignées sous le nom de *portes ornées* et qui méritent d'être visitées, sont : la *porte Stanislas*, d'ordre dorique (1762), dans la rue du même nom ; — la *porte Desilles*, d'ordre ionique (à l'extrémité du cours Léopold) ; — la *porte Sainte-Catherine* (faubourg Sainte-Catherine) ; — la *porte Saint-Georges* (à l'extrémité de la place Saint-Georges) ; — la *porte Saint-Nicolas* (à l'entrée du faubourg Saint-Pierre), en partie restaurée. Les ducs l'avaient adoptée pour leur entrée solennelle, depuis la construction de la ville neuve.

Pépinière, principale promenade de Nancy (entrée à dr., sur la place de la Carrière) : elle se compose d'une terrasse (kiosque de musique) et d'allées bien plantées, entre lesquelles ont été ménagées de vastes pelouses ornées de massifs d'arbres et d'élégantes corbeilles de fleurs.

Cours Léopold (au centre, *statue* en bronze *du général Drouot*, par David d'Angers, 1853).

Jardin botanique (rue Sainte-Catherine, ville neuve). — Spécimens rares de la végétation exotique réunis dans de grandes serres.

Musées. — Bibliothèque. Collections.

Musée de peinture (à l'hôtel de ville). Nous citerons comme méritant une attention particulière :

PEINTURE. — *École italienne* : *Duccio di Buoninsegna*. La Vierge et Jésus. — *Léonard de Vinci*. Le Sauveur du monde, d'une authenticité contestée. — *Le Pérugin*. Une Vierge, dont les restaurations n'ont rien laissé subsister. — *Andrea del Sarto*. L'Ange et Tobie, également détruit par des restaurations malheureuses. — *Le Tintoret*. Mise au tombeau, — *Le Pesarese*. Sainte Famille. — *Andrea Sacchi*. Sixte-Quint. — *Castelli*. Le Christ au tombeau. — *Caravage*. Descente de croix. — *Pietre de Cortone*. La Sibylle de Cumes. — A dr. de la salle d'entrée, collection de tableaux de l'école italienne, donnée par M. Victor Poirel.

École flamande : *Kœberger*. Le Martyre de saint Sébastien. — *Gaspard de Crayer*. La Peste de Milan. — *Jacques Jordaens*. Deux têtes de vieilles femmes. — *Hobbema*. Paysage. — *Gérard Van Os*. Portrait.

École espagnole : *Ribera*. Baptême du Christ (don de M. H. R. de la Salle).

École française : *Restout* fils. Un portrait d'architecte. — *Philippe de Champaigne*. Ecce Homo : la Charité. — *Lemoyne*. La Continence de Scipion. — *Lubin Baugin*. La Vierge et l'Enfant Jésus. — *La Hyre*. Deux panneaux ; Amours jouant avec des armes; Nymphe foulant des armes à ses pieds. — *Lafosse.* Assomption. — *Louis Galloche.* Saint Ambroise ressuscitant un enfant. — *Casanova.* La Promenade; la Pêche; la Chasse; la Halte. — *Jean-François Detroy.* Diane au bain. — *Carle Vanloo.* L'Ivresse de Silène. — *Boucher.* L'Aurore et Céphale. — *Philippe Meunier.* Deux Intérieurs. — *Octavien.* La Promenade dans un parc. — *Girardet.* Huit toiles dans le goût de Boucher. — *Claudot.* Paysages. — *Prud'hon.* Le Christ. — *Ziégler.* Saint Georges terrassant le démon. — *Isabey.* Une vue de Dieppe. — *Delacroix.* La Bataille de Nancy. — *Le Barbier.* Mort de Desilles. — *J. Callot* (?) Passage de la Mer Rouge. — *Morot.* Bataille des Eaux-Sextiennes. — *Zuber.* Soirée d'automne. — *Français.* Ravin du Puits-Noir. — *Nicolas Poussin.* Entrée à Jérusalem. — *Van der Neusen.* Bataille et quelques autres tableaux faisant partie d'un legs de Mme de Jankowitz. — Portrait de Stanislas (mosaïque).

SCULPTURE. — *Chaligny.* Statue équestre de Charles III. — *David d'Angers.* Buste de l'abbé Grégoire.

Musée historique lorrain (Grande-Rue, ville vieille, dans l'ancien palais des ducs; s'adresser au concierge), en partie détruit par l'incendie de 1871 (on avait pu sauver une grande partie des objets), et aujourd'hui reconstitué. — La *galerie du rez-de-chaussée* renferme des monuments mégalithiques, romains et gallo-romains découverts à Scarpone, à Tarquimpol et dans le canton de Lorquin; des sculptures et tombeaux du moyen âge et de la Renaissance; une collection de plaques de cheminées. — Dans la *galerie des Cerfs* sont exposés des portraits de princes lorrains, d'hommes célèbres; des médailles, monnaies, etc., des armures; le sabre et des cheveux de Napoléon Ier, une planche de cuivre gravée par Callot et, du même artiste, de nombreuses gravures, entre autres une série de planches représentant les obsèques de Charles III, duc de Lorraine (1608), des caricatures d'Isabey, des faïences de Niederwiller. Dans une salle, à dr., lit du duc Antoine de Lorraine, bahuts, chaises et *tapisserie* célèbre (longueur : 25 mèt.; hauteur : 4 mèt.) trouvée dans la tente de Charles le Téméraire, après la bataille de Nancy. Elle se divise en deux sujets (*Révocation de l'édit d'Assuérus; Allégorie contre la bonne chère et l'intempérance*).

Bibliothèque publique, rue Stanislas (40 000 vol., impressions de 1481 et 1500; manuscrit curieux du XIIe s.). — *Archives départementales*, rue de la Monnaie (diplômes de Charlemagne, de Louis d'Outre-Mer, de Charles le Simple; chartes de saint Gauzelin et autres documents précieux). — *Cabinet d'histoire naturelle*, au palais de l'Académie (collections générales et départementales zoologiques, conchyliologiques et minéralogiques).

Industrie et commerce.

Depuis la guerre franco-allemande, Nancy s'est vu entourer d'une ceinture d'établissements industriels considérables, en pleine activité déjà ou en construction; des filatures, des établissements de produits chimiques, des verreries, des fabriques de chapeaux de paille et de chaussures, etc., élèvent leurs hautes cheminées autour de la ville et lui donnent l'aspect d'une cité industrielle.

La *maison Dupont et Dreyfus*, d'Ars-sur-Moselle, a transféré dans les environs, à Pompey, son immense établissement de fers forgés et laminés.

L'*imprimerie Berger-Levrault*, autrefois à Strasbourg, s'est installée à Nancy en 1871; ses superbes ateliers occupent une surface de plus de 5000 mèt. carrés. Outre son importance comme l'une des plus grandes imprimeries de la France, son installation en fait un véritable établissement modèle dans son genre. Elle renferme une librairie d'éditeurs, une imprimerie typographique et lithographique, une fonderie en caractères avec clicherie et gravure, une reliure comptant près de 100 ouvriers, une réglure et divers autres ateliers. — Elle occupe environ 400 employés et ouvriers.

Nancy est renommé pour sa broderie et ses macarons.

—

De Nancy à Luxeuil, R. 4, B; — à Plombières, R. 5, B; — à Bains, R. 6, B; — à Chaumont, R. 8; — à Langres, A par Mirecourt et Andilly, B par Mirecourt et Chalindrey, R. 9; — à Vesoul, A par Épinal et Port-d'Atelier, B par Lure, R. 10; — à Rambervillers, R. 11; — à Saint-Dié, R. 12; — à Sarreguemines, A par Sarrebourg, B par Château-Salins, R. 46; — à Metz, R. 48, B; — à Sedan, A par Lérouville et Verdun, B par Pagny-sur-Moselle et Longuyon, R. 55.

DE NANCY A STRASBOURG

150 k. — Trajet en 4 h. 15 à 6 h. 35 env. — 6 fr. 95; 5 fr. 25; 3 fr. 85; et 6 m. 30 p.; 4 m. 90 p.; 3 m. 10 p.; par trains express (*Schnell-Züge*).

356 k. *Jarville-la-Malgrange*. A 3 k. env. de la gare, on aperçoit à dr., dans le parc du château de Jarville, une habitation dont la façade (style Renaissance) faisait partie de l'hôtel Lunati-Visconti, à Nancy. — On franchit la Meurthe sur un pont de 19 mèt. — A g., pont-canal pour le passage du canal de la Marne au Rhin.

366 k. *Varangéville-Saint-Nicolas*, station desservant :

Varangéville. — Église paroissiale en partie du xve s. (le chevet et la tour). — Restes d'une *église* du xie s.

Saint-Nicolas-du-Port (omnibus à tous les trains), ch.-l. de c. de 5117 h., sur la rive g. de la Meurthe, en face de Varangéville. — **Église** du style ogival flamboyant (1494-1544); le portail s'appuie à deux tours (celle du N., la plus élevée, a 85 mèt.) se terminant par un étage octogonal surmonté d'un petit dôme à pans coupés. L'intérieur (trois nefs, transsept, et chœur avec déambulatoire) présente une double et curieuse particularité : la voûte de la nef principale s'abaisse davantage vers le côté S., dont les piliers sont ainsi moins élevés que ceux du côté N., et l'axe de la nef fait une inclinaison très marquée vers le chevet. Chacune des extrémités du transsept est éclairée par une fenêtre immense dont la partie supérieure forme une belle rosace. On remarque : la *chapelle Saint-Nicolas* (restaurée), ornée d'un autel sculpté, de peintures murales et de vitraux; un *autel ogival* du xvi° s., dans l'ancienne chapelle des fonts baptismaux; des *vitraux* du xvi° s.; une *crypte* renfermant un *saint-sépulcre* médiocre.

On aperçoit de vastes salines au delà du canal de la Marne au Rhin, qui s'écarte bientôt pour remonter, au N.-E., la vallée du Sanon. — A g., on remarque des établissements industriels considérables (Solway et Cie); cités ouvrières.

371 k. *Rosières-aux-Salines*, 2395 h., à 2 k. env. à dr. de la station. — *Tours* et *porte* surmontée d'un *donjon*. — Restes de *fortifications*. — *Fontaine* monumentale. — *Maisons* des xv° et xvi° s. — *Haras*.

376 k. **Blainville-la-Grande***, v. de 1211 h. — *Portes* rehaussées de sculptures et de statues dans la rue principale. — Vestiges de l'enceinte fortifiée.

C'est de la station de Blainville que part (à dr.) la ligne de Nancy à Vesoul par Épinal.

De Blainville à Vesoul : *A* par Épinal et Port-d'Atelier, *B* par Lure, R. 10.

Le chemin de fer franchit deux fois la Meurthe.

386 k. **Lunéville***, ch.-l. d'arr. du dép. de Meurthe-et-Moselle, V. de 18 136 h., dans une belle prairie entre la Meurthe et la Vezouze.

Direction. — Une rue, s'ouvrant en face de la gare, conduit à la *place Léopold*, que l'on traverse pour arriver au château et à la partie la plus animée de la ville. La rue, s'ouvrant à l'extrémité N.-O. de la place, mène à l'église Saint-Jacques. En continuant à suivre le prolongement de la rue de la Gare, au delà de la place Léopold, on atteint directement la promenade du Bosquet et le château.

Église Saint-Jacques, construite (1730-1745) sur les plans de l'architecte Boffrand. — *Portail* encadré dans une ordonnance de colonnes ioniques, et surmonté d'un fronton sur lequel repose une horloge supportée par une figure colossale. — *Tours* d'une riche architecture, à dr. et à g. de la façade; sur les piédouches des dômes couronnant les tours, statues de *l'archange saint Michel* et de *saint Jean Népomucène*. — A l'int. : *chaire* et *boiseries* du chœur, en chêne sculpté. — *Tribune des orgues*, dont la disposition un peu théâtrale produit un certain effet. — *Urne* qui a renfermé les entrailles de Stanislas. — *Pierre tombale*, en marbre noir, de la marquise du Châtelet. — *Fresque* de Girardet, dans le collatéral de dr. (*Sainte Catherine au milieu des philosophes d'Alexandrie*) et *peintures* du même maître et de van Schuppen dans le chœur (*Saint Joseph portant l'Enfant Jésus ; Institution du Rosaire*).

Église Saint-Maur, bâtie dans le style romano-byzantin du xii° s. (1849-1854), sous la direction de M. Joly (de Lunéville), d'après les dessins de M. Aymar Verdier. Cet édifice d'un aspect très élégant, est surmonté d'une flèche. — A l'int. : *vitraux* sortis des ateliers de M. Didron ; *maître-autel* orné de sculptures polychromes ; *chaire*, *statues* et *buffet d'orgues* en chêne sculpté ; *Sainte-Famille*, par M. Hesse.

Château (xviii° s.), construit par le duc Léopold, agrandi et remanié par Stanislas, développant sa double façade d'un côté sur une vaste cour, de l'autre sur la promenade du *Bosquet*, reste des anciens jardins. Le château de Lunéville est bien déchu de son ancienne splendeur. Il a été quatre fois atteint par l'incendie ; en 1849, notamment, le feu y a fait des dégâts considérables et a détruit le reste des anciens appartements princiers ; il est transformé aujourd'hui en caserne de cavalerie et en habitation pour les généraux commandant à Lunéville. La chapelle a été construite sur le modèle de celle de Versailles.

Le *Bosquet*, tracé par l'architecte Héré, est planté d'arbres magnifiques (des terrasses, vue étendue). — Le *Champ de Mars*, champ de manœuvres de plus de 200 hect., fait suite au Bosquet.

Manège, long de 100 mèt. et large de 27, l'un des plus vastes de la France. — *Halle au blé* (place Léopold), construction moderne en grès bigarré, due à la munificence de M. Germain Charier (façade monumentale ; salle de bal et de concert au 1er étage). — *Maison* du xviii° s., à l'angle des rues d'Allemagne et du Château. — *Chapelle funéraire*, érigée par le prince de Hohenlohe. — *Synagogue*. — *Tour Blanche* (enclavée dans les dépendances de l'hôtel Frénel), reste de la première enceinte fortifiée. — *Bibliothèque publique* (10 000 vol.). — *Musée et collections* de curiosités, médailles, etc. — *Cabinet d'histoire naturelle*.

De Lunéville à Saint-Dié, R. 12.

On laisse l'embranchement de Saint-Dié à dr., et l'on aperçoit à 1 ou 2 k., du même côté, la forêt de Mondon.

393 k. *Marainvillers*.

402 k. *Emberménil* (source minérale ; vestiges d'une maison de Templiers).

410 k. **Igney-Avricourt***, der-

nière station française (douane française), au delà de laquelle on franchit la ligne de démarcation des frontières de la France et de l'Alsace-Lorraine depuis 1871. — A 4 m. de la gare française s'élève la nouvelle gare allemande (**Deutsch-Avricourt**), où tous les trains s'arrêtent pendant une demi-heure env. (douane allemande et *buffet* ou *restauration*). — L'heure allemande est en avance de 25 m. sur l'heure française.

[D'Igney-Avricourt, embranchement français (3 trains par jour, en 55 m.; 2 fr. 20, 1 fr. 65, 1 fr. 20) pour Cirey.
4 k. *Foulcrey* (halte). — 7 k. *Gogney* (halte). — 9 k. *Blamont*, ch.-l. de c. de 2175 h. (restes d'un château fort). — 13 k. *Frémonville*. — 18 k. *Cirey*, 2310 h. (belle manufacture de glaces). — De Cirey excursions : à (6 k.) *Saint-Sauveur* (restes d'une église abbatiale de bénédictins); à (10 à 11 k.) *Turkenstein* (restes d'un château fort) et à (15 à 16 k.) *Saint-Quirin* (église du XVIII° s.; manufacture de glaces; monument mégalithique appelé *Fauteuil de saint Quirin*). Ces deux dernières localités sont en Alsace.
De Deutsch-Avricourt, embranchement allemand (2 trains par jour, en 4 h. 20, avec 2 h. d'arrêt à Dieuze; 2 m. 80 pf.; 1 m. 90 pf.; 1 m. 20 pf.) pour Bénestroff, par Dieuze (*V. R. 46; B*).]

414 k. *Réchicourt-le-Château* (*Rixingen*), 904 h. — Vastes étangs de Réchicourt et de Foulcrey.
On s'engage, pendant 3 à 4 k., dans la forêt de Réchicourt; puis, après avoir côtoyé l'extrémité N. du grand *étang de Gondrexange*, on croise le canal de la Marne au Rhin, et on laisse à g. le canal des houillères de la Sarre.

424 k. *Heming* (*Hemingen*). — *Tour* de l'ancienne église. — Nombreuses *antiquités* et débris de constructions gallo-romaines découverts à Heming et aux environs.

432 k. **Sarrebourg** * (*Saarburg*), ancien ch.-l. d'arr. du dép. de la Meurthe, V. de 3842 h., sur la Sarre. — Restes de *fortifications*. — *Porte* et *tour* d'un château fort. — *Église* (belles *stalles* et *chaire* en chêne sculpté). — *Maisons* anciennes. — Au S.-E., colline du *Reberg* (beau panorama). — A 8 k., verrerie de *Vallerysthal*.

De Sarrebourg à Metz, R. 44, *A*; — à Sarreguemines, R. 46, *A*.

Le chemin de fer, franchissant la Sarre, laisse à g. la ligne de Sarreguemines, puis atteint un vaste plateau à l'extrémité duquel se dessinent, à dr., les cimes des Vosges. On ne tarde pas à aborder la chaîne par une tranchée, taillée dans le grès rouge et qui aboutit au *tunnel de Hommarting* ou *d'Arschwiller* (*Harzweiler*), long de 2678 mèt. (il porte ces deux noms). La voie ferrée y franchit la ligne de partage des eaux entre le Rhin et la Moselle, avec une pente de 5 mill. par mèt. En y pénétrant, on a à dr. le canal de la Marne au

Rhin, qu'on retrouve à g. à la sortie, ce canal traversant la montagne par un souterrain qui croise en dessus celui du chemin de fer. — Au delà du tunnel de Hommarting, on pénètre dans la charmante et pittoresque vallée de la Zorn. — A g., beaux rochers de *Hemidortt*.

448 k., **Lutzelbourg*** (*Lützelburg*), v. de 574 h. — Au sommet d'un petit plateau escarpé (1 h. env. aller et retour par un chemin assez raide qu'on rencontre à dr. en sortant de a station; il forme embranchement, à dr., sur la route de Lutzelbourg à Phalsbourg), ruines du *château de Lutzelbourg*, qui paraît dater du commencement du xii° s. et qui fut démantelé en 1523. Il n'en reste plus que les débris d'une enceinte polygonale et deux tours ruinées (l'une présente à l'extérieur un pentagone irrégulier et à l'intérieur un carré parfait). — Sur la montagne au S. de Lutzelbourg nombreux vestiges d'une immense enceinte fortifiée gallo-romaine.

[Excursion à (5 k.) Phalsbourg (3 omnibus par j.; 1 h.; 40 pf.).

On se dirige, par une route agréable et facile (1 h. à pied), sur les *Baraques des Trois-Maisons*, puis on arrive à un plateau où, après 2 k. de parcours, on atteint Phalsbourg.

5 k. **Phalsbourg*** (*Pfalzburg*), V. de 3379 h. — Les fortifications, construites par Vauban, ont été démolies par les Allemands depuis 1871. Le 14 août 1870, la petite place de Phalsbourg (elle était de 3° classe) subit un bombardement de 11 heures. Les projectiles incendièrent la majeure partie de la ville. Le commandant Taillant refusa à plusieurs reprises les capitulations les plus honorables. Les Prussiens, qui n'avaient que des pièces de campagne, se bornèrent à investir la ville. Le 11 décembre, Phalsbourg se rendit avec 52 officiers, 1800 hommes et 65 canons.

Église du xviii° s., détruite par le bombardement de 1870, en partie reconstruite. — *Statue du maréchal Lobau*, né à Phalsbourg. — *Maison* du xvi° s. — Le romancier Erckmann, collaborateur de Chatrian, et le général Uhrich sont nés à Phalsbourg.

De Phalsbourg on peut prolonger l'excursion jusqu'à la Petite-Pierre et visiter en passant l'intéressant village de Graufthal (V. ci-dessous).

De Phalsbourg on peut revenir à (10 k.) Saverne par la belle route de Paris à Strasbourg, dont le tracé remonte au règne de Louis XIV. Au delà de *Danne* et des *Quatre-Vents* (vestiges d'un *château fort; chapelle de la Bonne-Fontaine*, but de pèlerinage), on passe de Lorraine en Alsace (404 mèt. d'alt.). A 5 k. env. de Phalsbourg, on aperçoit à g. un *obélisque-fontaine* en marbre blanc, marquant l'entrée de l'ancienne Alsace. On redescend alors, entre des bois, une longue côte du haut de laquelle on découvre les Vosges et la plaine de l'Alsace. On entre à Saverne après avoir croisé à niveau le chemin de fer.]

Au delà de Lutzelbourg, on traverse un tunnel de 432 mèt., puis trois autres tunnels, et l'on franchit un viaduc oblique (6 arches) sous lequel passent le canal, la Zorn et la route de terre.

458 k. **Saverne*** (*Zabern*), V. de 6605 h. (206 mèt. d'alt.), ancien ch.-l. d'arr. du dép. du

Bas-Rhin, dans une position charmante, à l'entrée de la plaine de l'Alsace, au pied d'un contrefort des Vosges.

Église paroissiale (à g. dans la Grande-Rue, au delà de la place du Château), édifice de diverses époques (tour romane du XIIe s.; chœur du style ogival du XIVe s.; nef du XVe s.). A dr., extérieurement, *escalier* avec une rampe en pierre d'un travail plein de goût. A l'int. : belle *chaire*, de l'architecte Hammerer (XVe s.); *tableaux* sur bois, de Hans Wohlgemuth, dans la chapelle de la Vierge; *boiseries* en chêne sculpté, dans le chœur. — *Église* d'un ancien couvent de Récollets (XVe s.; curieuse *statue du Christ*, à g.; *groupe sculpté* sur bois, représentant les Apôtres au tombeau du Christ, à dr.).

Château, ancienne résidence des évêques de Strasbourg, construit vers la fin du XVIIIe s., par le cardinal de Rohan. Il a deux façades monumentales, l'une du côté de la ville, sur la place du château, et l'autre sur un parterre et des pelouses, restes de magnifiques jardins existant avant la Révolution.

Musée intéressant *d'archéologie gallo-romaine* (dans une ancienne chapelle voisine de l'église paroissiale), fondé en 1839. — *Obélisque* ou colonne milliaire (1661), sur la place du Château, indiquant, en milles germaniques, les distances de Saverne aux principaux points du Globe. — *Maison* du XVIIe s. (Grande-Rue, à dr.). — Débris des anciennes fortifications.

Châteaux du Haut-Barr, du Grand et du Petit-Géroldseck.

2 h. aller et retour.

On redescend la Grande-Rue jusqu'au canal, et, sans le franchir, on prend à g. la route qui le côtoie. — A 10 m. de marche env., on tourne de nouveau à g. pour suivre un chemin conduisant à l'entrée de la forêt du Haut-Barr, où s'élève une *croix* en pierre. On prend alors, à dr., un large et agréable sentier qui remonte sous bois jusqu'aux ruines du Haut-Barr (20 m. de marche depuis la croix).

Le **château du Haut-Barr** ou **Hoh-Barr**, construit en 1170 par l'évêque Rodolphe, fut démantelé en 1650, en exécution d'une des clauses du traité de Münster. Sa position élevée, entre la vallée de la Zorn et la plaine de l'Alsace, lui avait fait donner le surnom d'*Œil de l'Alsace*.

Il ne reste plus que quelques parties du mur d'enceinte, un *donjon* pentagonal, une *chapelle romane* (à dr. en entrant) dans laquelle on dit quelquefois la messe, et un *puits* remarquable par sa profondeur. Outre la demeure du garde, on a bâti au milieu d'un jardin, au pied du donjon, une maisonnette d'où l'on a une vue très pittoresque sur la vallée de la Zorn. Une immense échelle, dressée contre le donjon, permet d'en atteindre la plate-forme (admirable panorama). Toutes ces constructions reposent sur un énorme massif de grès rouge, avec lequel elles forment corps. — Selon la tradition, à l'époque des troubles religieux, la statue du Christ, en or massif, et celle des douze Apôtres, en argent massif, qui ornaient la chapelle du château épiscopal à Saverne, auraient été enfouies dans les souterrains du Haut-Barr. Mais les fouilles pratiquées dans l'espoir de retrouver ces richesses n'ont malheureusement pas confirmé la croyance populaire.

En tournant à dr., à la sortie du Haut-Barr, et en continuant par le sentier ombragé qu'on a suivi jusque-là, on ne tarde pas à rencontrer (10 et 20 m.) les ruines du **Grand-Géroldseck** (*Gross-Geroldseck*) et celles du **Petit-Géroldseck** (*Klein-Geroldseck*), châteaux bâtis vers la fin du XIe s., et qui ont appartenu à l'une des plus puissantes familles féodales de l'Alsace. Il subsiste encore, du Grand-Géroldseck, les traces d'une double enceinte, un *donjon* carré, en partie ruiné par la foudre en 1718, et qui renferme à sa base une *salle d'armes* très curieuse, récemment déblayée. — Une *tour* carrée et une *échauguette* rappellent seules l'existence du *Petit-Géroldseck* (10 m. env.), placé presque sur la même ligne que le Grand-Géroldseck.

Château de Greifenstein et chapelle Saint-Vit.

2 h. 1/2 à 3 h. aller et retour.

On gagne le canal, et, après l'avoir longé quelques instants, en tournant à g. à l'extrémité de la Grande-Rue, on le franchit, et, prenant de nouveau à g., on suit un chemin tracé entre le canal à g., la Zorn et le chemin de fer à dr. — 10 ou 15 m. *Scierie de Ramsthal*, près de laquelle se présentent deux chemins (poteau indicateur) : celui de dr. conduit aux ruines du château de Greifenstein ; celui de g., à la grotte ou chapelle de Saint-Vit. Il vaut mieux prendre par le Greifenstein à l'aller et revenir par Saint-Vit. — Le chemin du Greifenstein s'engage bientôt dans la forêt. On atteint (30 m.) les ruines du **Greifenstein** ou *Greiffenstein*, situées, au milieu des arbres (385 mèt. d'alt.), sur un ressaut de la montagne (deux *tours* dont l'une presque entièrement ruinée et débris d'une double enceinte). — Un sentier contournant les ruines conduit à un plateau formant une clairière ; on la traverse en se portant vers le S.-O. dans la direction de la vallée de la Zorn ; on rencontre (25 ou 30 m.), au delà d'une belle prairie, près d'une métairie, un sentier qui vient aboutir directement à la chapelle ou **grotte de Saint-Vit** (*St-Veits-Kapelle*), vaste cavité creusée dans un rocher qui surplombe la vallée d'une hauteur de 150 à 190 mèt. (399 mèt. d'alt.). — La grotte, fermée par une grille en bois, renferme un modeste *autel* constellé sur le devant de figures grossières en fer, représentant des crapauds, offrande singulière des pèlerins qui viennent encore aujourd'hui invoquer la protection du saint.

Un chemin charmant, tracé sur le versant de la montagne, redescend, en dominant la vallée de la Zorn, jusqu'au poteau indicateur des ruines du Greifenstein.

On peut facilement gagner, à 20 ou 30 m. à l'O. de Saint-Vit, le rocher appelé *Rappenfels*, d'où l'on a une vue admirable sur la vallée de la Zorn entre Saverne et Lutzelbourg, et sur la vallée du Bærenbach, affluent de la Zorn.

Rocher du Saut-du-Prince-Charles. — Côte de Saverne. — Le Schlittenbach.

Le *rocher du Saut-du-Prince-Charles* (*Karls-Sprung*), à 2 kil. 1/2 env. de Saverne, est un énorme bloc de grès rouge s'élevant d'une vingtaine de mètres, par un escarpement abrupt, au-dessus d'une gorge profonde appelée le *vallon du Schlittenbach*. On rapporte qu'un prince lorrain, poursuivi par ses ennemis, aurait franchi à cheval, d'un seul bond, ce dangereux escarpement et continué ensuite heureusement sa route. Le rocher du Prince-Charles se trouve à g. et à peu de distance de la route de Saverne à Phalsbourg, au milieu des bois. — Prendre le sentier s'ouvrant (à g. de la route) un peu en deçà de la *Fontaine-Pyramide* élevée à la limite de la Lorraine et de l'Alsace (*V.* ci-dessus). 10 min. de marche sous bois suffisent pour atteindre le rocher, qu'on doit aborder avec précaution, en raison du brusque ressaut qu'il forme sur le vallon. Au fond de ce vallon, un chemin (tourner à g.) ramène à Saverne, en passant près de la jolie *maison de campagne* habitée, avant 1870, par M. Edmond About.

Saint-Jean-des-Choux et chapelle Saint-Michel.

5 k. — 3 h. aller et retour.

Deux chemins conduisent à Saint-Jean-des-Choux : l'un par *Ottersthal* et *Eckartswiller* (*Eckartsweiler*), l'autre par le *Zornhof* (manufacture de grosse quincaillerie) et *Monswiller* (*Monsweiler*, 1459 h.; *église* avec une tour romane). Ces deux chemins ont leur origine au delà du canal et du chemin de fer, le premier à dr. et presque à l'entrée de la route de Saverne à Phalsbourg; le second, à peu près en face du jardin du château de Saverne.

Saint-Jean-des-Choux (*St-Johann*), 750 h. — *Église* et *bâtiments* d'une abbaye de bénédictins (au N. du village). L'église, du style byzantin, passe pour l'une des plus anciennes de l'Alsace (trois nefs terminées chacune par une chapelle absidale demi-circulaire; chapelle de la nef principale percée de trois ouvertures dont la décoration extérieure est d'une exécution très élégante; à la porte d'entrée, superbes *pentures* forgées, datant de la construction de l'église).

Chapelle Saint-Michel (*St-Michaels-Kapelle*), fondée en 1126 par un comte de Lutzelbourg et remaniée au XVIIe s. Elle s'élève, à 15 m. du village, sur un escarpement de la montagne (remonter, près du cimetière de Saint-Jean-des-Choux, un sentier conduisant sur la hauteur et aboutissant à un escalier en pierres, à l'entrée de la chapelle). La vue s'étend sur la chaîne des Vosges, sur celle de la Forêt-Noire et jusqu'à Strasbourg, dont on aperçoit la flèche par un temps clair.

Derrière la chapelle, à l'extrémité du rocher, cavité circulaire, appelée *Hexenschule* et rapportée au culte druidique. Au-dessous du sommet, dans le rocher, grotte spacieuse s'ouvrant à pic sur la vallée. On y voit une cavité en forme de cercueil gallo-romain.

Le Craufthal, la Petite-Pierre et Neuwiller.

14 k. de Saverne au Craufthal. — 10 k. du Craufthal à la Petite-Pierre. — 12 k. de la Petite-Pierre à Neuwiller. — 12 k. de Neuwiller à Saverne.

On remonte la route de Phalsbourg jusqu'à (6 kil. env.) l'ancienne limite des dép. de la Meurthe et du Bas-Rhin. Là s'ouvre à dr. un chemin de forêt conduisant directement au Craufthal par (3 kil.; 1 h. env.) la *scierie du Haberhof* (truites et écrevisses renommées), sur la Zinzel, dont on remonte le cours pendant 1 k. Le chemin se bifurque au pied d'un haut coteau rocheux (334 mèt.). L'embranchement de dr. se dirige sur la Petite-Pierre; celui de g., longeant à g. la Zinzel et à dr. la base du coteau, mène (2 k. à partir de la bifurcation), en passant au bas d'*Eschbourg* (*Eschburg*), au ham. pittoresque du *Craufthal* (*Graufthal*). Il est situé en partie au fond de la vallée, en partie sur le versant de la montagne, où les habitants pauvres se sont creusé des demeures dans le rocher (grès vosgien). « Le creux du rocher, dit Évariste Thévenin dans ses *Souvenirs de voyage en Alsace*, forme trois côtés plus ou moins réguliers de la chambre, dont le quatrième côté est formé par un mur de façade dans lequel sont pratiquées une porte et une fenêtre. Devant le seuil de la maison règne une corniche qui sert de rue et de balcon. » Dans l'église, une *dalle* ancienne rappelle l'existence d'une abbaye de femmes fondée au x⁰ s. et supprimée vers le milieu du xvi⁰.

Pour gagner la Petite-Pierre, on revient sur ses pas jusqu'à la bifurcation où on prend l'embranchement de dr., qui remonte un étroit vallon. — On passe près des moulins d'Eschbourg et de Lutzelstein, et, après avoir contourné l'Altenberg, on atteint (8 k. de la bifurcation ; 1 h. 40) la **Petite-Pierre** * (*Lützelstein*), petite place forte (elle capitula le 9 août 1870) de 1025 h., sur la route de Sarreguemines à Haguenau, dans une position très pittoresque sur la crête des Vosges, au milieu d'une région magnifiquement boisée. — Dans la ville, ancien bâtiment dit *Heidenthurm*, qu'on croit d'origine gallo-romaine. — Rochers remarquables, notamment celui appelé *Froschenkopf* (*tête de grenouille*). — Vue intéressante, mais d'un aspect sévère, du sommet de l'*Altenberg* (398 mèt.), à 700 ou 800 mèt. au S.

Au retour, au lieu de revenir sur ses pas, on prendra (à dr., à l'entrée de la Petite-Pierre en venant du Haberhof) la route de Sarreguemines à Haguenau, qu'on suivra à travers un beau défilé de montagne jusqu'à (9 k.; 2 h. env.) *Weiterswiller* (*Weitersweiler*; *mausolées* curieux dans l'église; vestiges d'un *château fort*), où l'on entre en plaine. — On suivra alors (au S. du village) le chemin de Saverne par Neuwiller.

3 k. 1/2. **Neuwiller** (*Neuweiler*), V. de 1464 h. — *Église Saint-Pierre et Saint-Paul*, restaurée par M. Bœswillwald. Elle appartient au xiii⁰ s. (la nef). La tour surmontant l'entrée principale à l'O. date du xviii⁰ s. (riche ornementation de la porte latérale du N.; statues de *saint Pierre* et *saint Paul*, du xiii⁰ s.). La *chapelle Saint-Sébastien* (attenant au chœur) est un monument très intéressant de l'époque carlovingienne. Elle comprend une chapelle souterraine ou crypte (chapiteaux et bases des colonnes curieusement sculptés) et une chapelle haute (*vitrail* du xii⁰ s. : *Saint Timothée martyr*; *retable* du xv⁰ s., formé de panneaux peints : *Martyre de saint Sébastien*; *Passion de Jésus-Christ*). — Belle *salle* (dans le style romano-byzantin), reste des bâtiments de l'ancienne abbaye de Neuwiller (au S. de l'église). — *Église Saint-Adelphe*, édifice du xii⁰ s., dont la nef et les bas-côtés subsistent seuls. — *Mausolées* du maréchal Clarke et des généraux Dorsner et Mandeville, dans le cimetière.

De Neuwiller on peut revenir à Saverne par le chemin de fer (ligne de Haguenau, V. R. 43). — 8 k.; trajet en 41 m.; 1 m. 70; 50 pf., jusqu'à Steinbourg. — 1 k. *Dossenheim*. — 4 k. *Hattmatt*. — 8 k. Steinbourg. — 3 k. de Steinbourg à Saverne (V. ci-dessous en sens inverse).

Si l'on fait la route à pied, on redescendra à (15 m. env.) Dossenheim, où, quittant la route de Steinbourg, on prendra à dr., à la sortie du village et après avoir franchi la Zinzel, le chemin (4 k. 1/2) de Saint-Jean-des-Choux (*V.* ci-dessus) par *Ernolsheim.*

De Saint-Jean-des-Choux, on regagnera Saverne par Eckartswiller et Ottersthal (*V.* ci-dessus).

Enfin, de la Petite-Pierre on peut retourner à la scierie du Haberhof, d'où l'on descendra (7 à 8 k.) la vallée sauvage de la Zinzel jusqu'à son débouché en plaine, à Dossenheim.

Vallée de la Zorn. — Montagne et chapelle de Dabo.

26 à 28 k., dont 10 en chemin de fer. — Cette excursion est, sous le rapport du paysage, l'une des plus agréables qu'offrent les environs de Saverne.

10 k. de Saverne à Lutzelbourg par le chemin de fer (*V.* ci-dessus).

En sortant de la station, on tourne à g. et l'on remonte la charmante vallée de la Zorn entre la Zorn et le canal à dr., et le chemin de fer à g. — 15 m. env. On passe sous le viaduc du chemin de fer et l'on continue de longer la Zorn (à dr.), au fond d'une délicieuse vallée (prairies). — 40 m. *Le Spartzbrod,* ham. composé d'une auberge, d'une métairie et d'une scierie. — 1 h. *Hazelbourg* (*Haselburg*), sur une colline (426 mèt.) dominant le chemin à g. — Un peu au delà, près d'une *chapelle* dédiée à sainte Odile, le chemin s'éloigne de la Zorn en inclinant à g. — On passe (15 m.) au *Schæferhof,* ham., et 4 à 5 k. plus loin (1 h. env.), après avoir traversé une région boisée assez triste [1], on atteint **Dabo** ou *Dagsburg,* v. de 2757 h., appartenant autrefois à l'une des plus illustres et des plus anciennes maisons d'Alsace, celle des comtes de Dagsbourg, qui a donné à l'Église le pape Léon IX. — Il faut env. 45 m. pour se rendre au haut de la *Roche de Dabo* (651 mèt.), dont le sommet forme une sorte de renflement rocheux qu'on contourne par un sentier taillé dans le roc (on doit éviter d'en suivre le bord extérieur et se serrer contre le rocher, car, à certains tournants, le vent a parfois assez de violence pour vous renverser à l'improviste). Sur cette espèce de plate-forme (vue pittoresque sur les vallées environnantes et sur les plaines de la Lorraine), de 300 mèt. de circonférence env., s'élève une *chapelle* construite en 1825 et consacrée au pape Léon IX.

Si l'on ne veut pas reprendre la vallée de la Zorn, on peut revenir à Saverne par (4 k.) *la Hoube* (*Hube*), (5 k.) *Haberacker* (chemin de forêt). Au N.,

[1] Si l'on veut suivre un itinéraire un peu plus fatigant mais plus agréable et aussi court, on quittera le grand chemin (15 ou 20 m. du Schæferhof) pour suivre sous bois un sentier parfaitement tracé sur le flanc N. du Ballerstern.

ruines du *château d'Ochsenstein* sur des rochers gigantesques (590 mèt. d'alt. ; très belle vue) ; au S.-O., montagne du *Geissfels*, d'où l'on a une très belle vue du côté de Dabo. — On gagne (1 k. 1/2) *Reinhardsmünster* (531 h.), et, de là, on se rend directement, par (1 k. 1/2) *Saint-Gall*, (3 k.) *Hægen* (591 h.), à (5 k. ; 30 k. env. de Dabo) Saverne. — Depuis Reinhardsmünster, on longe constamment (à g.), par un chemin découvert, la base des hauteurs où se trouvent (entre Hægen et Saverne) les restes des deux Géroldseck et du Haut-Barr (*V.* ci-dessus). A dr. la vue s'étend sur la plaine.

On peut aussi, de la roche de Dabo, gagner au S.-E., en 40 m., la scierie de *Schlikmühl*, au-dessus d'*Engenthal*, de là (40 m.) Wangenbourg, et de Wangenbourg Saverne (R. 40).

N. B. — La première de ces deux routes devient très facile à partir de Reinhardsmünster. Mais, depuis Dabo jusqu'à Reinhardsmünster, un guide est, sinon indispensable, du moins très utile.

De Saverne à Warselonne, par Marmoutiers, R. 40 ; — à Wangenbourg, par Marmoutiers, R. 40 ; — à Metz, R. 44 ; — à Sarreguemines, R. 45.

Le chemin de fer passe entre la Zorn à g. et le canal à dr. 463 k. *Steinbourg* (*Steinburg*), 1444 h.

De Steinbourg à Neuwiller, *V.* ci-dessus ; — à Schweighausen et à Haguenau, R. 44.

467 kil. *Detwiller* (*Detweiler*), 1962 h.

475 k. *Hochfelden**, 2604 h. (fabrique de chaux hydraulique ; tannerie ; sécheries de garance).

480 kil. *Mommenheim*, 1151 h. — A dr., on découvre, par un beau temps, la flèche de la cathédrale de Strasbourg.

485 k. *Brumath*, 5545 h. — A 1 k. au S., *asile d'aliénés de Stephansfeld.*

On traverse la forêt de Brumath, et, après avoir laissé à g. la ligne de Haguenau-Vissembourg et de Haguenau-Sarreguemines-Metz, on franchit une dernière fois le canal de la Marne au Rhin.

493 k. *Vendenheim*, 1361 h.

De Vendenheim à Wissembourg, R. 42 ; — à Sarreguemines et à Metz, par Reichshoffen et Niederbronn, R. 44.

503 k. Strasbourg (buffet à la gare).

STRASBOURG

Situation. — Aspect général.

Strasbourg*, ancien chef-lieu du département du Bas-Rhin, actuellement capitale de l'Alsace-Lorraine, siège du gouvernement de la province et du commandement général du 15e corps d'armée allemand, est une V. de 104 471 h., située à

[ROUTE 1] STRASBOURG : — SIÈGE DE 1870.

4 k. du Rhin, dans la plaine de l'Alsace, sur l'Ill, qui s'y divise en deux bras principaux. Strasbourg, grande et belle cité, renferme, à côté de vieilles rues garnies de maisons à haut pignon dentelé, souvenir du moyen âge, de beaux quartiers modernes. Ce contraste entre le passé et le présent donne à Strasbourg une physionomie très pittoresque. La population strasbourgeoise, comme en général toute celle de l'Alsace, est laborieuse, brave, intelligente, de relations faciles et cordiales. — On parle également le français et l'allemand à Strasbourg.

Histoire.

Strasbourg, dont l'origine est très ancienne, faisait partie, au 1er s. de l'ère chrétienne, du district des *Mediomatrici*. On la désignait sous le nom d'*Argentorat*, dont les Romains firent plus tard *Argentoratum*. Après la chute de la domination romaine, elle appartint au royaume d'Austrasie, puis au royaume de Lotharingie ; elle fut enfin comprise, avec l'Alsace, dans l'empire germanique, lorsqu'il se forma sous les successeurs de Charlemagne. Strasbourg resta durant plusieurs siècles sous l'autorité exclusive de ses évêques ; mais, au XIIIe s., elle fut constituée en ville *libre et immédiate* de l'empire. Elle se donna alors un gouvernement municipal qui, tout en conservant certains droits de souveraineté à la puissance épiscopale, lui enleva ses principaux privilèges. Strasbourg vécut ainsi, jusqu'au XVIIe s., d'une existence indépendante, en se mêlant fréquemment aux luttes que suscitèrent en Alsace les rivalités de l'Empire et de la papauté. Par une capitulation signée le 30 septembre 1681, la cité ouvrit ses portes à Louis XIV, qui possédait déjà l'Alsace, et depuis cette époque Strasbourg s'était rattachée à la grande nationalité française avec un patriotisme dont elle donna souvent des preuves énergiques, notamment pendant les guerres de la Révolution et en 1814 et 1815. Strasbourg a embrassé de bonne heure la réforme religieuse du XVIe s., et aujourd'hui la population reste à peu près également partagée entre les cultes catholique et protestant.

Siège de Strasbourg (1870).

En 1870, Strasbourg allait donner de nouvelles preuves de son attachement à la France, en supportant avec une énergie héroïque toutes les horreurs d'un siège qui est tout à la fois le plus tragique et le plus glorieux souvenir de son histoire.

Après la bataille de Frœschwiller, la ville de Strasbourg restait sans secours, isolée, et les Vosges se fermaient devant elle. Dès les premiers jours d'août 1870, les paysans de Haguenau, de Wissembourg, de toutes les contrées voisines, déjà envahies ou menacées, affluaient vers ses murs. Le 6 août, les débris de l'armée de Mac-Mahon, qui battait en retraite, venaient chercher un abri sous le canon de ses forteresses, et le chemin de fer lui amenait des centaines de blessés, auxquels elle allait avoir à prodiguer ses soins. La population strasbourgeoise, qui le matin espérait encore, voyait avec inquiétude s'approcher le moment où elle devrait songer à se défendre. L'ennemi ne se fit pas longtemps attendre. Quarante-huit heures ne s'étaient pas encore écoulées qu'un parlementaire allemand venait sommer la ville de se rendre. Le colonel Ducasse, commandant de la place, répondait :

» Strasbourg ne se rend pas, venez essayer de la prendre. » Cette place forte était bien approvisionnée en vivres, et, malgré le petit nombre de troupes qu'elle avait à opposer aux forces imposantes qui marchaient sur elle, elle aurait pu résister de longs mois et immobiliser ainsi sous ses murs l'armée du général de Werder, si les munitions n'avaient pas commencé à manquer et surtout si des forts eussent défendu ses approches et contraint l'ennemi à se tenir à une distance où le bombardement eût été difficile sinon impossible. Mais rien n'avait été fait pour assurer sa défense. Entourée d'une ceinture de faubourgs extérieurs, la Robertsau, Schiltigheim, Kœnigshoffen, faisant face au Rhin et à Kehl, d'où es Allemands pouvaient faire pleuvoir une grêle d'obus sur elle, exposée au feu des batteries qui, à l'ouest, pouvaient être hissées sur les hauteurs de Hausbergen et de la Souffel, Strasbourg, quelle que fût d'ailleurs l'énergie de ses défenseurs, devait fatalement succomber, si elle n'était pas promptement secourue. Le général Uhrich avait été tiré de la réserve pour prendre le commandement de la place. Il avait sous ses ordres : un régiment de ligne, le 87e, commandé par le colonel Blot (ce régiment était en route pour Frœschwiller le jour même de la bataille; il put rétrograder et rentrer en ville); quelques compagnies de pontonniers, sous le colonel Fiévet; un dépôt d'un bataillon de chasseurs; 600 artilleurs, dont le général de Barral prit plus tard le commandement, lorsque, après avoir traversé les lignes allemandes à la faveur d'un déguisement, il fut parvenu à pénétrer dans la place; et si on ajoute à ces 3000 à 4000 hommes 4000 mobiles, quelques débris de Frœschwiller, les compagnies des francs-tireurs et des chasseurs-tirailleurs, et la garde nationale rapidement organisées, on arrive à un total de 18 000 hommes.

Dès le 8, les Allemands, au nombre de près de 20 000 hommes, étaient venus camper devant Strasbourg. Peu de jours après arrivaient d'Allemagne la division de la landwehr de la garde prussienne, la division de réserve de Poméranie, une brigade de troupes de Rastadt et de Mayence, 33 compagnies d'artillerie, 14 compagnies du génie, formant en tout une armée de 60 000 hommes avec 90 pièces de campagne, 200 canons de siège, 100 mortiers. Le général de Werder prenait le commandement supérieur; il avait sous ses ordres le général du génie de Mertens et le général d'artillerie de Decker.

N'ayant pas réussi à s'emparer de Strasbourg par un coup d'audace, le général de Werder se hâte d'achever l'investissement de la place. Il est complet le 12, et toutes les positions qui commandent la ville, les villages de Schiltigheim, d'Oberhausbergen, de Kœnigshoffen, sont occupées par ses troupes.

Le 16 août, sous les ordres du colonel Fiévet, eut lieu la première sortie. Elle ne fut pas heureuse: 70 hommes furent tués ou blessés, et le colonel, blessé lui-même, succombait peu de jours après. Désormais la défense était rejetée dans ses lignes intérieures. Des batteries dressées de toutes parts commençaient à lancer sur la ville les premiers obus. Le 15 août, les Badois firent la plaisanterie sinistre de saluer la fête de l'empereur par une salve meurtrière de 21 coups de canon. Le 18, leurs obus allaient tuer et blesser de pauvres ouvrières dans un ouvroir. Bientôt, espérant terrifier cette courageuse cité par une démonstration violente, le général de Werder, le 23 au soir, après avoir fait une sommation que le général Uhrich devait naturellement

[ROUTE 1] STRASBOURG : — SIÈGE DE 1870.

repousser, ordonnait un bombardement effroyable, qui, pendant un mois entier, faisait tomber sur l'héroïque cité une pluie de fer et de feu.

Les obus allaient incendier et détruire de fond en comble tous les édifices publics. Le Temple-Neuf avec ses bibliothèques, vastes dépôts des collections les plus précieuses, le musée de peinture et de sculpture, le palais de justice, le gymnase protestant, la nef de la cathédrale où un incendie se déclara dans la nuit du 25, l'arsenal, l'église de l'hôpital civil, l'hôtel de la préfecture, l'état-major de la place, le théâtre, la direction de l'artillerie, tous ces édifices furent successivement détruits ou fort endommagés par le feu des Allemands.

Pendant les premiers jours de la période du siège que l'on a appelée le grand bombardement, du 23 au 29 août, les assiégeants, comptant terrifier la population et la contraindre ainsi à demander grâce, ne se bornèrent pas à détruire systématiquement les monuments publics ; une foule de maisons particulières furent atteintes par leurs projectiles, plus de 400 furent réduites en cendres, et 10 000 malheureux se trouvèrent ainsi sans abri. Le 25 août, l'évêque de Strasbourg se rendait en parlementaire au camp allemand afin d'obtenir que la ville fût respectée ou qu'au moins les femmes et les enfants en pussent sortir. Cette prière fut repoussée, et lorsque le général Uhrich, pour riposter au feu dont il était accablé, brûlait Kehl qui tirait sur lui, c'était lui que l'on accusait de manquer aux lois de la guerre !

Ces violences, au lieu d'intimider la population strasbourgeoise, n'avaient fait qu'enflammer son patriotisme. L'intimidation n'obtenant aucun succès, force était d'en revenir à un siège régulier.

La situation devenait néanmoins de plus en plus critique. La résistance devait avoir un terme. Cette valeureuse population, qui était réduite à vivre dans les caves, espérait être secourue ; ses illusions fortifiaient son courage, qui devait fatalement faiblir, lorsque la situation extérieure, dans toute sa triste réalité, lui serait enfin révélée.

Le général Uhrich réclamait avec instance au ministère une armée de secours qu'on ne pouvait malheureusement pas lui faire parvenir. « Tentez une sortie, » lui répondait-on. La sortie opérée le 2 septembre par le 87ᵉ de ligne démontrait combien des tentatives de cette nature étaient désormais inutiles. Le général Blot, qui la dirigeait, se jetait bravement sur les batteries allemandes, mais il était bientôt obligé de se replier après avoir perdu 150 hommes tués ou prisonniers.

Dans les premiers jours de septembre, les Allemands, sans interrompre le bombardement, commençaient les opérations du siège d'une manière sérieuse. Ils contraignaient les paysans alsaciens à travailler, sous le feu de leurs compatriotes, à l'établissement de leurs batteries et au creusement des tranchées. Ils attaquaient ensuite la place du côté de l'ouest, où elle était moins protégée par les inondations artificielles de l'Ill. Chaque jour les rapprochait de la ville. Bientôt une brèche pouvait être faite ; le terme de la résistance ne pouvait être éloigné. L'inquiétude gagnait les assiégés. Ne recevant aucune nouvelle du dehors, on en tirait cette conséquence que la situation n'avait fait qu'empirer. Les divisions politiques venaient ajouter aux misères du siège. Le préfet, M. le baron Pron, pour calmer l'effervescence des esprits qui grandissait d'une façon inquiétante en raison des fausses nouvelles répandues chaque jour dans la ville, nommait le 30 août une commission municipale choisie dans tous les partis.

Le 11 septembre, eut lieu l'intervention touchante d'une députation suisse, privée mais appuyée par le président de la confédération, à laquelle le général de Werder accorda de négocier la sortie d'un certain nombre d'habitants inoffensifs. Le feu fut suspendu sur le point des remparts par lequel la députation allait pénétrer dans la ville. La municipalité put ainsi se porter au delà de la porte nationale, et, là, M. Humann, maire de Strasbourg, accueillait ces généreux citoyens en leur adressant ces paroles : « Soyez les bienvenus dans ces jours douloureux.... rapportez à l'Europe le spectacle dont vous êtes témoins dans nos murs. Dites ce qu'est la guerre au xix° siècle !.... »

2000 personnes purent profiter des sauf-conduits obtenus par les envoyés de la Suisse qui, en se retirant, apprenaient aux Strasbourgeois nos désastres et la chute de l'Empire. Le maire, M. Humann, se retirait devant M. Kuss, cet homme estimé de tous, qui devait plus tard mourir à Bordeaux, frappé au cœur par les infortunes de sa ville natale. Le préfet, M. Pron, s'effaçait devant M. Edmond Valentin, délégué par le gouvernement de la Défense nationale, qui était parvenu à pénétrer dans Strasbourg en bravant mille périls, et qui n'arrivait que pour assister à l'inévitable catastrophe.

L'ennemi serrant de plus en plus la place, était déjà maître des positions avancées; le 20 et le 22 septembre, il s'était emparé de la lunette 53 et 52. L'heure de l'assaut suprême allait sonner, et il ne fallait plus se bercer de l'espoir d'être secouru ; déjà, le 18 septembre, la commission municipale avait la première prononcé le mot fatal, en invitant le général Uhrich à entrer en pourparlers avec l'assiégeant. Le général déclina d'abord cette invitation ; mais bientôt, voyant ses remparts à demi ouverts et ses soldats impuissants pour repousser l'assaut, il pliait devant la fatalité et, le 27 septembre, il envoyait un négociateur au camp allemand. Strasbourg succombait après 50 jours de résistance. Le 28, la capitulation était signée. La ville ouvrait ses portes et la garnison, forte de 17 000 hommes, devenait prisonnière de guerre. La garnison avait perdu 600 hommes, 2000 blessés ou malades. Les obus prussiens avaient fait 1500 victimes dans la population civile, et 193 722 projectiles étaient tombés sur cette ville où le pied, presque partout, ne rencontrait plus que des ruines.

Direction.

En sortant de la nouvelle gare (construite entre la porte Blanche et la porte de Saverne et inaugurée en 1883), on traverse l'un des deux ponts jetés sur le canal, en face de la gare, et l'on tourne à dr. pour suivre la ligne des *quais de Paris, Desaix* et *Turckheim*. Entre les deux derniers, s'ouvre à g. la *Grande-Rue* (*Lange-Strasse*), de l'entrée de laquelle on aperçoit les clochers de l'église Saint-Pierre le Vieux, dont l'un est surmonté d'une antique tourelle. Au delà du quai Turckheim, on atteint les anciens *ponts couverts* (*Gedeckte Brücken*), au point de bifurcation du canal et du bras principal de l'Ill. Là s'élèvent de grandes *tours* carrées, restes de l'ancienne enceinte fortifiée de Strasbourg. D'un aspect sévère,

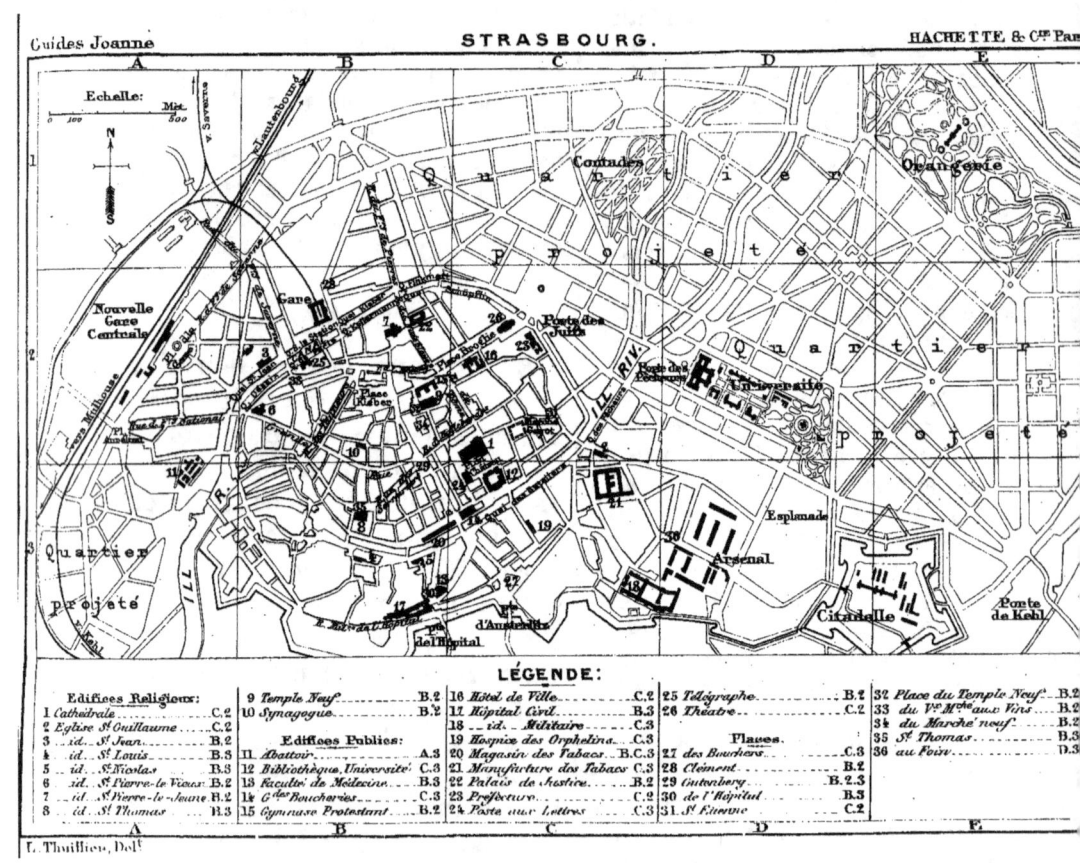

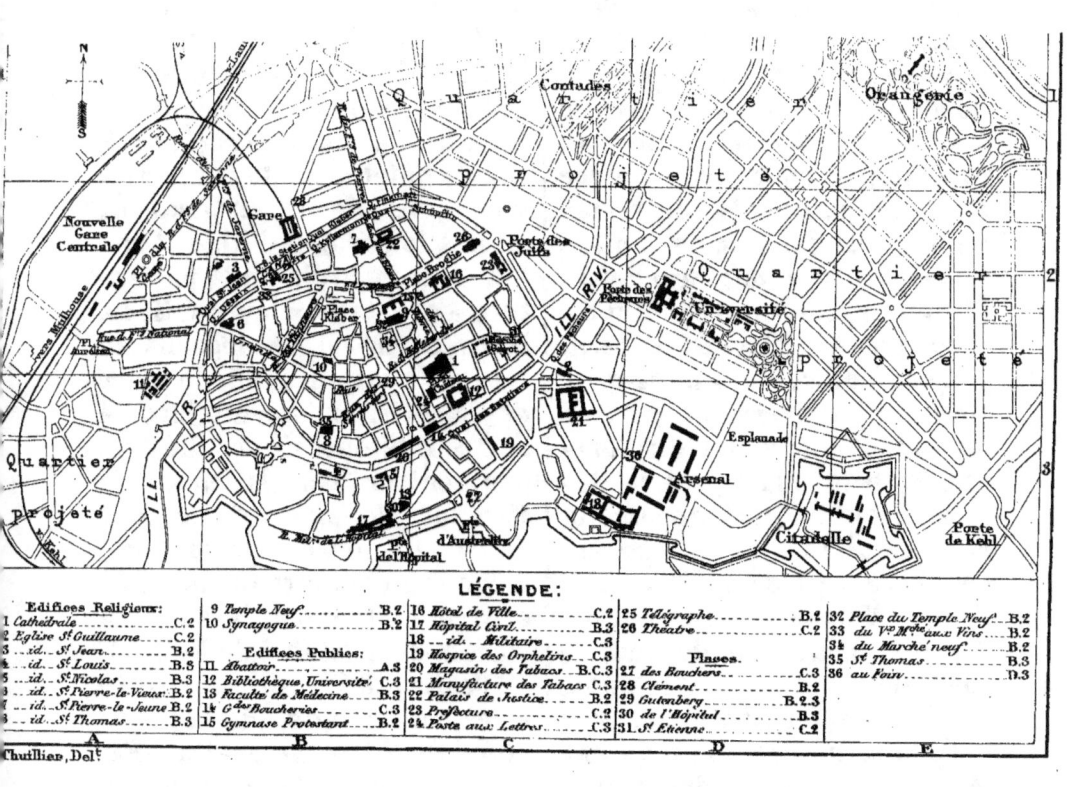

sombre même, elles ont, comme spécimen de l'architecture militaire du moyen âge, un caractère très intéressant. En face de vous, à dr., l'Ill est traversé par la Grande-Écluse, établie par Vauban et reconstruite depuis. Après avoir suivi les ponts, puis dépassé l'ancienne prison militaire et le magasin aux tabacs, on remonte la *rue* et la *place Finckwiller*, quartier d'une physionomie curieuse. Parvenu au *quai Finckwiller*, on traverse à g. le *pont Saint-Thomas*, au delà duquel on trouve la *place Saint-Thomas* (église du même nom). A l'angle N.-O. de la place s'ouvre la *rue des Serruriers* (*Schlossergasse*), qui conduit directement à la *place Gutenberg*, ancienne *place du Marché-aux-Herbes* (*Gartnersmarkt*; statue de Gutenberg; hôtel du Commerce, belle maison de la Renaissance). Du côté opposé, la *rue Mercière* (*Krämergasse*) conduit à la *place de la Cathédrale* (*Münsterplatz*), devant l'entrée principale de la cathédrale. Là, à dr., sur la *place du Château* (*Schlossplatz*; côté S. de la cathédrale), se trouvent le lycée, la maison de l'œuvre Notre-Dame (*Frauenhaus*) et l'hôtel de la poste. En redescendant, à dr., la *rue* qui longe un des côtés du château, on aboutit au bras principal de l'Ill, sur lequel s'élèvent la terrasse et la façade du château (actuellement occupé par l'Université).

Revenant ensuite à la place de la Cathédrale, on remonte à dr., en longeant le côté N. de l'église, la *place du Dôme* (*Domplatz*), pour prendre à g. la *rue de la Cathédrale* (*Münstergasse*), menant à la *place de Broglie*, à l'angle S.-O. de laquelle se trouve le magnifique hôtel du Crédit foncier, récemment construit; près de cet hôtel, à g. de la rue de la Cathédrale, une rue latérale mène à la Neue Kirche, construite sur l'emplacement du Temple-Neuf, et, à dr., la *rue Brûlée* (*Brandgasse*; hôtel de ville à g.), passant près de la préfecture, atteint le canal de l'Ill. — Contournant le jardin de la préfecture à g. (statue élevée à M. de Lezay-Marnésia) et longeant le théâtre, à dr., on gagne la *place de Broglie*. On la suit jusqu'à l'extrémité opposée au théâtre, pour entrer dans la *rue de la Mésange* (*Meisengasse*), au bout de laquelle une courte rue (à g.) mène, en contournant le marché couvert et l'Aubette, à la place Kléber (statue de Kléber). A l'extrémité N.-O. de cette place, on remonte, par la petite *place de l'Homme-de-Fer* (*Eisernenmannsplatz*), à la *rue du Vieux-Marché-aux-Vins* (*Alte Weinmarkt*), où l'on trouve à dr. la *rue de la Gare* (*Bahnhofgasse*) et plusieurs autres rues aboutissant aux quais Kellermann et de Paris.

La visite de la *citadelle* ainsi que celle de la *Robertsau* et du *Contades* devront faire l'objet d'une course distincte.

Édifices religieux.

La **cathédrale** ou **Münster** s'élève à peu près au centre de la ville, sur l'emplacement d'une église bâtie en bois et en terre par Clovis, reconstruite avec magnificence par Charlemagne, et détruite par la foudre en 1007.

L'édifice actuel, en partie commencé, dix ans plus tard, par l'évêque Wernher, fut activement continué à partir du milieu du XIII° s.; toutefois il ne fut entièrement terminé que vers le milieu du XV° s.; aussi réunit-il à peu près tous les styles du moyen âge. On reconnaît le genre byzantin dans les constructions primitives de la crypte, du chœur et de ses ailes; ces diverses parties remontent très vraisemblablement à la construction due à l'évêque Wernher (XI° s.), et peut-être même à l'église de Charlemagne. On reconnaît également le style byzantin dans une partie du bas de la nef; plus haut (nef principale et façade), l'ogive se montre de plus en plus dans toute sa perfection (1277-1339); enfin le corps intermédiaire entre les étages des deux tours (1365) et le couronnement de la tour du N. (1439) commencent à participer de la décadence de l'art.

Parmi les divers architectes qui dirigèrent cette construction, le plus célèbre fut Erwin de Steinbach, né à Steinbach dans le grand-duché de Bade, qui fournit les plans primitifs et conduisit les travaux jusqu'en 1318, époque de sa mort. Son œuvre, continuée jusqu'en 1339 par son fils Jean, passa ensuite sous la direction de différents maîtres.

N. B. — Il est interdit de se promener dans la cathédrale pendant les offices.

Trois **portails** décorent la façade. Celui du milieu a deux belles portes de bronze avec bas-reliefs, exécutées par M. Chertier, de Paris, sur les dessins de M. Klotz, de Strasbourg. En outre, il est orné de colonnes et de 14 statues (*Prophètes* de l'Ancien Testament). Parmi les statues des portails de dr. et de g., celles des *Vierges folles* et des *Vierges sages* sont les plus belles; quelques-unes sont des chefs-d'œuvre (fin du XIII° s.). Un grand nombre de figures plus petites et de bas-reliefs décorent les voussures et les tympans de ces trois portails, au-dessus desquels sont placées, sur la ligne où commence le second étage, les statues équestres de *Clovis*, de *Dagobert*, de *Rodolphe de Habsbourg* et de *Louis XIV* (cette dernière de 1828). On a récemment placé plus haut les statues équestres de *Pépin le Bref*, de *Charlemagne*, d'*Othon le Grand* et d'*Henri I° l'Oiseleur*. Au-dessus du portail du milieu, s'ouvre une *rose* en vitraux peints, aussi élégante que hardie (50 mét. de circonf.). Aux côtés N. et S., les deux tours sont percées de grandes fenêtres devant lesquelles s'élèvent de très minces piliers. Le même système de décoration se reproduit à l'étage qui se trouve au-dessus de celui-ci. Les statues des *Apôtres* remplissent une galerie qui règne au-dessus de la rose du milieu; au troisième étage, entre les deux tours, est une sculpture gigantesque (1849) représentant le *Jugement dernier*, par Ph. Grass. Cet étage où, au lieu d'une rose, s'ouvrent deux fenêtres ogivales, se termine par la plate-forme. Dans le prolongement de la tour N. s'élève la flèche supportée par une tour octogonale, décorée de statues et flanquée de 4 tourelles hexagonales, renfermant des escaliers en limaçon. La flèche est un obélisque à huit pans, découpé à jour avec une incroyable délicatesse et composé de six étages de petites tourelles, posés l'un sur l'autre en pyramide. Au-dessus du sixième est la lanterne, à laquelle aboutissent huit escaliers tournants, à jour; de là on parvient, par des degrés extérieurs, à la couronne; plus haut, au-dessus d'un autre évasement appelé la rose, la flèche continue de s'élancer en formant une croix en pierre de 1 mèt. 70, couronnée par un bouton avec paratonnerre. Le sommet de la flèche fut endommagé par un projectile allemand, lancé le 15 septembre 1870, un peu après midi, d'une des batteries établies au N.-O. de la ville, en avant de Schiltigheim, entre la route de Brumath et le chemin des Contades. La hauteur totale de la cathédrale est de 142 mèt. 12; la grande pyramide d'Égypte la dépasse de 2 mèt., et la flèche de Cologne de 14 mèt. — Sur le côté S. de la cathédrale s'ouvre une belle *porte* ornée de bas-reliefs et de *statues*, parmi lesquelles on remarque notamment celles de la *Religion chrétienne* et de la *Religion juive*, que la tradition attribue à Sabine de Steinbach, fille d'Erwin; la statue de ce dernier par M. Kirstein et celle de Sabine par M. Ph. Grass s'élèvent en avant de ce portail latéral. — Une façade, construite en 1494 par Jacques de Landshut, masque l'ancien portail du N. Dans ces dernières années, on a élevé sur la croisée une tour octogonale du style roman de transition, et, sur un des murs extérieurs du chœur, un pignon flanqué de deux tourelles rondes, du même style.

L'intérieur de l'église, d'une imposante majesté, se divise en trois nefs, séparées de chaque côté par sept magnifiques faisceaux de colonnes. La nef principale (115 mèt. 30 de longueur) est percée de vastes fenêtres ogivales d'un effet merveilleux, surtout quand le soleil fait resplendir leurs magnifiques verrières de couleur. — *Vitraux* du XIVᵉ s., récemment restaurés. — *Chaire* en pierre, merveilleusement sculptée, chef-d'œuvre de Jean Hammerer (1486). — *Orgues* (1714) d'André Silbermann. — A l'extrémité du latéral S., à dr. du chœur, célèbre *horloge astronomique*, construite, de 1838 à 1842, par M. Schwilgué, pour remplacer une horloge du même genre, établie au XVIᵉ s., sur les plans de Conrad Dasypodius, savant mathématicien. L'horloge de M. Schwilgué indique les révolutions moyennes de chacune des planètes, les phases de la lune, les éclipses, le temps apparent et le temps sidéral, etc. Elle fait mouvoir, par un mécanisme ingénieux, toute une série de petits personnages allégoriques représentant les *4 âges de la vie*, la *figure symbolique* de chaque jour, la *figure du Temps*, les *Apôtres*, etc. Ce spectacle attire habituellement un grand nombre de curieux, principalement *à midi*, heure à laquelle se développe le plus complètement le cortège de ces figurines.

Le **chœur**, surmonté d'une coupole octogonale, précède une abside peu profonde. Au-dessus de l'entrée du chœur, grande fresque (le *Jugement Dernier*) par M. Steinheil. — *Chapelle Saint-André*, renfermant les sépultures de plusieurs évêques. — Dans la *chapelle Saint-Jean-Baptiste*, à g. du chœur, beau *monument* gothique élevé à Conrad de Lichtenberg, mort en 1229; et, dans le transsept, *baptistère* en pierre, chef-d'œuvre de Josse Dotzinger, mort en 1449. — Dans une chapelle de l'aile dr. (*chapelle de la Croix*), dédiée à sainte Catherine, *tombeau* remarquable par le nombre et la disposition des figures qui le décorent. — Parmi les tableaux de peintres strasbourgeois qui ornent l'église, on remarque : l'*Adoration des bergers*, par Guérin; l'*Ensevelissement de Jésus-Christ*, par Klein; l'*Ascension*, par Heim.

On descend à la **crypte** par un double escalier s'ouvrant de chaque côté du chœur. Cette crypte, s'étendant sous toute la longueur du chœur, mérite d'être visitée.

L'ascension à la *plate-forme* (entrée au bas de la tour méridionale, du côté de la place du château; jusqu'à la plate-forme, 12 pf.; au pied de la flèche, 40 pf.; à la couronne, 1 m. 20) qui s'étend entre les deux tours est le complément indispensable d'une visite à la cathédrale de Strasbourg. De là on jouit d'un vaste panorama sur la ville et sur les chaînes de la Forêt-Noire (à l'E.) et des Vosges (à l'O.). Parmi les noms gravés sur les balustrades et sur les murs du vestibule où commence l'escalier de la flèche, nous citerons ceux de Gœthe, de Herder, de Lavater, d'Oehlenschlæger, celui de Voltaire, et ceux plus modernes du duc d'Angoulême, de la duchesse de Wurtemberg, de Ziegler, de M. de Montalembert, etc. Sur le côté g. extérieur de la tour, se lit la signature d'un inconnu, signature que l'on fait remonter à l'année 1370. De la plate-forme, on peut encore monter, au haut des tourelles, au pied de la flèche. Pour aller au delà, une autorisation spéciale, délivrée à la mairie, est nécessaire, cette dernière partie de l'ascension n'étant pas sans quelque danger.

Église Saint-Thomas (place du même nom; carte d'entrée, 40 pf.), bâtie de 1270 à 1330

[ROUTE 1] STRASBOURG : — ÉDIFICES RELIGIEUX. 1

(culte protestant). A chaque extrémité de l'édifice s'élève une tour : celle de l'O., du style byzantin, paraît remonter au xi° s.; celle de l'E., de forme octogonale, appartient au style gothique; elle est couronnée par une galerie élégante et se termine par une haute toiture. — L'intérieur comprend 5 nefs, dont les voûtes sont soutenues par des piliers d'une construction hardie. — Beaux *vitraux* de couleur. — *Lustres* en cuivre d'un excellent style. — *Orgues* de Silbermann. — *Mausolée du maréchal de Saxe*, chef-d'œuvre de Pigalle. Il se compose d'une pyramide en marbre gris, au pied de laquelle est placé un sarcophage; le maréchal, debout, descend d'un pas ferme les marches qui conduisent au tombeau. A sa dr. on voit les animaux symboliques des trois nations alliées, l'Autriche, la Hollande et l'Angleterre, dont le maréchal triompha dans les guerres de Flandre. D'un côté, le Génie de la guerre en pleurs porte un flambeau renversé; à côté de lui la France éplorée s'efforce d'une main de retenir le héros et de l'autre repousse la Mort qui montre au maréchal le cercueil ouvert. De l'autre côté se tient Hercule symbolisant la force. Ce tombeau, élevé sur l'ordre de Louis XV, a été achevé en 1777. — *Cercueil en pierre* de l'évêque Adeloch, extrêmement curieux par ses sculptures; il porte la date de DCCCXXX. —

Monuments consacrés aux historiens *Schœpflin* et *Koch* et au savant *Jérémie-Jacques Oberlin*. Dans une petite pièce, deux *momies* : un comte de Nassau et une jeune fille inconnue vêtus de costumes de mode ancienne (celui du comte a été refait récemment). — Cette église sert en même temps au culte protestant de la garnison.

Église Saint-Pierre le Vieux (Grand'Rue). On fait remonter son origine au iv° s.; mais les remaniements que cette église a subis dans le cours des siècles, n'ont guère laissé trace de l'édifice primitif (*tour* du clocher; *flèche* du xv° s.). La nef est affectée au culte protestant et le chœur, appartenant au culte catholique, a été compris dans la construction d'une église plus spacieuse, répondant au besoin de la paroisse.

Église Saint-Pierre le Jeune (sur la place du même nom, *Jung Sanct-Petersplatz*), affectée, le chœur (xiii° s.) au culte catholique, et la nef (xiv° s.) au culte protestant.

Nous mentionnerons encore les églises : (culte catholique) *Saint-Louis* (quai de Finckwiller; *baptistère* en marbre blanc, avec sculptures de M. Friederich; *Baptême de Clovis*; *Conversion de Bathilde*; *Saint Louis*, peinture de M. Guérin); — *Saint-Jean*, à l'entrée du faubourg de Saverne (*Kronenburgerstrasse*); — *Sainte-Madeleine* (rue Neuve; vitraux et chœur intéressants); — *Saint-*

Étienne (quai Saint-Étienne), servant au culte catholique de la garnison (parties curieuses du style byzantin, à l'extérieur); — (culte protestant) *Sainte-Aurélie* (faubourg National); — *Saint-Nicolas* (quai Saint-Nicolas; *monument* à la mémoire du prédicateur Isaac Haffner, mort en 1831); — *Saint-Guillaume* (quai des Pêcheurs; dans le chœur, séparé de la nef par un jubé, *tombeaux* du comte Ulric de Werde, landgrave de la basse Alsace, 1344, et de son frère, 1332; *bas-relief* sur bois représentant le duc Guillaume d'Aquitaine; beaux *vitraux*); — la *Nouvelle-Église* (*Neue Kirche*; sur le Marché Neuf et rue du Dôme), construite dans le style roman du XII° s. (orgue de Merklin-Schutze), sur l'emplacement du Temple-Neuf, édifice du XIII° s., dont le chœur renfermait une riche bibliothèque et qui a été détruit par les obus allemands.

Temple des réformés de la confession helvétique (rue du Bouclier), construit en 1787. — *Synagogue* (rue Sainte-Hélène), ancienne église des Capucins, appropriée en 1834.

Service du culte anglais. Scotch Hall (salle écossaise), rue des Serruriers, 14.

Édifices civils.

Palais, ancien **hôtel de la Préfecture** (rue Brûlée), vaste et belle construction du XVIII° s., presque entièrement détruite par le bombardement et reconstruite d'après le plan primitif; actuellement résidence du gouverneur de l'Alsace-Lorraine.

Hôtel de ville (rue Brûlée), édifice d'un aspect grandiose, élevé au commencement du XVIII° s. et considérablement agrandi et embelli en 1840.

Château (entre l'Ill et l'aile S. de la cathédrale). La principale façade, sur l'Ill, est précédée d'une terrasse et décorée d'une colonnade. Ce palais, bâti de 1728 à 1741, est affecté provisoirement à l'Université et à sa bibliothèque (*V.* ci-dessous).

Frauenhaus ou *maison de l'Œuvre de Notre-Dame* (place du Château), charmante construction de la Renaissance (1581); elle doit son nom à une ancienne et riche dotation ou *œuvre* affectée à l'entretien et aux réparations de la cathédrale (*escalier* d'une élégante et légère exécution; pièces de l'*horloge de Dasypodius*; *plans* de la cathédrale, sur parchemin; débris de statues, chapiteaux, corniches, enlevés à la cathédrale par les bombes allemandes; les décombres de toute espèce ont rempli 300 tombereaux; dans le nombre se trouve une pierre provenant de l'intérieur de la chapelle de Saint-Laurent, et portant une inscription qui rappelle qu'Erwin de Steinbach fut l'architecte du monument).

Hôtel du Commerce (place Gutenberg), renfermant la

chambre et le *tribunal de commerce*; il fut élevé (1535) pour la municipalité strasbourgeoise. La façade est percée, à chaque étage, de larges fenêtres divisées en trois compartiments par des meneaux délicatement découpés (dans une des salles, *statue de l'Alsace*, œuvre de M. Bartholdi et offerte par le syndicat à M. Bergmann pour les services qu'il rendit à l'Alsace).

Théâtre (place de Broglie), construit de 1804 à 1821, presque entièrement détruit par le bombardement et reconstruit depuis. L'entablement a pour ornement les *statues* de six des Muses par l'éminent sculpteur Ohmacht (les têtes de deux de ces statues avaient été emportées par les obus). Le théâtre de Strasbourg a été doté, par un généreux habitant de Wissembourg, d'une rente de 55 000 fr.

Hôtel de la Diète de l'Alsace-Lorraine (Landesausschuss), construction provisoire, de style suisse, en face du théâtre, à l'entrée de la place Impériale.

Palais de Justice (rue de la Nuée-Bleue), bâtiment du xviii° s., en partie détruit par le bombardement et reconstruit dans un beau style. — Ancienne *douane* (xvi° s.). — *Lycée*, bâti en 1756, sur l'emplacement d'une vieille hôtellerie où l'inventeur de l'imprimerie fit, dit-on, ses premiers essais. — Bâtiments de l'**Académie** (salles de cours; collections diverses), ouverts t. l. j.: en hiver, de 11 h. à midi; en été, de 10 h. à midi (dimanche, lundi, mercredi, vendredi) et de 2 h. à 4 h. (mardi, jeudi, samedi). — Nouvelle **Université** (place de l'Université, près de l'ancienne porte des Pêcheurs), devant comprendre toutes les facultés, sauf celle de Médecine. — *Jardin botanique.* — *Observatoire.* — *Hôpital de la ville*, près de la porte de l'Hôpital; au S.-E., bâtiments de la faculté de Médecine (cliniques, amphithéâtre, collections), ouverts le dimanche de 2 à 6 h. (24 pf.). — *Manufacture des tabacs* (1852). — *Hôtel des Haras* (1723). — *Hôpital militaire*, etc.

Strasbourg abonde en curieuses habitations du moyen âge et des xvii° et xviii° s. Nous signalerons: la *maison de la Maîtrise* (au N.-O. de la cathédrale), couverte de personnages sculptés représentant des musiciens; — la maison Kammerzell (place du Dôme), ancienne construction de 1465, actuellement propriété de l'œuvre de Notre-Dame (on a l'intention d'y installer un musée); — des maisons à poutres sculptées, en face du portail de la cathédrale; — *l'hôtel du Luxhof*, où est installée une brasserie; plusieurs maisons à toitures gigantesques et à pignon dentelé, notamment sur le canal du vieux Rhin, près de la citadelle, et dans le voisinage de Saint-Thomas; — les *hôtels de Luckner*, résidence de l'évêque, et *de Neuwiller*; — et enfin, rue de la Mésange, la maison où Rouget de l'Isle composa la *Marseillaise*.

Musées, bibliothèque, archives, sociétés savantes.

Le **musée de peinture et de sculpture**, établi dans l'Aubette (place Kléber), a été anéanti dans l'incendie de cet édifice, pendant la nuit du 24 août 1870. Une somme de 500 000 fr. a déjà été accordée par le gouvernement allemand pour commencer sa reconstitution.

Le **musée d'antiquités** qui se trouvait dans les bâtiments du Temple-Neuf a été entièrement détruit par le feu, comme cet édifice, pendant la nuit du 24 août 1870. La Société pour la conservation des monuments historiques de l'Alsace a réuni une collection d'antiquités romaines, gallo-romaines et du moyen âge, déposée provisoirement dans le bâtiment de l'ancien petit séminaire (présidence du départ.), attenant à l'église Saint-Étienne.

La *bibliothèque de l'Université impériale et de l'Alsace-Lorraine* (K. Universitæts und Landesbibliothek), fondée en 1871 et enrichie de nombreux dons (500 000 vol.), et le *cabinet des médailles* sont provisoirement installés dans le Château (*V.* ci-dessus).

La **bibliothèque municipale**, qui se trouvait aussi dans le chœur du Temple-Neuf et qui était riche de 300 000 vol., a été entièrement consumée (parmi ces richesses détruites, signalons le magnifique manuscrit intitulé: *Hortus deliciarum*, dû à Herrade de Landsperg; abbesse de Sainte-Odile à la fin du xiie s.). Une nouvelle bibliothèque municipale a été reconstituée (54 000 vol.; bâtiment des anciennes boucheries).

Le **musée d'histoire naturelle** (dans le local de l'Académie; *V.* ci-dessus) se compose de collections de zoologie, de botanique, d'anatomie comparée, de minéralogie et de géologie, classées dans sept salles (au 2e étage).

Les **archives municipales** (à l'hôtel de ville) renferment, entre autres pièces intéressantes: les *privilèges* accordés à Strasbourg par les empereurs d'Allemagne; les *chartes* concernant les rapports du gouvernement municipal avec la ville; des *chartes* du xiiie s.; des *traités de paix*; une partie de la *Correspondance de Louvois*, etc.

Les **archives départementales** (dans les anciens greniers publics, derrière l'ancienne préfecture) contiennent, parmi de nombreux documents curieux, des *bulles pontificales*, des *lettres impériales*, des *chartes* relatives à l'ancien évêché, etc.

Sociétés savantes: *Sociétés des sciences, agriculture et arts; des amis des arts; de médecine; Société pour la conservation des monuments historiques d'Alsace* (musée provisoire à l'ancien Petit-Séminaire). — *Vo-*

[ROUTE 1] STRASBOURG : — MUSÉES ; — FORTIFICATIONS. 45

gesen-Club, société fondée en 1874, qui a pour but de rendre les excursions dans les Vosges plus accessibles aux touristes.

Société d'embellissement (Verschœnerungs-Verein). C'est à son initiative qu'est due la création des jets d'eau et plantations.

Établissements militaires et fortifications.

On entre à Strasbourg par douze portes : la *porte de Schirmeck* (Schirmeckerthor) ; la *porte Blanche* (Weissthurmthor) ; la *porte de la Guerre* (Kriegsthor) ; la *porte de Saverne* (Kronenburgerthor) ; la *porte de Pierre* (Steinthor) ; la *porte de Schiltigheim* ; la *porte de l'Ill* ; la *porte de Robertsau* (Ruprechtsauerthor) ; la *porte du Canal* ou *du Rhin* ; la *porte de Kehl* ; la *porte des Bouchers* (Metzgerthor), ancienne *porte d'Austerlitz*), bâtie en 1400, agrandie en 1515 et remaniée aux XVIᵉ et XVIIIᵉ s. ; la *porte de l'Hôpital* (Spitalthor). Ces deux dernières sont les seules des sept anciennes portes qui n'aient pas été déplacées et dont les fortifications n'aient pas encore été démolies.

La **citadelle**, établie sur les plans de Vauban (1682-1685), forme un pentagone renfermant plusieurs grands bâtiments militaires et un monument élevé à la mémoire des officiers et soldats allemands (pionniers du corps du génie et pontonniers) tués pendant le siège. Sur le côté N. de la vaste esplanade qui sépare la citadelle de la ville s'élève l'*arsenal*.

Huit **casernes**, pouvant loger 10 000 hommes, complètent les vastes aménagements de la place de Strasbourg. Elles datent en général du XVIIIᵉ s. ; nous nous bornerons à rappeler que la *caserne de la Finckmatt* (au N. de la ville, dans le voisinage de la porte de Pierre) fut le principal théâtre de la tentative bonapartiste du 30 octobre 1836.

Les remparts ont été démolis, sur la rive g. de l'Ill, dans tout leur développement et, sur la rive dr., depuis l'ancienne *porte des Pêcheurs* jusqu'à l'angle S. de la citadelle, dont les ouvrages avancés ont disparu de ce côté. La nouvelle enceinte, reculée de beaucoup à l'O., au N. et surtout à l'E., ajoute à la ville des terrains à bâtir qui font plus que doubler son étendue.

Quatorze forts détachés ont été construits par les Allemands dans un rayon de 4 à 8 k. autour de la ville ; onze de ces forts sont sur la rive g. du Rhin, trois sur la rive dr. : — 1° *Fort Fransecky*, près de la Wanzenau ; — 2° *Fort Moltke*, près de Reichstædt ; — 3° *Fort Roon*, près de Mundolsheim ; — 4° *Fort de Mundolsheim* ; — 5° *Fort Prince-Royal*, près de Niederhausbergen ; — 6° *Fort Grand-Duc de Bade*, près de Oberhausbergen ; — 7° *Fort Prince Bismarck*, près de Wolfisheim ; — 8° *Fort Prince-Royal de Saxe*, près de Holzheim ; — 9° *Fort Tann*, près d'Ostwald ; — 10° *Fort Werder*, près de Grafenstaden ; — 11° *Fort d'Altenheim*, au S.-E. du précédent ; — 12° *Fort Kirchbach*, près de Sundheim ; — 13° *Fort Bose*, près du Neumühl ; — 14° *Fort Blumenthal*, près de Auenheim. Tous ces forts sont reliés entre eux par un chemin de fer de ceinture.

Places, statues, promenades.

Place Gutenberg, près de la cathédrale. — *Statue* en bronze *de Gutenberg*, œuvre remarquable de David d'Angers (1840). L'inventeur de l'imprimerie tient une feuille sortant de la presse et sur laquelle sont tracés ces mots : *Et la lumière fut*. Le piédestal est orné de bas-reliefs allégoriques.

Place Kléber, la plus vaste de Strasbourg, transformée en jardin anglais et station principale des tramways. — *Statue* en bronze *de Kléber* par M. Phil. Grass. Sous le monument est un caveau où ont été déposés en 1838 les restes de l'illustre général de la République.

Place de Broglie, sorte de large boulevard ouvert en 1740 par le maréchal de Broglie, alors gouverneur de l'Alsace. Le *Broglie* (*Brŏjl*), comme disent habituellement les Strasbourgeois, qui en ont fait leur boulevard des Italiens, est situé dans le plus riche quartier de la ville. — Au delà du Broglie se trouve, dans la rue longeant le théâtre à dr., la *statue de M. de Lezay-Marnesia*, préfet du Bas-Rhin sous le premier Empire.

Place d'Austerlitz (Metzgerplatz), avec plantations et jet d'eau (les eaux jouent généralement les dimanches et jours de fête).

Ancien *Jardin botanique* (monument en marbre élevé par les Strasbourgeois à la mémoire des victimes du siège ; il porte cette seule date : 1870).

Places : du Château ; — du Temple-Neuf ; — Saint-Thomas ; — du Marché-aux-poissons ; — du Vieux-Marché-aux-Vins, où se tiennent les étalages des bouquinistes et le marché aux guenilles (*Gimpelmarkt*, curieuse exhibition locale, le vendredi. La *place Impériale*, en projet, doit être ouverte, au delà du canal de l'Ill, entre le pont du théâtre et le Contades, sur les terrains des anciens remparts.

Le **Contades**, auquel on arrive par l'ancienne porte des Juifs (quai Lezay-Marnesia, derrière l'ancienne préfecture), offre de beaux ombrages.

La **Robertsau** (*Ruprechtsau* ; un tramway y conduit), où l'on se rend, soit par l'ancienne porte des Pêcheurs et la place de la Nouvelle-Université, soit par le Contades, avec lequel elle communique par une avenue et un pont jeté sur une dérivation de l'Ill, est en partie comprise dans la nouvelle enceinte de la ville et divisée en lots de terrains à bâtir, avec une place centrale. A l'E., s'élève l'*Orangerie*, où logea l'impératrice Joséphine et qu'entoure une vaste promenade. Entre la porte du Canal et la porte de Robertsau, la nouvelle enceinte sépare cette promenade du canal de l'Ill au Rhin. On peut suivre le canal et se rendre jusqu'au grand Rhin (vue sur le fleuve et la Forêt-Noire). De la Robertsau, on arrive par un pont à l'*île du Wacken*, dans laquelle s'élèvent des maisons particulières. Plus au N. se trouve l'agréable village de *la Robertsau*.

Comme buts de promenade, nous signalerons, en outre : l'*Hippodrome* (sur la route de Strasbourg à Kehl) ; — le *Polygone* (même direction), d'où l'on peut poursuivre jusqu'au *Neuhof* et à *la Ganzau*, banlieue de Strasbourg, près des forêts s'étendant vers le Rhin.

Commerce, industrie.

Strasbourg est une ville de commerce. Les *pâtés de foie gras* et la choucroute de Strasbourg sont renommés. 53 brasseries s'occupent de la fabrication de la bière. — Le tabac est également un des produits les plus importants au point de vue commercial et industriel.

L'*industrie* compte à Strasbourg plusieurs grands établissements. Nous citerons, entre autres, l'imprimerie typographique et lithographique de R. Schultz et Cⁱᵉ, succ. de Berger-Levrault, à laquelle est jointe une fonderie de caractères, et celle de M. G. Fischbach (succ. de G. Silbermann), qui réunit les deux spécialités, et dont les magnifiques travaux, notamment les impressions chromotypographiques, ont une renommée européenne.

Excursion à Kehl.

5 k. par la route de terre, jusqu'à la station de Kehl ; 6 k., à Kehl (ville) ; 7 k., à Kehl (bourg). — Prix de la course en voiture de place : à la station de Kehl, pendant le jour 1 m. 60 ; à Kehl (ville), 2 m. ; à Kehl (bourg), 2 m. 40. Le soir et la nuit les prix sont beaucoup plus forts. — Tramway à vapeur, du Metzgerthor au pont de Kehl ; en 20 m. ; 20 pf. — 12 k. par chemin de fer (trajet en 27 m. ; 1 m. 5 ; 75 pf. ; 50 pf.).

N. B. — Le trajet par la route de terre est beaucoup plus agréable et plus intéressant.

ROUTE DE TERRE. — Sortant de Strasbourg par l'ancienne porte d'Austerlitz (Metzgerthor), on remonte et on laisse bientôt à dr. un chemin se rattachant à celui du Polygone et du Neuhof (il mène à la station du Metzgerthor, V. ci-dessous). — 30 m. On franchit le petit Rhin et l'on entre dans l'*île des Épis*. — A g. : Au Rendez-vous des pêcheurs (chez Schmutz, au petit Rhin), restaurant (matelotes). A dr., au milieu d'un bouquet d'arbres, *monument* (en grès rouge) consacré : *au général Desaix par l'armée du Rhin*, 1801 (buste de Desaix; figures emblématiques et bas-reliefs : *passage du Rhin, défaite de Mourad-Bey, mort de Desaix*, par Ohmacht). — 15 m. On atteint la rive g. du Rhin et le pont de bateaux conduisant à Kehl.

Chemin de fer. — Les trains partent de la gare principale (on peut aussi les prendre à la station de Metzgerthor) et arrivent à la station *Metzgerthor*, en contournant Strasbourg de l'O. au S.-E. sur un parcours de 7 k. Après avoir franchi le petit Rhin et l'île des Épis, on atteint le superbe pont en partie fixe, en partie mobile, qui relie la rive alsacienne du Rhin à la rive allemande (Grand-Duché de Bade). Ce pont, terminé le 6 avril 1861 (longueur, 245 mèt.), a deux voies et comprend, en outre, deux passerelles de service de 1 mèt. 50 de largeur chacune. La partie fixe est un pont à treillis en fer, qui porte trois travées égales, de 56 mèt. chacune. Les travées mobiles (aux deux extrémités), formées de poutres en tôle pleine, sont des ponts tournants, dont le pivot repose sur des culées en maçonnerie. Quelques jours avant l'investissement de Strasbourg, le 22 juillet 1870, les Badois avaient fait sauter, du côté de la rive badoise, une travée de ce pont.

12 k. **Kehl***, V. de 2000 h., ancienne forteresse de l'empire d'Allemagne, au confluent de la Kintzig et de la Schutter avec le Rhin. — *Église* moderne du style ogival, en grès rouge.

—

De Strasbourg à Bâle, par Colmar et Mulhouse, R. 31; — à Sainte-Marie-aux-Mines, par Schlestadt, R. 31 et 37; — à Saint-Dié, par Rothau, R. 38 et 41; — à Mutzig, par Molsheim, R. 41; — à Barr, par Molsheim, R. 40 et 41; — à Wissembourg, R. 42; — à Sarreguemines, par Reichshoffen et Niederbronn, R. 44.

ROUTE 2.

DE PARIS A BALE

A. Par Vesoul, Belfort et Mulhouse.

525 k. — Chemin de fer (gare de l'Est, à l'extrémité N. du boulevard de Strasbourg). — Trajet en 10 h. 40 à 15 h. 5 par trains express. — Prix : 1re cl., 64 fr. 20; 2e cl., 47 fr. 80 par trains express (*Schnell-Züge*); 1re cl., 63 fr. 20; 2e cl., 46 fr. 80; 3e cl., 33 fr. 95, par les autres trains (*Personen-Züge*).

DE PARIS A BELFORT

9 k. de Paris à Noisy-le-Sec (*V.* R. 1). — A g., ligne de Paris à Strasbourg (R. 1).

14 k. *Rosny-sous-Bois.*

17 k. *Nogent-sur-Marne.*

On franchit la vallée de la Marne sur un beau viaduc (827 mèt. de longueur; 34 arches).

21 k. *Villiers-sur-Marne.*

Le chemin de fer aborde le plateau de la Brie par une tranchée longue de 4400 mèt.
28 k. *Émerainville-Pontault.*
33 k. *Ozouer-la-Ferrière.*

[A 8 k. au N., *Ferrières* (*église* du xiii° s.; magnifique *château* de MM. de Rothschild).]

On traverse la forêt d'Armainvilliers. — A dr., *château Pereire* (moderne).

39 k. **Gretz-Armainvilliers**, point de bifurcation de l'embranchement de Coulommiers (à g.).

44 k. *Villepatour.*
49 k. *Ozouer-le-Voulgis.*
Viaduc d'une seule arche de 30 mèt. d'ouverture, sur l'Yères. — Tranchée longue de 2300 mèt.
53 k. *Verneuil* (beau château moderne).

59 k. *Mormant*, ch.-l. de c. de 1409 h., où les maréchaux Victor et Oudinot battirent les Autrichiens en 1814. — *Château du Bressoy.*

65 k. *Grand-Puits.*
70 k. *Nangis*, ch.-l. de c. de 2601 h. — *Église* ogivale. — *Tour* en grès, reste du château fort. — Jolie *promenade*.

A dr., *Rampillon* (église du xiii° s.).

80 k. *Maison-Rouge.*
A dr., *Lizines.* — A g., *Saint-Loup-de-Naud* (église du xii° s.).

Tunnel de 105 mèt. — Viaduc courbe, de 486 mèt., sur la vallée de la Voulzie (42 arches).

89 k. **Longueville**.
A g., embranchement de Provins (6 k.).

93 k. *Chalmaison.*
Le chemin de fer descend dans la vallée de la Seine par une tranchée de 2400 mèt.
96 k. **Flamboin**. — A dr., restes du château.
A dr., embranchement de (14 k.) Montereau, rattachant la ligne de Mulhouse à celle de Paris à Lyon.
100 k. *Hermé.*
105 kil. *Melz.*
On côtoie, à dr., la Seine.
111 k. **Nogent-sur-Seine***, ch.-l. d'arr. du dép. de l'Aube, V. de 3469 h., sur la rive g. de la Seine. — *Église* dédiée à saint Laurent, des xv° et xvi° s. (abside du xiii° s.; tour haute de 35 mèt.; beau portail latéral; vitraux; tableaux par Gleyre, Devéria, etc.). — *Maison de l'Auditoire* (xvi° s.). — Belle *halle* aux grains.
119 k. *Pont-sur-Seine.* — *Église* des xii° et xvi° s. — *Château* appartenant à M. Casimir Périer. — Vaste *souterrain* (2 k. de longueur), ouvert dans une colline voisine (très belles stalactites).

Le chemin de fer entre dans la Champagne crayeuse.
129 k. *Romilly-sur-Seine*, ch.-l. de c. de 5283 h. — A g., embranchement pour Épernay (R. 1).
133 k. *Maizières-la-Grande-Paroisse.*
141 k. *Mesgrigny.*
147 k. *Saint-Mesmin.*
151 k. *Savières* (halte). — *Église* du xii° s.
155 k. *Payns.*

158 k. *Saint-Lyé* (halte).

163 k. *Barberey-Saint-Sulpice*. — *Église* des XII⁰ et XVI⁰ s. — *Château* du XVII⁰ s. — Fabrication des fromages connus sous le nom de *fromages de Troyes*.

A g., ligne de Châlons; à dr., ligne de Sens-Orléans.

167 k. **Troyes***, V. de 46 067 h., ch.-l. du dép. de l'Aube, sur la Seine.

Cathédrale, restaurée, offrant tous les styles, depuis le XIII⁰ jusqu'au XVI⁰ s. — *Chœur*, un des plus beaux de la France, entouré de six chapelles rayonnantes. — Magnifiques **vitraux** (ceux des chapelles absidales datent du XIII⁰ s.; ceux du chœur du XIV⁰ s., et ceux de la nef des XV⁰ et XVI⁰). — *Vierge* par Simart. — Riche trésor.

Église Saint-Urbain, chef-d'œuvre, inachevé, du XIII⁰ s. A l'int. : verrières en grisaille des XIII⁰ et XIV⁰ s.; *piscine* du pape Urbain IV; tombes gravées des XIV⁰, XV⁰ et XVI⁰ s. — *Saint-Remy* (tour du XII⁰ s.; nef et portail de la fin du XIV⁰ s., le reste du XV⁰ ou du XVI⁰ s.; flèche de 60 mèt.). A l'int. : peintures sur bois du XVI⁰ s.; célèbre *Christ* en bronze; médaillons en marbre; table de fondations funéraires, de Girardon; tableaux de Ninet de Lestaing et d'Herluison. — *Saint-Jean* (tour du XII⁰ s.; partie de la nef de la fin du XIV⁰ s.; le reste du XVI⁰). A l'int. : maître-autel de Noblet, décoré d'un tableau de Mignard (*Baptême du Christ*); tabernacle de Girardon, surmonté d'admirables bas-reliefs en marbre de François Gentil (*Lavement des pieds, Cène, Désespoir de Judas*); vitraux remarquables du XVI⁰ s. — *La Madeleine*, de la fin du XII⁰ s. et du XVI⁰ s. A l'int. : beaux vitraux du XVI⁰ s.; magnifique *jubé* de Jean Gualdo (1508). Dans l'ancien cimetière, remarquable porte d'entrée du XV⁰ s. — *Saint-Nizier*, XVI⁰ s.; portail principal de la Renaissance; portail S., style ogival. A l'int. : verrières du XV⁰ s. (abside); dans la sacristie, charmants petits panneaux, peints par Linard-Gonthier. — *Saint-Martin des Vignes* (XVI⁰ et XVII⁰ s.). A l'int. : très beaux vitraux de Linard-Gonthier et peintures sur bois du XVI⁰ s. — *Saint-Nicolas* (style ogival du XVI⁰ s.; porche du XVII⁰). A l'int. : beaux vitraux; peinture murale du XVI⁰ s.; jolie cuve baptismale de la Renaissance; chaire et 2 statues du Christ, de François Gentil. — *Saint-Pantaléon* (XVI⁰ et XVII⁰ s., moins le portail O., du XVIII⁰ s.). A l'int. : calvaire; groupe en pierre des saints Crépin et Crépinien par François Gentil; grisailles attribuées à Macadré; chaire avec bas-reliefs en bronze par Simart; beaux retables. — *Chapelle Saint-Gilles* (XV⁰ s.), en bois (peintures sur bois). — *Église Saint-Frobert* (XVI⁰ s.), servant d'atelier de carrosserie. — *Temple protestant*.

Hôtel de ville (1624-1670); au rez-de-chaussée, dans la grande salle, médaillon, en marbre blanc, de Louis XIV, par Girardon. — *Hôtel-Dieu* (xviii° s.); grille de 1760, par Pierre Delfin de Paris. — Ancienne *abbaye* (aujourd'hui orphelinat); beau *cloître* du xvii° s.

Musée: 12 000 monnaies romaines, françaises et champenoises; objets antiques; tableaux par Jean Malouel, Boucher, les deux Boullongne, Cima, Coypel, Desportes, Francken, Greuze, Pierre Mignard, Lenain, Natoire, Nattier, Hubert Robert, Tassel, Cerquozzi, Chalette, Vernef, Watteau, Leclerc des Gobelins, Van Dyck, Delorme, Paillot de Montabert, Cossard, etc.; œuvre de Simart, comprenant 78 numéros: plâtres originaux du tombeau de Napoléon Ier et des principaux ouvrages du célèbre sculpteur; Chanteur florentin et tombeau de Lamoricière, modèles originaux de Paul Dubois. — *Bibliothèque* (100 000 vol. et 2427 manuscr.); fenêtres ornées de belles peintures sur verre par Linard-Gonthier. — Nombreuses et riches collections particulières.

Hôtels particuliers: *de Vauluisant* (xviii° s.), *de Mauroy, de Chapelaines, de Marisy, des Ursins*. — *Maisons* en bois (xv° et xvi° s.).

Jolies promenades; jardins anglais sur l'emplacement des anciens fossés.

Fabriques de bonneterie; filatures; charcuterie renommée.

Au sortir de Troyes, on longe, à g., le faubourg des Croncels.

170 k. *Saint-Julien* (halte). — *Église* (xvi° s.).

A dr., embranchement de Bar-sur-Seine.

On franchit une dernière fois la Seine.

175 k. *Rouilly-Saint-Loup*.

182 k. *Lusigny*, ch.-l. de c. de 1068 h.

180 k. *Montiéramey*, 1068 h. — *Église* des xii° et xvi° s. (vitraux du xvi° s.).

On découvre au loin, à g., la *forêt du Grand-Orient*. — A g., *Mesnil-Saint-Pierre* et *Villeneuve-aux-Chênes*. — On franchit la Barse à deux reprises (la seconde fois sur un viaduc de 21 arches).

199 k. *Vendeuvre*, ch.-l. de c. de 2017 h. — *Église Saint-Pierre*, du xvi° s. (*autel* daté de 1539; *chaire* provenant de l'abbaye de Clairvaux; *retable* du xvi° s.; tableaux sur bois et deux belles verrières). — *Église Saint-Jean* (chœur du xii° s.). — *Château* des xii°, xvi° et xvii° s.

210 k. *Jessains*.

(Corresp. pour (15 k.) *Brienne-le-Château*, dont on aperçoit le château dans le lointain. C'est, on le sait, à l'École militaire de Brienne que Napoléon fit ses études. — Une bataille fut livrée à Brienne, en 1814, par Napoléon aux armées coalisées].

215 k. *Arsonval-Jaucourt*, halte desservant: *Arsonval* et *Jaucourt* (église avec chœur du xii° s.; restes du château).

221 k. **Bar-sur-Aube***, ch.-l. d'arr. du dép. de l'Aube; V. de

4579 h., sur la rive dr. de l'Aube. — *Église Saint-Pierre*, des xiiᵉ et xiiiᵉ s. (beaux porches; chapelles de la nef, du xviᵉ s.; galeries en bois du xviᵉ s.; belles sculptures de la *chapelle des Vignerons*). — *Église Saint-Maclou*, du xivᵉ et du xviiiᵉ s. (clocher central en bois; tour du xiiiᵉ s.; pierres tumulaires dès xvᵉ et xviᵉ s.); la *sacristie*, en partie du xiiᵉ s., passe pour avoir été la chapelle de l'ancien château des comtes de Bar. — *Caves* magnifiques (xiiᵉ s.), dans la maison dite le *Petit-Clairvaux*. — *Pont* sur l'Aube, avec *chapelle* du xvᵉ s. — *Hôpital Saint-Nicolas* (salle et chapelle du xiiᵉ s.). — Jolies *promenades* tracées sur l'emplacement d'anciens fossés.

Entre Bar-sur-Aube et Clairvaux, on franchit six fois l'Aube, qui fait de nombreux détours. — A g., ruines du prieuré de *Belroi* (xiiᵉ et xiiiᵉ s.). — A dr., *Bayel*. — A g., forges entourées d'un parc pittoresque.

234 k. *Clairvaux*, V. dépendant de la commune de *Ville-sous-la-Ferté* (3010 h.). Clairvaux était le siège d'une abbaye célèbre, fondée par saint Bernard en 1115. Les bâtiments conventuels, très vastes, reconstruits au xviiiᵉ s., sont affectés aujourd'hui au service d'une *maison centrale de force et de correction*, qui peut contenir 2000 détenus env. (chapelle élégante et vaste salle du xviiiᵉ s.; cellier et divers passages voûtés remontant au xiiᵉ s.).

On pénètre dans la vallée de l'Aujon, petit affluent de l'Aube.

240 k. *Maranville*.

250 k. *Bricon*, point de raccordement de l'embranchement de Châtillon-sur-Seine sur la ligne de Paris à Mulhouse (à dr.).

257 k. *Villiers-le-Sec*. — A 1 k. env. de la station, on rejoint l'embranchement de Blesmes à Chaumont, et, 2 k. plus loin, le chemin de fer franchit la vallée de la Suize sur le magnifique viaduc de Chaumont, qui compte à juste titre parmi les ouvrages d'art les plus remarquables du réseau de l'Est. Ce pont-viaduc en pierre, construit par MM. Delcombe et Zeller, a 600 mèt. de longueur et s'élève à 50 mèt. au-dessus du fond de la vallée. Il est supporté par 50 arcades de 10 mèt. d'ouverture, partagées en deux étages aux points extrêmes et en trois étages à l'endroit le plus profond de la vallée.

262 k. **Chaumont** * (buffet), ch.-l. du dép. de la Haute-Marne, V. de 12 160 h., sur un escarpement (324 mèt. d'alt.) se prolongeant entre la Suize, à l'O., et la Marne, à l'E., jusqu'au confluent des deux rivières. C'est à Chaumont que fut signé, le 1ᵉʳ mars 1814, le traité par lequel les souverains alliés s'engagèrent définitivement à ne pas déposer les armes jusqu'à ce qu'ils eussent renversé Napoléon et ramené la France à ses limites de 1789.

Église Saint-Jean, du xiiiᵉ s., avec chœur reconstruit au xviᵉ.

— Portail surmonté de deux tours terminées par des flèches élancées (sculptures du portail latéral S.). — A l'int. : bel *escalier* tournant (angle g. du transsept) ; *arbre de Jessé*, curieux bas-relief sculpté en plein mur dans l'une des chapelles latérales ; peintures murales dans la chapelle de la Vierge ; *saint-sépulcre*, d'un très beau caractère (1460) ; *chaire* et *banc-d'œuvre*, dus à Bouchardon le père ; tableaux dont l'un (*Saint Alexis*) est attribué à Andrea del Sarto ; la plupart des autres sont de Richard Tassel, peintre langrois.

Tour Hautefeuille où *tour du Donjon* (x⁰ s.), dernier reste du château des comtes de Champagne. Elle est contiguë aux bâtiments du Palais de Justice, dans lesquels on doit entrer pour la voir.

Préfecture, vaste construction moderne. — *Bibliothèque publique* (40 000 vol.). — *Musée* (*Tête de Christ*, par Albert Dürer ; tableaux modernes et fragments de sculptures des tombeaux de princes de la maison de Lorraine). — *Chapelle du collège*. — *Fontaine*, avec colonnade, surmontée d'un buste de Bouchardon. — Importantes manufactures de gants.

Promenades du *Boulingrin* et de l'*allée du fort Lambert*, au N. de la ville. — A la sortie de la gare, *terrasse* ombragée d'arbres (belle vue, surtout si l'on suit, au bas de la terrasse, la rue du Val-des-Tanneries). — A 10 m. à l'O. de la ville, magnifique viaduc de Chaumont (*V.* ci-dessus). On s'y rend par la route à g., au sortir de la gare.

De Chaumont à Neufchâteau, R. 8.

274 k. *Foulain*. — On traverse un site pittoresque et l'on passe dans deux tunnels.

287 k. *Rolampont* (antiquités gallo-romaines).

297 k. **Langres** * (buffet), ch.-l. d'arr. du dép. de la Haute-Marne, place de guerre de 1ʳᵉ cl., évêché, V. de 11 790 h., située sur une montagne (475 mèt.) formant, au N., un promontoire entre la Marne, à l'E., et la Bonnelle, à l'O. Des forts nouvellement construits entourent la ville. Des remparts et des tours de la cathédrale, on embrasse un immense panorama.

A dr. de la route de voit., longue de 2 k., qui mène de la station à la ville, s'élève, sur la *butte des Fourches*, la *chapelle de Notre-Dame de la Délivrance*, érigée avec les dons des fidèles, à la suite d'un vœu fait à la sainte Vierge en août 1870 au cas où Langres serait préservée des horreurs de la guerre. — Si l'on est à pied, on peut, de la gare, prendre un chemin (raide, mais plus court que la route) qui monte directement à la porte dite *Longe-Porte*.

Cité principale des Lingons à l'époque celtique, puis occupée par les Romains, qui l'agrandirent et y élevèrent des monuments importants, Langres devint plus tard la capitale de la petite province du Bassigny. C'était, dès les premiers temps de l'introduction du Christianisme dans les Gaules, le siège d'un évêché, qui reçut au xii° s. le titre de *duché-pairie*; le titulaire avait le droit de porter le sceptre au sacre des rois de France.

Cathédrale; dédiée à saint Mammès, magnifique édifice du style de transition (fin du xii° s.) dans lequel le plein cintre et l'ogive sont combinés avec le goût le plus heureux. — Portail reconstruit au xviii° s. — A l'int. (94 mèt. 40 de longueur dans œuvre; 42 mèt. de largeur au transsept et 23 mèt. de hauteur dans la grande nef) : cannelures des pilastres et chapiteaux des colonnes imités de l'antique; *cuve baptismale* d'une belle ornementation (xiii° s.); trois statues (*Jésus portant la croix, saint Jean l'Évangéliste, sainte Madeleine*) et restes de *mosaïque en faïence* dans la chapelle des fonts baptismaux; *statue* en marbre *de saint Mammès*, par Henri Bertrand, sculpteur langrois, dans la chapelle de Saint-Mammès; *Adoration des bergers*, par Quentin, peintre langrois du xvi° s.; *statue de la Vierge* (par un inconnu), vénérée sous le nom de Notre-Dame la Blanche (elle date de la première moitié du xiv° s.); *Christ* et *Sainte Madeleine*, attribués, le premier au Corrège, la seconde à Rubens, dans la chapelle de la Vierge; tableaux sur bois dans la chapelle Saint-Amâtre; *statue de la Vierge*, par Lescorné. — Ancienne *salle du Chapitre* (porte ornée de sculptures remarquables) renfermant sept tableaux, dont deux (*Parabole de l'Enfant prodigue*) sont l'œuvre des Tassel, peintres langrois. — Sur le côté S. de la cathédrale, galerie appelée le *cloître des Chanoines*, un des monuments les plus purs du style ogival primaire.

Église Saint-Martin (xiii°, xvi° s. et moderne). — Portail du xviii° s. — Joli clocher haut de 52 mèt. 50, élevé d'après les dessins de Forgeot. — A l'int. : *Christ*, chef-d'œuvre de sculpture sur bois, attribué au sculpteur Gentil (xvi° s.), et tableau de Tassel (*Martyre de saint Simon*).

Porte gallo-romaine, près de la porte du Marché, à l'O. de la ville (deux grandes arcades hautes de 17 mèt. 95, ornées de pilastres, et frise conservant des traces de sculptures en demi-relief). — *Porte des Moulins* (1647).

Maison de l'ancien cercle, charmant édifice de la Renaissance. — *Maison* avec frise sculptée (rue Saint-Didier). — *Maison* (rue du Cardinal-Morlot, n° 21) où l'on voit un joli escalier tournant (dans la cour).

Couvent des Ursulines, converti en caserne (portail dans le style de la Renaissance). — *Hôtel de ville* (xviii° s.). — Belle *maison* du cercle des officiers.

Musée (ouvert le dimanche et le jeudi), installé dans l'an-

[ROUTE 2] CHALINDREY. — LA FERTÉ-SUR-AMANCE. 55

cienne *église Saint-Didier*, très riche en antiquités gallo-romaines et de la Renaissance. Il réunit en outre une galerie de tableaux, des collections d'histoire naturelle, de médailles, d'objets curieux d'origine celtique, égyptienne, grecque et romaine, etc.

Les *antiquités* (statues, sculptures, inscriptions, restes de monuments) sont déposées dans la belle abside de l'église Saint-Didier, dont le centre est occupé par le *tombeau* du saint. Nous citerons spécialement :

1. Autel en marbre, consacré à Bacchus. — 2 à 9. Huit autels en pierre. — 10 à 15. Inscriptions et fragments d'inscriptions. — 64 à 74. Monuments funéraires. — 75 à 80. Groupes, statues et fragments de statues. — 81 à 99. Bas-reliefs. — 97 à 127. Fragments d'architecture. — 210 à 229. Statues, bas-reliefs et débris d'architecture.

La *galerie de peinture* renferme environ 200 tableaux ; les plus dignes d'attention sont :

11. *Jordaëns.* Le Christ à la colonne. — 18. *Poelenbourg.* L'Enlèvement d'Europe. — 22 à 28. *Richard et Jean Tassel.* Mort de saint Joseph. Sainte Famille. Martyre de sainte Martine. Martyre de saint Mammès. Tête de Vierge. Saint Michel terrassant le démon. — 28. Reniement de saint Pierre. — Tableaux de Corot, Flandrin, Ziégler, etc.

La *bibliothèque publique* (ouverte le dimanche et le jeudi) contient 12 000 vol. imprimés et quelques manuscrits.

Promenade de Blanchefontaine (musique militaire en été), en dehors de la ville, au S.-O.

[Excursions aux *sources de la Marne* (5 k.), situées au S.-E., au bas d'un cirque de rochers (381 mèt. d'alt.), près de *Balesme* (vestiges de bains romains).]

Pont sur la Marne. — Tunnel de 1380 mèt., percé sous les hauteurs qui séparent la vallée de la Marne du bassin de la Saône.

308 k. **Chalindrey** (buffet). La station, éloignée de 1 k. 1/2 du village, forme le point de départ (à dr.) des embranchements d'Is-sur-Tille-Dijon et Gray-Besançon.

[A 3 k. de la station (1 k. 1/2 de Chalindrey), magnifique *château du Pailly*, construit en 1563 par le maréchal de Tavannes.]

De Chalindrey à Contrexéville et à Vittel, R. 7, *B*, — à Nancy, R. 9, *B*.

On franchit le Saulon sur un viaduc de 13 arches, et l'on traverse un tunnel (1080 mèt.) débouchant dans la vallée de l'Amance.

317 k. *Hortes*.

324 k. *Charmoy*.

328 k. **La Ferté-sur-Amance** ou **La Ferté-Bourbonne**, ch.-l. de c. de 587 h. — *Église* moderne du style ogival.

336 k. *Vitrey*, ch.-l. de c. de 943 h.

De Vitrey à Bourbonne-les-Bains, R. 3

347 k. *Jussey*, ch.-l. de c. de

2916 h. (restes d'un *château fort*).

On franchit la Saône sur un beau pont, et, au delà d'une profonde tranchée, on suit la rive g. de cette rivière.

354 k. *Monthureux-lès-Baulay.*
361 k. **Port-d'Atelier.**

Le raccordement de l'embranchement de Nancy à Vesoul par Épinal (R. 8), sur la ligne de Paris à Mulhouse, a lieu, à g., un peu au delà de la station de Port-d'Atelier.

De Port-d'Atelier à Luxeuil, R. 4, *A* ; — à Plombières, R. 5, *A* ; — à Bains, R. 6, *A* ; — à Nancy, par Épinal, R. 10, *A*.

370 k. *Port-sur-Saône*, ch.-l. de c. de 1877 h. — *Église* (curieux fonts baptismaux). — Vestiges d'un château fort. — Restes d'une habitation gallo-romaine.

377 k. *Vaivre.* — A dr., embranchement de Gray.

381 k. **Vesoul*** (buffet), ch.-l. du dép. de la Haute-Saône, V. de 9553 h., au confluent du Durgeon et de la Colombine (235 mèt. d'alt.). — *Église Saint-Georges* (1732-1745); beau maître-autel de 1785; saint-sépulcre remarquable. — Le *Palais de Justice*, l'*hôtel de la préfecture*, les *casernes*, datent des xviii° et xix° s., et n'ont rien de remarquable. — *Promenade* plantée d'arbres magnifiques. — *Monument* élevé à la mémoire des gardes-mobiles tués au siège de Belfort en 1870 et 1871. — Colline de *la Motte*

(452 mèt.) ; statue de la Vierge; immense panorama borné à l'E. par la ligne du Jura et l'extrémité S. des Vosges, au N. de la ville.

De Vesoul à Nancy : *A* par Épinal, *B* par Lure, R. 10

389 k. *Colombier.*
393 k. *Crevency-Saulx.* — Tunnel de 615 mèt.
403 k. *Genevreuille.*
411 k. **Lure***, ch.-l. d'arr. du dép. de la Haute-Saône, V. de 4360 h. — *Hôtel de ville*, construit en 1836. — *Hôtel de la sous-préfecture*, dans une partie des bâtiments (xviii° s.) de l'ancienne abbaye. — *La Font*, petit lac de 400 mèt. de circonférence, devant la sous-préfecture. — *Promenade du Mont-Chateix.* — A l'entrée du cimetière, *monument* commémoratif (par M. Ch. Colard), érigé à la mémoire des soldats français morts dans les ambulances de la ville en 1870-1871. — *Fontaines Saint-Desle* et *des Chartons*, à 2 k. au N.

De Lure à Nancy, R. 10, *B*.

On se rapproche de plus en plus, à g., de l'extrémité S. des Vosges, et l'on découvre par moments, à dr., la ligne bleuâtre du Jura. On pénètre dans la jolie vallée du Rahin.

422 k. *Ronchamp.*
428 k. *Champagney*, ch.-l. de c. de 1114 h. — *Église* du xviii° s. (*Adoration des Mages*, peinture sur bois du xvi° s., et *Résurrection de Lazare*).

[ROUTE 2] PORT-D'ATELIER. — VESOUL. — BELFORT. 57

[Corresp. pour (10 k.) *Plancher-les-Mines*, sur le versant S.-O. du Ballon de Servance, dont on peut gagner le sommet par un de ses côtés les plus pittoresques (excursion charmante, demandant une journée et demie depuis Champagney).]

On franchit le Rahin, puis on traverse un tunnel de 1250 mèt., creusé sous l'un des derniers contreforts des Vosges. A g., la vue s'étend sur une plaine se prolongeant jusqu'à la base du Ballon d'Alsace. — A g., grand étang de *Malsausse*.

436 k. *Bas-Évette*. — On passe entre la Savoureuse (à g.) et le *Mont Salbert* (à dr.).

443 k. Belfort (buffet).

BELFORT

Situation. — Aspect général.

Belfort[*], ancien ch.-l. d'arr. du dép. du Haut-Rhin, depuis 1871 ch.-l. du Territoire de Belfort, V. de 19 336 h. (un tiers est composé d'Alsaciens ayant opté pour la nationalité française), située au pied de la *Roche de Belfort* (418 mèt.) et près de la colline de *Justice* (462 mèt.). Elle couvre le passage ouvert entre les Vosges et le Jura, passage désigné stratégiquement sous le nom de *trouée de Belfort*.

Siège de Belfort (1870-1871).

En 1870, après la reddition de Strasbourg, et la capitulation de Metz, les armées du général de Werder et du prince Frédéric-Charles, ayant recouvré leur liberté d'action, se dirigèrent, la première vers la Bourgogne, la deuxième vers Paris. Pendant que le général de Werder atteignait la Saône et poussait même ses troupes jusqu'à Dijon, le général de Treskow, placé sous ses ordres et commandant la première division de la réserve, se dirigeait sur Belfort et l'investissait le 3 novembre 1870. Quelques jours plus tard, le général de Schmeling, après s'être emparé des places de Schlestadt et de Neuf-Brisach, venait fortifier l'armée assiégeante, en laissant à Treskow une partie de la 4e division de réserve. Pas plus que Metz, Belfort n'avait été mise à même d'opposer à l'ennemi une résistance sérieuse ; mais, depuis deux mois, on avait mis la main à l'œuvre et, grâce à quelques officiers dévoués qui avaient poussé les travaux avec la plus grande activité, Belfort était, au moment de son investissement, en état de soutenir un long siège, même contre des forces considérables : les ouvrages extérieurs qui complétaient ses fortifications étaient presque terminés, et ses approvisionnements en vivres et en munitions laissaient peu à désirer.

Le lieutenant-colonel Denfert-Rochereau, qui avait été nommé gouverneur de Belfort à la place du colonel Crouzat, appelé à un commandement dans l'armée de l'Est, était un officier du génie, instruit et énergique, qui devait ne rien négliger pour parer à toute éventualité. Nul mieux que lui n'eût su tirer parti de toutes les ressources dont la nature ou l'art avait doté ce point stratégique, cette vallée de la Savoureuse, véritable porte ouverte sur l'intérieur de la France.

Pour défendre Belfort et les nombreuses positions qui l'entourent, le colonel Denfert avait 300 canons, mais il ne disposait que d'une force de 16 000 hommes, composée d'éléments assez disparates et de mobiles inexpérimentés ; heureusement il avait pour le seconder quelques officiers de mérite : les capitaines du génie Brunetot, Degombert, Thiers, le capitaine d'artillerie de La Laurencie, et quelques autres sur lesquels il pouvait entièrement se reposer. Le général de Treskow était à la tête d'une artillerie puissante et de troupes nombreuses, mais on était à Belfort en mesure de repousser victorieusement ses attaques.

L'investissement de la place, très incomplet d'abord, se resserrait bientôt davantage, et les opérations du siège commençaient d'une manière sérieuse. Tous les efforts du général allemand tendaient à le rapprocher par degrés de la ville et à rejeter la défense dans ses retranchements. Le colonel Denfert multipliait les sorties afin de conserver intactes les positions qu'il avait cru devoir occuper.

Le 15 novembre, il se portait en force dans la direction de Bessoncourt et faisait éprouver aux assiégeants des pertes sérieuses. Mais ses efforts n'arrêtaient pas la marche en avant de l'ennemi, qui avançait d'une manière peu sensible mais toujours sûre. Les assiégés perdaient bientôt l'une après l'autre les positions avancées sur lesquelles ils s'étaient établis. Bessoncourt, à l'E., puis Cravanche, au pied du Grand-Salbert, le Mont, au N., Essert, à l'O., Bavilliers, au S.-O., étaient successivement enlevés par les troupes allemandes; enfin, le 8 janvier, trois semaines environ après le jour où le bombardement avait commencé, les soldats de Treskow s'emparaient, après d'énergiques efforts et au prix des plus grands sacrifices, des ouvrages de Danjoutin et faisaient 700 prisonniers. Ces succès redoublaient l'audace des assiégeants. Les attaques se multiplient et deviennent de plus en plus violentes. La Suisse, s'apitoyant sur le sort de la malheureuse population de Belfort envoie une députation à Treskow afin d'obtenir l'autorisation de conduire à Porrentruy les femmes, les enfants et les vieillards de la ville assiégée. Moins humain que le général de Werder, qui avait accordé cette faveur à Strasbourg, Treskow refuse.

Le 9 janvier, les habitants de Belfort apprennent la marche de Bourbaki vers l'E. Les courages abattus se raniment. La victoire de Villersexel est pour eux le signal de la délivrance et lorsque, le 15, ils entendent tonner le canon d'Héricourt, ils croient enfin être arrivés au terme de leurs souffrances. Hélas ! des déceptions cruelles les attendaient. L'armée de Bourbaki, après avoir lutté héroïquement pendant trois jours contre les armées réunies de Werder et de Manteuffel, vaincue par l'hiver plus encore que par l'ennemi, est obligée de battre en retraite sur Besançon. En s'éloignant, l'armée française emporta avec elle la dernière espérance des habitants de Belfort, qui, depuis trois mois, supportaient sans faiblir des privations de tout genre et un bombardement dont la garnison peut-être avait moins à souffrir que la population civile.

Le 28 janvier, l'armistice qui suspendait les opérations militaires ayant été signé, la lutte s'arrêta dans le N. et sur la Loire. Mais l'armée de Bourbaki était harcelée dans sa retraite avec plus d'acharnement que jamais. Les canons des batteries de Treskow continuaient à faire tomber sur Belfort une pluie de fer et de feu. Le colonel Denfert résistait fièrement et nul n'eût osé parler de se rendre, lorsqu'un ordre formel du gouvernement contraignit les défenseurs de Belfort d'ouvrir aux Allemands les portes de leur forteresse, dont ils ne sortirent qu'avec les honneurs de la guerre.

Monuments.

On entre à Belfort (Ville) par trois portes : la *porte de France* et la *porte de Brisach*, construites par Vauban à la fin du XVIIe s., et la *porte Neuve*, de construction récente. La ville se divise en trois parties : la *ville* proprement dite; le *château* ou *citadelle* (à l'E.), nommé la *Roche de Belfort*; les *faubourgs* : *de France*, aboutissant, à l'O., à la gare (ce faubourg a pris un grand développement depuis 1871), *de Montbéliard*, au S., *de Brisach*, au N.-E., *des Ancêtres* et *des Vosges* au S.

Église (1729-1750), en grès rouge; elle a beaucoup souffert du bombardement de 1871, mais elle a été réparée complètement à l'intérieur et en partie à l'extérieur. — A l'int. : *frise* de la nef, ornée de têtes d'anges en bas-relief; *orgues*, effondrées par les bombes allemandes et réparées depuis.

Hôtel de ville, renfermant le tribunal civil, le tribunal de commerce, la bibliothèque, le musée créé par M. J.-B. Dietrich, et l'établissement des sœurs de Niederbronn (succursale). — *Lycée* monumental, fondé (depuis 1871) par l'État avec le concours de la ville, pour la jeunesse d'Alsace. — *Monument* élevé à la mémoire des victimes du siège. — Au pied du rocher de la citadelle, *Lion de Belfort*, par Bartholdi. — Nouveau *théâtre* sur l'emplacement d'une ancienne promenade.

Industrie : Société alsacienne de construction de machines à vapeur, fab. de fil d'Alsace de MM Dollfus-Mieg, etc.

Fortifications.

Élevées originairement, en 1687, par Vauban, et considérablement agrandies depuis 1871, elles comprennent : l'*enceinte* de la ville (elle doit être démolie); la *citadelle*, ou *roche de Belfort* (le point le plus élevé des ouvrages domine de 67 mèt. le cours de la Savoureuse); les forts de *la Miotte* et de *Justice*, destinés à protéger le *camp retranché du Vallon* (vaste parc d'artillerie), au N. de la ville; les forts des *Barres*, à l'O., des *Hautes-Perches* et des *Basses-Perches* à l'E., du *Salbert*, au N.-O., de *Roppe*, au N.-E., de *Vezelois*, au S.-O. Les forts, plus éloignés, de *Giromagny*, au N. de Belfort, du *Mont-Vaudois*, au N. d'Héricourt, et du *Mont-Bart*, au S. de Montbéliard (ce dernier protège la vallée du Doubs), sont également situés dans le rayon de Belfort.

Sur la colline de la Miotte, *tour* carrée en maçonnerie, de forme pyramidale et tronquée au sommet, considérée par les Belfortais et tous les habitants des villages environnants comme une sorte de *palladium*. Cette tour, endommagée en 1871 par les boulets allemands, s'est écroulée dans la nuit du 8 au 9 juillet 1873; elle a été reconstruite par l'État.

Excursions.

Excursions au Ballon d'Alsace (*V.* p. 106), par la vallée pittoresque (cascades) de Giromagny (*V.* R. 17); — par le vallon de Villerbach ou de Bourbach, au sommet du *Rossberg* (1196 mèt.). Le plateau du Rossberg s'étend sur une longueur de 3 k. env. dans la direction du N.-O. au S.-E. De l'extrémité N. on voit toute la vallée, de Thann à Saint-Amarin; à l'extrémité S. la vue s'étend sur la vallée de Massevaux. — On peut également faire cette excursion de Thann, de Wesserling ou de Saint-Amarin (R. 33). — Cette course intéressante demande une journée (guide et provisions nécessaires).

[Service de voit. pour : (15 k.) Giromagny (R. 17); — (16 k.) *Lachapelle-sous-Rougemont*.]

De Belfort à Remiremont, par le Ballon d'Alsace, R. 17; — à Guebwiller, par Cernay, R. 30; — à Porrentruy et à Bâle, *V.* ci-dessous, B.

DE BELFORT A MULHOUSE

449 k. Chèvremont (*église* construite, dit-on, en 1785 par Kléber, exerçant alors la profession d'architecte).

453 k. Petit-Croix (buffet), dernière station française (vaste gare-frontière). Douane française. — On entre en Alsace.

457 k. **Montreux-Vieux** (*Altmünsterol*). — Douane allemande et buffet ou *restauration*.

— L'heure allemande avance de 25 m. sur l'heure française.

A dr., on aperçoit le canal du Rhône au Rhin, que le chemin de fer, après l'avoir longé quelque temps, franchit sur un viaduc. Descendant bientôt dans la vallée de la Largue, la voie ferrée passe sur le beau viaduc de *Rœsbæchel* (389 mèt. 63 de longueur; 28 arches; 20 mèt. de hauteur) et ensuite sur un second viaduc jeté sur la Largue (493 mèt. 33 de longueur; 43 arches; 23 mèt. 90 de hauteur au maximum).

463 k. *Dannemarie* (*Dammerkirch*), 1121 h. (pont-canal, à g., pour le passage du canal du Rhône au Rhin, au-dessus de la Largue).

On traverse un terrain marécageux sur un viaduc courbé de 35 arches, et l'on franchit l'Ill sur deux autres viaducs en grès rouge.

475 k. **Altkirch**, 3100 h., dans une position pittoresque, à mi-côte d'une colline baignée à l'O. par l'Ill. — *Église* (1850), du style roman (*maître-autel* et *tabernacle* en pierre blanche ornés de sculptures d'un travail très délicat : *Assomption de la Vierge*, par M. G. Dauphin). — Ancien *palais de justice* (balcon élégant). — *Musée*, dans l'hôtel de ville. — *Halle aux blés.* — Vaste *hospice*, dans un vallon (à 10 m.). — *Fontaine* moderne (style du xve s.), décorée d'une ancienne *statue de la Vierge.* — Fabrication de poteries, de poêles en faïence,

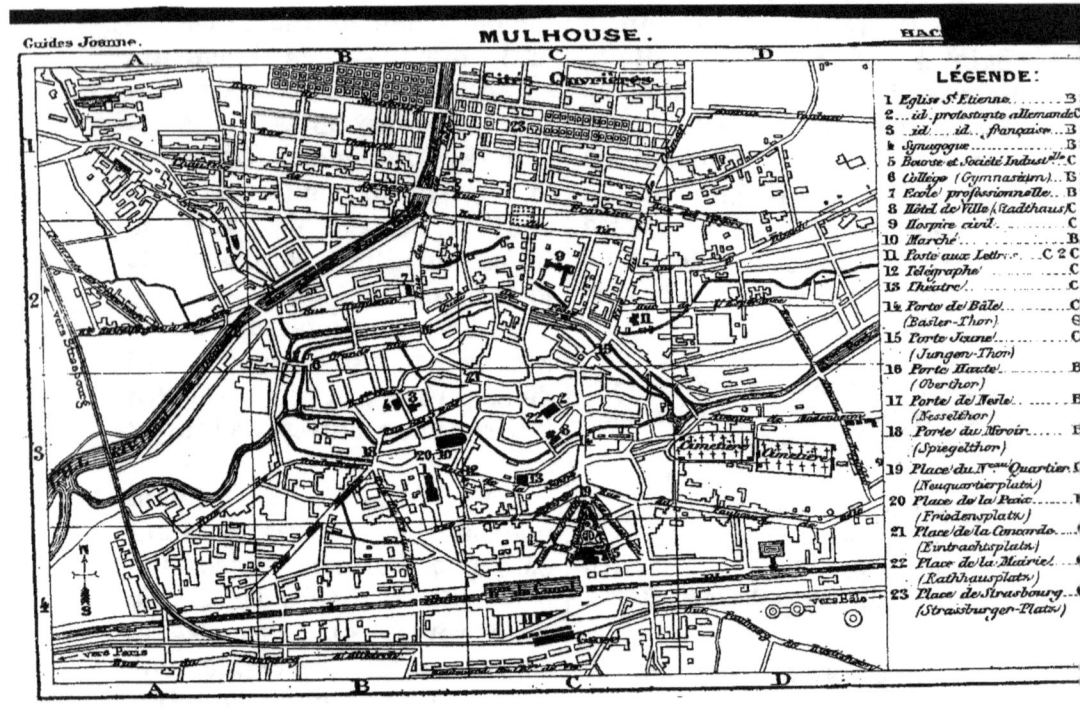

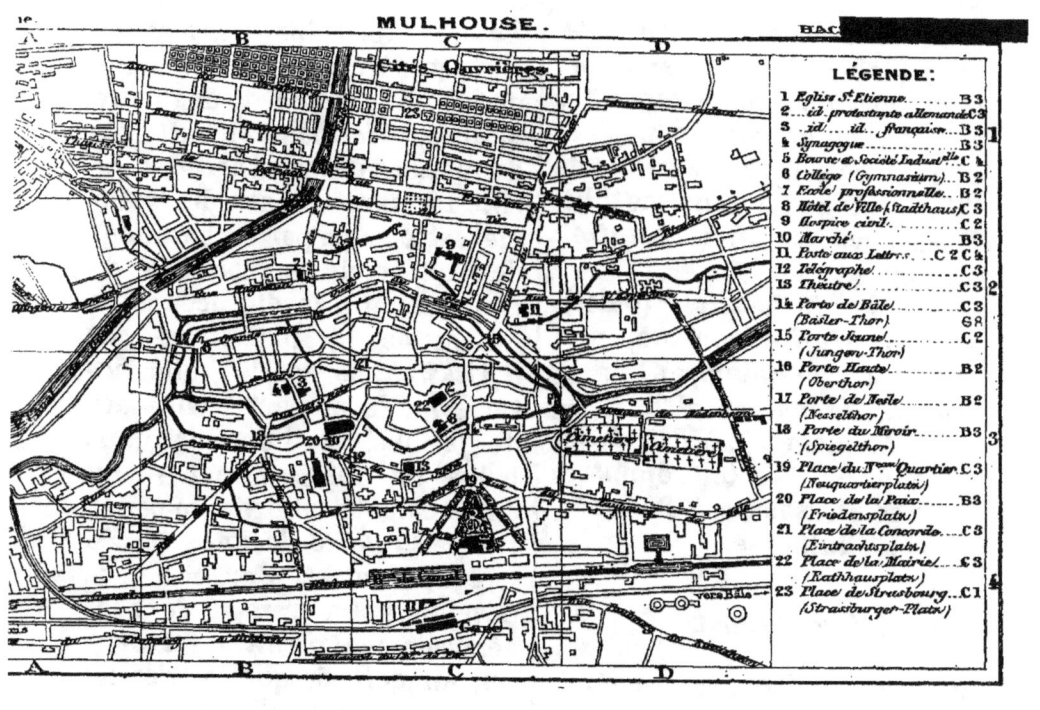

de briques vernies très estimées, connues sous le nom de *briques d'Altkirch*.

Le chemin de fer prend la direction du N.-E. et s'écarte des Vosges; on commence à apercevoir la Forêt-Noire à dr.

482 k. *Illfurth*, 1116 h. — A 1 k. au S. du village, traces d'un camp romain sur le *Britzgyberg* ou *montagne de Saint-Project*.

On passe au pied du *Kuppeleberg* (débris d'un *château fort* dont l'origine semble remonter à l'époque gallo-romaine), et l'on traverse la riante vallée de l'Ill. — A g., au delà de l'Ill, *Frœningen*, 696 h. (*habitation* du XVIIIe s.).

485 k. *Zillisheim* (halte), 1604 h. (*église* romane, moderne; à g., séminaire).

A g., *Didenheim*, 1078 h. — A dr., *Brunstatt* (2353 h.; *église* du XVIIIe s.). — On rejoint la ligne de Strasbourg à Bâle.

492 k. Mulhouse.

MULHOUSE

Situation. — Aspect général.

Mulhouse* (*Mulhausen*), ancien ch.-l. d'arr. du dép. du Haut-Rhin, V. de 63 629 h., est située, entre les Vosges et le Rhin, dans une vaste plaine arrosée par l'Ill, qui se partage en plusieurs bras en pénétrant dans la ville. — Le canal du Rhône au Rhin longe, parallèlement au chemin de fer, toute la partie S.-E. de Mulhouse.

Direction.

En sortant de la gare, on contourne le vaste bassin ou gare d'eau du canal du Rhône au Rhin, et l'on arrive, en tournant à dr., dans le quartier moderne désigné sous le nom de *Nouveau-Quartier*. Il comprend un système de rues formant un triangle, dont le sommet vient aboutir à la *rue de la Porte-de-Bâle*, la principale artère de l'ancien Mulhouse, par une place elle-même triangulaire (*place de la Bourse*), entourée de maisons ornées d'arcades. Le côté formant la base du triangle est occupé par le bâtiment de la Société industrielle de Mulhouse. Un jardin occupe le milieu de la place. La *rue d'Altkirch*, bordée de grands hôtels pour la plupart environnés de jardins, est l'une des plus belles du quartier neuf. — On entre dans la ville vieille par la *rue de la Porte-de-Bâle*, tracée irrégulièrement. A dr. et à g. se développe un réseau de rues généralement étroites, tortueuses, au delà desquelles s'étend la partie industrielle de la ville.

N. B. — Deux ou trois heures suffisent pour visiter la ville, sans y comprendre les cités ouvrières.

Histoire.

Mulhouse paraît avoir eu pour origine, ainsi que l'indique son nom (*mühle*, moulin; *haus*, maison), quelques maisons groupées autour d'un moulin établi sur les bords de l'Ill.

Après avoir relevé tour à tour de l'évêché de Strasbourg et de l'empire d'Allemagne, Mulhouse devint, au XIV° s., une ville libre, se gouvernant elle-même, sans autre restriction que le lien de vassalité qui l'unissait à l'Empire. A l'époque du traité de Westphalie, elle fut rattachée, comme état indépendant, à la Confédération helvétique. Mais, à la fin du XVIII° s., les nécessités de son industrie et de son commerce, qui avaient pris depuis cinquante ans des proportions considérables, la firent renoncer à son indépendance, pour assurer à ses transactions les débouchés qui lui manquaient. Vers 1746, Samuel Kœchlin, Jean-Jacques Schmaltzer et Jean-Henri Dollfus, dont les noms se retrouvent encore aujourd'hui à la tête de l'industrie de cette importante cité, avaient introduit à Mulhouse la fabrication des indiennes; elle resta pendant plusieurs années sans rivalité sérieuse et sans entraves pour ses exportations en France. Mais, lorsque cette industrie s'établit en France, les fabricants réclamèrent contre la concurrence des indiennes de Mulhouse et obtinrent qu'on leur interdît le marché français. C'est alors qu'après avoir essayé de lutter contre les barrières de douane qui l'enfermaient de toutes parts, la petite république consentit à son incorporation à la France. L'acte de réunion fut signé le 29 janvier 1798, avec l'assentiment à peu près unanime du corps de la bourgeoisie. Depuis 1871 elle est séparée de la France, mais elle a conservé néanmoins sa physionomie toute française.

Monuments. — Curiosités.

Église catholique (moderne), construite dans le style du XIII° s. (dans le chœur, *vitraux* de couleur par Maréchal, de Metz).

Église catholique, en construction, dans le voisinage des cités ouvrières.

Temple protestant, terminé en 1865 (style du XIV° s.; nef centrale, entourée de tribunes, d'un excellent effet).

Synagogue (moderne) en grès rouge des Vosges.

Ces trois édifices sont dus à feu M. Schacre, l'habile architecte de la ville.

Hôtel de ville (place de la *Réunion*), construit en 1551; il présente en façade deux étages à pignons ornementés. Un double escalier extérieur, d'un effet pittoresque, conduit à un large vestibule (figures allégoriques de la *Jeunesse* et de la *Vieillesse*). La grande salle de réunion, ornée de vitraux peints, renferme les écussons des bourgmestres et maires de Mulhouse, les armoiries des treize cantons et un tableau représentant le serment du Grütli.

Musée de la Société industrielle (rue de Riedesheim, en face de la gare, à dr.), renfermant : une remarquable collection de tableaux et d'estampes ; les grandes salles d'exposition de la Société des Arts ; le musée historique du Vieux-Mulhouse ; un musée archéologique et un musée technologique.

Bâtiments de la *Bourse*, du *collège*, de l'*hospice civil*, de la *Société industrielle*. — Collections curieuses du *Musée de dessin industriel*. — *Musée professionnel*. — *Musée d'histoire* naturelle et remarquables *collections géologiques*.— *Tours* (à la porte de Nesle), restes des fortifications. — *Monument* commémoratif (un fût de colonne supportant une sphère) consacré à *Jean-Henri Lambert*, mathématicien et astronome, né à Mulhouse (1722-1777). — Beaux *hôtels* dans le quartier neuf et notamment rue d'Altkirch. — *Théâtre*. — *Marché* couvert. — *Boulevards de la Sinne* et *du Fossé*. — *Passage couvert* (Porte de Bâle). — *Ecole de dressage et d'équitation*.

On ne saurait quitter Mulhouse sans visiter les **cités ouvrières**, au N.-E. de la ville (à l'extrémité et à g. de la rue de Colmar). Elles présentent deux groupes distincts, la *vieille* et la *nouvelle cité ouvrière*, placées sur les bords d'une dérivation de l'Ill, et forment une suite d'environ 1000 maisonnettes à simple rez-de-chaussée, ou avec étage. Chacune de ces maisonnettes a son petit jardin et peut recevoir un ou deux ménages. Les cités ouvrières comprennent en outre un bâtiment avec chambres garnies pour les ouvriers célibataires. Entre les deux cités se trouvent une *salle d'asile*, un *lavoir public*, des *bains*, une *boulangerie* et un *fourneau* économique.

Les cités ouvrières de Mulhouse ont été créées par une société particulière, qui s'est formée en 1853, sous le titre de *Société mulhousienne des cités ouvrières*. Elles ont été organisées en vue de permettre aux ouvriers d'acquérir, en un certain nombre d'années, moyennant une redevance annuelle, à peine supérieure au prix d'un loyer ordinaire, les maisons qu'ils occupent à titre de locataires et dont la valeur est de 2400 à 3000 fr.

Mulhouse n'est pas moins renommée pour ses nombreuses institutions scientifiques, d'art industriel, d'enseignement professionnel et de prévoyance.

Les écoles y sont remarquablement développées. En dehors des écoles primaires, qui reçoivent près de 7000 enfants, on y trouve un collège, une école *professionnelle* avec des *ateliers de serrurerie et de menuiserie* et des *laboratoires divers*, une école primaire supérieure de garçons et une école supérieure de filles complétée par un cours *normal* de trois années.

On doit en outre à l'initiative de la société industrielle la création d'une école supérieure de chimie, d'une école gratuite de dessin, fréquentée journellement par 240 élèves, d'une école de filature et tissage mécanique, et d'une école de gravure.

Industrie.

Mulhouse possède surtout un grand nombre de manufactures de toiles peintes et de mousselines imprimées sur coton et sur laine, des tissages où l'on fabrique des toiles de coton, des mousselines, de riches tissus façonnés, en coton ou en laine et soie, pour ameublements, ainsi que des nappes damassées, en lin, au métier Jacquart; de grandes filatures de coton et de laine, et des fabriques de drap. On y compte en outre des établissements considérables de construction de machines; des fonderies; des chaudronneries; des fabriques de produits chimiques; des amidonneries et féculeries; des ateliers de gravure pour l'impression; des ateliers de dessinateurs pour fabriques; des lithographies, etc., etc.

Environs.

Les environs de Mulhouse n'offrent guère d'autre promenade que le *Tannenwald*, au S.-E. de la ville et au delà du canal et du chemin de fer. C'est une colline couverte de vignes, de jardins, de villas, et couronnée par un petit bois de pins. Du sommet du Tannenwald on découvre la Forêt-Noire, les Vosges et le Jura.

A 14 k. au N.-E. de Mulhouse (route de voitures), se trouve, à *Ottmarsheim* (860 h.), une *église* qui paraît avoir été construite au XII° s., sur le modèle de la chapelle du Couronnement à Aix-la-Chapelle.

Un chemin de fer relie Mulhouse à Müllheim (V. R. 32).

—

De Mulhouse à Müllheim, R. 32; —

à Sentheim et à Wesserling, R. 33; — à Guebwiller, par Bollwiller, R. 34.

' DE MULHOUSE A BALE

A la sortie de Mulhouse, le chemin de fer se porte d'abord au N.-E., parallèlement au canal du Rhône au Rhin (à g.); puis bientôt, décrivant une grande courbe, il prend la direction du S.-E.; on entrevoit fréquemment la Forêt-Noire à g. — Les faibles hauteurs qu'on découvre à dr. appartiennent aux dernières ramifications du Jura vers le Rhin.

497 k. *Rixheim*, 3075 h. — Importante *manufacture de papiers peints*, de M. Zuber.

498 k. *Habsheim*, 1878 h.

508 k. *Sierenz*, 1264 h.

511 k. *Bartenheim*, 1932 h.

A 3 k. env. au delà de cette station (2 k. à dr. de la voie), *Blotzheim*, 2643 h.; sur le territoire de cette commune, *établissement de pisciculture de Huningue*; on s'y rend de la station de Saint-Louis,

519 k. **Saint-Louis** (*Sanct-Ludwig*), 2066 h., dernière station alsacienne. — A 3 k. à l'E. (route de voitures), *Huningue*, 1844 h., ancienne place forte, démantelée, célèbre par la résistance qu'elle opposa aux Autrichiens en 1766 et en 1815 (*monument commémoratif* consacré au général Abbatucci, qui commandait la ville en 1793, et qui périt à 26 ans dans une sortie faite à la tête de quelques grenadiers,). Lors du siège

de 1815, le général Barbanègre défendit héroïquement la place et obtint la capitulation la plus honorable.

[Un chemin de fer relie Saint-Louis à *Leopoldshœhe*, station du chemin de fer badois, sur la rive dr. du Rhin, en passant par Huningue. — 6 k.; trajet en 20 m.; prix : 1 m.; 70 f.; 50 pf.]

On franchit la frontière alsacienne à 2 kil. env. au delà de Saint-Louis, et l'on entre en Suisse par le canton de Bâle.

525 k. **Bâle*** (buffet à la gare), V. de 61 399 h., sur les deux rives du Rhin (*V.* l'*Itinéraire de la Suisse*).

B. Par Vesoul, Belfort et Delle.

544 k. — Chemin de fer (gare de l'Est). — Trajet en 10 h. 25 à 11 h. 10, par trains express; en 16 h. 15 à 18 h. 55 par trains omnibus. — 63 fr. 20; 46 fr. 80; 33 fr. 90.

443 k. de Paris à Belfort (*V.* ci-dessus, *A*).

450 k. *Meroux.* — 455 k. *Bourogne* (halte).

457 k. *Morvillars*, où aboutit la ligne de Paris-Lyon-Méditerranée (forges).

460 k. *Grandvillars* (église moderne de style byzantin; forges). — On franchit la Cavatte, affluent de l'Allaine.

464 k. *Delle* (*Dettenried*), douane française, ch.-l. de c. de 1809 h., sur l'Allaine. — Ruines d'un *château fort* (trois tours).

A 500 mèt. au delà de Delle, on entre en Suisse (C. de Berne).

472 k. *Courtemaiche.* — Tunnel.

477 k. **Porrentruy*** (*Pruntrut*), buffet, V. de 5676 h., sur l'Allaine, à 451 mèt. d'alt. — *Château* ruiné des anciens princes-évêques de Bâle.

67 k. de Porrentruy à Bâle (*V.* l'*Itinéraire de la Suisse*).

544 k. Bâle (*V.* ci-dessus, *A*).

ROUTE 3.

DE PARIS A BOURBONNE-LES-BAINS

PAR VITREY

354 k. — Chemin de fer. — 5 trains par j.; en 7 h. 36 à 11 h. 30. — 43 fr. 60; 32 fr. 70; 23 fr. 95.

336 k. de Paris à Vitrey (R. 2).

Le chemin de fer se détache à g. de la ligne de Mulhouse, franchit l'Amance, et, plus loin, le Mouleru.

345 k. *Voisey*, 1547 h. (restes de constructions anciennes).

A g., belle *forêt de Voisey*. On franchit l'Apance. — A dr., *Villars-Saint-Marcellin*, 560 h. (*église* du XIIIe s., avec crypte).

On longe l'Apance jusqu'à (354 k.) Bourbonne-les-Bains.

BOURBONNE-LES-BAINS

Situation. — Aspect général.

Bourbonne-les-Bains*, ch.-l. de c., V. pittoresque de 4406 h.;

est située entre deux vallons secondaires, arrosés l'un, le *vallon de Montlétang*, au S., par le ruisseau de Borne, l'autre, au N., par l'Apance. Partagée en *ville haute* et *ville basse*, elle n'offre d'autre intérêt que ses eaux thermales, anciennement et justement renommées.

Histoire.

Exploitées originairement par les Romains, dont la présence y a été constatée par la découverte de nombreuses antiquités, les sources thermales (*Aquæ Borvonis*) furent à peu près abandonnées durant plusieurs siècles, à la suite des invasions des barbares. Dès le milieu du xiv° s. on en fit de nouveau usage, et, à partir de la fin du xvi° s., elles devinrent l'objet d'une exploitation régulière par les seigneurs de Bourbonne, qui en avaient la propriété. En 1812, les eaux devinrent propriété de l'État. L'établissement civil est en régie.

Sources. — Établissements.

Les **sources** thermales, au nombre de sept, résultent de forages pratiqués de 1856 à 1875; elles ont remplacé les trois sources anciennes et proviennent d'une même nappe, située à environ 45 mèt. de profondeur. Leur débit est d'env. 6000 hectol. par 24 h. Leur eau, thermale (58° à 66°), chlorurée sodique, limpide, à goût fortement salé, se déverse dans deux pulsarts, d'où elle est montée par des pompes à vapeur dans 8 vastes réservoirs. Elle est employée en boisson, bains et douches, principalement contre les affections qui procèdent du lymphatisme et de la scrofule et contre le rhumatisme sous toutes ses formes, dans les blessures, dans certaines maladies de la peau, les suites de fièvres intermittentes, certains cas de paralysie, etc. La durée du traitement est de 20 à 30 jours.

Les **établissements thermaux** se composent des **bains civils** et de l'**hôpital militaire**. Les bains civils sont situés dans la ville basse, sur une vaste place. Le bain de 1re classe, nouvellement reconstruit, est très bien installé à tous les points de vue. Il a pour annexe, dans son voisinage, le bain de 2e classe, confortable et bien distribué. L'un et l'autre sont divisés en deux parties distinctes, affectées l'une aux hommes, l'autre aux femmes. Un parc très étendu et bien situé forme la promenade principale des baigneurs. Un casino (bals, concerts, représentations théâtrales, etc.) dépend également des bains civils. — La saison réglementaire commence le 15 avril et se termine le 15 septembre; mais les établissements reçoivent des malades en hiver. Non loin des bains civils et dans le même vallon, se trouve l'**hôpital militaire**, fondé en 1732 pour le traitement hydro-minéral des militaires de tous grades. Il est assez vaste pour contenir 600 malades; mais il n'en reçoit guère que 300 à 400 par saison. Il comprend des salles et cabinets de bains, des salles de réunion, une bibliothèque, des réfectoires et des cours plantées de peupliers et de tilleuls pour servir de promenades aux malades. — Deux bâtiments, attenant à l'hôpital militaire, sont affectés à l'usage des officiers.

Monuments. — Promenades.

Église du XIIe au XIIIe s. — *Hôtel de ville* (XVIIIe s.), dans la ville haute. — *Donjon* de l'ancien château.
Promenade dite *de Montmorency*, au N. de Bourbonne, dessinée par Le Nôtre et composée d'avenues aboutissant à une pelouse. — *Promenade d'Orfeuil*, près de l'établissement. — La route, conduisant, à travers de riantes prairies, de Bourbonne à (8 k.) *Fresne* (1106 h.), et celle qui va par le vallon à (7 k.) Larivière-sous-Aigremont, forment de jolies promenades.

Excursions.

Les environs de Bourbonne, où l'on trouve de belles forêts, des collines généralement plantées de vignes et de nombreux vergers, offrent quelques buts d'excursions intéressantes.

Coiffy-le-Haut (7 k.), 917 h., sur une colline (420 mèt.; vestiges de la forteresse; vue étendue sur tout le Bassigny jusqu'à Langres), à l'extrémité O. de la forêt de *Montcharvot*. De ce dernier village on découvre un magnifique panorama. — On se rend à Coiffy par un chemin s'ouvrant au delà de la rue Vellone, à g. de la route de Chaumont.

Aigremont (8 k. au N. de Bourbonne), 164 h. (restes de l'ancien *château d'Aigremont*, détruit en 1651). — On s'y rend par (4 k.) *Serqueux* (1440 h.; croix du moyen âge, ornée de statuettes).

Larivière-sous-Aigremont (7 k.), 823 h. — *Source ferrugineuse*, exploitée.

Châtillon-sur-Saône (11 k., E.). — *Château* moderne, au confluent de la Saône et de l'Apance.

Abbaye de Morimond (15 k.). On retrouve à peine quelques traces de cette abbaye, fondée en 1126, autrefois l'une des quatre plus importantes de l'ordre de Cîteaux; mais le vallon boisé, solitaire, où s'élevait jadis l'abbaye de Morimond, est l'un des sites les plus pittoresques des environs de Bourbonne. — On s'y rend par (4 k.) Serqueux et (13 k.) *Fresnoy*, d'où l'on compte 2 k. jusqu'à Morimond par la route de Damblain et par un chemin d'embranchement qu'on rencontre à dr. de celle-ci, à 1 k. 1/2 à peu près au delà de Fresnoy.

Les *bois de Danonce*, à l'O. de Bourbonne, et que traverse la route de Chaumont, offrent aussi plusieurs buts de promenades qu'on peut aisément faire à pied (6 à 8 k. aller et retour). Nous indiquerons notamment la *place Gautier*, la *fontaine Beauregard* et le *vallon de Montlétang*, la *promenade de l'Échelette* et du *Mont-Tonnet*.

ROUTE 4.

DE PARIS A LUXEUIL

A. Par Port-d'Atelier et Aillevillers.

404 k. — Chemin de fer. — Trajet en 9 h. 45 à 14 h. — 49 fr. 75; 37 fr. 30; 27 fr. 35.

361 k. Port-d'Atelier (R. 2). — On laisse à dr. la ligne de Paris à Mulhouse.

366 k. *Faverney* (1398 h.; *église* des XIIIᵉ et XVᵉ s.; *caserne* de cavalerie; beau *pont* en pierre), dans un vallon arrosé par la Lanterne. — A g., vastes bâtiments de l'ancien couvent de Saint-Remi, occupés actuellement par un pensionnat.

On franchit la Lanterne.

369 k. *Mersuay*, halte. — Pont sur la Lanterne.

377 k. *Conflans-Varigney* (816 h.; château ruiné; porte fortifiée). — On passe dans la vallée de la Semouse.

386 k. Saint-Loup-sur-Semouse, ch.-l. de c. de 2873 h., dans une plaine arrosée par les nombreux bras de l'Augronne, de la Semouse et de la Combeauté (débris des fortifications; ancien *château* restauré, servant d'hôtel de ville; beau pont sur la Semouse). — A 4 k. env. au N.-O., *source* curieuse *du Planey*.

On laisse à dr. le chemin de fer de Nancy à Belfort.

391 k. **Aillevillers**, 2811 h.; *église* moderne, belle flèche, beau retable sculpté; usine à fer. A 3 k. N.-E., sur une hauteur, curieux rocher dit *Pierre Carraude*, haut de 6 à 7 mèt.

A Plombières, R. 5; — à Bains, R. 6; — à Nancy et à Vesoul, R. 10.

Le chemin de fer laisse à dr. *Corbenay* (1094 h.), et à g. l'embranchement du Val-d'Ajol. — Pont sur la Combeauté. — On traverse des bois. — Pont sur la Roge.

398 k. *Fontaine-lès-Luxeuil* (1644 h.; *église* moderne; restes d'un prieuré; voies romaines).

La voie ferrée traverse la *forêt des Sept-Chevaux*.

404 k. Luxeuil (V. ci-dessous, C).

B. Par Nancy, Blainville, Épinal et Aillevillers.

355 k. de Paris à Nancy. — Chemin de fer (V. R. 1).

118 k. de Nancy à Aillevillers. — Chemin de fer. — Trajet en 2 h. 50 à 3 h. 30. — 14 fr. 50; 10 fr. 85; 7 fr. 95.

16 k. d'Aillevillers à Luxeuil. — Chemin de fer. — Trajet en 20 m. à 1 h. 20. — 2 fr.; 1 fr. 50; 1 fr. 10.

355 k. Nancy (R. 1).

118 k. de Nancy à Aillevillers

[ROUTE 4] AILLEVILLERS. — LIGNY. — NEUFCHATEAU. 69

(R. 10). — 16 k. d'Aillevillers à Luxeuil (V. ci-dessus, A).

C. Par Nançois-le-Petit, Neufchâteau, Mirecourt, Épinal et Aillevillers.

473 k. — Chemin de fer.

DE PARIS A NEUFCHATEAU

354 k. — Chemin de fer. — Trajet en 11 h. 15 à 14 h. 15. — 41 fr. 50; 31 fr.; 22 fr. 75.

263 k. Nançois-le-Petit (R. 1). A g., ligne de Strasbourg. — Pont sur l'Ornain. — On longe le canal de la Marne au Rhin.

269 k. Ligny-en-Barrois, ch.-l. de c. de 4512 h., sur l'Ornain (restes des fortifications; *tour de Luxembourg; église*, tombeau de saint Pierre de Luxembourg; *promenades*).

275 k. *Menaucourt* (512 h.). — 281 k. *Tréveray* (931 h.; *église* moderne). — 283 k. *La Neuville-Saint-Joire* (587 h.). — Pont sur l'Ornain. — 291 k. *Demange-aux-Eaux* (876 h.). — 294 k. *Houdelaincourt* (590 h.). — On traverse 3 fois l'Ornain.

300 k. *Gondrecourt*, ch.-l. de c. de 1711 h., sur l'Ornain, que l'on croise plusieurs fois.

309 k. *Dainville* (671 h.).

313 k. **Grand**, 1193 h., semble avoir formé une cité importante à l'époque gallo-romaine (restes d'une *amphithéâtre*; nombreuses *antiquités*; *chapelle Saint-Libaire*, xie s.). — On traverse le *bois de Midrevaux*.

324 k. *Sionne-Midrevaux*, 321 et 467 h. — On entre dans la vallée de la Meuse.

328 k. *Frébécourt*, 401 h. (*château de Bourlémont*, souvent remanié; 4 grosses tours, entrée monumentale, intérieur du style de la Renaissance).

334 k. **Neufchâteau***, ch.-l. d'arr. de 4162 h., à 307 mèt. d'alt., au confluent de la Meuse et du Mouzon.

Église Saint-Christophe, des xie, xiie et xve s. — A l'int. : *chapelle des fonts baptismaux*, du style ogival fleuri (au bas du collatéral de dr.).

Église Saint-Nicolas, fondée, dit-on, en 1097, par Thierry II, duc de Lorraine, mais reconstruite en grande partie. Elle est située (ville haute) près de l'emplacement d'un château fortifié des ducs de Lorraine. — A l'int. : *vitraux (épisodes de la vie du Christ)*; beau *buffet d'orgues*. — Jolie vue sur Neufchâteau, de la fenêtre (collatéral de g.) percée à côté de la chapelle de la Vierge. — Sous l'église, *crypte* (s'adresser au sacristain), divisée en trois chapelles. Celle du milieu, où de fortes colonnes rondes portent les retombées des voûtes, est d'un caractère remarquable. — En redescendant le chemin qui longe le côté g. de l'église, on atteint la *place Carrière*, et, tournant à dr., on arrive aux prairies du Mouzon.

Statue de Jeanne d'Arc (place Jeanne-d'Arc, ville haute), en bronze; l'héroïne, en costume guerrier, serre l'oriflamme sur son cœur. Bas-relief (*Jeanne d'Arc visitée par un ange*) et plaque portant le nom des villes et communes qui ont souscrit pour l'érection de ce monument. — *Hôtel de ville* (XVIIIe s.) renfermant la bibliothèque publique (7200 vol.; 44 manuscrits; beaux imprimés d'origine ancienne). — *Palais de Justice.* — *Théâtre.* — *Pont* sur les deux bras de la Meuse.

Château de Bourlémont (5 à 6 k. à l'O.). — Deux chemins, l'un se détachant à dr. de la route de Chaumont et longeant les collines, l'autre se présentant à l'origine de la route de Neufchâteau à Commercy, entre *Rouceux* et *Frebécourt*, conduisent au château de Bourlémont. — A l'intér. : au rez-de-chaussée, vaste *salle* (grande cheminée encadrée de *médaillons* en pierre représentant des personnages des XIIe et XIIIe s.); au 1er étage, immense *galerie* (boiseries sculptées, statues, bahuts, armures). *Chapelle* (tombeaux des seigneurs de Bourlémont). — Vaste parc.]

De Neufchâteau à Épinal, V. ci-dessous; — à Plombières, R. 5; — à Bains, R. 6; — à Contrexéville et à Vittel, R. 7; — à Domremy et à Chaumont, R. 8.

DE NEUFCHATEAU A ÉPINAL

79 k. — Chemin de fer. — Trajet en 2 h. 25 à 3 h. 20. — 9 fr. 70; 7 fr. 30; 5 fr. 30.

On traverse 2 fois le Mouzon.
8 k. *Certillieux*, 213 h.
16 k. *Aulnois*, 244 h.
22 k. **Châtenois**, ch.-l. de c. de 1304 h. (restes du *château* de Gérard d'Alsace, premier duc de Lorraine, et d'un *prieuré*). — A dr., *Houécourt*, 636 h. (ancien *château* des Choiseul, appartenant au duc de Marmier).

29 k. *Gironcourt*, 408 h. (dans l'église, groupe sculpté : la Vierge et deux anges).
39 k. *Rouvres-Baudricourt*, 557 et 300 h.

46 k. **Mirecourt***, ch.-l. d'arr. du dép. des Vosges, V. de 5335 h., sur la rive g. du Madon. — *Église paroissiale* du XIVe s. (*tour* avec ouvertures en plein cintre). — *Halles* (près de la place Neuve), édifice de la fin du XVIe s. ou du commencement du XVIIe (la date de 1617 est inscrite à la voûte).

Mirecourt est renommée pour la fabrication des dentelles et broderies et pour celle des instruments de musique : violons, orgues, pianos, serinettes, etc.

De Mirecourt à Plombières, R. 5; — à Bains, R. 6; — à Nancy et à Langres, R. 9.

50 k. *Hymont-Mattaincourt*, 306 et 990 h. — A Mattaincourt, jolie *église* moderne, style du XIVe s.; devant le maître-autel, *tombeau* du B. Pierre Fourrier, curé de Mattaincourt de 1597 à 1632, et surnommé « le saint Vincent de Paul de la Lorraine. » — *Chapelle du B. Pierre Fourrier*, près du cimetière.

54 k. *Racécourt*, 251 h.
59 k. **Dompaire**, ch.-l. de c., v. de 1335 h., sur la Gitte (vestiges d'anciens remparts). — A 4 k. au N., *Bouzemont* (tumuli;

[ROUTE 4] BOURLÉMONT. — MIRECOURT. — LUXEUIL.

découverte de nombreux objets de l'époque gallo-romaine; *église* attribuée en partie au XIe s.).

63 k. *Hennecourt*, 314 h. —
71 k. *Darnieulles*, 503 h.
79 k. Épinal (R. 10).

D'ÉPINAL A LUXEUIL

44 k. d'Épinal à Aillevillers. — Chemin de fer. — Trajet en 1 h. à 1 h. 10. — 5 fr. 40; 4 fr. 05; 2 fr. 95.

16 k. d'Aillevillers à Luxeuil (*V.* ci-dessus, *B*).

44 k. d'Épinal à Aillevillers (*V.* R. 10).

16 k. d'Aillevillers à (473 k. de Paris) Luxeuil (*V.* ci-dessus, *A*).

LUXEUIL

Situation. — Aspect général.

Luxeuil* (330 mèt. d'alt.), ch.-l. de c. de 4376 h., situé sur la rive dr. du Breuchin, se compose presque entièrement, outre la belle *rue des Bains*, d'une *place* assez vaste et d'une rue principale de 1200 à 1300 mèt. de longueur, traversant la ville du S. au N.

Histoire.

Luxeuil, dont l'origine a donné lieu à de vives discussions, était déjà un établissement thermal à l'époque gallo-romaine. Complètement ruinée lors de l'invasion des Huns, la ville se reforma lentement autour d'une abbaye célèbre fondée au VIe s. par saint Colomban. Quant aux eaux, elles n'ont été de nouveau l'objet d'une exploitation régulière qu'à partir du XVIIIe s. L'établissement thermal, d'abord possédé par la ville, a été racheté par l'État en 1853, et il a reçu, dans les années suivantes (1855-1856), de nombreuses améliorations.

Sources. — Établissement.

Les sources de Luxeuil sont au nombre de dix-sept, presque toutes thermales (19° à 51°,5), et se divisant en deux groupes: sources *chlorurées sodiques manganésiennes* et sources *ferrugineuses manganésiennes*; ces dernières, au nombre de deux, sont thermales (25°,5 au robinet).

Les sources chlorurées manganésiennes s'emploient en boisson, bains et douches dans le rhumatisme, notamment dans ses formes musculaire et nerveuse, dans les névralgies, les paralysies rhumatismales, la dyspepsie, la gastralgie, l'hystérie, les affections de l'utérus, dans les manifestations du lymphatisme et de la scrofule, etc. Les deux sources ferrugineuses, manganésiennes et sensiblement arsenicales ont, presque seules en Europe parmi les eaux de cette classe, le privilège de la thermalité, ce qui permet de les donner en bains aussi bien qu'en boisson. Elles réussissent parfaitement dans les affections si diverses qui procèdent de l'anémie.

La saison s'ouvre le 1er juin et se termine le 15 septembre. La durée du traitement est de 21 à 25 jours.

L'établissement thermal (rue des Bains), précédé d'une cour fermée par une belle grille en fer forgé, se compose de deux corps de logis formant équerre. La façade principale sur la cour présente un péristyle central, orné de colonnes; en arrière s'étend une galerie ouverte, sur laquelle se trouve l'entrée des salles. Le bâtiment en aile a également une galerie sur la cour; elle est close par des vitrages et renferme un musée archéologique. Un parc pittoresque, auquel on arrive, de chaque côté de la cour, par deux avenues en terrasse, plantées d'arbres magnifiques, s'étend derrière l'établissement. Les salles de bains, établies avec beaucoup de luxe, et pour esquelles le grès vosgien, le granit et le marbre ont été exclusivement employés, comprennent, outre les salles de douche et de massage, les bains de vapeur, les chauffoirs, vestiaires, lingeries, etc., 72 cabinets de bains, dont 49 avec douches, et 5 piscines, sans compter les deux piscines de famille du bain ferrugineux. — Le *nouveau bain* se trouve dans le bâtiment principal, où il a une entrée particulière du côté du parc. Dans l'aile en retour on remarque surtout la salle du *bain gradué*, un des plus beaux en ce genre, le *bain des fleurs*, et le *bain des Dames*. — Un *aqueduc* antique, long de 80 mèt., conduit au dehors les eaux étrangères aux sources.

Monuments. — Curiosités.

Église paroissiale (place Saint-Martin), du xive s. (1335-1340). — A l'int. (3 nefs) : *stalles* en noyer sculpté d'un beau travail; *orgue* immense (commencement du xviie s.), supporté par un Hercule pliant sous le faix; nombreuses *pierres tombales*. — A l'extrémité et au bas du collatéral de dr., une porte s'ouvre sur un *cloître* (style ogival) assez bien conservé.

Ancien hôtel de ville (Grande-Rue, n° 263), appelé la *Maison-Carrée*, très bien conservé à l'extérieur, bâti au xve s. par le frère du cardinal Jouffroy; il se compose d'un corps de logis à deux étages, renfermant chacun une salle unique; d'une tour formant une sorte de beffroi et d'une charmante tourelle en encorbellement. — Magnifiques *cheminées* dans le style de la Renaissance, à chaque étage. — Élégante *salle* octogonale dans la tourelle. — *Escalier* (146 marches) de la tour, avec une belle rampe en pierre, à trèfles; au-dessus de chacune des fenêtres, on lit une partie des mots qui composent l'*Ave Maria*, sculptés en lettres gothiques d'un excellent travail. — Du sommet de la tour on a une belle vue sur les environs de Luxeuil; on découvre, à une distance de 30 k., les Ballons d'Alsace et de Servance. — Une *bibliothèque* et un *musée* ont été installés dans l'hôtel de ville.

Maison Jouffroy (Grande-Rue, n° 312), construction (xv° s.) d'une extrême élégance. — *Balcon* en pierre supporté par des colonnes qui ont été ajoutées au xviii° s. — Jolie *tourelle* en encorbellement. — *Sculptures* d'encadrement des fenêtres. — *Porche* avec voûtes à nervures. — Vastes *salles* renfermant de hautes *cheminées* décorées de bas-reliefs. — Augustin Thierry, durant un séjour qu'il fit à Luxeuil, habita cette maison, où il composa en partie ses *Récits mérovingiens*.

Maison du Juif (Grande-Rue, n° 252), joli édifice du xvi° s. — **Ancienne abbaye** (xiii° s.), actuellement occupée par le petit séminaire (façade d'une grandeur sévère sur le jardin). — **Maison abbatiale** (aile droite du cloître reconstruite au xvi° s., et réparée au xviii°), servant aujourd'hui de presbytère, de mairie et de salle de concerts. — **Hôtel de ville**. — Vaste *hôpital*, construit aux frais de M. de Grammont et donné par lui à la ville. — **Collège communal** (en face, *fontaine* monumentale supportant un *Neptune* en bronze). — Plusieurs *maisons* des xv° et xvi° s. (n°° 230, 304, 306 et 310, dans la Grande-Rue, 207 et 209, sur la place Saint-Martin). — Dans une rue détournée, voisine de la place Saint-Martin, *tour* octogonale se rattachant par une charmante galerie à d'autres bâtiments. — Vestiges de *constructions gallo-romaines* (faubourg des Romains, à l'E. de l'établissement des bains).

Musée archéologique (à l'établissement des bains), renfermant de nombreuses antiquités gallo-romaines (*bijoux* en or, en argent, en cuivre; *vases* en bronze, en verre, en argile; fragments de *poteries* grises et rouges; fragments de *chapiteaux*; *statuettes* en pierre; *buste de Lucius Severus*; *autel consacré à Apollon et à Sirona*, en grès blanc, découvert en 1858; *tombeau d'enfant*; tombeau sur lequel est sculptée une belle figure de femme; *statue équestre* en pierre du pays; *torse de Mercure*; curieuses *figurines en bois*). — On remarque encore deux inscriptions, célèbres par les discussions archéologiques auxquelles elles ont donné lieu. Elles sont placées dans la *salle des Cuvettes*, sorte de vestibule précédant le nouveau bain, et sont ainsi conçues : « *Lixoxii therm. repar. Labienus juss. C. Jul. Cæs. Imp.* (Labienus, par l'ordre de Jules César, empereur, a restauré les thermes de Luxeuil), » et : « *Diva auxi Bricia reg. Cæs. Aug. cos. Tib. et Pis. dedicat. templum* (temple consacré à la secourable déesse Bricia sous le consulat de Tibère et de Pison, César Auguste régnant). »

Forges, papeteries, tanneries, ateliers de construction de machines, beaux établissements de l'industrie cotonnière, tuberies de papier pour broches de filatures, etc.

Promenades et excursions.

Fontaine Leclerc (1 h. aller et retour), dans la *forêt de la Gabiotte*, entre les routes de Luxeuil à Plombières et à Saint-Loup. — *Fontaine des Miroirs* 1 h. 40 aller et retour), entourée de très beaux arbres. — *Fontaine des Moines* (1 h. aller et retour), dans la *forêt de Banney* (à dr. de la route de Plombières), sur le chemin forestier de Saint-Valbert. — *Vallée du Breuchin* (au S. de Luxeuil); elle offre d'agréables promenades à travers de belles prairies bordées de bois, soit en la remontant dans la direction de Faucogney (*V.* ci-dessous), soit en redescendant vers *Breuches* (2 h. aller et retour), 1176 h.

Saint-Valbert (2 h. 30 aller et retour), ermitage où se retira, dans la première moitié du VII⁰ s. (625-665), Valbert, seigneur neustrien. Il est situé au milieu des bois, à quelques minutes de *Saint-Valbert* (*église moderne du style ogival*). Du village, on gagne à travers les bois, par un sentier s'ouvrant derrière le chevet de l'église, l'ermitage, propriété du séminaire de Luxeuil; il renferme une *chapelle* insignifiante, une fontaine sous une voûte naturelle (à dr.) formée par un rocher, et la *grotte souterraine* (*inscription* et *statue* grossièrement sculptée du saint) où saint Valbert vécut, dit-on, pendant plusieurs années. A g.

s'étend un vallon de l'aspect le plus agreste, dominé à mi-côte par une vaste terrasse bien ombragée. — Belle vue du haut de l'escarpement rocheux, à dr. de la cour. — On se rend à Saint-Valbert soit par la route de Plombières, où l'on trouve, à 4 k. de Luxeuil, au bas de la côte de Saint-Valbert (à dr.), un excellent chemin de voitures aboutissant à l'entrée du village; soit par un chemin forestier ou *tranchée*, selon l'expression locale, s'ouvrant à g. de la route de Faucogney (300 à 400 mèt. de Luxeuil), et se dirigeant sur Saint-Valbert par la forêt de Banney.

De Luxeuil à Saint-Maurice, par Faucogney.

47 k. — Route de voitures jusqu'à Rupt. — Chemin de fer de Rupt à Saint-Maurice (*V.* R. 18).

La route s'ouvre à g. de la grande rue de Luxeuil, au delà de l'ancien hôtel de ville, en se dirigeant vers Saint-Sauveur. Elle remonte la vallée du Breuchin entre de beaux coteaux boisés, coupés de gorges agrestes.

3 k. *Froideconche*, 1140 h. — 8 k. *Breuchotte*, 540 h. — 10 k. *Amage*, 556 h., à 369 mèt., sur le versant qui domine la rive dr. du Breuchin. — 12 k. *Sainte-Marie-en-Chanois* (330 h.; jolie *fontaine*).

14 k. *Breuches*, 1176 h. Au sommet de la montagne, au N. du village, *ermitage*, sur une

plate-forme de rocher, au lieu même, dit-on, où venait prier saint Colomban, fondateur de l'abbaye de Luxeuil.

On franchit le Breuchin.

17 k. Faucogney*, ch.-l. de c. de 1221 h., dans un site très pittoresque (315 mèt. d'alt.). — A 10 ou 15 m., au S., *montagne Saint-Martin*, dont le sommet est occupé par le cimetière de la commune, au milieu duquel s'élève une très ancienne chapelle. — A 1 h. 20 à l'O., *montagne de Belle-Fleur* (579 mèt.; vaste panorama).

La route croise de nouveau le Breuchin, à la sortie de Faucogney et passe au pied de la montagne de Belle-Fleur.

20 k. Amont-et-Effrenay, 823 h. — Au N. d'Amont, puits naturel très profond appelé la *Mer de Ferrières*.

22 k. La Longine, 689 h.

25 k. *Corravillers*, 708 h. (456 mèt.), à la base S.-O. du *Mont de Fourches* (647 mèt.). — A 2 k. env., la route, se portant à g. par un nouveau tracé, se développe sur le flanc du Mont de Fourches. Elle se raccorde bientôt à la route de Remiremont à Wesserling (R. 18).

31 k. Rupt (R. 18).

16 k. de Rupt à Saint-Maurice (R. 18).

47 k. Saint-Maurice (R. 18).

N. B. — Si l'on fait le trajet à pied, on doit suivre l'ancienne route qui aboutit en ligne droite sur celle de Remiremont à Wesserling, au hameau de la Roche. On gagne ainsi 4 à 5 k.

[De Luxeuil on peut encore faire les excursions suivantes : (9 k.) Fougerolles et (17 k.) le Val-d'Ajol (R. 16); — (21 k.) Plombières (R. 5 et 16); — (35 k.) Remiremont (R. 16).]

De Luxeuil à Remiremont, R. 16.

ROUTE 5.

DE PARIS A PLOMBIÈRES

A. Par Port-d'Atelier et Aillevillers.

391 k. de Paris à Aillevillers. — Chemin de fer. — Trajet en 8 h. 50 à 15 h. 55. — 48 fr. 15; 36 fr. 10; 26 fr. 50.

11 k. d'Aillevillers à Plombières. — Chemin de fer. — Trajet en 30 m. et en 40 m. — 1 fr. 25; 95 c.; 70 c.

391 k. Aillevillers (*V.* R. 4, A).

Le chemin de fer suit la pittoresque vallée de Saint-Loup, arrosée par l'Augronne.

Haltes du *Grand-Fahys* et de *la Balance*.

402 k. (41 k. de Port-d'Atelier; 11 k. d'Aillevillers). Plombières (*V.* ci-dessous, *C*).

B. Par Nancy, Blainville, Épinal et Aillevillers.

471 k. de Paris à Aillevillers par Nancy. — Chemin de fer. — Trajet en 12 h. et en 15 h. env. — 52 fr.; 42 fr.; 30 fr. 85.

11 k. d'Aillevillers à Plombières (*V.* ci-dessus, *A*).

353 k. Nancy (R. 1).

118 k. de Nancy à (471 k.) Aillevillers (R. 10).

11 k. d'Aillevillers à (482 k.) Plombières (V. ci-dessus, A).

C. Par Nançois-le-Petit, Neufchâteau, Mirecourt, Épinal et Aillevillers.

334 k. de Paris à Neufchâteau. — Chemin de fer. — Trajet en 11 h. 15 à 14 h. 15. — 41 fr. 50; 31 fr.; 22 fr. 75.

79 k. de Neufchâteau à Épinal. — Chemin de fer. — Trajet en 2 h. 25 à 3 h. 20. — 9 fr. 70; 7 fr. 30; 5 fr. 30.

44 k. d'Épinal à Aillevillers (V. R. 4, C).

11 k. d'Aillevillers à Plombières (V. ci-dessus, A).

457 k. Aillevillers (V. R. 4, C). 11 k. d'Aillevillers à (468 k. de Paris) Plombières (V. ci-dessus, A).

PLOMBIÈRES

Situation. — Aspect général.

Plombières*, V. de 1966 h., est située à 430 mèt., dans la vallée de l'Augronne, « dans une fondrière, disait Montaigne en 1580, entre plusieurs collines hautes et coupées qui le (Plombières) serrent de tous côtés. Au fond de cette vallée naissent plusieurs fontaines tant froides naturelles que chaudes... » Cette position au fond d'un ravin profond et étroit n'a laissé exactement place que pour deux ou trois rues principales de plainpied; les autres, plus ou moins escarpées, sont tracées sur les deux versants de la vallée et principalement sur le versant nord. La température, à Plombières, est fort inégale; très chaude vers le milieu de la journée et se refroidissant sensiblement aux approches de la soirée et dans la nuit; aussi les baigneurs doivent-ils se prémunir soigneusement contre ces variations atmosphériques.

Histoire.

Connues des Romains, qui avaient fait de Plombières une annexe des bains de Luxeuil, les sources thermales de Plombières furent, après eux, oubliées durant plusieurs siècles. Au XIIIe s., les malades commencèrent à y avoir recours de nouveau, et, au XVIe, Montaigne les trouva très assidûment fréquentées. Mais c'est surtout à partir du XVIIIe s., à la suite des réparations, des embellissements de toutes sortes, que Stanislas, alors duc de Lorraine, fit exécuter à Plombières, que ces eaux obtinrent une faveur qui s'est toujours continuée. Enfin, depuis 1854, Plombières a été complètement transformée. L'exploitation des eaux, restée jusqu'à cette époque dans les mains de l'État, fut confiée à une compagnie, qui se chargea d'exécuter d'importants travaux d'agrandissement, de captage et d'aménagement des sources.

Plombières a été visitée par un grand nombre de personnages célèbres : outre Montaigne et Napoléon III, nous citerons : Mmes Adélaïde et Victoire, filles de Louis XV Stanislas, alors duc de Lorraine; Voltaire, Maupertuis, Beaumarchais, la reine Hortense, la duchesse d'Angoulême, Mme Guizot, et enfin la duchesse d'Orléans, qui reçut à Plombières la nouvelle de la mort du duc d'Orléans.

Sources. — Établissements.

Les eaux de Plombières, sauf une source ferrugineuse, sont sulfatées sodiques avec forte proportion de silice et traces d'arsenic. Leur température varie, suivant les sources, de 11°,4 à 69°,6. Elles émergent d'un granite porphyroïde dans lequel se trouve intercalé un filon de spath fluor. Elles sont plus ou moins onctueuses au toucher, ce qui a fait donner à quelques-unes de leurs sources le nom d'*eaux savonneuses*.

La source ferrugineuse s'emploie en boisson dans l'anémie et les affections qui en procèdent. Les autres sources, en boisson et surtout en bains et en douches, sont indiquées dans le rhumatisme, la goutte, la paralysie, les maladies des voies digestives, dyspepsies, etc., dans certaines affections de l'utérus, des voies urinaires, de la peau; dans plusieurs maladies nerveuses, dans les fièvres d'accès rebelles, dans certaines hépatites, etc.

La saison des bains commence le 1er juin et finit le 1er octobre. La durée ordinaire du traitement est de 21 jours.

Les sources régulièrement captées sont au nombre de 27, fournissant 730 mèt. cubes d'eau par 24 h. Elles se partagent en deux groupes : celles qui sont réunies dans les galeries souterraines récemment reconstruites, et celles qui sont isolées. Parmi les premières, nous citerons les *sources Stanislas, Vauquelin* et *du Robinet*, que leur haute température rend particulièrement précieuses pour les étuves, et le groupe des *sources savonneuses*. Les principales sources isolées et les plus anciennement exploitées sont : la *source ferrugineuse* ou *source Bourdeille*, dans la grande allée de la promenade des Dames, à l'E. de Plombières; la *source des Dames*, à côté de l'escalier du bain Stanislas, près des étuves romaines; la *source du Crucifix* autrefois *fontaine du Chêne*, dans une chambre pratiquée sous les arcades (rue Stanislas), et la *source des Capucins*.

Ces sources alimentent sept bains distincts : — 1° le *bain Romain* (rue Stanislas), sur l'emplacement de l'ancienne piscine romaine. C'est une sorte d'édifice demi-souterrain, surmonté d'une vitrine en forme de dôme, et comprenant un vestibule sur lequel s'ouvrent 24 cabinets revêtus de marbre; — 2° le *bain des Dames* (rue de Luxeuil et rue Stanislas, sur la rive g. de l'Augronne); il tire son nom de la célèbre abbaye des Dames de Remiremont dont il était la propriété. Il se compose d'un rez-de-chaussée (14 cabinets) et d'un sous-sol exclusivement consacré aux malades de l'hôpital et renfermant deux piscines qui peuvent contenir chacune 16 personnes; — 3° le *bain tempéré* (rue Stanislas). Il comprend 4 piscines circulaires revêtues de marbre, 16 baignoires autour des piscines et des cabinets de bains au 1ᵉʳ étage ; — 4° le *bain des Capucins*, près du bain tempéré dont il forme une dépendance (bassin carré divisé en deux compartiments et dans lequel l'eau jaillit par le célèbre *trou du Capucin*) ; — 5° le *bain National*, le plus considérable et le plus complètement aménagé de tous les établissements anciens de Plombières. Il renferme, au rez-de-chaussée, 4 piscines, 15 cabinets de bains, une étuve, avec douche, que sa haute température a fait nommer l'*Enfer*, et 2 douches écossaises. Au 1ᵉʳ étage se trouvent 25 cabinets de bains, et dans une aile en retour, appelée le *bain des Princes*, deux baignoires de forme antique, revêtues de marbre et établies primitivement pour l'impératrice Joséphine. Tous ces bains sont munis d'appareils pour douches ordinaires, douches de vapeur, douches écossaises ; de chauffoirs, de vestiaires, etc.

6° Le *Grand-Bain* (ou *les Nouveaux-Thermes*), à l'entrée de la route d'Aillevillers, créé depuis 1857, en même temps que les deux vastes hôtels qui l'encadrent à dr. et à g., est aujourd'hui le plus considérable de tous ces établissements. Cet édifice d'aspect monumental, en marbre, en grès rouge et en granit, se compose d'un bâtiment principal flanqué de deux ailes dans le même alignement, mais légèrement en retraite. Le Grand-Bain (55 mèt. de façade, 15 mèt. de profondeur et 11 mèt. de hauteur depuis le sol jusqu'aux clefs de voûte) est pourvu de 52 cabinets de bains, d'étuves, d'appareils les plus perfectionnés d'inhalation, de douches, etc. Les deux hôtels (126 chambres, vastes salles à manger et salons) sont rattachés aux Thermes par des galeries couvertes. Une cour centrale est occupée par un parterre orné de corbeilles de fleurs.

7° Le *bain Stanislas* (rue Stanislas), installé en 1882 dans la Maison des Dames, près des étuves romaines dont une, à 44°, retrouvée dans un état parfait de conservation en 1859, sert aujourd'hui aux hommes. On y voit un énorme robinet de bronze qui date de l'époque romaine. L'autre piscine, à 42°, destinée aux femmes, est revêtue de marbre blanc. L'ancienne piscine romaine est devenue un magnifique vaporarium. Ces thermes sont desservis par les sources les plus chaudes, notamment par la source Bassompierre, 17 cabinets de bains ; douches ; massage ; salles de repos avec 11 lits (hommes) et 7 lits (femmes).

Monuments. — Curiosités.

Église, construite de 1858 à 1861, sur les plans de M. Grillot, d'Épinal (style du XIVᵉ s.; façade avec tour octogonale et flèche élégante d'une hauteur totale de 60 mèt.). — *Hôpital* (80 lits dont 55 pour les malades civils, hommes et femmes, et 25 pour les militaires), construction moderne; il remplace un hôpital fondé au xiv° s. et reconstruit par Stanislas. — *Maison des Arcades* (rue Stanislas), bâtie en 1760, à l'occasion du séjour à Plombières de mesdames Adélaïde et Victoire, filles de Louis XV. On y a placé l'écusson du roi Stanislas qui surmontait la porte de l'ancien hôpital. Cette maison servait autrefois d'hôtel de ville; les médecins inspecteurs des eaux y sont aujourd'hui logés. Les arcades qui s'étendent sous le 1er étage forment, en cas de mauvais temps, un promenoir couvert. C'est là que se trouvent les *buvettes* de la *source du Crucifix* et de la *source Savonneuse*. — *Hôtel de ville* moderne, près de la promenade des Dames, à l'E. de Plombières. — *Statue de la Vierge* (*Notre-Dame de Plombières*) et *chapelle Saint-Joseph*, sur un petit plateau dominant Plombières au N.-E. La balustrade de la plate-forme entre l'église et la statue est illuminée tous les soirs par les cierges dus à la piété des fidèles. — *Tir* construit par la société des francs-tireurs de Plombières.

Casino construit en 1878, sur la petite Promenade (kiosque pour la musique), contenant une salle de spectacle, des salles de billard, de jeux, de lecture, etc.

L'industrie de Plombières se signale spécialement par ses broderies, d'un travail remarquable, et par ses objets de fantaisie en fer poli : garnitures de cheminées, bracelets, coutellerie, etc.

Promenades et excursions.

Les promenades aux environs de Plombières sont jalonnées par des plaques aux initiales du Club Alpin Français.

Le **Parc**, à l'entrée de la vallée de Saint-Loup (vastes tapis de verdure, massifs d'arbustes et corbeilles de fleurs; pièce d'eau dominée par un kiosque). Une charmante allée traverse le parc dans sa partie supérieure, en longeant à g. un de ces curieux amas de débris granitiques, désignés dans les Vosges sous le nom de *Murgers* ou *Murjays*. Elle s'engage, à la sortie du parc, dans un bois et conduit (20 m. env.) à la *fontaine Stanislas*, à la base d'un bloc de rochers que surmonte un énorme chêne (abri champêtre d'où l'on a une vue étendue sur la vallée). La promenade à la fontaine Stanislas demande, avec retour par le Parc, 1 h. 1/2 (aller et retour); par le Gros-Chêne et l'ermitage, 2 h.; par le Gros-Chêne et Ruaux, 2 h. 1/2; par la route d'Aillevillers, 3 h.

Promenade des Dames, à l'E. de la ville (belles avenues, entre lesquelles passe la route de Remiremont). — A l'extrémité de la promenade des Dames, près d'une manufacture de couverts en fer et d'ustensiles de cuisine, on aperçoit à g., un groupe de rochers dont le sommet est occupé par un *calvaire* (une colonne dorique surmontée d'une croix en pierre). Au pied de ces rochers, se détache de la route de Remiremont un sentier conduisant à la *fontaine du Renard*, dont l'eau est remarquable par sa limpidité (chalet : on y vend du lait et du kirsch ; 1 h. 1/2 à 2 h. 1/2 aller et retour). En remontant, à dr., au delà de l'usine, le ruisseau de Saint-Antoine, on atteint, après avoir dépassé une scierie et une fontaine consacrée au souvenir de Mme Guizot, le *Moulin-Joli* (1 h. aller et retour). De là un chemin traversant des hauteurs boisées redescend aux abords de la vallée d'Hérival (*V.* R. 14) ; mais la direction par le Val-d'Ajol, bien que plus longue, est de beaucoup préférable (*V.* ci-dessous). — *Ferme Jacquot* (à g. en remontant la route de Luxeuil), jardin ouvert aux promeneurs par son propriétaire.

Les routes d'Épinal et de Luxeuil sont toutes deux très fréquentées, la première au moment le plus chaud de la journée, et la seconde dans les dernières heures de l'après-midi. Un sentier rapide, s'ouvrant à mi-côte sur la route d'Épinal (à dr.), mène à la statue de la Vierge des Champs et de là à un petit bois de sapins, auquel le riant paysage qu'on y découvre a valu le surnom de *Bellevue* (1 h. aller et retour).

Ces promenades, très rapprochées de Plombières (de 20 à 30 et 40 m.), se font habituellement à pied. Les excursions dont l'indication suit se font plus généralement en voiture.

Les Feuillées et le Val-d'Ajol. — Les *Feuillées* sont des abris rustiques établis sous les ombrages, à peu de distance l'un de l'autre, à deux points dominant le Val-d'Ajol. On s'y rend par la route de Luxeuil. Les piétons, au lieu de la prendre à son origine, la gagneront par l'escalier et la terrasse (belle vue) en face des Thermes. — 30 m. On laisse à dr. la route de Luxeuil et on suit la route du Val-d'Ajol. — 15 m. A dr., chemin de la Nouvelle Feuillée ; à g., chemin conduisant à l'Ancienne Feuillée, ou Feuillée Dorothée, et à la Feuillée Magenta. — 15 m. **Feuillée Dorothée** (chalet-restaurant ; aller et retour, 2 h.), maisonnette placée sur un tertre environné de quelques grands arbres (vue étendue sur le Val-d'Ajol, dans la direction de Luxeuil). Cette station champêtre, créée il y a une soixantaine d'années par un pauvre journalier, doit son nom à l'une de ses filles, Dorothée, qui se fit remarquer en chantant des romances qu'elle accompagnait sur l'épinette, et en trouvant à l'occasion quelques rimes en l'honneur de ses visiteurs les plus illustres. A 2 m., petite plate-forme ronde (beau point de vue).

Tout à côté s'est élevé en 1863 un chalet qui porte le nom de *Feuillée Magenta*.

En revenant à la route du Val-d'Ajol, 10 à 15 m. suffisent, depuis la bifurcation, pour gagner la **Nouvelle Feuillée** (aller et retour, 2 h.; on peut prendre à dr. un chemin ombragé, poteau indicateur), établie en 1856 sur une éminence à dr. de la route, à la lisière d'une forêt qui l'enveloppe; on y accède par un double escalier en pierre (chalet-restaurant; vaste panorama, surtout dans la direction de la vallée d'Hérival). — On peut aller de la Nouvelle Feuillée à la Feuillée Dorothée en suivant la route de Plombières, pendant 7 m., et en prenant à dr. un chemin qui conduit en 15 m. à la Feuillée Dorothée. — De la Nouvelle Feuillée, on redescend (30 à 40 m.) au bourg de *Laitre* (8 k. de Plombières), principal centre de population du Val-d'Ajol. De là, on peut se rendre, par *les Chênes*, ham., et Faymont (*V*. R. 16, en sens inverse), à la *vallée des Roches* et au vallon d'Hérival (*V*. R. 15). Dans ce cas, on prendrait au retour (à g., dans la vallée des Roches) le chemin passant au Moulin-Joli (*V*. ci-dessus).

Vallée de la Semouse (36 k.; une journée aller et retour). — Si on fait la course à pied, il faut revenir par Aillevillers de façon à profiter du chemin de fer; on n'aura ainsi que 24 k. de marche.

On remonte la route d'Épinal jusqu'au pont de la Semouse (5 à 6 k.), et, sans le franchir, on tourne à g. en suivant jusqu'à Aillevillers, dans un vallon profond et boisé, le cours de la rivière. — 1 k. 1/2 depuis le pont. *Forge du Blanc-Murger*, une des plus anciennes des Vosges (dans le voisinage, jolie cascade). — Le chemin passe entre deux coteaux revêtus d'une végétation magnifique. — 6 k. *Forges de la Semouse* (maison d'habitation avec vastes et beaux jardins). — 10 k. *Forge d'Alangis*. — 15 k. 1/2. *Forges de la Chaudeau* (magnifiques résidences avec parc). — 17 k. Aillevillers (*V*. ci-dessus, A).

Château des Fées (3 h. aller et retour). — Au sommet de la rampe par laquelle la route d'Épinal s'élève au-dessus de la ville de Plombières, un chemin, s'ouvrant à g., conduit à (5 k.) *Ruaux* (1142 h.; belles carrières de grès bigarré). A 2 k. 1/2 du village, en passant par la ferme de *Clairefontaine*, on trouve, vers l'extrémité de la *forêt de Fays*, une enceinte octogonale formée de murs épais, fortement cimentés et reposant sur un énorme bloc de grès : c'est le *Château des Fées*, construit vers 1180 par Simon, duc de Lorraine. Suivant d'autres, cette construction remonterait aux Druides. Une légende locale rapporte que c'est l'œuvre des fées, interrompues dans leur construction par l'aurore du jour de Noël. En 20 m., on peut redescendre du château dans la vallée de la Semouse, à mi-chemin des forges de la Semouse et d'Alangis.

Forêt de Humont (4 k.), à g. de la route de Remiremont (on peut y faire de charmantes promenades, sous de superbes ombrages).

De Plombières à Remiremont, R. 15.

ROUTE 6.

DE PARIS A BAINS

A. Par Port-d'Atelier et Aillevillers.

405 k. de Paris à la station de Bains. — Chemin de fer. — Trajet en 9 h. 15 et 13 h. 10 env. — 49 fr. 85 ; 37 fr. 35 ; 27 fr. 45.

5 k. de la station à Bains. — Route de voit. — Service de corresp. (trajet en 30 m. ; 55 c. par place, 20 c. par colis).

391 k. Aillevillers (R. 4, A).

Le chemin de fer passe dans deux tranchées et traverse le *bois des Mauches* (belles échappées de vue).

405 k. Station de *Bains*.

[Corresp. pour (12 k.) Fontenoy-le-Château (*V. ci-dessous*).]

La route descend dans la vallée du Bagnerot, qu'elle suit, en côtoyant à g. des bois, à dr. des prairies.

410 k. Bains (*V. ci-dessous, C*).

B. Par Nancy, Blainville et Épinal.

457 k. — Chemin de fer de Paris à la station de Bains. — Trajet en 10 h. 30 à 15 h. 50. — 43 fr. 50 ; 32 fr. 60 ; 23 fr. 90.

5 k. de la station à Bains (*V. ci-dessus, A*).

353 k. Nancy (R. 1).

104 k. de Nancy à la station de Bains (R. 10).

5 k. de la station à Bains (*V. ci-dessus, A*).

C. Par (Nançois-le-Petit, Neufchâteau, Mirecourt et Épinal.

334 k. de Paris à Neufchâteau. — Chemin de fer (*V. R. 4, C*).

79 k. de Neufchâteau à Épinal. — Chemin de fer (*V. R. 4, C*).

30 k. d'Épinal à la station de Bains. — Chemin de fer. — Trajet en 50 m. env. — 3 fr. 70 ; 2 fr. 80 ; 2 fr.

5 k. de la station à Bains (*V. ci-dessus, A*).

413 k. Épinal (*V. R. 4, C* et R. 10).

30 k. d'Épinal à (413 k. de Paris) la station de Bains (R. 10).

5 k. de la station à (418 k. de Paris) Bains (*V. ci-dessus, A*).

BAINS

Situation. — Aspect général.

Bains *, ch.-l. de c. de 2637 h., à 326 mèt. d'alt., sur les deux rives du Bagnerot, était déjà une station thermale à l'époque gallo-romaine; abandonnée pendant plusieurs siècles, l'exploitation n'a été régulièrement reprise que dans le courant du xviii° s.

Église paroissiale, du xviii° s. — *Chapelle de Notre-Dame de la Brosse* (à dr. sur la route d'Épinal, à 15 m. au delà de l'église paroissiale), édifice richement décoré dans le style fleuri du xiv° s. (but de pèlerinage).

Établissements métallurgiques importants, produisant des fers-blancs, des tôles noires et notamment des couverts en fer battu.

Sources. — Établissement.

Les **sources**, thermales (30° à 50°), sulfatées sodiques et d'une assez faible minéralisation, sont nombreuses. Onze d'entre elles sont utilisées, pour la plupart en bains et en douches. Les sources *Savonneuse* et *de la Vache* sont assez souvent données en boisson, mais le traitement interne est une exception à Bains, où les eaux sont principalement appliquées à l'usage externe. Elles sont analogues aux eaux de Plombières dans leurs effets comme dans leur nature. Leur indication dominante est le rhumatisme, surtout dans ses formes nerveuses. La grande variété de températures des sources répond très utilement aux indications d'excitation ou de sédation que présentent les malades. La saison, ouverte le 15 mai, finit le 15 septembre; la durée du traitement est de 20 à 30 jours.

L'établissement thermal comprend :

1° Le *bain Romain* (sur une place, au centre de la ville), entièrement reconstruit en 1845. Il renferme un vaste bassin divisé en trois piscines, de température différente, 8 cabinets de douches, une étuve et les vestiaires au rez-de-chaussée; et, à un premier étage soutenu par des colonnes formant galerie, 16 cabinets de bains et 1 cabinet de douche. Au-dessus du premier étage règne une terrasse servant au besoin de promenoir.

2° Le *bain de la Promenade* (sur une promenade dominant la rive dr. du Bagnerot), dont la reconstruction, déjà très avancée, comprendra : 1° 3 grandes piscines; les vestiaires; 4 cabinets de douches avec bassin d'immersion; un système complet d'hydrothérapie; le cabinet de la source Savonneuse, buvette où toutes les sources auront un jettoir; 4° cabinets à baignoires avec chacun son cabinet de toilette. L'étage supérieur renfermera le Casino, le cabinet et la grande salle des fêtes; — 2° un hôtel monumental.

Promenades.

Avenue du Breuil (entrée sur la place, près du bain Romain) et *promenade des Bains*, toutes deux longeant la rive dr. du Bagnerot. — *Promenade Stanislas*, dans le bois de Bertramont, au N.-E. de Bains. On s'y rend par la route d'Épinal et le *chemin des Grands-Prés*, qui s'ouvre à dr. de celle-ci, à 10 m. de Bains. On peut au retour traverser le Bagnerot et prendre le chemin de la gare. — *Promenade de Million* (par la rue de Million, à g., dans la rue Charmois). Elle se compose d'allées contournant un coteau d'où l'on a de jolis points de vue sur Bains. — *Promenades de la Rangaîne et de la Dégaîne*.

Excursions.

Le Noirmont ou Hautdompré (8 à 9 k. depuis Bains). — On remonte jusqu'à la station de Bains, où on prend le chemin de Clerjus, qui croise le chemin de fer à niveau; il s'élève à travers les bois jusqu'à l'extrémité E. de *l'étang de la Picarde* (2 k. 1/2 de la station); là on le laisse à dr. pour gagner à g. (1 k.) le ham. du *Noirmont*. — La route de voitures tourne alors à dr.; les piétons devront prendre à g. à l'entrée du Noirmont, puis à dr. à la sortie, pour monter directement par un chemin plus court. Arrivé au sommet du *Noirmont* (575 mèt.), il faut se placer à 200 mèt. env. à dr. du chemin pour embrasser un immense panorama (au N., la Lorraine et les côtes de Sion, près de Nancy; à l'O., le plateau de Langres; au S., le bassin de la Saône et le Jura; à l'E., la chaîne des Vosges, un peu masquée par la forêt). — Du Noirmont, en 1 h. env., on gagne à travers bois, en se dirigeant au N., *Hautdompré* (589 mèt.; belle vue des Vosges).

La manufacture, vallée du Coney, Fontenoy-le-Château. — Corresp. pour Fontenoy-le-Château (12 k. de la station; 8 k. de Bains; trajet en 1 h. 20; 1 fr. 25). — Le chemin (18 k. aller et retour) par la pittoresque vallée du Coney, que traverse la voiture publique, est charmant et longe le bord du nouveau canal de la Saône à la Marne.

On suit la route de Fontenoy jusqu'au pont du Coney, en s'arrêtant à l'importante usine métallurgique appelée *la Manufacture* (non loin de là, grands tumuli et menhirs). — Au delà du pont du Coney (beaux escarpements de la *Monteroche*, à dr.), près de l'étang et de la scierie de *Grurupt*, on prend à g. un chemin longeant la rivière; à 200 mèt. plus loin, au confluent du Bagnerot et du

Coney (site charmant), s'ouvre à dr. un sentier qui conduit en 45 m. à Fontenoy par le bois *Bani* et la *Pépinière* (à la sortie du bois, point de vue magnifique). — Si, au lieu de prendre le sentier indiqué ci-dessus, on continue de longer le Coney, on arrive bientôt à (1 k. 1/2) *la Pipée*, usine considérable, et de là à (1 k. 1/2) *Fontenoy-le-Château* (2526 h.), intéressant surtout par le souvenir du poète Gilbert (*église* paroissiale du style ogival avec *portail* moderne et *tombeau* de la princesse Yolande de Ligne; ruines du *château fort*). — A 1 k. de Fontenoy, ham. des *Molières* (*maison* où est né Gilbert; *chapelle* du bois Bani, but de pèlerinage; *chêne de Gilbert*, mesurant 6 mèt. de circonférence). Du chêne de Gilbert on peut descendre à (3 k. 1/2 de Fontenoy) *Trémonzey*, v. de 831 h., au milieu des prés et des bois (*étang des Trémeurs*); puis, gagnant le ham. des *Fontenettes* et traversant le *bois des Fouillis*, on rentrera à Bains par la route de Saint-Loup.

ROUTE 7.

DE PARIS A CONTREXÉVILLE ET A VITTEL

A. Par Langres et Andilly.

372 k. — Chemin de fer. — Trajet en 9 h. 40 à 11 h. 15. — 46 fr. 80; 34 fr. 35; 25 fr. 15.

297 k. de Paris à Langres (R. 2).

305 k. *Bannes*, halte (381 h.).

310 k. *Neuilly-l'Évêque*, ch.-l. de c. de 1127 h.

315 k. Andilly (*V.* ci-dessous, *B*).

52 k. d'Andilly à (367 k.) Contrexéville, et 57 k. à (372 k.) Vittel (*V.* ci-dessous, *B*).

B. Par Langres et Chalindrey.

381 k. — Chemin de fer. — Trajet en 9 h. 40 et 11 h. 15. — 46 fr. 95; 35 fr. 15; 25 fr. 75.

308 k. de Paris à Chalindrey (R. 2).

Viaduc sur le Salon. — Tunnel. — A dr., ligne de Mulhouse.

314 k. *Chaudenay*, 278 h. (*château* du XVII° s.).

318 k. *Celsoy*, 291 h.; dans l'église, *tombe* de Guibert, médecin des rois Jean, Charles V et Charles VI, monument du XV° s. richement sculpté.

A g., chemin de fer de Langres par Neuilly-l'Évêque (*V.* ci-dessus, *A*).

324 k. *Andilly*, 349 h. (*château* ruiné). — 331 k. *Avrecourt*, halte (257 h.).

334 k. *Meuse-Montigny-le-Roi*, desservant, à dr., *Meuse* (248 h.), et, à g., *Montigny-le-Roi*, ch.-l. de c. de 1110 h., à 438 mèt., entre la Traire et la Meuse.

[A dr., route pour (16 k.) Bourbonne-les-Bains (R. 3), par *Dammartin* (578 h.; château).]

On franchit la Meuse.

343 k. *Merrey*, 270 h. — A g., ligne de Neufchâteau par Bourmont. — Pont sur le Flambart.

349 k. *Damblain*, 770 h.

355 k. *Rosières*, 267 h. (château ruiné). — On suit la vallée du Mouzon.

360 k. **Lamarche***, ch.-l. de c. de 1693 h. — *Église* du style ogival avec tour à 2 étages, surmontés d'une flèche en ardoises. — *Buste du maréchal Victor*, duc de Bellune, sur un piédestal en granit des Vosges. — Maison où est né le maréchal (7 septembre 1764), dans la grande rue du faubourg, n° 211. — *Chapelle* de l'hospice. — Jolie *fontaine*.

On traverse le Mouzon.

367 k. *Martigny-lès-Lamarche**, 1143 h. — Découverte d'antiquités gallo-romaines, médailles, sculptures, etc. — *Source minérale*, analogue dans ses principes et ses effets à celles de Contrexéville. — *Établissement de bains* fondé en 1859 et réorganisé en 1883. — *Casino*.

376 k. Contrexéville (*V.* ci-dessous, *C*).

381 k. Vittel (*V.* ci-dessous, *C*).

C. **Par Blesmes, Bologne, Neufchâteau et Mirecourt.**

DE PARIS A MIRECOURT

389 k. — Chemin de fer. — Trajet en 13 h. 20 et 14 h. 20. — 47 fr. 85; 35 fr. 85; 26 fr. 30.

218 k. Blesmes (R. 1). — A g., ligne de Strasbourg.

227 k. *Saint-Eulien*.

236 k. **Saint-Dizier***, V. de 12 773 h., centre industriel, sur la Marne. — Ruines d'un *château*. — *Église* du faubourg de Givry. — *Chapelle* ogivale moderne du couvent ecclésiastique. — Promenades du *Jars* et du *Fort-Carré*. — Hauts fourneaux, forges.

[A dr., embranchement pour: **Vassy***, ch.-l. d'arr. de 3584 h., célèbre dans l'histoire des guerres de religion du xvi° s.; — *Vaux-sur-Blaise* et *Doulevant-le-Château* (*église* des xiii° et xv° s.; château moderne).]

241 k. *Ancerville*, 2057 h. — On franchit 2 fois la Marne.

246 k. *Eurville*, qu'un chemin de fer (en construction) reliera à Lérouville (R. 1).

255 k. *Chevillon*, 1248 h.

259 k. *Curel*. — On franchit la Marne.

265 k. **Joinville***, V. de 3909 h., sur la Marne. — *Église Notre-Dame*, des xii°, xiii° et xvi° s. — Petit *château* (Renaissance), ancienne maison de plaisance des ducs de Guise. — Dans le cimetière, *chapelle Sainte-Anne* (1502) et *monument* commémoratif (1841) des sires de Joinville,

des ducs et princesses de Lorraine et des ducs de Guise. — *Statue du sire de Joinville.* — *Hôpital Sainte-Croix* (XVIe s.). — *Hôtel de ville* (tapisserie des Gobelins). — Hauts fourneaux, forges et fonderies.

274 k. *Donjeux* (*église* du XIIe s.; hauts fourneaux, forges). — Ponts sur la Marne. — Tunnel.

281 k. *Froncles* (forges).

286 k. *Vignory*, 576 h. (*église* romane du XIe s., restaurée; restes d'un *château* du Xe s.). — A dr., *forêt de l'Étoile.*

294 k. **Bologne**, v. de 983 h., sur la rive g. de la Marne (antiquités romaines).

A dr., ligne de Chaumont (*V.* R. 8). — On franchit la Marne (pont de 3 arches).

305 k. *Chantraines* (halte).

309 k. *Andelot*, ch.-l. de c. de 1008 h. (découverte de statues, monnaies et inscriptions romaines). — On franchit le Rognon. — Près d'Andelot, ruines du château de *Montéclair* (343 mèt.).

On croise un affluent du Rognon près de *Rimaucourt* (1170 h.; château et parc ayant appartenu au duc Decrès, ministre de la marine sous Napoléon Ier).

318 k. *Manois*, 800 h. (forges, hauts fourneaux).

320 k. *Bourmont-Saint-Blin.*

327 k. *Prez-sous-la-Fauche,* 546 h. (fontaine ; beaux bois).

A g. (1 k.), *Liffol-le-Petit,* 377 h.

333 k. *Liffol-le-Grand* (1625 h.), près de la Saônelle (jolie fontaine ; débris gallo-romains ; source minérale dite *fontaine des Récollets; forêt de Mureau*).

On descend (à dr., bois de Noncourt) dans la vallée de la Meuse.

343 k. (49 k. de Bologne). Neufchâteau (*V.* R. 4, *C*).

46 k. de Neufchâteau à (389 k.) Mirecourt (*V.* R. 4, *C*).

DE MIRECOURT A CONTREXÉVILLE

29 k. — Chemin de fer. — Trajet en 1 h. env. — 3 fr. 45; 2 fr. 70; 2 fr.

4 k. Hymont-Mattaincourt (R. 4, *C*). — 9 k. *Bazoille-et-Ménil* (298 h.). — 15 k. *Remoncourt* (951 h.; *église* romane et gothique; grande *tour* carrée).

19 k. *Haréville*, 327 h.

24 k. (413 k. de Paris). Vittel.

VITTEL

Situation. — Aspect général.

Vittel*, ch.-l. de c. de 1575 h., à 330 mèt., sur le petit Vair.

Église (3 nefs avec piliers ronds; chœur roman). — *Chapelle* ogivale restaurée.

Sources. — Établissement.

Les **sources** principales, au nombre de quatre (*Grande source*, source *Marie*, source *Salée*, source *des Demoiselles*), sont situées au fond d'un vallon, à 800 ou 900 mèt. au N.-O. du village. Leurs eaux, d'une température de 11°, sont limpides, sauf pour la source Marie, qui présente quelques flocons jaunâtres; elles ont une saveur fraîche, plus ou moins ferrugineuse et un peu aigrelette, en raison du gaz acide carbonique qu'elles contiennent. Très rapprochées par leur minéralisation des eaux de Contrexéville, elles s'emploient surtout contre la gravelle et réussissent dans certaines manifestations goutteuses, dans les coliques hépatiques, la dyspepsie, le catarrhe vésical et les engorgements de la prostate. La source des Demoiselles est spécialement indiquée dans l'anémie.

Les eaux se prennent surtout en boisson, mais l'établissement renferme une installation complète de bains et douches.

La saison dure du 1er juin au 30 septembre; le traitement est de 20 à 25 jours.

L'**établissement des bains**, entouré d'un parc et considérablement agrandi, sur les plans de M. Ch. Garnier, possède un casino. Dans une vaste halle sont réunis les buvettes, les bains et le promenoir.

Excursions.

3 k. *Norroy*, 346 h. (ruines de la chapelle d'une ancienne commanderie de Templiers). — 7 k. La Neuveville (R. 9). — 14 k. Rozerotte (R. 9).

On peut aussi faire, de Vittel, les excursions indiquées à Contrexéville (*V.* ci-dessous).

De Vittel à Nancy, par Mirecourt, R. 9.

29 k. (418 k. de Paris). Contrexéville.

CONTREXÉVILLE

Situation. — Aspect général.

Contrexéville*, v. de 821 h., à 350 mèt. d'alt., sur le Vair, au fond d'un vallon ouvert du S. au N. et resserré à l'E. et à l'O. par des collines. Le village est assez bien entretenu. Un pont en pierre, formant le prolongement de la rue sur laquelle l'établissement a sa façade, fait communiquer les deux parties du village.

Le climat est variable et nécessite souvent l'usage des vêtements d'hiver, surtout au début et à la fin de la saison.

Église appuyée à une tour romano-byzantine. — Promenades du *Quai*, de la *Glacière*, de *Bellevue* et de l'*avenue du Champ-Calot*.

Sources. — Établissement.

Les sources, exploitées seulement depuis 1775, sont au nombre de quatre : sources *du Pavillon*, *de la Souveraine*, *du Quai* et *du Prince*. Leurs eaux froides (11°,5), sulfatées calciques, légèrement ferrugineuses, sont limpides, incolores et fraîches à la bouche; elles émergent d'un sol d'alluvion superposé au terrain triasique. Elles sont diurétiques et purgatives lorsqu'on les prend en grande quantité. Employées contre la gravelle principalement, elles réussissent aussi dans la goutte, les coliques hépatiques et le catarrhe de la vessie.

La saison commence le 20 mai et se termine le 15 septembre; la durée du traitement est de 21 jours.

L'**établissement des eaux** (sur la rive g. du Vair), exploité depuis 1864 par une compagnie d'actionnaires, comprend deux bâtiments principaux formant aile à dr. et à g., et encadrant une galerie légère ainsi que le *pavillon* qui renferme la source à laquelle il donne son nom. En arrière s'étend un parc dessiné à l'anglaise. Dans l'aile de dr. se trouvent, au rez-de-chaussée, les *sources du Quai* et *du Prince*, les cabinets de bains et de douches, la lingerie, les salons de jeu et de conversation, etc., et, aux étages supérieurs, des appartements meublés. L'aile de g. renferme les bureaux de la poste et du télégraphe, le bureau de la direction, les salles à manger, le grand salon du casino pour bals et concerts, des salles de billard et de jeux et au-dessus des appartements et des chambres meublées. A la suite on trouve le théâtre et une galerie couverte, bordée de boutiques.

Excursions.

N. B. — Le prix des courses en voiture est généralement très élevé à Contrexéville; on fera bien de fixer les conditions à l'avance.

Chêne des Partisans (12 à 13 k.), arbre de dimensions colossales (33 mèt. de hauteur, 13 mèt. de circonférence à la base), ainsi nommé parce que, pendant les deux sièges de la Mothe (1631-1645), les partisans lorrains s'y donnaient rendez-vous. Il s'élève dans la forêt de Saint-Ouen, à 1 k. env. à l'O. de *La Vacheresse* (470 h.). On s'y rend par (3 k.) *Suriauville*, 550 h., (7 k.) *Crainvilliers*, 550 h., et (11 k.) la Vacheresse. Non loin de là, dans la même forêt, on visite deux autres chênes remarquables.

Vallée de Bonneval et Chèvre-Roche (28 k. env. aller et retour; course intéressante). — On se rend à la vallée de Bonneval par (5 k.) *Lignéville* (460 h.; *église* avec un chœur roman), (9 k.) *Saint-Baslemont* (311 h.; vestiges de fortifications; restes d'un *château* féodal). A 3 k. plus loin (au S. de Saint-Baslemont), on atteint le *moulin de Bonneval*, au fond de la vallée. — Sur le plateau, ancienne construction dite les *tours Séchelles*, remontant, prétend-on, à l'époque gallo-romaine. — Pour aller à Chèvre-Roche, on revient à Saint-Baslemont, d'où l'on gagne (1 k. 1/2) *Thuillières* (311 h.). A 1 k. au S., sur une colline rocheuse, *ermitage de Chèvre-Roche*, à 456 mèt. d'alt., élégante chapelle d'architecture sarrasine; vue très étendue.

Montagne du Haut-de-Salin (10 à 11 k.) et **vallon de Viviers**

(10 k. env.). — On suit la route de Darney jusqu'à (3 k.) *Dombrot-le-Sec* (597 h.; *église* romane, avec chœur ogival). Le *Haut-de-Salin* (501 mèt.; vue des Vosges et du Jura) s'élève au S.-O. de Dombrot (6 à 7 k. par la ferme du Haumont); à la ferme commence une ascension de 20 m. assez fatigante jusqu'à la cime supérieure, dite du Hautmont. — Le joli vallon de Viviers est près de *Viviers-le-Gras* (322 h.), à 3 k. 1/2 au S.-E. de Dombrot.

De Contrexéville à Nancy, par Mirecourt, R. 9.

ROUTE 8.

DE NANCY A CHAUMONT

PAR PAGNY-SUR-MEUSE, NEUFCHATEAU ET BOLOGNE

155 k. — Chemin de fer. — Trajet en 4 h. 25 env. — 20 fr. 05; 14 fr. 30; 10 fr. 50.

45 k. de Nancy à Pagny-sur-Meuse (*V*. R. 1, en sens inverse). A dr., ligne de Paris (R. 1). — On franchit le canal de la Marne au Rhin et l'on atteint bientôt le bord de la Meuse, dont on remonte la rive dr., puis dont on s'éloigne.

52 k. *Saint-Germain* (halte). — Pont sur la Meuse (3 arches) et viaduc (7 arches de décharge).

59 k. *Vaucouleurs*, ch.-l. de c. de 2726 h., célèbre par le séjour qu'y fit Jeanne d'Arc. — Mme du Barry y est née.

Ponts sur la Vaise.

67 k. *Maxey-sur-Vaise*, 547 h. (restes d'un château). — A g., *Montbras* (ancien château affecté à une exploitation agricole). — Tunnel de 261 mèt. Deux viaducs de décharge. — Pont de 60 mèt. sur la Meuse.

74 k. *Sauvigny*. — A g., *Brixey-aux-Chanoines* (vestiges de l'ancien château fort).

80 k. *Domremy-Maxey-sur-Meuse*.

De la station on se rend (traverser la Meuse à Maxey) à (1 k. env.) **Domremy-la-Pucelle** (263 h.), 270 mèt. d'alt. Pour se rendre à la maison de Jeanne d'Arc, on suit, en face du pont, un chemin passant entre l'église à dr. et un bosquet de sapins et de peupliers à g.; bientôt on atteint (à dr.) une grille reliant deux corps de logis de construction moderne; celui de g. est affecté à une *école gratuite de filles* et au logement des sœurs qui la dirigent. En arrière s'élève, au milieu d'un jardin pittoresque, la **maison de Jeanne d'Arc** (s'adresser aux sœurs pour la visiter). La porte d'entrée est surmontée d'une ogive, encadrant trois écussons, et au-dessus de laquelle est une *statue* représentant Jeanne d'Arc armée de toutes pièces et agenouillée, placée par ordre de Louis XI. La maison n'a qu'un rez-de-chaussée. La pièce principale, éclairée par une fenêtre à vitraux de couleur, renferme un beau modèle, en bronze, de la *statue de Jeanne d'Arc*, par la princesse Marie d'Orléans, avec cette inscription sur le piédestal : *Donnée par le roi, son père, au département des Vosges, pour être placée dans la maison où naquit Jeanne d'Arc*; un modèle de la statue donnée par Louis XI et, dans le mur du fond, plusieurs plaques de marbre, commémoratives de l'inauguration du monument élevé à Jeanne d'Arc en 1820 (*V.* ci-dessous). La seconde pièce, où couchait Jeanne d'Arc, est complètement nue ; elle est à peine éclairée par une lucarne donnant sur le jardin. C'est à l'angle extérieur de la maison correspondant à cette lucarne, et presque sous le chevet de l'ancienne église, que Jeanne d'Arc venait rêver et ressentit ces impressions mystérieuses qui la décidèrent à partir. — La maison, ainsi que ses dépendances, sont la propriété du dép. des Vosges. — On a formé dans le corps de logis, à dr. de l'entrée, une sorte de *musée* où sont réunis différents objets se rapportant à l'héroïne de Domremy.

Le *monument de Jeanne d'Arc*, inauguré le 25 août 1820, est placé dans le bosquet qu'on longe à g. en arrivant ; il se compose d'une *fontaine* surmontée du *buste* de l'héroïne. — L'*église*, reconstruite dans le style ogival, a 3 nefs (*vitraux* de couleur ; *chapelles* de la Vierge et de Saint-Michel ; *tombe* des deux frères Tierselin, qu'on croit les fils de la marraine de Jeanne d'Arc). A l'entrée de l'église, *statue* en bronze de Jeanne d'Arc, d'un sentiment élevé. Elle est due à M. Paul, artiste du pays. — La *vigne de la Pucelle* (à 2 k. env. au S. de Domremy) est le lieu où Jeanne d'Arc crut, pour la première fois, entendre les voix célestes qui lui commandaient d'aller délivrer la France. A cette époque, il existait sur cet emplacement une chapelle ombragée par un hêtre appelé l'*arbre des fées*; un peuplier signale seul cette place.

Pont de 26 mèt. sur le Vair.
85 k. *Coussey*, 638 h. (Jolie *église* moderne; *fontaine* avec statuette de Jeanne d'Arc).
92 k. Neufchâteau (R. 4, *C*).
49 k. de Neufchâteau à (141 k. de Nancy) Bologne (*V.* R. 7, *C*).
150 k. *Jonchery*, halte.
155 k. Chaumont (R. 2).

ROUTE 9.

DE NANCY A LANGRES

A. Par Mirecourt et Andilly.

158 k. — Chemin de fer. — Trajet en 4 h. 45 à 7 h. — 19 fr. 40; 14 fr. 60; 10 fr. 65.

A 3 k. de Nancy, l'embranchement de Vezélise se détache à dr. de la ligne de Strasbourg.
6 k. *Jarville-la-Malgrange*.

8 k. *Houdemont*, halte (*église du xii*ᵉ *s.*; *château* moderne).

11 k. *Ludres* (halte). — 13 k. *Messein* (halte). — 16 k. *Neuves-Maisons* (halte). — On franchit la Moselle (pont de 10 arches).

17 k. *Pont Saint-Vincent*, près du confluent de la Moselle et du Madon.

19 k. *Bainville-sur-Madon* (halte). — 24 k. *Pierreville* (halte). — 26 k. *Pulligny-Autrey* (halte). — On traverse le Brenon, affluent du Madon, sur un pont de 3 arches.

28 k. *Ceintrey*, sur le Madon.
31 k. *Clerey-Omelmont* (halte).
33 k. *Tantonville* (halte), d'où un embranchement de 2 k. conduit à l'importante *brasserie de MM. Tourtel frères*.

36 k. **Vézelise**, ch.-l. de c. de 1447 h., dans la vallée étroite et profonde du Brenon. — *Église* du xvᵉ s. (clocher haut de 63 mèt.; beaux vitraux). — *Fontaine* du xviᵉ s.

39 k. *Forcelles-Saint-Georges* (église du xiiᵉ s.; château ruiné). — 42 k. *Praye*. — 44 k. *Saint-Firmin*.

46 k. *Diarville*. — 51 k. *Bouzanville*. — 54 k. *Frenelle-la-Grande* (ancien château; croix sculptée).

57 k. *Poussay* (restes d'une abbaye de chanoinesses).

60 k. Mirecourt (R. 4, *C*).

29 k. de Mirecourt à (89 k. de Nancy) Contrexéville (R. 7, *C*).

51 k. de Contrexéville à Andilly, et 18 k. d'Andilly à (158 k. de Nancy) Langres (*V.* R. 2 et R. 7, *A*).

B. **Par Mirecourt et Chalindrey.**

167 k. — Chemin de fer. — Trajet en 4 h. 50 à 6 h. 45. — 20 fr. 55; 15 fr. 40; 11 fr. 30.

140 k. Andilly (*V.* ci-dessus, *A*).
16 k. d'Andilly à (156 k. de Nancy) Chalindrey (*V.* R. 7, *B*).
11 k. de Chalindrey à (167 k.) Langres (*V.* R. 2).

ROUTE 10.

DE NANCY A VESOUL

A. **Par Épinal, Aillevillers et Port-d'Atelier.**

167 k. — Chemin de fer. — Trajet en 5 h. 10 à 5 h. 30. — 20 fr. 55; 15 fr. 45; 11 fr. 30.

DE NANCY A ÉPINAL

74 k. — Trajet en 2 h. — 9 fr. 10; 6 fr. 80; 5 fr.

23 k. de Nancy à Blainville (R. 1).

La ligne de Vesoul se détache à dr., à Blainville (R. 1), de la ligne de Paris à Strasbourg, en décrivant une grande courbe pour prendre la direction du S. On franchit la Meurthe entre *Blainville-sur-l'Eau* (1 k. à g.), v. de 1211 h., et *Damelevières* (à dr.), v. de 527 h. (fontaine fébrifuge du *Trou-du-Tonnerre*).

31 k. *Einvaux* (381 h.), caché par une colline (342 mèt. d'alt.). — On croise l'Euron et l'on entre dans la vallée de la Moselle.

38 k. *Bayon*, ch.-l. de c. de 23 h.

La voie ferrée longe la rive r. de la Moselle, au delà de laquelle on découvre *Roville* (390 h.), où Mathieu de Dombasle, le savant agronome, avait fondé un institut agricole renommé, et *Bainville-aux-Miroirs* (484 h.), dominé par les ruines d'un *château* des comtes de Vaudémont. On entre ensuite dans la magnifique forêt de Charmes, qu'on traverse sur un parcours de plus de 6 k.

49 k. **Charmes***, ch.-l. de c. de 3250 h., sur la rive g. de la Moselle (*pont* de 12 arches construit de 1725 à 1731). — *Église* du style ogival. — *Fontaine* monumentale. — *Hôtel de ville* récemment restauré. — *Maison* du XVᵉ s., dite *maison des Loups* pour ses gouttières formées chacune d'une tête de loup. — A 5 k. au N., *Chamagne* (618 h.; maison où est né Claude Gelée, 1600-1682).

De Charmes à Rambervillers, R. 11.

Au delà de Charmes, on laisse à g. l'embranchement de Rambervillers, puis on franchit la Moselle sur un pont biais. — A g., Portieux (V. R. 11).

59 k. *Châtel-Nomexy*, station desservant *Nomexy* (747 h.; *église* moderne) et *Châtel*, ch.-l. de c. de 1319 h., sur la rive dr. de la Moselle (vestiges d'un château fort).

63 k. *Thaon* (établissement considérable de blanchisserie et de teinturerie; 800 ouvriers).

74 k. Épinal.

ÉPINAL

Situation. — Aspect général.

Épinal*, ch.-l. du dép. des Vosges, V. de 16 445 h., à 326 mèt. d'alt., sur la Moselle qui s'y divise en deux bras, dont l'un, à l'O., a été canalisé. Épinal est ainsi partagée en trois quartiers principaux; la *grande ville*, sur la rive dr. de la Moselle; la *petite ville*, entre les deux bras de la rivière; et le *faubourg de l'hospice*, sur la rive g. du bras canalisé. Plusieurs ponts relient entre eux ces différents quartiers; les plus remarquables sont: le pont en pierre (1871; 5 arches), près du *Cours*, entre la grande et la petite ville, et le pont en pierre, formant la continuation de la *rue du Pont*, l'une des plus animées de la ville et aboutissant à la *place des Vosges*, près de laquelle se trouvent l'église paroissiale, l'hôtel de ville, le palais de justice, le collège, l'école industrielle, le théâtre. Épinal, en général médiocrement bâtie, compte cependant quelques beaux quartiers dans la grande ville.

Histoire.

Épinal doit son origine à une église, fondée, au Xᵉ s., pour y déposer les restes de saint Goëry, et à une communauté religieuse établie vers la même époque et transformée en un chapitre de dames nobles. Après avoir été activement mêlée aux luttes de la Lorraine contre la Bourgogne et la France, Épinal a été réunie à la France au xviii° s. avec le reste de la Lorraine.

Monuments. — Curiosités.

Église paroissiale dédiée à saint Goëry et remontant au xi° s., mais souvent remaniée, tant à l'extérieur qu'à l'intérieur ; *tour* du clocher du style roman de transition et curieuses *tourelles*, à toiture en pierre ; beau *portail* latéral sur le côté N. ; *nef* remarquable, de la première époque du style ogival, avec triforium trilobé, dont les arcades sont subdivisées en deux baies ; *sanctuaire* orné de vitraux ; *chapelles* intéressantes dans les bas-côtés. — *Église de l'Annonciade* ou *du collège* (xviii° s.). — *Hôtel de ville* (1757) avec fronton aux armes de Stanislas. — *Fontaine de Pinau* (rue du Boudiou), ornée d'une statue en bronze. — Vestiges des anciens *murs* de fortifications dans la petite ville. — *Maisons à arcades* de la place des Vosges. — *Promenade du Cours* (belles avenues de tilleuls). — Sur le quai Jeanne-d'Arc, *monument* commémoratif avec cette inscription : « *Les Vosgiens à leurs compatriotes victimes de la guerre et de l'invasion 1870-1871*. MDCCCLXXV. »

Bibliothèque publique (rue Rualménil, près du pont qui conduit au Cours), possédant 27 000 vol. imprimés et 218 manuscr. (*Évangile selon saint Marc*, précieux manuscrit écrit en lettres d'or sur un vélin de teinte violette et orné d'un diptyque en ivoire très délicatement sculpté ; *charte* de l'empereur Henri II, xi° s. ; *Bible* imprimée en 1460 ; magnifique *meuble* en chêne sculpté provenant de l'abbaye de Moyenmoutier).

Musée (dans un bâtiment séparé, à côté de la bibliothèque). — Au rez-de-chaussée, salle d'entrée et cour renfermant des débris de l'époque gallo-romaine. On y remarque notamment, dans la cour à dr., (n° 267) le *bas-relief* célèbre trouvé sur le Donon et représentant un lion et un sanglier avec cette inscription : RELLICVS SURBUR. Galerie de moulages. — Au 1ᵉʳ étage : à dr., galerie d'histoire naturelle. A g., 1ʳᵉ salle renfermant des vitraux, des bahuts et des armes des Francs. — 2° *galerie de tableaux* (au centre, *l'Enfant tué* ou *la Guerre*, don de l'État). — Parmi les tableaux, nous mentionnerons particulièrement :

Albane. Cybèle. — *Breughel le Vieux*. Paysages. — *Philippe de Champaigne*. Adoration des bergers ; portrait. — *A. Coypel*. Diane et ses nymphes. — *Giorgion*. Martyre de saint Sébastien. — *Hals*. Jeune garçon égratigné par un chat. — *Jean Holbein*. Portraits de Luther et de Calvin. — *Hooghe*. Ruines. — *Jean Jouvenet*. Latone. — *Lemoine*. Le Déluge. — *Mou-*

chablon. Portrait de Victor Hugo. — *Panini.* Vues de Rome. — *Rembrandt.* Vieille femme. — *Ruysdaël.* Paysage. — *Salvator Rosa.* Paysage. — *Titien.* Vénus. — *Simon Vouët.* Le Christ porté au tombeau, figure allégorique.

Des vitrines contiennent des médailles, des bijoux lorrains du xvi° s., des objets en bronze, des poteries, des vases grecs et étrusques. Le musée possède aussi des ouvrages de statuaire antiques et modernes.

Promenades.

Jardin Doublat (faubourg d'Ambrail, n° 19, porte de la trésorerie générale; on obtient facilement la permission de le visiter), créé, il y a une cinquantaine d'années, sur l'emplacement du château fort d'Épinal. Il forme un charmant parc (étang; ruines du château détruit autrefois par la mine). — *Côte de la Vierge* et *bois de la Mouche,* qui y fait suite. — *Champ de manœuvres,* sur un plateau dominant la Moselle. — *Route d'Épinal à Remiremont,* véritable allée de parc. — *Colline de Benavaux* (à 1 k. à dr. de la route de Remiremont), couronnée par un grand et curieux rocher. — *Fontaine des Trois-Soldats,* à 2 k. de la route de Remiremont. — *Vallée d'Olima,* à 3 k. à l'O. de la ville, à g. de la route de Mirecourt (V. R. 4). — Citons encore les promenades : de la *petite Provence,* de la *Vierge,* de la *Fontaine Guery,* de la *Glacière,* de la *route de Nancy,* du *quai de Juillet* et de *Dogneville.*

Industrie.

Épinal possède plusieurs établissements industriels, parmi lesquels nous signalerons son imagerie, dont les produits sont connus de la France entière. Deux maisons exploitent cette spécialité : la *maison Pellerin,* fondée très anciennement, et la *maison Olivier.* — Tissages; filatures.

D'Épinal à Luxeuil, R. 4, *B*; — à Neufchâteau, par Mirecourt, R. 4, *C*; — à Plombières, R. 5, *B*; — à Bains, R. 6, *B*; — à Paris, R. 13; — à Remiremont, R. 14; — à Gérardmer, R. 21; — à Saint-Dié, par Bruyères et Corcieux, R. 25, *B*.

D'ÉPINAL A VESOUL

63 k. — Trajet en 2 h. 50 env. — 11 fr. 40; 8 fr. 55; 6 fr. 30.

En quittant Épinal, la voie ferrée franchit la route de Mirecourt sur un beau viaduc et gagne les hauteurs dominant la Moselle, en laissant à g. l'embranchement de Remiremont.

85 k. *Dounoux,* 610 h.

On croise la riante vallée du Coney sur un viaduc haut de 38 mèt. au point le plus profond de la vallée.

93 k. *Xertigny,* ch.-l. de c. de 3825 h., à g. de la station.

A 1 k. de Xertigny, cascade du *Gué-du-Saut*.

96 k. *La Chapelle-aux-Bois* (halte), v. de 2205 h. — On longe, sur la g., les pentes boisées de Hautdompré et du Noirmont.

104 k. Bains (R. 6, A). — De Bains à Aillevillers, V. R. 6, A.

118 k. Aillevillers-Plombières. — 123 k. Saint-Loup. — 131 k. Conflans. — 142 k. Faverney R. 4, A).

148 k. Port-d'Atelier (R. 2).

167 k. Vesoul (R. 2).

B. Par Lure.

152 k. de Nancy à Lure. — Chemin de fer. — Trajet en 5 h. 45 à 6 h. 40. — 18 fr. 70; 14 fr.; 10 fr. 25.

30 k. de Lure à Vesoul. — Chemin de fer. — Trajet en 35 m. à 50 m. — 3 fr. 75; 2 fr. 75; 2 fr. 05.

134 k. de Nancy à Luxeuil (*V.* R. 4, B).

A g., *Saint-Sauveur* (1287 h.; jolie *source de Saint-Vaudre*, visitée par les fiévreux). — On franchit le Breuchin. — La voie ferrée traverse un étang, puis des bois.

142 k. *Citers-Quers*, station desservant *Citers* (892 h.) et *Quers* (562 h.; hôtel de ville dans un ancien château).

On franchit la Lanterne, puis on traverse des bois.

152 k. Lure (R. 2).

30 k. de Lure à (182 k. de Nancy) Vesoul (*V.* R. 2).

ROUTE 11.

DE NANCY A RAMBERVILLERS

77 k. — Chemin de fer. — Trajet en 3 h. à 3 h. 20. — 9 fr. 50; 7 fr. 05; 5 fr. 15.

49 k. Charmes (R. 10).

A 3 k. de Charmes, l'embranchement de Rambervillers se détache de la ligne d'Épinal-Vesoul.

54 k. *Portieux* (halte), v. de 2023 h. (belle *église* moderne; couvent très important). — On s'éloigne de la Moselle.

58 k. *La Verrerie* (verrerie, fondée en 1705 et qui a pris un grand développement depuis 1871; 1000 ouvriers). — 61 k. *Moriville* (halte). — 64 k. *Rehaincourt*. — 67 k. *Ortoncourt* (halte). — 70 k. *Moyemont*. — 73 k. *Romont*.

77 k. **Rambervillers** *, ch.-l. de c., V. de 5153 h., sur la Mortagne. — *Église paroissiale* du xve s. (beaux vitraux du chœur). — *Hôtel de ville* (1581). — *Tours* de l'enceinte. — Sur la *place du Marché*, monument commémoratif du combat (9 octobre 1870) entre les gardes nationaux de la ville et les Allemands. — Fabriques très importantes.

[De Rambervillers on peut se rendre : à (28 ou 30 k.) Épinal (*V.* ci-dessus), soit par *Girecourt-sur-Durbion*, soit par *Sercœur*; — à (19 k.) Bruyères (R. 21), par Grandvillers; —

à (27 k.) St-Dié (R. 25), par *la Solle* ; —
à (15 k.) Baccarat (R. 25), par *Ménil*.]

ROUTE 12.

DE NANCY A SAINT-DIÉ

PAR ÉPINAL

134 k. — Chemin de fer. — Trajet en 4 h. 55 à 5 h. 25. — 16 fr. 60 ; 12 fr. 40 ; 9 fr. 40.

74 k. Épinal (R. 10).

35 k. d'Épinal à (109 k.) Laveline (*V. R. 21*).

A Laveline, l'embranchement de Saint-Dié se détache de la ligne de Granges-Gérardmer et remonte vers le N.-E. — *N. B.* Se placer à g., pour la vue.

111 k. *La Chapelle*, 1110 h.; église ancienne.

On longe à dr. le Neuné, dont on suit la vallée.

114 k. *Biffontaine*, 617 h.

117 k. *La Houssière*, 827 h.

Le chemin de fer franchit le Neuné.

119 k. *Corcieux-Vanémont*, station desservant à g. (500 mèt.) *Vanémont*, ham., et, à dr. (3 k.; voit. de corresp.), Corcieux, ch.-l. de c. de 1585 h., sur le Neuné (554 mèt. d'alt.; dans l'église, portrait sur verre du XVIe s.).

On franchit une seconde fois le Neuné, puis, au delà d'un tunnel, on suit le flanc de la montagne en dominant la belle vallée de Taintrux (R. 25). On passe par un second tunnel. —

Remblai haut de 42 mèt. — Tranchées profondes.

126 k. *Saint-Léonard*, 1290 h.

A Colmar, R. 26.

On laisse à dr. l'embranchement de Fraize (R. 26) et l'on suit la vallée de la Meurthe par la rive g. — A dr., le Souche (R. 26).

129 k. *Saulcy-sur-Meurthe*, 1244 h., sur la rive dr. de la Meurthe. — Ancienne mine de cuivre. — *Tour* d'un ancien château. — *Château* moderne.

134 k. Saint-Dié (R. 25).

ROUTE 13.

DE PARIS A ÉPINAL

427 k. — Chemin de fer. — Trajet en 9 h. 20 à 15 h. — 52 fr. 60 ; 40 ; 23 fr. 90.

353 k. de Paris à Nancy (R. 1).

74 k. de Nancy à (427 k.) Épinal (R. 10).

ROUTE 14.

D'ÉPINAL A REMIREMONT

23 k. — Chemin de fer. — Trajet en 1 h. — 3 fr. 50 ; 2 fr. 45 ; 1 fr. 90.

Le chemin de fer, après avoir suivi quelque temps les hauteurs qui dominent la rive g. de la Moselle, redescend dans la vallée après avoir croisé

LES VOSGES.   7

deux vallons latéraux et la route d'Épinal à Plombières sur deux viaducs en grès rouge. Il longe dès lors la Moselle (rive g.), à travers une contrée d'un aspect très pittoresque.

A dr., ligne d'Aillevillers.

6 k. *Dinozé* (halte).

12 k. *Arches*, v. de 1507 h. — Vestiges du château fort (des pans de murs se sont écroulés en 1875). — Papeterie à la cuve très importante, transformée depuis l'époque où elle fabriqua pour Beaumarchais le papier de l'édition de Kehl (œuvres de Voltaire). — De l'autre côté de la Moselle, *Archettes* (554 h.).

A dr., *fort* important *de la Savonnière* (470 mèt. d'alt.).

On laisse à g. la ligne de Saint-Dié (R. 12).

16 k. *Pouxeux*, 1756 h. (dans l'*église*, bâtie en 1785, *bénitier* de la fin du xie s.). — En face de Pouxeux, Jarménil (R. 21), sur la rive dr. de la Moselle.

18 k. *Éloyes* (halte), v. de 1529 h., sur la rive dr. de la Moselle, à 1 k. env. de la station, avec laquelle il communique par un pont en grès rouge. A l'E., montagne dite *Tête-des-Cuveaux* (783 mèt.; vue magnifique).

Au hameau du Longuet, au-dessus d'Éloyes, moraine terminale de l'ancien glacier de la Moselle. « Cette moraine apparaît comme une digue gigantesque en hémicycle, dit M. Charles Grad, formée de monticules allant en travers de la vallée d'un versant à l'autre,

à plus de 50 mèt. au-dessus du niveau de la Moselle et coupée par la rivière en deux branches de longueur inégale. »

24 k. *Saint-Nabord* (halte), 1834 h. (vestiges d'une ancienne *chapelle*).

On traverse une profonde tranchée, ouverte dans le granit leptinique (point géologique remarquable). — A dr., *Ranfaing* (176 h.; papeterie importante). — Site charmant, à dr. des *hauteurs de Chaumont*, près de la ferme *Marevery*. — A dr., *Moulins*, ham.

28 k. **Remiremont***, ch.-l. d'arr. du dép. des Vosges (408 mèt. d'alt.), V. de 8126 h., dans un magnifique bassin entouré de hautes montagnes, un peu au-dessous du confluent de la Moselle et de la Moselotte et dominée par le *fort du Parmont* (613 mèt. d'alt.). Remiremont, en général bien bâtie, se signale par l'extrême propreté de ses rues qu'arrosent des ruisseaux d'eau vive.

Remiremont doit son origine à deux communautés religieuses, l'une d'hommes, l'autre de femmes, fondées sur une montagne voisine, appelée le *Saint-Mont*, par saint Romaric, seigneur austrasien qui s'y retira, avec saint Amé, pour se livrer à la vie contemplative. La communauté d'hommes subsista au Saint-Mont jusqu'à l'époque de la Révolution; quant à la communauté de femmes, s'étant réfugiée dans la ville naissante de Remiremont, en 910, lors de l'invasion des Hongrois, elle fut transformée en un chapitre de dames nobles très célèbre, qui a été supprimé au commencement de la Révolution.

Église paroissiale (ancienne église abbatiale). Souvent remaniée à la suite de divers incendies dont le dernier fut allumé par la foudre en 1778, elle a perdu tout caractère, extérieurement du moins. La tour du clocher a été reconstruite de 1788 à 1804. — A l'int. : riche décoration de colonnes et de lambris en marbre noir (dans le chœur); *statuettes d'anges* en bois, d'une exécution délicate, aux deux côtés du maître-autel, qui présente du reste une ornementation surchargée dans le goût du xvIII° s.; *châsses* des saints Romaric, Amé, Idulphe et de sainte Claire; *statue* en bois de cèdre, dite *Vierge du trésor*, offrande, selon la tradition, de Charlemagne à l'église primitive de Remiremont; beau *bénitier* en bronze dans la chapelle des fonts baptismaux. — Sous le chœur, *crypte* très intéressante, pouvant dater du xv° s. (nef principale avec colonnes monocylindriques à chapiteaux cubiques et 2 collatéraux terminés en abside; *autel* en pierre dans l'absidale du collatéral N.; *cercueils* en pierre et *pierres tombales*).

Ancien *palais abbatial* (appuyé au chevet de l'église), reconstruit en 1750, incendié en 1871 et réédifié depuis. Plusieurs salles (*salon de réception* de la mairie, *bibliothèque*, *salon* dit *à colonnes* et *grand salon*, au rez-de-chaussée; *salle d'audience* du tribunal, au 1ᵉʳ étage); le vestibule et l'escalier d'honneur ont été refaits sur le plan identique de l'ancien monument et témoignent de la splendeur de la résidence abbatiale. — On remarque surtout la façade, d'un style grandiose, donnant sur la rue qui conduit à la route de Luxeuil. Elle est ornée de médaillons que remplissaient jadis les portraits des ducs de Lorraine. Cet édifice renferme la *mairie* (dans le cabinet du maire, *portraits* des dernières abbesses, en costume de cour), le *tribunal* et la *bibliothèque publique* (6927 vol. dont 5 incunables et divers ouvrages sortis des presses de Froben, d'Alde, de Plantin, des Elzévirs; *agate onyx* intaille; *décoration* de chanoinesse en or émaillé; *double croix* en aventurine, etc.).

Maisons canoniales des xvII° et xvIII° s., sur la place de l'Église. — *Sous-préfecture* (en face du portail de l'église), occupant l'une des anciennes demeures des chanoinesses. — *Fontaine de la Courtine* (vasque soutenue par trois dauphins en bronze), sur la place du même nom. A l'angle de cette place, débris de *pilastres* de l'entrée du cloître.

Filature très importante (30 000 broches), fondée depuis 1871 par la maison Schwartz, de Mulhouse.

Promenade du Calvaire, au N. de la ville, à l'entrée et à g. de la route de Luxeuil (pelouses et allées ombragées entourant un beau *calvaire* en bronze; vue étendue sur Remiremont, le Saint-Mont et la Moselle). Cette promenade se prolonge jusqu'à la ferme de *Hurte-Bise*, dominée par d'immenses rochers de granit. — *Promenade du Tertre*, à l'entrée de la ville, en venant d'Épinal.

Remiremont se recommande sous le rapport gastronomique par ses pâtés de truites, et ses galettes à la crème et aux œufs connues sous le nom de *quiches*. Remiremont est le principal marché où abondent les produits agricoles et manufacturiers de l'arrondissement.

Le Saint-Mont.

2 h. à 2 h. 30 aller et retour.

Prenant la route de Gérardmer (R. 20) par Vagney, on descend vers la Moselle, qu'on franchit sur un beau pont en pierre, et, tournant à dr. un peu au delà du pont, on atteint (15 à 20 m.) *Saint-Étienne* (1729 h.). — Deux sentiers passant dans les prairies qui s'étendent entre Saint-Étienne et le Saint-Mont, conduisent, l'un en longeant les prairies à dr., l'autre en les traversant en diagonale, à la base de la montagne. Le premier aboutit au *chemin dit du Sud*, le second à celui dit *du Nord*, en face d'une chapelle consacrée à sainte Claire. Tous deux, passant sous de beaux ombrages, offrent, surtout le chemin du Sud, de charmantes percées sur la forêt et la vallée de la Moselle; ils se réunissent à peu de distance du sommet. La cime du Saint-Mont (683 mèt.) est revêtue d'une magnifique pelouse en demi-cercle dont le diamètre est dessiné par un bâtiment d'exploitation rurale. Une petite *chapelle* ou cellule s'élève à g. sur une plate-forme de 15 à 20 mèt. de côté; elle est située sur l'emplacement qu'occupait le chœur de l'ancienne église du Saint-Mont. De ce point on découvre une vue magnifique sur le bassin de la Moselle (par le beau temps, on aperçoit, au S., à l'horizon, la cime du Ballon d'Alsace).

Pont des Fées.

Entre le Saint-Mont et la montagne de Fossard qui le domine au N., s'étend une gorge profonde coupée par une construction grossière, en pierres sèches en partie éboulées (28 mèt. de longueur, 13 mèt. de largeur, 8 mèt. d'élévation). Cet ouvrage, nommé le *pont des Fées*, bien qu'il ne présente ni voûte ni arche, est attribué aux Romains. Quelques archéologues le supposent même d'origine celtique. — En tournant à dr., à l'issue du chemin du N., on rencontre presque immédiatement la gorge du pont des Fées.

Cascade de Miraumont, montagne de Fossard, Pierre Kerlinkin, fontaine Sainte-Sabine, Roche du Thym.

3 à 4 h. aller et retour.

A l'entrée du village de Saint-Étienne (*V.* ci-dessus), on prend le chemin qui traverse le village et contourne l'église; au delà de celle-ci, on trouve bientôt à g. le chemin s'élevant sur les hauteurs de Fossard, et devant soi le ravin étroit, couvert de hautes broussailles, qui renferme la *cascade de Miraumont*. Cette cascade, sauf aux époques des grandes eaux, n'a qu'un filet d'eau glissant en silence dans une rigole de granit. — Si on remonte la route des hauteurs de Fossard, on atteint en 1 h., après avoir rencontré à mi-chemin la ferme du *Poêle-Sauvage* (belle vue), le plateau de Fossard, couvert de bois parsemés de vastes clairières tapissées de gazon. On entre alors dans un large sentier de forêt se dirigeant vers le N., et l'on rencontre successivement : — (15 m.) la *Pierre Kerlinkin*, monolithe de grès rouge. haut de 6 mèt. et tronqué au sommet. La disposition de ce bloc de rocher, relativement au sol, porte à croire que c'est un ancien dolmen plutôt qu'un accident naturel; on remarque sur l'un des pans quelques caractères paraissant indiquer des dates et des initiales; mais jusqu'ici on n'a jamais pu les déchiffrer exactement; à 100 mèt. au N. de cette pierre se trouve un second monolithe connu dans le pays sous le nom de *fardeau Saint-Christophe*; — (30 m.) la *fontaine Sainte-Sabine*, renommée par une tradition locale, d'après laquelle elle était réputée indiquer aux jeunes filles du pays, à l'aide d'une épreuve, l'époque plus ou moins prochaine de leur mariage, et enfin — (40 ou 50 m.), sur la g. de la *ferme de la Mousse*, un magnifique groupe de rochers appelé la *Roche du Thym* (vaste panorama se prolongeant au N.-O. jusqu'à la forêt et au pont de Charmes).

Saut de la Cuve ou cascade de Saint-Amé.

6 k. — 3 h. aller et retour.

C'est une des excursions les plus agréables des environs de Remiremont. — On peut profiter, soit à l'aller, soit au retour, du chemin de fer de Remiremont à Cornimont par Vagney et de la voiture publique de Vagney à Gérardmer (*V.* R. 20).

Vallée d'Hérival.

4 à 5 h.. aller et retour.

N. B. — La vallée d'Hérival aboutissant à la route de Luxeuil (R. 18), à 18 k. env. de Remiremont, on peut profiter, au moins pour aller, de la voiture de Remiremont à Luxeuil.

Du reste, cette course, très pittoresque et très recommandée, mérite d'être faite à pied, par le chemin que nous allons indiquer. Si l'on prend une voiture particulière, on devra, en tous cas, la faire attendre à l'entrée de la vallée, soit qu'on la descende, soit qu'on la remonte, car elle est difficilement accessible aux voitures.

On suit d'abord la route de Luxeuil, et, lorsqu'on a dépassé les dernières maisons de Remiremont, on prend à g. un chemin qui, après avoir traversé quelques terres cultivées, gagne, en inclinant à dr., le versant O. des hauteurs des *bois du Corroy*. Il passe alors entre de magnifiques ombrages, à g., et un vallon vert et profond, à dr. On atteint ainsi (1 h. env.) un petit plateau (674 mèt. d'alt.) séparant la vallée de la Moselle, à g., sur laquelle il tombe presque à pic, des sources de la Combeauté, affluent de la Saône par la Lanterne (paysage pittoresque). Un peu avant une métairie isolée, *la Croisette*, qui occupe le centre du plateau, se présente à dr. le chemin forestier par lequel on descend la vallée d'Hérival. A moitié route on contourne une *ferme* suspendue pour ainsi dire sur la vallée; le bâtiment principal (*porte* cintrée à pilastres et surmontée d'un fronton), construit vers la fin du xviiie s., est le seul reste du *prieuré d'Hérival*, fondé en 1057 et supprimé en 1789. Il renfermait le quartier dit des Hôtes. — En continuant de descendre la vallée, on aperçoit à g., de distance en distance, des scieries dirigées ou affermées par l'État pour l'exploitation des bois domaniaux. — Parvenu au bas de la vallée, à une métairie nommée *le Breuil*, on tourne à g. et l'on franchit la Combeauté sur un pont rustique d'où l'on découvre une jolie vue.

Au delà du pont, entre un *chalet* servant de rendez-vous de chasse et une *scierie*, on prend à dr. une belle route de forêt bordée, à dr., par la Combeauté, à g., par des blocs de rochers entremêlés de hauts sapins, et (10 à 15 m.) on rejoint la route de Remiremont à Luxeuil; là, en tournant à dr., on regagne Remiremont (10 k. env.); en prenant à g., on va par la vallée des Roches dans le Val-d'Ajol, d'où l'on peut remonter (15 à 16 k.) à Plombières par le chemin des Feuillées (R. 5), ou se rendre à Luxeuil par Fougerolles (R. 16).

Cascade du Géhard, Pierre du Tonnerre.

En suivant le chemin de forêt menant à la vallée des Roches (*V.* ci-dessus), on rencontre (5 m. au delà du chalet) une gorge agreste, à g., où se trouve (25 à 30 m.) la *cascade du Géhard*, remarquable surtout par les masses de rochers et la végétation puissante qui l'environnent. — A 200 mèt. au delà se dresse la *Pierre du*

Tonnerre, énorme rocher évasé à son sommet et figurant l'arche à demi rompue d'un pont. Lorsque le tonnerre gronde, ce rocher, prétend la tradition locale, se rapproche d'un bloc de granit que surplombe son sommet, par un mouvement assez prononcé pour écraser une pierre posée dans l'intervalle.

—

De Remiremont à Plombières, R. 15; — à Luxeuil, par le Val-d'Ajol, R. 16; — à Belfort, R. 17; — à Wesserling, par Saint-Maurice, R. 18; — à la Bresse, R. 19; — à Saint-Dié, par Gérardmer, R. 20.

ROUTE 15.

DE REMIREMONT A PLOMBIÈRES

14 k. — Route de voit. — Service de voit. (trajet en 1 h. 15; 2 fr. 20 et 1 fr. 65).

On sort de Remiremont en contournant la *montagne de Parmont* (613 mèt.; *fort* important), puis on remonte sur un plateau qui s'étend surtout à dr. et auquel son isolement et la rigueur du froid qui y règne l'hiver ont valu le surnom de *Sibérie des Vosges*. — On laisse à 1 k. sur la g. *Olichamp*, ham. au N. duquel (1 k. env.) se trouvent les sources de l'Augronne, dont on suit le cours jusqu'à Plombières. On longe (9 k. env. de Remiremont) la forêt de Humont, à dr., puis on traverse la promenade des Dames (R. 5, *C*).

14 k. Plombières (R. 5, *C*).

ROUTE 16.

DE REMIREMONT A LUXEUIL

PAR LE VAL-D'AJOL.

17 k. — Route de voit. jusqu'à (12 k.) Faymont. — Chemin de fer de Faymont à (35 k.) Luxeuil.

La route s'ouvre au S.-O. de Remiremont, et, après s'être élevée entre des hauteurs boisées, descend dans la vallée de la Combeauté au Val-d'Ajol, en laissant à g. (10 k. de Remiremont) le Val d'Hérival (R. 14). — On traverse un admirable défilé, la *vallée des Roches*, et on franchit la Combeauté.

12 k. *Faymont*, ham. — A 10 m., dans une gorge étroite s'ouvrant à dr. de la route, *cascade de Faymont*.

A Faymont commence le chemin de fer, qui suit la vallée de la Combeauté.

On entre dans le Val-d'Ajol proprement dit, encadré entre deux lignes de collines couvertes à g. de pâturages, à dr. de forêts.

Les Chênes, ham.

16 k. (4 k. de Faymont). Le Val-d'Ajol, vaste com comprenant 7546 h., disséminés dans de nombreux hameaux, et dont le ch.-l. est *Lattre*. —

Église du XVIe s., avec voûte en ogive et à nervures. — Filatures et tissage. — Du village de Laitre, un chemin passant à la Nouvelle Feuillée (R. 5, C) conduit à (7 à 8 k.) Plombières. *Larrière*, ham.

25 k. *Fougerolles*, station desservant *Fougerolles-le-Château* (restes d'un *château* fortifié) et *Fougerolles-l'Église*, V. de 5685 h. — *Église* moderne. — Distillation d'un kirsch très estimé.

De Fougerolles, on peut, quittant le chemin de fer et la vallée de la Combeauté, se rendre à (11 k.) Luxeuil par la route de Vesoul, qui passe au pied de la côte Saint-Valbert, à g., et à travers les bois environnant Luxeuil.

29 k. Corbenay (R. 4, A). — 31 k. Aillevillers, et 16 k. d'Aillevillers à (47 k.) Luxeuil (V. R. 4, A).

ROUTE 17.

DE REMIREMONT A BELFORT

PAR LE BALLON D'ALSACE

68 k. — Chemin de fer de Remiremont à Saint-Maurice (V. R. 18). — Route de voit. de Saint-Maurice à Belfort.

28 k. de Remiremont à Saint-Maurice (R. 18). — De Saint-Maurice au sommet du Ballon, V. R. 18.

En dépassant le faîte de la montagne, on entre sur le territoire de Belfort, et l'on redescend par une route qui n'est pas moins pittoresque que celle qu'on a suivie en montant. A 1500 ou 1800 mèt. du sommet, près d'une *auberge*, on quitte la région des chaumes pour rentrer dans la partie boisée.

51 k. *Lepuix*, 1975 h., à l'entrée d'un vallon délicieux.

56 k. *Giromagny* *, ch.-l. de c. de 3356 h., sur la rive dr. de la Savoureuse. — *Église* et *hôtel de ville* modernes.

On entre dans la plaine, coupée d'étangs, qui se développe entre le pied des montagnes et Belfort.

61 k. *Chaux*, 627 h.

64 k. *Sermamagny* (469 h.; *étang de Malsaussy*, à 2 k. au S.-O.). — On franchit la Savoureuse à deux reprises.

66 k. *Valdoye* (1156 h.; *établissement* considérable pour la construction de machines).

68 k. Belfort (R. 2).

ROUTE 18.

DE REMIREMONT A WESSERLING

PAR SAINT - MAURICE

47 k. — Chemin de fer de Remiremont à (28 k.) Saint-Maurice. Trajet en 1 h. 7. 3 fr. 50; 2 fr. 60; 1 fr. 85. Route de voit. de Saint-Maurice à Wesserling. Voit. à la gare de Saint-Maurice pour Bussang et Wesserling.

Cette route, qui longe constamment la Moselle, est très intéressante. La partie entre Saint-Maurice et Wesserling mérite surtout d'être parcourue à pied.

DE REMIREMONT A SAINT-MAURICE

La voie ferrée franchit la Moselle.

Halte à l'embranchement de la ligne de Cornimont (R. 19), qui se détache à g.

On remonte la rive dr. de la Moselle, sur le versant E. de la vallée (belles prairies).

5 k. *Vécoux*, 890 h., à 405 mèt.

A g. s'ouvre un vallon. On continue de remonter la rive dr. de la Moselle.

Maxonchamp (halte), ham. à 414 mèt. — A dr., la Moselle est traversée par un pont qu'un seul régiment de dragons défendit, en 1815, contre tout un corps de troupes alliées. — On remarque à dr. plusieurs usines. — A 2 k. S.-O., sur la rive g. de la Moselle, *étang* ou *lac de Fondromé* (581 mèt. d'alt.; 170 mèt. au-dessus du fond de la vallée), sur le versant de la montagne. Les eaux sont retenues par une digue naturelle de sable et de blocs erratiques, restes d'une moraine déposée par un ancien glacier (prendre le chemin s'ouvrant à dr., presque en face du pont; 45 m. env.).

A g. s'ouvre un vallon dont la voie ferrée franchit le ruisseau, affluent de la Moselle. — A dr., un *fort*.

12 k. *Rupt* (3906 h.; deux sources, l'une pétrifiante, l'autre ferrugineuse). — Au S., *fort* important, à la *Roche-la-Haie* (773 mèt. d'alt.), à l'entrée du col du Mont-de-Fourches.

De Rupt à Luxeuil, R. 5.

La Roche, ham.; il s'y trouve un deuxième embranchement de la route de Luxeuil (V. R. 5). On franchit la Moselle et l'on remonte le versant g. (O.) de sa vallée.

16 k. *Ferdrupt*, 1071 h.

Ramonchamp (halte), 1310 h.

22 k. **Le Thillot** *, ch.-l. de c. de 2662 h., à 496 mèt. — *Église* moderne (1842). — *Mairie* et *maisons* décorées d'arcades. — Au S., *fort* important à la *Tête de l'Ours* (758 mèt. d'alt.), destiné à protéger le col de Château-Lambert.

[Du Thillot à Bussang, 3 h. à pied, par Fresse, en suivant la route, et la *Croix de Bussang* (course recommandée). — Du Thillot à la Vierge des Neiges (V. ci-dessous), 1 h. env.

Deux routes, suivant l'une la vallée du *Ménil* (1369 h.), à g., l'autre la vallée de Servance, à dr., conduisent : la première (14 k.) à Cornimont (R. 19), la seconde (35 k.) à Lure (R. 2).]

Dans un enfoncement de la montagne, vers l'entrée et à g. du chemin de Lure par Servance, vestiges du *Château-Lambert*, ancienne demeure féodale, dominés par la colline de *Notre-Dame des Neiges* (statue de la Vierge, but de pèlerinage; vue très étendue).

A g., *Fresse*, 1727 h. — A dr., vallée couverte de sapins.

28 k. Saint-Maurice, v. de 2478 h., situé à 556 mèt., au pied des Ballons de Servance et d'Alsace. Ce village, relevant du chapitre de Remiremont, devait lui offrir chaque année, le lundi de la Pentecôte, le singulier tribut de deux *rochelles* (hottes en écorce de sapin) remplies de neige. Si la neige manquait, cas extrêmement rare, cette redevance était remplacée par le don de deux bœufs blancs.

A la gare, une plaque indique les excursions, les altitudes, etc. de la région.

Le Ballon d'Alsace.

3 h. 10 aller et retour, à pied, par la vieille route.

Le mot *Ballon*, en all. *Belchen*, par lequel on désigne certaines montagnes des Vosges, paraît dérivé du nom de *Belen*, dieu des Gaulois.

La route du Ballon d'Alsace, qui établit la communication entre Remiremont et Belfort R. 17), s'embranche à dr. de la route de Wesserling, à l'entrée de Saint-Maurice. Elle est très belle, facile, grâce à ses nombreux circuits, et, en la suivant, aucune erreur de direction n'est possible. La vieille route (près de l'hôtel de la Poste) est d'un aspect plus agreste, mais plus fatigante. — Par la vieille route, on atteint d'abord le *Plain du Canon*, petit plateau près d'une maison forestière (écho magnifique; le garde forestier a un petit canon). De ce point on jouit déjà d'un beau panorama. — On arrive à la région des hauts pâturages désignés sous le nom de *chaumes*, et qui couvrent la plupart des sommets les plus élevés des Vosges. C'est un gazon fin, serré, émaillé de fleurs appartenant en grande partie à la flore alpestre (anémone des Alpes, gentiane, arnica, angélique des Pyrénées, renoncule dorée, etc.). Le gros bétail séjourne sur ces pâturages depuis le commencement de l'été jusqu'aux approches de l'hiver.

En abordant la chaume du Ballon d'Alsace, on rencontre, à 500 ou 600 mèt. de la lisière des bois, deux habitations. Celle de dr. (1 h. 10 de Saint-Maurice; 1064 mèt. d'alt.) est une de ces métairies, très nombreuses dans les Vosges et connues sous le nom de *marcaireries*, où se préparent les fromages façon gruyère et les fromages plus mous de la nature du *Géromé*. On visitera avec intérêt cette marcairerie appelée *la Jumenterie*. — On atteint le point culminant de la route, qui redescend le versant S. de la montagne dans la direction de Belfort. A g. se montre une *auberge* où l'on peut se rafraîchir et au besoin passer la nuit. En la contournant, on gagne la pelouse qu'il faut remonter, vers la g., pour arriver (30 m.) à la cime du *Ballon* (1256 mèt.; restaurant), formée de syénite rose à grands cristaux et signalée par une mince colonne ou *pyramide* ornée d'une image de la Vierge. De ce point on a une vue splendide, à l'E. et au S., sur la vallée de Massevaux, le sommet du Rossberg, et, plus loin, sur Belfort, sur la vallée du Rhin entre Mulhouse et Bâle, et sur les gradins méridionaux de la Forêt-Noire ; aux dernières limites de l'horizon, se montrent les lignes du Jura et les cimes découpées des Alpes bernoises ; à l'O., on découvre le Ballon de Servance et la vallée de Presles. M. Armbruster projette l'établissement sur la montagne d'une station de météorologie et de sylviculture. — La Savoureuse, qui descend à Belfort, prend sa source dans un petit bassin d'eau limpide près du sommet du Ballon.

Pour revenir à Saint-Maurice, on peut faire le tour complet du plateau qui forme le Ballon d'Alsace. — 40 m. La Jumenterie. — 1 h. 10. Saint-Maurice.

Du Ballon d'Alsace à Belfort et à Remiremont, R. 17.

Le Ballon de Servance.

3 h. 20 de montée. — Guide utile.

N. B. — L'itinéraire ci-dessous est le plus facile à suivre. Sur les autres versants, les pentes sont très fortes et les chemins mauvais.

Le Ballon de Servance n'est pas aussi fréquenté que le Ballon d'Alsace, l'accès en étant moins facile et la vue y étant plus restreinte. Mais il mérite d'attirer les touristes par son caractère agreste, un peu sauvage, et par les belles forêts qui en couvrent les versants. L'horizon y offre d'ailleurs de remarquables perspectives sur les cimes alpestres et surtout sur la chaîne du Jura, qu'on y découvre plus complètement que du Ballon d'Alsace.

Suivant la route du Ballon d'Alsace, on monte au Plain du Canon (*V.* ci-dessus). Quelques minutes plus loin, on prend (1 h.) un chemin forestier, dit *chemin Godignon*, qui se termine par un sentier facile et contournant un beau rocher, d'où la vue est très belle. — 1 h. *Col du Stalon* (951 mèt.) ; point de partage des eaux qui coulent, par la vallée de Presles, vers la Moselle, et de celles du Rhin qui vont au bassin du Rhône. — Prenant à dr., on traverse un marécage. — On monte sous bois, par une pente très raide, à (30 m.) la *ferme du Beurey* (1156 mèt.), d'où l'on descend quelque temps pour remonter au (50 m.) sommet du **Ballon de Servance** (1189 mèt.), couronné par un *fort*.

On peut revenir à Saint-Maurice par le même chemin, en 2 h. 40, ou descendre

1° En 2 h., à Saint-Maurice, par le col de la Pransière. — Au N. du fort, plaque indiquant un sentier qui descend (pente raide) vers la vallée de la Moselle, au (1 h.) *col de la Pran-*

sière (2 maisons). De là, par l'extrémité inférieure de la vallée de Presles, près d'une usine, on gagne (1 h.) Saint-Maurice.

2° En 2 h. 15, au Thillot, par (1 h.) le col de la Pransière. — 1 h. 15. Le Thillot.

3° En 3 h. 20 (très belle course; guide nécessaire), au Thillot, par la Fonderie et Château-Lambert. — On descend, par le versant S. et un sentier raide, à (50 m.) *la Fonderie*, près des sources de l'Oignon, dans la Haute-Saône. — Remontant assez haut (vue magnifique), on domine le fort de Château-Lambert et l'on atteint (1 h.) le village de *Château-Lambert*, d'où, par la *Vierge des Neiges* (très belle vue), on gagne (1 h. 30) le Thillot.

On peut faire de Saint-Maurice, dans la même journée (6 h. 15 m. aller et retour ; provisions nécessaires), l'ascension des Ballons d'Alsace et de Servance. — 1 h. 40. Ballon d'Alsace. — 40 m. Col du Stalon. — 30 m. Le Beurey. — 50 m. Ballon de Servance. — Retour : 1 h. Col du Stalon. — 45 m. Plain du Canon. — 50 m. Saint-Maurice.

Vallée des Charbonniers, Rouge-Gazon, les Neufs-Bois, le Séchenat.

5 h. 15 de Saint-Maurice à Bussang. — Course très intéressante; guide utile; provisions nécessaires.

On prend la route qui passe devant l'église et remonte, par la rive dr. du ruisseau, ou *goutte*, la vallée ou colline des Charbonniers. Dans certaines parties des Vosges, l'ensemble d'une vallée, flancs et fond, prend le nom de *colline*.

La *vallée des Charbonniers*, longue de 12 k. et dont l'entrée se présente à dr., à peu près à la hauteur de l'hôtel de la Poste, est habitée par une population sortie originairement d'une colonie d'émigrants suédois et allemands qui vint s'établir là, vers le commencement du xviie s., pour l'exploitation des mines. Après avoir formé longtemps une sorte de tribu distincte par les mœurs, par le langage, et par des habitudes dont la violence leur avait valu une assez mauvaise renommée, les habitants de la vallée des Charbonniers, cessant de se marier exclusivement entre eux, ont fini par se mêler à la population française, dont ils ne diffèrent plus. — Le versant S., qui regarde le N., est formé par la crête des Vosges, du Rouge-Gazon au Ballon d'Alsace; le versant N., exposé au S., est coupé par un vallon profond et boisé, la Grande-Goutte (*V.* ci-dessous). La vallée est arrosée par le ruisseau des Charbonniers, qui, près de sa source, est appelé *Goutte-Verrière*.

La route longe le pied de la montagne, laisse à dr. le chemin du col des Charbonniers (*V.* ci-dessous), franchit le ruisseau ou Goutte-Verrière et monte à (1 h. 40) la *chapelle*

[ROUTE 18] VALLÉE DES CHARBONNIERS. 109

de *Notre-Dame de Bon-Secours.* Continuant à monter, on franchit, à 929 mèt. d'alt., un ruisseau qui descend du Gresson et, par une pente raide, on atteint (40 m.) la *chaume du Rouge-Gazon* (maison à 1099 mèt.), où se termine la vallée des Charbonniers et que forme une échancrure de l'arête, entre une cime de 1188 mèt., au N., et une de 1124 mèt., au S.

Du Rouge-Gazon, on peut monter au lac de Perche (*V.* ci-dessous), ou descendre, par (2 h.) Storckensohn et (20 m.) Urbès, à (45 m.) Wesserling (*V.* ci-dessous).

De la maison du Rouge-Gazon, on traverse la chaume, en se dirigeant vers le N. par le versant O. Laissant à dr. un premier chemin, puis à g. un second, on descend vers un petit étang, que l'on contourne à dr., pour gagner (30 m.) la *chaume des Neufs-Bois* (1072 mèt.). Passant derrière la ferme, on suit un sentier parallèle à la frontière et l'on se dirige vers des roches, à l'entrée d'une forêt de hêtres où l'on s'engage par un chemin humide qui bientôt se bifurque. On prend à dr. et l'on atteint (30 m.) la crête de la montagne, au-dessus du *Séchenat*.

On peut, avant de se diriger vers la forêt, monter par un chemin raviné, en suivant la frontière, à la *Tête des Neufs-Bois* (1254 mèt.; belle vue en s'avançant sur le versant alsacien), d'où l'on revient prendre aux roches le chemin du Séchenat.

De la crête, on descend par des lacets bien tracés le flanc escarpé de la montagne, puis, laissant à dr. plusieurs chemins et suivant toujours la rive dr. du ruisseau, on arrive (1 h.) à une route, près de la *maison forestière du Séchenat.* — On suit la route, qui passe sur la rive g., jusqu'à (25 m.) la route nationale, près d'un viaduc; on prend à g. et l'on atteint (30 m.) Bussang.

De Saint-Maurice, on peut, au lieu de monter au Rouge-Gazon, prendre (50 m.) à g. la *vallée de la Grande-Goutte,* monter à (1 h. 30) la chaume des Neufs-Bois, à la Tête des Neufs-Bois et revenir au Séchenat.

Lac de Perche, le Gresson; col des Charbonniers, le Rundkopf.

7 h. 50. — Très belle excursion; guide utile; provisions nécessaires.

De Saint-Maurice, on monte en 2 h. 20 au Rouge-Gazon (*V.* ci-dessus). — On prend, derrière la maison, sur le versant O., un chemin qui monte vers la crête. Arrivé près de la crête, on aperçoit une pointe rocheuse (1109 mèt.), qu'on atteint (25 m.) et d'où l'on domine à pic le **lac de Perche** ou *lac des Bers*, en all. *Sternsee* (971 mèt.).

En suivant les bornes-frontières, on arrive (20 m.) à la borne 3323, située au sommet principal du massif du **Gresson** (1249 mèt.), dont le versant lorrain est couvert de forêts, tandis que le versant alsacien, sur lequel la vue s'étend au loin, est dénudé.

A (15 m.) la borne 3333, belle vue sur la chaîne du Bærenkopf. La vue est aussi très belle (15 m.) entre les bornes 3347 et 3348. — De (5 m.) la borne 3351, on découvre les *lacs de Neuweiher* (731 mèt.), puis on atteint (10 m.) à la borne 3355, le **col des Charbonniers** (1105 mèt.), à l'O. de ces lacs et au S.-O. du Gresson. — Borne 3362. Vue sur une immense étendue de forêts.

40 m. La *Petite-Chaume* (1100 mèt.; borne 3374); la vue s'étend sur la vallée de la Moselle.

On contourne une série de rochers, en ayant constamment à g. une vue splendide sur le versant alsacien, la vallée de Seewen et son *lac* (*Seewensee*), situé à 507 mèt. d'alt.

On franchit la frontière pour se diriger, par le versant alsacien en pente très raide, vers (50 m.) le **Rundkopf** (tête ronde), que domine comme une muraille colossale le Ballon d'Alsace. — Passant de nouveau la frontière, on rentre en France, on descend quelque temps, puis on gravit le côté N., très escarpé, du Ballon d'Alsace, dont on atteint le sommet (40 m.) par un sentier rocailleux en bas, puis très étroit et tracé dans le gazon.

On peut revenir en 1 h. 30 à Saint-Maurice, ou descendre en 3 h. à Giromagny (R. 17).

—

De Saint-Maurice à Belfort, R. 17.

DE SAINT-MAURICE A WESSERLING

19 k. — Route de voitures.

A la sortie de Saint-Maurice, on franchit la Moselle pour la longer à dr.; elle forme de nombreuses cascatelles au milieu des rochers et de la verdure.

5 k. **Bussang***, v. de 2409 h., à 624 mèt., dans une position très pittoresque entre de hautes montagnes, à l'extrémité supérieure de la vallée de la Moselle. — Dans le cimetière, *mausolée* en granit, érigé par la commune de Bussang à ses 22 enfants, morts soldats pendant la guerre de 1870-1871.

Bussang est renommé pour ses *eaux minérales* froides, ferrugineuses, arsenicales, manganésifères et gazeuses. Ces eaux limpides, pétillantes, d'une saveur piquante, se prennent en boisson et surtout pendant les repas. Elles s'expédient en bouteilles, dans toute la France et à l'étranger (un million de bouteilles par an). On les emploie avec succès contre la chlorose, l'anémie et certaines affections des organes digestifs.

Les *sources* de Bussang sont

[ROUTE 18] BUSSANG. — COL DE BUSSANG.

situées à 2 k. à peu près du village. — On s'y rend par l'ancienne route de Wesserling (V. l'excursion ci-dessous). Une nouvelle source, la *source Marie*, a été découverte, il y a quelques années, sous le lit de la Moselle. Toutes les sources appartiennent à une société, qui va construire un nouvel hôtel.

Bussang a des filatures, des tissages et une fabrique de couverts en fer battu.

[**De Bussang à Ventron et à Cornimont**, par le col de Bussang, la chaume de Drumont, la Tête de Fellering et le col d'Oderen. — 5 h. 10. — Course très intéressante; plaques indicatrices; guide inutile.

On franchit la Moselle et l'on prend à g. l'ancienne route de Wesserling, qui se détache de la nouvelle, au delà du pont. On remonte le cours de la Moselle, dont la vallée, à sa jonction avec la *colline* ou *vallée de la Hutte*, tourne à dr. et, dans le pays, prend le nom de *colline de Thaye*. On atteint les sources minérales de Bussang (V. ci-dessus), au delà desquelles on rejoint la nouvelle route, qui s'élève vers le tunnel du col de Bussang. Au-dessous du col, on peut visiter, à dr., sous un abri en planches, la *source de la Moselle* (734 mèt.).

40 m. **Col de Bussang** (734 mèt.). — On prend à g. — *Maison forestière de Thaye*. — On monte dans la forêt, au vallon du *Petit-Gazon*. — Les *Gouttes-Fourchues*.

1 h. 15. *Le Plain du Repos* (1015 mèt.), où le chemin se bifurque. On prend à dr. et, par un bon chemin à pente raide, on atteint (30 m.) le sommet dénudé de la **chaume de Drumont** ou *Petit-Drumont* (1208 mèt.; maison; belle vue sur les versants alsacien et lorrain).

Suivant vers le N. les bornes-frontières, on passe au-dessus de la *chaume du Trou*, pour atteindre (35 m.) le **Grand-Drumont** ou **Tête de Fellering** (1226 mèt.; borne 3141), d'où la vue, très étendue sur l'Alsace et les hautes Vosges, est masquée sur le côté lorrain par la forêt.

On descend en suivant la frontière, du côté alsacien, à la borne 3132 (alt. 1070 mèt.), où l'on tourne à g.; un peu plus bas on traverse la frontière, par une brèche de la muraille, pour suivre sous bois le côté français jusqu'à (35 m.) la *Feigne* ou *Plain des Minons* (964 mèt.), clairière marécageuse. A g. (S.-O.), chemin par la colline de la Hutte à Bussang. Prenant à dr. (N.-E.), par le côté alsacien, on monte au (15 m.) **col d'Oderen** (885 mèt.; borne 3102), d'où l'on descend par la route à (1 h.) Ventron (R. 19) et à (1 h.) Cornimont (R. 19).

Du village de Ventron, on peut faire l'ascension du Grand-Ventron (R. 24).]

———

La nouvelle route franchit bientôt le *col de Bussang*, par un tunnel long d'env. 200 mèt., et pénètre en Alsace, puis, traversant un défilé qu'il a fallu ouvrir en taillant à vif le flanc de la montagne, descend à Wesserling, à travers un admirable paysage (belle forêt de sapins), au fond duquel on découvre le Ballon de Guebwiller. — A 5 k. env. du tunnel, on laisse à dr., à un circuit de la route, une gorge latérale d'un aspect sauvage, qui aboutit au Rouge-Gazon (V. ci-dessus).

15 k. *Urbès* (*Urbis*), v. de 865 h., dans une charmante situation, près de vastes prairies. — *Église* moderne, en grès rouge, sur un tertre à dr. de la route.

On côtoie à dr. des hauteurs boisées, puis on franchit la Thur près de Wesserling. A g., Fellering et vallon d'Oderen.

19 k. Wesserling (R. 35).

ROUTE 19.

DE REMIREMONT A LA BRESSE

PAR CORNIMONT

32 k. — Chemin de fer jusqu'à (24 k.) Cornimont. Trajet en 1 h. 10. à 2 h. 2 fr. 95 ; 2 fr. 20 ; 1 fr. 65 (se placer à g., pour la vue). — Omnibus à tous les trains de Cornimont à la Bresse ; 1 h. ; 1 fr.

Le chemin de fer traverse la Moselle au S. et un peu en amont du confluent de la Moselotte.

3 k. L'embranchement de Saint-Maurice (R. 18) se détache à dr., non loin et au N.-O. de *Dommartin* (1188 h.). La ligne de Cornimont se dirige au N.-E., en remontant, par la rive g., la vallée de la Moselotte.

6 k. Dommartin (station). — La voie ferrée décrit une grande courbe vers le S.-E.

7 k. *Syndicat-Saint-Amé*. Pour Saint-Amé, *V. R. 20*.

10 k. Vagney (R. 20, A). A g.

s'ouvre la vallée du Bouchot (R. 20, A).

De Vagney à Gérardmer, R. 20.

Laissant à g. la route de Gérardmer (R. 20, A), la voie ferrée pénètre, au delà d'une large et belle prairie, dans la partie la plus resserrée de la vallée de la Moselotte, dont elle remonte la rive g.

12 k. *Zainvillers* (filature). — A 400 mèt. plus loin se trouve la filature dite *la Fabrique*, sur une dérivation de la Moselotte, dont les eaux, amenées par un canal taillé dans le granit, fournissent une chute de 10 mèt. env. La voie ferrée passe entre des rochers très pittoresques.

15 k. *Thiéfosse*, 690 h.

17 k. A g., *les Graviers*. La ligne se dirige vers l'E.

19 k. Saulxures, ch.-l. de c. de 3439 h., à 416 mèt., sur la rive dr. de la Moselotte. — Importante *filature* avec tissage de coton. — Belle *habitation* dans le goût du xviiie s. — *Maisons ouvrières*. — A 4 k. au N.-O., montagne du *Haut-du-Roc* (1016 mèt.), dont la masse est granitique et dont le plateau supérieur est recouvert d'énormes blocs de poudingue (faire attention aux crevasses). On y découvre une jolie vue sur les vallées de la Bresse et de Ventron. — La ligne remonte au N.-E.

[A 4 k. au delà de Saulxures, on rencontre à dr. la vallée agreste de Ventron, traversée par une très belle route passant à *Ventron* (1514 h ; jo-

[ROUTE 19] SAULXURES. — CORNIMONT. — LA BRESSE.

lle *église* moderne) et au (12 à 13 k. de Saulxures) col d'Oderen (*V.* R. 18, Bussang), d'où elle redescend (4 à 5 k.) à Oderen (R. 24) dans la vallée de la Thur. C'est une excursion intéressante à faire, à travers l'un des plus beaux massifs des Vosges (*V.* R. 18).]

24 k. Cornimont*, v. de 4614 h., doit, suivant une tradition locale, son nom à une énorme corne d'aurochs, conservée à la mairie et servant jadis à convoquer les habitants dans les circonstances solennelles. — Très belle *église* moderne. — *Filature* considérable et *château* moderne avec jardin, serre et parc magnifique. — *Crèche, salle d'asile, école, bains* et *lavoir publics*, dus à l'initiative généreuse de M. Perrin, fondateur des fabriques de Cornimont. — *Collection des principales roches* du dép. des Vosges réunie par M. Clément, tout à la fois menuisier, perruquier et géologue instruit. — Chute formée par la Moselotte aux abords de Cornimont.

[De Cornimont on peut monter au Grand-Ventron (R. 24). — A la sortie de la gare, on trouve une plaque indiquant les principales excursions de la région, les distances, altitudes, etc.]

A Cornimont se termine le chemin de fer. — La route de voitures se dirige au N., puis au N.-E., sur la rive g. de la Moselotte, que l'on franchit à 1 k. en aval de

32 k. La Bresse*, v. de 3964 h., à 629 mèt. d'alt., au confluent des deux branches principales de la Moselotte, qui descendent l'une du lac de Lispach, en parcourant la vallée de la Bresse, l'autre des Feignes-sous-Vologne et du lac de Blanchemer, en suivant un vallon latéral qui débouche à dr. dans la grande rue de la Bresse. Les deux cours d'eau sont séparés par la petite chaîne du *Moyenmont*, qu'ils contournent, le premier au N.-E. et le second au S.-E.

La Bresse, qui, selon une tradition généralement adoptée, aurait eu pour origine une colonie d'Alsaciens, a conservé pendant plusieurs siècles et jusqu'à son érection en commune en 1790, diverses coutumes et privilèges qui en faisaient, dans une certaine mesure, un canton indépendant, une sorte de petite république.

Filature et tissage mécaniques. — Fabrication de fromages.

Autour de la Bresse et dans toute la vallée de la Moselotte, les amateurs de géologie trouveront de nombreuses traces de l'existence des glaciers, décrites par M. Grad dans l'*Annuaire du Club Alpin Français* (1874). Citons notamment les moraines de la vallée du Chajoux et de la colline de Vologne. Les lacs Lispach et Marchet, l'étang de la Cuve, le lac de Blanchemer, le lac des Corbeaux, tous situés dans autant de vallons différents autour de la Bresse, doivent leur existence à des digues morainiques derrière lesquelles les eaux se sont arrêtées.

On peut faire, dans la région de la Bresse, plusieurs excursions intéressantes et qui se rattachent à celles que l'on fait en partant de Gérardmer (R. 21). Un grand tableau, placé sous les arcades de l'hôtel de ville, indique ces excursions, les distances, les altitudes, etc.

[Le lac des Corbeaux (2 h. 10) formé par une digue morainique, est un bassin profond, de forme ovale, mesurant 250 mèt. de largeur sur 500 de longueur (900 mèt. d'alt.). Entouré de rochers et de sapins, il offre un tableau de l'effet le plus pittoresque. On s'y rend par le vallon latéral de la Moselotte ou colline de Vologne. A dr., au delà du ruisseau de la Petite-Vologne, un chemin (sur ses bords, énormes blocs de granit déposés par un ancien glacier) remonte (1 h. 10) au lac des Corbeaux, en traversant plusieurs fois le ruisseau formé par le trop-plein de ses eaux. On revient à la Bresse (1 h.) par la *Roche des Bouchaux* (1064 mèt.), chemin très pittoresque.

Le lac de Longemer, par (1 h. 45) le lac Lispach, (10 m.) le col de la Basse de la Mine, (20 m.) le lac de Longemer (R. 21).

Le lac de Retournemer (2 h. 40) et la Schlucht (3 h. 15), par (2 h. 10) les Feignes-sous-Vologne (V. R. 21).

Le Hoheneck (3 h. 25) et la Schlucht (4 h. 25 ; V. R. 21). On suit pendant 1 h. 30 la route des Feignes, puis on prend un chemin à dr. — 2 h. Lac de Blanchemer, sur le versant de la *chaume de Ferschmiss* (alt. 1030 mèt.) ; il est envahi par la végétation palustre et se transforme peu à peu en tourbière. Se dirigeant vers le N.-E., on atteint (50 m.) la *chaume de Schmargult*, de là, en 35 m., le Hoheneck et (1 h.) la Schlucht (R. 21).

Le Rothenbach (3 h. 45). On suit pendant 45 m. env. la route des Feignes, puis on prend un chemin à dr. et l'on traverse la Petite-Vologne pour se diriger à l'E. — 2 h. 25. *Lac Marchet* (en patois *Machais*), entouré de marécages, au milieu des bois. On passe par la chaume de Valsch en traversant la frontière, que l'on retrouve à la borne 2896. — 1 h. 20. Sommet du *Rothenbach* (1270 mèt. ; borne 2889), dominé au S. par le *Rhein-Kopf* (1319 mèt.), où la Thur prend sa source.

Le col de Bramont, 2 h. par la route (V. R. 24). On s'y rend aussi, en 2 h. 20, par la Roche des Bouchaux, le lac des Corbeaux et le Haut de la Vierge.

La Roche des Bloqués, par le col de Grosse-Pierre (1 h. 40 ; V. R. 20).]

De la Bresse à Gérardmer, R. 22 ; — à Wesserling, R. 24.

ROUTE 20.

DE REMIREMONT A SAINT-DIÉ

PAR GÉRARDMER

DE REMIREMONT A GÉRARDMER

A. Par Vagney et Rochesson.

29 k. — Chemin de fer (10 k.) jusqu'à Vagney, ou route de voit. — Voit. publique de Vagney à Gérardmer.

N. B. — Il est nécessaire, si l'on veut voir les sites intéressants qu'offre ce parcours, de l'effectuer soit en voiture particulière, soit à pied. Dans ce dernier cas, on partirait de bonne heure de Remiremont; on visiterait, en passant, la cascade de Saint-Amé, et l'on continuerait ensuite jusqu'à (11 k.) Vagney. De là, après un temps de repos, on irait visiter la cascade du Bouchot et les hauteurs de Sapois. On pourrait revenir coucher à Vagney pour faire à pied, dans la matinée du lendemain, le trajet jusqu'à Gérardmer (17 k.), par Rochesson.

Pour le trajet en chemin de fer jusqu'à Vagney, V. R. 19.

3 k. Saint-Étienne (R. 14).

On contourne le Saint-Mont, qui, de ce côté, s'abaisse sur la vallée par de magnifiques escarpements.

4 k. Celles, ham. — Ancienne *résidence* d'été des abbesses de Remiremont, convertie en métairie; on y remarque encore l'ornementation de quelques fenêtres et les restes d'un écusson surmonté de la croix abbatiale.

6 k. **Saint-Amé**, 1051 h.

[**Saut de la Cuve** ou **cascade de Saint-Amé**, belle chute d'eau de 12 à 15 mèt. formée par la Cleurie, à travers des roches granitiques, dans une gorge étroite enveloppée de beaux arbres. — On s'y rend par un bon chemin carrossable s'ouvrant à g., à 5 m. env. au delà du village et immédiatement en deçà du pont de la Cleurie. Après avoir remonté ce chemin à travers des blocs de rochers, on trouve à dr. un sentier aboutissant à la chute de Saint-Amé, près d'une maison-chalet qui la domine.]

On franchit le pont de la Cleurie en laissant à g. le chemin de Gérardmer par le Tholy (V. ci-dessous, B).

11 k. **Vagney***, v. de 3251 h. — *Église* moderne. — *Hôtel de ville*. — *Halles*. — *Maison d'école*.

[Voiture publique pour Gérardmer.]

De Vagney à la Bresse, par Saulxures, R. 19.

A la hauteur de l'église, on prend à g. la route remontant la vallée du Bouchot ou de Rochesson.

14 k. *Sapois*, 943 h. — *Église* à 4 k. au N. du village, sur la montagne dite le *Haut-du-Tôt* (795 mèt.; très belle vue). — Groupes de rochers remarquables sur les hauteurs dominant la route : *Neuve-Roche* (970 mèt.) abritant une cavité nommée la *Chambre du Loup*; *Rocher de la Chouette*; *Rocher des Ducs* (874 mèt.), surplombant à g. la route de Gérardmer.

[**Saut du Bouchot** (5 à 6 m. à dr. de la route), un peu au delà de Sapois, dans un fond, au milieu d'une prairie environnée de montagnes. Cette cascade, une des plus remarquables des Vosges, se précipite d'une hauteur de 25 à 30 mèt. en trois chutes successives.]

La route remonte à mi-côte la pittoresque vallée de Rochesson, en dominant à dr. des prairies d'une admirable fraîcheur; sur le versant opposé s'étend une magnifique forêt de sapins dominée par le *Rondfeing* (1062 mèt.; vue très étendue).

17 k. **Rochesson**, 972 h. (nombreuses scieries; commerce de bois et de fromages).

A 6 k. de Rochesson, on atteint un plateau isolé qui sépare la vallée de Rochesson de celle de Gérardmer. Après avoir dépassé à dr. le chemin de la Bresse, la route tourne à g. en face d'une maison d'école établie pour les enfants des nombreuses métairies situées dans la montagne; on traverse quelques pâturages, et (15 m.) on descend à travers une magnifique forêt de sapins dont les arbres, en s'écartant, laissent bientôt entrevoir, à g., le lac de Gérardmer.

29 k. Gérardmer (R. 21).

B. Par le Tholy.

27 k. — Route de voit. (bien moins intéressante que la route par Vagney et Rochesson).

6 k. Saint-Amé (*V.* ci-dessus, A).

Au delà du pont de la Cleurie, on prend immédiatement à g. le chemin qui remonte le cours de cette petite rivière. On passe près de l'église (moderne) de *Julienrupt*, et on franchit la Cleurie pour en suivre la rive g. avant d'atteindre (14 k.) *la Forge* (309 h.). — A 1 k. au delà, s'ouvre, à dr., la curieuse *vallée de Bouvacôte*.

17 k. **Le Tholy**, 1602 h., à l'embranchement des routes de Remiremont et d'Épinal à Gérardmer.

[La **cascade de Tendon** (8 k. aller et retour). — On suit la route qui remonte au N.-O. et par laquelle on peut se rendre à Docelles (R. 21). A 4 k. env. du Tholy, à la base de la Charme de Lormont (*V.* ci-dessous), on descend, à g. de la route, vers un groupe de maisons nommé *le Creux*, et, tournant à g., on se trouve bientôt en face de la *cascade de Tendon*, nommée aussi le *Saut du Scouët*. Cette chute d'eau, la plus considérable des Vosges, est formée par un escarpement rocheux de 30 à 35 mèt. de hauteur, d'où le ruisseau se précipite en trois bonds distincts.

La Charme de Lormont. — On suit la route qui conduit du Tholy à la cascade de Tendon (*V.* ci-dessus) — 25 m. *Bonne-Fontaine*, ham., au haut de la côte, près d'une école. On prend à dr. un chemin conduisant à (45 m.) la *Charme de Lormont* (alt. 828 mèt.), montagne dont le sommet forme un vaste plateau, couvert de roches (prendre garde aux crevasses). De ce plateau, on découvre un immense panorama; la vue s'étend sur la Lorraine et sur toute la chaîne des Vosges. — On peut descendre à (40 m.) *Rehaupal* (alt. 310 mèt.; 393 h.), v. pittoresque sur le Barba, puis gagner (30 m.) le Trou de l'Enfer (*V.* R. 21), d'où l'on peut se rendre, par (1 h. 30) *Liézey*, v. de 640 h., à (1 h. 40) Gérardmer.]

La route, au delà du Tholy, passe entre de hautes montagnes; on laisse à dr. *le Beillard*, ham. (604 mèt.), et, après avoir longé les hauteurs boisées de *Rougimont* (892 mèt.), semées de rochers énormes, après avoir franchi plusieurs grandes moraines, déposées par les anciens glaciers, on atteint l'extrémité O. du lac de Gérardmer, dont on côtoie la rive N.

27 k. Gérardmer (R. 21).

DE GÉRARDMER A SAINT-DIÉ

30 k. — Route de voitures.

Au delà du (3 k. 1/2) pont de la Vologne, on laisse à g. le chemin forestier, carrossable, qui longe la rivière (*V.* R. 21), pour prendre, toujours à g., la grande route qui est au-dessus du chemin forestier. Elle tourne bientôt à dr. et atteint (6 k.) son point culminant (792 mèt.) un peu en deçà du ham. de *Martimprey* (chapelle dédiée à sainte Anne).

12 k. *Gerbépal*, 1370 h. — 2 k. plus loin, on rencontre, au lieu dit *le Plafond*, l'*auberge* isolée *du Soleil* (maison de relais), où vient s'embrancher (à g.) la route d'Épinal à Saint-Dié par Bruyères (R. 21). — A dr., ham. de *Haute-Fontaine*.

18 k. Anould (R. 26). — Au S.-E., colline et rochers de *la Hardalle*.

À 500 mèt. au delà d'Anould, on rejoint la route de Saint-Dié à Colmar par la Poutroye, à 1 k. en deçà du ham. du Souche.

12 k. du Souche à Saint-Dié (R. 26, en sens inverse).

30 k. (59 k. de Remiremont). Saint-Dié (R. 25).

ROUTE 21.

D'ÉPINAL A GÉRARDMER

PAR GRANGES

GÉRARDMER ET SES ENVIRONS

53 k. — Chemin de fer. — Trajet en 2 h. 15 à 2 h. 40. — 6 fr. 50 ; 4 fr. 85 ; 3 fr. 55. — *N. B.* Se placer à g., pour la vue.

12 k. d'Épinal à Arches (*V.* R. 14).

L'embranchement de Gérardmer, se détachant à g. de la ligne de Remiremont, franchit la Moselle sur un pont de 5 arches.

16 k. *Jarménil*, 553 h., v. pittoresque situé entre la Vologne et la Moselle, au confluent de ces deux rivières. — A 1 k. en aval de Jarménil, la Moselle forme une chute curieuse nommée le *Saut du Broc*.

Le chemin de fer remonte sur la rive dr. la vallée de la Vologne, petite rivière renommée pour la limpidité de ses eaux et pour ses excellentes truites.

20 k. *Docelles-Cheniménil*, station desservant *Cheniménil* (842 h. ; jolie église moderne), sur la rive dr. de la Vologne, et *Docelles* (938 h. ; centre important de papeteries), au débouché d'un charmant vallon latéral. — Près de Docelles, restes du *Château-sur-Perles*, ainsi nommé, sans doute, à cause du voisinage de la Vologne, où le Neuné, son affluent, apportait

ces précieux joyaux. Ce château renfermait autrefois une chapelle dite *Notre-Dame des Neiges*, but d'un pèlerinage très fréquenté (la chapelle a disparu, mais le pèlerinage a toujours lieu).

[De Docelles une route de voitures conduit à (25 k.) Gérardmer (*V.* ci-dessous) par Tendon (cascade du même nom) et le Tholy (*V.* R. 20, B).]

La vallée de la Vologne s'élargit et cette rivière y décrit des sinuosités nombreuses.

24 k. *Deycimont* (halte), 340 h.

26 k. *Lépanges*, 803 h. — A g., sommets boisés de l'*Esprit* (350 mèt.) et de *Saint-Pierremont* (580 mèt.). — Tunnel long de 146 mèt.

29 k. *Laval* (halte).

31 k. **Bruyères***, ch.-l. de c. de 2825 h. (500 mèt. d'alt.), dans une charmante situation entre plusieurs collines qui l'entourent de trois côtés. Bruyères, l'une des plus anciennes villes de cette région, a vu naître le célèbre abbé Georgel, secrétaire du cardinal Louis de Rohan, et le docteur Mougeot, médecin et naturaliste distingué, mort en 1858. — *Église* moderne. — *Hôtel de ville* élégant (xviii° s.). — Belle *place* plantée de tilleuls. — *Promenades* pittoresques de la montagne du Château et du mont Avison.

La vallée de la Vologne prend la direction du S.-E.

35 k. **Laveline** (buffet), v. de 2478 h. En 1476, le duc de Lorraine avait conféré à tous les habitants de Laveline la qualité de gentilhomme.

De Laveline à Saint-Dié, R. 26.

On laisse à g. l'embranchement de Saint-Dié et de Fraize (R. 26) ; puis on franchit le Neuné sur un pont de 2 arches.

39 k. *Aumontzey*, 379 h. ; filature.

41 k. **Granges**, v. de 2765 h., sur la Vologne (filature et tissage).

[Excursion au *Spiemont* (1 h. 15). — Passant devant l'usine, on suit le chemin qui, sur le flanc de la montagne, se dirige vers la *Croix de Champdray*. De là, par le plateau, au (1 h.) village de *Champdray* (694 h.; alt. 740 mèt.). — On passe auprès d'une carrière. — 15 m. Sommet du **Spiemont** (811 mèt.; vue sur toute la Lorraine et toute la chaîne des Vosges). — On peut descendre à (35 m.) Rehaupal (R. 20), ou, par Liezey, gagner (3 h.) Gérardmer (*V.* ci-dessous).]

Le chemin de fer franchit la Vologne pour suivre sa rive g. On entre bientôt dans l'étroit défilé de la *vallée de Granges*, d'un aspect sauvage. Après avoir traversé à niveau la route de Gérardmer, la voie ferrée côtoie le pied des montagnes.

50 k. **Kichompré** (*V.* ci-dessous).

Confluent de la Vologne et de la Jamagne, émissaire du lac de Gérardmer. On suit la rive g. de la Jamagne, que l'on traverse en face d'une fabrique de feutres. — Prairies et sapins.

53 k. **Gérardmer**.

GÉRARDMER

Gérardmer*, ch.-l. de c. de 6775 h., à 671 mèt. d'alt., dans un vaste bassin entouré de montagnes, sur la rive du lac et sur la Jamagne, gros ruisseau par lequel le trop-plein du lac se déverse dans la Vologne, non pas en aval, mais du côté d'amont, à cause de la moraine qui forme barrage vers le bas de la vallée. Les maisons, en général bien bâties, sont pour la plupart séparées par des jardins; de nombreuses fontaines particulières laissent échapper leurs eaux, à l'entrée des habitations, dans de grandes auges creusées dans un tronc d'arbre. — La situation charmante de Gérardmer et ses environs si pittoresques ont fait construire, depuis quelques années, sur les bords du lac, d'élégantes *villas* habitées seulement pendant l'été. Nous ne saurions trop engager les touristes à s'arrêter ou même à séjourner à Gérardmer, car toute cette belle région mérite d'être visitée en détail.

L'origine de Gérardmer ne remonte pas au delà du xiii° s. (1285); mais, dès le ix° s., dit-on, les rois de la seconde race conduisaient de grandes chasses dans cette région alors solitaire et complètement boisée. Ils avaient une villa à Champ-le-Duc, près de Bruyères, à 20 k. de Gérardmer. Charlemagne, qui parcourut les Vosges à diverses reprises, serait venu chasser dans ces lieux en 805, et l'année suivante, à son retour d'Alsace, il se serait arrêté, selon la tradition, pendant toute une nuit près des bords de la Vologne, sur une large roche de granit que ce souvenir a fait nommer *pierre de Charlemagne*. — Vers 1070, suivant une tradition que ne confirme aucun texte, Gérard d'Alsace ayant fait élever une tour fortifiée près du lac, quelques chasseurs et quelques pêcheurs vinrent habiter près de cette tour. Il résulte de documents historiques que les premiers habitants de Gérardmer s'établirent sur la rive E. du lac, au Trexau; la population s'est surtout rapidement accrue à partir du xvi° s. — Gérardmer est le centre d'une industrie active qui s'applique principalement à l'exploitation des forêts (23 scieries), à la boissellerie, au tissage des toiles de lin et de chanvre unies et ouvrées, et à la fabrication des fromages bien connus sous le nom de *Géromé*.

Église du xviii° s. — *Hôtel de ville*. — *Hôpital* de construction récente. — *Fontaine publique* avec bassin en granit. — *Tilleul* magnifique du xvi° s. (haut. 30 mèt.; circonférence 5 mèt. 95), en face de l'hôtel de la Poste. — *Établissement hydrothérapique* du Dr Greuell.

A la gare, une plaque indique les excursions à faire dans la région, les altitudes, etc.

Le *lac de* Gérardmer présente une magnifique nappe d'eau (2 k. 1/2 de longueur env. sur 800 à 900 mèt. de largeur; 13 mèt. de profondeur moy. et 50 mèt. de profondeur maxima; 660 mèt. d'alt.) encadrée dans une double ligne de montagnes, principalement couvertes de pâturages. A l'O., le lac est barré par une moraine que l'ancien glacier de la vallée a déposée et qui forme plusieurs énormes digues de sable, de graviers et de gros blocs erratiques.

5 m. suffisent pour se rendre, soit par la route d'Épinal, qui en longe la rive N., soit par un chemin s'embranchant à dr. sur la route de Remiremont, au lac de Gérardmer, qu'on aperçoit d'ailleurs de Gérardmer. — On en fait aisément le tour à pied en 1 h. 1/2, en suivant un beau sentier qui le côtoie au S. et en revenant par la route d'Épinal. On peut aussi le parcourir en barque, sans danger par un temps calme.

EXCURSIONS

De Gérardmer, on peut faire les excursions suivantes.

L'**Écho de Ramberchamp**: — 1° Par la rive S. du lac; — retour, en contournant la *butte des Fontenottes*, par le *pont des Singes* (1 h.). — 2° Par la rive S. et le sentier sous bois qui aboutit en face de l'écho; — retour par la route de Remiremont (1 h. 30).

L'**Observatoire du Phény** (vue magnifique), par le *chemin des Rochottes*; — retour par la *cascade de Mérelle* et la rive S. du lac (2 h. 45).

L'**École du Beillard**, par la rive N. du lac et la route du Tholy; — retour par la *vallée du Cresson* (lit d'un ancien étang, avec d'énormes terrasses de l'époque glaciaire) et la rive S. (2 h. 30).

Le **Saut de la Bourrique** (gorge et cascade), par la rive S. du lac et la vallée de Ramberchamp; — retour par la vieille route de Remiremont, les *Échos de Saint-Antoine* et Ramberchamp (2 h. 15).

Le **Sapin Géant** (haut de 48 mèt.), par la rive S., la maison forestière des *Petites-Royes* et le *Corsaire du Bas*; — retour par les rives O. et N. du lac (3 h.).

Le **Haut-du-Phény** et la **Charme** (très belles vues), par le pont des Rochottes; — retour : 1° par le *col de Sapois* ou *du Phény*, le Saut de la Bourrique et le vallon de Ramberchamp (3 h.); — 2° par le col de Sapois, l'*Urson*, le Haut-de-la-Côte, le *Grand Étang* (bel écho), le joli *vallon de la Creuse* et la *Vierge de la Creuse* (3 h. 30).

Les **Baraques de Rougimont**, par la rive N. et la maison forestière; — retour par le *Pré Rouan*, le *Petit-Rougimont* et le chemin des Fourmis (3 h. 45).

Le **Trou de l'Enfer**, gorge profonde et sauvage entourée de rochers et de forêts, où coule le ruisseau du Barba. On s'y rend par *le Beillard* (grande moraine), *Firbacôte* et *Rechaucourt*; — retour par *Varinfête*, *Renaufaing*, *Liezey*, *Rougimont* (belle forêt) et le chemin des Fourmis (6 h.).

La **Vierge de la Creuse** (30 m.), rocher surmonté d'une croix et ainsi nommé parce que, suivant

Guides Joanne. GÉRARDMER ET SES ENVIRONS. HACHETTE

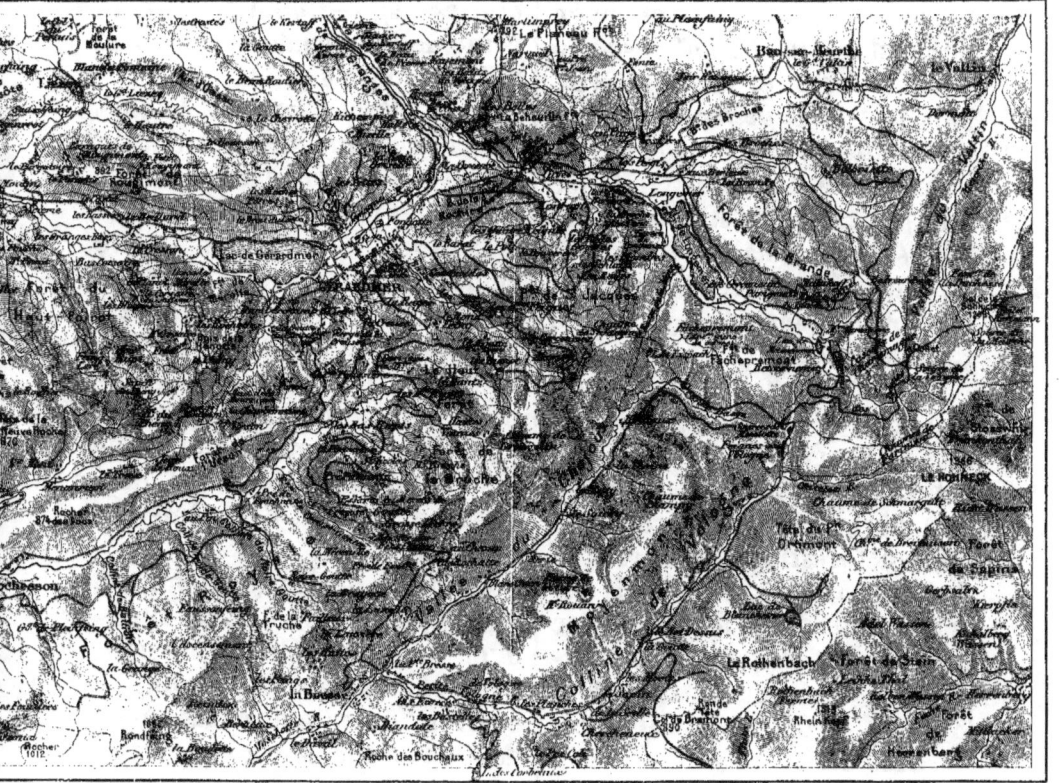

S. du lac de Longemer et le Saut des Cuves (4 h. 30).

La **Tête du Barrau**, par le chemin de Saint-Jacques, que l'on quitte au sommet des Goutte-Ridos, pour prendre à g. un sentier sous bois qui débouche à la *Tête du Barrau* (alt. 1008 mèt.; en patois *Boro*, du nom des fourneaux dont cette montagne a la forme); — retour en descendant la Schleff jusqu'au chemin forestier des *Rochires*, puis par le *Crucifix*, le Bergon et la route de Saint-Dié (2 h. 30).

Le **lac de Longemer** (alt. 736 mèt.) et le **lac de Retournemer** (alt. 778 mèt.; maison forestière où l'on peut manger et coucher), par le Saut des Cuves et la rive g. de la Vologne (2 h.).

La Schlucht : 1° par la route (3 h. 15); — 2° par la rive S. des lacs de Longemer et de Retournemer et le *chemin des Dames* (3 h. 15); — 3° par la route, la maison forestière de *Berlus* et *Balveurche* (4 h. 25); — 4° par la chaume Saint-Jacques, le lac Lispach, les *Feignes-sous-Vologne* et la maison forestière (3 h. 30). — Col de la Schlucht, alt. 1150 mèt.

Le **Hoheneck** : 1° par la Schlucht (4 h. 15); — 2° par Retournemer (3 h. 45).

La plupart et les plus importantes des promenades ci-dessus indiquées peuvent être groupées dans les excursions suivantes, qui peuvent être modifiées.

Le Biazot; les Goutte-Ridos.

3 h. aller et retour.

On se dirige vers le S., par le chemin de la Creuse, encaissé entre les hauteurs du *Xetté*, à dr., et de *la Rayée*, à g. — On traverse le Chény.

20 m. Vierge de la Creuse (*V.* ci-dessous). — On laisse à dr. la route de la cascade de la Goutte et l'on monte à g.

15 m. On laisse à dr. le chemin des *Hauts-Rupts*, dont la vallée est remarquable par ses anciennes moraines et ses blocs erratiques. — On prend à g. le chemin à niveau. — 5 m. A g., chemin de la Rayée. On suit à dr. le chemin à niveau qui traverse un pays ravissant, au milieu d'une belle végétation forestière et de magnifiques sapins, dans les intervalles desquels on aperçoit Gérardmer et son lac.

40 m. *Le Biazot* (du sommet, vue magnifique et très étendue). On laisse à dr. le chemin de la *chaume de Grouvelin*. — 5 m. A g., chemin des Vazénès et des Goutte-Ridos. On contourne un charmant vallon dans une forêt de sapins, en continuant de suivre le chemin à niveau.

50 m. Pépinière, où l'on trouve un kiosque et une source. — On laisse à dr. un chemin conduisant aux *chaumes de Saint-Jacques* et au lac Lispach (*V.* ci-dessous).

15 m. *Les Goutte-Ridos* (très belle vue). — On laisse à dr. le

chemin de la *Tête du Barrau* (1008 mèt. d'altitude; vue magnifique).

5 m. A g. se détache le chemin des Vazénés.

30 m. Gérardmer.

Le Phény. — La Charme. — Vallée de Ramberchamp. — Écho Saint-Antoine. — Le Grand-Étang. — La Vierge de la Creuse.

4 h. 20 ou 5 h. env., aller et retour.

20 m. Laissant à g. la route de Ramberchamp, on prend à dr. la route qui contourne le lac et qu'on laisse à dr. (3 m.), pour prendre à g. le chemin des *Rochottes*, puis à g. le chemin du Haut-du-Phény. A la bifurcation suivante, on prend à g. le chemin de la Charme. — On traverse une forêt de sapins au sortir de laquelle (15 m.) on atteint les premières maisons du *Phény* (feigne, marécage), d'où la vue s'étend sur la vallée de Ramberchamp.

On monte à dr. au-dessus d'une maison, jusqu'à un poteau indiquant l'*Observatoire du Phény* (3 k. 1/2; 1 h. de Gérardmer), d'où l'on découvre une belle vue.

On contourne la colline à g. — 25 m. *École du Phény*.

20 m. *Haut de la Charme*. De ce point la vue est très belle et, si l'on descend un peu en inclinant vers la g. du plateau, par un sentier à peine tracé dans l'herbe, on ne tarde pas à atteindre (10 m.) une petite plate-forme rocheuse, d'où l'on découvre la vallée de Menaurupt, Vagney et une partie de la vallée de la Moselotte.

On contourne à g. le flanc de la montagne et l'on descend à dr. sur (20 m.) le *col du Phény* ou *de Sapois* (aub.; grande tourbière). — Si l'on suit la route qui descend vers Ramberchamp, on laisse à dr. le sentier conduisant à la cascade du *Saut de la Bourrique* et qui aboutit à la route de Ramberchamp, au delà de l'écho de Saint-Antoine et en deçà de l'écho de Ramberchamp. En suivant la route, on rejoint la vieille route de Remiremont, on gagne l'*écho de Saint-Antoine* (à dr.), la *fontaine Paxion*, les rochers qui barrent la vallée de Ramberchamp, et l'on débouche sur le lac à 40 m. du col.

Si l'on prend à dr. du col, on atteint (10 m.) la *ferme de l'Urson*. On suit à dr. un chemin à niveau (belle vue) et l'on entre dans une forêt de sapins. On laisse à g. un chemin. — 10 m. Petite clairière. Tournant à g. (roche au niveau du sol); on laisse à dr. un chemin.

15 m. Belle vue sur le haut de la *vallée du Bouchot*.

10 m. Le *Haut de la Côte*. On rejoint la route de Remiremont et l'on peut gagner (40 m.) Gérardmer, ou bien prendre en face le chemin de la *gorge de la Creuse*. — 10 m. En face d'une croix, de 1555, on rejoint le chemin de la Vierge de la

Creuse. — On trouve à dr. un bel écho et on laisse à dr. le *Grand Étang*. — Vierge de la Creuse (*V.* ci-dessus, p. 120).

1 h. 25 du col. Gérardmer.

Le Sapin-Géant, l'école du Beillard, le Cresson.

4 h. env., aller et retour.

A 500 mèt. env. de Gérardmer, on laisse à g. la route de Remiremont, pour longer la rive S. du lac, par une route charmante. Vers l'extrémité O. du lac, on laisse à g. un chemin conduisant à la *cascade de Mérelle* et l'on traverse le ruisseau. Continuant à marcher vers l'O., on passe à la maison forestière des *Petites-Royes*, et, par le *Corsaire du bas*, on vient gravir la colline boisée que domine le **Sapin-Géant**, haut de 48 mèt.

On descend vers le N., puis on incline au N.-E. et, franchissant un ruisseau, on atteint l'*école du Beillard* (alt. 634 mèt.), sur la route du Tholy à Gérardmer, et dans une vallée que borde au N. la forêt de Rougimont. Cette vallée est remarquable par l'énorme moraine, longue de 5 kil. et haute de 70 mèt., qu'y ont laissée les anciens glaciers. On remonte vers l'E. le charmant vallon du *Cresson* (lit d'un ancien étang), au milieu des terrassements glaciaires.

A la ferme de *la Bonne*, au sommet de la moraine, on jouit d'une admirable vue. De là, on gagne la route qui longe la rive N. du lac, franchit la Jamagne et ramène à Gérardmer.

La Haie-Griselle, le Grand-Kerné, glacière du Kertoff, Beau de Pierre, Kichompré, Basse-de-l'Ours.

3 heures.

Suivant la route de Saint-Dié, on traverse le ruisseau de la Basse des Rupts.

7 m. On laisse à dr. la route de Saint-Dié à 200 mèt. en deçà de *la Croisette*, pour prendre à g. un chemin qui, traversant le chemin de fer et la Jamagne, s'élève dans les prairies, vient passer non loin de la feutrerie Ast, et monte à *la Haie-Griselle*, hameau en amphithéâtre et d'où la vue est magnifique sur la vallée de la Jamagne, le lac, Gérardmer et les hauteurs qui le dominent de l'E. à l'O. Laissant à dr. la *chapelle de la Trinité*, on entre dans la forêt, par laquelle on s'élève en laissant à g. (O.) *Miselle* et, plus bas, *la Chennezelle*. On dépasse *le Cerceneux-Mougeon*, on traverse dans la direction du N. l'*Envers de Vologne*, belle forêt domaniale, et l'on descend, vers la vallée de Granges, au *Grand Kerné*, masse de rochers presque verticale sur les flancs abrupts de la montagne. On prend à dr. un chemin qui, tournant à l'E., traverse, env. 1 k. plus loin, la voie ferrée et la Vologne, pour aboutir à la

route de Granges, que l'on suit à g. On passe devant une importante fabrique de pâte à papier, une des curiosités de la contrée et, 500 mèt. plus loin, on atteint, à dr. de la route (poteau indicateur), la *glacière naturelle du Kertoff*, cavité cachée au milieu des débris granitiques, assez difficile à trouver sans guide, contenant de la glace en toute saison et dont la température, d'une fraîcheur excessive, peut être dangereuse pour les visiteurs.

Revenant sur ses pas par la grande route, on dépasse la belle fabrique de pâte à papier du *Beau de Pierre* et l'on remonte la vallée de la Vologne ou *vallée de Granges*.

Les masses de verdure, les grands blocs de rochers qui garnissent les hauteurs à dr. et à g., et la fraîcheur des prairies qu'arrose la Vologne font de la vallée de Granges une des promenades les plus agréables des environs de Gérardmer.

1 k. 1/2 de la glacière. **Kichompré***, v. industriel de 475 h., qui s'est formé, depuis 1870, autour d'une importante *usine de tissage*, au confluent de la Jamagne et de la Vologne ; station du chemin de fer de Gérardmer ; école primaire ; parc ; salle d'asile ; bibliothèque pour les ouvriers. — On peut, en traversant la Vologne et la route forestière, visiter la *Basse-de-l'Ours*, gorge sombre, encombrée de blocs de granit et par laquelle on peut se rendre aux fermes de *Nayemont*, près de *Martimprey*. — Continuant à suivre la route, on passe près de la *roche des Artistes* ; on laisse à g. le *Vieil-Étang*, le *Larron*, l'usine à gaz ; à dr., plusieurs scieries pittoresques, puis la feutrerie Ast, et l'on rentre à Gérardmer.

Pierre de Charlemagne. — Saut des Cuves. — Lacs de Longemer, de Retournemer et de Lispach. — Roche du Diable. — Col de la Schlucht. — Le Hoheneck.

35 k. env., aller et retour. — Voit. publique pour la Schlucht.

N. B. — Nous engageons les touristes qui désirent voir complètement les remarquables paysages qu'offre cette excursion, à la faire à pied, en se conformant aux indications suivantes :

1° Si l'on veut se trouver au Hoheneck au lever du soleil, partir de Gérardmer vers 1 h. de l'après-midi et aller coucher au chalet Hartmann, transformé en petit hôtel fort bien tenu, à la Schlucht, d'où l'on se rendra le lendemain matin au Hoheneck. — Retour à Gérardmer par la route des lacs (*V.* ci-dessous), où l'on trouvera à se reposer et à manger chez le garde forestier établi près du lac de Retournemer.

2° Si, au contraire, on veut assister au coucher du soleil, on partira de Gérardmer dans la matinée, de façon à visiter les lacs sans se presser et en ménageant une halte à la maison forestière de Retournemer. De là on se rendra au Hoheneck, de manière à y arriver entre 5 et 6 h. du soir. — Coucher au chalet Hartmann, et le lendemain retour à Gérardmer.

Dans tous les cas, prendre l'un des chemins décrits ci-dessous à l'aller, et l'autre au retour (toute cette excursion, à l'exception du Hoheneck, peut se faire en voiture).

Enfin, si l'on se propose de continuer le voyage par l'Alsace, au lieu de retourner à Gérardmer, on reviendra à la Schlucht (chalet Hartmann), après avoir vu le Hoheneck, et l'on redescendra à Münster (R. 23). C'est une des courses les plus intéressantes d'un voyage dans les Vosges.

On suit la route de Saint-Dié jusqu'au (3 k. 1/2) pont de la Vologne. — A 500 mèt. en deçà (à g., en contre-bas de la route), *Pierre de Charlemagne*, large bloc de granit, ombragé par quelques sapins au milieu desquels il est presque caché. Un peu plus bas, sur le torrent, vieux *pont des Fées*. — A dr. du pont de la Vologne, **Saut des Cuves** (alt. 693 mèt.), cascade formée par la Vologne, qui s'élance de rocher en rocher entre deux murailles de granit (pour voir cette chute sous ses divers aspects, parcourir successivement les deux sentiers, à l'entrée et à la sortie du pont; passerelle établie sur la cascade).

A g. du pont de la Vologne, se détache un chemin forestier carrossable, très pittoresque, qui, suivant les sinuosités du ravin où serpente la Vologne, rejoint la route de Granges à Kichompré (*V.* ci-dessus).

Lorsqu'on a franchi le pont de la Vologne (poteau portant les indications suivantes : Gérardmer, 3 k. 200 mèt.; Saint-Dié, 26 k.; la Schlucht, 12 k. 700 mèt.; Münster, 30 k. 500 mèt.), on quitte la route de Saint-Dié et l'on tourne à dr. Après avoir laissé à g. un premier chemin se dirigeant sur le Valtin, on atteint (30 m.) le lac de Longemer. — Là se présente une nouvelle bifurcation : à dr., le chemin, passant au pied de la *montagne de la Brande*, longe la rive du lac; l'embranchement de g. forme la nouvelle route créée pour établir une communication directe et carrossable entre Gérardmer et Colmar par la vallée de Münster.

1° **Route des lacs.** — Le **lac de Longemer** (736 mèt. d'alt., 2000 mèt. de longueur sur 350 à 500 mèt. de largeur), dont on suit la rive N.-E., doit son nom (*longue mer*) à sa forme allongée. Il forme avec ses alentours un site ravissant. Enveloppées de toutes parts de montagnes couvertes de sapins, ses eaux doivent au reflet de cette sombre verdure une nuance foncée qui fait ressortir la fraîcheur des prairies environnantes. Sur une langue de terre qui s'avance dans le lac on voit la *chapelle de Saint-Florent* (lieu de pèlerinage à la Pentecôte), construction sans aucun caractère, mais renommée dans le pays pour un dévidoir auquel on attribuait le pouvoir de guérir certaines maladies, selon le sens dans lequel on le faisait tourner.

20 m. On atteint un défilé

d'environ 2 k., très resserré entre d'énormes masses de granit et au fond duquel coule bruyamment la Vologne; au delà de ce passage on pénètre dans le cirque étroit renfermant le **lac de Retournemer** (778 mèt. d'alt.; 300 mèt. de longueur; 200 mèt. de largeur), ainsi appelé parce qu'il semble que, parvenu au fond de cette gorge fermée par de hautes montagnes, on soit obligé de *retourner* sur ses pas. — Les eaux du lac de Retournemer, tout en conservant, comme celles du lac de Longemer, une transparence parfaite, reçoivent également une teinte sombre des plantations de sapins qui surplombent pour ainsi dire ses bords. Auprès du lac est une *maison forestière* où l'on trouve à manger et à coucher dans de bonnes conditions, et d'où l'on peut faire les excursions suivantes.

[EXCURSIONS. — 10 m. La *cascade* formée par les eaux du lac qui tombent entre deux rochers. — 30 m. Le *tour du lac*; cascade; belvédère. — 15 m. La *cascade de Charlemagne*. — 30 m. La *Roche du Diable*. — 2 h. 10. *Balveurche*, par la Roche du Diable; retour par le *Collet* et le chemin des Dames. — 2 h. 40. *La Bresse*, par la vallée des Feignes-sous-Vologne, ou par la *vallée du Chajoux*. — 1 h. 45. Le Hoheneck (*V*. ci-dessous). — 1 h. 15. La Schlucht (*V*. ci-dessous). — 3 h. 30. *La Schlucht et le Hoheneck*; retour par le sentier du Club Alpin.

Sur la rive S. du lac de Longemer se présente un vallon latéral appelé la *Basse de la Mine* (alt., 932 mèt.), par lequel on gagne (50 m.; 3 k. env.) le *lac* ou plutôt l'*étang de Lispach* (alt., 906 mèt.), situé au fond d'un entonnoir, dans une région marécageuse. Sa surface est recouverte d'une couche épaisse de végétation palustre, laissant à peine entrevoir ses eaux, qui diminuent de plus en plus. Le lac finira par n'être plus qu'une tourbière.

A g. du lac de Lispach, en face de la colline du Chajoux, à *Fâchepremont*, ferme située dans un lieu sauvage, se trouve une mine de cuivre abandonnée.]

En arrière de la maison forestière de Retournemer s'ouvre le *chemin des Dames*, remontant (40 m.) à travers les bois à la route de la Schlucht (*V*. ci-dessous).

De la maison forestière, une route carrossable, récemment construite, monte sur le flanc de la montagne, par de nombreux lacets, à travers une magnifique forêt de hêtres et de sapins, et rejoint, au Collet, la route de la Schlucht (*V*. ci-dessous, 2°).

2° **Route de la Schlucht**, par la montagne (1 chev., 15 fr.; 2 chev., 25 fr.). — Elle gravit, à travers bois, la montagne de la Brande, et traverse (35 à 40 m.) un *tunnel* percé dans un rocher dominant la vallée à pic (*Roche du Diable*); un sentier à dr. du tunnel remonte à une plate-forme d'où l'on embrasse dans un magnifique panorama le bassin des lacs, de Gérardmer à Retournemer. Après avoir dépassé une habitation pittoresque, construite en bois, sur le flanc de la montagne (à dr.) o occupée par la douane française, on arrive à la région supérieure, où les plantes alpestres commencent à se montrer. — 30 m. A un circuit de la route, on découvre à travers une éclaircie, au haut du chemin des Dames, une délicieuse vue sur la vallée. — 15 m. On traverse le passage dit le *Collet*, entre les sources de la Meurthe à g., de la Vologne à dr., et ensuite (10 à 15 m.) on atteint le **col de la Schlucht** (1150 mèt. d'alt.), à la crête des Vosges et à la limite du départ. des Vosges et de l'Alsace. C'est là que s'élève, à dr., le *chalet Hartmann*, construit en 1858 par MM. Hartmann, de Münster, et converti en *hôtel*. On y trouve un excellent guide (autorisé par le Club Alpin, section d'Épinal) pour toutes les excursions. Son tarif est affiché dans l'hôtel.

Du chalet de la Schlucht, situé au sommet d'une immense paroi de rocher surplombant la vallée de Münster, on découvre un splendide paysage.

A g. du col s'étendent les hautes chaumes du *Tanet* (1296 mèt.) et du *Gazon de Fête* (1306 mèt.), d'où l'on peut gagner (12 k. env.), par un chemin de mulets, ouvert en 1881 par les soins des Clubs Vosgiens alsacien et français, les lacs Noir et Blanc (*V. R.* 31), et la *vallée du Valtin*, arrosée par la Meurthe. On rejoint par le Valtin, à travers de magnifiques pâturages, la route de Saint-Dié à Colmar à (15 k.) Plainfaing (*V. R.* 26).

A dr. du col commencent, au delà d'un petit bois de hêtres, les pentes supérieures du Hoheneck.

Si l'on ne prolonge pas l'excursion jusqu'à Münster et Colmar, on devra, en tous cas, redescendre la route de la Schlucht vers Münster sur un parcours d'env. 3 k., jusqu'au delà d'un tunnel semblable à celui qu'on a rencontré sur la route de Gérardmer. — A dr., gorge immense revêtue de forêts et de verdure, et fermée par le gigantesque escarpement de granit auquel s'appuie l'arête supérieure des Vosges ; à g., haute muraille de rochers.

[On peut faire, du chalet de la Schlucht, les excursions suivantes, très intéressantes et très recommandées.

Le *lac Blanc*, par les crêtes; 3 h. 30 ; guide 4 fr. — Le *lac Vert* ou *Daren* ; 1 h. 30 ; 2 fr. 50. — Le *Taneck* ou *Tanet* ; 1 h.; 2 fr. — La *chaume du Tanet*, retour par les crêtes; 2 h. 30 ; 3 fr. — Le *Kruppenfels* ou Roche de la Schlucht ; 20 m.; 50 c. — Le *Valtin* ; 1 h. 30 ; 2 fr. — *Fraize*, par le Valtin ; 4 h. 30 ; 6 fr. — *Retournemer*, par le Collet et le Chemin des Dames ; 1 h. 30 ; 2 fr.; par le Collet et la Roche du Diable ; 2 h.; 2 fr. 50. — *Gérardmer*, par les lacs ; 3 h. 30 ; 5 fr. — *La Bresse*, par les Feignes-sous-Vologne ; 4 h.; 5 fr. — Le *lac de Blanchemer*, par le Hoheneck ; 3 h. 30 ; 4 fr. — Le *Hoheneck* (*V.* ci-dessous) ; 1 h. 15 ; 2 fr. — Le *Rothenbach*, par le Hoheneck, ou la *Caverne du Frankenthal* ; 3 h. 30 ; 4 fr. — *Wildenstein*, par le Hoheneck ; 4 h.; 5 fr. — *Wesserling*, par le Hoheneck ; 6 h.

[ROUTE 21] COL DE LA SCHLUCHT. — LE HOHENECK.

30; 10 fr. — *Le Ballon de Guebwiller*, par le Hoheneck, le Rothenbach et le Rheinkopf; 8 h.; 10 fr. — *Le Fischbœdle*, par le Hoheneck; 2 h.; 3 fr. — *Munster*, par le Hoheneck et la grande vallée de Metzeral; 4 h.; 5 fr. — *Munster*, par la traverse; 3 h. 30; 3 fr. — *Les Trois Épis*, par le lac Blanc; 7 h.; 10 fr.]

Le Hoheneck (1 h. env. de la Schlucht; on peut se diriger sans guide en suivant un excellent sentier jalonné, chemin plus court que si l'on suivait la ligne des bornes-frontières). — Traversant le petit bois de hêtres situé en arrière du chalet de la Schlucht, on aborde les hauts pâturages, où le chemin s'efface presque complètement sous un gazon fin et serré, émaillé de la flore si variée des plantes alpestres, et on suit la direction du N. au S., ayant à g. la vallée de l'Alsace. Après avoir passé à peu de distance des sources de la Vologne (à dr.), on atteint, au delà des *chaumes de Farimont*, la cime du Hoheneck (1366 mèt.; abri construit par le Vogesen Club, section de Munster), à laquelle on arrive par un pli de terrain qui la remonte en la contournant. — Du sommet du Hoheneck, placé au centre de la grande chaîne des Vosges, on découvre un immense panorama: à l'E., la vallée du Rhin et la Forêt-Noire; au S., le Ballon de Guebwiller (R. 34), le Ballon d'Alsace (R. 18) et les cimes lointaines du Jura (quand le ciel est clair, on découvre la chaîne centrale des Alpes); au N., le Champ du Feu (*Hochfeld*) et le Donon; enfin, immédiatement au-dessous du Hoheneck, les gorges les plus pittoresques de la vallée de Munster. — On rencontre, au Hoheneck quelques *chalets* ou *fromageries*. Nous signalerons entre autres, à 15 m. env. au N. du Hoheneck, la *métairie de Frankenthal*.

Les pâturages élevés du Hoheneck et de la crête des Vosges occupent une étendue totale de 30 000 hectares; nulle part le bétail ne trouve une nourriture plus aromatique. Ils sont couverts pendant la saison d'été, du mois de juin au mois de septembre, de troupeaux de vaches. Un hectare de terrain peut suffire à une tête de bétail, élève ou vache laitière, pendant la belle saison. Les fermes ou les chalets épars sur les chaumes élevées ont tous de 15 à 60 bêtes, et fabriquent soit les fromages mous de Géromé ou de Munster, soit de grands fromages de gruyère, qui ne valent pas cependant ceux de la Suisse, parce que le lait est écrémé pour en tirer du beurre. M. Charles Grad décrit les mœurs curieuses et originales des pâtres vosgiens dans son *Foyer alsacien*, recueil intéressant de légendes et de traditions populaires de l'Alsace.

Du Hoheneck, on peut descendre dans la vallée de Munster par plusieurs chemins décrits dans la route 36 (excursions aux environs de Munster).

Du Hoheneck on peut descendre, en 1 h., à la maison forestière du lac de Retournemer (*V.* ci-dessus).

De Gérardmer à Remiremont et à Saint-Dié, R. 20; — à la Bresse, R. 22; — à Colmar, par Munster, R. 25.

ROUTE 22.

DE GÉRARDMER A LA BRESSE

12 k. — Route de voit. très agréable à faire à pied. — Pas de service de voitures publiques.

On remonte la route de Remiremont et l'on descend sur le plateau qui s'étend entre la vallée de Gérardmer et celle de Rochesson (V. R. 20, A). Là (4 k. de Gérardmer), on laisse à dr. la route de Remiremont. La route de la Bresse gravit à travers une forêt de sapins; la *montagne de Creuse-Goutte*, en dominant à dr., d'une grande hauteur, la gorge abrupte et solitaire de Creuse-Goutte (R. 21). — 30 m. env. *Col de Grosse-Pierre* (alt. 1000 mèt. env., petit plateau où l'on rencontre, à g. une métairie isolée, dépendant de Gérardmer, dont elle est éloignée de 8 k. De bizarres masses de roches granitiques, parmi lesquelles on remarque surtout celle dite le *Moutier-des-Fées*, se dressent à dr., à l'extrémité S. du plateau. — 15 m. On atteint (9 k. de Gérardmer) le versant descendant vers la Bresse (très belle vue; longs lacets).

12 k. La Bresse (R. 19).

ROUTE 25.

DE GÉRARDMER A COLMAR

PAR LA SCHLUCHT ET MUNSTER

51 k. — Route de voitures.

14 k. de Gérardmer au col de la Schlucht (V. R. 21, 2°).

On descend vers Munster (17 k. de la Schlucht à Munster) par une route magnifique due surtout à l'initiative et aux sacrifices de la maison Hartmann (de Munster). Au delà d'un petit tunnel percé dans le roc, se trouve, à dr., une plate-forme d'où l'on découvre une très belle vue. On descend à travers une belle forêt de sapins. Le trajet offre constamment un paysage admirable, sévère, sauvage même dans sa partie supérieure, et qui s'anime et s'égaye à mesure qu'on approche de Munster.

On décrit dans le vallon de Sulzeren un grand lacet, à l'extrémité duquel on laisse à g. une route pour (5 k.) le *Sulzersee* et (13 k.) *Orbey*.

26 k. (12 k. de la Schlucht) *Soultzeren* (*Sulzeren*); 148 h.

On peut aussi descendre tout droit de la Schlucht à Stosswihr, sans aucun risque de s'égarer, par le sentier qui descend dans la gorge au bas de la terrasse du chalet. Par ce chemin le trajet de la Schlucht à Munster peut être fait en deux heures.

28 k. *Stosswihr*, *Stossweier*; 1807 h.

31 k. Munster (R. 36). — 20 k. de Munster à Colmar (R. 56, en sens inverse).

51 k. Colmar (R. 31).

ROUTE 24.

DE LA BRESSE A WESSERLING

PAR WILDENSTEIN

23 k. — Route de voit. — Omnibus t. l. j. de Wildenstein à Wesserling. — Cette intéressante excursion mérite d'être faite à pied.

On suit la vallée de la Petite-Vologne, s'ouvrant à dr. vers le milieu de la rue principale de la Bresse (V. R. 19). Lorsqu'on a dépassé le chemin du lac des Corbeaux, on rencontre à dr. (5 k. 1/2 env.) une route qui, franchissant la Petite-Vologne, traverse de beaux pâturages et monte au milieu d'une forêt magnifique.

On peut aussi gagner le col de Bramont, par le chemin de la Roche des Bioucheaux, le lac des Corbeaux et le Haut de la Vierge, en 3 h. 30 (R 19.)

7 k. **Col de Bramont** (890 mèt.), limite du dép. des Vosges et de l'Alsace. — A g., le Rothenbach (V. R. 19); à dr., le Grand-Ventron (1209 mèt.).

Du col, on n'a pas de vue sur l'Alsace, mais plus bas on découvre la vallée de Wildenstein et vallée supérieure de la Thur.

La route descend le versant très abrupt du col de Bramont et franchit la Thur.

11 k. **Wildenstein**, v. de 555 h., entouré de trois côtés par de hautes montagnes. — *Verrerie* (1609). — Il existait autrefois près de Wildenstein une cascade dite du *Heidenbad*; mais une retenue établie pour le service d'une manufacture a rendu cette chute d'eau insignifiante.

On descend la vallée entre deux lignes de montagnes qui présentent, surtout à dr., de superbes groupes de rochers « infiniment plus imposants que les rochers porphyriques de Bade », dit Kirschleger (*Guide du botaniste*), l'un des hommes qui ont le mieux connu les Vosges.

12 k. 1/2, à dr., sur un rocher isolé, ruines du *château de Wildenstein*, construit au XIVe s. et détruit en 1644 par les Suédois. — Un sentier, traversant une petite zone de prairies et remontant le versant O. du rocher de Wildenstein, aboutit (15 à 20 m.) au pied des ruines. — On arrive à la plate-forme sur laquelle elles s'élèvent, par un sentier, à dr., à demi caché dans des broussailles. — Derrière le château, une curieuse moraine, avec blocs erratiques de différentes espèces, mérite l'attention des naturalistes.

17 k. *Kruth*, v. de 1576 h. — A g., bloc de rocher remarquable.

19 k. *Oderen*, v. de 1621 h. — A g., colline (537 mèt.) s'appuyant à un énorme rocher qui

surplombe la route, en lui livrant à peine un étroit passage. — On découvre devant soi, à l'horizon, la cime du Rossberg (1196 mèt.).

21 k. *Felleringen*, 1586 h. — On rejoint la route de Remiremont à Wesserling (R. 18), et, tournant à g., on rencontre bientôt l'entrée du château et de la manufacture de Wesserling.

22 k. Wesserling (R. 35).

ROUTE 25.

DE PARIS A SAINT-DIÉ

A. Par Nancy et Lunéville.

437 k. — Chemin de fer. — Trajet en 9 h. 40 à 15 h. 45. — 53 fr. 80; 40 fr. 30; 29 fr. 60.

DE PARIS A LUNÉVILLE

386 k. — Chemin de fer. — Trajet en 7 h. 25 à 14 h. — 47 fr. 55; 35 fr. 60; 26 fr. 15.

386 k. Lunéville (R. 1).

DE LUNÉVILLE A SAINT-DIÉ

51 k. — Chemin de fer. — Trajet en 1 h. 40. — 6 fr. 25; 4 fr. 70; 3 fr. 45.

L'embranchement de Saint-Dié se détache, à dr., de la ligne de Paris à Strasbourg, à 1 k. env. au delà de Lunéville. — Il se dirige vers le S.-E., en longeant la Meurthe à dr.

11 k. *Saint-Clément*, 910 h. (*faïencerie* importante, fondée en 1758).

16 k. *Ménil-Flin* (halte), hameau dépendant de *Flin*, v. de 620 h., sur la rive g. de la Meurthe.

19 k. *Azerailles*, 705 h.

25 k. **Baccarat**, ch.-l. de c. de 6015 h., sur les deux rives de la Meurthe, reliées par un beau pont en grès rouge (7 arches; 107 mèt. de longueur). — Jolie *église* moderne (1854) dans le style ogival du xiii° s. (3 nefs avec transsept; élégant *autel* en pierre). — Vestiges du *château*, détruit en 1636 et remplacé par une caserne de gendarmerie. — Ruines de la *tour des comtes de Blamont*, dite aussi *tour des Voués*, haute de 24 mèt. — Ces divers édifices sont situés sur la rive g. de la Meurthe, où s'étend le quartier le plus considérable de Baccarat.

Cristallerie de Baccarat. — Ce magnifique établissement industriel, auquel Baccarat doit sa prospérité, fut fondé vers 1766 par M. de Montmorency-Laval, évêque de Metz; presque abandonné à l'époque de la Révolution, il fut remis en activité vers 1816 par M. d'Artigues et enfin acquis en 1822 par une société formée dans ce but. Depuis lors, une administration active et intelligente a constamment développé l'importance de cette grande et belle manufacture. La cristallerie de Baccarat fabrique tous les genres de cristaux et exerce toutes les industries qui ont pour objet l'ornementation du cristal : taille, gravure, dorure, peinture, etc. On estime que ses produits entrent pour moitié dans le chiffre d'affaires que fait la cristallerie française. La fabrication occupe environ 1700 personnes. Une caisse de secours mutuels et de retraite subventionnée par la société, une société de patronage pour les orphelins, une salle d'asile et une école ont été créées pour ce nombreux personnel.

Les bâtiments de la cristallerie, établis sur la rive dr. de la Meurthe, entre le chemin de fer et la rivière, sont séparés en deux groupes par la route de terre. A dr., et immédiatement sur le bord de la Meurthe, se trouvent les salles de taillerie et les ateliers où s'opèrent le lavage des sables, la fabrication du minium, celle des creusets. Du même côté sont installés les chantiers d'approvisionnement de bois et une scierie desservis par un canal de dérivation des eaux de la Meurthe, ouvert pour le service spécial de l'usine. A g. de la route, à l'entrée d'un beau parc, sont disposés, autour d'une vaste cour, les fours, au nombre de cinq, dont deux fours au bois et trois fours au gaz de bois ; les ateliers de soufflage, de moulage, de refroidissement ; ceux de décor sur verre, de dessin, de gravure, et les bâtiments d'administration. — La visite de ces ateliers est très intéressante ; mais, pour des motifs qui tiennent au bon ordre des travaux et à la réserve que commandent certains procédés de fabrication, l'administration n'accorde que difficilement l'autorisation de visiter la manufacture.

29 k. *Bertrichamps* (halte), 1102 h.

On franchit la Meurthe à plusieurs reprises.

32 k. *Thiaville* (halte).

34 k. **Raon-l'Étape***, ch.-l. de c. de 3962 h., sur la rive dr. de la Meurthe. La station est sur la rive g., au v. de *la Neuveville-lès-Raon* (1833 h.), qui forme comme un faubourg de Raon-l'Étape, avec lequel il communique par un beau pont en pierre.

Raon-l'Étape occupe un site remarquable au débouché de la vallée de Celles ou de la Plaine, et à l'entrée de l'un des défilés les plus pittoresques de la vallée de la Meurthe. — *Église* moderne, *hôtel de ville* et belles *halles*. — Vestiges de *fortifications* (débris de murailles et restes d'une *tour*). — *Colline de Beauregard* (443 mèt. ; vue sur les vallées de Celles et de la Meurthe).

Promenade par le *bois de Répy* (poteaux indicateurs) à (1 k. env.) la *Pierre* ou *Roche d'Appel* (614 mèt. ; très belle vue), d'où l'on peut descendre en 1 h. à Étival (*V.* ci-dessous).

[Pour l'excursion dans la vallée de Celles, *V.* R. 39.]

On longe la base de la *montagne de Répy* (614 mèt.; traces d'un camp romain), dont les masses de rochers dominent la Meurthe, à dr., et l'on croise le Rabodeau sur un pont de trois arches, à *Saint-Blaise.*

39 k. *Étival*, 2468 h. — *Église* (XVII° s.) d'une ancienne abbaye de l'ordre des prémontrés (peintures dues à l'un des abbés, le P. Fronard; tableau attribué à Rubens; *le Christ bénissant les enfants. — Papeterie* importante.

Le 6 octobre 1870, de 9 h. 1/2 du matin à 4 heures du soir, un combat eut lieu entre les Français, commandés par le colonel Dupré, et les Allemands, sur un plateau voisin d'Étival et compris entre les villages de *Saint-Remy, Nompatelize, la Salle* et *la Bourgonce.* Le 6 octobre 1878, a été inauguré à Saint-Remy un monument, élevé à la mémoire des soldats français morts dans ce combat.

[Corresp. pour (9 k.) Senones, par (4 k.) Moyenmoutier (*V.* ci-dessous).]

Le chemin de fer franchit la Meurthe, dont il suit la rive g.

44 k. *Saint-Michel*, 1244 h. — *Église* (1722), construite à dr., sur une éminence qu'on suppose avoir été consacrée autrefois au culte druidique.

On passe au pied des montagnes de *la Madeleine* (634 mèt.) et de Saint-Martin (*V.* ci-dessous).

51 k. Saint-Dié (*V.* ci-dessous, *B*).

B. Par Nançois-le-Petit et Épinal.

475 k. — Chemin de fer.

413 k. de Paris à Épinal (*V. R. 4, C*).

60 k. d'Épinal à (473 k. de Paris) Saint-Dié (*V. R. 12*).

SAINT-DIÉ

Situation. — Aspect général.

Saint-Dié, ch.-l. d'arr. du dép. des Vosges, siège d'un évêché, V. de 15342 h., à 314 mèt. d'alt. Un beau chemin conduit (5 m.) au *faubourg Saint-Martin* (*église* du XVIII° s. en grès rouge), sur la rive g. de la Meurthe, d'où, traversant un pont d'une construction remarquable (1816), on entre dans la ville proprement dite par la rue principale, qui s'ouvre dans l'axe du pont. Saint-Dié, placée dans un riant bassin entouré de magnifiques montagnes couvertes d'arbres verts (épicéas, pins sylvestres, sapins), rappelle dans sa partie neuve, reconstruite à la suite de l'incendie de 1757, les beaux quartiers de Nancy. Ses rues, en ligne droite et largement ouvertes à la lumière, sont bordées de jolies maisons; mais toute l'ancienne ville (à dr. de la grande rue) est percée de rues irrégulières, dont les maisons ont en général un assez pauvre aspect. Depuis 1871, Saint-Dié s'est considérablement agrandie.

Histoire

Saint-Dié, dont l'emplacement fut originairement occupé par une fraction de la peuplade gauloise des Tribocques et ensuite par les Romains, doit réellement son origine à une communauté d'hommes fondée, au vi° s., par saint Déodatus (*Dieu-Donné* et par corruption *Saint-Dié*), évêque de Nevers, qui renonça à l'épiscopat pour venir prêcher le christianisme dans les Vosges. Au x° s., cette communauté fut transformée en un chapitre de chanoines ou *collégiale*, très renommé sous le titre d'abbaye de Saint-Dié. Ce chapitre jouissait de droits régaliens et exerçait sur la ville une autorité presque égale à celle des ducs de Lorraine, auxquels Saint-Dié appartenait. Toutefois l'influence du chapitre fut considérablement réduite au xvii° s. par la création d'un conseil de ville électif et, au siècle suivant, par l'érection de Saint-Dié en évêché. La Révolution amena la suppression du chapitre et du siège épiscopal. Celui-ci a été rétabli en 1817. — Saint-Dié fut à plusieurs reprises dévorée par des incendies; le plus considérable éclata au mois de juillet 1757, et en quelques heures 130 maisons furent entièrement détruites. Stanislas, qui régnait alors sur la Lorraine, se rendit aussitôt à Saint-Dié pour y apporter des secours, et il ordonna la reconstruction immédiate du quartier incendié, qui forme actuellement la ville Neuve.

Le brave général Haxo (1750-1793), tué en Vendée, et le peintre miniaturiste Augustin (1759-1830), sont nés à Saint-Dié. Delille, qui vint y chercher un asile pendant la Révolution, y termina sa traduction de l'*Énéide*.

Monuments. — Curiosités.

Cathédrale (au N. de la ville, au delà de la grande rue, à laquelle elle communique par une ruelle étroite) appartenant à l'architecture romane par une partie de la grande nef; au style ogival par le chœur et les bas-côtés, et au xviii° s. par le portail en grès rouge (statues de la *Foi* et de la *Charité*), qui s'élève au haut d'un escalier à double rampe. — A l'int.: élégant *cordon* se développant à la hauteur des voûtes; *fenêtres* ogivales du chœur; magnifique *buffet d'orgues* provenant de l'ancienne abbaye de Moyenmoutier.

Petite église, ainsi nommée par opposition à la cathédrale ou *grande église*, édifice du style roman primitif, parfaitement conservé et dont la construction paraît remonter au ix° s. On y pénètre par un *vestibule* avec colonnes à chapiteaux curieusement sculptés. — A l'int.: trois nefs terminées chacune par une chapelle en abside (colonnes à chapiteaux cubiques).

Entre la cathédrale et la petite église, beau *cloître* par lequel on peut se rendre de l'une à l'autre (porte d'entrée du cloître au bas du latéral g. de la cathédrale; sur l'un des côtés du préau, *chaire* en pierre d'un beau travail).

Temple protestant (rue du Temple), construction moderne dans le style roman de transition. — *Évêché* (entrée à dr. de la cathédrale), édifice du xviii° s. (très beaux jardins en terrasse). — *Hôtel de ville* (rue Stanislas) renfermant la *bibliothèque publique* (68 man.; 12000 vol. imprimés) et le *Musée* (histoire naturelle, coquilles, antiquités, médailles, etc.). — *École communale* monumentale (dans le nouveau quartier de la rue d'Hellieule), pouvant contenir 1200 enfants. — *Grand séminaire*, sur la route de Colmar. — *Fontaine de la Meurthe* (à l'extrémité de la Grande-Rue), décorée des armes de Saint-Dié. — *Fontaine Stanislas* (place du Collège), inaugurée le 27 juillet 1827, et consacrée à la mémoire du prince bienfaiteur de Saint-Dié.

Près de la cathédrale, magnifique *tilleul*.

Nombreuses fabriques : notamment celles de M. *Dietsch* (de Sainte-Marie-aux-Mines), de M. *Toussaint* (de Sainte-Marie-aux-Mines), la *brasserie Piller*, très importante.

Saint-Dié est le siège d'une association littéraire et scientifique portant le titre de *Société philomathique vosgienne*.

Promenades.

Parc (près du pont de la Meurthe), charmant jardin dessiné à l'anglaise, sur la rive dr. de la Meurthe.

Promenade de Gratain (1 h. 30 aller et retour), au delà de l'évêché, vers l'extrémité du faubourg de Gratain. Elle se compose d'allées ombragées, remontant en pentes douces un des prolongements de la montagne d'Ormont (vue étendue sur la vallée de la Meurthe et sur la chaîne des Vosges, que domine au S.-E. la cime du Hoheneck).

Montagne Saint-Martin (1 h. 40 env. aller et retour; promenade recommandée). — On remonte jusqu'à la gare par le faubourg Saint-Martin, et là, après avoir traversé un terrain découvert, on atteint (10 m.) le chemin qui gravit (25 à 30 m.), en le contournant sous de beaux ombrages, la montagne Saint-Martin (730 mèt.). Au sommet se dressent trois rochers isolés l'un de l'autre qui de loin ressemblent aux tours ruinées d'un château fort (immense panorama sur les Vosges et la vallée de la Meurthe, au N. et à l'E.; sur la gorge boisée que forme le versant de la montagne de Kemberg, au S., et sur le vallon agreste de Taintrux, à l'O.).

EXCURSIONS

Taintrux et la montagne de Kemberg.

7 à 8 h. aller et retour.

A 2 k. au delà du faubourg Saint-Martin, sur la route d'Épinal, on prend à g., en croisant à niveau la voie ferrée, un chemin qui remonte la vallée de Taintrux en côtoyant le ruisseau de Taintrux. On rencontre les hameaux (3 k.) de *la Bolle*, (4 k.) des *Moitresses*, (7 k.) de *Rou-*

giville, où l'on quitte la route principale se dirigeant sur Bruyères, pour suivre à g. un chemin qui continue de longer le ruisseau.

9 k. **Taintrux**, v. de 1970 h. — Restes d'un *château* des ducs de Lorraine, affecté à une exploitation agricole; on y remarque notamment une belle salle dite *chambre de justice*. — A 5 k. à l'E. s'élève le **Kemberg** (741 mèt.; vue étendue), dont le versant présente une roche curieuse dite *Roche d'Anozel*, portant une inscription datée du 24 août 1402. — On visitera également avec intérêt (prendre un guide au village) les beaux rochers dits la *Pierre de l'Aitre* (637 mèt.), la *Pierre percée* (695 mèt.), la *Roche* (654 mèt.) et la *colline de Chastel* ou *Chazelé*, où l'on croit reconnaître un lieu de sacrifice du culte druidique.

Château de Spitzemberg.

6 à 7 h. aller et retour. — Service de voitures publiques jusqu'à Frapelle.

On suit la route de Saint-Dié à Strasbourg, par Schirmeck (R. 28), jusqu'à (11 k.) Frapelle, d'où un chemin s'ouvrant à g., vers le milieu du village, conduit (1 h.) aux ruines du *château de Spitzemberg*. Cette résidence féodale, l'une des plus importantes de la Lorraine, occupait un mamelon escarpé (610 mèt.) au S.-E. de la montagne d'Ormont. Il n'en subsiste plus rien que l'emplacement d'un puits. — On peut également se rendre au Spitzemberg par (12 à 15 k.) la *ferme du Paradis* et la crête de la montagne d'Ormont, qu'on suit de l'O. à l'E.; ou encore par (12 k.) les allées de Gratain et *Nayemont-les-Fossés* (565 h.). — L'excursion par ces deux directions est plus pittoresque, mais le chemin est moins facile, surtout par la montagne d'Ormont.

Moyenmoutier et Senones

PAR ÉTIVAL

31 k. — 4 à 5 h. aller et retour.

13 k. de Saint-Dié à Étival. — Chemin de fer, en 25 m. — 1 fr. 50; 1 fr. 10; 85 c.

8 k. d'Étival à Senones. — Route de voitures.

12 k. Étival (*V.* ci-dessus).

En quittant le chemin de fer, on suit, l'espace de 2 k. env., la route de terre de Saint-Dié à Lunéville, qui longe la Meurthe à g., puis, au hameau de Saint-Blaise, on tourne à dr. dans la vallée du Rabodeau, qu'on remonte en longeant le Rabodeau, sur la rive dr., jusqu'à Senones.

15 k. **Moyenmoutier**, v. de 5465 h. (tissage mécanique, blanchisserie et scierie), célèbre par une abbaye qu'y fonda saint Hydulphe, archevêque de Trèves, au milieu du viie s. — *Église* rebâtie en 1766, et fort

belle malgré les mutilations qui ont détruit les statues du clocher et défiguré le chœur. — Anciens *bâtiments de l'abbaye*, reconstruits vers la fin du XVIIe s. et occupés par une filature. — *Oratoire* de saint Hydulphe dont une partie semble remonter au VIIe s. — *Rocher* escarpé de la *Haute-Pierre* (578 mèt.), sur la rive dr. du Rabodeau, en face de Moyenmoutier.

21 k. **Senones**, ch.-l. de c. de 3163 h., situé sur les deux rives du Rabodeau, mais principalement sur la rive g., dans un magnifique amphithéâtre de verdure, enveloppé de belles montagnes boisées. Senones, autrefois capitale de la principauté de Salm, doit son origine à une abbaye fondée en 662 par saint Gondebert, évêque de Sens, et devenue l'une des plus importantes des Vosges. Elle a eu pour abbé, au XVIIIe s., dom Calmet, célèbre par ses nombreux travaux d'érudition. — *Tour* renfermant un bel escalier, seul reste d'une magnifique église construite au XVIIIe s. et détruite à l'époque de la Révolution. — *Château* des princes de Salm (XVIIIe s.), orné d'un vaste parc dessiné avec goût; il appartient à la famille Seillière, propriétaire d'une *filature* considérable, installée dans ce qui reste des anciens bâtiments de l'abbaye.

La vallée du Rabodeau, d'une physionomie sévère, offre plusieurs sites intéressants, spécialement celui où se trouve Senones. En remontant cette vallée on peut, par *Moussey* et le faîte de la montagne, prolongement du Grand-Brocard, gagner le lac de la Maix (R. 29).

———

De Saint-Dié à Nancy, R. 12; — à Remiremont, par Gérardmer, R. 20; — à Colmar, par Fraize et la Poutroye, R. 26; — à Schlestadt, par Sainte-Marie-aux-Mines, R. 27; — à Strasbourg, par Rothau, R. 28.

ROUTE 26.

DE SAINT-DIÉ A COLMAR

PAR FRAIZE ET LA POUTROYE

56 k. — Chemin de fer de Saint-Dié à Fraize (16 k.); trajet en 40 m. à 1 h.; 2 fr. 15; 1 fr. 45; 1 fr. 10. — Route de voit. de Fraize à Colmar.

La voie ferrée décrit une grande courbe en se dirigeant vers le S. et côtoyant la route de voitures.

6 k. Saulcy-sur-Meurthe (R. 12).
8 k. Saint-Léonard (R. 12).

A Épinal, R. 11.

On laisse à dr. la ligne d'Épinal.

10 k. *Anould* (1 k. S. de la station), v. de 3141 h., au N.-O. de *la Hardalle*, colline de 599 mèt. (superbe rocher et vieux château). — Sur la rive dr. de la Meurthe, *le Souche*, 449 h.; papeterie importante.

16 k. **Fraize**, ch.-l. de c., de 2557 h. — *Église* renfermant un tableau du XVIIe s. (*la Vierge sauvant un enfant à l'agonie*). — Bel *hôtel de ville* moderne.

A la gare, une plaque indique les excursions à faire dans la région, les altitudes, etc.

18 k. *Plainfaing*, v. de 4224 h. — Papeterie importante; tissage mécanique.

[De Plainfaing on peut, en remontant la vallée de la Meurthe par *Noirgoutte*, *la Truche*, *Habeaurupt*, *Xéfosse* et *le Valtin*, gagner le col de la Schlucht (R. 24).]

La route abandonne la vallée de la Meurthe et s'élève sur le versant O. des Vosges, dont elle atteint le faîte (26 k.) au **col du Bonhomme** (940 mét.; aub. *Au Cheval-Blanc*), frontière entre le dép. des Vosges et l'Alsace (poste de douaniers allemands).

30 k. *Le Bonhomme* (*Diedolshausen*), 1187 h. — Vestiges du *château fort de Judenbourg*. — Tissages mécaniques.

[Du Bonhomme un chemin de voitures conduit au lac Blanc (R. 31), et une bonne route carrossable mène à Sainte-Marie-aux-Mines par la vallée supérieure de la Liepvrette.]

34 k. **La Poutroye** (*Schnierlach*), 2408 h. — *Filature* importante (11 000 broches) et manufactures de cotonnades, cretonnes, siamoises, etc. — A 30 m. env. au N.-E., pic de grès vosgien (672 mét.), dit le *Faudé* (le faux Dieu), entouré de montagnes granitiques et couronné par d'immenses roches qu'on aperçoit de très loin; les archéologues ont cru reconnaître là un lieu consacré au culte druidique.

A 15 m. env. de la Poutroye on laisse à dr. le chemin du Val d'Orbey (V. R. 31).

44 k. Kaysersberg (R. 31).

12 k. de Kaysersberg à Colmar par Ammerschwihr et Ingersheim (V. R. 31; Excursion aux lacs Blanc et Noir, par Orbey, en sens inverse).

56 k. Colmar (R. 31).

ROUTE 27.

DE SAINT-DIÉ A SCHLESTADT

PAR SAINTE-MARIE-AUX-MINES

46 k. — Route de voit. et chemin de fer.

25 k. de Saint-Dié à Sainte-Marie-aux-Mines. — Route de voit (service de voitures en 3 h.; 4 fr. et 3 fr. 50).

21 k. de Sainte-Marie-aux-Mines à Schlestadt. — Chemin de fer (trajet en 1 h.; 1 m. 80 pf., 1 m. 20 pf., 75 pf.).

On sort par le faubourg Saint-Martin, pour prendre à g. la route de Sainte-Marie-aux-Mines qui traverse le bassin inférieur de la Fave, formant une vaste plaine d'une pente à peine sensible jusqu'au pied des Vosges. — On laisse à dr. la route de Colmar par la Poutroye.

3 k. *Sainte-Marguerite*, 411 h.

— 4 k. A g., route de Schirmeck.

9 k. *Raves*, 230 h.

12 k. *Gemaingoutte*, 250 h. — Entre Raves et Gemaingoutte, on aborde le pied de la montagne (413 mèt.) près de *Leigoutte*, ham.

14 k. *Wissembach*, 1091 h. — *Église* du XVIIe s., flanquée d'une *tour* très ancienne. — Douane française.

On gravit, l'espace de 4 k. env., le revers O. des Vosges, et la vue s'étend de plus en plus sur les plaines de la Lorraine. — A la crête des Vosges (800 mèt.; *auberge* à g. de la route), on sort du dép. des Vosges pour entrer en Alsace. — Sur une hauteur (891 mèt.) dominant la route à g., faibles vestiges d'un château fort, dit *château de Faite*, construit à la fin du XIIIe s. — La descente sur Sainte-Marie-aux-Mines, entre des montagnes couvertes de forêts, est admirable et mérite d'être parcourue à pied. — Parmi les beaux sites que l'on découvre à chaque pas, nous signalerons à dr. la vallée supérieure de la Liepvrette et ses riches pâturages. Ces vallons, ces retraites agrestes renferment de nombreuses métairies, habitées en général par des familles d'anabaptistes, dont les habitudes austères, le costume simple et de mode ancienne forment un des traits les plus curieux des mœurs alsaciennes.

25 k. Sainte-Marie-aux-Mines (R. 37).

21 k. de Sainte-Marie-aux-Mines à Schlestadt (R. 37).

46 k. Schlestadt (R. 31).

ROUTE 28.

DE SAINT-DIÉ A STRASBOURG

PAR ROTHAU

83 k. — Route de voit. et chemin de fer.

36 k. de Saint-Dié à Rothau. — Voitures de corresp. (3 dép. par j.; en 4 h. 1/2; 4 fr. 50).

47 k. de Rothau à Strasbourg. — Chemin de fer en 2 h. 8 à 2 h. 26 (3 m. 80 pf.; 2 m. 50 pf.; 1 m. 80 pf.).

3 k. Sainte-Marguerite (R. 27).

4 k. On tourne à g. pour prendre la route d'embranchement sur Schirmeck, et l'on franchit la Fave.

5 k. *Remomeix*, 252 h.

8 k. *Neuviller*, 351 h.

11 k. *Frapelle*, 278 h. — Excursion au château de Spitzemberg (V. R. 25).

12 k. *Beulay*, 173 h.

15 k. *Provenchères*, 918 h. — On laisse à dr. un chemin conduisant (11 k.) à Villé (R. 59), à travers une région de montagnes.

La route remonte sur un plateau élevé (558 mèt.) et sort du département des Vosges pour entrer en Alsace.

19 k. **Saales**, 1177 h. — A 2 k. 1/2 au S., montagne de *Voyemont* (804 mèt.), couronnée

[ROUTE 28] SAALES. — FOUDAY. — ROTHAU. 141

par de beaux rochers dits *roches des Fées* et montagne de *Labatteux* (709 mèt.), dont le flanc présente une excavation profonde de 50 mèt.

On pénètre dans la vallée de la Bruche, et la route longe le cours de cette rivière jusqu'à Mutzig.

22 k. *Bruche*, 1055 h. — A dr., à la sortie de Bruche, s'ouvre le Val de Villé, que traverse la route de Schirmeck à Schlestadt (R. 39).

De Bruche à Schlestadt, par Villé, R. 39.

29 k. *Saint-Blaise-la-Roche*, 248 h. — Ruines d'un *château* que possédaient les seigneurs d'Andlau. — A 2 k. 1/2 à l'O., *Plaine* (1431 h.), où est né Nicolas Ferry, surnommé *Bébé*, le célèbre nain du roi Stanislas.

32 k. *Fouday* (*Urbach*), v. de 237 h., situé sur la Bruche, dans une région isolée, connue sous le nom de **Ban de la Roche** (*Steinthal*). Elle doit cette désignation à un haut rocher autrefois surmonté d'un château et dominant le village de Bellefosse.

Le Ban de la Roche, comprenant 8 villages : Bellefosse, Belmont, Fouday, Solbach, Neuwiller, Rothau, Waldbach et Wildersbach, était, il y a un siècle, dans un état presque sauvage, sans ressources, sans voies de communication et plongé dans l'ignorance et la misère. C'est alors qu'Oberlin (1749-1827), étant venu comme pasteur protestant dans cette contrée (1767), entreprit de la civiliser, et il y réussit par un infatigable dévouement qui recommande sa mémoire au respect de tous les amis de l'humanité. Il fut secondé dans son œuvre philanthropique par Madeleine Witter, sa compagne dévouée, par ses fils et ses filles, et par une humble fille, Louise Schepler, l'amie plutôt que la servante de la famille.

Le cimetière de Fouday renferme les tombeaux d'Oberlin, de sa femme, de l'un de ses fils et de Louise Schepler.

[De Fouday, on peut gagner le plateau du Champ du Feu (2 h. 1/2 à 3 h. 1/2) par un vallon agreste. On passe à *Waldbach* (*Waldersbach*), v. de 392 h., où résidait Oberlin; *Belmont* (*Schauberg*) et *la Hutte*, ham. que domine la montagne de Belmont (1001 mèt.) De là, en se dirigeant vers le S.-E., on atteint (35 à 40 m.) le Champ du Feu (V. R. 40). — Un chemin s'ouvrant à dr., à la hauteur de l'église de Waldbach, mène (25 à 30 m.) aux ruines du *château de la Roche* (*zum Stein*), couronnant un escarpement rocheux de la montagne (912 mèt.) qui s'élève au S. de *Bellefosse* (361 h.).]

56 k. **Rothau**, v. de 1434 h. — Tissages mécaniques, blanchisseries, teinturerie, ateliers de construction. — Habitation particulière (beau parc).

[Excursion par (1 h.) *Natzwiller* (*Natzweiler*), (5 m.) la *Haute-Combe* et un chemin à dr., près d'une scierie (plaque indicatrice), à (30 m.) la *cascade de la Serra*. — On peut, de là, monter à (45 m.) la ferme du Champ du Feu ou *ferme Morel*, et, par le plateau, gagner (50 m.) le signal du Champ du Feu (R. 40). — De la cascade, retour par la Haute-Goutte et *Neuviller* à Rothau.]

A Rothau on prend le chemin de fer conduisant à Strasbourg par Schirmeck, Urmatt, Muttig et Molsheim.

59 k. *La Broque* (*Schirmeck-Vorbruck*), 2496 h. (filature et tissage de coton; tanneries). — A 6 k. au S.-O., près de la *ferme de Salm*, vestiges du *château de Salm*. Sur un rocher voisin de ces ruines, on remarque une inscription portant que, le 27 octobre 1779, « ce roc et ancien vestige du château et maison de souche de Salm-Salm » a été visité par des deux princes descendant de cette illustre famille.

A 2 k. env. à l'O. et sur la rive g. de la Bruche, *Schirmeck*, 1392 h., à l'entrée du vallon de Grandfontaine (306 mèt. d'alt.), sur la rive dr. de la Bruche, qui le sépare de la Broque. Les deux localités sont tellement voisines l'une de l'autre qu'elles semblent ne former qu'un même village. — Restes du *château de Schirmeck*, sur un rocher à pic (jolie vue), à mi-hauteur de la montagne dite la *Côte du Château*. Ce château, cédé en 1336 au comte de Salm, ainsi que Schirmeck et toute la vallée de la Bruche, par l'évêque de Strasbourg, fut détruit au xvɪᵉ s. On peut monter au château et revenir par un kiosque élevé à l'extrémité de la crête (promenade de 1 h. env.). — Schirmeck a des filatures de coton, des tissages mécaniques, teintureries, scieries, etc.

Le Donon.

5 à 6 h. à pied, aller et retour. — On peut se rendre en voiture jusqu'à la ferme ou auberge du Donon.

Après avoir franchi la Bruche, à g., dans la rue principale de Schirmeck, on prend la route de Raon-l'Étape, qui remonte une vallée encaissée, arrosée par le ruisseau de Grandfontaine. On passe 3 k. entre les ham. de *Vacquenau*, à g., et de *Vackenbach*, à dr.; le coteau auquel s'appuie ce dernier fournit un minerai de fer traité à (4 k.) *Framont* (456 h.; forges), au débouché d'une gorge agreste qu'on rencontre à g.

3 k. *Grandfontaine* (*Grossbrunn*), v. de 882 h. — Carrières de marbre et de porphyre et mines de fer, dont la visite est intéressante.

Si l'excursion se fait à pied, au lieu de suivre, au delà de Grandfontaine, la route de voitures, qui décrit plusieurs circuits, on abrègera de près de moitié en prenant à g., à l'entrée du village, un chemin de montagne qui gagne directement, en longeant le ruisseau de Grandfontaine, le point culminant de la route (9 k. de Schirmeck), dit *plate-forme du Donon* (737 mèt.).

En face de la *ferme-auberge* (lait, œufs, vin) du Donon, un peu plus loin, frontière de la France et de l'Alsace, s'ouvre, à dr. de la route, le chemin remontant (45 à 50 m.) au som-

[ROUTE 28] SCHIRMECK. — LE DONON. — URMATT. 143

met de la montagne. Il incline constamment à dr. dans le sens du S.-O. au N.-E., en traversant une région tantôt boisée, tantôt couverte de broussailles et de mousses que percent de gros rochers.

Près de la ferme du Donon, *ferme du Rayez*, d'où un sentier mène au lac de la Maix (R. 29; promenade très pittoresque; 1 h. aller et retour).

Le **Donon** (1010 mét.), qui s'élève à la limite de la Lorraine et de l'Alsace, sur l'une des plus anciennes routes de communication entre les deux provinces, appartient à la formation du grès vosgien. Le sommet forme un petit plateau long de 375 mét. et large de 80 à 100 mét. en moyenne, où la roche est en partie à nu. On y embrasse un immense panorama jusqu'au Hoheneck et aux Hautes-Chaumes de Pairis. Outre l'intérêt qu'il offre au point de vue purement pittoresque, le Donon a encore attiré l'attention des archéologues par les débris antiques qui y ont été découverts. Au sommet s'élève un petit temple (musée), construit il y a une dizaine d'années environ, formé de blocs de grès non cimentés et reposant sur six colonnes. Entre les quatre colonnes du centre, garnies de barres de fer, sont rangées quelques antiquités trouvées dans les fouilles du Donon ou aux environs (bas-relief représentant Mercure; fragments de statues; débris de colonnes;

inscription votive aux Dieux Mânes; borne milliaire; d'autres antiquités (les plus importantes) ont été transportées au musée d'Épinal. (V. R. 40).

De Schirmeck à Raon-l'Étape, R. 39.

Au delà de la Broque, la voie ferrée franchit la Bruche et longe sa rive g. La vallée de la Bruche, jusqu'alors assez resserrée, s'élargit; à dr., belles prairies bordant la Bruche.

42 k. *Hersbach.*

44 k. **Wisch** (Wisch), 1390 h. — *Tour* de l'ancienne église Saint-Antoine, du xie s. (?).

46 k. **Lutzelhausen**, d'où l'on peut se rendre à Sarrebourg (R. 1) par les forêts de Lutzelhausen et le plateau du Nott.

(Excursion à (4 h. 30) route de voit.) **Grendelbruch**, v. de 1836 h., très intéressant, pittoresque, station climatérique, à l'origine de plusieurs vallons, dominant la vallée de la Magel. — *Église* (1838) dans le style de la Renaissance. — Reste d'une tour du xvie s. — Joli hôtel de ville. — De Grendelbruch, des sentiers, établis par le Vogesen-Club, conduisent: au (1 k.) *Bruchberg* (belle vue); — à (3 k.) la *Belle-Vue*; — au (2 k. 1/2 O.) *Falkenstein* (vue magnifique). On peut aussi monter au (4 k.) *Hohenrain* (magnifique panorama); — du (5 k. S.-O.) *Purpurkopf* (R. 40), où se rendre à Sainte-Odile (R. 40).

49 k. **Urmatt**, 681 h. — *Puits* près du cimetière du village, seul reste d'un couvent de dominicains abandonné dès le

commencement du xiv° s. Ce puits, primitivement renfermé dans une chapelle, était autrefois un but de pèlerinage. — Vestiges d'un *monument druidique*, sur une hauteur dominant le village à g.

Niederhaslach, Oberhaslach, cascade et château du Nideck.

10 k. — Route de voit. d'Urmatt au Nideck. — *Course très intéressante dans laquelle on visite une des régions les plus agrestes des Vosges.*

On prend à dr., dans le village d'Urmatt, un chemin qui remonte directement au N.

2 k. **Niederhaslach**, v. de 975 h., sur le Hasel ou Haslach, ruisseau torrentiel descendant des hauteurs de Lützelhausen. Niederhaslach s'est formé autour d'un monastère fondé par saint Florent sur l'emplacement même qu'occupe l'église actuelle. L'abbaye, convertie en collégiale au xi° s., fut en partie ruinée au xvii° s. par les Suédois et supprimée à l'époque de la Révolution.

Église, autrefois collégiale, un des beaux édifices religieux de l'Alsace et but de pèlerinage très célèbre. Commencée en 1274, elle fut, en cours même de construction, détruite par un incendie. Jacques Erwin, fils de l'illustre architecte de la cathédrale de Strasbourg, en reprit les travaux et les dirigea de 1294 à 1316. C'est à lui qu'on devrait, entre autres, la nef et la tour. Terminée en 1385, gravement endommagée à diverses époques et notamment au xvi° s., où elle perdit une flèche élégante surmontant la façade O., elle a été, dans ces dernières années, complètement restaurée par M. Bœswillwald. — *Portique* occidental garni de statuettes (dans le tympan, bas-relief représentant *l'histoire de saint Florent*; à dr. et à g. de la porte, statues de la *Vierge et de l'ange Gabriel*). — A l'int.: superbes *verrières* du xiv° s. (épisodes de la vie de saint Florent); *saint sépulcre* du xiv° s.; *Christ au jardin des Oliviers*, œuvre intéressante de l'art du moyen âge. Dans une chapelle, *pierre tumulaire* de Jacques Erwin, scellée dans le mur.

Dans une habitation particulière (Grande-Rue), bas-relief (*saint Florent en habits d'évêque*) appliqué à la muraille. — *Pont* dont les pilastres portent une inscription légendaire, en français et en allemand, tracée en lettres d'or sur marbre noir.

5 k. **Oberhaslach**, v. de 1070 h., au N.-O. de Niederhaslach. — *Chapelle* du xviii° s., sur l'emplacement de l'ancien oratoire de Saint-Florent, au pied du *Ringelsberg* (650 mèt., vestiges du *château de Ringelstein*, une des six forteresses qui défendaient la seigneurie de Schirmeck).

On remonte la vallée du Hasel ou Haslach, en côtoyant

constamment ce ruisseau, qui fait mouvoir de nombreuses scieries. — A la deuxième scierie, on aperçoit sur un rocher quelques pans de murs, restes du *château de Hohenstein*, ruiné dès le xiv° s. — On laisse à dr. le vallon du Lutterbach.

8 k. On rencontre (à dr.), vers la cinquième scierie, la gorge qu'arrose le ruisseau du Nideck; on la remonte, à travers une haute futaie de sapins, par un chemin bien entretenu, et on atteint (2 k. env.) le magnifique amphithéâtre formé d'une enceinte de roches porphyriques d'où s'élance la **cascade du Nideck** (bancs et chalet). Elle tombe d'une hauteur de 20 à 25 mèt., en décrivant une parabole qui permet de passer entre le rocher et la colonne d'eau.

Au fond de ce cirque de rochers, un sentier, rendu facile, mène au haut de l'escarpement, au pied même des ruines du **château du Nideck** (xii° ou xiii° s.). — *Tour* carrée, haute d'env. 20 mèt., et débris de murailles. Des échelles appliquées à l'intérieur de la tour permettent d'en atteindre le sommet. — *Vue* des vallées du Nideck, de la Bruche et du massif du Champ du Feu. — A 30 m., *maison forestière* où l'on trouve à se rafraîchir et d'où un chemin (poteaux indicateurs) conduit, en 3 h. env., à Wangenbourg.

Du château du Nideck, on peut gagner (2 h. 50; guide nécessaire) Wangenbourg par le Schneeberg (R. 40).

La voie ferrée franchit le Nideck et laisse à g. les bois et le village d'*Heiligenberg* (453 h.).

57 kil. *Gresswiller* (*Gressweiler*; 829 h.).

Château de Guirbaden.

8 k. — Joli chemin.

De la station de Gresswiller, on revient sur ses pas et, à 150 ou 200 mèt. de la station, on prend à g. un chemin passant à travers quelques prairies et ensuite dans le bois de Gresswiller. — En les quittant (4 k. de Gresswiller), on aperçoit à dr., au delà de la Magel, *Mollkirch* (779 h.); bientôt après on arrive (5 k.) à *Laubenhain*, ham. où l'on trouve un sentier de forêt remontant (7 k. 1/2 env.) aux ruines du château de Guirbaden (*V. R*. 40).

Au delà de la Bruche (1 k. N.) se trouve *Dinsheim* (1177 h.). — Ancienne et curieuse *maison* qu'on suppose avoir fait partie d'un couvent de femmes et dont la tradition locale fait remonter la construction au temps de sainte Odile, au vii° s. Quoi qu'il en soit, cette maison est un des plus anciens spécimens d'architecture civile en Alsace. On présume qu'elle faisait partie d'un couvent de femmes, dont l'église aurait occupé l'emplacement d'une chapelle qui s'élève non loin de là. — *Usine de Bruschwerk* pour l'étirage des fers.

59 k. Mutzig (R. 41). — 24 k. de Mutzig à Strasbourg (R. 41, en sens inverse).

83 k. Strasbourg (R. 1).

ROUTE 29.

DE RAON-L'ÉTAPE A SCHIRMECK

PAR LA VALLÉE DE CELLES

37 k. — Route de voit. — Service de corresp. de Raon-l'Étape à (23 k.) Raon-sur-Plaine (trajet en 2 h. 30 ; 2 fr. 25).

La route suit jusqu'au Donon la rive g. de la Plaine. — On traverse d'abord une sorte de bassin découvert, puis (20 m.) on pénètre, vers le ham. de *la Truche*, dans un vallon resserré entre des hauteurs boisées.

10 k. Celles, 1576 h. — *Église* (vitraux et orgues). — Dans la maison d'école, portrait de M. Fortier, bienfaiteur de la commune.

16 k. *Allarmont*, 765 h. Le dessinateur Valentin, mort en 1852, est inhumé à Allarmont, son pays natal.

19 k. *Vexaincourt*, 480 h., au confluent du ruisseau de la Maix et de la Plaine.

[Près du sommet (815 mèt.) de la montagne de Vexaincourt (au S.) se trouve, à 663 mèt., dans un site extrêmement agreste, l'*étang* ou *lac de la Maix*, dont les eaux ont une admirable limpidité. De Vexaincourt, un chemin forestier qui s'ouvre à dr. dans la grande rue, mène en 1 h. 30 env. à l'étang de la Maix (à 8 ou 10 m. du village, prendre à g. l'embranchement qui remonte le versant N.-E. du vallon de la Maix).]

21 k. *Luvigny**, 403 h.

On aborde la vallée supérieure, qui s'évase et forme une sorte de plateau accidenté au pied du Donon. — En 1814, toute cette région du Donon fut le théâtre d'une énergique résistance des habitants à l'invasion étrangère. MM. Erckmann-Chatrian ont placé au Donon l'action de leur intéressant roman, *le Fou Yégof*.

23 k. *Raon-sur-Plaine**, v. de 535 h., à 458 mèt.

[On peut monter au sommet du Donon par le versant O., en suivant un chemin partant de Raon-sur-Plaine ; dans ce cas, on redescendrait le versant S. de la montagne par le chemin qui aboutit au col du Donon, pour de là gagner Grandfontaine (*V*. R. 28).]

La route contourne le Donon au S.-O. et, passant (28 k.) au *col* ou plate-forme *du Donon*, sort du département des Vosges pour entrer en Alsace.

32 k. Grandfontaine (R. 28). — 5 k. de Grandfontaine à Schirmeck (R. 28).

37 k. Schirmeck (R. 28).

ROUTE 50.

DE BELFORT A GUEBWILLER

PAR CERNAY

46 k. — Route de voit. (chemin de fer projeté).

On sort de Belfort par le faubourg de Brisach, en laissant à g. le fort de la Miotte et à dr. le fort de Justice (*V. R. 2*).

5 k. *Roppe*, 513 h. (*fort*).

On franchit le ruisseau de la Madelaine, en laissant à dr. (1 k.) *Belhonvilliers* (164 h. ; tissage mécanique de coton), et bientôt après on rencontre à g. et on dépasse la route de Massevaux, que dominent au S.-O. les derniers contreforts des Vosges.

14 k. *La Chapelle-sous-Rougemont*, 740 h. — On entre en Alsace.

21 k. *Soppe-le-Bas* (*Unter-Sulzbach*), 586 h.

La plaine mamelonnée que l'on traverse est coupée çà et là de bouquets de bois. — On découvre au loin, à l'O., les hauts sommets des Vosges.

26 k. *Pont-d'Aspach* (*Aspacher-Brucke*), ham. situé au carrefour des routes de Belfort et d'Altkirch à Guebwiller et de Massevaux à Mulhouse, et un peu à l'E. de Burnhaupt, station du chemin de fer de Cernay à Sentheim (R. 33). — La route, jusqu'à Cernay, est parallèle au chemin de fer. — On franchit la Doller.

28 k. *Aspach-le-Bas* (*Nieder-Aspach*), 585 h. — A 1 k. au S.-E., *château* et village de *Schweighausen* (607 h.). — A g., route conduisant à (7 k.) Thann (R. 33).

On longe à dr. une ancienne voie romaine, qui borde à l'O. la forêt de Nonnenbruch ; puis on croise la route de Thann à Mulhouse, et, à 1 k. 1/2 plus loin, le chemin de fer de Mulhouse à Wesserling (R. 33) ; enfin on franchit la Thur en entrant à Cernay par le faubourg de Belfort.

34 k. Cernay (R. 33). — Un omnibus fait le trajet entre Cernay et Wattwiller (60 pf.).

On laisse à quelque distance sur la g. *Uffholtz* (*Uffholz* ; 1520 h.).

37 k. **Wattwiller** * (*Wattweiler*), v. de 1462 h., au pied des hauteurs dépendant du Ballon de Guebwiller, à quelques centaines de mèt. à g. de la route. — *Église* moderne (1841), renfermant des pierres tombales des XIII° et XIV° s. — Trois *sources* froides (10°), sulfatées calciques, ferrugineuses, avec traces d'arsenic, sont employées contre la chlorose, l'anémie et les affections qui en procèdent. Les eaux, dont le débit est très abondant, sont recueillies dans un réservoir en pierre, d'où des tuyaux en bois les amènent à *l'établissement des bains*. Elles se prennent en boisson, en bains et en douches.

On laisse encore sur la dr.

Hartmannswiller (*Hartmannsweiler*; 789 h.; restes d'un château fortifié), ensuite à g. (25 m.) Wuenheim (R. 34).

43 k. Soultz (R. 34). — 3 k. de Soultz à (46 k.) Guebwiller (R. 34).

ROUTE 31.

DE BALE A STRASBOURG

PAR MULHOUSE ET COLMAR

143 k. — Trajet en 2 h. 25 à 6 h. 30. — 13 m. 10 pf. et 9 m. 30 pf. par trains express (*Schnell-Züge*); 11 m. 50 pf., 7 m. 60 pf., 4 m. 60 pf. par trains omnibus (*Personen-Züge*).

DE BALE A COLMAR

75 k. — Chemin de fer. — Trajet en 1 h. 25 à 3 h. 10. — 6 m. 85 pf. et 4 m. 85 pf., par trains express; 6 m., 4 m., 2 m. 60 pf., par trains omnibus.

33 k. de Bâle à Mulhouse (V. R. 2).

Le chemin de fer, laissant à g. la ligne de Mulhouse à Paris, décrit une forte courbe et franchit le canal du Rhône au Rhin, puis l'Ill.

36 k. *Dornach*, 4511 h., un des faubourgs de Mulhouse, dont il n'est éloigné que de 3 k. — Vastes *établissements industriels* (magnifique manufacture de toiles peintes de MM. Dollfus, Mieg et Cie).

On croise la Doller.

38 k. **Lutterbach**, 1828 h. —
Restes d'un *prieuré* dépendant de l'abbaye de Lucelle. — Sur la colline, entre Lutterbach et Pfastatt, s'élève une *croix*, la plus ancienne de l'Alsace.

De Lutterbach à Wesserling, R. 41.

A g., embranchement de Wesserling-Sentheim (R. 33). — On traverse en ligne dr. du S. au N. la *forêt de Nonnenbruch*.

45 k. *Wittelsheim*, 1628 h.

50 k. **Bollwiller** (*Bollweiler*), 1170 h. (belles pépinières), station où se raccorde l'embranchement de Guebwiller (R. 31).

[Corresp. pour (8 k.) Ensisheim (trajet en 1 h.; 80 pf.)

On traverse la forêt de Niederwald, et l'on franchit la Thur.

8 k. **Ensisheim**, 3300 h., sur la rive dr. de l'Ill. — *Église* renfermant un aérolithe, tombé à Ensisheim, le 7 nov. 1492. — *Hôtel de ville* du XVIe s. (jolie tour octogonale). — *Prison* dans un ancien couvent de Jésuites. — *Maisons* du XVe et du XVIe s., notamment la maison de l'*hôtel de la Couronne*, où Turenne logea la veille de la bataille de Turckheim, et la maison de la *brasserie Schmidt*.]

De Bollwiller à Guebwiller, R. 31.

57 k. *Merxheim*.

Le chemin de fer se rapproche de la chaîne des Vosges.

62 k. **Rouffach** (*Rufack*) 3691 h., sur la rive g. de la Lauch.

Rouffach est l'un des plus anciens domaines appartenant autrefois à l'évêché de Strasbourg. Il lui fut conféré par Dagobert II, roi d'Austrasie, comme témoignage de reconnaissance envers saint Arbogast, dont les prières avaient obtenu la guérison du fils de Dagobert, blessé à la chasse par un sanglier.

Le maréchal Lefèvre, duc de Dantzick (son *buste* est placé à l'hôtel de ville, dans la salle des séances du conseil municipal), est né à Rouffach en 1755, ainsi que le célèbre architecte et sculpteur du moyen âge Wœlfelin, à qui est attribuée, au moins en partie, la construction de l'église.

Église Saint-Arbogast, des XI°, XII° et XIII° s. (fenêtres du chœur, clocher et portail d'une riche décoration). À l'intérieur : *sculptures* des chapiteaux; deux *escaliers* élégants, restes de l'ancien jubé; *pierres tombales*.

Vastes *caves* (dans une maison particulière), restes du château d'Isenbourg. Ancienne *tour* à créneaux. — *Maisons* à pignon dentelé.

[Excursions à (4 à 5 k.) Schauenbourg (*V.* ci-dessous) par *Pfaffenheim* (1727 h.; *église* moderne avec un ancien *clocher*), et à (3 k. au S.-O.) la colline du Bollenberg (*V.* ci-dessous).]

Soultzmatt.

7 k. — Voit. de corresp. (trajet en 45 m.; 60 pf.).

Après avoir suivi la route de Colmar à Belfort, l'espace de 2 k. 1/2 env., jusqu'au pied du Bollenberg, on entre, à dr., dans un chemin remontant le vallon dit de Soultzmatt.

7 k. **Soultzmatt*** (*Sulzmatt*), v. de 2856 h. — *Église* (monuments funéraires);

Établissement des bains (275 mèt. d'alt.), au N.-O. du village, à l'extrémité d'une belle avenue de tilleuls, entre les montagnes du *Heidenberg* (366 mèt.), au N., et du *Pfingsberg* (240 mèt.), au S.

Les eaux de Soultzmatt, froides, bicarbonatées sodiques, gazeuses, exploitées seulement depuis le XVIII° s., sont limpides, incolores, d'un goût frais, piquant, acidulé, un peu alcalescent, très agréable. On les emploie dans les affections des voies digestives, des voies urinaires, contre certains engorgements de l'utérus, etc., quand ces maladies ne s'accompagnent pas d'anémie. — Saison, du 15 mai à la fin de septembre. — Cures de petit-lait et de raisin.

Promenades. — Le *Heidenberg*, colline formant un véritable parc de plaisance. — *Vallée supérieure de Soulzmatt* (anciennes carrières; débris de la *tour de Blumenstein*). — *Chapelle de Schæfferthal* (but de pèlerinage) et, tout auprès, pierre appelée *der Langenstein*, et considérée comme un *menhir*. — *Orschwihr* (Orschweier; 1197 h.; ancienne demeure seigneuriale près de l'église; non loin du village, au milieu des bois, *tour* carrée, reste d'un château fort). — Au S. d'Orschwihr (5 m.), *Berghotz-Zell* (556 h.; *église*, une des plus vieilles de l'Alsace).

Le **Bollenberg**, grande colline oolithique longue de 1500 mèt.

env. et large de 800, est au S.-E. de Soultzmatt (le plus haut sommet, désigné sous le nom de *Grand Bollenberg*, a 363 mèt.). Le plateau du Bollenberg, couvert d'un maigre gazon, est parsemé de blocs de grès tantôt disposés sans aucune symétrie, tantôt dessinant des cercles irréguliers. Il paraît très probable que ces blocs ont servi aux cérémonies du culte druidique.

De Soultzmatt, un bon chemin carrossable mène en 3 h. 1/2 env., par Osenbach, à Soultzbach, dans la vallée de Munster (R. 36).

68 k. *Herlisheim* (972 h.; *château* du XVIIIᵉ s.). — Cette station dessert: *Hattstatt* (1037 h.; *église* des XIIIᵉ et XVᵉ s.; débris d'un *château* dont le presbytère occupe en partie l'emplacement) et *Gueberschwihr* (*Geberschweier*), v. de 1384 h. (*église*, de la fin du Xᵉ s. ou du commencement du XIᵉ, réparée et agrandie en 1835).

A 5 k. env. d'Herlisheim, à dr., sur le versant de la montagne, *église de Schauenbourg* ou *Schauenberg*; 472 mèt d'alt. pèlerinage très fréquenté.

71 k, *Eguisheim* (*Egisheim*), 1767 h. — *Portes* intéressantes de l'église. — Restes d'un *château fort* (tour hexagonale) cachés dans des constructions particulières. — *Fontaine* surmontée de la *statue* moderne du pape Léon IX.

[Les **trois tours d'Eguisheim**[1], qui, dès avant Colmar, attirent les regards, occupent le sommet (583 mèt.) d'un mamelon rocheux qui s'avance sur la plaine de l'Alsace. Toutes trois de forme carrée, elles sont placées à 60 mèt. env. en arrière l'une de l'autre, sur une ligne oblique du S.-E. au N.-O. La *tour de Veckmund* (*Weckmund*), haute de 40 à 45 mèt., est la mieux conservée des trois; on y pénètre par une brèche pratiquée à la base; dans son état primitif, elle semble n'avoir eu aucune ouverture au rez-de-chaussée. La *tour de Wahlenbourg* (*Wahlenburg*) a aussi conservé intacte la masse de sa construction; la *tour de Dagsbourg* (*Daysburg*) est à l'état de ruine. Ces tours, construites, à ce qu'on présume, au XIᵉ s., furent détruites en 1466 par une ligue des villes alsaciennes, dans une guerre engagée sur une circonstance insignifiante, et dite *guerre des six oboles*. — Le pape Léon IX a passé son enfance au château d'Eguisheim.

Au bas des hauteurs d'Eguisheim se trouve *Hüsseren* (*Hæusern*; 530 h.). A l'entrée d'une gorge voisine de ce village (1 k. au S.), ruines de l'*abbaye de Marbach*.]

Le chemin de fer continue de longer d'assez près le pied des Vosges.

75 k. Colmar.

COLMAR

Situation. — Aspect général.

Colmar*, ancien ch.-l. du départ. du Haut-Rhin, actuelle-

[1] Si l'on fait cette excursion depuis Colmar, on peut se rendre à ces ruines par le Hohlandsperg (R. 36), d'où un chemin de forêt (30 à 35 m.) mène directement aux trois tours.

[ROUTE 31] EGUISHEIM. — COLMAR. 151

ment ch.-l. de la Haute-Alsace, v. de 26 106 h., est située dans une plaine d'un aspect uniforme, à l'angle formé par la rencontre de la Lauch et du Logelbach, canal de dérivation de la Fecht. Colmar se trouve à 16 k. du Rhin en ligne directe, et à 5 ou 6 k. des Vosges, dont la chaîne se développe en un magnifique amphithéâtre à l'O. de la ville. A l'E., entre la ville et le Rhin, s'étend la grande plaine de l'Alsace, coupée de forêts et traversée par l'Ill et le canal du Rhône au Rhin. Ce canal est relié, depuis 1864, par un embranchement de 13 600 mèt., à Colmar, où il aboutit à un vaste bassin ou gare d'eau.

Histoire.

L'origine de Colmar, très ancienne et assez obscure, semble remonter à un domaine royal, possédé en ce lieu par les rois francs. Charles le Gros y tint une diète pour aviser aux moyens de défendre l'empire contre les Normands, qui avaient envahi la Lorraine. Au moyen âge, la ville prit un rang considérable en Alsace, et, après avoir été entourée de fortifications en 1220, elle fut érigée en cité impériale en 1226. Dès lors Colmar fut activement mêlée aux luttes des empereurs contre la papauté et souvent agitée par les résistances de la bourgeoisie aux empiètements et à la domination de la noblesse (xive s.). En 1365, Colmar entra dans la ligue formée pour repousser les Grandes Compagnies, qui s'étaient répandues en Alsace, et, en 1444, elle se défendit avec courage contre les attaques des bandes d'Armagnacs conduites par le dauphin de France, depuis Louis XI. La réforme religieuse du xvie s. n'y pénétra que lentement. Cédée à Louis XIII par les Suédois, qui s'en étaient emparés au début de la guerre de Trente ans, Colmar fut réunie à la France à la suite de la victoire de Turckheim, remportée par Turenne sur les Impériaux (1675). De 1790 à 1871, cette ville fut le chef-lieu du dép. du Haut-Rhin.

Parmi les hommes éminents nés à Colmar, nous citerons : Michel Friburger, imprimeur renommé qui exerça son art à Paris à la fin du xve s.; Conrad Pfeffel, auteur de fables et de poésies allemandes estimées (1736-1809); de Golbéry, mort en 1854 et à qui on doit de savants travaux sur les *Antiquités de l'Alsace* et une traduction de Niebuhr; Jean-Michel Hausmann (1794-1824), chimiste distingué, créateur d'une grande manufacture d'indiennes au Logelbach; Rewbel (1746-1810), membre du Directoire; le général Rapp (1772-1323); l'amiral Bruat (1796-1855). Colmar revendique également l'honneur d'avoir vu naître le célèbre peintre-graveur Martin Schongauer; mais il paraît certain que cet artiste, qui passa la plus grande partie de sa vie à Colmar, où il mourut en 1488, est né à Augsbourg en 1420.

Monuments.

Cathédrale Saint-Martin, commencée en 1263 et terminée en 1360. — *Portail S.* orné de figures d'une étonnante variété d'expressions, parmi lesquelles se trouve l'image de « *maître Humbret* », artiste éminent du moyen âge et l'un des architectes de l'église. — A l'int. : dans le chœur, magnifiques *vitraux* provenant de l'église des Dominicains de Colmar; dans la sacristie, tableau (*la Vierge et l'Enfant Jésus*) généralement attribué à Martin Schongauer.

Ancien couvent des Dominicaines (affecté à la bibliothèque et au musée; *V.* ci-dessous), aussi appelé les *Unterlinden*, d'un quinconce de tilleuls qui s'étendait autrefois près de là. Il fut construit au commencement du xiii° s. pour une communauté de femmes, restée célèbre dans l'histoire du mysticisme en Allemagne. Les bâtiments formaient un vaste quadrilatère autour d'un cloître qui subsiste encore. Le *chœur* de l'église conventuelle est d'un style très pur et d'une élégante simplicité. — Le *cloître*, récemment restauré, forme la partie la plus intéressante du couvent des Dominicaines (au centre, *statue de Martin Schongauer*, entouré de quatre figures symboliques: la *Peinture*, la *Sculpture*, la *Gravure* et l'*Étude*, par Bartholdi). En face de l'entrée du cloître s'ouvrent quatre *fenêtres* habilement réparées, et qui ont appartenu à une maison du xii° s.

Église des Dominicains, transformée en *halle aux blés*.

Ancienne *douane* (place de la Cour d'Appel), occupée maintenant par la Chambre de commerce, édifice du moyen âge dont la décoration extérieure est très caractéristique (au 1ᵉʳ étage, grande salle ornée de colonnes sculptées).

Palais de justice (xviii° s.), renfermant quelques parties curieuses, d'une date ancienne, notamment la salle de la chambre correctionnelle de la cour. — Ancien *hôtel de la préfecture*, en face de la promenade du Champ-de-Mars.

Maisons des xv° et xvi° s., notamment: une *maison* (rue Saint-Jean), avec galeries ornées de charmantes balustrades en bois; — la *maison Pfister* (à l'angle des rues des Augustins et des Marchands); construction intéressante (tourelle octogonale), ornée de fresques; — la *maison Chevalier*, voisine de la précédente (tourelle saillante octogonale à encorbellement; inscription en allemand sous la porte cochère, 1358); — la *maison aux Têtes*, rue Vieille-des-Fondeurs; — l'ancien *hôtel des Nobles*, au coin de la rue des Augustins et de la rue Schongauer, etc.

Statue du général Rapp (place du Champ-de-Mars), en bronze, par Bartholdi. — *Statue de l'amiral Bruat* (promenade du Champ-de-Mars), sur un piédestal formant fontaine (1864). — *Satue de Pfeffel* (place du Musée), don et œuvre du sculpteur Friederich (1859).

Bibliothèque. — Musée. — Sociétés savantes.

Les collections littéraires, scientifiques et artistiques de Colmar sont réparties de la manière suivante dans les anciens bâtiments des *Unterlinden;* — *rez-de-chaussée :* musée de peinture, dans l'ancienne église; musée lapidaire (bas-reliefs, fragments de sculptures, reproductions en plâtre, etc., soit du moyen âge, soit d'époques antérieures), dans les galeries du cloître; archives communales; *1er étage :* bibliothèque communale (galerie du N.), musée ethnographique (galerie de l'O.); musée d'histoire naturelle et cabinet des estampes (galeries S. et E.); musée d'antiquités et de curiosités à la tribune de l'église.

Bibliothèque publique : 50 000 vol.; plus de 500 man.; 10 000 médailles; estampes; lithographies, dont 45 pièces datant des impressions de Senefelder; échantillons de tissus remontant à l'origine de l'industrie manufacturière dans le Haut-Rhin; *Bible* imprimée en allemand, à Strasbourg, par Eggenstein, 1466; *Tractatus rationis et conscientiæ,* que l'on croit avoir été imprimé par Gutenberg même ou du moins par Nicolas Bechtermünze, l'acquéreur de son atelier typographique.. — *Archives communales* (Protestation de Thierry II d'Ysenbourg, incunable de 1462, imprimé par Faust et Schæffer; acte constitutif, original, de la ligue des dix villes impériales d'Alsace en 1354). — Belle *collection de photographies* (monuments et vues de l'Alsace) par M. Braun, de Dornach.

Musée (public les dimanches et jeudis; les étrangers peuvent le visiter tous les jours, moyennant pourboire), comprenant des tableaux appartenant principalement aux trois premières époques de l'école allemande (école de Cologne, école de Martin Schongauer, école d'Albert Durer); un admirable *autel* en bois sculpté, provenant du couvent des Antonistes d'Issenheim; de nombreuses gravures; des moulages de marbres antiques et d'œuvres du moyen âge; des fragments du moyen âge : sculptures d'ornement, statues, etc.

A g. en entrant (chœur); anciennes écoles : *La Vierge et l'Enfant* (revers, *saint Antoine* et *saint Paul et saint Antoine*); — *Christ en croix* (revers, *Annonciation* et *Résurrection*), par Mathias Grünewald, etc.; — *Scènes de la Passion* (tableaux sur fond d'or, par Isenmann); — 161. *Pitié;* — 105. *Christ en croix;* — série de tableaux par Schongauer; — *mosaïque;* — *autel* en bois sculpté

A dr. (nef); écoles modernes : Guerchin (*tête de vieillard*); — Boucher (*Bacchanale*); — Benner, Saltzmann, Henner, Bernier, Jundt, Ulmann, G. Doré, etc.; — collection de paysages et de vues d'Alsace, par M. Michel Hertrich, de Colmar.

Au 1er étage, parmi les fragments de sculptures du moyen âge, nous signalerons : plusieurs *bas-reliefs* sur chêne, représentant un évêque, divers saints et des détails d'ornement; une série de *sculptures polychromes,* en bois (groupes, bustes et statuettes). — On visitera enfin avec intérêt une collection de modèles en liège, représentant plusieurs monuments historiques de l'Alsace.

Musée archéologique, très riche en objets des époques celtique, gallo-romaine, mérovingienne, du moyen âge, recueillis en Alsace. Le pavage du chœur est formé d'une belle *mosaïque gallo-romaine* (88 mèt. carrés env) du iiiᵉ au ivᵉ s., découverte à Bergheim en 1849.

Musée d'histoire naturelle comprenant, outre les collections générales et une bibliothèque spéciale, 100 séries relatives à la flore, à la faune, à la géologie et à la minéralogie de l'Alsace. Crâne humain fossile, le plus ancien dont l'authenticité soit incontestable, découvert à Eguisheim avec des ossements de mammouth, de bœuf et de cerf.

Cabinet des estampes, formé en majeure partie avec des dons de M. Ignace Chauffour (collection de meubles antiques alsaciens, en bois de chêne sculpté).

Société d'histoire naturelle (recueil périodique renfermant d'intéressants documents sur l'histoire naturelle de l'Alsace). — *Société médicale.* — *Écoles, cités ouvrières*, etc.

Industrie.

Colmar, dont l'industrie est principalement représentée par plusieurs grandes manufactures installées pour la plupart entre la ville et le Logelbach (V. R. 36), renferme des filatures et des tissages de coton, des brasseries, des tanneries, des teintureries, des féculeries et amidonneries, des imprimeries typographiques et lithographiques, des fabriques de carrosserie, etc. Dans les faubourgs se trouvent des moulins, des briqueteries et des tuileries. Colmar confectionne des pâtés de foie gras qui, sans avoir la renommée de ceux de Strasbourg, sont cependant très estimés.

EXCURSIONS

Pour le Logelbach, Turckheim et Notre-Dame des Trois-Épis, V. R. 36.

La Baroche, le Hohnack.

Des Trois-Épis (V. R. 36), un chemin se dirigeant sur Orbey passe (45 m.) à *la Baroche*, v. de 1875 h. y compris plusieurs hameaux épars. — De la Baroche à Orbey (1 h. 15), on traverse des prairies parsemées d'arbres, de cultures et d'habitations.

A 4 k. au S.-O. de la Baroche s'élèvent, près des hameaux de *Giragoutte* et de *la Trinque* (*die Trunke*), le *Grand-Hohnack* (*Grosse-Hohnack* ; 980 mèt. ; carrières de grès ; curieux rochers avec des cavités en forme de chaudrons, où, selon la tradition locale, les sorcières du pays célèbrent leur sabbat), et *Petit-Hohnack* (*Kleine-Hohnack*; 936 mèt.), qui porte les ruines du *château de Hohnack*, dont la construction remonte, dit-on, au xiᵉ s. Selon la tradition, c'est dans cette sombre forteresse, cachée au fond d'une forêt de sapins, que le comte de Ferrette, Frédéric II, aurait été jeté dans un cachot et étranglé, en 1252, par son fils, pour se venger d'un traité humiliant conclu par Frédéric avec l'évêque de Bâle.

De la Baroche, on peut gagner (3 à 4 h.) la région des lacs par un chemin qui, après avoir traversé Giragoutte et la Trinque, passe entre les deux Hohnack, en laissant le Petit-Hohnack à 600 mèt. sur la dr. Au delà de la forêt où se trouvent les deux Hohnack, on atteint, en se dirigeant à l'O., les hauts pâturages et enfin le ham. des *Hautes-Huttes*, d'où, en 1 h., on arrive au lac Noir.

Kaysersberg, Orbey, lacs Blanc, Noir et de Daren.

Cette course (très recommandée), en supposant qu'on la fasse à pied depuis Kaysersberg, demande au moins 2 jours si l'on revient à Colmar par Munster. La seconde journée, comprenant la visite des lacs, exige 7 à 8 h. env., soit qu'on aille à Munster prendre le chemin de fer pour Colmar (5 départs par j., *V*. R. 36), soit qu'on revienne à Orbey pour redescendre le lendemain à Kaysersberg (omnibus deux fois par j.) et gagner Colmar par la voiture de correspondance de Bennwhir et le chemin de fer (*V*. ci-dessous).

Un omnibus va deux fois par jour de Colmar à (23 k.) Orbey par Kaysersberg.

Sortant de Colmar par la porte du N.-O., on laisse à g. le chemin du Logelbach, pour prendre la route de Colmar à Saint-Dié, par la Poutroye et le Bonhomme. Après avoir franchi et longé un instant le canal du Logelbach, on se dirige au N.-O.

5 k. *Ingersheim*, 2442 h. — *Hôtel de ville*, avec campanile du XVI° s. — *Caverne du Drachenloch* (trou du dragon), dans une colline oolithique à l'O. du village, sur le chemin de Niedermorschwihr.

On suit, à g., les hauteurs de Katzenthal, belles collines couvertes de bois à leur sommet, et garnies de vignes sur leur versant; elles sont couronnées par les ruines de la *tour de Wineck* ou *Windecke*, au-dessus du village de *Katzenthal*, et aujourd'hui propriété de la *Société pour la conservation des monuments historiques d'Alsace*.

9 k. *Ammerschwihr* * (*Ammerschweier*), V. de 1766 h., dont l'origine remonte au VII° s. — Restes de *fortifications* des XV° et XVI° s. — *Tour* (*Schelmenthurm*) portant la date de 1535, au-dessous des *armoiries* sculptées du Saint-Empire, des Landsperg et des Ribeaupierre: — *Église* ogivale (clocher du XIV° s.; chœur et nef du XV° s.; *rampe* de l'escalier conduisant aux orgues, XVI° s.; *bénitier* en fer forgé; *statues* en bois, du XVI° s., et *Christ* colossal en bois, du XVI° s.). — Ancien *hôtel du Commerce* avec façade à pignon terminée par un *campanile* gothique. — *Hôtel de ville*

de la Renaissance (1523). — *Maisons* et *fontaines* du xv° s.

12 k. **Kaysersberg**, V. de 2590 h., ancienne ville impériale, située à l'entrée de la vallée de la Weiss ou de la Poutroye. — Ruines d'un *château fort* dont il reste une portion du mur d'enceinte et un beau *donjon* cylindrique. — *Église* de diverses époques : xii° s. (piliers de la nef et portail de l'O. orné d'une sculpture représentant *la Vierge couronnée par le Christ*); xiv° s. (chœur ogival); xv° s. (collatéraux). A l'int. : *baptistères* et *sépulcre* du xv° s., et, derrière le maître-autel, *retable* du commencement du xvi° s. orné de peintures attribuées à Holbein et sculptures en haut-relief (*scènes de la Passion*). — *Chapelle* dédiée à saint Michel (voûte peinte représentant les quatre Évangélistes et les quatre Docteurs de l'Église latine ; *Christ* colossal du xv° s. avec les figures de *Marie* et de *saint Jean*, également de grandes proportions). — *Hôtel de ville* de la Renaissance allemande du xvi° s. (au 1ᵉʳ étage, salles ornées de boiseries).

On franchit la Weiss sur un pont biais (xvi° s.), pour suivre la rive dr. de la rivière.

14 k. A dr., parc renfermant quelques restes de l'*église du couvent d'Alspach*, fondé au x° ou au xi° s., supprimé à la Révolution, actuellement fabrique de pâte de bois pour papier. — Près d'Alspach, dans un étroit vallon, *ermitage de Saint-Jean*, auquel se rattache une légende romanesque.

17 k. A dr., au delà de la Weiss, vallon agreste remontant à *Fréland* (*Urbach*), com. de 1790 h., composée de plusieurs hameaux éparpillés dans la montagne. Elle passe pour avoir été formée, au xvi° s., par une colonie de charbonniers que les travaux d'exploitation des mines de Sainte-Marie (V. R. 57) avaient attirés en ce lieu. Le village devrait son nom de *Freiland* (terre libre) aux franchises d'impôt que ses habitants auraient obtenues à cette époque. L'église renferme cinq *tableaux*, un *maître-autel* et des *statues* provenant du couvent d'Alspach. — Au N.-O. de Fréland (4 k. à vol d'oiseau), montagne du Bressoir ou Brézouard (V. R. 57). — Un chemin qui relie Munster à Ste-Marie-aux-Mines, passe à Fréland et à Aubure.

19 k. **Hachimette** (*Eschelmeer*), ham. au-dessus duquel la Béchine se réunit à la Weiss. A 1 k. plus loin, on laisse à dr. la route de la Poutroye (R. 26) et on entre à g. dans le vallon d'Orbey.

22 k. **Orbey** (*Urbeis*), com. de 4744 h., composée de divers hameaux disséminés dans la montagne, et dont ce village forme le chef-lieu. Cette commune, dépendant du canton de la Poutroye est, ainsi que ce dernier village et ceux du Bonhomme et de la Baroche, de langue française, tandis que

partout ailleurs sur le versant oriental des Vosges, on parle la langue allemande. Aussi on présume que ces villages doivent leur origine à une population française qui y apporta sa langue et ses mœurs, en franchissant le col du Bonhomme (*V. R. 26*), l'un des passages les plus faciles de la Lorraine dans la vallée de l'Alsace.

Orbey, sur la Weiss, dans une riante situation, presque au pied d'une montagne dont les sommets rocheux et escarpés se dressent à l'O., renferme plusieurs établissements manufacturiers (filatures, tissages mécaniques, papeterie, scieries, etc.).

N. B. — En suivant l'itinéraire que nous venons d'indiquer (on épargnera env. 2 h. en renonçant à visiter Fréland), on arrivera à Orbey dans la soirée pour y passer la nuit et entreprendre le lendemain de bon matin la visite des lacs. On fera bien de prendre un guide à Orbey, à moins que l'on ne soit bon marcheur et habitué à s'orienter.

A l'extrémité O. d'Orbey, on laisse à g. une route qui mène aux Basses-Huttes et on remonte la rive dr. de la Weiss ; à 15 ou 20 m., on tourne à g. dans la direction du S.-O., en continuant de longer la Weiss ; on gravit ainsi les premières pentes et l'on atteint (10 m.) le pont sur la Weiss.

Abandonnant alors le cours de la Weiss, on suit un ruisseau (le premier à g.) formé par l'écoulement des eaux du lac Noir.

On atteint (25 m. env.) d'abord le nouvel *hôtel du lac Noir* ; puis (5 m.) l'*abbaye de Pairis*, fondée en 1138, et dont les bâtiments, reconstruits aux xviie et xviiie s., renferment un hospice créé par la commune d'Orbey (substructions et caveaux très anciens ; restes d'un *portail* formant autrefois l'entrée principale de l'abbaye ; *chapelle*).

Au delà de Pairis, le site prend un caractère de plus en plus sauvage ; on traverse une région solitaire semée d'énormes blocs de granit accumulés formant moraine et coupée de tourbières, avant d'arriver (1 h.) au lac Noir (*cabane-refuge*), qu'on aborde au point de sortie de ses eaux, dont l'écoulement a été réglé par une digue de 10 mèt. d'élévation, construite par M. Herzog, le chef de la maison industrielle du Logelbach, afin de transformer le lac en réservoir d'eau. — Le lac **Noir** (960 mèt. d'alt. ; 14 hect. de superficie et 2 k. env. de tour) doit son nom aux sapins, actuellement presque entièrement disparus, qui l'enveloppaient sur trois côtés et donnaient un sombre reflet à ses eaux.

Il n'y a guère que 1 k. en ligne droite du lac Noir au lac Blanc ; mais les accidents de terrain obligent à un assez long détour. Sur la rive g. de l'émissaire du lac Noir, on trouve un excellent sentier, à faible pente, qui s'engage dans une forêt de sapins et contourne le *Reisberg* (1250 mèt. d'alt.). A la sortie de la forêt, et toujours en contournant le Reisberg, ce chemin traverse une tourbière, ancien lit d'un lac, parsemée de roches granitiques, de bouleaux, de sapins, pour gagner la rive dr. de l'émissaire du lac Blanc, que l'on remonte (jolie cascade à visiter) jusqu'au (45 m. du lac Noir) lac Blanc.

Le **lac Blanc** (1054 mèt. d'alt.; *hôtel du Lac-Blanc*) occupe au flanc de la montagne une sorte de cirque naturel formé par les rochers arides qui l'environnent. Son nom lui vient de la nuance blanchâtre que ses eaux reçoivent du fond de sable blanc feldspathique sur lequel elles reposent. Le lac Blanc a 25 hect. de superficie.

« Les lacs d'Orbey occupent un des plus beaux sites des Vosges, dit M. Grad dans son *Orographie des Vosges*. Qu'on se figure deux cirques magnifiques découpés dans les flancs des montagnes à 1000 mèt. au-dessus du niveau de la mer, formés par des parois à pentes rapides ou par des escarpements à pic. D'énormes éboulements de rochers entourent les lacs comme une ceinture au pied des escarpements, ou bien remplissent ou recouvrent le débouché des gorges comme une chaussée cyclopéenne. Quelques sapins rabougris, de chétifs arbustes presque sans verdure végètent seuls sur ce sol âpre et ingrat. Quand le soleil de midi frappe la surface du lac Blanc de ses rayons, le regard ne peut supporter le miroitement de ses eaux, ni l'éclat éblouissant de son bassin rocheux et de ses plages de sable blanc. Avant la construction des digues due à l'initiative de M. Antoine Herzog, le chef de la maison du Logelbach et des tissages d'Orbey, les afflux d'eau produits par la fonte des neiges et par des pluies excessives se dissipaient rapidement, sans élever sensiblement le niveau des lacs. Dans le bas de la vallée le torrent débordait souvent, et ses crues étaient suivies ensuite de sécheresses prolongées. Par suite de l'établissement des barrages transformant ces bassins en réservoirs, l'état des choses est heureusement changé. Élevées à l'entrée du couloir qui livre passage aux eaux, ces digues sont de construction très simple. Avec une épaisseur de 17 mèt., elles atteignent une hauteur de 10 mèt. au lac Noir, de 6 mèt. au lac Blanc. Elles se composent de deux murs secs en blocs de granit. L'intervalle entre ces murs a été rempli de pierres et de terre. Un autre mur en béton hydraulique traverse le massif du barrage à 3 mèt. du parement qui fait face au lac, afin d'empêcher les filtrations. Quant à l'écoulement des eaux, il s'accomplit à l'aide de tuyaux en fonte, solidement fixés à la base de la digue. Du côté du lac, la conduite débouche dans une cage ménagée dans le mur de soutènement. Du côté opposé, elle est munie d'un ajutage avec une vanne qui s'ouvre et se ferme au fond d'une chambre, destinée à mettre le mécanisme à l'abri de la gelée. Tout le réservoir vient-il à se remplir, les eaux surabondantes s'écoulent par un déversoir de superficie, arasé à un demi-mètre au-dessous du niveau du barrage et revêtu d'un dallage solide afin d'éviter les affouillements.... Ensemble les deux barrages assurent une réserve d'eau de 3 millions de mèt. cubes, suffisante pour faire marcher les usines de la vallée pendant l'été et pour donner aux prairies un supplément d'irrigations du samedi soir au lundi matin. Les dépenses de construction ont été couvertes en peu d'années par l'économie de combustible sur les moteurs à vapeur. De pareils travaux établis dans tous les pays de montagnes offriraient la meilleure garantie contre le danger des inondations dans les plaines. »

Pour se rendre du lac Blanc à l'hôtel de la Schlucht, on a le choix entre les trois itinéraires ci-dessous. Un guide est inutile par le beau temps.

1° — De l'hôtel du lac Blanc, on prend à dr. un excellent sentier qui s'élève en contournant le lac que l'on domine à pic; on atteint bientôt la crête des Vosges, aux *Hautes-Chaumes* (borne 2776; alt. 1291 mèt.; belle vue, notamment sur la vallée d'Orbey). Se dirigeant vers le S., par les crêtes que l'on suivra jusqu'à la Schlucht, on laisse à g. une arête qui sépare le lac Blanc du lac Noir et, descendant un peu, on atteint la borne 2778, à (1 h. 10 du lac Blanc) la jonction d'un chemin qui vient des Trois-Épis (*V.* R. 36) et auquel se réunit le sentier du lac Noir (*V.* ci-dessous, 3°). A partir de ce point, on suit constamment les crêtes. Sur le versant français, la *Chaume* descend en pente douce jusqu'à la lisière de la forêt, où les pentes boisées, devenues très raides, bordent la rive E. de la Meurthe. Sur le versant alsacien, les montagnes à pic surplombent une série de ravins et de vallons; on voit à ses pieds le *lac Tout-Blanc*, retenue d'eau faite par les industriels (borne 2783). On gagne (15 m.) la *Roche* et le *Gazon de Fain* (borne 2784; alt. 1303 mèt.), puis (20 m.) le *Gazon de Fête* (borne 2784; alt. 1306 mèt.). On laisse à dr. le *Gazon Martin* pour monter par une pente très raide au (40 m.) rocher du *Tanet* ou *Tanneck* (borne 2800; alt. 1296 mèt.; vue splendide). Au N.-E., le lac Darén (*V.* ci-dessous), un sentier y descend; à dr., en bas, *ferme de Tanet* (rafraîchissements). On descend à travers des rochers éboulés et l'on croise le chemin du Valtin à Munster (*pierre* commémorative de deux enfants qui périrent dans une tourmente). On gravit plusieurs sommets, dont un (35 m.; borne 2812) offre une belle vue. Un peu plus bas, le *Wurzelstein* ou le *Haut fourneau*, où fut tué en 1798 le dernier bouquetin des Vosges. — 35 m. de la borne 2812. Hôtel de la Schlucht.

2° — Le Vogesen Club a créé, depuis 1882, un sentier qui suit, à peu de chose près, l'itinéraire ci-dessus. Il ne s'en écarte que pour faire un coude et se diriger, en partant de l'hôtel du Lac-Blanc, vers le sommet du *Reisberg* (1250 mèt.), d'où il regagne la crête Vosgienne, qu'il suit jusqu'à la Schlucht.

3° — Cet itinéraire, plus long de 1 h. env., est cependant très recommandé comme beaucoup plus beau que les précédents. Il permet de faire en un jour l'excursion aux deux lacs et à la Schlucht. — De l'hôtel du Lac-Blanc, on descend vers la g. du lac, où, par un joli sentier à mi-côte, on arrive, à (20 m.) l'émissaire; de ce point, un sentier pittoresque, contournant une tourbière puis l'arête qui sépare le lac Blanc du lac Noir, conduit en 45 m. à ce dernier. Du lac Noir, on suit la dr. du ravin par où descendent les eaux du lac, puis bientôt on prend à dr. un excellent sentier, nouvellement tracé, dont les lacets font voir le lac sous tous ses aspects. En 50 m. on rejoint, à l'extrémité S. des Hautes-Chaumes, le chemin direct du lac Blanc à (2 h. 25) la Schlucht (V. ci-dessus, 1°).

Pour se rendre du lac Blanc au lac de Daren, on monte aux Hautes Chaumes (V. ci-dessus, 1°) et l'on suit le faîte de la montagne dans le sens du S. (on passe au-dessus du cirque escarpé du *Fohrenweyer*) jusqu'à la *métairie du Gartlé*, la plus considérable de toutes celles établies sur ces sommités (le premier pâtre venu l'indiquera). Du Gartlé on redescend en peu de temps au lac de Daren.

Le lac de Daren, appelé aussi indistinctement **lac Vert** et **lac de Soultzeren** (980 mèt. d'alt.; 8 hect. de superficie), est situé au S. des lacs Blanc et Noir, et à 4 k. env. de la route de la Schlucht (R. 23). Moins étendu que les deux autres, il est d'un aspect aussi pittoresque et plus riant; il repose au fond d'un bel amphithéâtre de verdure. Les pentes qui l'entourent s'élèvent en gradins couverts de sapins, sauf au S., où la rive, plus dégagée, laisse passer un petit ruisseau d'écoulement qui va se jeter à Munster dans la Fecht. Une digue, construite aux frais de MM. Hartmann, pour la distribution régulière des eaux, forme une large jetée d'où l'on embrasse dans son ensemble ce site d'un caractère alpestre.

Du lac de Daren on peut gagner Munster (11 à 12 k.) par Soultzeren et Stosswihr (R. 23).

A Munster, on trouve le chemin de fer pour Colmar (R. 36); mais il est préférable de coucher à Munster pour visiter la vallée le lendemain en la redescendant. — Si l'on veut revenir par la vallée de Kaysersberg, on devra, après avoir visité les lacs, retourner à Orbey, pour y coucher, et repartir le lendemain pour Colmar.

On peut aussi aller directement de Soultzeren à Orbey par un nouveau chemin forestier carrossable qui part de Soultzeren, au-dessus du pont en pierre où la route de la Schlucht franchit la Fecht, au haut du village, et qui, après avoir franchi le col entre la vallée de Soultzeren et celle d'Orbey, passe un peu au-dessous du lac Noir.

N. B. — Si l'on veut éviter de revenir sur ses pas du lac Blanc au lac de Daren, on modifiera de la ma-

[ROUTE 31] LAC DE DAREN. — RIBEAUVILLÉ. 161

nière suivante l'itinéraire indiqué ci-dessus : parvenu au pont de la Weiss, où cette rivière reçoit le ruisseau s'écoulant du lac Noir, on continuera de suivre la vallée de la Weiss jusque vers son extrémité supérieure. Après avoir traversé un petit bois de pins, on se trouvera en face d'un rideau de rochers, dans lequel une profonde échancrure désigne l'emplacement du lac. 30 m. suffisent pour y parvenir par un chemin tracé à travers des rochers éboulés, au milieu desquels s'écoulent les eaux. — On gagne également les abords du lac en longeant les hauteurs qui dominent la rive g. de la Weiss (avant de franchir le pont). — Enfin on peut prendre immédiatement le chemin d'Orbey au Valtin (*V.* ci-dessus). Du lac Blanc, on se rendra d'abord au lac Noir par le chemin ci-dessus indiqué 2°, et enfin au lac de Daren, en remontant par les Hautes-Chaumes à la métairie du Gartlé.

De Colmar à Gérardmer, R. 25; — à Saint-Dié, R. 26; — à Neuf-Brisach, R. 35; — à Munster, R. 36.

DE COLMAR A STRASBOURG

68 k. — Trajet en 1 h. 15 à 2 h. 25. — 6 m. 25 pf. et 4 m. 45 pf., par trains express; 5 m. 30 pf., 3 m. 60 pf., 2 m. 30 pf., par trains omnibus.

Le chemin de fer, laissant à g. l'embranchement de Munster, se dirige en droite ligne vers le N.

En deçà de Bennwihr, on découvre à g. les montagnes de la vallée de Munster.

6 k. *Bennwihr* (*Bennweier*), 990 h.

[Excursion à Kaysersberg (8 k.; voit. en 40 m.).

5 k. *Sigolsheim*, 908 h. — *Église* romane du milieu du XII° s. — *Maison* en bois (XVII° s.). — Colline (305 mèt.) offrant une agréable promenade (très belle vue).

6 k. *Kientzheim* (*Kienzheim*), 834 h. — *Église* ou chapelle de Sainte-Régule, de l'époque romane et du XV° s. — *Église paroissiale* (pierres tombales du maréchal Lazare de Schwendi, mort en 1584, et de Guillaume de Schwendi, son fils, mort en 1609). — Restes de *fortifications* et *porte* décorée d'une énorme tête sculptée. — Joli *château* dans le style de la Renaissance, qui appartient à Philippe de Golbéry (*V.* ci-dessus). — A 2 k. 1/2 de Kientzheim, on atteint Kaysersberg (*V.* ci-dessus).]

A dr., beau domaine de *Schoppenwihr* (*Schoppenweier*). — On franchit la Fecht.

10 k. *Ostheim*, 1296 h., sur la Fecht, petite rivière qui se jette dans l'Ill après avoir arrosé la vallée de Munster.

13 k. **Ribeauvillé** * (*Rappoltsweiler*), V. de 6013 h., à 4 k. à l'O. du chemin de fer, dans une position charmante au pied de hautes montagnes et à l'entrée de la jolie vallée du Strengbach (*V.* R. 38).

Mentionnée dans des titres du VIII° s., Ribeauvillé fut, au moyen âge, le siège d'une seigneurie importante appartenant à la maison de Ribeaupierre, l'une des plus illustres de l'Alsace. Lors de la réunion à la France, cette seigneurie, devenue vacante, fut donnée par Louis XIV aux ducs de Deux-Ponts. Le dernier seigneur de Ribeaupierre fut Maximilien-Joseph, devenu duc de Deux-Ponts à la mort de son frère Charles II, et plus tard roi de Bavière et

LES VOSGES. 11

chef de la famille aujourd'hui régnante.

Ribeauvillé occupe le centre du vignoble de l'Alsace qui s'étend sur toute la lisière des collines au pied des Vosges, depuis Thann jusqu'à Wissembourg. Sur 515 000 hectares de terres exploitées par l'agriculture, la vigne en compte plus de 25 000. Aucune culture n'est mieux soignée. C'est sur les coteaux, entre 200 et 400 mèt. d'alt., qu'elle réussit le mieux; en plaine elle souffre souvent de la gelée. Parmi les meilleurs crus de l'Alsace, citons notamment : les vins rouges d'Ottrott, de Morsbronn, de Saint-Hippolyte et de Turckheim, le Finkenwein des chartreux de Molsheim, l'Altenberger de Wolxheim, les Rieslings et le Zahnacker de Ribeauvillé, le Tockay, le Sporen et le Gentil de Riquewihr, le Brand de Turckheim, l'Olber au bouquet intense et le vigoureux Kitterlé de Guebwiller, enfin le Range de Thann, un des vins les plus capiteux du pays. (Résumé d'un chapitre de l'ouvrage : « *L'Alsace, sa situation et ses ressources,* » par M. Ch. Grad.)

Ribeauvillé, autrefois fortifiée, se partage en quatre quartiers principaux qui avaient chacun, outre l'enceinte générale de la ville, une enceinte particulière; des portes fortifiées établissaient la communication d'un quartier à l'autre. — *Église* du xve s. (ferrures de la porte d'entrée; dans le tympan de l'entrée principale, basrelief : *la Vierge et l'Enfant Jésus;* dans une chapelle moderne du latéral du N., statue, en bois sculpté, de la Vierge, dite *Vierge de Dusenbach,* xve s.). — *Chapelle* ogivale du couvent des Sœurs de la Providence (fin du viiie s.). — *Tour de la Boucherie* (*Metzgerthurm*), l'une des anciennes portes intérieures, fortifiées (donjon carré à cinq étages; balustrade en pierre où sont sculptées extérieurement les armes des Ribeaupierre, entourées du collier de la Toison d'Or). — *Hôtel de ville* moderne, renfermant une *collection* curieuse (armes anciennes, cottes de mailles; hanaps, salières en vermeil, vases en argent, etc.). — *Fontaines* monumentales (xvie s.), l'une place du Marché, l'autre place de la Jauge. — *Maison* richement sculptée, qui fut au moyen âge le lieu de réunion de la corporation des ménétriers d'Alsace (en souvenir de ces ménétriers, on célèbre chaque été à Ribeauvillé les fêtes du Pfeiffertag). — Vestiges du *château* de plaisance des seigneurs de Ribeaupierre. — *Temple protestant.* — Jolie *promenade* (Herrengarten), à l'E. de la ville. — Filature de coton (16 000 broches); manufactures de cotonnades; teintureries, tanneries; brasseries.

Châteaux de Saint-Ulrich, du Girsberg et du Hohrappolstein.

3 h. aller et retour.

Un chemin facile, s'ouvrant au N. de Ribeauvillé, conduit (20 à 25 m.) aux ruines de Saint-Ulrich et du Girsberg. — Un chemin assez raide, partant de là, remonte au sommet de la montagne (30 à 40 m.) jusqu'aux ruines du Hohrappolstein.

Château de Saint-Ulrich, le plus intéressant des trois (milieu du xiv⁰ s.), ruiné et abandonné au temps de la guerre de Trente ans. — *Magnifique salle*, à peu près au centre des constructions, et à laquelle on parvient, après avoir franchi plusieurs enceintes, par une porte cintrée s'ouvrant dans une cour extérieure. Cette salle (longueur : 17 mèt.; largeur : 9 mèt.), aujourd'hui à ciel ouvert, était primitivement divisée en trois étages; on remarque, à la hauteur du premier étage, où se trouvait la grande salle d'armes, sept belles *fenêtres* encadrées dans une arcade en plein cintre. Le rez-de-chaussée était percé de meurtrières. — *Murs* d'enceinte formant défilé. — *Tour* du donjon et bâtiments d'habitation. — *Chapelle* récemment déblayée. — Belle vue, au S., sur l'étroite vallée du Strengbach et sur Ribeauvillé.

Château du Girsberg, sur un rocher escarpé, en face du château de Saint-Ulrich dont le sépare un étroit et profond ravin. Mentionné dès le xiii⁰ s., il paraît antérieur à cette époque. Il n'en subsiste que quelques pans de muraille au milieu desquels s'élève un donjon carré. — Une légende, sans doute inspirée par la situation des deux châteaux, rapporte que deux frères, également passionnés pour la chasse, habitaient l'un le Girsberg, l'autre le Saint-Ulrich; ce dernier avait coutume d'éveiller son frère, en lançant, dès l'aube, une flèche dans le volet de sa chambre. Un matin, le seigneur du Girsberg, éveillé plus tôt que d'habitude, s'étonnant de n'avoir pas reçu le signal habituel, entr'ouvre le volet de sa fenêtre, et la flèche, lancée au même instant, vient le frapper mortellement. On montre encore la fenêtre d'où aurait été commis ce fratricide involontaire.

Château du Rappolstein, ou **Hohrappolstein** (*Hochrappoltstein*), dont la construction n'est pas antérieure au xiv⁰ s.; il a remplacé un château mentionné dès la fin du xi⁰ s. Ce manoir féodal, où l'empereur Rodolphe de Habsbourg séjourna en 1280 et en 1284, fut habité par les Ribeaupierre, comme résidence principale, jusqu'à la fin du xv⁰ s.; alors ils l'abandonnèrent pour occuper un château dans Ribeauvillé. — *Tour* cylindrique en grès rouge, entourée de débris de constructions ayant appartenu aux ouvrages de défense ou aux bâtiments d'habitation. Le rocher qui sert d'assise à la tour présentait, du côté de la plaine, une solution de continuité qu'on a fait ingénieusement disparaître à l'aide d'une arcade simulant une fausse porte. Du Rappolstein on découvre de charmants points de vue.

Tannenkirch, le Tænnichel et le Mur Payen.

5 à 6 h. aller et retour.

On peut se rendre au Tænnichel, montagne couverte de forêts, au-dessus de la ruine du Hohrappolstein et du village de Tannenkirch, entre la vallée de Sainte-Marie-aux-Mines et la vallée du Strengbach, soit par le chemin qui part du château du Hohrappolstein (2 h. env.; guide utile) et suit les hauteurs à travers de hautes futaies; soit en passant au pied de la montagne : nous indiquerons cette seconde direction pour le retour. — Parvenu à *Tannenkirch* (869 h.), dans un site agreste, à l'E. de la partie supérieure de la montagne, on gagne le sommet du **Tænnichel** ou **Tænchel** (910 mèt.; vue pittoresque) par une pente abrupte, semée çà et là de blocs de grès détachés des escarpements naturels de la montagne et de la construction antique dite **Mur Payen**, dont les traces s'étendent sur un espace de 1000 à 1100 mèt., dans la direction du S.-E. au N.-O. Ce mur, épais de 2 mèt. env., et haut de 1 mèt. à 1 mèt. 50, est en blocs de grès de dimensions moyennes, grossièrement équarris; il semble avoir formé un ouvrage de défense sur la crête des Vosges, et daterait, selon les uns, de l'époque celtique, selon d'autres, de l'époque gallo-romaine; d'après une troisième opinion assez vraisemblable, le mur Payen pourrait bien remonter à la première période, et les Romains l'auraient complété comme ouvrage de défense, en venant dans cette partie de la Gaule. On rencontre des vestiges de constructions analogues sur plusieurs points de la ligne des Vosges, et notamment près du couvent de Sainte-Odile. Le sommet du Tænnichel présente aussi quelques rochers de forme plus ou moins bizarre, considérés par divers archéologues comme des monuments druidiques, mais qui semblent plutôt façonnés par la nature dans le grès plus ou moins friable.

Du Tænnichel, on peut gagner le Hohkœnigsbourg (1 h. à 1 h. 30) à travers de belles forêts. — Si l'on ne veut pas revenir à Ribeauvillé par le chemin qu'on a suivi en allant, on prendra la direction suivante : du sommet du Tænnichel on redescend au village de Tannenkirch; de là on ira jusqu'au moulin dit *moulin du Tannenkirch*, au haut d'un vallon pittoresque, et, en longeant le ruisseau qui l'arrose, on atteindra (45 m. env.) son débouché dans la plaine, à 2 k. env. en deçà de Bergheim. A g., à 900 mèt. à peu près du chemin, se trouvent, sur une colline, les restes peu considérables du *château de Reichenberg*; à dr., on passe près de la *métairie du Tempelhof*, construction intéressante du XVI° s. (charmant escalier et salle éclairée par trois belles fenêtres cintrées ; sur l'un des trumeaux, date de 1558).

Du Tempelhof, un chemin (à dr.) côtoyant la base de la montagne, ramène (50 m.) à Ribeauvillé. A moitié route à peu près, se montre une grande roche d'agate de forme bizarre appelée le *Schusselstein*, formée de calcaire conchylien, ou muschelkalk, silicifié.

On peut enfin retourner à (1 h. 15) Ribeauvillé en passant par *Bergheim* (2771 h. ; *église du xvᵉ s.* ; dans l'ancien *hôpital*, beaux motifs de décoration de la Renaissance allemande, 1550).

Notre-Dame de Dusenbach.

2 h. aller et retour.

On sort de Ribeauvillé par la *Porte-Haute* (au N.-O. de la ville), conduisant à la route de Sainte-Marie-aux-Mines par la fraîche vallée du Strengbach. — 20 m. env. A dr., entrée de la gorge de Dusenbach, indiquée par une belle allée de marronniers et de hêtres séculaires.

10 m. Ruines des *chapelles de Dusenbach* (xvᵉ, xviiᵉ et xviiiᵉ s.; restes d'une *chapelle* ogivale portant des traces de peintures murales; *nef* latérale de même style que la chapelle; débris d'une *tour* ou petit clocher et d'un bâtiment d'habitation).

Les chapelles étaient au nombre de trois : l'une fut bâtie, vers 1221, par un sire de Ribeaupierre, pour y placer une statue en bois de la Vierge, actuellement déposée dans l'église de Ribeauvillé, et qu'il avait rapportée de la croisade ; une seconde chapelle fut élevée en 1260, et une troisième, enfin, a été construite vers les dernières années du xiiiᵉ s., dans les circonstances suivantes, selon la tradition : Un sire de Ribeaupierre, étant à la chasse, vit un cerf lui échapper en sautant d'un bond, du haut d'un rocher escarpé au fond de la vallée du Strengbach. Le cheval du chasseur, emporté par l'ardeur de la poursuite, franchit à son tour l'escarpement énorme, sans que le cavalier fût blessé, et Ribeaupierre éleva, en souvenir du péril auquel il avait échappé, la troisième chapelle de Dusenbach. C'est la seule qui subsiste encore dans un certain état de conservation ; les deux autres chapelles, ruinées à diverses époques et réédifiées en partie aux xviiᵉ et xviiiᵉ s., ont été presque entièrement détruites pendant la Révolution. — Notre-Dame de Dusenbach était la patronne des ménétriers d'Alsace, organisés en confrérie sous la juridiction des sires de Ribeaupierre.

Aubure. — Riquewihr.

Cette excursion, dont le site agreste et les hauts pâturages d'Aubure forment le principal attrait, comprend en outre la visite des châteaux ruinés de Bilstein et de Reichenstein ; elle demande une journée (6 à 7 h. de marche). — De Ribeauvillé à Aubure, un guide est inutile; mais il devient presque indispensable d'Auburé à Riquewihr. — On peut comprendre dans une même excursion la visite d'Auburé et des chapelles de Dusenbach.

On remonte la vallée pittoresque du Strengbach, l'espace de 5 à 6 k.; parvenu à une ancienne papeterie (à g.), dite *Tannapfelmühl* (moulin des pommes de pin), à peu près en face du rocher (à dr.) appelé *Hirschensprung* (saut du cerf) en souvenir de la légende que nous avons rapportée plus haut, on prend à g. un chemin qui remonte à **Auburé*** (*Altweier*), v. de 293 h. (800 à 900 mèt. d'alt.), composé d'habitations disséminées dans la montagne (église catholique et temple protestant). A 1500 mèt. au N.-O. se dresse la cime de la *montagne Auburé* (1140 mèt. d'alt.). — Auburé, le village le plus élevé de l'Alsace, est devenu depuis quelque temps une station climatérique.

[D'Auburé on peut monter au Bressoir (R. 37).]

D'Auburé on gagnera Riquewihr (10 à 11 k.) en passant par (4 k.) les ruines du *château de Bilstein* (donjon carré). Un sentier, tracé au S.-E. des ruines, mène (2 k.), à travers bois, à un étroit et frais vallon redescendant directement à (4 ou 5 k.) Riquewihr. — A moitié chemin, sur un mamelon (à dr.), restes du *château de Reichenstein* (*donjon* pentagonal) dont on fait remonter l'origine au xii⁰ s.

Riquewihr* (*Reichenweier*), v. de 1677 h. — *Église* catholique et *temple* protestant modernes. — *Église* du xvi⁰ s. (habitation particulière). — Restes de *fortifications*. — *Porte* fortifiée (1500) à l'O. du village. — *Maisons* de la Renaissance allemande. — Jolies *fontaines*. — Vignobles produisant le célèbre *Riesling*, le *Sporen*, chanté par les poètes alsaciens, et des tokays estimés.

De Riquewihr on peut gagner la station d'Ostheim (6 k.; omnibus, en 45 m., pour 40 pf.) par *Beblenheim* (*Bebelnheim*), 1159 h.; *fontaine* dans le style du milieu du xv⁰ s.; pensionnat de jeunes personnes, l'un des plus renommés de l'Alsace. L'enseignement y était autrefois dirigé par M. J. Macé, l'auteur de l'*Histoire d'une bouchée de pain* et de plusieurs autres ouvrages justement estimés.

Deux chemins mènent de Riquewihr à Ribeauvillé : l'un (5 à 6 k.), longeant le pied des hauteurs, par *Zellenberg* (345 h.; restes de fortifications); l'autre traversant les vignobles du Schœnenbourg, par *Hunawihr* (*Hunaweier*; 772 h.; *église* fortifiée avec enceinte bastionnée du xvi⁰ s. et clocher du xiv⁰ s. qui servait à la fois de tour de vigie et de donjon; *fontaine de Sainte-Huna*, dont la tradition attribue l'origine à un miracle opéré par saint Déodat en faveur de sainte Huna).

Guémar.

20 m. env.

Guémar (*Gemar*), v. de 1336 h., à l'E. de Ribeauvillé. — *Église* du XVIII° s. (*torchères* en bois d'une exécution curieuse ; *statue* en bois, du XV° s., représentant saint Maximin). — Restes de *fortifications* et *tour* d'entrée à l'O. de la ville. — Guémar est renommé pour ses chasses aux canards sauvages en hiver.

19 k. *Saint-Hippolyte** (*Sanct-Pill*), 1928 h., au bas du versant S. de la montagne du Hohkœnigsbourg. — *Église* dont le chœur paraît dater du XIV° s. — Restes de *fortifications* du XIV° s. — Bons vins rouges.

[Une route carrossable conduit de Saint-Hippolyte au Hohkœnigsbourg (2 h. env.).]

Les montagnes s'étendant à dr., entre Saint-Hippolyte, Ribeauvillé et Kaysersberg (*V.* ci-dessus), sont plantées jusqu'à mi-côte de vignes, au-dessus desquelles s'élèvent des forêts de sapins ; les produits de ces vignobles, le *Riesling* et particulièrement le vin dit *Zahnacker*, comptent parmi les meilleurs de l'Alsace. On remarque, au sommet de la montagne, les ruines du Hohrappolstein, et plus bas celles des châteaux de Saint-Ulrich et du Girsberg. — Le chemin de fer s'éloigne un peu du pied des Vosges.

A 200 mèt. env. au delà de Saint-Hippolyte, on franchit l'ancienne limite des départ. du Bas-Rhin et du Haut-Rhin.

23 k. **Schlestadt*** (*Schlettstadt*), ancien ch.-l. d'arr. du dép. du Bas-Rhin, ancienne place de guerre de 2° cl., démantelée par les Allemands depuis 1872, V. de 8979 h., sur l'Ill.

Schlestadt, dont plusieurs historiens font remonter l'origine au delà de la période romaine, compte, en tout cas, parmi les plus anciennes villes de l'Alsace. Les rois francs y eurent une résidence, et Charlemagne y passa en 775 les fêtes de Noël. Toutefois Schlestadt ne tient véritablement place dans l'histoire qu'à partir du commencement du XIII° s., époque où la ville fut entourée de fortifications et mise au nombre des cités impériales. Au moyen âge, elle a jeté un vif éclat littéraire, et son Académie, renommée en Allemagne, a fortement contribué au développement des lettres en Alsace. Elle fut rattachée à la France par le traité de Westphalie. Bloquée et bombardée en 1814, elle fut de nouveau assiégée en 1815, mais les envahisseurs furent obligés de renoncer à leur entreprise, en face de l'énergique résistance de la garde nationale.

Le 17 août 1870, le capitaine Stévenot, de la mobile du Bas-Rhin, sortit de Schlestadt avec 48 hommes et résista pendant 5 heures à 400 Allemands ; il les mit en déroute et rentra à Schlestadt avec 7 prisonniers ; il n'avait que deux hommes blessés. — Le 9 octobre, les troupes allemandes investirent la ville, et dans la nuit du 19 au 20 le bombardement commença. Le 24, Schlestadt capitulait, avec 100 officiers, 2000 hommes et 122 pièces de canon.

Église Sainte-Foi, ancienne dépendance du prieuré de Sainte-Foi, terminé en 1094. — Trois *tours* (la tour centrale se termine par un clocher pyramidal en pierre; des deux tours de la façade, celle du N. est seule achevée; elle appartient au style roman, sauf le dernier étage, ajouté au XVIII° s.; la tour du S., également romane, s'arrête au second étage). — *Porte* en plein cintre ornée d'arcades aveugles. — Charmantes *fenêtres* de chaque côté de l'entrée principale. — Belle *porte* romane sur le côté latéral N. — A l'int. (trois nefs) : *boiseries* ouvragées et *chaire* du XVIII° s.

Église Saint-Georges, appartenant à plusieurs époques de l'ère ogivale. — *Tour* élégante, haute de 59 mèt. env., d'une grande richesse de décoration. — *Porte* S. du *narthex* (rose très délicate et charmant vitrail : les *Commandements de Dieu*). — A l'int. : chœur remarquable avec crypte; *stalles* en chêne sculpté; *chaire* en pierre (fin du XVI° s.).

Au S. de Saint-Georges, petite place qui servait autrefois de cimetière et que limite au S. l'ancien *bâtiment* de la grande boucherie converti en école de garçons. Sur le côté de cette construction, restes d'une *chaire* en pierre du XV° s.

Fausse porte ou *tour de l'Horloge*, large tour carrée, percée à sa base d'une porte voûtée en ogive et terminée par une jolie galerie flanquée de quatre tourelles. — *Arsenal de Sainte-Barbe*, vieil édifice à créneaux proéminents. — *Collège*, dans une ancienne commanderie des chevaliers de Malte. — Anciennes *maisons*. — *Café Rothwill*, à côté duquel on remarque l'*écusson de la porte de Colmar*, construit par ordre de Louis XIV, en 1675, acheté, démoli et reconstruit par Auguste Rothwill, le 1ᵉʳ mai 1875.

A 13 k. au S.-E., *Marckolsheim* (2296 h.), près du canal du Rhône et à 4 k. env. du Rhin (belle *église*; *hôtel de ville*; traces de *voie romaine*; chevaux estimés).

A 16 k. à l'E., *Schœnau* (655 h.), qu'un pont sur le Rhin, inauguré le 1ᵉʳ septembre 1873, fait communiquer avec Weisweil, sur le territoire badois.

Le Hohkœnigsbourg.

1 h. 40 de montée, par Wanzel (9 k. de Schlestadt; station de la ligne de Sainte-Marie-aux-Mines). — 2 h., par Châtenois (5 k. en chemin de fer, même ligne). — 1 h. 35, par Val-de-Villé (6 k. en chemin de fer, même ligne). — Le premier chemin est le plus beau et le plus agréable. Tous trois ont sur leur parcours des bornes indicatives. — On peut aussi varier l'itinéraire en montant par un des chemins et descendant par un autre. — De Schlestadt aux ruines et retour, une voit. : 15 à 18 fr.

N. B. — Les ruines du Hohkœnigsbourg, les plus importantes de toutes celles qui restent des châteaux forts de l'Alsace, sont l'un des buts d'excursion les plus recommandés et les plus fréquentés d'un voyage en Alsace.

9 k. (35 m.), en chemin de fer, de Schlestadt à la station de Wanzel (*V. R.* 37). Derrière la station, se trouve une maison forestière (aub.) d'où un bon chemin de piétons monte (à dr.) par de belles forêts et vient croiser la route de voitures. — Nombreuses plaques indicatives. — 1 h. On rejoint la route de voitures que l'on suit et qui conduit en 20 m. à l'*hôtel du Hohkœnigsbourg*. — 20 m. On atteint l'entrée du château, située sur le côté S. d'une première enceinte qu'on contourne d'abord. Après avoir franchi et longé une seconde enceinte défensive, on arrive, en tournant à g., à la *porte des Lions* et l'on pénètre dans le château par une petite cour et un vestibule.

Les ruines du **Hohkœnigsbourg** ou *Hohkœnigsburg* (*haut château royal*) s'élèvent sur une sorte de promontoire (512 mèt. d'alt.; les ruines sont sur un point plus élevé) se détachant de la chaîne principale des Vosges vers la plaine, où il présente un versant très escarpé.

Le château du Hohkœnigsbourg fut reconstruit, en partie, au XV° s. (1469-1430) par le comte Oswald de Thierstein, qui l'avait reçu en fief de l'empereur d'Allemagne Frédéric III. Habité jusqu'à la guerre de Trente ans, il fut à cette époque (1633) assiégé par les Suédois, qui le ruinèrent en partie. Abandonné pendant de longues années, il se dégradait lentement sous les efforts du temps, lorsque la *Société pour la conservation des monuments de l'Alsace* consacra une partie de ses ressources à arrêter l'œuvre de destruction. Depuis, la ville de Schlestadt a fait l'acquisition de la forêt et du Hohkœnigsbourg, et elle ne montre pas moins de sollicitude que la Société archéologique pour la conservation de ces ruines intéressantes et pour en faciliter l'accès.

MM. de Golbéry et Schweighausen (*Antiquités d'Alsace*) résument ainsi la physionomie de cette grande ruine : « D'un côté des tours imposantes, de l'autre de vastes corps de logis, unis à ces tours par de longs murs à travers lesquels perce le roc vif; au-dessus de ces murs et de ces tours, les vestiges d'un parapet crénelé; enfin une triple enceinte, flanquée d'autres tours, tel est l'aspect de ce château. »

Parmi les restes les plus curieux du Hohkœnigsbourg, nous citerons : le *vestibule* et ses grandes voûtes reposant sur des piliers carrés; la *cour intérieure*; la *cave*; la *salle des arcs*; la *chapelle*; plusieurs *chambres* d'habitation; les *tours* et *donjons*. De la terrasse du donjon qui s'avance le plus à l'E., on embrasse un immense et admirable panorama comprenant toute la plaine de l'Alsace, de Colmar à Kehl; la chaîne de la Forêt-Noire, en face de soi, et, en arrière, celle des Vosges; dans un plan plus rapproché, on aperçoit à dr. les châteaux de Ribeauvillé (*V.*

ci-dessus), à g. les ruines du Bernstein, de l'Ortenberg et du Frankenbourg (R. 37 et 39).

A 400 ou 500 mèt. à l'O., ruines du *château du Kœnigsberg* (fin du XIIe s. ou commencement du XIIIe), assiégé vers le milieu du XVe s., pris et complètement démantelé. Il n'en reste que les murs principaux, percés de quelques ouvertures ogivales d'un style très pur.

Si l'on monte par Châtenois (R. 37), on devra, en allongeant un peu l'excursion, visiter les belles ruines du château de Kinzheim (R. 37).

———

De Schlestadt à Saint-Dié par Sainte-Marie-aux-Mines, R. 37 ; — à Ste-Marie-aux-Mines, par Châtenois, R. 37 ; — à Schirmeck, par Bruche, R. 39 ; — à Saverne, par Barr, R. 40.

Le chemin de fer, laissant à dr. la vaste caserne de Schlestadt, à g. l'embranchement de Sainte-Marie-aux-Mines (R. 37) et la ligne de Saverne (R. 40), s'éloigne des Vosges, vers le N.-E., pour se rapprocher du Rhin. On distingue à g. la montagne du Hohkœnigsbourg (*V.* ci-dessus) et les ruines du Ramstein et de l'Ortenberg.

30 k. **Ebersheim**, 1768 h.

Ebermunster.

3 k.; 30 à 40 m. de marche.

On prend le chemin qui, de la station, aboutit à l'entrée d'Ebersheim, sur la route de Schlestadt; tournant à g. sur celle-ci, dans la direction de Strasbourg, on rencontre à dr. (10 m.) un chemin qui conduit directement à Ebermunster, que signalent au loin les hauts clochers de son église.

Ebermunster (640 h.) était le siège d'une abbaye célèbre fondée, à ce que l'on croit, en 667, par Étichon, duc d'Alsace. — *Église* abbatiale, aujourd'hui paroissiale (XVIIIe s.), surmontée de trois tours avec clochers à minarets, qu'on aperçoit du chemin de fer (*fresques* de la coupole et du chœur; *stalles* du chœur et *chaire* sculptées; beaux *confessionnaux* sculptés et dorés).

Château de Bernstein.

Une bonne route, qui croise, à moitié chemin, la route de Schlestadt à Saverne, mène à (6 k.) *Dambach**, V. de 3132 h., au pied des hauteurs que couvre la forêt du même nom. — Au N.-O. de la ville se trouve l'entrée du chemin de forêt conduisant au château. On passe devant la *chapelle* (à dr.) *de Saint-Sébastien* (au-dessus de l'autel, belle *boiserie*, haute de 5 mèt., sculptée avec une admirable délicatesse). — 20 m. On tourne à g. pour monter aux ruines, situées (400 mèt. env. à g. du chemin) au milieu d'une forêt magnifique.

50 m. env. *Château de Bernstein* ou *de Dambach*, fondé

sans doute au xi° s., entièrement reconstruit au xv° s. suivant le plan et le style primitifs. Ce château, bâti avec une grande simplicité, en blocs de granit dont les assises sont taillées en bossage, se compose d'un long corps de logis s'étendant entre deux tours bien conservées. — Près du château, maison forestière où l'on peut se rafraîchir.

N. B. — Au lieu de revenir à la station, on peut, en traversant les bois dans la direction du S.-O., gagner le sommet de la montagne de Dambach (685 mèt.). De là on redescendra, au S.-E., vers le *Halgenstein*, rocher granitique hardi et pittoresque, d'où un sentier conduit aux châteaux d'Ortenberg et de Ramstein (*V.* R. 37). De ces ruines, on se rend facilement à la station de Châtenois (chemin de fer de Schlestadt à Sainte-Marie-aux-Mines, R. 37).

De Dambach, un sentier, longeant la base de la montagne, mène également à Schlestadt (7 à 8 k.), par *Dieffenthal* et *Scherviller*.

———

37 k. *Kogenheim*, 1221 h.

On découvre à dr., à 1 k. env., le clocher, remarquable par son élévation, de *Huttenheim* (2359 h.; filature et tissage mécanique).

40 k. **Benfeld***, 2797 h. — A 2 k. au N.-E., *Ehl* ou *Ekly*, ham. qui paraît occuper l'emplacement d'une cité romaine importante (traces de voie romaine et tumuli; nombreuses monnaies romaines et poteries; fabriques de chicorée; *établissement hydrothérapique* du D' Sieffermann, au bord de l'Ill).

[De Benfeld, service de voit. pour (11 k. au S.-E.) *Rhinau* (*Rheinau*), petite ville sur le bord du Rhin.]

43 k. *Matzenheim*, 879 h. — A 5 k. env. à l'O., établissement de bains de *Holzbad*.

Le chemin de fer se rapproche de l'Ill, dont il suit constamment la rive g. jusqu'à Strasbourg, à une distance variant de 1 à 4 ou 5 k.

46 k. *Erstein*, 4127 h.

[Service de voit. pour (15 k.) Obernai (R. 40), en 1 h. 15; 1 fr.]

Les Vosges s'aperçoivent encore distinctement à g., et, par un beau temps, on peut distinguer les ruines des châteaux de Lützelbourg, de Rathsamhausen, au pied de la montagne de Sainte-Odile, et la tour du château de Landsperg (*V.* R. 40).

51 k. *Limersheim*, 498 h.

On traverse de vastes champs plantés de céréales et surtout de tabac, l'une des principales productions agricoles de l'Alsace.

54 k. *Fegersheim*, 1895 h. (chapelle de *Saint-Udalric*).

58 k. *Geispolsheim*, 2210 h. — 3 k. plus loin, on laisse à dr. le v. d'*Ostwald*.

63 k. On laisse à g. l'embranchement de Wasselonne, Mutzig et Barr, par Molsheim (*V.* R. 40). On franchit la Bruche et le canal de la Bruche; on laisse à dr. l'embranchement de Kehl

et l'on croise la route de Strasbourg à Saverne. Décrivant une grande courbe, la voie ferrée rejoint la ligne de Strasbourg à Paris.

68 k. de Colmar (145 k. de Bâle). Strasbourg (R. 1).

ROUTE 32.

DE MULHOUSE A MÜLLHEIM

23 k. — Chemin de fer. — 5 trains; en 35 m. à 50 m. — 2 m. 10 pf.; 1 m. 50 pf.; 1 m.

La voie ferrée, laissant à g. la ligne de Colmar (R. 31), se dirige vers le N.-E. en côtoyant le canal du Rhône au Rhin. — On laisse à dr. la ligne de Bâle (R. 2).

5 k. *Ile Napoléon* (*Napoleonsinsel*); fabrique de papier. — On traverse la forêt de la Harth.

15 k. *Banzenheim**, 1150 h. — A 4 k. au S., *Ottmarsheim*, 860 h.; *église* (XI° s.) d'un ancien couvent de Bénédictines.

La voie ferrée, tournant à l'E., traverse le Rhin sur un beau pont et entre dans le duché de Bade.

19 k. *Neuenburg*.

23 k. **Müllheim**, V. de 2899 h., à 258 mèt. d'alt., station de la ligne badoise.

ROUTE 33.

DE MULHOUSE A SENTHEIM ET A WESSERLING

32 k. — Chemin de fer. — Trajet en 1 h. 20 à 1 h. 40. — 2 m. 80 pf.; 1 m. 90 pf.; 1 m. 20 pf.

5 k. de Mulhouse à Lutterbach (R. 31).

L'embranchement de Wesserling se détache à 600 mèt. env. au delà de Lutterbach, à g. de la ligne principale de Mulhouse à Strasbourg. — On traverse la forêt de Nonnenbruck et ensuite une vaste plaine, l'*Ochsenfeld* (vestiges d'une *voie romaine* qui semble un tronçon de la voie de Mandeure à Vieux-Brisach); elle doit une renommée légendaire à de vagues et lointains souvenirs historiques et à une stérilité séculaire résultant de la nature du sol, mais vaincue sur plusieurs points, depuis quelques années, par une culture progressive. Selon quelques historiens, l'Ochsenfeld serait ce fameux champ du Mensonge où Louis le Débonnaire fut livré par trahison à ses fils révoltés; d'autres prétendent qu'Attila aurait livré un combat terrible sur l'Ochsenfeld; enfin Jean Schlumberger en fait le théâtre de la bataille livrée par César à Arioviste. C'est aussi dans cette plaine que Bernard de Weimar battit en 1634 les troupes lorraines commandées par le duc Charles.

14 k. **Cernay*** (*Sennheim*), V.

de 4396 h., sur la Thur (276 mèt. d'alt.). — Bel *hospice* dû à la libéralité de M. de Sandoz, habitant de Cernay. — Filatures de coton (28 300 broches), tissages mécaniques (594 métiers), manufactures de toiles peintes, fabriques d'indiennes, blanchisseries de toiles, fabriques d'allumettes chimiques, etc. — Sur le territoire de la commune, *asile agricole* fondé en 1847 par M. Risler, pour les enfants pauvres et abandonnés.

[De Cernay embranchement de chemin de fer pour (14 k.; trajet en 50 m. env.; 1 m. 10 pf.; 70 pf.; 45 pf.) Sentheim.

La voie ferrée traverse, du N. au S. l'Ochsenfeld (*V.* ci-dessus).

5 k. *Aspach-le-Haut* (*Ober-Aspach*). — On franchit la Petite-Doller, puis la Doller.

8 k. *Burnhaupt*. — Le chemin de fer remonte à l'E. la vallée de la Doller.

11 k. *Guewenheim* (*Gewenheim*), 1012 h., sur la rive dr. de la Doller.

14 k. **Sentheim**, 1254 h.

De Sentheim, corresp. à tous les trains (40 pf.; tramway projeté) pour 8 k.) **Massevaux** * (*Masmünster*), petite V. de 3299 h., sur la Doller, au pied du Ballon d'Alsace (dans l'*église*, à dr., plaque avec une inscription française portant que les restes du fils de Mason, petit-fils d'Étichon, duc d'Alsace et fondateur de l'abbaye de Massevaux, au VIII° s., sont déposés là; *temple* protestant; filatures et tissages mécaniques).

La *vallée de Massevaux* (*Masmünsterthal*), peu fréquentée par les touristes, offre de belles promenades. Sa partie supérieure, le *Sewenthal*, au caractère alpestre, présente de nombreuses traces des anciens glaciers.

De Massevaux, excursion (une journée; guide nécessaire), par le vallon de Villerbach, au sommet du *Rossberg* (1196 mèt.), d'où l'on descend dans la vallée de Saint-Amarin (*V.* ci-dessous).]

De Cernay à Belfort et à Guebwiller, R. 30.

Le chemin de fer longe la Thur à dr. et laisse du même côté *Vieux-Thann* (*Alt-Thann*), v. de 1932 h., saccagé en 1376 par les Anglais, qui n'y laissèrent debout qu'une maison subsistant encore; dans l'*église*, du XV° s., *vitraux* intéressants et *calvaire*, beau spécimen de la sculpture du moyen âge.

19 k. **Thann** *, V. de 7535 h., sur la Thur (350 mèt. d'alt.), au débouché de la vallée de Saint-Amarin ou de la Thur dans la grande plaine de l'Alsace.

Thann, après avoir appartenu aux comtes de Ferrette, passa par mariage, à l'extinction de la ligne masculine de cette grande famille, dans la maison d'Autriche, et devint, après Ensisheim, la ville la plus importante des possessions des archiducs dans la haute Alsace. Engagée avec le reste du domaine autrichien d'Alsace aux ducs de Bourgogne, Thann tomba momentanément sous la domination de Charles le Téméraire, qui nomma son fameux bailli, Pierre de Hagenbach, capitaine du château de Thann. Le supplice de quatre bourgeois de Thann, ordonné en 1472 par Pierre de Hagenbach, devint l'un des principaux chefs de l'accusation à la suite de laquelle il fut condamné à mort par les habitants de Vieux-Brisach et exécuté. — Thann avait été réunie à la France à la suite de l'heureuse et belle campagne de Turenne en Alsace.

Grâce à la renommée que lui valait la possession des reliques de saint Thiébault, auxquelles une tradition légendaire rattache l'origine de la ville, Thann fut pendant le moyen âge un des lieux de pèlerinage les plus célèbres de l'Alsace. — Le fameux abbé Gobel, évêque constitutionnel de Paris au commencement de la Révolution, est né à Thann en 1727.

Thann possède de nombreux et importants établissements industriels, parmi lesquels se place en première ligne la belle fabrique de produits chimiques fondée par M. Kestner.

Église paroissiale dédiée à saint Thiébault (*saint Théobald*), et justement célèbre par l'élégance de sa construction, par la profusion et l'intérêt de ses sculptures; elle appartient au style ogival, dont elle rappelle les différentes périodes dans leur plus belle expression. — Grand *portail* (fin du VIIIe s.), encadré entre deux contreforts sculptés (voussures ornées de sculptures se rapportant à l'*histoire de la Vierge*). — *Campanile* (1428). — Sur le côté g. de l'église, *entrée* non moins remarquable que le grand portail, par son exécution du goût le plus brillant (statue de *la Vierge*). — *Tour* carrée, à trois étages, octogonale à son dernier étage, servant de base à une flèche élancée (commencement du XVIe s.). — Du côté dr. de l'édifice, au S., jolie tourelle. — A l'int. (XIVe et commencement du XVe s.): *arabesques* élégantes, dessinées par des nervures se réunissant à des clefs de voûte sculptées et peintes (l'une de ces clefs de voûte, dans la grande nef, forme une sorte de riche reliquaire encadrant la figure du Christ); anciens *vitraux; stalles* en bois sculptées; *porte* de la sacristie ornée de belles ferrures; *chaire* du XVe s., avec rampe en fer forgé; restes de peintures murales et jolies chapelles.

Hôtel de ville moderne. — *Tour* carrée (sur la place derrière l'église), qui aurait fait partie des bâtiments primitifs d'un couvent de franciscains, reconstruit au XVIIIe s. — *Tour* ou *bastion*, reste des fortifications du moyen âge. — *Fontaine* monumentale (sur la place du Marché). — Anciennes *maisons*, entre autres celle qui se trouve en face du grand portail de l'église (*tourelle* en encorbellement).

Sur une colline (500 mèt.; on y monte par un chemin disposé en promenade; 1 h. aller et retour) qui domine la ville au N., château d'**Engelbourg** (*Engelburg*), du XIIe s., détruit par Turenne en 1674, à l'aide de la poudre. Par un effet bizarre de l'explosion, la partie supérieure d'une tour est tombée sur le sol, en se détachant sans se briser; ainsi appuyée sur l'un des côtés de sa circonférence, elle offre l'aspect d'un anneau gigantesque ou d'un immense tonneau défoncé à ses deux extrémités. Ce curieux débris est appelé par les habitants du pays l'*Œil de la Sorcière*.

En sortant de Thann, le chemin de fer s'engage dans la vallée de Saint-Amarin (vallée inférieure de la Thur; nombreux villages et importantes usines), séparée, au S.-O., de celle de Massevaux par le *Rossberg* (1196 mèt.) et le *Gresson* (1200 mèt.), et, au N., de la vallée de la Lauch ou de Guebwiller, par le massif du Ballon de Guebwiller.

23 k. *Bitschwiller* (*Bitschweiler*), 2218 h., au pied des hauteurs que traverse la gorge de Steinbach. — *Église* moderne. — Manufacture de draps feutrés; filature de coton et tissage mécanique.

On franchit la Thur sur un beau pont-viaduc.

25 k. *Willer* (*Weiler*), 2230 h. — *Église* moderne (style ogival). — Filature et tissage de coton; scieries mécaniques.

[De Willer, on monte au Ballon de Guebwiller (10 k. env.) en suivant un chemin forestier s'élevant sur le versant de la montagne, à travers un vallon agreste. — On atteint d'abord (5 k.) *Goldbach* (639 h.), situé en pleine montagne (900 mèt. d'alt.), sur un ruisseau torrentiel (à 150 mèt. à l'E., débris du *château de Freundstein* ou *Freudenstein*). — De Goldbach, on se dirige, au N., vers le Ballon, en traversant les chaumes et quelques bouquets de bois, jusqu'au chalet du Ballon (*V. R. 34*: Excursion au Ballon par Rimbach).]

Le chemin de fer continue de longer la Thur. — A g., *Moosch* (2195 h.; *église* moderne) et *Malmerspach* (*Malmersbach*; 620 h.; filature de laine).

29 k. **Saint-Amarin***, v. de 2149 h., à g. duquel les montagnes forment un bel amphithéâtre. — *Église* moderne. — *Fontaine* portant le coq gaulois, emblème de la monarchie de Juillet, avec la date de 1830. — Tissage mécanique de coton; blanchisserie et apprêt de toiles; fabrique de peignes pour le tissage de la laine et du coton.

A 1 k. au S., *Mitzach*, v. de 459 h., au N.-O. duquel se voient, sur le penchant d'une colline, près d'un petit lac, les débris du *château de Stœrenbourg* (*Stœrenburg*), détruit, dit-on, par les Suédois pendant la guerre de Trente ans.

[On peut, de Saint-Amarin, gagner le Ballon par un vallon remontant à (6 k.) *Geishausen* (773 mèt. d'alt.), v. de 425 h. — Un chemin partant du village et passant par les hauts pâturages, en se dirigeant au N.-E., vient aboutir près de la métairie du Haag (R. 34: Excursion au Ballon par Murbach), d'où l'on monte à la cime du Ballon.]

Le chemin de fer laisse à dr. *Ranspach* (*Ransbach*), v. de 1203 h. (*église* ogivale moderne).

[De Ranspach, en gravissant les hauteurs qui dominent le village à l'E. (prendre à dr. le chemin qui se présente au delà d'un pont rustique, à 500 ou 600 mèt. au N. de Ranspach), on atteint, par les chaumes et quelques bouquets de bois (12 k. env.), le Ballon de Guebwiller, après avoir contourné le Storkenkopf (*V. R. 34*).]

32 k. **Wesserling***, ham. dépendant de la commune de Husseren et siège de l'importante *manufacture de filés et de tissus de coton* de MM. Gros, Rosman et C°. C'est là que sont établis les principaux ateliers, la résidence des employés de la manufacture et l'habitation des directeurs, bâtie dans une admirable situation, au milieu des montagnes.

Le château, construit en 1631 par le prince de Lœvenstein, abbé de Murbach, pour en faire un rendez-vous de chasse, et qui formait une résidence princière, fut complètement incendié en 1776; il n'en subsiste plus guère qu'une partie du jardin en terrasse, quelques avenues et une *fontaine* avec bassin en forme de conque. L'habitation actuelle (1780) se compose d'un pavillon central avec deux ailes. Dans le parc, une chapelle moderne est consacrée au culte protestant. Les bâtiments de l'usine, au S.-E. du château, datent pour la plupart du commencement de ce siècle.

Le château de Wesserling, vendu en 1760 à un M. Démaret, fut cédé par celui-ci à MM. Risler, de Mulhouse, qui y créèrent une teinturerie et une imprimerie sur indiennes. Après plusieurs alternatives de succès et d'échecs, la manufacture fut définitivement exploitée, au commencement de ce siècle, par une société composée de quelques intéressés seulement.

La manufacture, qui a des tissages annexes à Kruth et à Saint-Amarin, occupe env. 5000 ouvriers, habitant Husseren et les villages voisins. L'établissement même de Wesserling comprend une filature (35 000 broches), un tissage (317 métiers), une teinturerie, une blanchisserie, des ateliers de dessin, de gravure, etc.

A quelques minutes au S., sur la rive dr. de la Thur, *Husseren*, v. de 1036 h. (*église* moderne, du style ogival primitif; maisonnettes construites pour les ouvriers par la société de Wesserling).

A 25 m. env. au S.-O., *Storckensohn* (*Storkensauen*), v. de 385 h. (belle habitation entourée d'un parc qui mérite d'être visité). On s'y rend par un chemin de traverse partant de Husseren.

Toute cette région présente un grand intérêt pour les géologues. Les formations cristallines sont presque toutes représentées dans les roches des montagnes environnantes, et l'on y trouve aussi la grauwacke stratifiée et ses diverses modifications. Partout aussi se manifestent les preuves irrécusables de l'existence des glaciers : moraines, blocs erratiques, roches polies et galets striés.

Au delà de Wesserling, la vallée de la Thur décrit une courbe et remonte au N. jusqu'à Wildenstein (R. 24). — A l'O. s'ouvre le vallon agreste que traverse la route d'Épinal, par Bussang, Saint-Maurice et Remiremont (R. 18).

De Wesserling à Remiremont, R. 18; — à la Bresse, par Wildenstein, R. 24.

ROUTE 34.

DE MULHOUSE A GUEBWILLER

PAR BOLLWILLER

24 k. — Chemin de fer. — Trajet en 1 h. à 1 h. 45 env. — 1 m. 90 pf.; 1 m. 30 pf.; 75 pf.

N. B. — Cette course, que l'on ne saurait trop recommander, est l'une des plus intéressantes qu'offre la chaîne des Vosges. Si l'on ne s'arrête pas à Soultz et qu'on se borne à monter au Ballon de Guebwiller, la cime la plus élevée des Vosges, en visitant Guebwiller et Murbach au passage, une journée suffit (aller et retour).

17 k. de Mulhouse à Bollwiller (R. 31).

L'embranchement de Guebwiller se détache, à g., de la ligne de Strasbourg.

22 k. **Soultz** * (*Sulz* ou *Obersulz*), V. de 4630 h. — *Église* de style ogival (tour octogonale à 2 étages, terminée par une flèche élégante). — Bel *hôtel de ville* sur la jolie *place du Marché*. — *Chapelle* dépendant autrefois d'une commanderie de Saint-Jean et convertie en grange (pierres tombales encastrées dans le mur). — *Maisons* du XVIe s., avec tourelles. — Restes des anciennes *fortifications*. — Fabriques de rubans, brasseries, tannerie, scierie.

Sur une hauteur appelée *Schimmelrain*, au S. de la ville, ont été découverts des fragments de l'époque gallo-romaine.

Ballon de Guebwiller, par Jungholtz et Rimbach.

N. B. — Tout en indiquant cette direction, la plus courte, du reste, pour monter au Ballon de Guebwiller, nous ferons remarquer que l'ascension par Guebwiller et Murbach est infiniment plus intéressante. — Si l'on ne consacre qu'une journée à cette excursion, on montera au Ballon par Murbach et l'on redescendra à Soultz par le chemin que nous allons indiquer ; on gagnera ainsi 1 h. 30 env. sur le trajet de retour.

On sort de Soultz par la route de Cernay et presque immédiatement (10 à 15 m.) on rencontre à dr. le vallon de Rimbach, qu'on remonte en longeant constamment un petit cours d'eau descendant des hauts pâturages.

30 à 35 m. *Jungholtz* (*Jungholz*), ham. dépendant par moitié de Soultz et de Rimbach. — A g., sur une éminence rocheuse, vestiges du *château de Schauenbourg* (*Schauenburg*), du XIVe s. — A 10 m. env. au S.-O., *église* (XVIIIe s.) de *Thierbach* ou *Thierenbach*, but de pèlerinage (*tableau* de 1680

représentant une vue de Soultz et de Thierenbach).

Le chemin s'élève de plus en plus entre les versants boisés du vallon de Rimbach.

25 m. *Rimback-Zell*, 391 h., placé d'une façon pittoresque sur le flanc de la montagne.

25 à 30 m. *Rimbach*, v. forestier de 354 h., à la limite des hauts pâturages. — C'est là que s'arrête le chemin vicinal que l'on a suivi depuis l'entrée du vallon. — Après avoir dépassé l'église, on continue de remonter, à travers les chaumes, en suivant le cours du ruisseau de Rimbach, jusqu'aux *métairies de la Glashütte et du Ballon*. — De là on atteint (15 m.) le sommet du Ballon de Guebwiller V. ci-dessous).

Montagne d'Hartmannswiller, châteaux du Herrenfluch et du Hirtzenstein.

Une journée, aller et retour. — Guide nécessaire.

On se rend par la route de Cernay à (2 k.) *Wuenheim* (*Wünheim*; 1015 h.), d'où l'on peut aller voir (30 à 35 m. aller et retour), à *Ottwiller* (*Ottweiler*), une magnifique habitation entourée de superbes jardins et bâtie au XVIII° s., par le comte Waldner, sur l'emplacement de l'ancien château fort d'Ottwiller, rasé en 1752.

A l'O. de Wuenheim s'ouvre le vallon resserré du Lieffenbach ; on le remonte en côtoyant le ruisseau du Lieffen jusqu'au (40 m.) confluent des deux petits cours d'eau dont il se forme. On tourne alors à g., vers le S., pour gagner, par une marche assez pénible à travers une forêt de sapins et de chênes, le sommet de la *montagne d'Hartmannswiller* (*Hartmannsweiler*; 930 mèt.; magnifique panorama). On continue d'avancer vers le S. et, en contournant les hauteurs du vallon de Wattwiller, on arrive aux ruines du *château du Herrenfluch* (*Herrenfluh*), construit au commencement du XIV° s. par Jean de Saint-Amarin, sur le promontoire S. du massif du Ballon de Soultz (vue admirable sur la plaine supérieure de l'Alsace, le Jura, et la chaîne de la Forêt-Noire). — Du Herrenfluch, on peut gagner Wattwiller (R. 30) par une étroite gorge qui s'ouvre à l'E. dans la direction de cette petite ville. A l'extrémité inférieure de cette gorge, on aperçoit, sur la hauteur s'élevant à g., les vestiges du *château de Hirtzenstein* (*Herzenstein*), bâti en 1245. A 5 m. à l'E. de Wattwiller, on trouve la route de Cernay, par laquelle, en prenant à g., on regagnera (8 k.) Soultz.

—

Au delà de Soultz, le chemin de fer se dirige en ligne droite sur Guebwiller.

24 k. **Guebwiller*** (*Gebweiler*), V. de 12245 h., sur la Lauch,

à l'entrée d'une magnifique vallée.

Guebwiller, entourée dès le xiii⁰ s. d'une enceinte fortifiée, dépendait de l'abbaye de Murbach, avec laquelle la ville fut souvent en lutte ; elle ne recouvra définitivement son indépendance communale qu'à l'époque de la Révolution, où le chapitre de Murbach fut supprimé.

Guebwiller, l'un des centres industriels les plus importants de l'Alsace, compte six vastes filatures et tissages de coton, qui méritent une visite. Parmi les plus considérables de ces manufactures, nous citerons celles de MM. Schlumberger, Henri Bourcart et Althoffer ; nous signalerons également les beaux ateliers de M. Grün pour construction de machines, et spécialement de machines à filer le lin, la laine et le coton. Guebwiller renferme en outre des filatures de lin et de laine, des fabriques de drap, des blanchisseries de toiles, des teintureries, des tanneries, des brasseries, des imprimeries typographiques et lithographiques, etc.

Les vins de Guebwiller, dont le cru dit *Kitterlé* est le plus renommé, comptent parmi les meilleurs d'Alsace.

Ancienne église paroissiale **Saint-Léger**, remarquable édifice du xii⁰ s. — Trois *tours* magnifiques, à quatre étages (aux étages supérieurs, fenêtres en plein cintre, richement décorées). — Portail, à trois entrées principales donnant sous un beau vestibule ouvert sur les côtés et formant une sorte de narthex. — A l'int. : cinq nefs ; les trois du milieu datent de la construction primitive ; les deux autres, du style ogival, ainsi que l'extrémité de l'abside, ont été ajoutées postérieurement et sont occupées par des chapelles.

Nouvelle église Saint-Léger (1766), monument du style gréco-romain, en grès rouge. — Portail, présentant une double ordonnance de colonnes ioniques. — Deux tours (celle de dr. est seule terminée). — A l'int. : trois nefs séparées par des colonnes corinthiennes ; coupole d'un bel effet ; maître-autel dans le goût du xviii⁰ s., orné d'une *Assomption* du sculpteur Sporrer (sa fille Hélène passe pour avoir sculpté les *boiseries* du chœur).

Ancienne *église des Dominicains* (époque ogivale), commencée le 11 novembre 1312, affectée aujourd'hui à des services civils. — Sur la façade S., jolie *porte* cintrée et *tourelle* d'une charmante exécution. — A l'int. : nef (transformée aujourd'hui en halles) séparée du chœur (partagé en salle de réunion et salle de concert) par un jubé bien conservé et possédant encore en grande partie sa décoration peinte du xiv⁰ s. (peintures colossales représentant *saint Christophe* et le *roi Salomon* ; *Vision de sainte Catherine de Sienne* ; figures des *Apôtres*).

Temple protestant et *synagogue* modernes. — *Hôtel de ville* de la fin du xv⁰ s. ou du commencement du xvi⁰. — Anciennes *maisons* canoniales du xviii⁰ s. — Curieuse *fontaine* avec dôme soutenu par des pilastres (en face de l'ancienne église Saint-Léger). — *Fontaine monumentale moderne* (en face de la nouvelle église), due à la générosité de M. Frédéric de Bary. — Restes du château fortifié (une *tourelle*) dans une maison particulière. — Jolies habitations avec parc.

Bühl. — Murbach. — Ballon de Guebwiller.

6 à 7 h. aller et retour.

On traverse dans toute sa longueur la rue principale de Guebwiller, et, après avoir dépassé l'ancienne église Saint-Léger, on atteint la route de Murbach. — A dr., filature, puis *cité ouvrière*, fondée en 1852 par M. Bourcart père. — 20 m. Sur un mamelon, à g. de la route, restes du *château de Hugstein*, construit en 1216 par Hugues de Rothenbourg, abbé de Murbach, et ancienne résidence féodale des abbés de Murbach.

15 m. La route se bifurque : l'embranchement de dr. conduit à **Bühl**, v. de 3050 h., sur la Lauch. On en aperçoit l'église (*peintures* du moyen âge) sur un monticule. Bühl possède plusieurs grands établissements industriels (filature de coton et de laine; tissage mécanique; fabrique de mérinos; forge, etc.).

On prend l'embranchement de g., se dirigeant sur Murbach et l'on traverse le vallon de Murbach, nommé aussi le *Florival* ou *Blumenthal*, en longeant à dr. une prairie arrosée par le ruisseau de Murbach. Cette prairie formait autrefois un étang désigné dans les annales de Murbach sous le nom de *vivarium Peregrinorum* (*vivier des Pèlerins*); on y voit encore les vestiges d'une digue de retenue. — A 20 m. de la bifurcation, en deçà et sur la g. d'un pont rustique, s'ouvrent trois chemins d'exploitation forestière; le plus rapproché du pont monte directement, à travers bois, aux chaumes du Ballon de Guebwiller. — Au lieu de le prendre à son origine, on franchira le pont pour gagner (10 à 15 m.) Murbach.

6 k. de Guebwiller. **Murbach**, v. de 322 h., au fond du vallon, au pied des montagnes, dans un site magnifique, remarquable par son caractère agreste et solitaire. Murbach a été jusqu'au xviii° s. le siège d'une des plus riches et des plus illustres abbayes de l'Alsace.

L'abbaye de Murbach fut fondée au commencement du viii° s. par saint Pyrmin, obligé d'abandonner l'abbaye de Reichenau. Protégée par le comte Eberhard d'Eguisheim, qui lui concéda un territoire étendu, la nouvelle communauté prit un rapide développement et acquit promptement une renommée considérable. Aussi, dès la fin du viii° s., Charlemagne tenait à honneur d'inscrire son nom à côté de ceux des abbés de Murbach. Cette prospérité fut un instant interrompue, en 929, par l'invasion des

Hongrois, qui ravagèrent Murbach et poursuivirent les religieux jusqu'au fond des montagnes. Un terrain situé près du Ballon de Guebwiller, à l'O. du lac du Ballon, porte encore le nom de *Mordfeld* (*champ du Meurtre*), en souvenir de sept religieux qui y furent massacrés par les barbares. L'abbaye ne tarda pas à se relever de ce désastre et à reprendre sa splendeur primitive. Les abbés firent élever des châteaux forts pour protéger leur domaine : ceux de Hirtzenstein, près de Wattwiller, de Hugstein, sur la route de Guebwiller, et celui de Hohrupf, sur un rocher escarpé dominant Murbach au N. ; enfin ils entourèrent de fortifications Guebwiller, qui leur appartenait. En 1764, le pape Clément XIII sécularisa l'abbaye de Murbach ; il la convertit en un chapitre noble qui prit le titre d'*Insigne collégiale équestrale de Murbach* et vint établir sa résidence à Guebwiller même ; mais la nouvelle église venait à peine d'être construite, ainsi que les maisons canoniales, que, dès les premiers mouvements de la Révolution, une émeute dispersait les chanoines et supprimait, de fait, le chapitre.

L'abbé de Murbach prenait le titre de prince du Saint-Empire : il avait une voix à la diète et relevait directement du pape au spirituel, de l'empereur au temporel. Aussi la crosse abbatiale de Murbach fut-elle portée non seulement par des membres des plus nobles familles de l'Alsace, mais encore par des princes de la maison impériale.

Église paroissiale, ancienne église abbatiale, construite du Xe au XIe s. (la nef, entièrement détruite, est remplacée par un vaste enclos servant de cimetière ; mais le transsept, le chœur et les deux tours, hautes de 24 à 30 mèt., subsistent encore). — A l'int. (restauré) : belle *chapelle* latérale, à g. ; *cénotaphe* élevé en 1705 aux sept religieux tués au champ du Meurtre ; *tombeau* du comte Eberhard d'Eguisheim ; *tableaux* anciens représentant divers épisodes de la vie de saint Léger, patron de l'abbaye. — Sur le coteau qui domine le village au N., jolie *chapelle* (s'adresser pour la visiter à M. le curé de Murbach) dont la riche décoration reproduit exactement celle de la *Santa Casa* de Notre-Dame de Lorette (*statues* en bois : *saint Jean-Chrysostome* et *sainte Anne*).

Pour regagner le chemin du Ballon, on traverse le village et, un peu au delà d'une auberge, on franchit le ruisseau de Murbach pour remonter à travers champs un coteau ramenant à la lisière de la forêt ; là on rejoint le chemin d'exploitation, en assez mauvais état mais d'une pente douce, qui conduit aux hauts pâturages. — On parcourt alors, au sein d'une solitude et d'un silence imposants, une admirable région de montagnes. On passe sous de belles futaies, laissant apercevoir à dr., au fond d'un abîme de verdure, le délicieux vallon de Murbach. On arrive enfin (1 h. 30) aux grands pâturages (900 à 1000 mèt. d'alt.), où l'on ne voit plus que quelques maigres buissons de hêtres, des myrtillières, des bruyères et des gazons, où s'épanouissent la *pensée des Vos-*

ges, l'*arnica*, la *gentiane jaune* et la *gentiane champêtre*. On suit les chaumes en inclinant vers le S.-O. et l'on ne tarde pas à atteindre (20 à 30 m.) le pâturage du *Kedle* (5 m. à dr. du chemin), d'où l'on domine le **lac du Ballon** (*Belchen-See*; 75 hect. de superficie; 30 mèt. env. de profondeur), vaste réservoir dont les parois escarpées s'élèvent à 200 mèt. au-dessus du niveau des eaux. Leur surface, en effet, se trouve à 1000 mèt. d'alt., tandis que le spectateur qui plonge les regards dans ce profond entonnoir est placé à 1200 mèt. au-dessus du niveau de la mer (900 mèt. env. au-dessus de la plaine de Colmar). En 1740, la digue de retenue du lac, n'ayant pu résister à la poussée des eaux tout à coup gonflées par un immense éboulement, celles-ci se répandirent en un torrent impétueux dans la vallée, où elles causèrent d'énormes dommages, emportant ponts, moulins et maisons. Guebwiller échappa au désastre grâce à la solidité de son mur d'enceinte, qui arrêta l'irruption des eaux. Du lac il y a encore 25 à 30 m. jusqu'au sommet du Ballon. — On traverse un col, qui sépare la Tête du Ballon, à g., de la *Tête du Chien* (*Storkenkopf*; 1364 mèt.), à dr., et où s'élève la *métairie du Haag* (on peut s'y rafraîchir; un sentier mène en 15 m. au *Mordfeld*, à l'O. du lac). — Du Haag on gagne (15 m. env.), à travers les bruyères et les as-

pérités rocheuses, la **cime** ou **Tête du Ballon** (*Belchen* ou *Bölchen*; 1426 mèt.). La vue est admirable et plus étendue que celle qu'on a du Ballon d'Alsace ou du Hoheneck. On découvre la Forêt-Noire dans tout son développement; la vallée du Rhin, où l'on distingue surtout Bâle, Mulhouse et Colmar; la vallée de la Thur jusqu'au col de Bussang, et, au S., aux confins de l'horizon, les hautes lignes du Jura et les cimes les plus élevées des Alpes, du Sentis au Mont-Blanc.

Du Ballon de Guebwiller, divers chemins de montagnes redescendent soit à Soultz, par Rimbach et Jungholtz (V. ci-dessus), soit dans la vallée de Saint-Amarin, à Willer, à Saint-Amarin ou à Ranspach (R. 33). En suivant au N., sur la crête de la montagne, les chaumes qui s'étendent entre les vallées supérieures de la Lauch, à dr., et de la Thur, à g., on atteindrait (4 h. à 4 h. 30) le Rothenbach et de là Wildenstein (R. 24).

Du Ballon on peut revenir directement à Guebwiller, sans passer par Murbach.

Redescendant à la métairie du Haag, on gagne (30 m.) l'extrémité inférieure du lac du Ballon, d'où un sentier conduit, en longeant le ruisseau de Seebach, formé par l'écoulement du trop plein des eaux du lac, à la *ferme-auberge de la Roll* (cascade du Seebach), assez fréquentée en été (excellentes

LAUTENBACH. — NEUF-BRISACH.

truites ; vin mousseux). En continuant de suivre le cours du ruisseau, on arrive (1 h.) à son confluent avec la Lauch.

[En remontant le cours de la Lauch on peut se rendre (guide nécessaire ; 7 h. aller et retour en partant de Guebwiller) à la ferme-auberge du *Lauchen* et au *Lauchenweyer*, étang d'où sort la Lauch. On traverse une des plus belles forêts des Vosges (sapins plusieurs fois séculaires ; pittoresques chemins de schlitte ; pont en bois, très hardi, sur la Lauch).]

On descend le cours de la Lauch, que l'on suit jusqu'à Bühl.

30 m. *Linthal*, 1167 h., à 508 mèt. d'alt. (jolie *église* moderne ; scieries).

25 m. **Lautenbach**, 2163 h. — *Église* romane, avec porche ouvert ou *narthex* remarquable. A l'int., où le style ogival se mêle au style roman : beaux *vitraux* et *chaire* sculptée, un des chefs-d'œuvre de l'art allemand au xviie s. (les sculptures représentent la *Victoire de saint Michel sur le démon* et le *Bon Pasteur accompagné des quatre Évangélistes*). — Restes d'un *cloître* de l'époque ogivale, sur le côté de l'église.

En face de Lautenbach, sur la rive dr. de la Lauch, *Lautenbach-Zell* (*église* remaniée au xviiie s. et conservant un clocher qui présente tous les caractères du roman rustique).

Dans un vallon latéral, à 20 m. de Lautenbach, *chapelle de Saint-Gangolf*, renfermant une source qui, selon la légende, aurait été miraculeusement transportée du fond de la Champagne au sein des montagnes de l'Alsace.

30 m. Bühl (*V.* ci-dessus), que l'on traverse pour reprendre le chemin de Guebwiller à son point de bifurcation vers Murbach.

ROUTE 35.

DE COLMAR A NEUF-BRISACH

18 k. — Chemin de fer ; en 30 m. env.

Le chemin de fer, laissant à dr. la ligne de Bâle, et contournant la partie S. de Colmar, se dirige au S.-E., à travers un pays fertile.

4 k. On franchit la Thur. — A 3 k. au N., *Horbourg* (*Horburg*), 1086 h., qu'on croit occuper l'emplacement d'une ville celtique, passée sous la domination romaine (aux environs, on a découvert de nombreux débris d'antiquités).

8 k. *Sundhofen*. — On franchit l'Ill, puis on traverse sur une étendue de 4 k. la *forêt de Kastenwald*.

18 k. **Neuf-Brisach*** (*Neu-Breisach*), V. de 2223 h., sur le canal du Rhône au Rhin, qui la contourne à l'E. Neuf-Brisach, que Vauban construisit pour défendre la rive g. du Rhin, après que Louis XIV eut été obligé, par le traité de Ryswick

de céder Vieux-Brisach à l'Autriche, forme un polygone à huit côtés, percé de quatre portes. Les rues, tracées très régulièrement, aboutissent pour la plupart à une place d'armes carrée, plantée de trois rangées d'arbres. — *Église paroissiale* (XVIIIe s.). — *Casernes* et *arsenal* assez spacieux. — A 1 k. 1/2 au N.-E., *fort Mortier*, ancienne tête de pont de Vieux-Brisach.

Après la reddition de Strasbourg, le 28 septembre 1870, l'armée du général de Werder devenait libre et pouvait entreprendre des opérations nouvelles. La landwehr de la garde prenait la direction de Paris : la 1re division de réserve restait en partie à Strasbourg, et la 4e division de réserve commandée par le général de Schmeling recevait l'ordre de passer le Rhin vers *Neuenbourg* et de s'emparer des places de Schlestadt, Neuf-Brisach, etc., tandis que le général de Werder avec le gros de ses forces pénétrait dans les Vosges.

Le général de Schmeling, après avoir bombardé pendant six jours la ville de Schlestadt, qui tombait en son pouvoir le 25 octobre, se portait sur la petite place forte de Neuf-Brisach, qui n'avait pour se défendre que 10 canons de position et une garnison de 5000 hommes. Dès le 2 novembre, l'artillerie allemande commençait le bombardement et dirigeait contre la ville même un feu tout aussi nourri que celui dont elle accablait le fort Mortier. Le 9 novembre, le fort n'était déjà plus en état de prolonger sa résistance ; il était contraint d'ouvrir ses portes à l'ennemi, et sa petite garnison était prisonnière. La prise du fort entraînait la reddition de la ville, qui capitulait le lendemain, et la division de Schmeling allait renforcer les troupes du général de Treskow, qui commençaient le siège de Belfort.

—

Un chemin de fer relie Neuf-Brisach à *Vieux-Brisach* (*Alt-Breisach*), sur la rive dr. du Rhin, et à Fribourg, station du chemin de fer badois.

ROUTE 36.

DE COLMAR A MUNSTER

19 k. — Chemin de fer. — Trajet en 1 h. — 1 m. 60 pf.; 1 m. 10 pf.; 65 pf.

N. B. — La vallée de Munster (excursion très recommandée), non moins renommée que la vallée de Sainte-Marie-aux-Mines, l'emporte certainement sur celle-ci par la magnificence et la variété des sites.

Laissant à dr. la ligne de Strasbourg (R. 31), la voie ferrée se dirige à l'O.

3 k. **Le Logelbach**, principal centre de l'industrie colmarienne. — *Chapelle* (beaux vitraux par M. Barckhardt, de Munich). — Vastes *établissements de la famille Herzog*, situés le long du canal du Logelbach à partir de Colmar, avec succursales à Turckheim, à Ingersheim et dans le Val d'Orbey, et comprenant 100 000 broches de filatures, un grand retordage et près de 2000 métiers à tisser. La grande filature du Logelbach renferme dans une seule salle construite au rez-de-

chaussée près de 50 000 broches, avec une force motrice de 500 chevaux hydrauliques et de 500 chevaux-vapeur. Elle produit toutes sortes de filés, depuis les qualités ordinaires, jusqu'aux plus fins. Outre la grande cité ouvrière construite près de Colmar, en avant du tissage Bagatelle, le chef de la maison a fondé des caisses de secours largement dotées, et les ouvriers les plus âgés touchent une pension de retraite. A côté des usines, madame Herzog entretient un hospice où elle soigne les malades et les infirmes avec deux sœurs de charité.

La plaine que l'on parcourt de Colmar à Turckheim a été le théâtre de l'une des plus importantes victoires de Turenne, qui y battit les Impériaux, le 5 janvier 1675, après avoir, dans une marche savante, contourné les Vosges par leur revers occidental.

6 k. **Turckheim** * (*Türkheim*), V. de 2496 h., autrefois fortifiée et ancienne ville impériale, sur la rive g. de la Fecht, à l'entrée de la vallée de Munster. — *Église* moderne (tour du XIIIᵉ s.). — Restes de *fortifications* et *portes* fortifiées. — Jolie *promenade* entre la Fecht et le canal du Logelbach. — Belle *propriété* de M. Herzog, sur le versant des coteaux entre Turckheim et Ingersheim et sur les bords de la Fecht, avec promenades ombragées et pièces d'eau. Un escalier de 500 marches conduit au sommet de la colline du *Letzenberg* par le versant le plus escarpé. La montagne est couronnée par un immense mur de circonvallation avec un oratoire (belle vue). — Vins très appréciés et auxquels leur qualité a valu le surnom de *Tokay de l'Alsace*.

Notre-Dame des Trois-Épis.

Route de voitures (2 services par j., 80 pf.) de Turckheim aux Trois-Épis (8 k.). — Pendant l'été, service de voitures publiques (départ de *l'hôtel de Thann*) entre Colmar et (2 h.) Notre-Dame des Trois-Épis, les dimanches, mardis, mercredis et samedis (3 fr. aller et retour).

On quitte Turckheim par la porte de l'O., et, après avoir longé la rive g. de la Fecht, on prend à dr. (30 m. env.) un chemin qui s'élève sur les coteaux en décrivant plusieurs contours. On arrive (1 h.) au petit plateau de grès vosgien (734 mèt.) où sont situés le **couvent de Notre-Dame des Trois-Épis** * (*Drei Aehren*) et les quelques maisons et hôtels qui l'entourent.

D'après la légende, le couvent des Trois-Épis doit son origine à une apparition miraculeuse, dont les circonstances varient suivant divers récits. Les *bâtiments conventuels*, où résidaient quelques religieux, expulsés par les Allemands depuis 1871, n'ont rien de remarquable; *l'église* a été reconstruite en 1635; la chapelle de la Vierge, décorée dans le goût surchargé du xviii° s., renferme des milliers d'*ex-voto*. La beauté du site, l'air pur qu'on y respire, les vues magnifiques qu'on y a sur la plaine du Rhin, les Vosges et la Forêt-Noire, ont fait de Notre-Dame des Trois-Épis un des lieux de villégiature les plus fréquentés par les Colmariens, et où séjournent aussi beaucoup d'étrangers dans la belle saison et surtout pendant les mois d'août et de septembre.

On se rend encore aux Trois-Épis :

1° Par Ingersheim (*V. ci-dessus*) et (7 k. de Colmar) *Niedermorschwihr* (*Niedermorschweier*; 742 h.; *église* moderne avec clocher du xiii° s.; *maisons* du xvi° s.). — Un chemin s'ouvrant à l'O. du village, dans un vallon latéral, monte par une pente facile jusqu'aux Trois-Épis (1 h. 15 depuis Niedermorschwihr).

2° Par Ingersheim et Katzenthal (2 h., par un vallon pittoresque, depuis Katzenthal).

3° Par Ammerschwihr (*V. R. 31*). On remonte une gorge à l'O. du village, puis (15 m.) on trouve à g. un chemin qui, gravissant les hauteurs, gagne directement (2 h. 30) les Trois-Épis.

N. B. — Si des Trois-Épis on ne veut pas revenir à Colmar, on peut redescendre à Turckheim et de là se rendre à Wintzenheim (*V. ci-dessous*).

Château de Hohlandsperg.

2 h. 40 aller et retour.

N. B. — Si l'on réunit dans une même course la visite du Hohlandsperg et celle de la tour de Pflixbourg, comme c'est l'habitude, on ira d'abord au Hohlandsperg ; là on redescendra à la tour de Pflixbourg, qu'on aperçoit au fond de la vallée, par un chemin d'exploitation voisin de la poterne par laquelle on entre au Hohlandsperg. On gagnera ainsi près de trois quarts d'heure sur le trajet qu'on aurait à faire en revenant prendre à Wintzenheim la route de Munster.

On sort de Turckheim par la porte de Colmar, et, franchissant la Fecht et le canal du Logelbach, on gagne, en traversant des prairies et quelques terres cultivées, (2 k.) *Wintzenheim** (*Winzenheim*), v. de 3691 h., à l'entrée (221 mèt. d'alt.) de la vallée de Munster, en face de Turckheim.

Une petite rue s'ouvrant à l'angle S.-E. de la place de l'église et en face même de l'église, conduit au pied de coteaux plantés de vignes, au-dessus desquels s'élève la montagne du Hohlandsperg. — On tourne à dr. et l'on trouve à g. (200 à 300 mèt.) un chemin d'exploitation conduisant au Hohlandsperg. En le remontant à travers les vignobles (20 à 25 m.), on atteint, à dr., au-dessus du Bærenthal, une belle châtaigneraie où commence la forêt. A g., on remarque un talus, du haut duquel on embrasse un admirable paysage. La chaîne de la Forêt-Noire s'y présente sous un de ses plus grands développements. A dr. on découvre les tours d'Eguisheim; à g. la vue s'étend sur la vallée de Munster, au delà sur les Trois-Épis et les hauteurs qui avoisinent la région des lacs, et enfin les châteaux de Ribeauvillé et le Hohkœnigsbourg.

Lorsqu'on a dépassé la châtaigneraie, le sentier fait un nouveau détour à g. et s'élève sous bois, en dominant à dr. la vallée de Munster, jusqu'au (30 m.) sommet boisé (634 mèt.) sur lequel s'élève le Hohlandsperg. Parvenu là, le sentier se perd au milieu des broussailles et des arbustes; aussi n'est-ce pas sans quelque difficulté qu'on trouve l'entrée actuelle du château, bien qu'on aperçoive au-dessus de soi ses hautes murailles. Pour y parvenir, il faut complètement contourner les ruines par l'E. et le S., en appuyant d'abord à g. — On passe ainsi devant la porte principale (au S.), aujourd'hui inaccessible; il n'en reste qu'une brèche qui s'ouvre à une grande hauteur au-dessus de l'ancien fossé. Cette porte était défendue par une tour, encore assez bien conservée. Après un long détour, on atteint enfin du côté du N.-O., donnant sur la vallée de Munster, une espèce de poterne par laquelle on entre dans une première enceinte; de celle-ci on pénètre dans une vaste cour qu'entouraient probablement les bâtiments d'habitation.

Le **château de Hohlandsperg**. (*Hohlandsberg*), dont l'origine est fort obscure, est mentionné pour la première fois d'une façon un peu précise vers 1281, époque où il fut pris d'assaut par Othon d'Ochsenstein avec l'assistance des Colmariens. Le Hohlandsperg, occupé en 1633 par les Suédois, fut remis à la France et démantelé en 1635 (vestiges de salles et d'escaliers dans la cour intérieure; jolie *porte* qu'on suppose avoir communiqué à une partie réservée de la montagne disposée en jardin; tourelles ou échauguettes; restes de *murailles* construites avec une remarquable solidité, et dans lesquelles on remarque des traces de galeries et de corps de garde). — Du haut d'un monticule (à dr., dans la cour intérieure) appuyé à une tour, on a une vue magnifique.

Un chemin forestier, se développant sur la crête de la montagne, conduit (30 à 35 m.) aux tours d'Éguisheim (R. 34), d'où l'on peut gagner la station d'Éguisheim pour rentrer à Colmar.

Tour de Pflixbourg.

4 h. aller et retour depuis Wintzenheim.

Traversant la principale rue de Wintzenheim, on suit la belle route de terre de Munster, et bientôt (25 m.) on découvre à g., au hameau de *Saint-Gilles*, la **tour de Pflixbourg** (*Pflixburg*; XIIᵉ ou XIIIᵉ s.), de forme cylindrique, occupant le haut d'un mamelon conique (458 mét.). Elle est très fortement construite, et, bien qu'abandonnée depuis plusieurs siècles, elle est restée dans un excellent état de conservation.

Le donjon de Pflixbourg, isolé, dominé de très près par des montagnes revêtues de forêts épaisses, est l'objet d'une légende que le poëte colmarien Pfeffel a mise en vers. On rapporte qu'une princesse fut enfermée dans cette tour par une fée qui la métamorphosa en une sorte de sirène, moitié femme, moitié dragon. Elle lui avait toutefois déclaré que le chevalier qui oserait l'embrasser lui rendrait sa forme première. Un chevalier eut la hardiesse de pénétrer dans la tour et donna le baiser de délivrance à la prisonnière ; mais celle-ci, dit-on, au lieu de reprendre le corps d'une femme, fut complètement changée en dragon. Enfin, dans les campagnes environnantes, on prétend que le Pflixbourg est hanté par une dame blanche (*Weisses Fræulein*) qui, à certaines époques, descend la nuit dans la vallée, en chantant d'une façon lamentable.

Soultzbach. — Châteaux de Wasserbourg, de Hattstatt et de Schrankenfels. — Le Kahlenwasen.

N. B. — Le point de départ le plus direct de l'excursion à Soultzbach est la station de Wihr-au-Val (*V.* ci-dessous), mais si l'on fait l'excursion aux châteaux de Hohlandsperg et de Pflixbourg, il est préférable ou de se rendre directement, par la route de Munster, du ham. de Saint-Gilles à (6 k. env.) Soultzbach, ou bien, du Hohlandsperg, de descendre à la station de Walbach, située à 3 k. de celle de Wihr-au-Val.

A 5 k. de la ferme de Saint-Gilles, on rencontre à g., près d'une auberge isolée dite la *Nouvelle-Auberge*, le vallon de Soultzbach.

10 m. **Soultzbach*** (*Sulzbach*), v. de 789 h. — *L'établissement des eaux* est situé à 1/2 k. au delà du village, au milieu d'un joli parc et au pied d'une montagne argileuse nommée l'*Oberfeldwald*, d'où jaillissent les sources au nombre de quatre (la *Grande-Source*, la *Petite-Source*, la *Source des Bains* et la *Source du Château*); la principale fut découverte en 1603. Les eaux de Soultzbach, froides (10°,5), gazeuses, ont une saveur acidule, fraîche, piquante, très légèrement ferrugineuse; elles sont limpides et très agréables à boire. Ces eaux, toniques et reconstituantes, sont employées contre la dyspepsie, l'anémie, la chlorose, etc. Elles se prennent en boisson et en bains, mais principalement en boisson. On en exporte comme eau de table.

Soultzbach, situé dans une région de montagnes où s'étendent de toutes parts de vastes forêts, offre de nombreux et intéressants buts de promenades.

Château de Wasserbourg (3 h. aller et retour). — On remonte

[ROUTE 36] BAINS DE SOULTZBACH. 189

au S., par un chemin facile, la vallée de Soultzbach jusqu'à (1 h.) *Wasserbourg* (*Wasserburg*), v. de 700 h., au fond du vallon, dans un site extrêmement agreste et retiré. — Les restes du **château de Wasserbourg** (*tour* carrée et débris d'une épaisse muraille ayant probablement fait partie d'une première enceinte) s'élèvent au sommet d'une montagne (710 mèt.) dominant Wasserbourg au N. On y arrive par un chemin (20 m. env.) se présentant à dr. à l'entrée du village. — Au retour, on peut prendre un sentier de forêt allant par les hauteurs, dans la direction du N., à *Griesbach*, v. de 645 h., situé au fond d'une gorge pittoresque qui s'ouvre sur la route de Munster. On tourne alors à dr. pour regagner, en 20 m., l'entrée du vallon de Soultzbach.

Châteaux de Hattstatt et de Schrankenfels (4 h. 30 aller et retour; guide utile). — Entre l'église de Soultzbach et les premières maisons du village, on trouve à g. (en venant de la route de Munster) un chemin conduisant, par une gorge étroite (45 m.), au pied de la hauteur (877 mèt.) qu'occupent les ruines du **château de Hattstatt** (débris d'une *tour*; pan de mur percé d'étroites fenêtres en plein cintre). On les atteint en 8 ou 10 m., en remontant à dr. Le château de Hattstatt qui dès le XII° s. était entouré de murs et de fossés, fut pris et incendié en 1466 par les habitants de Munster.

Un sentier constamment sous bois se dirige, au N., vers (1 h.) le **château de Schrankenfels** (tour octogonale bien conservée).

Le **Kahlenwasen** ou **Strohberg** (6 à 7 h. aller et retour; un guide est *nécessaire*). — Après avoir gagné Wasserbourg, on monte par des chemins de montagne, en traversant des pâturages et des bois, au sommet du **Kahlenwasen** (1274 mèt.), au S.-O. de Wasserbourg. Le Kahlenwasen forme l'extrémité S. de la vaste muraille granitique qui, enveloppant la vallée de Munster à l'O., se termine, au N., aux chaumes du Reisberg, par l'escarpement rocheux qui domine le lac Blanc. De la cime du Kahlenwasen, où commencent les hauts pâturages, se développe un splendide panorama sur la vallée de Munster, la Forêt-Noire et les cimes lointaines du Jura.

N. B. — Le touriste, habitué aux longues courses et qui serait curieux de connaître les hauts pâturages alpestres des Vosges, pourra prolonger l'excursion du Kahlenwasen, en suivant l'itinéraire dont nous allons indiquer les points essentiels. — Cette course intéressante, pour laquelle il serait impossible de donner une direction détaillée, demande deux jours, et il est *indispensable* de se faire accompagner par un guide.

Du sommet du Kahlenwasen, on se dirige vers le S.-O., en décrivant un large circuit qui aboutit à la métairie du Lauchen, et en se maintenant sur la crête des hauteurs, entre les vallées de Guebwiller et de Munster. — On trouvera du reste à se renseigner dans les *censes* ou *fromageries* dispersées dans la montagne. — On aperçoit çà et là des groupes de rochers, des bouquets de bois, des gorges pittoresques, entre autres le vallon de *Lαndserbach*, vers la dr., et celui de *Linthal*, sur la g. — On atteint d'abord (3 h. env. depuis le Kahlenwasen) le *Lauchenkopf* ou *Wissort* (1318 mèt.), et ensuite (25 à 30 m.) la *ferme de Lauchen* (1150 mèt. d'alt.), où l'on passera la nuit pour admirer, le lendemain matin, le lever du soleil. — Du Lauchen, on remonte au N.-O. sur le Rotabach ou Rothenbach, en traversant tantôt des pâturages, tantôt des bois de hêtres, jusqu'à la *ferme du Hahnenborn*, où l'on passe près d'une forêt de sapins. De là on gagne (1 h.) les *chaumes de Herrenberg*. — De ce point au Rothenbach il y a encore 30 à 35 m.; on continue de suivre la crête de la montagne en dominant à g. la vallée de Wildenstein, ou vallée supérieure de la Thur (R. 24). Parvenu au *Rothenbach* (1319 mèt.), on gagne par un sentier l'embranchement principal de la grande vallée de la Fecht, et on la redescend jusqu'à (2 h.) Munster, où l'on arrive après avoir passé à Metzeral et à Luttenbach (*V.* ci-dessous, Munster). — A

Munster, on prend le chemin de fer pour Wihr-au-Val, d'où l'on rentre à Soultzbach. La première journée comporte 6 h. de marche effective, et la seconde de 7 à 8 h.

—

Au delà de Turckheim, on laisse à dr. la montagne des Trois-Épis ou de Turckheim et la Fecht. A g., tour de Pflixbourg. A dr. on a une très belle vue sur la vallée de Munster. — A dr., *Zimmerbach* (399 h.).

10 kil. *Walbach* (624 h.; *manufacture* de M. J. Kiener fils, avec *cité ouvrière*).

13 k. *Wihr-au-Val* (*Weierim-Thal*), 950 h. — *Chapelle de la Croix* (but de pèlerinage) sur le *Sonnenberg* (482 mèt.), au N.

16 k. *Gunsbach* (*Günsbach*; 809 h.; filature et tissage dépendant de la manufacture de M. Kiener, à Walbach). — A g., au delà de la Fecht, sur la hauteur, débris du château de Schwartzenbourg, et, dans la vallée, à dr., vastes établissements de la manufacture de MM. Hartmann (*V.* ci-dessous). — On franchit la Fecht.

19 k. Munster.

MUNSTER

Situation. — Aspect général.

Munster*, V. de 5156 h., dans une ravissante situation (360 mèt. d'alt.), au point où les deux vallées de la Fecht et du Kleinthal se réunissent pour former la vallée de Munster proprement dite.

Toute cette haute contrée offre les sites les plus grandioses, soit dans la grande vallée de la Fecht, soit dans les vallons latéraux qui y aboutissent et que domine le Hoheneck à l'O. (R. 21) et le Rothenbach (*V.* ci-dessus) au S.-O. Un hôtel confortable, inauguré en 1883, permet aux touristes de séjourner à Munster et d'en faire un centre d'excursions variées.

Histoire.

Munster et les villages les plus anciens de la vallée doivent leur origine à une abbaye de bénédictins fondée au commencement du VII° s. (634). En raison de sa position, la nouvelle communauté reçut primitivement le nom de monastère du confluent (*monasterium confluentis*), et les solitaires, pour rendre hommage au pape saint Grégoire, donnèrent son nom à la vallée, qui le conserva longtemps; puis, dans la suite, le voisinage du monastère la fit habituellement appeler *vallée du Monastère* (en allemand *Münster*), et c'est cette désignation qui a définitivement prévalu. L'abbaye obtint des domaines considérables, s'étendit et acquit une grande renommée, ainsi que le prouve le choix qu'on fit à plusieurs reprises de religieux de cette communauté pour occuper le siège épiscopal de Strasbourg. Néanmoins, au XVI° s., la Réforme y fut accueillie avec empressement, et l'abbé Burkard de Nagel abjura l'un des premiers le catholicisme en 1536. Bientôt toute la vallée adopta les principes du protestantisme.

L'abbaye de Munster, dont ce mouvement religieux avait beaucoup diminué l'importance, fut supprimée à l'époque de la Révolution. Toutefois, jusqu'au dernier jour, elle a compté au nombre de ses religieux plusieurs hommes distingués, parmi lesquels nous citerons dom Calmet, qui, avant d'être abbé de Senones, fut sous-prieur de l'abbaye de Munster, dont il a écrit l'histoire.

La ville qui s'était formée autour de l'abbaye prit le nom de ville de *Munster*, et par la suite on l'appela simplement *Munster*. Au XIII° s., l'abbaye, ayant cédé une partie de ses droits à Frédéric II, empereur d'Almagne, Munster fut élevée au rang de cité impériale, et, au XIV° s., elle obtint de nouveaux privilèges de l'empereur Charles IV. A partir de cette époque, la vallée de Munster se gouverna avec une indépendance presque complète, formant, au fond des Vosges, une sorte de petite communauté républicaine d'un caractère tout patriarcal.

Les mœurs des habitants de la vallée de Munster, qui perdent chaque jour un peu de leur simplicité originaire au contact de l'industrie, ont cependant conservé quelque chose de leur caractère primitif. M. Kirschleger en a fait un tableau intéressant dans son *Guide du botaniste*.

La ville de Munster est très renommée pour le développement industriel dont elle est le centre. Presque tous les villages environnants renferment quelque usine : filatures, tissages, papeteries, scieries mécaniques. Son commerce comprend les produits de ses manufactures et les denrées agricoles, au premier rang desquelles il faut placer les fromages, qui s'expédient chaque année par plusieurs centaines de mille kilogrammes. Les fromages façon *gruyère vosgien* entrent pour plus de 100 000 kilog. dans ce total, que complètent les fromages dits *de Munster*.

Monuments.

Église catholique. — Nouveau *temple* protestant, du style roman. — *Hôtel de ville* (xvi° s.). — *École primaire*, l'une des plus complètes et des mieux installées de l'Alsace. Elle est due à la générosité de M. Frédéric Hartmann, ancien pair de France, mort en 1861 à l'âge de 89 ans, et dont le nom est vénéré dans ces contrées. — *Hospice* fondé par M. Henri Lœwel, cousin et collaborateur de MM. Hartmann.

Industrie.

Parmi les établissements industriels de la vallée, nous citerons spécialement, pour leur étendue, pour l'ensemble de leurs dispositions et pour leur excellente organisation, les **établissements industriels** (filature, tissage, blanchiment) **de MM. Hartmann et fils**, l'une des plus importantes manufactures de l'Alsace. Le principal établissement est situé au N.-E. de Munster, entre la route départementale et la Fecht.

L'origine des établissements industriels de Munster remonte à 1780. C'est M. André Hartmann, l'aïeul des propriétaires actuels, qui vint le premier s'établir dans cette vallée et y fonder une fabrique de toiles peintes. Ses premiers efforts furent couronnés de succès, et la célébrité s'attacha très vite et d'une manière toujours croissante aux produits de son industrie. Cette usine, qui ne comprend aujourd'hui que des filatures, des *tissages* et des blanchiments de tissus de coton, compte 1800 métiers mécaniques, et plus de 60 000 broches de filature. Les ouvriers sont au nombre de 3000 env.

L'établissement possède des écoles où les enfants des deux sexes des ouvriers reçoivent séparément une instruction gratuite. Les ouvriers, sous l'impulsion de leurs chefs, ont formé une association de consommation et fondé un magasin qui achète en gros et revend aux membres de l'association toutes les denrées alimentaires, les vêtements, etc. Mais la principale institution de prévoyance est une caisse de secours mutuels. Moyennant un faible prélèvement mensuel sur son salaire, chaque ouvrier reçoit une *subvention en argent* en cas de maladie et pendant toute la durée, quelle qu'elle soit, du chômage forcé. Il reçoit, en outre, gratuitement, les visites du médecin et les remèdes prescrits. Les chefs de la maison versent annuellement un *subside important* dans cette caisse, dont la prospérité croissante a permis au comité d'administration de créer des pensions de retraite avec les revenus disponibles.

EXCURSIONS

Le **Schlosswald** (1 h. 30 aller et retour), longue colline au S.-E. de Munster, traversée par des sentiers faciles, et formant une promenade agréable. — On y monte par une route carrossable qu'on rencontre à 10 m., à dr. en venant de Munster. — Sur le versant N., ruines du *château de Schwartzenbourg* (Schwarzenburg), bâti en 1261 par un seigneur de Géroldseck (restes d'une *tour* et débris de murs supportant une grande arcade cintrée). Le célèbre prévôt de Colmar, Walter Rœsselmann, y fut détenu en 1293 par l'empereur d'Allemagne, Adolphe de Nassau, à la suite d'un soulèvement provoqué à Colmar contre l'autorité impériale par Walter Rœsselmann. Sur le versant S., ferme-chalet importante, appartenant à M. F. Hartmann et renfermant une quarantaine de vaches suisses et de la vallée.

Le **Stolzen-Ablass** (8 k. à l'O.), série de cascades, dans un endroit très pittoresque. On passe par *Ampfersbach*, ham. au delà duquel des poteaux indiquent le chemin.

Le **Solberg** (2 h. aller et retour), haute colline (814 mèt. d'alt.) au S. de Munster. — On traverse le pont sur la Fecht, à l'entrée de la route de Colmar, et l'on gagne les hauteurs par une route carrossable remontant le ravin d'Eschbach. A mi-côte, on passe près d'une *ferme* créée dans la montagne par M. H. Hartmann. Parmi les plantations qui en dépendent, on remarque des cèdres du Liban et de l'Himalaya, le pin corse, le pin du Nord, etc. (étable disposée avec un soin luxueux et renfermant 25 à 30 vaches de race hollandaise). — De la ferme, on atteint en 15 à 20 m. le chemin de la Furch (belle vue sur la vallée de Munster). Du chemin de la Furch, on peut, en suivant le ruisseau, se rendre à Luttenbach (V. ci-dessous) en passant devant le Chêne de Voltaire. — Du Solberg, on peut se rendre (guide nécessaire) à Wasserbourg et revenir (*V.* ci-dessus) par Soultzbach et Wihr-au-Val, où l'on prendra le chemin de fer pour Munster.

Luttenbach, v. de 918 h., à 3 k. de Munster, dans la vallée supérieure de la Fecht. — *Papeterie* (la maison d'habitation possède un beau parc), fondée en 1738 par le frère de l'historien alsacien Schœpflin et l'imprimeur Decker. Voltaire séjourna à la papeterie de Luttenbach une année entière (1754); il y écrivit l'*Orphelin de la Chine* et une partie des *Annales de l'Empire*. Jusqu'en 1832, la chambre occupée par le célèbre écrivain fut conservée dans l'état où il l'avait habitée.

Le **Hoheneck**. — On peut s'y rendre de Munster par plusieurs chemins.

1° On remonte la route de la Schlucht jusqu'au chalet Hartmann (R. 21 et 23).

2° Par Stosswihr, Ampfersbach et les vallons sauvages de l'Aâ et du Hollenruns (course pittoresque, d'une journée; guide nécessaire). — On va par la route de la Schlucht jusqu'à Stosswihr (R. 23); à la sortie du village, on pénètre à g. dans le vallon du Kleinthal, d'où, par le chantier ou *scierie de l'Aâ* et le *Hollenruns*, on atteint le pied de la grande muraille de granit que couronne le Hoheneck.

3° Si l'on veut se rendre au Hoheneck (3 h. 30 env.) par la crête qui sépare la Petite-Vallée de la Grande-Vallée, on monte par le sentier du *Sandbuckel*, qui s'ouvre au delà des dernières maisons de Munster (à l'O.). Le sentier conduit à un chemin d'exploitation forestière qui se tient tantôt du côté de la Grande-Vallée, tantôt du côté de la Petite-Vallée. Il passe au *Silberwald*, en un point où devaient se trouver autrefois des mines d'argent, puis il atteint le *col du Sattel* (739 mèt.), où il y a quelques maisons et qui conduit de Muhlbach dans la Petite-Vallée. Le chemin continue à travers la *forêt du Gaschnei*, où l'on aperçoit, au-dessus de la Petite-Vallée, la route de la Schlucht. A la forêt succèdent les pâturages, parsemés de fermes, entre autres celle du *Schæfferthal* (à dr.), au-dessus de la Petite-Vallée, dans une dépression entre le Hoheneck et la Tête du Vorkopf, qui masque d'abord la cime de la montagne principale.

4° On suit, au S.-O. de Munster, la route de la Grande-Vallée jusqu'à (7 k.; service de voit.) *Metzeral*, v. de 1565 h., où la vallée se bifurque. On remonte le bras de droite, par *Mittla*, jusqu'au bas des prairies de la *Wolmsa*. Un chemin de schlitte et un sentier mènent au *Fischbædle*, grand étang dont le niveau est surélevé par une digue artificielle. Au-dessus se dressent les sommets pointus des *Spitzenkœpfe*, séparés par des traînées de blocs de granit éboulés. Vers le fond, après les pluies et lors de la fonte des neiges, on peut admirer la belle cascade du *Wasserfelsen*. On continue de monter à travers les prairies et les forêts dans une région très accidentée. On passe à la Wolmsa supérieure (prairie) et l'on atteint la fontaine de *Sibbaldis*, d'où l'on découvre à ses pieds tout le cirque du *Wormspel*, où la neige persiste fort tard dans l'année et parfois d'une année à l'autre, comme en 1860 notamment. De la fontaine, on se dirige au N. vers la cime du Hoheneck (abri construit par la section de Munster du Vogesen Club).

Pour les lacs Vert ou de Daren, Noir et Blanc, *V. R.* 31 et 23.

De Munster à Gérardmer, par la Schlucht, R. 23.

ROUTE 37.

DE SCHLESTADT A SAINTE-MARIE-AUX-MINES

PAR CHATENOIS

21 k. — Chemin de fer. — Trajet en 1 h. — 1 m. 70 pf.; 1 m. 20 pf.; 75 pf.

L'embranchement de Sainte-Marie-aux-Mines se détache, à

[ROUTE 37] CHATENOIS. — CHÂTEAU DE KINTZHEIM. 195

g., de la ligne de Bâle à Strasbourg (R. 31), à 200 ou 300 mèt. de la station de Schlestadt. — Le chemin de fer décrit une forte courbe, se dirige vers l'O., et passe entre la route de terre de Schlestadt à Saint-Dié, à g., et la Liepvrette, à dr., en laissant à dr. la ligne de Saverne. — A l'entrée d'un majestueux amphithéâtre de montagnes (Hohkœnigsbourg, à g., et Altenberg, à dr.) se montre à dr. *Scherwiller* (*Scherweiler*; 2559 h.), célèbre par la défaite qu'y subirent, le 25 mai 1525, les paysans révoltés, et dominé par les ruines des châteaux d'Ortenberg et de Ramstein (*V.* ci-dessous).

5 k. **Châtenois*** (*Kestenholz*), v. de 3433 h., au pied du *Hahnenberg* (512 mèt.). — Vieille tour appelée *tour des Sorciers* (belle vue).

Deux *sources minérales* émergent de la colline du Hahnenberg. Leur eau, froide (12° et 18°), chlorurée sodique, ferrugineuse, est limpide, salée, un peu styptique. Débit : env. 800 mèt. cubes par jour. On l'emploie en boisson, bains et douches, contre le lymphatisme et la scrofule, l'anémie, le rhumatisme, etc.

Vaste *établissement* (*Bad-Bronn*), avec annexe et parc magnifique, reconstruit en 1875 et formant un grand parallélogramme à quatre étages (bains et douches de toutes sortes; hydrothérapie, etc.).

De l'établissement thermal, un chemin conduit en 2 h. au Hohkœnigsbourg (*V.* R. 31).

Château de Kintzheim.

On traverse Châtenois du N. au S. par sa rue principale, pour suivre un chemin qui en forme le prolongement et conduit à travers les vignes, en 20 m., à *Kintzheim* (*Kinsheim*), v. de 1457 h. (*église* moderne), dans une charmante situation, au bas d'une colline que domine la montagne du Hohkœnigsbourg. *N. B.* Le garde forestier, à l'extrémité du v., a la clef des ruines de Kintzheim. — Un chemin, près de l'église, monte à (15 m. à g.) un sentier ombragé qui conduit en 5 m., en traversant une barrière, aux ruines du **château de Kintzheim**, renfermées dans un *parc* magnifiquement planté (mélèzes, cytises, cèdres superbes). Le château de Kintzheim (xiv° s.) forme un rectangle allongé, enveloppé d'une triple enceinte sur trois côtés (*donjon*; restes des bâtiments d'habitation, avec fenêtres géminées, vaste *salle* autrefois partagée en deux étages; *chapelle* élégante ayant conservé ses voûtes; *terrasse* dominant le coteau).

Des ruines, on peut revenir à la barrière, suivre le chemin à l'O., gagner (20 m.) la route (bornes indicatrices) où plusieurs chemins aboutissent, et de là, en 30 m., l'hôtel du Hohkœnigsbourg (R. 31).

Châteaux de Ramstein et d'Ortenberg.

On prend, à la station de Châtenois, un chemin traversant les prairies et franchissant le Giesen et ses dérivations. Parvenu (15 m.) au bas des hauteurs du *Rittersberg* (490 mèt.), que couronnent les ruines de Ramstein et de l'Ortenberg, on laisse à dr. un embranchement menant à Scherwiller, qu'on aperçoit à moins de 1 kil., et l'on tourne à g. A une sorte de retranchement ou *redoute* (7 à 8 m.) élevé en 1793 pour défendre l'entrée des Vosges, et dont il ne subsiste que quelques vestiges, on rencontre à dr. un chemin forestier s'élevant sur le flanc de la colline jusqu'aux ruines du **château de Ramstein**. A 700 ou 800 mèt. au N.-O., presque au sommet de la hauteur, se trouvent les restes plus importants du **château d'Ortenberg**, qui paraît dater du xɪᵉ s. (deux enceintes et donjon). Il occupe un escarpement de magnifique granit, auquel on a emprunté ses matériaux de construction. — Du sommet du Rittersberg, vue très étendue. — En se dirigeant de l'Ortenberg sur la montagne de Dambach (R. 31), on atteint en quelques minutes le curieux rocher granitique appelé *Halgenstein*.

---

6 k. *Val-de-Villé* (*Weilerthal*), simple station à l'entrée du Val-de-Villé, d'où l'on peut monter au Hohkœnigsbourg (R. 31).

De la station du Val-de-Villé à Schirmeck, par Villé et Bruche, R. 39.

On entre dans la vallée de Sainte-Marie-aux-Mines, également renommée par la beauté de ses sites et le développement de son industrie. On longe la base de l'Altenberg, à dr., où l'on découvre les ruines du Frankenbourg (R. 39).

9 k. *Wanzel*, d'où un chemin monte au Hohkœnigsbourg (R. 31). — On franchit la Liepvrette.

14 k. *Liepvre* (*Leberau*), v. de 2672 h., sur la Liepvrette, à l'entrée d'un vallon pittoresque, tapissé de forêts. Liepvre doit son origine à un monastère fondé en 770 par Fulrade, abbé de Saint-Denis, et supprimé dès le commencement du xvɪᵉ s. (il ne reste plus de l'église conventuelle que le chœur, approprié à une habitation particulière). — *Église paroissiale* (sous le porche, *baptistère* de l'ancien couvent; *cloche* de 1542). — Filatures et tissage d'étoffes mêlées de laine et de coton.

On franchit la Liepvrette.

18 k. *Sainte-Croix-aux-Mines* (*Heiligkreuz*), c. de 1470 h., comprenant un grand nombre d'annexes. — *Église* et *hôtel de ville* modernes. — Restes d'anciennes *galeries* de mines. — Filature, tissage mécanique, etc.

[ROUTE 37] LIEPVRE. — SAINTE-MARIE-AUX-MINES. 197

— A 5 k. au N.-O., au fond de la gorge du *Petit-Rombach*, ruines du *château d'Echery*, habité au XIIIᵉ s. par les seigneurs de ce nom.

On franchit une dernière fois la Liepvrette, au delà du ham. de *Saint-Blaise*.

21 k. **Sainte-Marie-aux-Mines** (*Markirch* où *Mariakirch*), V. de 11 524 h., sur la Liepvrette (390 mèt. d'alt.), vers le fond de la vallée pittoresque à laquelle elle a donné son nom.

Sainte-Marie-aux-Mines appartenait, au moyen âge, en partie (rive g. de la Liepvrette) aux ducs de Lorraine, en partie (rive dr.) à la seigneurie alsacienne de Ribeaupierre. Aussi, bien que les deux sections de la ville fussent à peine séparées et qu'en certains points quelques maisons appartinssent par moitié aux deux territoires, ce qui faisait dire qu'on pétrissait le pain en Alsace et qu'on le cuisait en Lorraine, les croyances, le langage, les mœurs, le costume même différaient profondément de la rive alsacienne à la rive lorraine. C'est seulement depuis la fin du XVIIIᵉ s. que la fusion s'est accomplie.

Sainte-Marie-aux-Mines doit son développement aux mines d'argent, de plomb, de cuivre et d'autres métaux qui y furent exploitées dès le XIVᵉ s. et surtout au XVᵉ et au XVIᵉ s. Vers 1765, le produit des mines s'étant considérablement appauvri, soit par épuisement du minerai, soit par négligence dans la direction des travaux, l'exploitation fut définitivement abandonnée à l'époque de la Révolution. C'est alors que Sainte-Marie-aux-Mines, privée de l'industrie minière qui avait fait sa prospérité, se livra avec activité à la fabrication des tissus de coton et de laine (filature, tissage et préparation des étoffes), que Jean-Georges Reber, de Mulhouse, y avait introduite en 1755. Cette industrie, incessamment perfectionnée, embrassa d'abord la fabrication des tissus d'une grande finesse, imprimés sur chaîne. Enfin, en 1840, le mélange de la laine et de la soie au coton ouvrit une ère de succès nouveaux aux manufactures de Sainte-Marie-aux-Mines, qui produisent aujourd'hui, outre les anciens articles de coton pur, une immense variété de tissus de fantaisie pour vêtements et meubles. Sainte-Marie-aux-Mines est ainsi devenue un centre considérable des fabrications cotonnière et lainière. Son industrie, qui donne du travail à un grand nombre de villages à plus de 40 k. à la ronde, occupe 30 000 à 40 000 ouvriers (la plupart travaillant à domicile) et emploie 25 000 métiers à tisser. La *manufacture de MM. Bleck*, une des plus considérables et la plus ancienne, car elle remonte à l'établissement fondé par J.-G. Reber, occupe à elle seule env. 1800 ouvriers.

Églises catholiques, l'une du XVIIIᵉ s., l'autre de construction récente (1851). — *Temple* protestant (1844). — Autre *temple* du culte réformé, du style ogival, datant de 1634 (belle *chaire* en bois sculpté). — *Hôtel de ville* (1833); sur l'emplacement de l'ancien château des ducs de Lorraine. — *Hospice communal*. — *Hospice Chenal*. — *Chœur*, seul reste de l'ancienne église de Sainte-Marie-Madeleine. — *Maisons* du XVIᵉ s.

[Excursions : au *Kreuzberg* (croix de mission ; belle vue) ; — au château de Palte (6 k.; 1 h. 35 ; ou, par le Kreuzberg, 2 h., chemin ombragé), en remontant la route de Saint-Dié jusqu'à la ligne de faîte des Vosges (*V.* R. 27, en sens inverse) ; — à la *montagne du Bressoir* ou *Brézpuard* (1231 mèt.; 5 à 6 h. aller et retour), par *Échery* (*Eckirch*), et en remontant la vallée supérieure de la Liepvrette, à travers une région d'une physionomie tout alpestre. On y rencontre, au fond de hauts pâturages d'une admirable fraîcheur, plusieurs métairies exploitées par des anabaptistes, cette secte qui, au milieu de la civilisation moderne, conserve encore une partie de ses vieilles traditions.

De Sainte-Marie-aux-Mines, on peut se rendre au Bonhomme (en 4 h., à pied) et à la Poutroye (R. 26) par la route de la Liepvrette, à l'O. du Bressoir.]

De Sainte-Marie-aux-Mines à Saint-Dié, R. 27; — à Ribeauvillé, R. 38.

ROUTE 38.

DE SAINTE-MARIE-X-MINES A RIBEAUVILLÉ

18 k. — Route de voitures. — Charmante excursion.

On redescend jusqu'à la gare, et, après l'avoir dépassée, on côtoie pendant quelques instants la Liepvrette, à g. — 5 ou 6 min. On trouve à dr. la route de Ribeauvillé. — On traverse *Fertrupt* (*Fortelbach*), ham., et on commence à gravir la côte. — 5 kil. env. On atteint une hauteur (beau panorama), et, un peu au delà de l'*auberge isolée du Sapin*, on entre en forêt; le paysage devient très pittoresque. On parvient ainsi au point culminant (735 mèt.) de la route, à moitié chemin, à peu près, entre Sainte-Marie et Ribeauvillé ; on redescend alors dans le vallon du Stregbach, en longeant constamment ce petit cours d'eau (nombreuses scieries). A mesure que l'on gagne le fond du vallon, les rochers se rapprochent et forment des amoncellements jusqu'au bord de la route. — 13 k. env. On passe au pied du Hirzensprung, haut rocher, à g., et on laisse à dr. le chemin d'Aubure (R. 31).

18 k. Ribeauvillé (R. 31).

ROUTE 39.

DE SCHLESTADT A SCHIRMECK

PAR VILLÉ ET BRUCHE

47 k. — Chemin de fer de Schlestadt à (6 k.) la station du Val-de-Villé (trajet en 20 m.; 60 pf.; 40 pf.; 25 pf.). Route de voitures du Val-de-Villé à (41 k.) Schirmeck (service de voit. du Val-de-Villé à Villé, 65 pf.; et de Bruche à Schirmeck).

6 k. de Schlestadt à la station du Val-de-Villé (R. 37).

La route du Val-de-Villé s'ouvre à dr. du chemin de fer, et, après avoir traversé quelques prairies et croisé la Liepvrette (193 mèt. d'alt.), elle pénètre dans le Val-de-Villé par un défilé pittoresque que dominent à dr. les hauteurs du

Rittersberg (R. 37), à g. la montagne boisée de *l'Altenberg* (880 mèt.), où se trouvent les restes intéressants du château de Frankenbourg.

[A 1 k. 1/2 env. de l'entrée du Val-de-Villé, on prend à g. un chemin remontant à (1 k.) *Neubois* (689 h.), d'où un sentier conduit (3 à 4 k.), en contournant le sommet de l'Altenberg, au **château de Frankenbourg** (*Frankenburg* ; 768 mèt. d'alt.), dont la tradition fait remonter l'origine jusqu'à Clovis. En réalité, il paraît dater du XII° s.; toutefois des travaux de déblais, exécutés récemment, ont mis à jour, au bas du rocher formant l'assise de ces ruines, un mur d'enceinte dont la disposition rappelle celle du Mur Payen. Incendié par accident, en 1582, le château de Frankenbourg est resté depuis lors abandonné. Il subsiste encore de l'édifice féodal du XII° s. une tour et un mur d'enceinte.]

La route de Villé suit la rive g. du Giesen.

11 k. (5 k. de la station de Villé). Thanvillé (*Thanweiler*), 360 h., à 231 mèt. d'alt. (*château* du XVI° s.). — On franchit le Giesen, pour en longer la rive dr.

12 k. *Saint-Maurice* (*Sanct-Moritz*), 365 h.

14 k. *Trienbach*, 548 h.

16 k. **Villé** (*Weiler*), 1084 h. — *Église* du XVIII° s. (*tableau* du maître-autel). — *Tour* servant de prison, reste d'anciennes fortifications. — Fabriques de toile de coton, brasserie, tannerie, etc.

(Un chemin mène de Villé au (10 k.) Hohwald (R. 40).]

16 k. *Saint-Martin*, 422 h.

[Une belle route, partant de Saint-Martin (à dr.) et passant à *Breitenbach* (1185 h.), mène au (13 k.) Hohwald (R. 40).]

19 k. *Meisengott*, 954 h.
21 k. *Steige*, v. de 1160 h. (filature et tissage de coton), sur une hauteur (360 mèt.), près des sources du Giesen.

La route atteint son maximum d'alt. (597 mèt.) à 2 k. env. au delà du ham. dit le *Haut de Steige*.

30 k. Bruche (R. 28).
17 k. de Bruche à (47 k.) Schirmeck (R. 28).

ROUTE 40.

DE SCHLESTADT A SAVERNE

PAR BARR ET MOLSHEIM

66 k. — Chemin de fer. — 5 trains par jour. — Trajet en 2 h. 40 env. — 1re cl., 5 m. 30 pf.; 2e cl., 3 m. 50 pf.; 3e cl., 2 m. 30 pf.

DE SCHLESTADT A BARR

La ligne de Saverne, laissant à dr. celle de Strasbourg, suit, l'espace de 1 k., l'embranchement de Munster, puis s'en détache, et, décrivant une grande courbe, franchit le Giesen.

A g., châteaux de Ramstein et d'Ortenberg (R. 37).

4 k. Scherwiller (R. 37). — Pont sur le Mühlbach. — On se

rapproche du pied des Vosges. — A g., sur la hauteur, château de Bernstein (R. 31).

8 k. *Dambach*, 3132 h. — Vignes très bien cultivées. — Belle église moderne. — A g., forêt de Dambach.

La voie ferrée s'éloigne du pied des Vosges et traverse un pays couvert de vignes. — On laisse à g. *Blientschwiller*, puis *Nothalten*.

13 k. *Epfig*, 2567 h. — Sur la hauteur, à l'O., château de Spesbourg (*V.* ci-dessus). — A l'E., *chapelle de Sainte-Marguerite*, du style roman (XI° s.).

15 k. *Eichhofen*, 422 h., station desservant Andlau (*V.* ci-dessous). A l'E., *château d'Ittenwiller*. — Pont sur la rivière d'Andlau. — A g., *Mittelbergheim*, 931 h.

18 k. **Barr***, V. de 5857 h., située (200 mèt. d'alt.) à l'entrée de la vallée du Kirneck ou de Saint-Ulrich, entre deux collines de calcaire oolithique, couvertes de vignes sur leur pente et boisées à leur sommet. Bâtie dans une charmante position, au pied des Vosges, à une certaine hauteur au-dessus de la plaine de l'Alsace, Barr offre de beaux points de vue sur la vallée du Rhin et sur la Forêt-Noire, notamment à mi-côte, au-dessus de l'église protestante.

Église catholique moderne. — *Temple* protestant (tour ancienne). — *Hôtel de ville* (balcon richement décoré), autrefois le château seigneurial, construit en 1640, sur l'emplacement d'un château du moyen âge. — *Maison* avec tourelle en saillie.

A 10 m. à l'O. de Barr, dans le faubourg de *Bühl*, *établissement hydrothérapique* (*hôtel du Bühl*; il reçoit des voyageurs et des pensionnaires), alimenté par trois sources minérales, employées en bains et en boisson.

Sainte-Odile.

A. PAR LE CHEMIN DU VOGESEN CLUB

On monte par le cimetière de Barr jusqu'à (2 k.) une maison forestière. De là, un chemin créé par le Vogesen Club, et qui vient aboutir à la route de Saint-Nabor (*V.* ci-dessous, Ottrott-le-Haut), un peu avant la fontaine de Sainte-Odile, conduit en 2 h. env. à Sainte-Odile.

B. PAR MŒNCHALB

2 h. 30.

On prend la route de Heiligenstein, puis, la laissant à dr., on monte par *Gutleutrain* (bancs; belle vue) à la maison forestière de *Mœnchalb*. De là on gagne le pavillon de la *fontaine de Hartmann* (*Hartmannsbrünnlein*) et la maison forestière de Landsperg (*V.* ci-dessous), d'où en 5 m., par un chemin de forêt (belles vues), on atteint la fontaine de Sainte-Odile et le couvent (*V. Die Vogesen*, par MÜNDEL).

C. PAR TRUTTENHAUSEN.

Route de voitures jusqu'à Truttenhausen, puis chemin d'exploitation forestière.

On suit, au N.-E. de Barr, la route de Barr à Rosheim. — 10 m. *Heiligenstein* (831 h.). — A 600 mèt. au delà de ce village (poteau indicateur), on prend à g. un chemin longeant des prairies.

10 m. **Truttenhausen**, où existait un couvent de femmes, fondé en 1181 par Herrade de Landsperg, abbesse de Sainte-Odile. L'*église* conventuelle (fin du XV° s.), seul reste du couvent, au milieu d'un beau parc, où on ne peut pénétrer sans autorisation, conserve encore ses murailles d'enceinte percées de belles fenêtres ogivales; la toiture ne subsiste plus. A la façade s'élève une *tour* carrée terminée par une plate-forme qu'entourent des créneaux, et d'une physionomie toute féodale.

A Truttenhausen, on atteint immédiatement l'entrée de la forêt de Sainte-Odile; on a en face de soi trois chemins : celui de dr. redescend à Saint-Nabor; celui de g., consolidé par des pièces de bois formant une de ces routes d'exploitation forestières nommées *schlittweg*, mène (25 ou 30 m.) aux ruines du château de Landsperg (*V.* ci-dessous), qu'on découvre distinctement de Truttenhausen ; enfin le chemin du milieu monte directement à Sainte-Odile, en restant constamment en forêt. Il s'ouvre dans une tranchée profonde, puis s'élève bientôt et arrive de plain-pied au milieu des bois.

A 1 k. 1/2, se présentent successivement à dr. deux petites bifurcations qui toutes deux rejoignent à quelques centaines de mètres le chemin principal. — Après avoir dépassé la seconde, on rencontre dans une clairière les restes d'une *chapelle* dédiée à saint Jacques. — On aperçoit ensuite, également à dr., le charmant vallon de Niedermunster, au fond duquel on découvre les ruines d'une *église* qui appartenait à l'abbaye de Niedermunster, fondée par sainte Odile et détruite par un incendie en 1542; près de ces ruines se trouvent une *métairie* et une *chapelle* dédiée à saint Nicolas.

Le chemin, contournant le vallon, continue de remonter par une pente abrupte le flanc de la montagne (laisser de côté les divers sentiers qu'on rencontre à g.; du reste, on a en vue les bâtiments de Sainte-Odile). — Après une montée assez rude, on rencontre à g. la fontaine de Sainte-Odile, et bientôt après, tournant à g., on regagne la route de Klingenthal, en face de l'entrée du couvent de Sainte-Odile, à dr.

D. PAR LE CHATEAU DE LANDSPERG ET LE MÆNNELSTEIN OU LE MUR PAYEN.

Du château de Landsperg (*V.* ci-dessous), on continue à suivre le chemin par lequel on est venu de Barr, l'espace de 200 mèt. env., jusqu'au chemin supérieur de Heiligenstein ou ancienne voie romaine qui le coupe à angle droit. On tourne à g. et l'on suit ce chemin jusqu'à sa rencontre (poteau indicateur) avec le chemin des Bornes (*V.* ci-dessous), qui mène à Sainte-Odile.

On peut abréger en tournant à dr. après avoir dépassé le Wachstein (*V.* ci-dessous), qu'on voit au-dessus de soi, et en s'élevant par une pente assez douce jusqu'au Mur Payen.

Le chemin le plus direct consiste à continuer presque en ligne droite le chemin du Landsperg; arrivé à son intersection avec le chemin supérieur de Heiligenstein, on trouve devant soi un sentier qui conduit directement au plateau; il suffit alors de suivre le Mur Payen à g., l'espace de 300 mèt. pour atteindre le Mænnelstein (*V.* ci-dessous).

Pour la description de Sainte-Odile, *V.* ci-dessous.

Château de Landsperg.

4 k. 1/2. — 2 h. aller et retour.

On sort de Barr par le faubourg de Bühl (à l'O.), et, à peu près en face de l'église catholique, on prend à dr. un chemin présentant à son origine une montée en rampe formant terrasse; on traverse quelques vignobles et l'on atteint (30 m.) une pelouse garnie de bancs et nommée *butte Migneret* (vue étendue). — 5 m. On arrive à une maison forestière, d'où un sentier, faisant bifurcation à g. et passant en forêt, conduit directement (20 m. env.) à la *maison forestière* et aux ruines, encore considérables, du château de Landsperg (*Landsberg*), situées sur un sommet (584 mèt.) nu et découvert.

Ce château, bâti (grès vosgien) au XIIIe s. par Conrad de Landsperg, a été remanié et complété à des dates postérieures (beaux restes de deux *tours* rondes et d'une *tour* carrée; *donjon* ou principal corps de logis, au fond duquel une *tourelle* demi-circulaire, en saillie sur la façade de l'E., signale l'emplacement de la chapelle castrale).

[On peut également se rendre (*V.* ci-dessus) au Landsperg par Heiligenstein et Truttenhausen (6 à 7 k.).]

Châteaux d'Andlau et de Spesbourg.

2 h. 30 aller et retour, pour la visite des deux châteaux.

De la station de Barr, on traverse la ville et l'on prend, à la place de la Fontaine (*Brunnenplatz*) le chemin qui remonte la vallée du Kirneck. A 35 m. de la station, au delà du pont, borne indiquant le chemin d'Andlau. — 13 m. Sentier conduisant aux (3 m.) ruines de la *chapelle de Sainte-Anne*. — 15 m. Ruines du **château d'Andlau** (bâtiment central, appuyé à deux hautes tours, percé de deux rangs de fenêtres, ogivales au premier étage, carrées au deuxième), bâti en granit, et qui existait dès le xii° s. Ruiné à deux reprises par les évêques de Strasbourg au xiii° s., il fut entièrement réparé et passa, dans le siècle suivant, aux sires d'Andlau, dont les descendants en sont encore aujourd'hui propriétaires. D'une terrasse (à l'O.), on découvre un admirable amphithéâtre de montagnes garnies de forêts, s'étageant jusqu'au sommet du Champ du Feu, et coupé, à dr., par la vallée du Kirneck, à g., par la vallée d'Andlau.

On peut également se rendre au château d'Andlau en suivant la route de Mittelbergheim (tourner à dr. en y arrivant). — 5 m. On trouve à g. un chemin remontant à travers bois, et (10 m.) on arrive à un terrain découvert où l'on aperçoit à g. le château d'Andlau.

Le **château de Spesbourg** (*Spesburg*), qu'on découvre à dr. du château d'Andlau, en est éloigné de 2 k. env. — Pour s'y rendre, on remonte la route de Mittelbergheim jusqu'à la maison forestière de Spesbourg (20 m.), dite *Hungerplatz* (rafraîchissements; belle vue), où se trouve la clef du Spesbourg. A peine l'a-t-on dépassée, qu'on rencontre à g. une espèce d'avenue conduisant aux (10 m.) ruines.

Le Hohwald et le Champ du Feu.

14 k. de Barr au Hohwald, par la vallée d'Andlau; — 11 k. 1/2 par la vallée du Kirneck; — 10 k. par la route de Mittelbergheim. — Service de voitures publiques les dimanches et fêtes pendant l'été (trajet en 1 h. 45; 1 m. 60 pf.). — Voit. particulières, 8 et 12 fr.

Les trois routes conduisant au Hohwald sont très pittoresques, mais celles par la vallée du Kirneck, bien qu'un peu plus longues, sont plus agréables et plus faciles. Le service de voitures publiques suit la vallée d'Andlau; quant aux touristes qui feront le trajet à pied, nous les engageons à prendre de préférence le chemin de la vallée du Kirneck.

A. PAR LA VALLÉE D'ANDLAU

Une belle route, s'ouvrant au S. de Barr, mène directement, par (2 k.) *Mittelbergheim* (951 h.; bon vin), à Andlau.

4 k. 1/2. **Andlau**, V. de 1892 h., au pied des montagnes, sur la rivière d'Andlau, dont la source se trouve au Champ du Feu.

Andlau doit son origine à une abbaye célèbre fondée au ix° s. par Richarde, épouse répudiée de Charles le Gros. D'après la légende, Richarde, déchue du trône, vint prier Dieu au tombeau de sainte Odile, en le suppliant de lui faire connaître le lieu qu'elle devait choisir pour retraite. Elle eut alors une vision dans laquelle un ange l'aurait engagée à se retirer là où ses yeux seraient frappés d'un fait extraordinaire. Quelque temps après, Richarde, se promenant dans la vallée d'Andlau, aperçut une ourse entourée de ses petits, qui grattait la terre en y dessinant une sorte d'enceinte. La reine crut voir là une indication de la volonté divine, et elle fit construire à cette place même l'abbaye d'Andlau, où elle se retira. Une ourse en pierre, qui se voit encore dans la crypte de l'église, consacre cette tradition. — L'abbaye d'Andlau, qui possédait un revenu considérable et dont les abbesses prenaient le titre de princesses du Saint-Empire, fut supprimée en 1789, les bâtiments conventuels furent vendus et transformés en habitations particulières. L'église seule subsiste encore.

Église, ancienne abbatiale, restaurée dans ces dernières années ; déjà au XVIIᵉ s., une partie de la nef avait été refaite dans le style roman assez heureusement imité. A la frise du porche, *bas-reliefs*, mélange singulier de scènes religieuses et de scènes de chasse, et intéressant spécimen de l'école rhénane du XIᵉ s. — A l'int. : *châsse* de sainte Richarde (au fond du chœur), œuvre élégante du XIVᵉ s.; elle est supportée par quatre colonnes à chapiteaux ornés de feuilles de chêne, de lierre et de vigne. Sur les faces latérales sont représentés en bas-relief les *traits* principaux de la vie de la sainte, encadrés dans des arcades ogivales terminées par des pignons évidés. — Sous le chœur, *crypte* partagée en trois nefs (*stalles* du XIVᵉ s. rehaussées de *sculptures* d'une exécution remarquable; nombreux ex-voto).

Hôtel de ville. — *Fontaine* surmontée d'un groupe (*Sainte Richarde et son ourse*).

On franchit l'Andlau à la sortie de la ville (à l'O.), pour remonter la vallée par une route charmante passant en face des châteaux d'Andlau et de Spesbourg, et côtoyant constamment la rivière, dont les bords sont animés par plusieurs scieries. — A mesure que l'on approche du Hohwald, le chemin, s'élevant sur le flanc des hauteurs, domine le fond de la vallée.

14 k. **Le Hohwald** *, v. de 682 h. (610 mèt. d'alt.), aux maisons disséminées en amphithéâtre sur un large espace, les unes sur la montagne, les autres dans un joli vallon. — *Église* catholique et *temple* protestant. — *Établissement de bains*.

Le Hohwald, renommé pour l'agrément de sa situation au pied des hauteurs du Champ du Feu, au milieu de magnifiques forêts, est un des lieux de villégiature les plus fréquentés par les habitants de Strasbourg et des villes environnantes. Durant la belle saison, il est prudent de retenir un logement à l'avance.

Les environs du Hohwald offrent des promenades très

[ROUTE 40] LE HOHWALD. — LE CHAMP DU FEU.

agréables. Nous citerons : la *Cascade* (2 k. 800 mèt.); on s'y rend par une véritable allée de parc; — *Bellevue* (3 k. 790 mèt.), montagne (755 mèt.) au S. du Hohwald, sur le chemin de Villé (V. R. 39); — le *Ungersberg*, montagne (904 mèt.; vue très étendue) à 1 h. à l'E. de Bellevue; — le *Neuntenstein* (5 k.), curieux rocher de granit porphyroïde, haut de 50 mèt., à 837 mèt. d'alt., au N. de la maison forestière du Welschbruck (V. ci-dessous, B).

Mais le but le plus intéressant d'excursion est le Champ du Feu (8 k.; 2 h. env.), l'une des sommités principales de la chaîne des Vosges. On s'y rend soit par une *métairie* dite *Melkerey*, et on aborde alors le plateau par le N.-E.; soit par la *maison forestière du Kreuzweg*, d'où l'on gagne, au S.-E. du Champ du Feu, le lieu dit *Pelage* ou *Beliage*, promontoire rocheux (810 mèt.) dominant la vallée du côté de Villé. Ces deux chemins, d'abord faciles, présentent une montée assez pénible aux abords du plateau supérieur; le second est à la fois le plus court et le plus aisé, au moins jusqu'au Pelage. On gagne (45 m.) le temple protestant, et, tournant d'abord à g., où rencontre à dr. (1 k. 1/2) le chemin à l'origine duquel est située la maison forestière du Kreuzweg. Il conduit directement au Pelage, d'où l'on gravit les derniers escarpements de la montagne.

Le Champ du Feu (1095 mèt.) est un vaste plateau d'environ 3 à 4 k. de longueur du S. au N. sur 2 de largeur. Ce massif, qui a des ramifications très étendues dans tous les sens, réunit la plupart des variétés de roches vosgiennes, telles que le granit, le porphyre, les diverses sortes de grès, grès rouge, grès bigarré, grès ordinaire, etc., décrites en détail par M. Grad dans son *Orographie des Vosges*. On y embrasse un immense et admirable panorama dont les premiers plans sont formés par cette suite de montagnes boisées qui descendent en gradins jusqu'à Barr et Andlau.

[Du Hohwald on peut se rendre en 2 h. 35 à Sainte-Odile, par (30 m.) la maison forestière du Welschbruck et (1 h. 5) le château de Birkenfels; 1 h. du château à Sainte-Odile (V. ci-dessous la description de cette excursion).]

B. PAR LA VALLÉE DU KIRNECK

Ce chemin, passant au Bühl, côtoie constamment, en le remontant, le ruisseau du Kirneck. — 3 k. *Scierie du Holtzplatz* (Holzplatz), au delà de laquelle on pénètre sous une magnifique futaie de sapins. — 5 k. *Rochers de Hangenstein*, surplombant la route (à dr.). — 6 k. *Fontaine Laquiante* : c'est là que commence véritablement la montée. — 8 k. 1/2. Point culminant du chemin (750 mèt.) et *maison forestière* du *Welschbruck* (on y trouve à se rafraîchir et à manger). — Du Welschbruck, un chemin, s'ouvrant à g., aboutit (11 k. 1/2) au Hohwald, en face de l'église catholique.

C. PAR MITTELBERGHEIM

On gagne ce chemin par le Bühl (*V.* ci-dessus : Excursion au château d'Andlau). Après avoir dépassé les châteaux d'Andlau et de Spesbourg, on s'élève sur les hauteurs et l'on reste constamment en forêt jusqu'à la maison forestière du Welschbruck, d'où l'on gagnera le Hohwald. — Aux deux tiers de la route (6 à 7 k. de Barr ; 1 k. 1/2 en deçà du Welschbruck), on trouve à g. un sentier menant plus directement au Hohwald sans passer à la maison forestière. Dans le cas où l'on irait à pied au Hohwald, il est facile de comprendre dans cette excursion la visite des châteaux d'Andlau et de Spesbourg. — Si l'on ne veut pas suivre la route de Mittelbergheim, on prendra à dr., à la maison forestière de Hungerplatz, un chemin redescendant (15 m.) au Holtzplatz, dans la vallée du Kirneck (tourner à g. en y arrivant).

Le Ban de la Roche.

De Barr, deux chemins mènent à la maison forestière de la Rothlach. — 1° On se rend à la maison forestière du Welschbruck, soit par la vallée du Kirneck, soit par Mittelbergheim (*V.* ci-dessus). Du Welschbruck on se rend à la *maison forestière de la Rothlach* par un chemin forestier très facile. — 2° On gagne directement, de Barr, le chemin supérieur de Heiligenstein, en laissant à dr. le château de Landsperg, et l'on rejoint le chemin des Bornes, que l'on suit jusqu'à la Rothlach (*V.* ci-dessus).

De la Rothlach on peut se rendre : 1° à Rothau. On suit le chemin du Champ du Feu, l'espace de 1200 mèt. env., et l'on tourne à dr. pour gagner la ferme du *Sommerhof*, d'où l'on descend directement par Natzwiller et Neuwiller à Rothau (R. 29) ; — 2° à Fouday. On traverse le Champ du Feu dans la direction du S.-O. pour arriver à la Hutte (R. 28). — De la Hutte à Fouday, *V.* R. 28.

Pour le Ban de la Roche, *V.* R. 28.

DE BARR A OBERNAI

19 k. (de Schlestadt). *Guertwiller* (*Gertweiler*), 908 h. ; pains d'épices renommés.

22 k. *Goxwiller* (*Goxweiler*), 720 h.

25 k. **Obernai*** (*Oberehnheim*), V. pittoresque de 4725 h., sur la petite rivière d'Ehn.

« Obernai doit son existence, dit M. Ristelhuber (*Dictionnaire du Haut et du Bas-Rhin*), à une ferme royale dont on fait remonter l'origine à la période franque. Des découvertes de sépultures antiques, faites en 1847 et en 1863, prouvent que son territoire fut habité dès les époques celtique et gallo-romaine. Dans le vii⁰ s. de notre ère, la *villa regia* servit de résidence aux ducs d'Alsace, ou du moins au plus célèbre d'entre eux, Attic ou Etichon, père de sainte Odile. Cette dernière naquit, dit-on, dans cette *villa*, qui par la suite devint un château ducal des Hohenstaufen, dans lequel résida, à la fin du xi⁰ s., Frédéric le Borgne, duc d'Alsace et de Souabe, père de l'empereur Frédéric Barberousse. Plus tard, le château fut la résidence temporaire de l'empereur Henri VI et de son fils Frédéric II. » Obernai, élevé au rang de ville impériale par Frédéric II, à ce qu'on pense, était au moyen âge une cité fortifiée importante. Elle fit partie de la Décapole et résista avec succès aux Armagnacs en 1444. Pendant la guerre de Trente ans, elle fut assiégée, prise et saccagée trois fois dans un intervalle de quatorze ans : en 1622, en 1632 et en 1636.

Le général Becker, mort en 1840, et qui, après la seconde abdication de Napoléon en 1815, fut chargé de l'accompagner jusqu'à Rochefort, naquit à Obernai en 1770.

Église Saint-Pierre et Saint-Paul, achevée en 1873 (sur l'emplacement de l'ancienne église paroissiale, du xv⁰ s., démolie en 1867), du style ogival primitif ; deux tours avec flèches, une nef et deux bas-côtés ; dans le transsept de g., *autel* de 1504, provenant de l'ancienne église, restauré (l'*Ensevelissement et la Résurrection du Christ*). — *Église* (elle paraît dator de la dernière période du style ogival) de l'ancien couvent des Capucins. — *Chapelle* dite *Kapellkirche*, démolie en 1873 ; il en reste le chœur et le *clocher* (*Kapellthurm*), des xiii⁰ et xiv⁰ s., restauré, contenant deux cloches du xv⁰ s.

Hôtel de ville (pour le visiter, s'adresser au secrétariat, 1ᵉʳ étage), reconstruit de 1846 à 1849, et comprenant, en façade sur la grande place, un corps de bâtiment avec balcon portant la date de 1523. — A l'intérieur, dans la salle du Conseil : *colonnes* à fûts contournés, avec *chapiteau* d'un excellent travail ; *boiseries* et *peintures* maladroitement restaurées (scènes de l'Ancien Testament avec costumes du xvi⁰ s.) remontant à l'époque de la construction primitive ; belles ferrures anciennes.

Halle aux blés (sur la grande place), construction curieuse du xvi⁰ s., à laquelle on a malheureusement enlevé l'escalier extérieur qui en décorait la façade. — *Hospice* à g. de l'église (peintures attribuées à tort à Holbein le Vieux). — *Puits* (1579) dans la rue qui mène de l'église à l'hôtel de ville. — Vieilles *maisons* à portes cintrées, surmontées d'écussons, dans les rues étroites qui avoisinent l'entrée d'Obernai du côté du chemin de fer.

Obernai conserve encore une partie de ses fortifications du moyen âge, en bon état, surtout à l'E. et au S. de la ville.

Couvent de Sainte-Odile. — Chapelles de Sainte-Odile. — Châteaux de Lutzelbourg, de Rathsamhausen, de Dreystein, de Hagelschloss, etc. — Mur Payen. — Mœnnelstein, etc.

14 k. — Voit. particulières (12 à 15 fr.).

Obernai est habituellement le point de départ de l'excursion au couvent de Sainte-Odile, l'un des lieux de pèlerinage les plus célèbres de l'Alsace ; toutefois, si l'on fait la course à pied, Barr (*V.* ci-dessus) est peut-être préférable comme point de départ ; le trajet, également intéressant, est plus court et plus facile. Du reste, le mieux est d'aller par Obernai et de revenir par Barr.

N. B. — Dans la cour extérieure du couvent de Sainte-Odile il y a une auberge où l'on trouve à se rafraîchir et même à coucher. Mais, si l'on se propose de passer quelques jours à Sainte-Odile, ce que nous ne saurions trop recommander à ceux qui veulent voir une des plus curieuses parties des Vosges, on devra s'adresser à la supérieure pour loger au couvent même, s'il y a de la place. On y reçoit, moyennant 6 à 7 fr. par j. (vin non compris ; on ne sert pas de plats gras les jours déclarés maigres par l'Église), une hospitalité simple, mais suffisamment confortable. Si l'on peut avoir une des chambres donnant sur le vallon de Niedermunster, on jouira de sa fenêtre du plus admirable spectacle. Le lever du soleil y est surtout fort beau.

En sortant d'Obernai (à l'O.), on remonte à (4 k.) *Ottrott*, com. de 1664 h. (vins rouges renommés), composée d'*Ottrott-le-Bas* (*Nieder-Ottrott*) et d'*Ottrott-le-Haut* (*Ober-Ottrott*).

A 2 k. à l'O., à 50 mèt. d'alt., ruines des châteaux de Rathsamhausen et de Lutzelbourg, appelés aussi *châteaux d'Ottrott*, et séparés seulement par un large fossé. — Le **Lutzelbourg** (*Lützelburg*), le plus avancé vers la plaine, semble le plus ancien (bâtiment carré formant corps de logis principal et tour ronde, l'un et l'autre ruinés à leur partie supérieure). — Le **Rathsamhausen**, beaucoup plus vaste que le précédent, est flanqué de deux tours, l'une très haute, ronde, s'appuyant au mur d'enceinte ; l'autre, au N., carrée, moins élevée que la première. Entre ces tours s'étend un corps de logis dont la façade S. est richement sculptée.

A 1500 mèt. au N.-O. des deux châteaux (bon chemin de forêt), sur un mamelon appelé *Kœpfel*, restes d'une ancienne fortification attribuée aux Romains. — Vue charmante sur les châteaux de Lutzelbourg et de Rathsamhausen, qui présentent de ce côté un groupe d'un bel effet. — Un chemin forestier (croisé par de nombreux sentiers) mène du Kœpfel à Sainte-Odile, en passant au rocher de Stollhafen (*V.* ci-dessous), où il rejoint le chemin de Sainte-Odile par Saint-Gorgon (*V.* ci-dessous, 2°). Trois chemins conduisent d'Ottrott à Sainte-Odile.

1° D'Ottrott-le-Bas, la route de voitures qui mène à Sainte-Odile laisse à g. le chemin d'Ottrott-le-Haut, et longe à g. les hauteurs que couronnent les ruines du Rathsamhausen et du Lutzelbourg. — 2 k. *Klingenthal*, v. qui doit son nom (*Vallée des lames*) à une manufacture d'armes blanches fondée vers 1730, aujourd'hui fabrique de quincaillerie. — Au delà des premières maisons (bifurcation), on prend à g. et l'on suit la vallée agreste de l'Ehn, appelée *Mühlsteinthal*, sur la rive dr. du torrent. — 4 k. 1/2. *Scierie de Vorbruck*, au confluent de l'Ehn et du Falloch, que l'on franchit et sur la rive g. duquel la route se dirige au S., puis au S.-E., à travers une belle forêt de sapins en passant au-dessous du château de Birkenfels. — On s'élève en décrivant deux grands lacets, on passe à la *fontaine de Saint-Jean*, puis on se dirige au N.-E. — 6 k. 1/2 (15 k. d'Obernai) Sainte-Odile (*V.* ci-dessous).

2° D'Ottrott-le-Bas, laissant à dr. la route de Klingenthal, on atteint bientôt Ottrott-le-Haut; aux dernières maisons du village (écriteau), on tourne à dr. et l'on monte en pente douce, à travers des champs, l'espace de 500 mèt. env., jusqu'au nouveau chemin (écriteaux), établi par les soins de M. L. de Bussierre. On passe au-dessus de la métairie de Saint-Gorgon, et, en suivant le flanc de la montagne (on voit Sainte-Odile à g.), on atteint le Stollhafen (*V.* ci-dessous).

3° D'Ottrott-le-Haut, laissant à dr. le chemin décrit ci-dessus (2°), on suit la route de *Saint-Nabor* (337 h.) et l'on peut choisir entre deux directions : — de Saint-Nabor une route de voitures traverse une belle forêt, laisse à g. Niedermunster (*V.* ci-dessus), qu'elle domine, et conduit à Sainte-Odile (de la fontaine un chemin assez raide monte au couvent). — A mi-chemin à peu près entre Ottrott et Saint-Nabor (500 à 600 mèt. d'Ottrott), on peut prendre à dr. un chemin (ancienne voie romaine) s'engageant immédiatement dans la forêt (ce chemin est surtout intéressant pour les archéologues). A mi-côte, on contourne le vallon de Saint-Gorgon, au fond duquel on aperçoit une métairie, sur l'emplacement d'un prieuré fondé vers 1179 par Herrade de Landsperg, abbesse du couvent de Sainte-Odile. — Parvenu vers un plateau boisé, on tourne une première fois à g.; quelques pas plus loin, à une sorte de carrefour voisin d'un curieux rocher appelé *Stollhafen* (poteau indicateur), on prend, encore à g., un sentier assez large traversant le bois; on arrive bientôt (5 à 6 m.) à un terrain découvert, dit *prairie de Sainte-Odile*, que l'on traverse, puis par un chemin qui remonte sous bois, on atteint bientôt Sainte-Odile.

Couvent de Sainte-Odile (*Kloster Hohenburg*; *Sancta Odi-*

lia), construit sur un promontoire (733 mèt. d'alt.), s'abaissant d'une grande hauteur et par une pente très abrupte sur la plaine de l'Alsace. Le bloc de rocher sur lequel reposent l'église et les bâtiments conventuels forme lui-même, au sommet de ce promontoire, un escarpement énorme, coupé littéralement à pic et accessible par un seul côté. Entre la limite de cette plate-forme naturelle et le pied des constructions, règne à l'E. un espace formant terrasse, d'où l'on découvre une vue splendide sur la vallée du Rhin.

Quand on a dépassé l'entrée principale, on se trouve dans une première enceinte plantée d'arbres et précédant la maison conventuelle. A dr., on remarque d'abord l'hôtellerie, qui a remplacé une rotonde d'origine romaine que le duc d'Alsace, Adalric, père de sainte Odile, avait fait consacrer en l'honneur des saints d'Alsace ; un peu plus loin, du même côté, s'élève le portail de l'église. A g., un chemin, passant entre les petites chapelles-oratoires des Larmes et des Anges, conduit à la terrasse. En face de soi, on a la porte du couvent.

Le monastère de Sainte-Odile fut fondé vers la fin du VIIe s. par la sainte dont il porte le nom et à laquelle l'Alsace, qui l'a choisie pour sa patronne, porte une vénération profonde. Selon la légende, sainte Odile vint au monde aveugle, et son père, Adalric, duc d'Alsace, aussi nommé Etichon ou Atticus, qui désirait ardemment avoir un fils, voulut faire périr l'enfant dont la naissance était pour lui un cruel mécompte. La nourrice de sainte Odile, afin de la soustraire à la mort, s'enfuit avec elle dans un couvent de la Bourgogne, où la jeune fille fut élevée et où elle recouvra, dit-on, la vue au moment même où elle reçut le baptême. Plus tard, sainte Odile regagna la tendresse paternelle par l'ascendant de ses vertus ; mais alors le duc Adalric voulut la marier, et sainte Odile, se sentant attirée invinciblement au service de Dieu, dut fuir de nouveau pour échapper aux instances menaçantes de son père. Enfin celui-ci ayant reconnu dans l'inébranlable vocation de sa fille une manifestation de la volonté divine, céda aux désirs de sainte Odile et lui fit donation du château de Hohenbourg et du domaine qui en dépendait, pour y établir un monastère ; c'est l'emplacement de ce château qu'occupe le couvent. Sainte Odile prit la direction de cette communauté, dont elle fit un asile ouvert aux filles pieuses de la noblesse austrasienne et bourguignonne.

Le monastère de Sainte-Odile subsista longtemps avec beaucoup d'éclat et compta un grand nombre d'abbesses illustres appartenant aux plus grandes maisons d'Alsace, entre autres : sainte Eugénie, nièce de la fondatrice (720) ; Relinde, parente de l'empereur d'Allemagne Frédéric Ier, qui attribua en sa faveur le titre de princesse aux abbesses du couvent ; Herrade de Landsperg (1167 à 1195), l'auteur du *Hortus deliciarum*, précieux manuscrit consumé en 1870 dans l'incendie de la bibliothèque de Strasbourg. Après diverses vicissitudes, à la suite desquelles les religieuses durent quitter l'Odilienberg, le monastère, dévasté et ruiné, demeura complètement abandonné durant près d'un demi-siècle. Des religieux prémontrés vinrent s'y établir au commencement du xviie s. et y résidèrent jusqu'à l'époque de la Révolution, où leur communauté fut supprimée. Les bâtiments conventuels, après être passés en plusieurs mains, ont été rachetés en 1853 par l'évêque de Strasbourg, qui y a installé des sœurs du tiers ordre de saint François et quelques religieux de la même règle, chargés des travaux de culture. L'église et les chapelles ont été restaurées avec beaucoup de soin et de goût sous la direction de M. l'abbé Schir, vicaire général; et actuellement, comme par le passé, le couvent de Sainte-Odile attire chaque année de nombreux pèlerins.

Couvent composé d'un vaste bâtiment central (xviie s.), à un seul étage, et de deux ailes en retour, encadrant une cour ou préau. — A l'angle d'une des galeries, bas-reliefs (*Adalric faisant donation à sainte Odile du domaine de Hohenbourg; les abbesses Relinde et Herrade aux pieds de la Vierge*), paraissant dater du xiie s. — En arrière du couvent, du côté de la plaine d'Alsace, un jardin renferme la chapelle des Larmes.

Église conventuelle, présentant à l'intérieur une disposition très élégante. Elle comprend trois nefs séparées par un double rang de colonnes doriques, un chœur et un sanctuaire. Elle est éclairée par des fenêtres ogivales, ce qui laisse supposer que les murs latéraux de l'ancienne église ont été conservés lors de la reconstruction de l'édifice au xviie s. (beau *maître-autel* en marbre; *boiseries* et *confessionnaux* richement ornementés). — Une porte pratiquée dans le collatéral de g. s'ouvre dans une petite *chapelle* renfermant un *sarcophage* vitré, où se trouve une figure en bois, habillée de vêtements de soie de forme ancienne. Ce serait, dit-on, celle du duc Adalric; quelques ossements encastrés dans les bras et les jambes de cette figure passent pour avoir appartenu au père de sainte Odile. En face de cette châsse, on en voit une autre contenant également une figure en bois vêtue d'une tunique de soie; on prétend qu'elle représente sainte Odile.

De cette espèce de vestibule, on passe dans la *chapelle de la Croix*, l'une des plus anciennes et des plus curieuses du couvent. Sa construction appartient à l'époque romane secondaire (xie s.); l'ensemble, dans ses formes plutôt massives que lourdes, est d'un puissant caractère (*autel* en pierre; *tombeau* actuellement vide qui aurait, croit-on, renfermé les restes du duc Adalric et de Bereswinde, sa femme; il sert de piédestal à une *statue de sainte Odile* agenouillée, œuvre médiocre du xviie s.). — De la chapelle de la croix, on pénètre par une porte basse dans la *chapelle de Sainte-Odile*, dont la construction remonte à une date aussi reculée que celle de la chapelle de la Croix et lui est peut-être même antérieure (*peintures* reproduisant les principaux épisodes de la vie de sainte Odile; sur un autel, *châsse* contenant les restes vénérés de la sainte; sur le côté g. de la chapelle, *tombeau* en pierre où ces restes ont longtemps reposé; au-dessus du tombeau, *bas-reliefs* en pierre : *Baptême de sainte Odile; Adalric délivré des peines du purgatoire*).

Chapelle des Larmes (à l'angle N.-E. du jardin du couvent), moderne, sauf deux murs latéraux, restes d'une construction fort antérieure (XIe ou XIIe s.). Cette chapelle doit son nom aux larmes qu'y versa sainte Odile en venant en ce lieu prier Dieu de délivrer son père des peines du purgatoire. On montre une dalle, profondément creusée, que la sainte, dit-on, aurait usée ainsi en s'y agenouillant pour la prière (*peintures* modernes : *Prise d'habit de sainte Odile, sainte Odile priant pour la délivrance de son père, saint Materne prêchant l'Évangile*, plusieurs *figures* de saints).

Chapelle des Anges, en dehors de l'enceinte conventuelle, à g. du chemin conduisant à la terrasse, sur un rocher en saillie, surplombant sa base d'une hauteur de 20 à 25 mèt. Cette chapelle passe pour occuper l'emplacement d'une vigie ou tourelle du château de Hohenbourg (*groupe* en plâtre : *Baptême de sainte Odile*, par M. Friedrich). Sur les côtés extérieurs régnait un étroit sentier; selon une croyance populaire, la jeune fille qui faisait neuf fois le tour de la chapelle par ce chemin périlleux était assurée de se marier dans l'année; il y a quelques années, le sentier a été élargi de deux côtés de façon à former une petite terrasse avec garde-fou. On y jouit d'une vue admirable sur la vallée du Rhin.

Fontaine de Sainte-Odile (10 m.), sur la route de Sainte-Odile à Barr par Niedermunster et Truttenhausen. A la sortie du couvent, il faut prendre le 1er chemin à g., puis le 2e à dr. (le 1er à dr. conduit par Landsperg à Barr). La légende de sainte Odile rapporte que la source jaillit miraculeusement, sur la prière de la sainte, pour désaltérer un vieillard épuisé de fatigue et de soif. Cette fontaine, dont les pèlerins regardent l'eau comme spécialement efficace contre les maladies d'yeux, coule sous une voûte cintrée creusée dans le rocher.

Les environs du couvent de Sainte-Odile offrent dans toutes les directions, au milieu d'admirables forêts, des sites très pittoresques, les ruines intéressantes de plusieurs châteaux du moyen âge, des restes considérables de constructions celtiques et gallo-romaines et de beaux groupes de rochers. Nous signalerons principale-

KLINGENTHAL, Ste ODILE et HOHWALD.

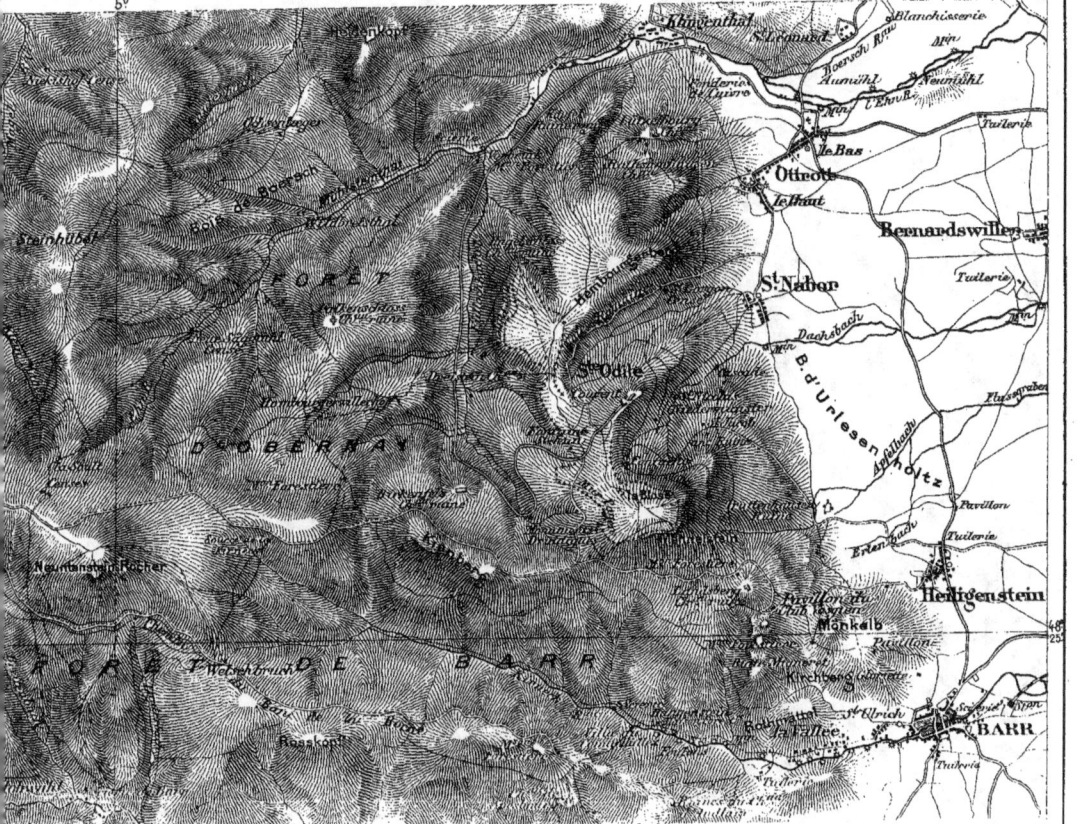

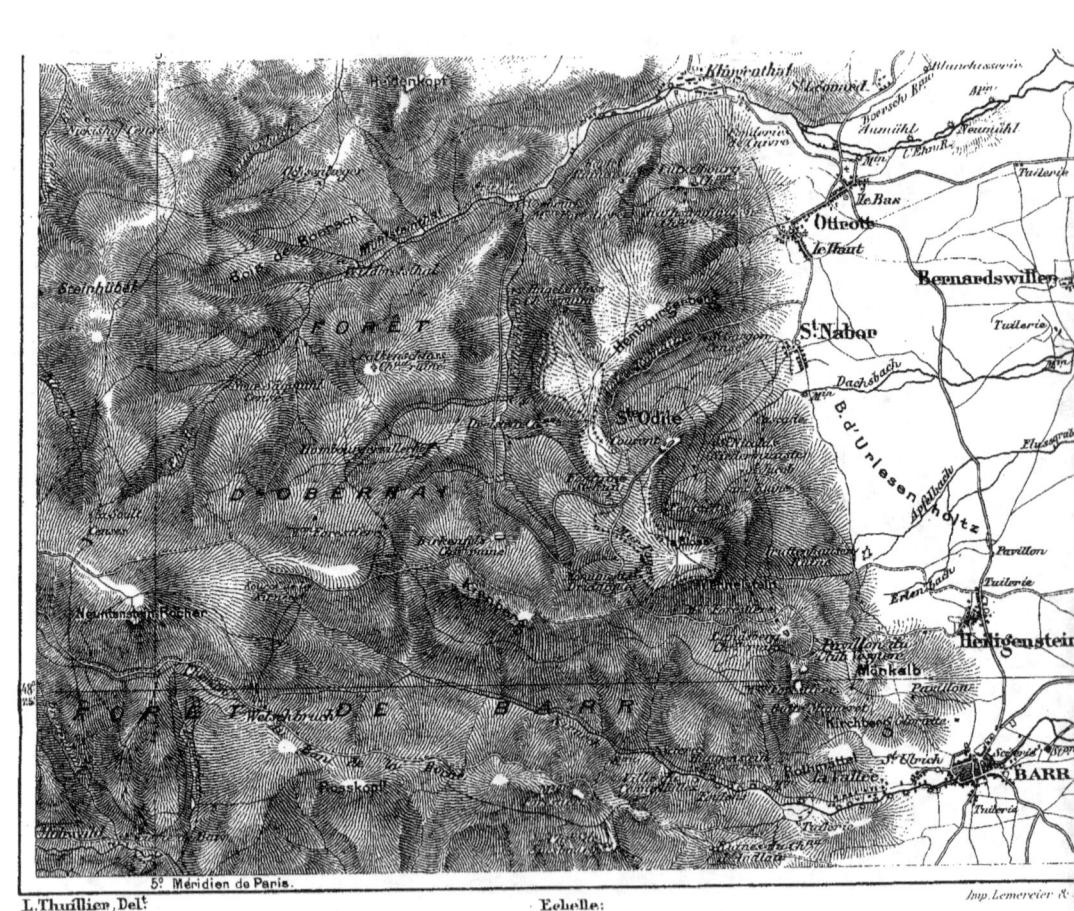

ment le Mur Payen, les monuments druidiques, les rochers du Mænnelstein, du Beckenfels, de Stollhafen et les châteaux de Dreystein, de Hagelschloss, de Kagenfels, de Birckenfels, etc.

Mur Payen, le Beckenfels, le Mænnelstein, monuments druidiques. — Le **Mur Payen** (*Heidenmauer*), dont il a déjà été parlé (*V. R.* 31), présente, à l'Odilienberg, les restes importants d'un véritable ouvrage de défense. Il y forme une vaste enceinte de 10000 mèt. de développement, comprenant trois camps de refuge bien distincts : l'un, au S., est connu sous le nom de *la Bloss* ; le second, au centre, renferme à son extrémité E. le couvent de Sainte-Odile, et le troisième, au N., s'étend du rocher de Stollhafen aux ruines du Hagelschloss (*V.* ci-dessous). Le caractère tout primitif de certaines parties de la construction et le voisinage de monuments druidiques ont paru aux savants qui attribuent l'origine du Mur Payen aux Celtes-Gaulois, un témoignage décisif à l'appui de leur opinion. Toutefois les Romains ont certainement profité de ces fortifications ébauchées, s'ils ne les ont pas entièrement établies ; plusieurs détails d'exécution, surtout du côté de l'O., révèlent leur supériorité de main-d'œuvre. Le Mur Payen, qui a encore 1 mèt. à 2 mèt. 50 de hauteur sur 2 mèt. d'épaisseur, n'est pas complètement de main d'homme ; les constructeurs, en effet, ont profité çà et là de la muraille naturelle formée par le rocher pour compléter leur œuvre de défense. C'est principalement sur le plateau rocheux appelé *la Bloss*, au S. du couvent, qu'on rencontre les portions les plus considérables et les mieux conservées du Mur Payen. C'est également à la limite de ce plateau que se trouvent les monuments druidiques, le Mænnelstein et quelques autres rochers curieux. En 1874, M. Voulot a fouillé, à l'intérieur de l'enceinte, une série de tumuli et en a retiré des ornements en or et en bronze de l'époque gallo-romaine.

Pour se rendre à la Bloss, on suit, à la sortie du couvent, la route de Klingenthal, l'espace d'env. 400 mèt. On prend alors à g. (poteau indicateur : Mænnelstein) un sentier. A g., on remarque des rochers superposés, dont l'aspect rappelle un peu des pains empilés, ce qui leur a valu leur nom de **Beckenfels** (*Rocher du Boulanger*). Quelques personnes les considèrent comme un monument druidique. — 10 m. Bifurcation. A g. est un banc d'où l'on découvre un beau point de vue, et d'où un chemin, qui suit le Mur Payen, contourne la montagne à g. A dr., un chemin conduit aux tumuli ; en face est le chemin du Mænnelstein. — 4 m. Bifurcation et poteau indiquant: à g., chemin du Mænnelstein; à dr., chemin (qu'il faut suivre) des monuments druidiques, 440 mèt. — 4 m. Poteau indiquant: Odilienberg, 1 k. — Prendre à g. et suivre le Mur Payen. — 3 m. A dr., **monuments druidiques** (il faut descendre au pied du Mur Payen). Ce sont deux rochers, dont l'un se compose de trois grandes pierres dessinant trois côtés d'un parallélogramme et sur lesquelles est posée une roche brute formant toiture, sur une profondeur d'environ 4 mèt.; le second est une sorte de galerie longue, étroite, très basse, paraissant avoir autrefois communiqué avec la première de ces constructions.

Un peu plus loin, à l'E., le *Wachstein* et le *Schafstein*, rochers de grès appuyés à l'enceinte. — 3 m. On laisse à dr. le chemin du Pavillon du Vogesen Club (500 mèt.), et, en 2 m. on atteint le **Mænnelstein** (819 mèt.), rocher escarpé s'élevant à pic au-dessus de la vallée et un des points de la ligne des Vosges où l'horizon est le plus étendu. Du sommet, qui fait saillie, à l'extrémité S.-E. de la Bloss, sur la plaine du Rhin, le regard embrasse un immense et splendide panorama depuis le N. de l'Alsace, vers la Bavière rhénane, jusqu'aux premières montagnes de la Suisse, au delà de Bâle. On découvre en face de soi la chaîne de la Forêt-Noire dans presque tout son développement.

Des monuments druidiques, on revient à Sainte-Odile, soit en prenant le sentier qui aboutit au poteau indicateur, près du Beckenfels, soit en suivant le Mur Payen, qui, après un assez long circuit, croise la route de Klingenthal.

Châteaux de Dreystein et de Hagelschloss (1 h. aller et retour pour le premier; 2 h. pour le second). — On gagne le carrefour que nous avons précédemment indiqué, au haut du chemin de Saint-Gorgon; parvenu au poteau indicateur, on prend à g. un sentier qui descend (15 m.), en infléchissant toujours sur la g., entre les arbres et quelques beaux rochers, jusqu'au fond d'un vallon solitaire que domine à l'O. le chemin de Klingenthal. Là s'élèvent, sur un monticule, les ruines du **château de Dreystein** ou *Dreistein* (*château des Trois-Pierres*), tellement enveloppées dans un bouquet de sapins qu'on les aperçoit à peine quelques pas. Le château de Dreystein, dont l'époque de fondation est inconnue, semble avoir compris trois habitations distinctes dont deux, situées du côté où se dresse encore une belle tour ronde ruinée à son sommet, n'étaient séparées que par un mur mitoyen. La troisième se rattachait aux deux premières par un mur ouvert à sa partie supérieure et que terminait un arceau surbaissé, encore visible.

[Du Dreystein on peut se rendre au Kagenfels (*V.* ci-dessous), par un sentier qui descend directement dans la vallée du Fulloch, qu'on ne fait que traverser pour prendre un chemin forestier qui mène directement à celui du Hombourgwillerhof (*V.* ci-dessous); le château est à 300 mèt. sur la droite.]

En remontant au carrefour, on trouve, au delà du poteau indicateur et dans le prolongement du sentier venant de la prairie de Sainte-Odile, un chemin passant près du rocher appelé le Stollhafen (à dr.) et aboutissant presque en ligne droite à l'extrémité du plateau (45 à 50 m. de Sainte-Odile), à un tertre portant, pour ainsi dire comme un piédestal, une masse énorme de rochers séparés en deux blocs distincts et que couronnent les débris du **Hagelschloss** ou *château de Waldberg*. Un arc cintré, réunissant les deux rochers, sert de base à cette construction, qui se composait d'un vaste donjon isolé de toutes parts. Ce château, se trouvant au point précis d'intersection de deux des grandes lignes du Mur Payen, a peut-être été construit sur l'emplacement même d'un ancien castellum romain. — Un sentier assez facile descend dans le fond de la vallée, d'où l'on voit mieux l'ensemble du Hagelschloss, imposant surtout par sa situation.

Château de Kagenfels, appelé aussi *Falkenschloss*, *Hombourgwillerschloss* et *Haufmatterschloss*. A g. des ruines du Birkenfels, un chemin forestier, passant à la métairie de *Hombourgwillerhof* et se dirigeant vers le N., mène (35 m.) aux restes peu considérables, mais curieux à visiter, du **château de Kagenfels**, dont la construction paraît être antérieure au xiiie s. et qui, d'après les traditions locales, a été détruit par les Strasbourgeois. Le dernier seigneur de Kagen aurait conduit dans son château quelques marchands de Strasbourg pour les mettre à rançon. Les troupes strasbourgeoises envoyées pour les délivrer et ne réussissant pas à s'emparer du château, auraient allumé, tout à l'entour, d'immenses feux entretenus jusqu'au moment où la garnison se vit par là obligée de se rendre. Il ne subsiste plus de cet antique manoir, bâti dans un site sauvage au fond des forêts, que quelques pans des murs d'enceinte et une tour carrée à demi ruinée.

Château de Birkenfels (2 h. aller et retour). — On suit le chemin des Bornes (*V.* ci-dessus) comme pour se rendre au Hohwald; à la borne 21, on prend à dr. un sentier que l'on suit pendant 10 m. env. jusqu'à un second sentier qui s'en sépare à angle droit et qui conduit aux (2 m.) ruines du **château de Birkenfels** (tour carrée et mur assez bien conservé ayant fait partie d'un bâtiment principal d'habitation).

De Sainte-Odile au Hohwald (2 h. 30; excursion charmante à travers des montagnes couvertes de forêts, par un chemin très direct). — 5 m. Poteau indicateur: on prend le chemin à g. — 5 m. Prendre le chemin à g. (poteau indiquant: *Heidenmauer Rundweg*, chemin faisant le tour du Mur Payen). On suit le Mur Payen jusqu'au 1er chemin à dr. — 10 m. On laisse à g. le chemin du *Kiosque Jadelot*, situé à 1 k. — 5 m. Bifurcation. Poteau indicateur: *Welschbruck; Hohwald*. On prend à dr. — Bientôt on laisse à dr. un chemin qui mène à Sainte-Odile, et l'on suit le chemin des Bornes. — 15 m. On laisse à dr. le chemin du Birkenfels (*V.* ci-dessus). — 7 m. On laisse à g. un chemin d'exploitation. Bientôt on monte, puis on croise des chemins de Schlitte. — 2 h. de Sainte-Odile, maison forestière du Welschbruck. On passe derrière la maison (poteau indicateur: *Hohwald*, 2 k. 200). Il ne faut pas contourner la clôture, mais prendre à dr. un joli sentier récemment tracé. — 2 h. 30. Le Hohwald (*V.* ci-dessus).

De Sainte-Odile à Grendelbruch (5 h. env.; très belle excursion). — Par les châteaux de (1 h.) Dreystein et (25 m.) Rathsamhausen et Lutzelbourg (*V.* ci-dessus), on gagne (30 m.) Klingenthal. De là on suit la route qui traverse la forêt vers le N.-O., jusqu'à (1 h. 25) une scierie, au pied du château de Guirbaden (*V.* ci-dessous). On monte en 40 m. au château, d'où, par la vallée de la Magel, qu'on remonte de l'E. à l'O. en suivant le flanc de la montagne, on atteint en 55 m. Grendelbruch (*V.* R. 28).

De Grendelbruch, on peut soit descendre à Lutzelhausen, station de la ligne de Rothau à Strasbourg (R. 28), soit revenir à Sainte-Odile par la route suivante. — On redescend la vallée de la Magel jusqu'à (25 m.) une scierie, d'où un chemin conduit en 20 m. au *Purpurkopf* (567 mèt.). — On peut y monter en 45 m. et directement de Grendelbruch, par le chemin forestier. — Du Purpurkopf, on atteint en 1 h. 40 le Heidenkopf (*V.* ci-dessous). — 45 m. Scierie de Vorbruck, d'où l'on gagne Sainte-Odile par la grande route.

[De Sainte-Odile on peut se rendre au Ban-de-la-Roche (R. 28). On suit le chemin des Bornes comme pour se rendre au Hohwald (*V.* ci-dessus), mais, au poteau indicateur, au lieu de prendre à g., on suit le chemin des Bornes jusqu'à la maison forestière de la *Rothlach*. 10 m. avant d'y arriver on laisse à g. sous bois les rochers de *Neuntenstein* (belle vue sur les montagnes et la plaine d'Alsace). A la Rothlach on rejoint la route de Barr au Ban-de-la-Roche (V. ci-dessus).

De Sainte-Odile à Barr (8 k.), soit par Niedermunster et Truttenhausen, soit par le Mænnelstein et le château de Landsperg, V. ci-dessus, de Barr à Sainte-Odile, en sens inverse.]

D'OBERNAI A WASSELONNE

28 k. (de Schlestadt). *Bischoffsheim*, 1849 h., au pied du *Bischerberg* (363 mèt.), large colline s'étendant jusqu'à Obernai. — Dans l'église d'un ancien couvent, *Vierge douloureuse*, but d'un pèlerinage très fréquenté.

30 k. **Rosheim***, 3602 h., situé (190 mèt. d'alt.) à la limite d'un amphithéâtre de collines, au fond duquel on découvre les ruines du château de Guirbaden.

Église Saint-Pierre-et-Saint-Paul, du style romano-byzantin (xi° s.), restaurée récemment par M. Ringeisen, et surmontée d'une belle tour octogonale (la partie supérieure date du xvi° s.). — A l'ext.: élégantes sculptures décoratives et notamment cordon d'un dessin charmant se développant à la naissance des toitures; sur le faîte, groupes sculptés se rapportant à une légende à laquelle se rattache la fondation de l'église; à la base méridionale du clocher, figure accroupie tenant une bourse. Elle aurait été placée là, dit-on, en souvenir d'une quête faite par l'architecte pour continuer les travaux, l'argent mis à sa disposition ayant été épuisé avant l'achèvement de l'édifice. — A l'int.: *chapiteaux* des colonnes de la nef; *vitraux* de couleur modernes; beau *maître-autel* en pierre, sculpté par M. Muller; *peinture* par M. Richomme à la voûte du sanctuaire (*le Christ portant le livre de Vérité*); *bénitier* (1487); *sacristie* appartenant à l'église du viii° s. (à la voûte, *Assomption* peinte par Haffner).

Église Saint-Étienne (ville haute), du xviii° s. (le clocher paraît dater du xii° s.). — Restes de *fortifications* du moyen âge; porte de l'E. ornée d'une image de la Vierge, avec cette inscription: *Mariahilf, Schützpatronin der Stadt Rosheim*. — *Hôtel de ville*; tableau par Haffner (*Sainte Cécile*); inscription en allemand, tracée sur pierre et rappelant le sac de la ville au début de la guerre de Trente ans. — *Hôpital*, près de l'emplacement de la porte de l'O., aujourd'hui démolie. — *Puits* de 1605, restauré en 1761. — Vieille *maison* (*Heidenhus*), prétendue maison de chasse de Charlemagne. — Curieuses *enseignes* sculptées (xvi° s. et xvii° s.). — Établissements industriels.

A 3 k. N.-O., *Rosenwiller* (*Rosenweiler*). — *Église* des xiv°, xv° et xvii° s. (beaux vitraux dans le chœur; fresques remarquables dans le clocher).

Château de Guirbaden

2 h. 30.

Au sortir de Rosheim, à l'O., on laisse à g. la route de Bœrsch et l'on prend en face une route de voitures qui mène, par la forêt d'Eichwald, à (1 h.) la maison forestière du même nom. — Un chemin de piétons abrège les détours de la route. — Quelques m. plus loin, carrefour : à dr., route de Mollkirch par *Loubenhain* (*Laubenheim*); à g., route de Klingenthal; en face, route de Grendelbruch, que l'on prend. Belle vue sur la vallée de la Magel et sur les ruines de Guirbaden. — On franchit le ruisseau de Rosenmeer. — 35 m. Scierie. On monte à dr. à (45 m.) la maison forestière de Guirbaden. — 10 m. Ruines du **château de Guirbaden** (*Girbaden*), situées sur un mamelon rocheux (572 mèt.) qui domine de toutes parts la forêt de Guirbaden.

Le château, l'une des plus anciennes forteresses féodales de l'Alsace, et la plus ancienne probablement avec le Frankenbourg (R. 37), fut, à ce qu'on présume, ruiné au XVIIe s. par les Suédois, ou, suivant une opinion très répandue, par les Lorrains. Il était remarquable par la solidité et la magnificence de ses constructions, dont la grandeur et le développement semblent avoir égalé ceux du Hohkœnigsbourg (R. 31).

Un mur d'enceinte en ruine, et dans lequel s'ouvre une porte cintrée, contourne la base du rocher, dont le sommet porte, sur une voûte hardiment jetée au-dessus d'une profonde excavation, un haut pan de mur formant les deux côtés d'une tour carrée, maintenant effondrée. Les quatre murs d'un principal corps de logis, entre cette tour et un donjon, subsistent encore, mais il est impossible de reconnaître la distribution intérieure. Le donjon, vers l'angle O. des ruines, est mieux conservé. Au milieu de ces débris, d'un accès difficile dans les parties les plus hautes, a été construite, il y a quelques années, sur les soubassements d'une ancienne chapelle romane, une *chapelle* (but de pèlerinage) dédiée à saint Valentin.

Du Guirbaden, on découvre une très belle vue sur la plaine de l'Alsace, la vallée de la Bruche, au S. le vallon de la Magel, au delà, les hauteurs d'Obernai et de l'Odilienberg, en face, le *Heidenkopf* (780 mèt.), sur lequel se voit une *enceinte* irrégulière, à demi détruite, formée de pierres disposées sans art, vestige d'un travail gallo-romain suivant les uns, celtique suivant d'autres.

[Du carrefour (*V.* ci-dessus), on peut gagner directement (10 à 11 k.) Obernai (*V.* ci-dessus) par un chemin bien tracé touchant aux métairies de *Kahlager* et de *Wolfsgrube*, et passant à (6 k.) *Bœrsch* (1549 h.; *église*, avec clocher au XIe s., renfermant une fresque du XIVe s.; *hôtel de rille* du XVI° s.; sur la place, *puits de 1617*).]

32 k. *Dorlisheim*, 1889 h. — *Église* construite sur les fondements d'un édifice antérieur, dont elle a conservé plusieurs bas-reliefs. — Dans la rue principale, à g., *puits* du XVI° s. — Traces de *voie romaine*. — A 1 k. à l'E., bâtiments d'une ancienne *commanderie du Temple* (*statue de saint Jean*, attribuée à Jacques Erwin).

Franchissant un bras de la Bruche, on laisse à g. l'embranchement de Mutzig (R. 41) et on longe à g. la Bruche.

54 k. Molsheim (R. 41). — On aperçoit la flèche de Strasbourg.

Laissant à dr. l'embranchement de Molsheim à Strasbourg (R. 41), le chemin de fer de Saverne passe au-dessus de l'embranchement de Rothau et traverse la Bruche sur un pont de 4 arches, puis en longe le cours. — A dr., plaine de l'Alsace; à g., coteaux couverts de vignes.

37 k. *Avolsheim*, 682 h. — *Église Saint-Pierre* (*Dom-Peter*), une des plus anciennes de l'Alsace (VIII° ou IX° s.). Bien que remaniée à diverses époques (la *tour du clocher* a été bâtie en 1767), Dom-Peter a cependant conservé son plan originaire et plusieurs parties considérées comme appartenant à la construction primitive. — *Fontaine de Sainte-Pétronille*, dont l'eau passait autrefois pour un remède souverain contre les fièvres intermittentes. — Magnifique groupe d'arbres, parmi lesquels se trouve un *tilleul* (2 mèt. de diamètre) sous lequel, selon la légende, saint Materne aurait enseigné l'Évangile aux païens dès le III° s.

[A 1 k. 1/2 au N.-E., *Wolxheim* (1046 h.), dominé au N. par une vaste colline (316 mèt.) de calcaire oolithique, couverte de vignes produisant l'un des vins blancs les plus renommés du Bas-Rhin (*chapelle* dédiée à la Vierge, but de pèlerinage).]

38 k. Soultz-les-Bains* (*Sulzbad*), v. de 823 h. sur la Mossig.

L'**établissement des bains** (172 mèt. d'alt.), abrité au N.-E. et au S.-O. par les collines de Wolxheim et de Soultz, s'élève, à 250 ou 300 mèt. de Soultzbad, sur la rive g. de la Mossig, qui le sépare du village. — On se rend de Soultzbad à l'établissement soit par le chemin de Wolxheim, soit par la route de Saverne, à laquelle il se rattache par un pont rustique et une avenue de tilleuls.

Les eaux semblent avoir été connues dès le moyen âge; mais leur emploi régulier ne date que du XVI° s. La source, s'écoulant par deux orifices, sort des couches inférieures du grès bigarré. Une partie des eaux, exclusivement prise en boisson, se verse dans un bassin, au centre de l'établissement; le surplus est amené à un réservoir pour l'alimentation des bains. Le débit total est d'environ 900 hectol. par 24 h.

Les eaux de Soultz, froides (15°,6), chlorurées sodiques, bromo-iodurées, sont indiquées dans les affections rhumatismales, dans celles qui procèdent du lymphatisme ou de la scrofule, dans les affections catarrhales de la vessie, etc. — Saison du 1er mai au 15 octobre.

Les environs de Soultz offrent d'agréables promenades et de nombreux buts d'excursions.

[Cascade du Nideck et château de Guirbaden par Mutzig (R. 41). — Église de Rosheim, Obernai, Sainte-Odile, châteaux de Lutzelbourg, de Rathsamhausen, d'Andlau, de Spesbourg, de Landsperg (V. ci-dessus). — Châteaux de Scharrach et de Wangenbourg (V. ci-dessous).]

40 k. *Scharrachbergheim*, 631 h., au bas de la colline de Scharrach (244 mèt.). — A l'E., *château de Scharrach*, spécimen intéressant de l'architecture militaire du XIVe s. (bâtiment carré flanqué de grosses tourelles à ses angles).

43 k. *Kirchheim*, 392 h. — Vestiges d'un *palais* ou *villa* des rois mérovingiens, qui fut, croit-on, l'origine de cette localité. D'après les indications fournies par des fouilles, cette résidence aurait formé un rectangle de 108 mèt. sur 73 mèt. 50 (restes de murailles ayant 2 mèt. d'épaisseur).

44 k. *Marlenheim*, 1540 h. — Sur les hauteurs dominant le défilé du Kronthal(au N.-O.),

débris du *château de Kronenbourg (Kronenburg)*.

45 k. *Wangen*, 745 h., au pied du Wangenberg. — *Église* construite en 1830 (inscription ancienne). — *Porte* surmontée d'une *tour* avec bretèche, reste d'une enceinte fortifiée du moyen âge.

Le chemin de fer s'engage dans la gorge resserrée et pittoresque du Kronthal (c'est une charmante promenade à faire à pied, de Wangen à Wasselonne).

47 k. Wasselonne* (*Wasselnheim*), V. de 4045 h., s'élevant en amphithéâtre sur la rive g. de la Mossig. — *Église* du XVIIIe s. — *Hôtel de ville* moderne et belle *halle aux blés*. — Restes d'un *château fort*. — A l'O., carrière désignée sous le nom significatif de *Frauenhaus-Grube* (carrière de l'Œuvre-de-Notre-Dame), d'où ont été tirés les matériaux pour la construction de la cathédrale de Strasbourg.

Fabriques de bas et chaussons de laine, de produits chimiques, blanchisserie de toiles, tanneries, brasseries et exploitation de carrières de moellons et de pierres de taille.

Wangenbourg.

4 k. (chemin de fer) de Wasselonne à Romanswiller. — 9 k. (route de voitures) de Romanswiller à Wangenbourg. — 1 h. 45 à pied. — Omnibus t. l. j., corresp. avec les

deux premiers trains, du 15 mai au 1ᵉʳ octobre.

4 k. Romanswiller (V. ci-dessous).

La route franchit la Mossig, dont elle remonte la vallée sur la rive dr., dans la *forêt d'Odenwald*, en laissant bientôt à dr., au delà de la rivière, la gorge sauvage et la maison forestière du *Fuchsloch (trou aux renards)*. — On croise une seconde fois la Mossig, et, en continuant de la côtoyer, on contourne la hauteur boisée de *Freudeneck* (ruines). Enfin, parvenu au moulin-scierie dit *Reinhardt-Muhl* (*Reinhardts-Mühle*), on prend à g. pour remonter directement à Wangenbourg, après avoir franchi une dernière fois la Mossig. — Un chemin de piétons (poteau indicateur) abrège les derniers grands détours.

9 k. Wangenbourg (V. ci-dessous).

On peut prendre à Romanswiller un chemin plus long de 1 h., mais plus beau et toujours sous bois. — Suivre la route jusqu'au (32 m.) Fuchsloch. Là, prendre la route à dr. (poteau indiquant : Route de Heidenschloss), puis bientôt, à g., une route qui s'élève en nombreux zigzags. — 1 h. du Fuchsloch, degrés dominés par de grands rochers et conduisant en 5 m. à un sommet (pavillon; belle vue). Dans la forêt, restes de fortifications, dits *Heidenschloss*. — Le chemin, remontant vers l'O. la rive g. de la Mossig, conduit en 5 m. à une saillie de rochers, d'où l'on découvre une belle vue sur la vallée de la Mossig, Wangenbourg, le Schneeberg; en face, le *Castelberg* (vestiges d'enceinte). — Bon sentier; à dr., route menant en 25 m. à Obersteigen (V. ci-dessous) et qu'on traverse en montant à g. — 12 m. *Gloriette du Rothenfels*, pavillon (belle vue). — Tournant au N., on arrive à des degrés qui descendent à la route de voitures; on la croise, on traverse le ruisseau et l'on monte par un sentier facile. Bientôt on croise de nouveau la route qui a fait un grand détour et l'on atteint les maisons forestières de *Caspershang* et de *Wangenbourg* (Mündel, *die Vogesen*).

2 h. 45. **Wangenbourg*** (*Wangenburg*), v. de 216 h., situé à 450 mèt., sur une colline de grès vosgien, au milieu de forêts où le sapin domine. — A l'E., ruines du *château* (donjon carré à créneaux; pan de mur percé de fenêtres). — A l'O., *église* (1884) en grès rouge, dans le style ogival primitif.

Le Schneeberg.

3 h. aller et retour.

Un bon chemin, s'ouvrant à g., à l'extrémité O. de la grande rue de Wangenbourg, mène, à travers des bois et des blocs de rochers, à la plate-forme (963 mèt.) du *Schneeberg (montagne de la Neige*), site sauvage n'offrant aux regards que des roches de grès dénudées, entre lesquelles poussent quelques mousses pâles et chétives. — *Pierre branlante* (*Lottenfels*), qui ne peut plus, comme autrefois, osciller sous l'impulsion de la main. — *Écho* remarquable, répétant distinctement trois mots, à trois reprises et sur trois tons différents.

Du Schneeberg, on compte 1 h. env. jusqu'aux ruines et à la cascade du Nideck (*V.* R. 36), par des sentiers de forêt qui rejoignent un chemin d'exploitation passant près de la maison forestière du Nideck (pour cette excursion, particulièrement pour le parcours du Schneeberg au Nideck, un guide est nécessaire; on peut s'en procurer à *l'hôtel Weyer*). — Du reste, l'excursion au Nideck offre plus d'intérêt par Mutzig (R. 36).

N. B. — On peut réunir dans une même et intéressante excursion la visite à Dabo (*V.* R. 1) et à Wangenbourg. Dans ce cas, après avoir vu Saverne et ses environs, au lieu de se rendre de Saverne à Strasbourg par la grande ligne de Paris, on adopterait l'itinéraire suivant : de Saverne à Dabo (R. 1); de Dabo à (8 k. env.) Obersteigen par un chemin accidenté, mais bien tracé; d'Obersteigen à Wangenbourg (*V.* ci-dessus); de Wangenbourg (15 k.) à Wasselonne et de Wasselonne (35 k.) à Strasbourg (*V.* ci-dessus et R. 41 en sens inverse).

DE WASSELONNE A SAVERNE

51 k. (de Schlestadt). *Romanswiller* (*Romansweiler*), v. de 958 h., sur la Mossig (*château d'Erlenbourg*, transformé en habitation moderne; traces de la construction du moyen âge).

58 k. **Marmoutiers** * (*Maursmünster*), 2088 h., célèbre par l'un des plus anciens et des plus illustres monastères de l'Alsace. Cette abbaye fut fondée vers l'an 600 par saint Léobard, disciple de saint Colomban. Plus tard, ayant été restaurée, à la suite d'un incendie, par saint Maur, l'un de ses abbés, elle fut appelée monastère de Saint-Maur (*Mauri monasterium*), d'où est venu Marmoutiers.

Église (sur la place du Marché). — Belle *façade*, dans le style romano-byzantin (x^e et xie s.). — *Porche* flanqué de deux tours carrées renfermant les escaliers qui conduisent à la grande tribune (xie s.), élevée sur la première travée de la nef et servant de base au clocher. — Sur la face extérieure du transsept N., restes d'une belle porte du xiie s. — A l'int., long de 54 mèt. et large de 18 mèt.: trois nefs avec transsepts appartenant à la période ogivale du xive s.; chœur reconstruit au xviiie s. dans le style ogival; *boiseries* du chœur (xviiie s.); *tombeaux* de la famille des Géroldseck.

[**De Marmoutiers à Wangenbourg.** — 10 k. — Route de voitures.

— A l'issue d'une petite rue s'ouvrant à dr. dans la grande rue de Marmoutiers, presque en face de la place du Marché, on prend le chemin de Wangenbourg, qui traverse jusqu'à Birckenwald un pays découvert.

2 k. *Dimsthal*, 259 h.

4 k. *Birckenwald*, 531 h. (château). Le chemin, en remontant de Birckenwald à Wangenbourg, reste constamment en forêt.

7 k. *Obersteigen*, ham. forestier dépendant de la commune d'Engenthal. — *Église* (restaurée en 1861) d'un ancien couvent (1221); portail et fenêtres en plein-cintre; tabernacle du xv° s.

A 15 m. env., on rencontre à g., aux abords de la Mossig, un chemin d'embranchement qui, après avoir croisé ce petit cours d'eau, remonte le versant (rive dr.) du vallon. —

10 k. Wangenbourg (V. ci-dessus).]

A g., colline du *Sindelsberg* (tour d'un couvent fondé en 1115, par Richevin, abbé de Marmoutiers).

62 k. *Otterswiller* (*Ottersweiler*), 760 h.

66 k. Saverne (R. 1).

ROUTE 41.

DE STRASBOURG A SCHIRMECK ET A ROTHAU

PAR MOLSHEIM

47 k. — Chemin de fer. — Trajet en 2 h. 15 à 2 h. 30. — 3 m. 80 pf.; 2 m. 50 pf.; 1 m. 60 pf.

L'embranchement de Mutzig et Rothau se détache de la ligne de Strasbourg à Bâle à 1 k. au delà du canal de la Bruche, et se dirige de l'E. à l'O., sur la chaîne des Vosges, en traversant la plaine de l'Alsace.

7 k. *Lingolsheim*, 1436 h.

8 k. *Holtzheim* (*Holzheim*), 984 h., sur la Bruche (belles pépinières).

11 k. *Entzheim* (*Enzheim*), 2367 h. — Turenne livra, le 4 octobre 1674, entre ce village et Holtzheim, une bataille sanglante aux Impériaux, commandés par le duc de Lorraine. Louis XIV fit frapper une médaille en souvenir de cette journée, bien que le résultat en fût demeuré indécis.

14 k. *Duppigheim*, 1078 h. — A 2 k. sur la dr., *Kolbsheim* (390 h.), sur le canal de la Bruche (ancien *château* transformé en une élégante habitation moderne; très beau parc).

16 k. *Duttlenheim*, 1386 h.

18 k. *Dachstein*, 591 h. (dans une propriété particulière, superbe *cèdre du Liban*, planté en 1737 et haut de 18 mèt.). — A g., *Altorf* (*Altdorf*), 858 h.; dans l'*église*, en partie du xii° s. et en partie du xviii° s., *fonts baptismaux* du xv° s.; *reliquaire* en bois sculpté représentant le buste de saint Cyriaque.

21 k. **Molsheim***, V. de 3217 h., sur la Bruche, au pied d'un coteau planté de vignobles très estimés.

Église paroissiale du style ogival du xv° s., sauf deux chapelles latérales du xvi° s. (chœur, nef principale et transsept remarquables par leurs vastes proportions; élégants clochers). — Sur la place de l'église, *obélisque* en pierre rouge, haut de 12 mèt. env., avec cette inscription : *Les habitants de Molsheim aux enfants de la ville morts pour la patrie. 1870-1871.*

Ancien *hôtel de ville* (place du Marché), charmant édifice, récemment restauré (façades à pignons historiés ; beau *balcon* au 1ᵉʳ étage ; *escalier* extérieur double aboutissant à une *tourelle* centrale). — *Hôtel de ville* moderne, avec *halles* au rez-de-chaussée. — Jolie *fontaine* (en face de l'ancien hôtel de ville). — *Maisons* du XVIᵉ et du XVIIᵉ s. sur la place du Marché. — *Fortifications* du moyen âge presque entièrement conservées (grand *donjon* carré portant, sur sa façade intérieure, l'image peinte de la Vierge).

Le général Westermann, qui a joué un certain rôle pendant la Révolution, et qui mourut sur l'échafaud à l'âge de 31 ans, en 1794, est né à Molsheim.

De Molsheim à Barr, R. 40.

La ligne de Rothau passe sous celle de Saverne et prend la direction de l'O., en remontant la Bruche.

24 k. **Mutzig***, V. de 2638 h., sur la rive g. de la Bruche, au pied d'une haute colline (390 mèt.) de grès vosgien, dont le versant escarpé et coupé de belles masses de rochers, abrite la ville au N. — Au S., sur la rive dr. de la Bruche, s'élève également une colline (400 mèt.), à laquelle ses trois sommets distincts ont fait donner le nom de *Dreispitz* (les trois pointes). Ces collines sont plantées de vignes.

Église paroissiale récemment construite (style gothique primitif). Les objets d'art de l'ancienne église sont au musée de la Société des mon. hist. de l'Alsace (à Strasbourg). — *Tour*, reste des anciennes fortifications. — Ancien *château* de plaisance des évêques de Strasbourg ; c'était, avant 1870, une importante manufacture d'armes, actuellement une fabrique de quincaillerie. — Aux environs, vastes carrières de pierres de taille.

De Mutzig à Saint-Dié, R. 28.

10 k. de Mutzig à Urmatt (*V.* R. 28, en sens inverse).

34 k. Urmatt (R. 28).

13 k. d'Urmatt à (47 k. de Strasbourg) Rothau (*V.* R. 28, en sens inverse).

ROUTE 42.

DE STRASBOURG A WISSEMBOURG

PAR HAGUENAU

66 k. — Chemin de fer. — Trajet en 1 h. 20 à 2 h. 5. — 8 m. 5 pf. et 4 m. 25 pf., par trains express ; 5 m. 50 pf., 3 m. 70 pf., 2 m. 40 pf., par trains omnibus.

9 k. Vendenheim (R. 1).

Laissant à g. la ligne de Paris, la voie ferrée se dirige au N.-E. et traverse la forêt de Brumath.

16 k. **Hœrdt**, 2377 h.

25 k. **Bischwiller** * (*Bischweiler*), V. de 6827 h., très importante par son industrie et son commerce. — Manufactures de draps, de gants et de chaussons de laine très renommées, filatures de laine, teintureries, tanneries, brasseries, etc. — Grand commerce de houblons.

28 k. **Marienthal**, ham. de 86 h., but d'un pèlerinage célèbre en Alsace. L'oratoire, fondé au xiiie s. par Albert de Wangen, fut bientôt remplacé par une église près de laquelle s'établit un couvent de femmes qui subsista jusqu'en 1789, et qui fut plus tard transformé en une maison de retraite pour les prêtres infirmes. C'est au couvent de Marienthal, où elle était en visite avec Stanislas, son père, que Marie Leczinska reçut la première nouvelle du projet de son mariage avec Louis XV.

33 k. **Haguenau** * (*Hagenau*), V. de 12 688 h., à 140 mèt. d'alt., sur la Moder, qui la divise en deux parties.

Un château de chasse, construit au xiie s., sur la Moder, par Frédéric le Borgne, duc de Souabe, donna naissance à Haguenau. L'empereur Frédéric Barberousse accrut rapidement l'importance de la ville naissante par la concession de divers privilèges et exemptions, en la fortifiant et en y élevant un palais où il vint souvent résider. Après lui, plusieurs autres empereurs d'Allemagne séjournèrent également à Haguenau, où fut institué un tribunal impérial. C'est dans le palais de Haguenau que Richard Cœur-de-Lion, prisonnier de l'empereur Henri VI, comparut devant une assemblée de princes. Haguenau fut placée, au xive s., à la tête de la Décapole, ou union des dix villes de l'Alsace auxquelles les empereurs d'Allemagne avaient accordé le titre et les privilèges de cités impériales.

La prospérité de Haguenau, déjà atteinte pendant les guerres du xve s. et à l'époque de la guerre de Trente ans, fut complètement anéantie durant les guerres de Louis XIV. En 1677, ses fortifications furent rasées, et, la même année, la ville, livrée aux flammes par le maréchal de Créquy, vit détruire dans ce désastre l'ancien palais impérial, l'hôtel de ville, divers autres édifices et 150 maisons. Depuis cette époque, Haguenau avait été de nouveau entourée d'une enceinte fortifiée avec fossés et glacis; mais elle a été déclassée comme place de guerre en 1867.

Église Saint-Georges, bâtie vers le milieu du xiie s. (le chœur date de 1283). — *Tour* octogonale au-dessus du transsept. — A l'intérieur : autel surmonté d'un élégant *tabernacle* sculpté (1523); *Christ* en bois (1488); *chaire* en pierre, décorée de figures en relief; belles *verrières* modernes (1845); deux *cloches* du xiiie s., les plus anciennes de l'Alsace.

Église Saint-Nicolas, construite au xiiie s. et agrandie au xve s. — A l'int. : *maître-autel* en bronze doré; *statues* en bois et *boiseries* sculptées; *sépulcre* en pierre sculpté (xve s. ou commencement du xvie s.).

Temple protestant. — *Synagogue*, édifice moderne en grès rouge. — *Bibliothèque publique* (6000 vol., dont plusieurs ouvrages précieux, et collection de médailles et monnaies d'Alsace), dans une maison du XVIe s. — *Hôtel de ville.* — *Halle aux houblons.* — *Caserne* (XVIIIe s.), sur l'emplacement du palais élevé par Frédéric Barberousse. — *Hôpital.* — *Tour* ou donjon, au centre de la ville. — *Maisons* anciennes et *hôtels* des XVIIe et XVIIIe s. — Promenade dite *Cours Kléber*, près de la porte de Strasbourg, au S.-O. — Au delà de la porte de Bischwiller, au S.-E., très belle vue sur la Forêt-Noire.

Industrie et commerce importants (filature et tissage de coton, brasseries, etc.).

De Haguenau à Reichshoffen, Niederbronn, Bitche, Sarreguemines et Metz, R. 44; — à Saverne, R. 45.

En quittant Haguenau, on franchit la Moder sur un *pont* en grès rouge, et on laisse à g. l'embranchement de Niederbronn (*V.* R. 44). — A 3 k. de Haguenau, on pénètre dans la magnifique *forêt de Haguenau*, que le chemin de fer traverse dans toute sa largeur sur un parcours de plus de 7 k. Cette forêt, une des plus vastes de l'Alsace (14 757 hect.), est plantée de chênes, de hêtres, de bouleaux, et principalement de pins. Elle appartient par indivis à l'État et à la ville de Haguenau. Depuis 1873 les Allemands y ont établi un champ de tir de plus de 700 hectares d'étendue pour les exercices de l'artillerie.

41 k. *Walbourg* (*Walburg*), v. de 520 h., à 1 k. à g. de la station, enveloppé de trois côtés par la forêt de Haguenau. — *Église* (XVe s.) de l'ancienne abbaye (*chœur* remarquable orné de beaux *vitraux*).

[De la station de Walbourg on peut, par Dürrenbach, Morsbronn, Wœrth et Frœschwiller, se rendre à Reichshoffen et visiter ainsi tout le champ de bataille de 1870 (pour la description, *V.* R. 44).]

On franchit le Bieberbach et le Sauerbach.

A dr., *Surbourg* (*Surburg*), 1373 h. — *Église* du style romano-byzantin de l'école rhénane, dont on fait dater la construction primitive du VIIIe s. — *Oratoire* (1608) sur l'emplacement d'un ermitage où s'était retiré saint Arbogast. — *Tilleul* colossal, âgé de deux siècles, sur la place du village.

50 k. **Soultz-sous-Forêt** (*Sulz-unter-Wald*), 1620 h. — *Église* et *hôtel de ville* modernes. — *Source de pétrole.* — *Source saline* (abandonnée).

[De Soultz, on peut se rendre, par Wœrth, à Reichshoffen (*V.* R. 44).]

53 k. *Hoffen* (*Hofen*), 499 h.

58 k. *Hunspach* (*Hundsbach*), 789 h. — A g., on aperçoit la chaîne des Vosges.

64 k. *Riedseltz* (*Riedselz*). — A dr., ligne de Landau.

66 k. **Wissembourg** (*Weis-*

senburg), V. de 6185 h., au pied des basses Vosges (160 mèt. d'alt.), sur la Lauter, qui la divise en deux parties.

Wissembourg doit son origine à une abbaye, fondée au VIIe s. et sécularisée en 1526 pour former un chapitre, supprimé au commencement de ce siècle. Wissembourg avait été cédé à la France par le traité de Westphalie. — En 1720, lorsque Stanislas, roi de Pologne, dut, à la mort de Charles XII, abandonner le duché de Deux-Ponts, que le roi de Suède lui avait accordé comme asile, il se retira à Wissembourg avec sa femme, sa fille et quelques gentilshommes polonais. C'est là qu'il reçut en 1725 le duc d'Antin, chargé de lui demander la main de Marie Leczinska pour Louis XV. Stanislas alla résider alors à Strasbourg, qu'il ne quitta que pour prendre possession du duché de Lorraine. Pour la bataille de Wissembourg (1870), V. ci-dessous.

Église Saint-Pierre-et-Saint-Paul, magnifique édifice (XIIIe s.) élevé sur l'emplacement d'une église du XIIe s. dont il ne reste plus qu'une tour carrée, du style roman, percée d'ouvertures en plein cintre. — *Tour* octogonale flanquée de tourelles élégantes. — Sur le collatéral de dr., *porte* avec porche orné de sculptures. — A l'int. : *sépulcre* en grès rouge (XVe s.), dans le collatéral de dr.; *statue de Dagobert*, au-dessous du buffet d'orgues; restes de *peintures* du moyen âge, dans les chapelles des croisillons; fragments importants de *verrières* des XIIIe, XIVe et XVe s. (quelques-unes furent brisées par un obus, le 4 août 1870); *sacristie* (entrée au haut du collatéral de g.), dans une belle salle du XVe s., autrefois la salle capitulaire. — Sur le côté N. de l'église, galerie de l'ancien *cloître* (XIVe s.). — A l'extrémité de cette galerie, bâtiment moderne renfermant une *chapelle* du XIe s.

Temple protestant dans l'ancienne église Saint-Jean (*buste de Luther* par Ohmacht). — *Hôtel de ville* (XVIIIe s.). — Ancienne *sous-préfecture* dans une des *maisons capitulaires* (hôtel du doyen), reconstruites au XVIIIe s., près de l'église. — *Tour* appelée la *Fausse-Porte* (rue de la Porte-de-Landau). — *Église* ogivale d'un couvent de dominicains, transformée en caserne. — Vieilles et curieuses *maisons*, quai du Marais (n° 99) et rue de la Laine (n°s 57, 58 et 75). — Promenades de l'*Esplanade*, près de la porte de Haguenau, et du *quai de la Lauter*, au centre de la ville.

[Pour le Gaisberg, le Pigeonnier ou Scherhol et les lignes de Wissembourg (3 à 6 k.; 3 h. aller et retour), V. ci-dessous et R. 43.]

Bataille de Wissembourg (1870).

La démonstration qui avait été faite sur Sarrebruck, le 2 août 1870, devait avoir un triste lendemain, et cela sur les lieux mêmes où, le 3 décembre 1793, le général Hoche culbutait les Autrichiens de Wurmser.

Le général Abel Douay recevait, le 3 août, l'ordre de quitter Haguenau pour se porter sur Wissembourg. Les autres divisions qui complétaient le corps d'armée commandé par le maréchal de Mac-Mahon, allaient camper, celle du général Ducrot à Lembach, à 14 k. au S.-O. de Wissembourg ; celle du général Raoult à Reichshoffen, et celle du général de Lartigue à Haguenau. Le général Douay se trouvait ainsi isolé, sur la frontière, et ne pouvait être utilement appuyé que par le général Ducrot, vers lequel il avait ordre de se replier, s'il était attaqué par des forces très supérieures.

Le 3 au soir, Douay arrivait à Wissembourg sans ambulances, sans cartes pour se guider, et n'ayant pu rallier tous ses bataillons. La position dans laquelle il se trouvait était d'autant plus critique que sa division était loin d'être complète ; il avait laissé à Seltz le 16ᵉ bataillon de chasseurs et un bataillon du 50ᵉ de ligne ; il avait été obligé, pour protéger ses communications du côté de Lembach, de faire occuper les hauteurs du Pigeonnier par trois bataillons du 78ᵉ de ligne ; enfin il avait dû laisser un bataillon du 74ᵉ de ligne dans Wissembourg ; le gros de ses forces ne se composait plus que de 4900 hommes, de trois batteries d'artillerie et d'une brigade de cavalerie avec lesquelles il allait occuper la position du *Gaisberg* (246 mèt.), à 5 k. env. au S. de la ville.

Du sommet du Gaisberg on embrasse du regard toute l'étendue du champ de bataille : on a devant soi la ville de Wissembourg, traversée du N.-O. au S.-E. par la Lauter qui, après avoir baigné Altenstadt, va contourner le fort Saint-Remy, pour se diriger ensuite vers Lauterbourg. Au delà de Wissembourg, dans la Bavière Rhénane, on aperçoit la route de Landau, qui traverse Schweigen, Rechtenbach et Otterbach, et à droite celle de Spire, où se trouvent les villages de Schweighofen et de Kapsweyen. Plus près de soi, sur la rive dr. de la Lauter, à 500 mèt. env. de la ville, est la gare du chemin de fer.

Deux routes partent de la porte de Haguenau et passent à dr. et à g. de la gare : ce sont celle de Lauterbourg, qui se dirige vers l'E., et celle de Strasbourg, qui, passant devant le cimetière et laissant sur la dr., à quelques centaines de mètres, la route de Bitche qui s'élève vers les hauteurs du Pigeonnier, vient passer au pied de la colline du Gaisberg, dont le flanc E. est contourné par le chemin de fer.

Les **lignes de Wissembourg**, aujourd'hui nivelées sur plusieurs points, consistent en une série d'épaulements, de parapets renforcés, de distance en distance, par des redoutes. Exécutées de 1704 à 1706 par

BATAILLE DE WISSEMBOURG.

le maréchal de Villars, qui y fit travailler jusqu'à 11 000 pionniers, elles partent de l'extrémité E. du *Scherhol* (point culminant des hauteurs du Pigeonnier), viennent passer au-dessous du Gaisberg et, remontant ensuite vers la ville, se prolongent sur la rive dr. de la rivière sur une longueur de près de 30 k.

Le 4 août, dès le point du jour, le général Douay, ayant envoyé en éclaireurs au delà de la Lauter deux bataillons de chasseurs qui n'avaient rien remarqué de suspect, croyait, pour le moment au moins, n'avoir aucune attaque à redouter, lorsque tout à coup, à 8 h. du matin, la division du II° corps bavarois (général Bothmer), sortant des bois où elle s'était blottie, apparaissait sur les hauteurs de *Schweigen*, s'approchait de Wissembourg, et engageait l'action contre le 74° de ligne. Cette première attaque était vivement repoussée; mais les Bavarois en se retirant, continuaient le feu sur la ville, et leurs obus détruisaient quelques maisons et incendiaient la caserne. Bientôt les V° et XI° corps prussiens, après avoir passé la Lauter à *Altenstadt* et au *moulin de Bienwald*, avançaient hardiment contre les hauteurs du Gaisberg.

Vers 9 h. 1/2, au moment où la lutte avait atteint toute son intensité, le général Douay fut mortellement blessé par un obus, sur un petit mamelon du Gaisberg, couronné de trois peupliers, au lieu même où plus tard les Allemands ont élevé un monument funèbre. Le général Pellé prit alors le commandement, et l'action continua plus vive que jamais. A Wissembourg, le 74° oppose toujours une résistance opiniâtre. Les turcos s'élancent sur les batteries bavaroises établies sur la frontière même. Ils mettent en fuite les artilleurs, se précipitent sur 8 pièces dont ils s'emparent, et, sourds à la sonnerie de la retraite, tombent criblés de balles, défendant avec acharnement ces canons qu'ils ne veulent pas abandonner.

Les principaux efforts de l'armée prussienne sont dirigés contre le Gaisberg. Quatre batteries tonnent sans relâche sur cette position. Le feu des mitrailleuses qui dominent le château est bientôt éteint, les pièces sont brisées, les caissons sautent. Le moment de l'assaut décisif approche. Tandis que la fusillade faiblit vers la ville, dans laquelle les Allemands ont enfin pénétré, elle crépite avec fureur autour du château du Gaisberg, où une poignée de braves tenait en échec les forces imposantes lancées contre eux. Cependant le général Pellé faisait sonner la retraite et se retirait par le col du Pigeonnier, où il rencontrait le général Ducrot, qui arrivait au pas de course, malheureusement trop tard pour transformer en victoire ce combat disproportionné, si vaillamment soutenu par une poignée de soldats.

Le combat de Wissembourg coûta aux armées allemandes 1460 hommes et 91 officiers. La division A. Douay perdit 1200 hommes, le bataillon cerné dans Wissembourg, qui fut fait prisonnier, et un canon dont l'ennemi ne put s'emparer qu'après avoir massacré jusqu'au dernier homme le demi-peloton qui le défendait.

Le corps du général Douay repose dans le cimetière de Wissembourg, sous une large pierre de grès rouge. Auprès de lui on a placé son jeune fils, mort un an après. Une grande croix domine leur tombeau, et de petites croix, en bois blanc, sur chacune desquelles on a tracé un croissant et écrit un nom, marquent le lieu où les turcos ont été ensevelis.

De Wissembourg à Bitche, par Lembach, R. 43.

ROUTE 43.

DE WISSEMBOURG A BITCHE

PAR LEMBACH

48 k. — Route de voit. (pas de service public) très pittoresque et traversant une région boisée et très accidentée.

On sort de Wissembourg par la porte de Haguenau, et, suivant la route de Strasbourg, à 1 k. 1/2 on prend à dr. la route de Bitche, qui ne tarde pas à s'élever sur le flanc S. du Scherhol, après avoir longé à dr. les retranchements connus sous le nom de lignes de Wissembourg (V. R. 42). — Si on fait la route à pied, on abrégera de 2 k. env. en prenant à dr., immédiatement à la sortie de la porte de Haguenau, un joli chemin longeant à g. les lignes de Wissembourg et rejoignant, vers leur extrémité, la route de Bitche, à la base du Scherhol. — Le *Scherhol* ou *montagne du Pigeonnier*, dont le sommet (507 mèt.) domine la route à dr. (25 à 30 min.), doit son nom à une tour qui la surmontait autrefois et qui fut détruite à l'époque de la Révolution (vue remarquable sur la vallée de la Lauter, la forêt de Haguenau, les hauteurs de la Forêt-Noire, de Heidelberg à la vallée de la Kintzig, et notamment sur les environs de Bade ; on découvre les clochers de Strasbourg et de Spire, les églises de Carlsruhe et les fortifications de Rastadt).

On atteint le point culminant de la route (437 mèt.) en face du sommet du Scherhol, et l'on redescend vers la vallée de la Sauer.

9 k. *Climbach*, 414 h.

14 k. **Lembach** *, V. de 1545 h., dans une charmante situation, sur les deux rives de la Sauer.

[Châteaux de Fleckenstein et

de **Wegelsbourg**. — On suit la route de Bitche, en remontant le cours de la Sauer, jusqu'au (3 k. 1/2) pont dit *Tannenbruck*, où la route tourne à g. — Là on prend à dr., en deçà du pont, un chemin qui continue de longer la Sauer (1 k. 1/2). On trouve à dr. un sentier conduisant (1 k.) au pied de la colline (367 mèt.) sur laquelle s'étend le rocher abrupt et gigantesque qui sert d'assise aux constructions ruinées du *château de Fleckenstein* (XIIIe s.), pris en 1675 par les troupes de Louis XIV, et définitivement ruiné en 1680 par le baron de Montclar, commandant en Alsace. Ces ruines, d'un effet très pittoresque, présentent une première enceinte encombrée d'arbustes, du milieu de laquelle s'élève le rocher où se trouvaient les constructions principales. On y remarque encore une belle *salle* ouverte dans le rocher et une *tour* également pratiquée dans la roche même, qui a été pour ainsi dire évidée afin d'y établir un escalier aboutissant à une plate-forme (vue intéressante sur la vallée).

A 4 k. du Fleckenstein, ruines du *château de Hohenburg*, ét, 2 k. env. au delà de la frontière de la Bavière Rhénane, **château de Wegelsbourg** (du haut de la tour, vue très étendue; table de pierre indiquant la direction et les noms des principaux villages que l'on aperçoit).

Château de Frœnsburg. — De Lembach au pont dit Tannenbruck, V. ci-dessus. — On franchit la Sauer, à g. — 1 k. 1/2 au delà du pont, près de la ferme de Frœnsburg, un chemin de montagne (à dr.) conduit aux (1 k.) ruines du *château de Frœnsburg* (360 mèt. d'alt.), détruit dès le XIVe s., d'où il redescend (1 k. 1/2) sur la route de Bitche au ham. de Welschthal.]

La route de Bitche, après avoir longé le versant de la colline de Frœnsburg, passe entre le ham. de *Welschthal* et celui de *Katzenthal*.

23 k. *Niedersteinbach*, 469 h.

24 k. *Obersteinbach*, 650 h. — A 500 mèt. en deçà du village, un chemin remontant un vallon étroit (à dr. en venant de Lembach) mène (1 k. 1/2 au pied des ruines du *château de Wasigenstein*, occupant, sur une colline (496 mèt.), le sommet de deux rochers séparés par une profonde excavation. — A 2 k. d'Obersteinbach, ruines du *château de Lützelhardt* ou *Fitzhardt*. — Un chemin, partant d'Obersteinbach même, conduit aussi aux ruines du Wasigenstein; mais la course par le vallon est plus pittoresque.

34 k. *Stürzelbronn*, v. de 413 h., enfermé entre deux hautes collines et dont les maisons sont disséminées sur les deux rives du Schwarzbach. — Restes d'une *abbaye* fondée en 1135, par le duc de Lorraine Simon Ier, et supprimée à l'époque de la Révolution. Elle a été le lieu de sépulture de quelques-uns des premiers ducs de Lorraine (*porte* du XVIIIe s., donnant accès dans l'enceinte de l'abbaye; *porte* de l'ancienne église; *caves* creusées dans le roc). — A 1500 mèt. en deçà de Stürzelbronn, à dr., beau *calvaire* (XIVe s.) en pierre sur un rocher.

40 k. *La Main-du-Prince* (*Herzogshand* ou *Fürstenhand*), ham. — Sur la façade d'une des maisons est peinte une main

avec cette inscription : *Main du Prince.* Suivant la tradition, Ferry III, duc de Lorraine, aurait perdu la main dans un combat livré près de là aux troupes de l'évêque de Metz.

45 k. On sort de la région des bois et l'on atteint le plateau au centre duquel se dresse le fort de Bitche.

48 k. Bitche (*V.* R. 49).

ROUTE 44.

DE STRASBOURG A METZ

A. Par Saverne, Sarrebourg, Benestroff et Remilly.

159 k. — Chemin de fer. — Trajet en 2 h. 50 à 6 h. — De Strasbourg à Sarrebourg : 5 m. 70 pf.; 3 m. 80 pf.; 2 m. 50 pf. — De Sarrebourg à Metz : 7 m. 10 pf.; 4 m. 70 pf.; 3 m.

54 k. de Strasbourg à Lützelbourg (*V.* R. 1, en sens inverse). On passe dans le tunnel d'Arschwiller (R. 1).

67 k. *Réding* (*Rieding*), 980 h. — On laisse à dr. une voie de raccordement entre la ligne de Sarrebourg et la ligne de Metz.

71 k. Sarrebourg (R. 1). — La ligne de Metz s'engage dans la vallée de la Sarre, dont elle suit la rive dr.

76 k. *Sarre-Altroff* (*Saaraltdorf*), 630 h., sur la rive dr. de la Sarre, qui fait de nombreux détours dans un joli bassin, au delà duquel la vallée se resserre, fait un coude au S.-O., puis retourne au N.-O.

83 k. *Berthelming* (*Berthelmingen*), 740 h. — Un peu avant la station, la ligne de Sarreguemines se détache à dr. de celle de Metz. — Quittant la vallée de la Sarre, on traverse une forêt, puis le long *étang de Mittersheim.*

95 k. *Loudrefin* (*Lauterfingen*), 623 h. — La voie traverse ou suit de jolis vallons, dans une contrée pittoresque, et se dirige vers l'O.

102 k. *Nébing* (*Nebing*), 365 h. — La voie franchit une chaîne de collines.

106 k. *Benestroff* (*Bensdorf*), v. de 496 h., où se croisent les lignes qui, de Metz, de Nancy et de Deutsch-Avricourt, vont à Sarralbe (R. 46). — On traverse le *Lallewald.*

110 k. *Rodalbe* (*Rodalben*), 466 h., au S. de la station ; — au N., *Bermering* (*Bermeringen*), 498 h.

114 k. *Morhange* (*Mœrchingen*), 1109 h. — *Église* du XIIe s.

118 k. *Landroff* (*Landorf*), 483 h. — La ligne se dirige à l'O.

123 k. *Brulange* (*Brülingen*), 242 h., sur la Rotte. — *Château du Ban de la Rotte.* — Ruines du *château de Gandremange.*

129 k. *Baudrecourt*, 521 h. — Le chemin de fer tourne au N.-O.

137 k. Remilly (R. 49). La ligne de Sarrebruck se détache à g. (R. 49). — 22 k. de Remilly à Metz (*V.* R. 49).

159 k. Metz (R. 48).

B. Par Haguenau, Reichshoffen, Niederbronn et Sarreguemines.

220 k. — Chemin de fer. — Trajet en 7 h. — 16 m. 20 pf.; 11 m. 80 pf.; 0 m. 10 pf.

DE STRASBOURG A NIEDERBRONN

56 k. — Chemin de fer. — Trajet en 2 h. à 3 h. 30. — 4 m. 50 pf.; 3 m. 55 pf.; 2 m. 40 pf.

54 k. de Strasbourg à Haguenau (R. 42). — A Haguenau les voyageurs pour Reichshoffen, Niederbronn, Sarreguemines, changent de voiture.

Le chemin de fer franchit la Moder, et, se détachant à g. de la ligne de Wissembourg, prend la direction du N.-O.

38 k. *Schweighausen* *, V. de 1546 h., à l'entrée de la forêt de Haguenau, au confluent de la Zinzel et de la Moder; point de jonction de l'embranchement de Steinbourg à Haguenau (V. R. 45). — Découverte d'antiquités gallo-romaines (une *Junon* sculptée en bas-relief et encastrée dans le mur de la sacristie de l'église paroissiale; *buste d'Hercule* en pierre, contre l'un des murs de l'hôtel de la Couronne)..

On s'éloigne de la Moder et l'on traverse l'extrémité S.-O. de la forêt de Haguenau, en longeant à g. la Zinzel.

45 k. **Mertzwiller** (*Merzweiler*), 1982 h. — Usine métallurgique dépendant du groupe de forges connu sous la désignation de *Forges du Bas-Rhin*, et comprenant les forges de Niederbronn, de Mertzwiller, de Zinswiller, de Jægerthal, de Mouterhausen (pour la fabrication de l'acier), et les ateliers de construction de Reichshoffen. Ces forges appartiennent à une société industrielle dirigée par MM. de Dietrich, qui en sont les intéressés principaux.

46 k. *Mietesheim* (halte), 698 h.

49 k. *Gundershoffen* (*Gundershofen*), 1487 h. — On découvre à g. les montagnes qui entourent Niederbronn, et notamment le Wasenberg et les ruines du château qui le couronne.

51 k. *Reichshoffen* (*Reichshofenerwerk*), halte, dépendance du village de Reichshoffen. Cette halte dessert principalement les ateliers de construction des Forges du Bas-Rhin (V. ci-dessus).

53 k. **Reichshoffen** * (*Reichshofen*), 3084 h. — *Église* du xviiie s. — Devant l'église, statue de la Vierge sur un piédestal en grès rouge, ex-voto élevé en 1856 (inscription). — Dans le cimetière, obélisque en grès rouge, à la mémoire des soldats français morts à la bataille du 6 août 1870. — *Château* du xviiie s. (il appartient à M. le comte de Leusse), avec un beau parc renfermant une tour crénelée. — Au S., sur la route de Jægerthal, *chapelle de Wolfhartshofen*, lieu de pèlorinage, bâtie sur l'emplacement d'un temple gallo-romain.

Frœschwiller, Wœrth, Morsbronn.

De Reichshoffen la route remonte au N.-E. et traverse le bois du Grosswald.

7 k. **Frœschwiller*** (*Fröschweiler*). — *Église* protestante, incendiée par les projectiles allemands et reconstruite. — *Église* catholique, bâtie en 1873 (au fond du chœur, *plaque commémorative*, sur laquelle sont inscrits les noms des officiers et soldats tombés sur le champ de bataille de Frœschwiller et de ses environs). — *Château* de M. le comte de Dürckheim, où le maréchal de Mac-Mahon avait établi son quartier général. — Dans l'auberge : *Au Rendez-vous des Chasseurs*, musée de débris de tout genre ramassés sur le champ de bataille.

La route passe à g. devant le cimetière (tombe du général Émile Maire), puis fait un coude et descend en pente plus raide. — A g., **mausolée** (par M. E. Dock, de Strasbourg) élevé à la mémoire des soldats français morts à la bataille du 6 août, avec les fonds provenant d'une souscription alsacienne. — C'est dans ces parages que l'action fut le plus meurtrière.

2 k. de Frœschwiller. **Wœrth***, v. de 1055 h., au confluent de la Sauer et du Sultzbach. — *Église* du xviiie s. — *Hôtel de ville* (1823). — *Tour* (près du pont, sur la Sauer), reste du château de Wœrth (1555). — *Autel* antique orné de sculptures (*Junon*, *Vesta*, *Minerve*, *Mercure* et *Hercule*), découvert en 1577 et érigé sur la place, devant l'hôtel de ville. — Nombreuses tombes et monuments funéraires à Wœrth et aux environs.

Au N.-E. de Wœrth, *Gœrsdorf* (840 h.; *église* remontant au xive s.), v. dominé au N. par le *Liebfrauenberg* (296 mèt. d'alt.), colline sur laquelle on remarque une *tour* (1383), reste d'un ancien couvent, aujourd'hui propriété de M. Boussingault. Du Liebfrauenberg (1 h. de marche de Wœrth), on embrasse toute l'étendue du champ de bataille.

De Wœrth, une route conduit, au N., par *Langensoultzbach* (*Langensulzbach*) et *Mattstall*, à (16 k. de Reichshoffen) Lembach (R. 43).

De Wœrth, la route de Haguenau remonte la vallée de la Sauer. — Sur les coteaux à g., on voit successivement les villages de *Spachbach*, *Oberdorf*, *Gunstett*; à dr. sont les villages d'*Elsashausen* et d'*Eberbach* (V. ci-dessous la description de la bataille).

5 k. au S. de Wœrth. **Morsbronn** (colonne érigée : *Aux cuirassiers dits de Reichshoffen*; nombreuses tombes dans le cimetière).

De Morsbronn, laissant à dr. la route de Haguenau, on peut, par *Dürrenbach*, se rendre à (3 k.) la station de Walbourg (R. 42).

CHAMP DE BATAILLE DE FRŒSCHWILLER

Bataille de Frœschwiller ou de Wœrth (1870).

Le 4 août au soir, le maréchal de Mac-Mahon s'attendait à être promptement attaqué, car son quartier général était à peine à deux étapes de Wissembourg, où les armées allemandes venaient d'écraser la petite division d'Abel Douay.

La situation était critique. Il fallait sur l'heure prendre une décision : se replier derrière les Vosges ou faire face à l'ennemi et essayer de le rejeter sur la frontière. Ce dernier parti fut celui auquel le maréchal s'arrêta.

La position qu'il avait à occuper était désignée par les traditions de la guerre. La Lauter ayant été franchie par l'ennemi, il s'agissait de l'attendre sur le bord de la petite rivière de la Sauer (Sauerbach). Frœschwiller, ce champ de bataille illustré par Hoche, allait donc devenir une deuxième fois le théâtre d'une lutte sanglante où 35 000 Français devaient tenir tête, pendant une journée entière, aux 140 000 Allemands commandés par le prince royal de Prusse.

Au-dessus de Frœschwiller s'étendent les positions occupées par la division Ducrot, formant l'aile gauche de l'armée française. Ces régiments s'appuyaient sur la route de Reichshoffen à Frœschwiller, et occupaient *Neehwiller*, *Limenhausen* et les *forges de Rauschenwald*. En face de Ducrot, le II⁰ corps bavarois, auquel le I⁰⁰ corps, débouchant par la route de Lembach, viendra se joindre plus tard, s'établissait sur les hauteurs irrégulièrement disposées entre les villages de *Gœrsdorf* et de *Langensoulzbach*. *Frœschwiller* et *Elsashausen*, au S. de Frœschwiller, étaient occupés par la division du général Raoult, qui avait devant elle le V⁰ corps prussien (général Kirchbach), dont les divisions s'échelonnaient dans les villages de *Dieffenbach* et de *Spachbach* et sur les coteaux qui dominent le gros bourg de Wœrth, situé au fond du vallon, à cheval sur la Sauer.

De Wœrth, en remontant la vallée de la Sauer, c'est-à-dire en se dirigeant vers le S. par la route de Haguenau, on a à sa droite les positions du *Niederwald*, d'*Albrechtshæuserhof*, *Eberbach*, *Morsbronn*, *Hégeney*, occupés par la division de Lartigue, qui s'étendait du Niederwald à Morsbronn. En arrière, en deuxième ligne, était rangée la division Conseil-Dumesnil, et plus en arrière encore, la division Douay, placée sous les ordres du général Pellé, et trop éprouvée à Wissembourg pour pouvoir être mise en ligne. En face de ces hauteurs, sur la rive dr. de la Sauer, se trouvent *Spachbach*, *Oberdorf*, le moulin de *Brückmühl*, *Gunstett*, *Dürrenbach* ; sur ces diverses positions s'étendait l'aile gauche de l'armée allemande, composée du xi⁰ corps prussien et, plus tard, des Wurtembergeois et des Badois.

Les positions occupées par l'armée française étaient habilement choisies. Pour la déloger de ces hauteurs, couronnées d'épais bois de hêtres et de chênes, l'armée allemande devait, sous un feu meurtrier, descendre les coteaux de Gœrsdorf, Wœrth, Oberdorf, Gunstett, traverser la rivière, remonter la pente opposée qui, légèrement inclinée d'abord, et couverte de champs de lin, de blé, de tabac, s'élève bientôt d'une manière abrupte.

L'armée du maréchal de Mac-Mahon se déployait d'Eberbach à la forêt de Soultzbach sur une série de crêtes d'une longueur d'environ 7 k.

Des positions avancées telles que Wœrth dans le vallon, et Morsbronn, au S., auraient dû être occupées; mais les forces dont disposait le maréchal étaient sans doute trop restreintes pour qu'il lui fût possible de disséminer ses troupes sur un plus large espace.

Pendant la nuit du 5 au 6 août une pluie torrentielle n'avait cessé de tomber. Malgré ce contre-temps, si les généraux étaient soucieux, les soldats paraissaient pleins d'ardeur et de confiance. Dès 4 heures du matin le canon se fit entendre. Commencée par des engagements de peu d'importance, la lutte devenait générale entre 7 et 8 heures. Les Bavarois se portaient contre la division du général Ducrot, et s'efforçaient de la déborder; mais, repoussés avec perte, sur un ordre venu du quartier général, ils suspendaient pour un instant la lutte. Le v⁰ corps prussien, commandé par le général Kirchbach, descendait bientôt les pentes de Wœrth, s'avançait, avec hésitation d'abord, puis avec plus de vigueur, et tentait de gravir les pentes de Frœschwiller et d'Elsashausen. Mais le général Raoult le rejetait violemment dans la vallée, qu'il jonchait de ses morts.

La bataille, sérieusement engagée, vers les premières heures du jour, par l'aile droite allemande, avait atteint quelques heures plus tard toute son intensité au centre. Le xi⁰ corps prussien, après avoir essayé de balayer les hauteurs défendues par la division de Lartigue, en dirigeant contre elles le feu de 80 pièces d'artillerie, se précipitait à son tour vers la Sauer, et tentait d'aborder les bois du Niederwald et le village d'Eberbach; mais les soldats français lui faisaient payer cher son audace.

A midi, les trois divisions françaises avaient repoussé toutes les attaques dirigées contre chacune d'elles, et les positions qu'elles occupaient étaient intactes. L'ennemi, étonné de rencontrer une résistance aussi énergique, paraissait découragé. Si le maréchal de Mac-Mahon

BATAILLE DE FRŒSCHWILLER.

avait eu en ce moment des forces suffisantes pour prendre l'offensive, cette journée, si bien commencée, se serait peut-être terminée pour nous par une éclatante victoire. Malheureusement le commandant du v⁰ corps français, le général de Failly, n'arrivait pas, alors que depuis le matin on l'attendait avec la plus vive impatience. Les armées allemandes, au contraire, se fortifiaient sans cesse. Le 1ᵉʳ corps bavarois arrivait et se joignait au 11⁰ pour écraser Ducrot. Les troupes wurtembergeoises et badoises entraient à leur tour en ligne et tentaient d'exécuter contre les divisions de Lartigue et Conseil-Dumesnil le mouvement tournant que le xi⁰ corps prussien n'avait pu accomplir.

Le prince royal, qui était resté à Soultz, ne croyant pas que la bataille devînt aussi sérieuse, accourait à la hâte et prenait le commandement.

Le maréchal de Mac-Mahon, qui stationnait en ce moment au pied d'un noyer couronnant un mamelon d'où il pouvait d'un regard embrasser tout le champ de bataille, aurait pu voir le prince royal se placer presque en face de lui sur une hauteur dominée par trois peupliers. La fusillade reprend alors avec plus de violence que jamais. Toute la ligne est en feu du N. au S.

Les deux corps bavarois se jettent sur la division Ducrot; le général Kirchbach, qui s'était courageusement obstiné à braver le feu plongeant qui décimait ses troupes, rassemble toutes ses forces et les pousse contre la division Raoult, sur les pentes de Wœrth et d'Elsashausen. Chaque pli de terrain est disputé avec fureur; certains mamelons sont pris et repris jusqu'à cinq fois. Quelque vive que soit la lutte, cependant rien n'est perdu encore. Ducrot commence peut-être à faiblir devant le nombre; mais la division Raoult tient en échec et foudroie le v⁰ corps prussien. Le succès de la journée dépend de l'effort que l'aile gauche allemande va tenter contre nos divisions de Lartigue et Conseil-Dumesnil. Les Wurtembergeois, les Badois se portent en masses profondes contre nos positions du Niederwald. Les divisions françaises font des prodiges de valeur; le 3⁰ zouaves perd son lieutenant-colonel, trois chefs de bataillon, 15 officiers; le colonel et le lieutenant-colonel ainsi que deux chefs de bataillon du 56⁰ sont tués; le commandant du 1ᵉʳ chasseurs tombe à son tour, et les Wurtembergeois sont à Morsbronn, menaçant de tourner nos positions. Toutes les réserves ont donné. Le général de Lartigue n'a plus d'hommes à mettre en ligne. Il est perdu s'il ne parvient à arrêter les Wurtembergeois, prêts à le prendre entre deux feux. C'est alors qu'il appelle la brigade de cuirassiers Michel et qu'il la lance sur l'ennemi. « Mes pauvres cuirassiers! » s'écrie le général Duhesme, trop malade pour monter à cheval et charger à leur tête.

De toutes ces poitrines courageuses sort ce cri : Vive la France! et, comme un ouragan, les cuirassiers se précipitent à travers les haies, les fossés, les vergers et les houblonnières. Ceux dont les chevaux s'abattent sur les pentes d'Eberbach, s'ils ne sont pas tués sur le coup, se relèvent, reprennent leur course folle et, avec leurs héroïques frères d'armes, vont se faire mitrailler dans les rues de Morsbronn. Ils rompent et traversent les lignes ennemies, et, en bien petit nombre, hélas! vont se rallier à Hégeney, laissant derrière eux une large traînée de cadavres d'hommes et de chevaux. Les Allemands sont ébranlés par cette attaque impétueuse; la division de Lartigue reprend l'offensive; mais bientôt les masses allemandes se reforment et font tout plier devant elles. De toutes parts elles gravissent les hauteurs. Les Bavarois, au N., les Prussiens de Kirchbach, au centre, les Badois et les Wurtembergeois, au S., s'élancent sur les divisions françaises rompues et décimées.

Il faut battre en retraite. Çà et là quelques hommes énergiques tiennent encore. Le chef d'état-major, le général Colson, est tué; le général Raoult tombe mortellement frappé; bon nombre d'officiers supérieurs ne sont déjà plus. Les cuirassiers de la division Bonnemain, pour protéger la retraite, recommencent en arrière d'Elsashausen la charge héroïque des cuirassiers de Morsbronn, mais ne parviennent pas à arrêter l'ennemi. Pêle-mêle, nos bataillons se précipitent sur la route de Reichshoffen, la seule qui reste libre encore, et par laquelle ils puissent gagner les Vosges.

Cette sanglante bataille de Frœschwiller, engagée à 7 heures du matin, presque gagnée à midi par l'armée française, se termine à 4 heures par un effroyable désastre. Nous perdons 6000 hommes, 30 canons et 8000 prisonniers. Mais les pertes des armées allemandes sont plus considérables encore; ils laissent plus de 10 000 hommes sur le champ de bataille et 489 officiers.

—

Au delà de la station de Reichshoffen, le chemin de fer traverse une tranchée au sortir de laquelle on domine Niederbronn.

56 k. Niederbronn.

NIEDERBRONN

Situation. — Aspect général.

Niederbronn*, V. de 3161 h., est située au milieu d'une région très pittoresque, à l'entrée d'un charmant vallon arrosé par le Falkensteinbach. La route de Haguenau à Bitche traverse Niederbronn, dont elle forme la rue principale, puis le vallon du Falkenstein (*V.* ci-dessous).

Histoire.

Niederbronn fut primitivement occupé par les Romains, qu'y avaient attirés ses eaux minérales; leur présence est constatée par des vestiges de constructions et la découverte de médailles et de fragments de sculpture. Abandonnée ensuite durant plusieurs siècles, l'exploitation des eaux fut reprise au xvi° s., par le comte Philippe de Hanau, seigneur de Niederbronn, que leur emploi avait guéri de la goutte. Il fit exécuter un captage qui subsiste encore et élever une maison pour les malades. En 1764, la seigneurie de Niederbronn ayant été acquise par le baron de Dietrich, il apporta plusieurs améliorations dans le régime des sources. Après la Révolution, en 1808, la propriété des eaux fut attribuée à la commune et placée sous la direction d'une commission administrative.

Sources. — Établissements.

Les eaux, froides (17°8), chlorurées sodiques, provenant d'une source principale et d'autres moins considérables, sont recueillies dans deux bassins situés à peu de distance l'un de l'autre, dans le haut de la promenade qui, s'étendant en face du Vauxhall, forme une sorte d'esplanade garnie de constructions légères, occupées par des boutiques d'objets de fantaisie. Un pavillon, ouvert sur les côtés, abrite le *grand bassin*, le plus rapproché du Vauxhall; c'est dans ce bassin que sont amenées, à travers une espèce de pyramide creuse établie au xvi° s., les eaux de la source principale, exclusivement employées en boisson. Le trop-plein se déverse dans le bassin inférieur, qu'alimentent, en outre, des sources accessoires; les eaux, alors recueillies dans des réservoirs d'approvisionnement, sont distribuées dans les hôtels pour les bains à domicile.

L'eau, limpide et incolore au griffon, prenant dans les bassins une nuance louche et jaunâtre, presque sans odeur, a un goût salin assez agréable, laissant cependant un arrière-goût un peu fade et une sensation de sécheresse à la bouche. Elle est tonique, résolutive, reconstituante et diurétique; elle constipe à faible dose et devient laxative à la dose de six à douze verres. On la prescrit spécialement contre les affections qui procèdent du lymphatisme et de la scrofule, dans certaines maladies de l'appareil digestif, les maladies du foie, le rhumatisme et dans plusieurs maladies cutanées.

Tout malade qui veut faire usage des eaux doit préalablement se faire inscrire à la source, où se tient le matin un employé chargé de prendre le nom des malades et de percevoir leur redevance (50 pf. par jour). La saison s'ouvre le

1ᵉʳ juin et se termine le 15 septembre.

Les bâtiments du *nouveau et de l'ancien Vauxhall* renferment une grande salle à manger, servant aussi de salle de bal et de concert, des salles de réunion, des appartements meublés et un restaurant. Au rez-de-chaussée de l'ancien Vauxhall se trouve une galerie couverte, servant de promenoir en cas de mauvais temps.

Monuments. — Antiquités.

Église (XVIIIᵉ s.) sans caractère. — *Hôtel de ville* moderne, en grès rouge (bibliothèque : antiquités romaines trouvées à Niederbronn ou aux environs ; dans le péristyle, fragment d'une statue antique). — *Chapelle* moderne, du style ogival, dans le couvent des Filles du Très-Saint-Sauveur. — *Synagogue*.

Parmi les antiquités trouvées à Niederbronn, nous mentionnerons les *substructions* formant l'assise du grand bassin et dans lesquelles se révèle la main-d'œuvre des Romains ; les vestiges d'une *étuve*, découverts en creusant les fondations de la maison d'école catholique ; de nombreux fragments de sculpture ; des *médailles* et *monnaies* offrant une série assez suivie du règne d'Auguste à celui d'Arcadius ; l'*inscription* curieuse du Wasenbourg et une *enceinte* d'origine celtique (*V.* ci-dessous : Excursions).

Industrie.

Outre ses forges (à l'O. de la ville, à l'extrémité du parc Dietrich), Niederbronn a une fabrication spéciale d'objets façonnés au tour et connus sous le nom d'*articles de Niederbronn* (dévidoirs, métiers à broder, guéridons, porte-liqueurs, etc.).

Promenades.

Promenade du Vauxhall, dessinée à l'anglaise. — *Promenade du Herrenberg*. — *Promenade du Roi-de-Rome*, au delà des forges de Niederbronn, à g. et à l'entrée du vallon de Falkenstein. — *Promenade des Trois-Chênes* (deux kiosques) à dr., à l'entrée du même vallon.

Niederbronn possède, outre plusieurs maisons curieuses des XVIᵉ et XVIIᵉ s., de jolies habitations particulières et notamment celle de la famille de Dietrich, qu'entoure un parc parfaitement dessiné, ouvert, comme passage, aux promeneurs (défense d'y stationner).

EXCURSIONS

Château de Wasenbourg, camp celtique du Ziegenberg, la Liss, le Signal du Grand-Wintersberg, la Garenfürst.

3 h. env., aller et retour, au château de Wasenbourg ; — 2 h. 30 au Ziegenberg (on peut réunir les deux

courses, en 4 h. 30 env.); — 4 h. 30 à la Garenfürst.

Le château de **Wasenbourg** (*Wasenburg*) occupe l'extrémité N. du Wasenberg. — Quand on a dépassé les forges, on tourne à g. (poteau indicateur), et, après avoir franchi le Falkensteinbach, on prend, dr. de la promenade du Roi-de-Rome, un sentier montant à travers les bois par de nombreux circuits, aux ruines du château de Wasenbourg (487 mèt.; le point culminant du Wasenberg, à 1 k. au S. des ruines, est à 528 mèt.). Ce château, dont la construction paraît dater du commencement du xvᵉ s., n'a cessé d'être habité qu'au xviiᵉ s. — Vue sur le vallon de Falkenstein, les environs de Niederbronn et la plaine de Haguenau. — Sur une des parois du rocher supportant les ruines, du côté de Niederbronn, et formant un angle, *inscription* célèbre dans l'histoire de l'épigraphie romaine et consacrant le souvenir d'un édicule élevé à Mercure. Elle est ainsi conçue : « *Deo Mercurio attegiam teguliciam compositam Severinius Satullinus C. F. ex voto posuit l. l. m.* (Au dieu Mercure Severinius Satullinus, fils de Caius, a consacré cette chapelle couverte en tuiles et décorée selon son vœu accompli de très bon cœur). »

Un chemin plus long, mais à pentes plus douces, passe à (3 k. de Niederbronn) *Oberbronn*, où, près de la mairie, on prend à dr. pour monter à la ruine.

Le Ziegenberg, sur lequel est le camp celtique, s'élève en face du Wasenberg. — On prend la route de Bitche et, après avoir dépassé les forges et l'étang, on atteint le passage à niveau de la voie ferrée que l'on traverse. On prend à dr. (écriteau indicateur) un chemin tracé dans un terrain rouge; on laisse à dr. un chemin à mi-côte et l'on atteint (45 m. env.) le sommet du Ziegenberg (493 mèt.). — Bifurcation. Laissant à dr. la route qu'on a suivie jusque-là, on prend à g. un sentier, que l'on quitte 30 pas plus loin pour tourner à g., et, suivant la crête de la montagne, on arrive au *camp celtique* ou *enceinte druidique*, sorte de mur construit avec des fragments de roche, à l'état brut, superposés sans ciment. Suivant quelques archéologues, cette enceinte aurait été un camp de refuge gallo-celtique.

Revenant à la route, on la suit jusqu'à une bifurcation (écriteau indiquant : Wintersberg, Liss, Garenfürst). On prend à dr. et, à quelques pas de là, on voit à dr., dans le taillis, un bloc de grès sur lequel est sculptée grossièrement une figure de femme, appelée dans le pays *die grosse Liss* (*la grande Lise*), d'origine celtique ou gallo-romaine, ou même, suivant quelques-uns, beaucoup moins ancienne. A 150 pas en face de la Liss, sur le sommet du **Grand-Wintersberg** (576 mèt.), *signal de triangulation* en forte charpente; deux échelles (env. 40 échelons) permettent d'en atteindre le sommet, d'où l'on découvre une belle vue. — La *Garenfürst* est une futaie de hêtres, sur une pente dont le sommet forme terrasse (vue étendue).

Vallée de Jægerthal. — Châteaux de Windstein, de Wineck, de Dambach.

4 à 5 h., aller et retour.

Deux chemins mènent au hameau de Jægerthal. — L'un, que l'on suit surtout en voiture, emprunte d'abord la route de Haguenau, passe à Reichshoffen et devant la chapelle de Wohlfahrtshoffen. L'autre, ordinairement suivi par les piétons, s'ouvre sur la grande rue de Niederbronn; la pente, d'abord raide, s'adoucit et traverse des champs et des bouquets de bois. — 45 m. Maison forestière. — Un peu au delà, à g., chemin conduisant directement à Windstein, sans passer par Jægerthal et sans quitter la forêt. — On rejoint et on prend à g. la route de Reichshoffen à Obersteinbach. — 30 m. **Jægerthal**, ham. dépendant de Windstein. Jægerthal, qui donne son nom à la pittoresque vallée du Schwarzbach, est ainsi désigné d'un individu appelé Jæger, qui y fonda en 1602 les forges encore existantes, et devenues au XVIIIe s. la propriété de la famille de Dietrich (*château* moderne avec un beau parc).

La route traverse Jægerthal et longe un étang. — 45 m. *Moulin de Windstein*. On prend à dr. la route de *Windstein* (573 h.), dominé à l'O. (15 m.) par les ruines du vieux et du nouveau château. Si l'on veut visiter d'abord le nouveau, on prend, entre la route d'Obersteinbach et celle de Windstein, un sentier qui mène au (25 m.) Nouveau-Windstein, d'où l'on peut, par une allée sous bois, descendre vers l'ancien.

Le **Vieux-Windstein** (*Alt-Windstein*), à 500 mèt. à peu près au N. du Nouveau-Windstein, est le plus intéressant des deux. Construit sur un rocher (440 mèt. d'alt.) s'élargissant au sommet, il fut détruit en 1334 et remplacé, sur le sommet le plus voisin, par le *Nouveau-Windstein* (*Neu-Windstein*), également ruiné aujourd'hui. — Un passage souterrain met, dit-on, en communication les deux Windstein, et, ce qui semble moins probable, un autre souterrain irait, d'après la tradition locale, du vieux Windstein au (4 k.) *château de Schœneck* (tour; restes d'un donjon). — En face de Schœneck, dont elles sont séparées par une vallée, ruines du *château de Wineck*.

A 6 k. au N.-O. de Jægerthal, ruines du vieux *château de Dambach*, dominant le village du même nom.

Châteaux de Falkenstein et de Waldeck.

10 k. — Chemin de fer de Niederbronn à (7 k.) Philippsbourg et route de Philippsbourg au (3 k.) Falkenstein.

7 k. Philippsbourg (*V. R.* 49). On prend à dr. un chemin côtoyant un étang et conduisant directement aux *ruines* très intéressantes *du Falkenstein*. Elles couronnent un rocher escarpé (400 mèt.) avec lequel elles font corps; une entrée ouverte à la base du rocher donne accès dans le château.

A 4 k. à l'O. du Falkenstein, ruines du *château de Waldeck*.

N. B. — De Niederbronn on peut faire en voiture une excursion intéressante : de Niederbonn au château de Waldeck; gagner sous bois, par un chemin forestier, la maison forestière de Falkenstein, d'où l'on ira visiter les ruines; se rendre ensuite à Bærenthal (*V.* ci-dessous), d'où l'on revient le soir à Niederbronn.

Forges de Bærenthal et tour de Ramstein.

11 k. — Chemin de fer et route de voit.

7 k. Philippsbourg (*V. R.* 49). Un chemin, se détachant à g. de la route de Bitche, traverse les hauteurs boisées de la forêt de Philippsbourg (292 mèt.) et redescend sur (4 k.) **Bærenthal**, v. de 1370 h., placé dans une délicieuse situation (usine importante spécialement consacrée au traitement des aciers). — Sur une colline surmontée de blocs de rochers superposés par assises, *tour* en ruine, débris du *château de Ramstein*.

Château de Fleckenstein.

De Niederbronn on peut se rendre par : (2 k. 1/2) Reichshoffen; (7 k.) Frœschwiller, (9 k.) Wœrth, (12 k.) Gœrsdorf, (15 k.) Mattstall (*V.* ci-dessus pour la description de ces localités), à (18 k.) Lembach (R. 43). d'où se fait l'excursion au château de Fleckenstein (*V. R.* 43).

De Niederbronn à Metz par Sarreguemines et Bitche, *V.* ci-dessous et R. 49.

DE NIEDERBRONN A SARREGUEMINES ET A METZ

102 k. — Chemin de fer. — Trajet en 2 h. 10 à 2 h. 55. — 6 m. 70 pf.; 4 m. 50 pf.; 3 m.

Pour la description de ce trajet, *V. R.* 49.

ROUTE 45.

DE SAVERNE A SARREGUEMINES

PAR BOUXWILLER

76 k. — Chemin de fer de Saverne à (18 k.) Bouxwiller; en 1 h. 1 m. 50 pf.; 1 m.; 65 pf. — Route de voit.

de Bouxwiller à (28 k.) Lemberg (service de corresp. de Bouxwiller à Ingwiller, 7 k.; en 45 m.; 40 pf.). — Chemin de fer de Lemberg à (30 k.) Sarreguemines; en 55 m. à 1 h. 20. — 2 m. 40 pf.; 1 m. 60 pf.; 1 m.

5 k. Steinbourg (R. 1). — On franchit la Zinzel.

9 k. *Hattmatt*, 562 h.

12 k. *Dossenheim*, 127 h., à l'entrée du Zinzelthal.

15 k. Neuwiller (R. 1). — La ligne tourne vers l'E.

18 k. **Bouxwiller** (*Buchsweiler*), 3365 h., au N.-E. du *Bastberg* (352 mèt.; riche mine de lignite pyriteux). — *Église catholique.* — *Temple protestant.* — *Synagogue.* — *Hôtel de ville* dans les pavillons de l'ancien château. Ces pavillons et une *chapelle* ne servant plus au culte sont les seuls restes de cette résidence princière. — *Schlosshof*, place où se tiennent les marchés et les foires. — Fabrique importante de produits chimiques.

[Omnibus pour (13 k.) la Petite-Pierre (R. 4); en 2 h.; prix : 1 m. — Service de corresp. pour Ingwiller.

La ligne de Steinbourg à Haguenau se prolonge, de Bouxwiller, par : (19 k. de Steinbourg) *Obermodern*, 932 h.; — (24 k.) *Pfaffenhofen*, 1475 h.; — (28 k.) *Neubourg*; — (33 k.) Schweighausen (R. 44) et (37 k.) Haguenau (R. 42).]

On laisse à dr. l'embranchement de Haguenau.

A 2 k. de Bouxwiller, on traverse un plateau (227 mèt. d'alt.) et l'on franchit le Soultzbæchel entre *Obersoultzbach* (*Ober-Sulzbach*), à g., et *Niedersoultzbach* (*Nieder-Sulzbach*), à dr., avant d'atteindre Ingwiller. — Un chemin vicinal, plus court et passant à *Uttwiller* (*Uttweiler*), mène également de Bouxwiller à Ingwiller.

25 k. *Ingwiller* (*Ingweiler*), 2309 h. — Débris d'une *enceinte fortifiée*, élevée en 1345 par l'empereur Louis de Bavière.

Après avoir franchi le Mittelbæchel, la route remonte, du S.-E. au N.-O., le vallon de la Moder, resserré entre des montagnes boisées.

[A 4 k. env. d'Ingwiller, on laisse à dr. un chemin conduisant à *Lichtenberg* (1045 h.), que domine à l'E un rocher de forme conique, taillé à pic, et dont la plate-forme est couronnée par un *fort* élevé au XI° s., reconstruit en 1286, réparé et agrandi au XVI° et au XVII° s. (donjon et tours avec terrasses; chapelle des XV° et XVI° s.). Le 9 août 1870, à 7 h. 1/2 du matin, les Allemands arrivèrent devant le fort de Lichtenberg, qui capitulait à 10 h. du soir.]

31 k. *Wimmenau*, 573 h. — On franchit la Moder, dont on abandonne le cours pour remonter plus directement au N., en s'élevant sur le flanc de la montagne de *Kæsberg* (425 mèt.). — A dr., près de la route, le *Breitenstein*, ancien et curieux monument qui porte le *Christ* en croix entre les deux Maries, et au-dessous, en bas-relief, les *douze Apôtres*.

43 k. *Gœtzenbruck*, 674 h., à 501 mèt. d'alt. — A 3 k. au

[ROUTE 46] BOUXWILLER. — SARRALBE. 245

N.-O.; importante *verrerie de Saint-Louis*, fondée en 1721.

45 k. On laisse à g. la route de Sarreguemines.

46 k. Lemberg (R. 49).

30 k. de Lemberg à (76 k.) Sarreguemines (V. R. 49).

ROUTE 46.

DE SARREGUEMINES A NANCY

A. Par Sarrebourg et Avricourt.

133 k. — Chemin de fer. — Trajet en 5 h. env. — 11 m. 90 pf.; 8 m. 40 pf.; 5 m. 80 pf.

4 k. *Neufgrange* (*Neuscheuern*), 565 h. — 7 k. *Hambach*, 1280 h. — 11 k. *Willerwald*.

Le chemin de fer franchit la Sarre, qui va faire un grand détour à l'E.

14 k. **Sarralbe** * (*Saaralben*), V. de 3307 h., au milieu de belles prairies plantées de peupliers entre la Sarre et l'Albe, qui se réunissent au N. de la ville, et le canal des Houillères ou de la Sarre, qui y croise l'Albe. — *Église paroissiale* (1623). — *Tour* avec clocher. — Salines importantes. — Fabriques, etc.

De Sarralbe à Château-Salins, V. ci-dessous, B.

19 k. *Keskastel*, 1407 h. — 21 k. *Schopperten*.

24 k. **Saar-Union** *, V. de 3248 h., tenant à *Bochenheim*, sur la rive dr. de la Sarre.

26 k. *Saarwerden*. — 28 k. *Pisdorf*. — 31 k. *Wolfskirchen*. — On traverse l'Isch, affluent de la Sarre.

35 k. *Niederstinzel* (château de *Geroldseck*).

A dr., bois de *Hohe-Buhel*, *Hempel* et *Mosterwald*.

38 k. **Fénétrange** (*Finstingen*), 1241 h. — *Église*. — Vestiges de deux *châteaux forts*.

42 k. *Berthelming*, et 12 k. de Berthelming à Sarrebourg (V. R. 44).

54 k. Sarrebourg (R. 1). — 79 k. de Sarrebourg à Nancy par Avricourt (V. R. 1).

133 k. Nancy (R. 1.)

B. Par Sarralbe et Château-Salins.

103 k. — Chemin de fer. — Trajet en 4 h. 35 à 5 h. 30 env. — 9 m.; 6 m. 30 pf.; 4 m. 30 pf.

14 k. Sarralbe (V. ci-dessus, A).

La voie ferrée se dirige vers le S.-O., franchit la Sarre, puis la Rode, au-dessus de sa jonction avec l'Albe, dont elle longe à distance la rive dr.

23 k. *Audwiller* (*Ottweiler*), 329 h.

26 k. *Kappelkinger*, 576 h.

29 k. *Insming* (*Insmingen*), 904 h.

[Corresp. pour (6 k.) *Hellimer* (854 h.), sur la route qui va de Nancy à Sarreguemines par *Gros-Tenquin* (*Grosstænchen*; 567 h.; *église* ornée de fresques) et *Puttelange* (*Puttlingen*), 2202 h., sur le Mutterbach (établissements industriels).

35 k. *Lening* (*Leiningen*), 352 h.

[Corresp. pour (4 k.) *Albestroff* (*Albesdorf*), 637 h.]

A 1 k. au N.-O., *Altroff* (*Altdorf*), 912 h.

La voie ferrée franchit l'Albe, au N. de *Neufvillage* (*Neudorf*), et laisse à g. plusieurs étangs.

41 k. *Benestroff* (*Bensdorf*), v. de 496 h., près duquel la ligne de Sarrebourg-Metz est croisée par celle de Nancy-Sarralbe et par l'embranchement d'Avricourt. — Ruines d'un château fort.

[De Benestroff, un embranchement V. R. 1) conduit à Deutsch-Avricourt. (35 k. ; 3 trains par j., dont 2 avec 2 h. d'arrêt à Dieuze ; en 2 h. à 4 h. env., 2 m. 80 pf. ; 1 m. 90 pf. ; 1 m. 20 pf.). — 9 k. *Vergaville* (1035 h.).

13 k. **Dieuze***, V. de 2895 h., dans une plaine arrosée par la rive g. de la Seille, le Verbach et le Spin. — *Église paroissiale* du style ogival du XV° s. — *Salines* très importantes.

Excursion (3 à 4 h. de marche) à l'*étang de Lindre* (674 hect. ; très poissonneux), à l'E. de Dieuze et à *Tarquimpol*, petit village (autrefois cité romaine considérable) sur l'isthme même d'une presqu'île formée au S. de l'étang de Lindre. — Une route relie Dieuze à Fénétrange (V. ci-dessus, A).

25 *Azondange*, 399 h. — 35 k. Deutsch-Avricourt (R. 1).]

La voie ferrée croise la ligne de Metz et se dirige au S.-O., vers la vallée de la Petite-Seille.

48 k. *Conthil*, 444 h.

52 k. *Haboudange* (*Habudingen*), 456 h., sur la rive dr. de la Petite-Seille. La voie ferrée suit la rive g., se dirige au S. et laisse à g., sur une colline, le bois d'Haboudange. — A *Obreck*, on franchit le canal de la Flotte.

58 k. *Hampont*, 409 h. — La ligne tourne au S.-O. en longeant à dr. le canal de la Flotte et la Petite-Seille.

64 k. 1/2. **Château-Salins** (*Salzburg*), V. de 2174 h., bien située dans un vallon. Elle doit son nom à des salines établies vers 1330 et à un château bâti vers le milieu du XIV° s. — *Église* de 1512. — Vestiges de fortifications.

Une route relie Château-Salins à Moyenvic (V. ci-dessous).

La voie ferrée se dirige au S., en décrivant de grandes sinuosités et longeant à dr. la Petite-Seille.

68 k. *Salonnes*, 316 h. — On franchit la Seille (pont de 3 arches).

69 k. 1/2. **Burthécourt**, sur la rive g. de la Seille. — Pont de 1763. — Beau *château* avec parc.

[De Burthécourt, un embranchement conduit à (4 k. E.) *Vic*, V. de 2065 h., sur la Seille. — Belles ruines du château. — Anciennes salines.

De Vic, une route de voitures, laissant à g. le *Chairg*, tertre haut de 4 à 5 mèt., peut-être l'emplacement d'une station romaine, conduit à (3 k.) *Moyenvic*, V. de 809 h., ancienne ville fortifiée, sur la Seille (anciennes salines) et à (3 k. 1/2) **Marsal**, V. de 680 h., au milieu d'une prairie marécageuse, ancienne place forte de 3° classe qui, en août 1870, se rendit aux Allemands sans essayer la moindre résistance. — Les fortifications ont depuis été démolies.

Dans toute cette contrée, à Marsal,

à Moyenvic, à Vic, à Salonnes, à Burthécourt, se voient les restes considérables d'un vaste travail connu sous le nom de *Briquetage de la Seille*, attribué aux Romains et qui consiste en une sorte de sol factice, superposé au terrain marécageux et inconsistant des rives de la Seille.]

72 k. *Chambrey*, 746 h. — On franchit la Loutre-Noire et on sort de la Lorraine.

76 k. *Moncel.* — Le chemin de fer remonte la vallée de la Seille.

80 k. *Brin.*

85 k. *La Bouzule.*

88 k. *Laître-sous-Amance* (halte). — *Église* du XIe s., un des beaux spécimens de l'architecture romane en Lorraine.

91 k. *Eulmont-Agincourt.*

94 k. *Lay-Saint-Christophe.* — *Église* du XIIe s.

La voie ferrée franchit l'Amezule, puis la Meurthe (pont de 7 arches, long de 92 mèt.), et laisse à dr. la ligne de Paris.

98 k. Champigneulles, et 5 k. de Champigneulles à (103 k.) Nancy (*V.* R. 1, en sens inverse).

ROUTE 47.

DE SARREGUEMINES A THIONVILLE

PAR BOUZONVILLE

86 k. — Chemin de fer exploité de Sarreguemines à Teterchen, en construction de Teterchen à Thionville.

22 k. de Sarreguemines à Béning (R. 49).

Le chemin de fer se dirige au N.-O., puis à l'O.

29 k. *L'Hôpital* (*Spittal*), 1726 h. — La voie ferrée décrit une courbe et remonte au N.-O.

34 k. *Carling* (*Karlingen*). —

37 k. *Creutzwald* (*Kreuzwald*), 1791 h. — On tourne à l'O. —

42 k. *Hargarten*, 661 h.

47 k. *Teterchen*, 765 h., où passera la ligne de Metz à Wolcklingen par Boulay (*V.* R. 49). — Le chemin de fer, en construction, remonte au N.

51 k. *Brettnach.*

55 k. *Bouzonville* (*Busendorf*), V. de 1655 h., bien située sur la Nied. — *Église paroissiale*, ancienne abbatiale, de 1345. — Bâtiments de l'ancienne *abbaye* et restes du *cloître*.

La voie ferrée tourne au S.-O. — 58 k. *Freistroff* (*Freisdorf*), 957 h. (château). — On franchit la Nied.

61 k. *Anzeling* (*Anzelingen*). — Pont sur l'Anzelingerbach. — La ligne remonte vers le N.-O.

65 k. *Eberswiller* (*Ebersweiler*), 974 h. — La ligne parcourt une région accidentée et traverse les bois du comté de Hombourg, en laissant à g. *Hombourg-sur-Canner* (*Homburg-Kedingen*), 1017 h.; château du XVe s.

71 k. *Kédange* (*Kedingen*). — On franchit la Canner.

75 k. *Metzerwisse* (*Metzerwiese*), 696 h. — La ligne remonte vers le N.-O.

78 k. *Distroff* (*Diesdorf*), 1042 h. (château).

81 k. *Kuntzich (Kunzig).*
86 k. Thionville (R. 51).

ROUTE 48.

DE PARIS A METZ

A. Par Châlons et Verdun.

350 k. — Chemin de fer. — Trajet en 10 h. 30 à 13 h. 20. — 42 fr. 55 ; 31 fr. 75 ; 23 fr. 20.

173 k. de Paris à Châlons-sur-Marne (*V*. R. 1).

La ligne de Metz, se détachant (à g., en venant de Paris) de la ligne de Strasbourg, à 1 k. en deçà de Châlons-sur-Marne, franchit la Marne, puis le canal de la Marne au Rhin.

184 k. *La Veuve.*

190 k. **Saint-Hilaire-au-Temple**, où on laisse à g. la ligne de Reims par Mourmelon (station du camp de Châlons).

Le chemin de fer franchit la Vesle et la Noblette.

196 k. *Cuperly* (*église* avec abside du XIIe s.), à l'extrémité S.-E. du camp de Châlons.

206 k. *Suippes*, ch.-l. de c. de 2507 h. — *Église* de l'époque de transition du style ogival, restaurée en 1862.

216 k. *Somme-Tourbe.*
220 k. *Somme-Bionne* (halte).
225 k. **Valmy**, 380 h. — Au S., sur les hauteurs d'Orbéval, *pyramide commémorative* (le cœur de Kellermann est déposé là) de la bataille de Valmy (20 septembre 1792). Ce fut la première victoire que les soldats de la Révolution, commandés par Dumouriez et Kellermann, remportèrent sur les armées coalisées commandées par le duc de Brunswick.

On franchit l'Auve.

235 k. **Sainte-Ménehould**', ch.-l. d'arr. de 4644 h. — *Église* (1280-1350) à 5 nefs (*pierre tombale* du XVe s. ; curieux *tableau* du XVIIe s. ; groupe sculpté représentant la *Mort de la Vierge*). — *Hôtel de ville* du XVIIIe s. — Deux *maisons* en bois. — Charcuterie renommée.

De Sainte-Ménehould à Vouziers et à Rethel, R. 55.

[A g., au N., cette ligne conduit de Sainte-Ménehould à Amagne et à Rethel (*V*. R. 55). — A dr., au S., elle conduit en 1 h. (5 fr. 30 ; 2 fr. 45 ; 1 fr. 80), par (9 k.) *Villers-Daucourt*, — (14 k.) *le Vieil-Dampierre* (château de *Boncourt*), — (18 k.) *Givry-en-Argonne*, et (26 k.) *Sommeiller-Nettancourt*, à (36 k. de Sainte-Ménehould) Revigny (R. 1).]

Pont sur l'Aisne. — Tunnel de 785 mèt. au-dessous de la *forêt de l'Argonne*. — Pont sur la Biesme.

243 k. *Les Islettes.*
248 k. *Clermont-en-Argonne.*
— Pont sur l'Aire.
254 k. *Aubréville.*
* 262 k. *Dombasle* (salines), sur la rive g. du Vadelaincourt. — A g., *forêt de Hesse.*
274 k. *Baleicourt.*
280 k. **Verdun-sur-Meuse**', ch.-l. d'arr. de 16053 h., place forte de 1re classe, sur la Meuse, qui s'y divise en cinq bras.

Forts détachés construits depuis 1871 sur les collines qui entourent la ville. — *Citadelle* établie sur l'emplacement d'une abbaye fondée au xe s., et dont une partie (xiiie et xive s.) est occupée par des casernes.

Cathédrale, en partie des xie et xiie s., modifiée, à l'intérieur, du xive au xviie s. (dans l'abside, belles sculptures; restes d'une crypte du xie s. avec peinture du xive). — *Cloître* du xve s., reliant la cathédrale au *grand séminaire*. — *Palais épiscopal* moderne (beau jardin). — *Synagogue* incendiée par les Allemands, en 1870, et reconstruite depuis. — *Porte Chaussée* (prison militaire), composée de deux grosses tours du moyen âge. — *Musée* (cabinet d'histoire naturelle, antiquités gallo-romaines, tableaux). — *Statue*, en bronze, *du lieutenant-général Chevert*, sur la place Sainte-Croix. — Jolies *promenades de la Roche et de la Digue*. — Confiseries et distilleries renommées, tanneries.

Le 25 août 1870, le prince de Saxe, à la tête d'un corps de 8 à 10 000 hommes, vint attaquer Verdun, qui était en mesure de lui opposer une vigoureuse résistance. Il essaya, avant d'investir la place, de l'enlever par un coup de main; mais il échoua devant l'énergie de la garnison et le courage de la garde nationale, qui était chargée du service des pièces. Le combat fut des plus vifs; 300 obus furent lancés sur la ville. L'évêque, indigné de voir une population inoffensive exposée aux horreurs du bombardement, monta sur la plateforme de la cathédrale, un drapeau de parlementaire à la main; mais sa courageuse initiative lui coûta la vie. Jugeant que toute attaque de vive force était inutile, le général allemand se borna à bloquer Verdun. Le 13 octobre, au matin, le bombardement commença. Le 28 octobre, le général Guérin de Waldersbach, commandant de la place, las de rester immobile, exposé aux obus d'un ennemi toujours invisible, sortit avec une partie de ses troupes et fit éprouver aux assiégeants des pertes sérieuses. Cependant le bombardement continuait toujours et la ville comptait déjà de nombreuses ruines. Néanmoins le commandant ne se serait peut-être pas résigné à capituler, si on ne l'avait induit en erreur en lui communiquant des dépêches qui lui annonçaient la reddition de Metz comme devant amener la capitulation de Paris et la fin de la guerre. La garnison obtint les honneurs de la guerre (8 novembre) et sortit enseignes déployées et musique en tête. Les officiers voulurent rester prisonniers de guerre avec leurs soldats.

La défense de Verdun, dont le général Marnier partage l'honneur avec le général Guérin de Waldersbach, est un des glorieux faits d'armes de cette malheureuse guerre.

De Verdun à Sedan, R. 53; — Lérouville, R. 53.

La ligne de Metz franchit la Meuse sur un pont de 5 arches, long de 90 mèt., décrit une courbe et remonte un petit vallon. — Tranchée profonde et tunnel long de 1190 mèt. — On passe du bassin de la Meuse dans celui de la Moselle.

293 k. *Eix-Abaucourt*.

302 k. **Étain**[*], ch.-l. de c. de

2824 h., sur la rive g. de l'Orne. — *Église paroissiale* du XVᵉ s. (chœur remarquable). — *Hôtel de ville* moderne.

[Un embranchement reliera Étain à Longuyon (R. 52).]

309 k. *Busy.*
315 k. *Jeandelize* (*église* ancienne).
321 k. *Conflans-Jarny*, station desservant *Conflans*, ch.-l. de c. de 608 h. (*église* de 1845; *château fort*) et *Jarny* (*église* du style ogival).

[Un embranchement relie Conflans à (13 k.) Briey *, ch.-l. d'arr. du dép. de Meurthe-et-Moselle, V. de 2131 h., sur le versant et au bas d'un coteau arrosé par le Woigot ou ruisseau de Mance. — *Église* paroissiale dont la construction primitive remonte au XVᵉ s. (curieux *bas-relief* de la même époque représentant une *Danse des morts*). — *Hôtel de ville* et *sous-préfecture*. — Vestiges de *fortifications* du moyen âge. — Jolies *promenades* dans les bois qui entourent la ville de trois côtés.

La célèbre comtesse Mathilde, qui fut l'amie dévouée du pape Grégoire VII, était comtesse de Briey.

L'embranchement de Briey se bifurque à (7 k.) *Valleroy-Maineville*, pour desservir (5 k.) *Homécourt* et *Jœuf* (533 h.).

Un second embranchement relie Conflans à Longuyon (R. 52); un troisième, à Pagny-sur-Moselle (V. ci-dessous, B et R. 52).]

329 k. **Batilly** (douane française). — On entre en Lorraine.
335 k. **Amanvillers** * (douane allemande), où tous les trains s'arrêtent pendant 20 min. env. — L'heure allemande est en avance de 25 m. sur l'heure française.

A 2 k. au N., Saint-Privat-la-Montagne et, à 4 k. au N.-O., Sainte-Marie-aux-Chênes, points importants de la bataille du 18 août 1870 (pour la description de la bataille, *V.* ci-dessous).

343 k. *Moulins* *, v. de 669 h., près de la rive g. de la Moselle. — *Château* fortifié ayant appartenu au maréchal Fabert. — *Pont* en pierre du XIVᵉ s. sur un ancien lit de la Moselle.

A g., ligne de Thionville (R. 51). — Pont sur la Moselle. — A dr., ligne de Nancy (*V.* ci-dessous, *B*), puis ligne de Forbach-Sarreguemines (R. 50).

350 k. Metz (*V.* ci-dessous).

B. **Par Frouard et Pagny-sur-Moselle.**

392 k. — Chemin de fer. — Trajet en 8 h. 35 à 13 h. — 48 fr.; 35 fr. 85; 26 fr. 20.

345 k. Frouard (R. 1), station à 8 k. en deçà de Nancy (en venant de Paris).

L'embranchement de Metz et Forbach se détache de la ligne de Nancy-Strasbourg à 1 k. env. de la gare de Frouard (à dr. en revenant vers Paris), pour se diriger au N., en suivant la vallée de la Moselle jusqu'à Metz.

On franchit un embranchement du canal de la Marne au Rhin, et ensuite la Moselle sur un pont de 4 arches. — Vue pittoresque sur les hauteurs boisées de Frouard et de Pompey (à g.).

347 k. *Pompey*, 2406 h.; cimetière franc, dit *champ des Tombes*.

349 k. *Marbache*, 1210 h. — Beaux escarpements de rochers calcaires, couronnés de bois.

356 k. *Dieulouard*, 1782 h. — *Église* du XV⁰ s. (*chapelle souterraine* qu'on fait remonter au XI⁰ s.). — Restes du *château*. — En face de Dieulouard, vaste prairie où s'élevait l'importante *cité gallo-romaine* de Scarpone (nombreux débris d'antiquités).

363 k. **Pont-à-Mousson** *, ch.-l. de c., V. de 11 293 h., sur la Moselle, qui la divise en deux parties : la *ville vieille*, sur la rive dr., et la *ville neuve*, sur la rive g. — *Église Saint-Martin*, fondée au XIII⁰ s. (*portail* du style ogival fleuri; *pierre tombale*). — *Église Saint-Laurent* (triptyque du XVII⁰ s. : *Baptême de Jésus-Christ, Résurrection de Lazare, Guérison des aveugles, Transfiguration*). — Sur la place de l'Hôtel-de-Ville, entourée en partie d'arcades, *maison* avec tourelle en encorbellement et *maison* ornée de sculptures allégoriques (*les Péchés capitaux*). — *Pont* de 7 arches en plein cintre (fin du XVI⁰ s.). — *Collège* dans un ancien couvent de jésuites (cloître, chapelle et salle de la bibliothèque). — *Bâtiments de l'abbaye de Saint-Martin*, occupés par le petit séminaire. — *Promenade du Cours* (près de la gare), plantée de très beaux arbres. — Restes du *château de Mousson* (débris de murailles et *chapelle* castrale du XI⁰ ou du XII⁰ s.), sur une colline au S.-E. de la ville (1 h. aller et retour).

369 k. *Vandières* (halte), 756 h.

372 k. **Pagny-sur-Moselle**, 1673 h. — Douane française. — L'heure allemande est en avance de 25 m. sur l'heure française.

A 2 k. env. à l'O. et au-dessus de Pagny, ruines du *château de Prény*, célèbre dans l'histoire de la Lorraine (vue étendue sur la vallée de la Moselle). — A 3 k. au S. du château de Prény (5 k. de Pagny), restes intéressants de l'abbaye de *Sainte-Marie-aux-Bois*. — Les coteaux de Pagny produisent un vin très estimé.

[Un embranchement va de Pagny à Conflans, avec bifurcation à Onville, pour Thiaucourt (*V*. ci-dessus, *A*, et R. 52, B).]

On entre en Lorraine.

378 k. **Novéant**, 1415 h. — Douane allemande. — Pont suspendu reliant Novéant à *Corny*, v. de 883 h., sur la rive dr. de la Moselle (*château* avec de beaux jardins).

De Novéant, on peut aller visiter les champs de bataille de Rezonville et de Gravelotte (*V*. ci-dessous).

(Corresp. pour (6 k.) **Gorze** (1416 h.); au fond d'un vallon pittoresque. C'était autrefois le siège d'une riche et importante abbaye, sécularisée en 1752. — *Église* (xi° s.). — *Château* (xvii° s.), ancienne résidence des abbés, aujourd'hui asile départemental. — Restes d'un *aqueduc* romain destiné à porter les eaux de Gorze à Metz. — *Ermitage de saint Thiébault*, but de pèlerinage. — *Promenade* de la côte Saint-Clément.]

On laisse à g. *Ancy*, v. de 972 h. (*église* du xv° s. ; belle plantation de sapins); et l'on passe entre deux hauts piliers, ruinés à leur sommet, qui faisaient partie de l'aqueduc de Gorze. De l'autre côté de la Moselle, à l'entrée du village de *Jouy-aux-Arches* (1014 h.), qu'on aperçoit à dr., s'élèvent 17 piles, de la même construction, dans un bon état de conservation. Cet aqueduc, habituellement appelé les **arches de Jouy**, avait une longueur totale de 24 k. de Gorze à Metz, et 1091 mèt. entre les hauteurs qui dominent les deux rives de la Moselle. Les grandes arches, dont on voit les restes, étaient destinées à conduire, d'un coteau à l'autre, le canal d'écoulement des eaux ; il subsiste encore au sommet des arches de Jouy. On attribue à Drusus la construction de cet aqueduc.

383 k. *Ars-sur-Moselle*, 5989 h. — *Église* reconstruite en 1816 et entourée d'un ancien mur d'enceinte. — *Chapelle protestante* du style ogival. — *Forges* importantes. — A l'O., *vallée de Mance* (jolie promenade à travers les bois), par

laquelle les troupes allemandes arrivèrent sur le champ de bataille de Gravelotte (*V.* ci-dessous).

On franchit la Moselle. — A g., riants coteaux et notamment le mont Saint-Quentin, couverts de vignobles et parsemés de jolis villages. — A g., ligne de Verdun-Thionville, puis *Montigny*, v. de 3101 h. (*château* du xvii° s. ; *jardin d'acclimatation*). — A dr., le *Sablon*, 1430 h.

392 k. Metz.

METZ

Situation. — Aspect général.

Metz* (ancien ch.-l. du dép. de la Moselle, siège d'un évêché), V., avant 1870, de 54807 h., aujourd'hui de 53131 h. dont environ 12000 allemands, est située (177 mèt. d'alt.) dans l'angle formé par le confluent de la Moselle et de la Seille, en partie sur une colline, en partie sur les bords des deux rivières. La Moselle s'y divise en trois bras et forme deux îles : l'une, très étendue, se prolonge au delà de la ville ; l'autre, plus petite, renferme les places de la Préfecture, de la Comédie, et deux promenades nommées le *Jardin d'Amour* et le *Jardin Fabert*. La Seille se partage également, en entrant à Metz, en plusieurs bras, dont l'un traverse les quartiers de l'E.

Centre d'une nombreuse garnison et d'un commerce jadis actif, actuellement ruiné, Metz offrait, avant 1870, une physionomie animée qu'elle n'a plus aujourd'hui!

Direction.

A la sortie de la gare, après avoir dépassé la porte Serpenoise, on suit l'*avenue Serpenoise* en longeant à g. une caserne (ancienne caserne du génie); bientôt on atteint la *place Royale*, et, tournant à g., on gagne l'*Esplanade* (statue du maréchal Ney et Palais de Justice), d'où l'on découvre une belle vue sur les deux bras de la Moselle qui entourent la Poudrerie; à dr., sur le fort des Carrières ou de Plappeville, et sur le fort de Saint-Quentin au pied duquel se trouve le joli village de Scy aux vignobles très estimés; à g., sur les hauteurs de Gravelotte, où eut lieu la célèbre bataille du 18 août 1870.

A l'extrémité de l'allée principale on prend à dr. la rampe de l'esplanade et le *quai Saint-Louis* jusqu'au *pont de la Comédie*. On traverse celui-ci ainsi que la *place de la Comédie*, le *pont Saint-Marcel* et la *rue du Pont-Saint-Marcel*, et l'on entre dans la *rue Saint-Marcel* (la première à dr.), menant à la *place Saint-Vincent*, en passant devant la chapelle Sainte-Constance et devant le lycée. A l'angle N. de la place se trouvent les vastes bâtiments terminés en 1869 pour une manufacture des tabacs et servant aujourd'hui à diverses administrations.

En suivant la *rue de Belle-Isle*, qui longe ces constructions, on arrive à la *rue du Pontiffroy* (à dr.), conduisant (ancien collège des jésuites, actuellement école normale des instituteurs, et église Saint-Clément à dr.) au *pont Saint-Georges*, d'où l'on a une vue pittoresque sur la place de la Préfecture (à dr.) et sur les coteaux et le fort de Saint-Julien (à g.).

Au delà du pont Saint-Georges, on remonte (à dr.) la *rue des Jardins*, qui aboutit à la *place d'Armes*, autrefois *place Napoléon* (cathédrale, hôtel de ville); en la traversant (statue du maréchal Fabert) on rencontre à g. la *rue Fournirue*, qu'on redescend pour gagner (à g.) le *pont Sailly* (vue sur les tanneries, fort curieuses) et (à dr.) la *place Saint-Louis*, puis (à g.) la *place Friedland*, par laquelle on arrive, après avoir traversé un pont sur la Seille, à la *rue Mazelle* (la première à dr.; église Saint-Maximin); avant d'atteindre la *place Mazelle*, où elle aboutit, on remontera par une rampe (à g.) sur un rempart qu'on suivra jusqu'à la caserne de la Basse-Seille. Du haut de ce rempart on découvre une partie de Metz (aspect curieux).

On franchit la Seille entre la caserne et le moulin de la Basse-Seille, et, contournant ce dernier, on longe le *rempart de l'Arsenal* jusqu'à la *rue Marchant* (à g.), qu'on remonte, et l'on arrive à une place ornée d'une fontaine (église Sainte-Ségolène). La *rue des Trinitaires* (elle conduit au temple protestant), presque en face de cette place, s'ouvre sur la *place Sainte-Croix*, d'où, par la *rue de la Fonderie* (à g.), on atteint la *rue des Récollets* (magnifique réservoir renfermant les eaux de Gorze destinées à alimenter les fontaines de la ville), puis la *rue des Murs*, établie en terrasse, dominant les maisons qui bordent le côté g. de la *rue Saulnerie*, et ainsi nommée parce qu'elle est construite sur l'emplacement de l'ancien mur romain qui formait de ce côté la limite de la ville.

En redescendant la rue des Murs, on croise le bas de la rue Fournirue et l'on entre dans la *rue de la Chèvre* (église Notre-Dame), puis dans la *rue des Parmentiers*, aboutissant à la *place Saint-Martin*. On tourne alors à g. pour prendre ensuite (à dr.), en face de l'église Saint-Martin, la *rue des Prisons-Militaires*, qui débouche dans la *rue Châtillon*, par laquelle, en tournant à dr. et passant devant l'évêché, on regagne l'avenue Serpenoise.

Pour visiter le fort Moselle et ses casernes (*V.* ci-dessous), il faut prendre au bas de la rampe de l'esplanade, à g., le *pont des Pucelles*, puis la *rue du Pont-des-Morts*, qui y fait suite, la *place du Saulcy* et le *pont des Morts*; après avoir traversé la place d'exercices, devant le front des casernes du fort, et longé la façade de l'hôpital militaire, on reviendra en ville par le *pont* et la rue du Pontiffroy.

Histoire.

Metz (*Divodurum*) appartenait sous la domination romaine à la grande province de Belgique, et formait une ville de premier ordre par son étendue et par ses nombreux et vastes monuments. Sous les Mérovingiens, elle devint et resta pendant plus d'un siècle la capitale du royaume d'Austrasie; puis, lors du partage de l'empire de Charlemagne, elle fit partie de la Lotharingie et fut ensuite placée sous le protectorat de l'empire d'Allemagne. Constituée en ville libre impériale, vers le milieu du XIe s., elle vécut d'une vie indépendante et avec un gouvernement local jusqu'au milieu du XVIe s., où elle fut réunie à la France, en même temps que Toul et Verdun. Charles-Quint essaya de la prendre; mais, après deux mois de siège, il dut renoncer à son entreprise. Depuis cette époque, Metz n'avait pas cessé d'appartenir à la France, dont elle formait, sur la frontière de l'Est, une des places de défense les plus fortes et les plus patriotiques. Le traité du 28 février 1871 en a cédé la possession à l'empire d'Allemagne.

Pour le siège de Metz et les batailles livrées autour de la ville, en 1870, *V.* ci-dessous.

Parmi les hommes célèbres auxquels Metz a donné naissance, nous citerons le maréchal Fabert, le général Custine, le graveur Sébastien Leclerc, l'aéronaute Pilastre des Rosiers, Dornès, publiciste, représentant du peuple en 1848, blessé mortellement pendant les journées de juin; Maréchal, peintre; Ambroise Thomas, compositeur; etc.

Siège de Metz (1870). — Batailles de Borny, de Vionville et de Rezonville, de Gravelotte et de Saint-Privat, de Noisseville, de Ladonchamps.

Les armées allemandes, victorieuses à Wissembourg, à Frœschwiller, à Spicheren, pouvaient, sans avoir à craindre d'être arrêtées dans leur marche, s'avancer hardiment vers le cœur de la France. Steinmetz, cependant, passait la journée du 7 août à concentrer ses troupes sur la Sarre, et le prince royal, au lieu de poursuivre l'armée du maréchal de Mac-Mahon, s'arrêtait également. La première armée, commandée par Steinmetz, devait se diriger sur Metz par la route de Sarrebruck; la deuxième armée, commandée par le prince Frédéric-Charles, devait se porter sur Pont-à-Mousson, afin de couper la retraite à l'armée française et de la rejeter sur Metz; la troisième, enfin, commandée par le prince royal, devait se diriger sur Paris par Nancy, les Vosges et la haute Moselle. Au moment où ces trois formidables armées, formant un total de plus de 500 000 hommes, se mettaient en marche, le désarroi était à son comble au quartier général français : on ne savait à quel parti s'arrêter. Le 10 août, dans un conseil de guerre tenu à Pauges, il était enfin décidé que le maréchal Bazaine, sous l'autorité duquel se trouvait désormais placée l'armée du Rhin, ferait passer ses troupes sur la rive gauche de la Moselle, et se porterait avec toutes ses forces sur Verdun, afin d'arrêter les Allemands dans leur marche sur Paris. La concentration autour de Metz des divers corps d'armée qui étaient sous les ordres immédiats du maréchal Bazaine, s'effectua dans les journées du 12 et du 13 août. L'effectif dont il pouvait disposer s'élevait en ce moment au chiffre respectable de 176 000 hommes.

Bataille de Borny. — Le 11 août, on commençait à mettre à exécution la résolution prise la veille de marcher sur Châlons, afin d'opérer la jonction de l'armée du Rhin avec les forces considérables rassemblées sur ce point. A midi, l'empereur et son fils quittaient Metz, escortés par les cent-gardes et un escadron des guides, et s'arrêtaient à quelques kilomètres seulement dans le village de Longeville. Dans la matinée, des ponts avaient été jetés en amont et en aval de Metz. Le mouvement de retraite put s'opérer sans trop de difficulté. Le vi° corps, commandé par le maréchal Canrobert, passait la Moselle au S. de la ville; le ii° corps (général Frossard) suivait le mouvement. Du côté opposé, le iv° corps (général Ladmirault) avait déjà presque toutes ses divisions sur la rive gauche du fleuve; la division Grenier restait seule en arrière auprès du village de *Mey* ; quant au iiie corps (général Decaen), il n'avait fait encore aucun mouvement et occupait les positions de *Grigy*, la *Grange-aux-bois*, *Colombey* et *Montoy*, situées à l'E. de la ville, à une distance de 4 k. env. dans la direction de *Borny*, sur l'espace de terrain légèrement accidenté, coupé par le ravin de *Ventoux*, qui s'étend entre la route de Metz à Strasbourg, au S., et celle de Metz à Bouzonville, au N.-E.

La première armée allemande, arrivée la veille sur les bords de la Nied, avait pris position sur les hauteurs faisant face aux divisions françaises. Le viie corps était en avant de *Marsilly*, entre le château d'*Aubigny* et le village de *Coincy*; le i^{er} corps, s'appuyant sur la route de Sarrebruck, occupait *Montoy*, la route de Bouzonville, et le village de *Noisseville*; le viiie corps était en réserve à *Laquenexy*; les divisions de cavalerie se trouvaient sur les ailes à *Jury*, au S., et à *Sainte-Barbe*, au N.; le ixe corps de la deuxième armée s'avançait enfin sur la route de Strasbourg, du côté de *Mecleuves*, ayant pour mission de protéger le mouvement tournant que cette armée opérait à Pont-à-Mousson. Les généraux allemands ne paraissaient pas avoir l'intention d'inquiéter le mouvement de retraite opéré par les divisions françaises. Le général Ladmirault, voyant depuis le matin l'ennemi se rapprocher, conservait cependant sous sa main de l'artillerie et de la cavalerie pour être prêt, en cas d'attaque, à protéger son arrière-garde. Ses craintes se réalisaient bientôt. A 4 heures, un feu des plus vifs éclatait tout à coup sur le front du corps du général Decaen, en même temps la division Grenier se voyait assaillie à Mey au moment où elle commençait seulement à s'en éloigner. Cette attaque soudaine, le général Steinmetz ne l'avait point ordonnée. Un général de division, le général de Goltz, en avait pris seul l'initiative. Jugeant sans doute qu'il était de la dernière importance d'arrêter l'armée française, afin de donner au prince Frédéric-Charles le temps d'accomplir son mouvement, il avait pris la responsabilité d'attaquer sans en avoir reçu l'ordre. Après avoir averti les divisions du viie corps dont il faisait partie, les divisions du ixe corps les plus proches de lui, et même une division de la deuxième armée, il avait brusqué l'attaque, et, suivant le vallon de Vallières, s'était jeté sur Colombey. A la même heure le général Grenier était assailli par la 2e division du i^{er} corps allemand. Tandis que les 13e et 14e divisions du viie corps accouraient pour soutenir le général de Goltz dans sa lutte contre les généraux français Castagny et Metman, Manteuffel poussait son corps d'armée contre la division Aymard, placée sur les crêtes du ravin qui s'étend dans la direction de Vallières, et prenait de flanc les troupes du général Grenier. Ladmirault, voyant le combat engagé et la lutte menacer de devenir des plus sérieuses, suspendit alors le passage de la Moselle, que ses troupes avaient déjà effectué en partie, et ramena une portion de ses forces sur les coteaux du fort Saint-Julien, et la division de Cissey, s'élançant alors contre les soldats de Manteuffel, les refoula avec vigueur. Le petit bois de Mey fut enlevé à la baïonnette par le 20e bataillon de chasseurs. Des renforts arrivèrent à l'ennemi qui, à plusieurs reprises, tenta vainement de se jeter en avant. Sur l'extrême droite et l'extrême gauche, des mouvements tournants, essayés par l'ennemi, échouaient également. Il était 8 heures, la nuit était arrivée. L'ennemi cessait le feu. Il avait été repoussé sur tous les points; mais il était arrivé au but qu'il se proposait d'atteindre; l'attaque spontanée du général de Goltz, son coup de tête comme on l'a appelée, retardait d'un jour le mouvement de retraite de l'armée française. Le prince Frédéric-Charles gagnait ainsi un jour sur elle, et, 48 heures plus tard, une partie de ses divisions arrivait à temps pour assister à la bataille de Rezonville.

Les forces des armées engagées à Borny étaient à peu près égales. Il y avait 90 000 Prussiens et 104 000 Français, en tenant compte de la garde qui était restée en réserve. Cette journée du 14 coûtait aux Allemands plus de 5000 hommes. L'armée française perdait 3608 hommes dont 200 officiers et trois officiers généraux, parmi lesquels un des plus vaillants chefs de corps, le général Decaen.

Bataille de Vionville et de Rezonville. — Après la journée du 14, il fallait presser le passage des troupes sur la rive gauche de la Moselle et hâter leur marche vers l'O., si l'on tenait à ne pas se laisser devancer, sur la route de Verdun, par le prince Frédéric-Charles. Le passage de la rivière ne fut pas aisément effectué; une véritable confusion se produisit; d'immenses convois encombraient les chemins sur lesquels se pressaient nos soldats. Les IIe et VIe corps, qui étaient partis les premiers dans la direction de Gravelotte, arrivèrent à peine au delà de *Rozérieulles* dans la journée du 14. La garde, postée sous le fort de Queuleu pendant la bataille de Borny, ne pouvait se mettre en marche que dans la nuit; le IIIe et le IVe corps, qui avaient eu à supporter tout le poids de la dernière lutte, passaient une partie de la journée à se reconnaître et partaient plus tard encore. Le maréchal Lebœuf, qui avait remplacé le général Decaen, sortait de Metz par la porte de Thionville, et, faisant passer son corps d'armée entre Plappeville et le fort Saint-Quentin, descendait par la gorge de *Lessy* à *Châtel-Saint-Germain;* puis, suivant la route de Verneville, se disposait à aller camper au S. de ce village, dans la direction de *Saint-Marcel;* enfin le corps de Ladmirault s'était engagé sur la route de *Woippy*, qu'il atteignait à peine dans la soirée du 15.

Pendant que les corps français se mouvaient avec cette lenteur, Steinmetz, laissant sur le champ de bataille de la veille le corps de Manteuffel, se rapprochait avec toutes ses forces de la Moselle, qu'il traversait sur des ponts jetés à Ars et à Corny. Le 15 août, une batterie allemande envoyait du *château de Frescaty* quelques obus sur la route de Moulins, qui était encombrée de troupes en marche. Quelques officiers étaient blessés et le colonel du 10e de ligne, Ardent du Pic, était tué. Cette tentative audacieuse, immédiatement châtiée par le canon du fort Saint-Quentin, décidait l'Empereur à se diriger à travers champs, de Longeville à Gravelotte, où il passait la nuit et qu'il quittait le lendemain 16 août à 5 h. du matin, en se faisant escorter par la brigade des dragons et des lanciers de la garde. La brigade des chasseurs d'Afrique Margueritte avait à peine relevé, à *Doncourt*, cette première escorte que la route était coupée par les uhlans.

Le 16 au matin, les Allemands étaient déjà établis sur la rive gauche de la Moselle, et c'est à peine si les IIe et IIIe corps français avaient pris position sur les plateaux en avant de *Gravelotte*, au-dessus du *bois des Ognons* et au S. de *Rezonville.*

A 9 h. du matin, les divisions de cavalerie de Forton et Valabrègue, arrivées en avant de Vionville, sont vivement attaquées par une brigade d'infanterie du Xe corps allemand appuyée par la 5e division de cavalerie, et plusieurs batteries d'artillerie qui débouchaient par *Tronville*. Ces divisions sont surprises au moment où elles prenaient leur repas du matin, et, à Vionville, un obus tombe non loin de la table à laquelle était assis le général de Forton. Cette attaque imprévue surprend ces cavaliers, qui sautent en selle et galopent vers Rezonville, abandonnant leurs bagages. Les IIe et IIIe corps français courent aux armes. Frossard occupe le mamelon qui commande Flavigny; sa droite touche à la route de Mars-la-Tour, et sa gauche fait face aux *bois de Saint-Arnould*, d'où elle peut surveiller le vallon de Gorze. Le VIe corps s'établit vers *Saint-Marcel* et étend sa gauche vers la route, où elle touche à la droite de Frossard. La division des voltigeurs de la garde est en arrière de Gravelotte, à *Malmaison;* l'artillerie de réserve est plus près, au N. de Rezon-

BATAILLE DE REZONVILLE.

ville. Deux divisions d'infanterie, faisant partie du III° corps allemand, viennent occuper *Vionville* et *Flavigny*; un détachement du X° corps les soutient. Sur leurs flancs se portent les deux fortes divisions de cavalerie du duc de Mecklembourg et du général Rheinbaben. Cent vingt pièces d'artillerie relient entre elles ces deux divisions et couvrent de projectiles le II° corps français. Les divisions Bataille, Vergé et Lapasset, qui le composent, soutiennent ce feu meurtrier avec une admirable énergie. Pendant plusieurs heures la lutte est indécise. Une partie de la réserve d'artillerie vient appuyer le général Frossard. L'artillerie allemande se multiplie; une grêle d'obus accable le II° corps, privé d'une de ses divisions, la division Laveaucoupet, qu'il avait laissée à Metz. Le général Bataille est blessé; au centre, le général Valazé est également mis hors de combat. Ces valeureuses troupes commencent à fléchir. Le maréchal Bazaine, qui est accouru sur les lieux, ordonne au général de Preuil de charger avec un régiment de lanciers et les cuirassiers de la garde. Ces braves cavaliers se ruent sur les batteries allemandes, sabrent les canonniers; mais, repoussés par l'infanterie ennemie et poursuivis par les hussards du duc de Brunswick, ils se replient, après avoir subi des pertes sérieuses. Les hussards allemands, avec une incroyable audace, se précipitent, à leur tour, sur les batteries françaises. Un moment, le maréchal et son état-major, entourés par ces cavaliers, *sont obligés de mettre l'épée à la main*; heureusement l'escorte du maréchal arrive à temps pour le dégager et reprendre les canons dont ces hussards croyaient se rendre maîtres. Les divisions Bataille et Vergé, ne pouvant plus rester en première ligne, sont remplacées par les grenadiers de la garde, commandés par le général Picard, et vont se reformer en arrière.

Il est midi. Les positions françaises sont intactes, rien n'est compromis. De nouveaux corps approchent de part et d'autre et bientôt vont entrer en ligne. Le combat ne cesse point sur la gauche, et, à droite, il est plus vif que jamais. Canrobert tient tête au X° corps allemand; si l'artillerie ennemie fait éprouver de grandes pertes à une de ses divisions (Lafont de Villiers), ses batteries, à lui, moins fortes, mais habilement placées en avant de l'ancienne voie romaine, tiennent en respect les troupes allemandes et les accablent toutes les fois qu'elles tentent d'atteindre la route de Verdun, ou de prendre pied à Vionville. Les Allemands veulent à tout prix se débarrasser de ce feu gênant qui paralyse tous leurs mouvements et leur fait subir les pertes les plus graves. Le général de Bredow est chargé de faire taire ces batteries. Il rassemble ses cuirassiers, connus sous le nom de cuirassiers de M. de Bismarck, les lance contre les lignes françaises qu'ils traversent; ils tuent les canonniers sur leurs pièces; mais, au moment où ces cavaliers arrivent sur la hauteur qui leur cachait les cuirassiers et les dragons du général de Forton, ils tournent bride aussitôt, redescendent à fond de train la pente qui longe les bois au S. de *Villers*; en ce moment deux escadrons du 10ᵉ cuirassiers fondent sur eux et les taillent en pièces. Des 900 cavaliers qui avaient chargé, 150 seulement le lendemain répondirent à l'appel.

Vers les 3 h. 1/2, le corps du maréchal Lebœuf apparaît enfin et vient se placer à la droite de Canrobert. La division Grenier, puis, peu après, la division de Cissey du IIᵉ corps, prennent position entre le bois et la *ferme de Greyère*, au-dessus de Mars-la-Tour. Les Allemands ont aussi reçu des renforts; la fusillade crépite avec la plus vive intensité, du vallon de la Mance au village de Mars-la-Tour, sur une ligne de près de 9 kilomètres. La 20ᵉ division du 3ᵉ corps prussien, suivie par une nombreuse artillerie, se porte dans le bois au N.-O. de Vionville; la 33ᵉ brigade de la 19ᵉ division marche sur Mars-la-Tour et attaque vivement la division Grenier, qu'elle presse et harcèle avec la dernière vigueur. Déjà les Allemands ont franchi le ravin qui les sépare de la ferme de Greyère; ils sont à 40 mèt. seulement des lignes françaises; on se fusille à bout portant. Les soldats de Grenier faiblissent, les régiments de la division de Cissey, qui arrivent à l'instant, se précipitent heureusement à leur secours, culbutent la brigade Wedel et détruisent presque entièrement le 16ᵉ régiment d'infanterie prussienne, qui laisse son drapeau entre leurs mains. Les dragons de la garde royale, en voyant les troupes allemandes rejetées sur Tronville, fondent sur la droite française; mais la division Cissey, les prenant en flanc et de revers, en fait un épouvantable massacre.

La résistance obstinée de Ladmirault exaspère les généraux allemands. Pour briser l'insurmontable obstacle que le VIᵉ corps français oppose au mouvement tournant qu'ils veulent tenter par Mars-la-Tour, ils rassemblent 28 escadrons de cavalerie, qu'ils s'apprêtent à lancer contre les divisions de Cissey et Grenier. Ladmirault, devinant leur intention, fait appel aux divisions de cavalerie Legrand et Clérembault, aux lanciers et dragons, qui le matin ont servi d'escorte à l'Empereur, aux chasseurs d'Afrique du général du Barrail, et lance contre les Allemands cette masse de cavalerie. Le choc fut terrible, la lutte sanglante, mais courte. Dans cette mêlée gigantesque où se heurtèrent, le sabre au poing, plus de 9000 cavaliers, des morts sans nombre jonchèrent le sol; le général Legrand fut tué, et le général Montaigu grièvement blessé.

Sur l'aile gauche de l'armée française, entre 7 et 8 h. du soir, deux nouveaux corps allemands qui, après avoir passé la Moselle à Novéant, arrivaient à peine sur le champ de bataille, essayaient, par le bois des Ognons, de prendre en flanc les voltigeurs et les chasseurs de la garde; mais ils étaient immédiatement repoussés. Infanterie et cavalerie ennemie se jetaient de nouveau alors sur nos positions de Rezonville, sans plus de succès. Enfin le général de cavalerie de Rauch dirigeait sur Rezonville une charge désespérée qui venait se briser contre les baïonnettes des zouaves et des grenadiers de la garde. Il était 8 h. du soir, le feu cessait, la bataille était finie. La gauche de l'armée française restait sur ses positions, et la droite gardait celles qu'elle avait conquises. Les Allemands se repliaient sur Gorze ou bivouaquaient autour d'Ars, laissant seulement quelques grand' gardes dans les bois des Vaux et des Ognons.

Après cette effroyable et sanglante journée du 16 août, plus de 16000 Français et 17000 Allemands environ, morts ou blessés, gisaient sur cet immense champ de bataille qui s'étend des deux côtés de la route de Gravelotte à Mars-la-Tour.

Non loin de **Mars-la-Tour**, à g., sur la route de Metz, se dresse le monument funèbre élevé à la mémoire des soldats morts pour la France à Gravelotte, Saint-Privat, Sainte-Marie-aux-Chênes, Mars-la-Tour, les 16 et 18 août 1870. Sur un piédestal, haut de 5 mèt., la statue allégorique de la France est debout, soutenant un soldat mourant. Le soldat, de sa main défaillante, laisse tomber ses armes que reçoivent deux jeunes enfants accroupis à ses pieds. Ce groupe de bronze est l'œuvre de M. Bogino ainsi que les hauts-reliefs en bronze du piédestal. Autour du piédestal sont rangés une série de caveaux destinés à recevoir les ossements des 10000 soldats morts dans ces sanglantes journées. L'église du village a été transformée en chapelle commémorative.

Cette glorieuse journée de Rezonville, qui fut une victoire, paraissait devoir ouvrir à nos soldats la route de Verdun. On s'attendait à voir la lutte recommencer le lendemain, aussi les chefs de corps furent-ils douloureusement surpris lorsqu'ils reçurent l'ordre d'abandonner les positions conquises et celles sur lesquelles ils s'étaient si vaillamment maintenus, pour se replier en arrière du champ de bataille, sur les vastes plateaux qui s'étendent de Rozérieulles à Saint-Privat-la-Montagne. Les Allemands s'attendaient tellement à être attaqués que, dans la matinée du 17, ils ne s'avançaient qu'avec des précautions infinies, et ils n'étaient pas peu surpris de trouver abandonnées les positions contre lesquelles, la veille, tous leurs efforts étaient venus se briser. L'armée française perdait ainsi la route de Mars-la-Tour, et les Allemands allaient tenter de lui fermer celles de Conflans, d'Étain et de Briey.

Bataille de Saint-Privat et de Gravelotte. — Après la journée du 16, le général Metman, chargé de soutenir la retraite, avait brûlé, près d'un ravin, à l'E. de Gravelotte, une immense quantité d'approvisionnements de toute nature pour ne pas les laisser tomber entre les mains de l'ennemi. Il avait été obligé ensuite d'abandonner à Rezonville des ambulances pleines de blessés, et il était venu occuper, avec sa division, la position qui lui avait été assignée entre la *ferme de la Folie* et *Montigny-la-Grange*.

Le général Frossard s'était établi entre *Rozérieulles* et *Châtel-Saint-Germain*; la division Lapasset, en face de *Jussy*; celle de Bataille, à gauche de la *ferme du Point-du-Jour*; enfin celle de Vergé, à la *ferme Saint-Hubert*. Les deux maisons du Point-du-Jour étaient crénelées et réunies entre elles par un épaulement en terre. La garde est placée en réserve, sous *Plappeville*, où le maréchal Bazaine a son quartier général chez M. Bouteiller. La division de cavalerie Valabrègue campe dans le vallon de Châtel, et celle de Forton au *moulin de Longeau*. Le parc d'artillerie s'étend entre Moulins et Longeville. Le III⁰ corps de Lebœuf prolonge la ligne dans la direction du N. La division Castagny est à la *ferme de Moscou*; celle de Montaudon s'étend jusqu'à la *ferme de Leipzig*; enfin la division Aymard campe entre Leipzig et la ferme de la Folie, occupée par la division Metman, du IV⁰ corps de Ladmirault. Les divisions de Cissey et Lorenzès se placent entre Montigny-la-Grange et *Amanvillers*, et, plus haut, celle de Grenier. Le VI⁰ corps, qui forme l'aile droite de l'armée, a sa division Levassor à la *ferme de Jérusalem*, celle de Tixier à *Saint-Privat-la-Montagne*, et enfin celle de Lafont en avant de *Jaumont*. Les divisions de cavalerie Legrand, Salignac et du Barrail soutiennent les trois divisions Grenier, Levassor et Lafont.

Les différents corps des première et deuxième armées allemandes occupaient, vers le milieu ou la fin du jour de la bataille de Saint-Privat, les positions suivantes : le VII⁰ corps était en face de Rozérieulles; le II⁰ à *Gravelotte*; le XIII⁰ dans le *bois des Génivaux*, en face de Moscou et Leipzig;

le IIIᵉ en arrière de Vernéville; le IXᵉ à *Vernéville*, entre la *Chantrenne* et le *bois de la Cusse*; la garde, appuyée par le Xᵉ corps, était entre *Habonville* et *Sainte-Marie-aux-Chênes*; et le XIIᵉ corps saxon à *Roncourt*. Deux brigades se trouvaient enfin, à gauche de Ladmirault, sur la rive droite et la rive gauche de la Moselle, faisant face à Jussy et à Sainte-Ruffine. Des divisions de cavalerie stationnaient à quelques centaines de mèt. au S. et à l'E. de Gravelotte, à la droite du IIIᵉ corps, au centre du IXᵉ, à la gauche de la garde royale et du Xᵉ corps, et enfin à l'extrême gauche du XIIᵉ corps saxon, à *Malancourt*.

Vers 11 heures et demie, le IVᵉ corps allemand, arrivé à *Anoux-la-Grange*, commençait l'attaque contre le centre de l'armée française, mais il était arrêté par des décharges d'artillerie des IVᵉ et VIᵉ corps français. Le VIIIᵉ corps allemand s'avance alors jusqu'à Gravelotte, où l'artillerie du maréchal Lebœuf ne lui permet pas de dépasser la ferme de Moscou. De midi à 2 heures, des feux de mousqueterie et une canonnade des plus intenses éclatent sur le front du corps de Ladmirault, qui, payant bravement de sa personne, repousse les attaques du IXᵉ corps, dont l'artillerie parvient néanmoins à se maintenir sur les hauteurs de Vernéville et à la *ferme Champenois*, à quelques centaines de mètres des lignes françaises.

Le roi de Prusse, qui avait quitté la veille Pont-à-Mousson, assistait à la bataille. En voyant les efforts des VIIᵉ, VIIIᵉ et IXᵉ corps allemands échouer contre le centre et la gauche de l'armée française, il ordonnait de ne tenter aucune nouvelle attaque et de se borner à un combat d'artillerie, tant que les Saxons ne seraient pas arrivés à Sainte-Marie-aux-Chênes. Néanmoins, non loin du bois de la Cusse, la 24ᵉ division du IVᵉ corps allemand s'efforçait, à plusieurs reprises, mais toujours vainement, d'atteindre la ligne du chemin de fer de Metz à Verdun qui, après avoir passé derrière les positions occupées par l'armée française, oblique sur ce point vers l'O.

Au quartier général allemand, à Rezonville, on attendait avec la plus vive impatience l'entrée en ligne de la garde et du XIIᵉ corps saxon, qui avaient pour mission d'envelopper l'aile droite française. Vers 4 heures, le maréchal Bazaine daignait enfin se montrer, non sur le champ de bataille, mais au fort Saint-Quentin, qui en était éloigné de près de 7 kilomètres.

Les troupes françaises résistaient en ce moment sur toute la ligne avec la plus admirable vigueur. Partout, de la ferme Champenois à Rozérieulles, les trois corps allemands de l'aile droite et du centre étaient constamment refoulés dans les bois, dont ils s'efforçaient en vain de sortir. Leur formidable artillerie paraissait éprouvée, et l'intensité de ses feux diminuait d'une manière sensible. Tout à coup, vers 4 heures, de nouvelles batteries se déploient sur la droite française; c'est l'artillerie et les divisions de la garde qui entrent en ligne. Plus loin on aperçoit, vers *Batilly* et *Coinville*, des masses imposantes de troupes qui se dirigent vers Ladmirault et Canrobert, et semblent vouloir les envelopper par *Montois*. Le maréchal Canrobert allait avoir à soutenir l'effort simultané des divisions de la garde et du xii° corps saxon, qui atteignait *Roncourt*. Immédiatement les Allemands reprennent l'offensive. Une batterie de 84 pièces d'artillerie crible d'obus *Sainte-Marie-aux-Chênes*. La 1re division de la garde prussienne se précipite sur le 94e de ligne, qui occupait cette position. Devant un pareil déploiement de forces, le 94e se replie sur Saint-Privat. Vers 5 heures, de nouvelles batteries ouvrent leur feu contre les corps de Ladmirault et Lebœuf, mais ne parviennent pas à les entamer.

Les efforts réitérés des vii° et viii° corps allemands contre Frossard n'ont pas plus de succès. La batterie de mitrailleuses établie au *Point-du-Jour* leur fait éprouver des pertes énormes. Les Prussiens sont ébranlés, c'est le commencement de la déroute. L'état-major allemand donna précipitamment l'ordre de débarrasser les ponts sur la Moselle, d'Ars à Corny, pour faciliter la retraite, et la mesure n'eût peut-être pas été inutile, si le ii° corps, conduit par le général de Moltke lui-même, n'était venu, fort à propos, appuyer ces troupes et tenter avec elles de nouvelles attaques, qui néanmoins n'eurent d'autre résultat que de joncher de cadavres prussiens les abords de l'*auberge Saint-Hubert*, où il leur fut toujours impossible de se maintenir. En ce moment, le général Lapasset se tenait ferme et ripostait, non sans succès, aux attaques dirigées contre le village de *Sainte-Ruffine* par les batteries allemandes établies à Jussy et sur la rive droite de la Moselle. Enfin, au centre, le ix° corps allemand avait été si maltraité qu'il avait dû être mis en réserve et remplacé en partie par le iii°.

Si le commandant en chef eût été en ce moment présent sur le champ de bataille, il aurait vu le danger qui menaçait Canrobert, il lui aurait envoyé la garde à son secours, et cette sanglante et terrible bataille de Saint-Privat aurait pu être une victoire; malheureusement il n'en fut pas ainsi : avec 66 pièces d'artillerie et 27 000 h. le maréchal Canrobert tenait tête à 60 000 Saxons, qui disposaient de plus de 200 canons. Ladmirault et lui ne cessaient de réclamer des secours qu'on ne leur envoyait qu'à 8 h. du soir, alors que, débordés de tous côtés et manquant de munitions, ils étaient obligés de battre en retraite.

Une première tentative du commandant de la garde prussienne, le prince de Wurtemberg, dirigée contre Saint-Privat, avait échoué; Canrobert avait infligé à ces troupes des pertes considérables, mais bientôt les Saxons ayant terminé leur mouvement, le malheureux vi* corps était menacé de toutes parts. La lutte n'était plus possible. « Saint-Privat était en feu, a dit le maréchal Canrobert, cet endroit était le point de mire de toutes les batteries qui convergeaient de la gauche, du front et de la droite; l'armée saxonne avait fait son mouvement vers Roncourt, que je n'avais pu fortifier. »

Pour l'armée allemande, la bataille de Saint-Privat a été la plus sanglante de la guerre : ses pertes s'élèvent environ au chiffre de 20 000 hommes. Les pertes des Français peuvent être évaluées à 10 500 hommes. 125 000 Français avaient eu à lutter contre 270 000 Allemands.

Près de **Sainte-Marie-aux-Chênes**, les Français ont élevé un **monument** commémoratif, qui se dresse au milieu des tombes innombrables que l'on voit à droite et à gauche de la route conduisant de ce village à Saint-Privat. De nombreux monuments allemands s'élèvent à Saint-Privat, à Vernéville et près de la ferme Saint-Hubert, au S. du bois des Genivaux, sur la route de Metz à Verdun (c'est le point où la bataille fut le plus meurtrière pour les Allemands).

Blocus. — **Combats de Noisseville et de Ladonchamps.** — **Capitulation.** — Après la journée du 19 août, l'armée du Rhin cessait d'exister, elle devenait l'armée de Metz et se réfugiait dans un camp retranché sous la protection des canons de la place. Le ii* corps (Frossard) campait à *Montigny*, sur la rive droite de la Moselle; ses avant-postes étaient à la *ferme Bradin* et à la *Grange-aux-Ormes*. Le iii* corps (Lebœuf) avait son quartier général à *Saint-Julien*, sa droite au fort de Queuleu et ses avant-postes à *Borny*, à la *ferme de Bellecroix* et au *bois Grimont*. Le iv* corps (Ladmirault) s'étendait de *Longeville* à *Lorry*; ses avant-postes étaient à *Moulins, Longeau, Sainte-Ruffine* et aux *bois de Lorry*, son quartier général à *Plappeville*. Le vi* corps (Canrobert) se trouvait au N., entre Woippy et la Moselle; ses avant-postes étaient à *Woippy, Saint-Éloi* et *Thury*, son quartier général à *Devant-les-Ponts*. Le grand quartier général et les réserves étaient installés au *Ban-Saint-Martin*.

Le prince Frédéric-Charles n'avait désormais qu'un but, annihiler l'armée de Metz en la tenant enfermée sous les murs de la ville. L'armée d'investissement ne s'installait dans les positions qu'elle devait occuper d'une manière définitive que lorsque l'armée du maréchal de Mac-Mahon, vaincue à Sedan, ne pouvait plus lui inspirer d'inquiétudes. La division Kummer s'étendait entre *Malroy* et *Charly*, le 1ᵉʳ corps entre *Sainte-Barbe* et *Courcelles-sur-Nied*, le vIIᵉ de *Chesny* à *Jouy-aux-Arches*, le vIIIᵉ d'*Ars-sur-Moselle* à *Montigny-la-Grange*; le xᵉ, des hauteurs de *Saulny* et de *Fèves* à la Moselle, fermait la ligne d'investissement; le ixᵉ occupait *Malancourt*; le IIᵉ s'étendait de *Briey* à *Roncourt*; enfin le IIIᵉ, formant réserve, occupait l'espace compris entre *Gorze* et *Saint-Marcel*. Les divisions de cavalerie étaient à *Fey* et à *Mecleuves*, près de *Corny*, quartier général du prince Frédéric-Charles.

A partir du 1ᵉʳ septembre, les communications avec l'extérieur devinrent impossibles. Les 240 000 hommes qui cernaient la place étaient disposés sur trois lignes qui se relevaient l'une l'autre tous les huit jours. La première était formée d'une suite continue de vedettes placées de deux en deux et n'ayant entre elles qu'un espace de 25 à 50 mètres. La deuxième ligne, protégée par des redoutes, des épaulements et des tranchées-abris, était la vraie ligne de résistance; la troisième formait la réserve.

On ne savait rien à Metz de ce qui se passait à Châlons. Si le général en chef avait connaissance de la marche de Mac-Mahon vers le N., les autres officiers généraux l'ignoraient. Néanmoins la situation dans laquelle on se trouvait pesait à tous. Il fallait agir. Une sortie fut décidée. L'armée devait se porter du côté de *Sainte-Barbe*, d'où il lui serait facile de gagner Thionville. Ce plan pouvait réussir, mais à la condition d'être exécuté avec promptitude et avec vigueur. Malheureusement, le 26 au matin, l'insuffisance des ponts occasionnait un encombrement qui ralentit tous les mouvements. A midi, les divers corps n'occupaient pas encore les positions qui leur avaient été assignées. Les Allemands étaient avertis et ils se mettaient en mesure de résister à l'attaque dont ils étaient menacés. Un effroyable orage vint accroître le désordre. Le maréchal Bazaine s'arrêta au *château de Grimont*, où il réunit ses généraux. Le général Coffinières de Nordeck insista pour que l'on ne s'éloignât pas de Metz; le général Soleille soutint cette manière de voir en disant que les munitions faisaient défaut. Les corps d'armée revinrent donc camper autour de Metz.

Cependant les évènements se pressaient; le 30, une dépêche annonça la marche de Mac-Mahon sur Montmédy. L'hésitation n'était plus possible, il fallait aller de l'avant. Le ma-

COMBAT DE NOISSEVILLE.

réchal se décida alors à reprendre pour le 31 août son projet de sortie du 26; mais, le 31 comme le 26, les mêmes lenteurs se produisirent. On laissa ainsi aux Allemands tout le temps nécessaire pour s'organiser, et, par un oubli inexplicable du général en chef, le canon du fort Saint-Julien, qui devait donner le signal du combat, ne retentit que vers les 4 heures du soir.

Le général Lebœuf s'élance sur *Montoy*, *Flanville*, *Coincy*, d'où il débusque l'ennemi. La division Metman s'empare de *Nouilly*; à *Noisseville*, le général Clinchamp rencontre une résistance sérieuse; mais, à 6 h. 1/2, ses soldats pénètrent enfin dans le village. Le général Ladmirault marche droit sur *Sainte-Barbe*; Grenier et Cissey attaquent *Poix* et *Failly*, *Servigny* est bientôt enlevé. Canrobert est maître des villages de *Vany* et de *Chieulles*; malheureusement, au moment où toutes ces positions venaient d'être conquises, la nuit survint, il fallait cesser de combattre, et le général en chef avait déjà regagné Saint-Julien.

Quelques heures de jour encore et les lignes allemandes étaient rompues, l'armée était libre. Cette nuit si funeste aux Français servit étrangement les armées allemandes. Les renforts s'accumulaient en avant de nos lignes et, sans attendre le jour, les Allemands marchaient sur Servigny, dont ils s'emparaient par surprise. Au matin, au milieu du brouillard, les corps français furent attaqués sur tous les points à la fois; le IIIᵉ corps, dont trois divisions seulement étaient engagées, n'était pas soutenu; la garde ne tirait pas un coup de fusil; le IIᵉ corps ne faisait qu'apparaître un instant sur le champ de bataille, et le maréchal Canrobert ne prenait part à l'action que d'une manière accidentelle; aussi, après avoir inutilement sacrifié 3000 hommes, fut-on obligé, au bout de trois heures de lutte, d'abandonner les positions conquises. L'armée entière vint de nouveau s'abriter sous les forts de la place. Au même moment, l'armée de Châlons succombait à Sedan.

A partir de ce moment, on entre dans une période obscure et douloureuse. Nous nous bornerons seulement à rappeler ici les intrigues auxquelles se trouve mêlé le général en chef; les agissements de l'agent Régnier, qui n'avait d'autre but que celui de découvrir la vérité sur l'état exact de la place et de l'armée pour en donner connaissance au prince Frédéric-Charles; la mission du général Bourbaki, qu'on éloigne de Metz peut-être parce que sa présence y était gênante; et enfin les pourparlers qui eurent lieu entre le maréchal Bazaine et le général en chef des armées allemandes.

Après le combat de Noisseville, l'armée de Metz restait pendant un mois inactive; c'est à peine si l'on tentait quelques petites opérations sur *Mercy, Peltre, Colombey, Vany* et *Lauvallier*. Depuis le 1ᵉʳ septembre, on mangeait les chevaux; les rations étaient de plus en plus réduites. Les hommes, campés dans la boue et exposés à toutes les intempéries d'une saison pluvieuse, souffraient horriblement. On ne pouvait laisser ainsi se consumer sur place cette armée qui ne demandait qu'à agir. Le général en chef parut enfin comprendre ce que cette énervante inaction pouvait avoir de funeste pour l'armée et de peu glorieux pour lui. Le 2 octobre, le maréchal Canrobert recevait l'ordre de se porter sur le *château de Ladonchamps*. Cette position était bravement enlevée en un instant, mais ce n'était là que le prélude d'une action plus sérieuse.

Le 7 octobre, à une heure de l'après-midi, le maréchal Canrobert partait de Ladonchamps. Pour protéger sa marche dans la vallée de la Moselle qui pouvait être balayée par les batteries allemandes établies sur la rive droite et la rive gauche du fleuve, le maréchal Lebœuf devait attaquer les Allemands à *Malroy*, et une division de Ladmirault occuper le *bois de Woippy*. Le général Deligny, à la tête d'une division de la garde, s'avançait jusqu'à *Saint-Rémy*, culbutant tout devant lui, et ses soldats, bravant l'épouvantable canonnade qui les criblait d'obus, s'emparaient des *Grandes* et des *Petites-Tapes* et se maintenaient sur ces positions tandis que le général Gibon, du VIᵉ corps, tombait mortellement blessé à *Sainte-Anne*, dont sa brigade parvenait néanmoins à s'emparer. On avait pris deux batteries ennemies; on avait fait 700 prisonniers; les premières lignes allemandes étaient emportées. Il était trois heures. Il s'agissait de faire un suprême effort pour enlever les dernières redoutes allemandes, hérissées de canons et derrière lesquelles se pressaient des masses profondes d'infanterie. Ce dernier effort, le général en chef n'osa pas le tenter. A 5 heures, il fit sonner la retraite. L'armée, laissant sur le champ de bataille 1200 hommes et 3 généraux, revint dans Metz après avoir tué 1600 hommes à l'ennemi. Elle rentrait dans ses campements pour n'en plus sortir que désarmée et prisonnière.

Désormais un suprême effort était matériellement impossible: le moment propice pour l'exécuter était passé; l'artillerie n'avait presque plus de chevaux; il y avait trente mille malades ou blessés dans Metz; les privations avaient affaibli les plus mâles courages. Les négociations politiques tentées par le général en chef n'avaient pas abouti et ne pouvaient pas aboutir. Il fallait s'incliner devant l'implacable nécessité. On se décidait alors à faire une démarche directe auprès du prince Frédéric-Charles. Le général Changarnier était envoyé en qualité de plénipotentiaire à *Corny*. Le général allemand se montrait courtois pour le vieux soldat, mais demeurait inflexible.

Le 25 octobre, le général de Cissey se rendait au *château de Frescaty*, situé à 4 k. env. au S.-O. de Metz, où le chef d'état-major allemand, le général Stiehle, était venu également pour recevoir les communications que les assiégés pourraient avoir à lui faire. Tous les efforts du général de Cissey pour obtenir quelques concessions furent inutiles; le major général résuma en peu de mots les conditions du vainqueur : reddition absolue de l'armée et de Metz avec armes et bagages, drapeaux et matériel de toute nature.

Dans un conseil tenu le 26 le maréchal Bazaine, qui s'était montré si jaloux de son autorité lorsqu'il s'était agi de la direction des opérations militaires, s'effaçait devant ses lieutenants quand le moment était venu d'en subir les funestes conséquences. Chacun fut obligé de s'incliner devant la fatalité ; le chef d'état-major de l'armée, le général Jarras, fut chargé d'aller à Frescaty pour régler d'une manière définitive les conditions de la capitulation.

La capitulation fut signée le 27; le 29, les forts étaient livrés et les Allemands faisaient leur entrée dans la ville.

Le blocus de Metz, commencé le 20 août, avait donc duré 72 jours. La France perdait une armée de plus de 120 000 hommes emmenée prisonnière en Allemagne, 53 drapeaux, qu'on n'avait pas songé à brûler, 66 mitrailleuses, 541 pièces de campagne, 800 pièces de position, 200 000 fusils et un matériel immense dont l'ennemi allait se servir pour achever d'écraser la France.

Pour les excursions à faire sur les champs de bataille autour de Metz, *V*. ci-dessous.

Édifices religieux.

Cathédrale, un des édifices les plus remarquables de l'art ogival. Commencée au xie s., elle ne fut terminée que vers le commencement du xvie s., et encore quelques parties n'ont-elles jamais été complètement achevées. Elle n'est pas orientée comme la plupart des églises; sa façade regarde le S., et ses tours sont à l'E. et à l'O. Elle a été réparée sur beaucoup de points depuis 1872. A l'extérieur, le système de consolidation des murailles évidées de la nef se signale à la fois par sa hardiesse et par sa légèreté. Il se compose d'une suite de hauts contreforts s'appuyant à des piliers terminés en pyramides et richement ornementés à leur sommet. — Le *portail* principal, au S., construit en 1763 par l'architecte Blondel, dans le goût du XVIII° s., ne manque pas d'une certaine grandeur, mais il est en contradiction choquante avec le style général de la cathédrale. — Sur le côté O. de l'église, s'ouvrent deux portes malheureusement dépouillées des statues et des sculptures qui les décoraient. — L'entrée du côté de la place d'Armes, qui est la plus usitée, n'a rien de remarquable. Elle se trouve à la base d'une belle **tour** carrée (XII° s.) à trois étages, terminée par une *flèche* d'une exécution très délicate (XV° s.). On monte à la plate-forme (l'entrée de l'escalier est à g. du portail, sur la place d'Armes) moyennant une légère rétribution payée au veilleur qui loge nuit et jour sur la plate-forme. De là on a une vue très étendue sur les environs de Metz. — Sur le côté O. de l'église s'élève également une *tour*; elle avait été arrêtée à la hauteur des toitures, mais on l'a montée, il y a environ une quarantaine d'années, jusqu'au niveau de la plate-forme de la tour de l'E.

L'intérieur (121 mèt. 16 de longueur dans œuvre; 22 mèt., 76 de largeur; 43 mèt. 19 de hauteur sous voûte) est surtout admirable. La grande nef (15 mèt. 63 de largeur) comprend huit travées indiquées par des colonnes accouplées d'où se prolongent des nervures montant en faisceau à la voûte, et, pour les deux dernières travées, par des colonnes simples, rondes, à chapiteaux à feuillage; elles appartenaient primitivement à la vieille église de Notre-Dame la Ronde, comprise, par une conception ingénieuse, dans le plan général de la cathédrale. Un magnifique transsept sépare la nef du chœur, dont les hautes ogives sont d'une rare élégance. Enfin, derrière le chœur s'étend un large déambulatoire. — **Verrières** splendides dans la nef et le transsept. Parmi les plus remarquables, nous signalerons celles de la *rose* percée au-dessus et en arrière du portail du S. (XIV° s.), celles des deux bras du transsept, et spécialement du bras E., qui sont admirables de couleur et de composition; et enfin les vitraux du chœur et du sanctuaire, dont la splendide exécution, la richesse et la puissance de tons ont une réputation européenne. Ces vitraux, œuvre de Valentin Bousch, artiste verrier originaire d'Alsace, datent du commencement du XVI° s. — Dans le collatéral g., épitaphe de *Pierre Perrat*, architecte de la cathédrale, mort en 1400. — Deux *chapelles*, du style ogival, dont l'une formait le sanctuaire de l'église de Notre-Dame la Ronde. — *Cuve en porphyre*, longue de 2 mèt. 58 cent. et large de 1 mèt. 56 cent., trouvée dans les débris de la naumachie romaine de Metz. —

Siège en marbre, qu'on dit avoir servi à saint Clément. — *Figure symbolique* de dragon (*le Graoully*) que l'on promenait autrefois chaque année dans les rues de Metz. — *Buffet* des petites orgues, habilement travaillé. — Trois *portes sculptées*, dans la nef circulaire qui enveloppe le sanctuaire. — Sous le chœur de l'église, *crypte* récemment restaurée (s'adresser au suisse pour visiter la crypte, les sacristies et le déambulatoire, dont la grille de clôture est souvent fermée).

Église Saint-Vincent (place du même nom), commencée en 1248 et consacrée en 1376. — *Portail* dans le goût du XVIII° s., remplaçant l'ancien portail, du style ogival, détruit en 1711 par un incendie. — A l'int., remarquable par l'unité et l'harmonie du style, riche *tribune des orgues* (XVIII° s.).

Église Sainte-Ségolène (rue des Capucins). — Nef et chœur de la fin du XIII° s.; bas-côtés du XIV° ou du XV° s. — A l'int.: *vitraux de couleur* (XV° s.), *vitraux* modernes par Maréchal; traces de *peintures murales*; charmante *avant-porte* du style ogival.

Église Saint-Clément (rue du Pontiffroy), bâtie de 1668 à 1735, dépendance de l'ancien collège des Jésuites (autrefois abbaye des bénédictins de Saint-Clément). — *Portail* très riche d'ornementation, dans le style mélangé de la Renaissance et du XVII° s. — *Cloître* d'un style sévère, renfermant un *puits* monumental décoré de statues allégoriques (la *Force*, la *Justice*, la *Prudence*, et la *Tempérance*).

Église Saint-Martin (place Saint-Martin), appartenant aux différentes époques de l'architecture ogivale, du XIII° s. à la fin du XV° s. — A l'int.: *vitraux* du XV° s.; curieuse *sculpture*, rehaussée de couleurs, à g. du maître-autel.

Église Saint-Maximin (rue Mazelle), de l'époque romane secondaire et de l'époque de transition. — A l'int.: *peintures* décoratives modernes, dans le chœur; *vitraux* de couleur modernes; *portail* du XVIII° s.

Église Saint-Eucaire (rue des Allemands), du XIII° s. — A l'int.: *clefs de voûte* conservant des restes d'armoiries sculptées; *statue* du moyen âge, dans la chapelle Saint-Blaise; *médaillons* en bas-relief (*Saint Eucaire, les Quatre Évangélistes*) autour du chœur; magnifique *buffet d'orgues*, provenant de l'église Saint-Paulin, de Trèves.

Église Notre-Dame (rue de la Chèvre), des XVII° et XVIII° s. — A l'int.: *maître-autel* en marbre blanc; charmante *statue de la Vierge*; *vitraux* par Maréchal.

Église Saint-Simon (quartier du fort de la Double-Couronne), bâtie en 1737. — A l'int.: *vitraux* par Maréchal (*saint Charles et les pestiférés de Milan*).

Temple protestant (rue des Trinitaires), établi en 1805 dans une église de Trinitaires construite en 1720. — *Temple protestant* militaire (au rempart Belle-Isle), achevé en 1881. *Synagogue* (rue des Juifs), édifice moderne. — A côté, *hospice* et *maison d'école* spécialement affectés aux Israélites.

Édifices civils.

Hôtel de ville (place d'Armes), construit en 1771 par Blondel. — Beau *vestibule*, au centre duquel s'ouvre l'escalier d'honneur (*bas-relief* en marbre blanc, représentant la figure allégorique de la Moselle, avec quelques vers d'Ausone). — Riches *salles de réception* dont l'une est ornée de remarquables *verrières* par Maréchal (*le duc de Guise*; *Bertram*, évêque de Metz; *Pierre Baudoche*, illustre magistrat de la république messine). — *Galerie Migette* (tableaux représentant différentes scènes empruntées à l'histoire de Metz; antiquités). *Palais de justice* (près de l'Esplanade), élevé en 1776 (bas-reliefs : *Humanité du duc de Guise*; *Paix* de 1783; *rampes en fer* du grand escalier). — *Hôtel de la préfecture* (armoiries sculptées des quatre villes mosellanes). — *Lycée*, magnifique établissement installé dans les bâtiments de l'abbaye bénédictine de Saint-Vincent (*chapelle* du XVIII° s. et *cloître* du XIV° s.), et récemment agrandi. — *Théâtre*, bâti en 1739 (groupes allégoriques de M. Pêtre).

Évêché (chapelle décorée dans le style du XVII° s.; bel escalier d'honneur). — *Grand séminaire* (dans la chapelle, *tableau* attribué à Poussin). *Hôpital Saint-Nicolas* (chapelle du XVIII° s.; *portail* dans le style ogival fleuri, 1518). — *Hôpital Bon-Secours.* — *Asile Sainte-Constance* (dans la chapelle, du style roman, *vitraux* par Maréchal).

Réservoir ou *château-d'eau* (rue des Récollets) recevant les eaux amenées de Gorze par un aqueduc construit de 1863 à 1866.

Maisons anciennes. — *Maison seigneuriale* (rue Nexirue), dont la façade est bien conservée (XIV° s.). — Restes d'une *synagogue*; *tour* de la chapelle Saint-Genest; *porte* ogivale d'un ancien oratoire; *maison de Rabelais* (rue Jurue). — *Hôtel Saint-Livier* (rue des Trinitaires), appuyé à une *tour* carrée couronnée de créneaux (XIII° s.). — *Maison* du XIV° ou du XV° s. (rue de la Fontaine), avec un porche voûté à nervures et un escalier à double révolution. — *Maison* (XV° s.) remarquable par sa décoration sculpturale (rue Fournirue, n°° 31 et 33, dans une cour intérieure). — *Hospice Saint-Éloi*, occupé par le Mont-de-Piété (rue Chèvromont). — Restes d'anciennes *églises*, transformés en ateliers industriels (rues Chapleruc, des Prêcheurs et des Trinitaires). — Vaste *construction* affectée à une auberge (rue des Piques), et conservant des créneaux et des fenêtres à meneaux (xiv° s.). — *Maison* du xvii° s. (rue des Murs). — Du pont Moreau (derrière la préfecture), on découvre à dr. les piles d'un ancien pont éclusé, dit *pont des Thermes* (sur l'une des piles, *pierre sculptée* représentant une femme qu'on croit être la reine Brunehaut). — *Maisons en bois*, de physionomie pittoresque, sur le bras de la Moselle longeant la place de la Comédie au S.-E. — Au pont de la Grève (près de la caserne de la Basse-Seille), curieux *canal* de la Seille, derrière la rue Saulnerie.

Bibliothèque. — Musée.

La *bibliothèque* et le *musée* sont installés (rue de la Bibliothèque) dans l'église et les bâtiments d'un couvent de Petits-Carmes.

Bibliothèque (ouverte tous les jours de 10 h. à 4 h.), possédant 48 000 vol. imprimés et 1157 manuscrits dont plusieurs remontent aux x°, xi°, xii° et xiii° s.

Musée archéologique dans une galerie (au rez-de-chaussée) construite en 1869 (débris antiques de la période gallo-romaine et du moyen âge; *le Jugement de Salomon*, bas-relief de *Pioche*, sculpteur messin, 1762-1839; cet ouvrage a obtenu le premier prix de sculpture en 1790).

Musée de peinture (au 1er étage), ouvert les dimanches et jeudis, de 1 h. à 4 h. et comptant 200 numéros.

Gabriel Metzu. Portrait d'un jeune cavalier. — *Philippe de Champaigne*. Madone. — *David Teniers*. Paysage. — *Duplessis* (1725-1802). La princesse de Lamballe. — *Hyacinthe Rigaud*. Portrait du cardinal Fleury; portrait d'un ecclésiastique; portrait en pied de Louis XIV. — *Van Ostade*. Une réunion flamande. — *Murillo*. La Moresque de Grenade. — *Van Dyck*. Portrait de Martin Ryckaërt, peintre. — *Aug. Rolland*. Paysages, dont un à l'huile et les autres au pastel. — *Maréchal*. Le pâtre. — *Rembrandt*. Un porte-drapeau. — *Vivien* (1657-1735). Portrait d'homme. — *Titien*. Portraits d'hommes. — *Pierre Mignard*. Portrait du maréchal de Villars; portrait de femme. — *Claude Le Fèvre* (1633-1675). Portrait de E. Olivier, conseiller du roi. — *De Vos* (1520-1604). Portrait d'un bourgmestre. — *Chopin*. Bataille de Hohenlinden. — *Largillière*. Portrait d'homme. — *Sébast. Bourdon*. Portrait d'homme. — *Oudry*. Le Loup et l'Agneau; le Renard et la Cigogne. — *Louis Boullongne*. Deux époques de la vie de saint Augustin (baptême et investiture). — *Valentin*. Soldats au jeu. — *Paul Morelsen* (xviii° s.). Portraits. — *Cuyp le Vieux*. Portraits. — *Corot*. Un berger jouant de la flûte — *Greuze*. Portrait de M. d'Angivilliers; madone; guerrier; tête de jeune garçon; portrait du maréchal de Belle-Isle; tête d'homme; tête d'Apollon; Bacchante. — *Louis Tocqué*. Portrait d'homme. — *Salvator Rosa*. Ruines du Colisée. — *Simon Vouët*. Une Madeleine. — *Ant. Coypel*. Le berger Aristée. — *Joseph Vernet*. Un naufrage. — *E. Tourneux*. Famille de Bohémiens. — *Faivre* (de Metz). Fleurs et fruits; portrait de femme. — *Devilly* (de Metz). Bivouac en 1812. — *Eug. Delacroix*. Le chemin du Calvaire. — *De Lemud* (de Metz). Le prisonnier

— *Valério*. Paysage. — *Rembrandt*. Tête de vieillard. — Émail de grande valeur représentant le *portrait de Charles IX* (31 cent. de hauteur sur 24 cent. de largeur).

Salle des antiquités et médailles (meuble renfermant des collections de médailles de diverses époques).

Un escalier, s'ouvrant au fond du musée (au bas, groupe d'animaux de *Fratin*), conduit aux *collections de géologie, minéralogie, ornithologie et zoologie* (*plan en relief* de Saverne à Schlestadt). — De la salle de minéralogie, on a une vue étendue.

Établissements militaires et fortifications.

Établissements militaires. — *Caserne Chambière* (*Kœnig Johann*), place Chambière. — *Casernes de la Double-Couronne, de Moselle*, place de France. — *Caserne Coislin* (*Kœnig Ludwig*), rue Coislin, construite des deniers de l'évêque Coislin, qui en fit don à la ville sous la condition expresse que le soldat ne serait plus logé chez l'habitant. — Ancienne *caserne du génie* (*Kaiser Wilhelm*), place Royale.

Ancien *arsenal d'artillerie* (entre la Seille et le fort Belle-Croix); il renfermait de vastes constructions (forges, scieries, ateliers d'ajustage, salles d'armes, etc.) protégées par une enceinte spéciale formant une sorte de ville dans la ville même.

Ancien *arsenal du génie* (rue d'Asfeld); il renfermait de grands ateliers et une collection de modèles. — Ancien *petit arsenal d'artillerie* (près de la porte de la Citadelle), dans les bâtiments d'une commanderie de Templiers (*salle présentant des parties d'architecture du style roman et du style ogival; magasin conservant des traces de peintures murales; construction octogonale du xii° s., portant encore, au-dessus de la porte d'entrée, la croix épatée des Templiers*).

Hôpital militaire (xviii° s.), très bien distribué et pouvant contenir 1800 malades. — *Fabrique de poudre de guerre* (île du Saulcy). — *Pénitencier militaire* (rue du Cambout) dans les anciens greniers d'abondance (xiv° s.).

Metz possédait, avant 1870, une *école régimentaire d'Artillerie* (rempart de l'Arsenal), et *l'école d'application du Génie et de l'Artillerie*, installée, rue aux Ours, dans les bâtiments (xviii° s.) de l'ancienne abbaye royale des bénédictins de Saint-Arnould (beau *cloître* et *hôtel abbatial; observatoire*).

Fortifications. — L'enceinte de Metz, établie par Vauban et par Cormontaigne, est percée de dix portes dont quatre, avant 1870, étaient surtout spéciales à divers services militaires (arsenal, polygone, poudrerie, etc.); elles sont en général dans le style uniforme des xvii° et xviii° s., sauf la *porte des Alle-*

mands (xv⁰ s.); elle porte encore les traces du siège qu'elle a subi en 1552 de la part de Charles-Quint), la *porte Sainte-Barbe* (xvi⁰ s.) et la *porte Serpenoise*, ouverte en 1851 pour le service du chemin de fer.

Outre le corps même de la place, dont les fossés sont alimentés par les eaux de la Moselle et de la Seille, Metz était protégée, à l'O., par le *fort de la Double-Couronne* ou *fort Moselle*, à l'E., par le *fort de Belle-Croix*. En 1868, des forts nouveaux avaient été construits, dans un rayon plus éloigné, autour de la ville transformée ainsi en un vaste camp retranché. Depuis 1871, les Allemands ont donné aux fortifications de Metz un développement encore plus considérable.

Les forts détachés, qui s'élèvent actuellement autour de la ville et dont une partie était construite avant 1870, sont : à l'O., les *forts du Mont-Saint-Quentin* (*Friedrich-Karl* à l'E., et *Manstein* à l'O.), le *fort des Carrières* ou de *Plappeville* (*C. Alvensleben*) et le *fort de Woippy* (*Kameke*); au N.; le *fort Saint-Eloy*; — à l'E., le *fort de Saint-Julien* (*Manteuffel*), le *fort des Bordes* (*Zastrow*), le *fort Queuleu* (*Gœben*); — au S., le *fort de Saint-Privat* (*Prinz August von Wurtemberg*). Ces noms allemands ont été officiellement donnés le 1ᵉʳ septembre 1873. Le fort de Belle-Croix a reçu le nom de *fort Steinmetz*, et le fort Moselle celui de *fort Voigts-Rhetz*. — Tous ces forts ne peuvent être visités qu'avec la permission du commandant de place.

Places. — Promenades. — Statues. — Ponts. — Cimetières.

Place d'Armes, entre la cathédrale et l'hôtel de ville, qui l'encadrent magnifiquement (*statue*, en bronze, *du maréchal Fabert*, par M. Étex, 1841; *trophées* militaires, xviii⁰ s.). — *Place Royale*, en face de l'Esplanade (*V.* ci-dessous). — *Place de la Comédie* (fontaine monumentale devant le théâtre). — *Place Saint-Louis*, bordée, sur un côté, d'arcades et de *maisons* des xv⁰ et xvi⁰ s. — *Place Sainte-Croix*, sur l'emplacement de constructions gallo-romaines dont on a retrouvé des traces. — *Place de Chambre*, sur le côté O. de la cathédrale, communiquant, par un double et large escalier, à la place Saint-Étienne. — *Place Saint-Étienne*, formant au pied de la cathédrale une large terrasse dominant la place de Chambre. — *Place Saint-Vincent*, près du rempart du même nom (ancienne manufacture des tabacs).

Esplanade, la plus belle des promenades de Metz, s'étendant de la place Royale jusqu'à la Moselle, qu'elle domine, en terrasse, d'une hauteur de 15 à 18 mèt. (vue magnifique sur la vallée de la Moselle;

statue, en bronze, *du maréchal Ney*, par M. Pêtre; *animaux* en bronze, par Fratin; beau jet d'eau).

Jardin d'acclimatation (hors de la ville; un tramway y conduit). On s'y rend par la porte Serpenoise et la route de Montigny (*V.* ci-dessus).

14 ponts relient entre eux les différents quartiers de la ville; nous citerons : le *pont des Pucelles*, récemment réparé avec goût; et les *ponts des Morts* et *du Pontiffroy*, remarquables par leur développement.

Cimetière de l'île Chambière, au N. de la ville. — **Monument funèbre**, érigé en 1871 par la ville de Metz aux soldats français morts dans ses murs. Ce monument, haut de 12 mèt., se compose d'un soubassement surmonté d'une haute pyramide couronnée d'une urne cinéraire. Sur les quatre faces, ce soubassement est percé d'ouvertures dans lesquelles viennent s'engager des cercueils empilés qui indiquent que le tombeau a été élevé à la mémoire d'un grand nombre de personnes. En avant des cercueils sont des prie-Dieu en pierre : sur les quatre faces, on a sculpté les armes de la ville de Metz et adapté des porte-couronnes. — Sur l'acratère, cette inscription : *Les femmes de Metz à ceux qu'elles ont soignés*. — Sur le socle, quatre inscriptions : Face principale : *Metz aux soldats français morts dans ses murs pour la patrie.* Face postérieure : *A la mémoire des 7203 soldats français morts dans les ambulances de Metz.* A dr. : *Borny*, 14 août 1870; *Gravelotte*, 16 août 1870; *Saint-Privat*, 18 août 1870. A g. : *Servigny*, 31 août 1870; *Peltre*, 27 septembre 1870; *Ladonchamps*, 7 octobre 1870. — Sur la pyramide : *bas-relief* en marbre blanc (*la Religion*), provenant du tombeau abandonné par la famille de Salse; au-dessus, le millésime avec une cocarde aux couleurs de France; sur les autres faces, citations tirées de l'Écriture sainte, de saint François de Sales et de Mgr Dupanloup.

Autour de ce monument s'élèvent des tombes.

A dr. du grand monument, s'en trouve un autre, élevé aux officiers morts sous Metz. C'est un grand socle, en forme de sarcophage, surmonté d'une statue de la France, couchée et tenant un drapeau. Sur 3 des faces du socle sont inscrits les noms des officiers.

Cimetière de l'Est, sur la route de Strasbourg. — *Monument* élevé par le gouvernement français à *M. Thouvenel*, ministre des affaires étrangères sous l'Empire. — *Mausolées* : de *Félix Maréchal*, maire en 1870, du *Père Potat*, du *général Bouteillier*, etc.

Industrie et commerce.

Depuis 1870, Metz a perdu une grande partie de son im-

Vosges, Alsace et Ardennes.   ENVIRONS DE METZ   Paris, Hachette et Cie Éditeurs

Dressé par A. Vuillemin.   Tombes et Monuments Funèbres.   Gravé par Erhard. Imp. Fraillery-P...

portance commerciale et industrielle. Sa grande manufacture de tabacs n'existe plus; les ateliers de peinture sur verre de la maison Maréchal ont été transférés à Bar-le-Duc; enfin les fabriques se sont fermées ou se sont transportées sur le territoire français.

Dans les environs de Metz se trouvent plusieurs pépinières; la plus remarquable (Simon et Thomas) est située sur la route de terre de Strasbourg, en face du cimetière de l'Est.

Fruits confits et spécialement *mirabelles*, dites de Metz; charcuterie renommée.

Excursions.

Mont Saint-Quentin (3 h. à pied, aller et retour) au sommet duquel se trouve le fort de ce nom, comprenant un fort E. et un fort O., ce dernier construit depuis 1870 (très belle vue sur la vallée de la Moselle). On peut s'y rendre, soit par le Ban-Saint-Martin, soit par le fort des Carrières ou de Plappeville et le village de ce nom (par ce chemin, le trajet est allongé de 30 m. env.), soit enfin par le joli village de *Lessy*, dominé par le nouveau fort.

Vallée de Monvaux (8 k.; tramway jusqu'à Moulins), par *Longeville**, Moulins (V. ci-dessus, A) et *Châtel-Saint-Germain*. On peut y aller par le chemin de fer (ligne de Verdun; le dimanche, arrêt spécial au milieu de la vallée).

Château de Grimont (2 h. 30, aller et retour) avec un beau parc. On s'y rend par Saint-Julien (route de Bouzonville).

Parc de Colombey (2 h. 30, aller et retour), à dr. de la route de Sarrebruck, près de **Borny**, où eut lieu, le 14 août 1870, la bataille de ce nom (V. ci-dessus).

Ars-sur-Moselle (9 k.), station de la ligne de Nancy, et, de l'autre côté de la Moselle, Jouy-aux-Arches (V. ci-dessus, B).

Novéant (14 k.), station de la ligne de Nancy (V. ci-dessus, B), d'où l'on peut, par (6 k.) Gorze (V. ci-dessus, B), se rendre à (6 k.) **Vionville**, puis à (3 k.) **Rezonville** et visiter ainsi une partie du champ de bataille du 16 août 1870 (pour la description de la bataille, V. ci-dessus), Gravelotte (V. ci-dessous) est à 3 k. de Rezonville.

C'est par les belles vallées d'Ars-sur-Moselle et de Gorze que les troupes allemandes arrivèrent sur le champ de bataille de Gravelotte (V. ci-dessus).

Peltre (6 k.), station de la ligne de Forbach-Sarreguemines (V. R. 49). Ce village a été entièrement brûlé par les Allemands en 1870.

Amanvillers (15 k.), station de la ligne de Verdun (V. ci-dessus, A), à dr. et à g. de laquelle on peut visiter tout le champ de bataille du 18 août 1870 (V. ci-dessus et ci-dessous).

Gravelotte, Saint-Privat, Sain-

te-Marie-aux-Chênes. — Pour faire le tour complet du champ de bataille du 18 août (pour la description de la bataille, V. ci-dessus) il faut compter 6 h env. en voit. particulière (faire son prix à l'avance). On passe par le *Point-du-Jour, Saint-Hubert, les Genivaux* (nombreuses tombes et monuments funèbres), *Gravelotte**, d'où l'on peut pousser une pointe jusqu'à Rezonville, *la Malmaison, Vernéville* (château et monument), *Habonville* (monument), *Sainte-Marie-aux-Chênes* (monument érigé à la mémoire des soldats français tombés dans la bataille du 18 août) et **Saint-Privat** (monument élevé au régiment de la reine Augusta, qui y périt presque tout entier, et consistant en une tour d'où l'on découvre tout le champ de bataille; monument élevé au xiie corps saxon). — De Saint-Privat on revient à Metz par Amanvillers et la vallée de Monvaux (V. ci-dessus).

De Metz à Paris, A. par Verdun et Châlons, B. par Pont-à-Mousson et Nancy, V. ci-dessus; — à Niederbronn, par Sarreguemines et Bitche, R. 49; — à Strasbourg, R. 44 et 49; — à Sarreguemines, par Forbach et Sarrebruck, R. 50; — à Luxembourg, par Thionville, R. 51; — à Mézières-Charleville, par Thionville, Montmédy et Sedan, R. 52.

ROUTE 49.

DE METZ A NIEDERBRONN

PAR SARREGUEMINES ET BITCHE

145 k. — Chemin de fer — Trajet en 4 h. 50 env. — 11 m. 70 pf.; 7 m. 80 pf.; 5 m. 15 pf.

La voie ferrée se détache à g. de la ligne de Nancy et contourne la plaine et le village du *Sablon* (1430 h.; *église moderne du style ogival*). La plaine du Sablon était couverte, à l'époque gallo-romaine et au moyen âge, de constructions considérables dont on a retrouvé des débris. — On franchit la Seille sur un beau viaduc. — A dr., *Magny* (672 h.), puis *Crépy* (*église* du xive s.).

6 k. *Peltre*, v. de 575 h., entièrement brûlé par les Allemands en 1870. — *Église* moderne. — *Château* du xviie s. — *Couvent* de sœurs de la Providence, reconstruit depuis 1870.

12 k. *Courcelles-sur-Nied*, 252 h., où se réfugièrent des protestants après la révocation de l'édit de Nantes.

[A g., embranchement pour (30 k Teterchen (R. 47), par (22 k.) *Boulay* (*Bolchen*), V. de 2668 h., autrefois chef-lieu d'une seigneurie importante.]

21 k. *Remilly*, 971 h. — *Église* moderne du style ogival. — *Hôtel de ville* (moderne) dans le goût du xvie s. — *Maison* pit-

toresque (moderne) dite *Maison des Pâtres* (d'après les dessins d'A. Rolland).

A dr., ligne de Strasbourg, par Sarrebourg (R. 44, A).

28 k. *Herny* (*Herlingen*), V. de 766 h. — On franchit la Nied allemande.

38 k. **Faulquemont** * (*Falkenberg*), V. de 1255 h., dans une presqu'île formée par la Nied allemande. — *Église* du XVIII° s. — Ancienne *église* (*chœur* du XV° s.), dans le cimetière. — *Hôtel de ville* (arcades paraissant dater du XV° s.; vaste vestibule).

Le chemin de fer remonte vers le N. et longe quelque temps la Nied. — A g., *Créhange* (*Kriechingen*; château du XIII° s.).

49 k. **Saint-Avold** * (*Sanct-Avold*), V. de 3087 h., sur la Rosselle et dominée par le *Bleyberg* (*Bleiberg*; 281 mèt. d'alt.). — *Église* du XVIII° s. (belles verrières, par Maréchal). — Ancienne *église* des Bénédictins (XV° s.). — Dans le cimetière, *chapelle* du XIV° s. — Grande *salle* du XVI° s., servant d'écurie, à l'hôtel de la Ville de Paris. — *Source* minérale, froide, ferrugineuse.

[Un chemin charmant conduit de Saint-Avold, par la vallée de la Rosselle, à (7 k.) Hombourg-l'Évêque (V. ci-dessous), où l'on peut reprendre le chemin de fer.]

On croise la route de Metz à Forbach sur un beau viaduc.

56 k. *Hombourg-l'Évêque* (*Ober-Homburg*), 1851 h. — Belle *église* du XIII° s. ou du commencement du XIV° s., remaniée au XV°. — Charmante *chapelle* (XIII° s.). — *Château* du XVIII° s. — Forge, aciérie et mine de houille.

On traverse une grande tranchée ouverte dans le grès rouge.

60 k. **Bening** (*Beningen*), station desservant : *Merelbach* (645 h.) et *Bening* (324 h.).

De Bening à Thionville, par Bouzonville, R. 47; — à Sarreguemines, par Forbach et Sarrebruck, R. 50.

La ligne de Sarreguemines-Niederbronn laisse à g. la ligne de Forbach-Sarrebruck.

70 k. *Farschwiller* (*Farschweiler*), 735 h., sur le Mutterbach, qui se jette dans la Sarre après avoir arrosé un joli vallon. A 1 k., dans un cimetière, *tour* du XII° ou du XIII° s.

76 k. *Hundling* (*Hundlingen*), 570 h.

On traverse *Welferding* (*Wœlferdingen*), 1416 h.

83 k. **Sarreguemines** * (*Saarguemünd*), V. de 9573 h., sur la rive g. de la Sarre, à son confluent avec la Blies. — *Église catholique*. — *Temple protestant* (1843). — *Synagogue*. — Bâtiments d'un ancien couvent de capucins où sont installés la *Direction du cercle* et le *tribunal*. — *Collège communal*. — Beau *pont* en pierre sur la Sarre.

Fabriques de faïences en terre de pipe façon anglaise, de porcelaines opaques, de poteries en terre à couvertes métalliques, en grès à relief, etc., de boites et tabatières en carton vernissé, de peluches, d'allumettes chimiques, de colle forte ; tanneries, brasseries, etc.

De Sarreguemines à Strasbourg, par Reichshoffen, R. 44; — à Saverne, par Bouxwiller, R. 45; — à Nancy, R. 46; — à Thionville, par Bouzonville, R. 47; — à Metz, par Sarrebruck et Forbach, R. 50.

La voie ferrée, franchissant la Sarre sur un pont-viaduc courbe de 7 arches, gravit les collines de la rive dr.

94 k. *Bliesbrücken*, station au milieu des bois.

101 k. *Rorbach* (*Rohrbach*), 960 h., à 337 mèt. d'alt.

104 k. *Petit-Rederchin* (*Klein-Rederchingen*). — On suit un plateau nu.

109 k. *Enchenberg*.

113 k. **Lemberg**, v. de 1514 h. (fabrique de faïence).

De Lemberg à Saverne, par Bouxviller, R. 45.

La voie ferrée, changeant de direction, incline au N.-E., et entre dans une région boisée que l'on domine (belle vue). — Tranchées et remblais.

121 k. **Bitche** * (*Bitsch*), V. de 2908 h., à la base d'un rocher (grès vosgien) allongé et dénudé que couronne le célèbre fort de Bitche. — *Église* du xviiie s. (*monument* élevé à la mémoire du comte de Bombelles, † 1750; *verrières* de Maréchal).

Fort (424 mèt. d'alt., 50 mèt. au-dessus du sol de la ville), dans une position imprenable, reconstruit en 1741, en remplacement d'un fort élevé en 1679 par Vauban et démantelé après la paix de Ryswick. — *Puits* creusé dans le roc à une profondeur de 80 mèt. — Vue étendue sur la chaine inférieure des Vosges.

En 1793, le fort de Bitche fut attaqué, pendant la nuit, par les Prussiens ; grâce à une trahison, ils avaient déjà réussi à s'emparer des ouvrages avancés, quand un habitant, ayant reconnu leur approche, donna l'alarme et mit patriotiquement le feu à sa maison afin d'éclairer le mouvement des ennemis. La garnison courut aux armes, repoussa les Prussiens et leur fit 250 prisonniers.

Le 8 août 1870, après la bataille de Fræschwiller, le IIe corps bavarois arriva devant Bitche. La place ayant refusé de se rendre, et le IIe corps étant obligé de continuer sa marche, quelques détachements furent laissés pour observer et cerner la ville et le fort. Le 23 août, le bombardement commença. Le 4 septembre, la garnison fit une vigoureuse sortie qui nécessita l'envoi de renforts aux assiégeants. Le 11 septembre, le bombardement redoubla de violence ; le lendemain soir, l'église et 70 maisons environ étaient la proie des flammes. A partir du 15, les Allemands, n'ayant plus grand chose à incendier, se bornèrent à bloquer la place qu'ils ne pouvaient pas prendre. Les assiégés firent quelques sorties et, comme ils avaient des vivres et de l'eau, ils purent tenir jusqu'à la signature de la paix.

Le 11 mars 1871, la garnison, forte de 3000 hommes, sortait de Bitche avec les honneurs de la guerre.

Le chemin de fer entre bientôt dans la belle *forêt de Waldeck* et passe dans de profondes tranchées. — A dr., petit étang.

132 k. *Bannstein*.

138 k. *Philippsbourg* (*Philippsburg*), ham. près d'un étang. — *Château*, détruit au XVIIe s. — Excursions au château de Falkenstein et à Bærenthal (*V. R. 44*).

On traverse une jolie région de collines boisées et de prairies. — A g., petit étang.

145 k. Niederbronn (R. 44).

ROUTE 50.

DE METZ A SARREGUEMINES

PAR FORBACH ET SARREBRUCK

98 k. — Chemin de fer.

DE METZ A SARREBRUCK

80 k. — Chemin de fer. — Trajet en 1 h. 35 à 2 h. 15; 6 m. 50 pf., 4 m. 40 pf., 2 m. 90 pf.

61 k. de Metz à Beningen (R. 49).

Le chemin de fer laisse à dr. la ligne de Sarreguemines.

64 k. *Cocheren*.

69 k. **Forbach***, V. de 7114 h. — *Église* du XVIIIe s. — *Hospice* (1856). — Colline du *Schlossberg* (540 mèt.; vestiges d'un château fort). — *Chapelle Sainte-Anne* (à 2 k., sur la route de Forbach à Sarreguemines).

Bataille de Spicheren (1870).

Pour visiter le champ de bataille de Spicheren, il faut descendre à la station de Forbach, et, tournant à g., suivre la route de (7 k.) Sarrebruck (*V. ci-dessous*). On se trouve de suite sur le lieu de la lutte, car les derniers coups de fusil furent tirés dans le cimetière catholique aux portes mêmes de Forbach.

A dr. s'élèvent les positions qui étaient occupées par le général Bataille, et, de l'autre côté de la voie ferrée, jusqu'au village industriel de *Stiring-Wendel*, sur la lisière des bois, se déployait l'infanterie des VIe et VIIe corps allemands, protégés par une nombreuse artillerie. La division Vergé campait au village de *Stiring*, et le général Laveaucoupet occupait les hauteurs de *Spicheren* (*Spiechern*), sur lesquelles il s'était solidement fortifié.

Après avoir marché pendant trois quarts d'heure env., on arrive à la *Brême d'or*, auberge qui s'élève à dr. de la route, au pied du rocher rougeâtre et escarpé du *Rotheberg* (*l'Éperon de Spicheren*), du haut duquel l'artillerie française fouillait tous les bois environnants. Non loin de là, presque au pied du Rotheberg, est un cimetière dont la garde est confiée à un soldat allemand, blessé de Spicheren. Ce cimetière renferme les tombes de 434 soldats français ou allemands, et celle d'un officier supérieur prussien, le général de François. Sur un monticule s'élève une statue en bronze de la *Germania* étendant ses bras. De là on peut gagner Sarrebruck en une demi-heure.

Le 5 août, après la démonstration inutile et dérisoire faite sur Sarrebruck (*V.* ci-dessous), le général Frossard, ne se trouvant pas en sûreté sur le territoire ennemi, donnait l'ordre à ses troupes d'abandonner le champ de manœuvres de Sarrebruck pour occuper en arrière les hauteurs qui dominent au S. le cours de la Sarre. A peine ce mouvement était-il exécuté, qu'une partie de l'armée de Steinmetz passait la Sarre et s'établissait sur ce même champ de manœuvres.

Le 6 août, vers une heure de l'après-midi, la division Kamecke s'approchait, en dissimulant sa marche sous des bois épais, et, tout à coup, ouvrait le feu contre les lignes françaises. On crut d'abord à un engagement sans importance. Le 76ᵉ, le 77ᵉ de ligne et un bataillon de chasseurs furent chargés de déloger les Allemands, mais n'y purent parvenir.

Cette bataille fut un peu engagée au hasard par une fraction du vıı° corps allemand qui comptait à peine 15000 hommes. Si le général Frossard, dès le début de l'action, avait vigoureusement pris l'offensive, au lieu de se borner à tenir ferme sur ses positions, il est probable qu'avec ses 28000 hommes il aurait eu le temps d'anéantir cette division avant l'arrivée des autres corps de l'armée de Steinmetz. Malheureusement ce qui était possible au début ne devait bientôt plus l'être. A chaque instant arrivaient aux Allemands des forces nouvelles; des batteries formidables prenaient position et balayaient tout devant elles.

Le principal effort des assaillants était dirigé contre la division Vergé à Stiring et contre le Rotheberg. Sur ce point surtout, la lutte devenait de plus en plus vive. Le général prussien de François s'élançait l'épée à la main et conduisait ses troupes à l'assaut des crêtes de rochers d'où les soldats de Laveaucoupet, abrités par des tranchées, décimaient l'ennemi. Le général de François tombe mortellement frappé; ses soldats terrifiés, ne pouvant ni avancer ni reculer, se couchent à plat ventre sur le sol ou cherchent un abri derrière les anfractuosités du roc. Quelques artilleurs allemands, au prix de mille efforts, parviennent à hisser une pièce de campagne sur la cime du Rotheberg et, plus audacieux encore, les hussards de Brunswick essayent de monter sur un chemin en rondins que balayent nos obus. La position de Laveaucoupet devenait critique. Vers les sept heures du soir, une division du III° corps de la 2° armée allemande débouchait par les bois de Saint-Arnual, et menaçait la droite de Frossard, tandis qu'une autre division du VI° corps, la division de Grumer, arrivait par la route de Sarrelouis et s'efforçait de tourner sa gauche, et de lui couper ainsi sa ligne de retraite. La résistance n'était plus possible. Le maréchal Bazaine avait été avisé de la position critique dans laquelle se trouvait son II° corps; il avait télégraphié aux chefs de division Montaudon, Metman, Castagny, de se porter à son secours. Ces généraux avaient-ils mal compris les ordres reçus, ou les avaient-ils reçus trop tard? on l'ignore. Toujours est-il qu'ils n'arrivèrent pas ou n'arrivèrent que trop tard, et que Frossard fut obligé de céder devant le nombre. Le 2° dragons, mettant pied à terre, vers 7 heures du soir, soutint vaillamment dans le cimetière catholique les efforts des assaillants et protégea la retraite, qui put ainsi s'effectuer en bon ordre par Puttelange, Rorbach, Hellimer, etc.

A Spicheren, les Français ont perdu 4000 hommes et les Allemands 5000. Le lendemain, 7 août, une division du VII° corps enlevait Forbach sans coup férir. En Lorraine, comme en Alsace, il n'existait plus d'armée pour s'opposer à la marche des envahisseurs.

—

A g. du chemin de fer s'étend la forêt de Forbach.

72 k. *Stiring-Wendel (Stieringen-Wendel),* 3737 h. (belles forges).—A g., embranchement pour *Petite-Rosselle (Klein-Rosseln).*

Le chemin de fer franchit la Sarre et se raccorde à la ligne de Trèves à Sarrebruck.

80 k. **Sarrebruck** *(Saarbrucken),* V. de 8000 h., sur la rive g. de la Sarre, que deux ponts, longs de 150 mèt., font communiquer avec *Sanct-Johann*, V. de 9000 h., sur la rive dr.— *Château* habité jusqu'en 1793 par les princes de Nassau-Saarbrücken (dans l'église du château, tombeaux de plusieurs des membres de cette famille). — Aux environs, riches mines de charbon de terre (des débris d'animaux fossiles y ont été découverts).

Au S. de la ville, sur le *Winterberg*, colline qui domine une partie du champ de bataille de Spicheren, *monument* commémoratif de la bataille du 6 août 1870, inauguré le 7 août 1874 (tour haute de 30 mèt.)

Combat de Sarrebruck (1870).

Les divers corps d'armée qui avaient été réunis à la hâte depuis le 15 juillet 1870, jour de la déclaration de guerre, étaient disséminés sur la frontière de l'Est entre Metz et Strasbourg. Les corps d'armée que le maréchal de Mac-Mahon avait sous ses ordres étaient à Haguenau, Wissembourg et Reichshoffen. Ceux que commandait le maréchal Bazaine occupaient Boulay, Sarreguemines, Marienthal, Puttelange, Saint-Avold et Forbach. A Forbach, le II° corps, sous les ordres du général Frossard, paraissait destiné à commencer les hostilités et à franchir le premier la frontière.

L'empereur, qui s'était réservé le commandement en chef, avait enfin quitté Paris et, le 2 août, il était avec son fils à Forbach.

On s'étonnait avec juste raison que les troupes, rassemblées sur la frontière depuis le 25 juillet, fussent demeurées dans l'inaction jusqu'à ce jour. L'empereur, en ordonnant l'attaque de Sarrebruck, occupée par un bataillon prussien et trois escadrons de uhlans, n'eut pas d'autre but sans doute que de donner satisfaction à l'opinion publique.

Ce combat heureux, que le maréchal Lebœuf appelait une jolie affaire sans pertes, ne peut être considéré que comme un engagement de peu d'importance et dont le résultat ne fut rien moins que sérieux et utile. Les soldats du général Bataille s'y distinguèrent, et les Prussiens, laissant quelques prisonniers entre nos mains, se retirèrent sans opposer une vive résistance. Des batteries de mitrailleuses et des pièces d'artillerie placées dans le champ de manœuvres au S. de la ville dirigèrent un feu nourri sur la gare du chemin de fer et sur les troupes allemandes, qui essayaient de circuler sur la voie ferrée ; mais il ne fut lancé aucun projectile sur la ville, ce qui n'empêcha pas cependant le *Moniteur prussien*, pour expliquer et excuser sans doute les incendies allumés par les armées allemandes, d'imprimer plus tard que Sarrebruck avait été brûlé de gaieté de cœur.

Pour se rendre de Sarrebruck à Spicheren, il faut gravir la chaîne de collines qui s'étend au S. de la ville. Arrivé au sommet, si l'on se retourne, on aperçoit à ses pieds Sarrebruck et, à g. de la route, un cabaret (*Zum Bellevue*) où furent enfermés les prisonniers faits le 2 août. A peu de distance de cette auberge s'étend le large plateau d'où Napoléon III et son fils suivaient les péripéties du combat. Sur une borne a été incrustée une plaque de bronze portant l'inscription suivante : « *Lulu's Erstes Debut*, 2 *August* 1870 (*Premier début de Loulou*, 2 *août* 1870) ». Loulou est le nom ironique que les Allemands donnaient à l'ex-prince impérial.

Sarrebruck est un point central

d'où partent de nombreuses voies ferrées, pour : Metz-Verdun-Paris et Metz-Nancy-Paris, Trèves-Luxembourg, Coblence, Creuznach, Mayence, Worms, Mannheim, Spire, Carlsruhe, Sarreguemines-Niederbronn, Strasbourg, Sarreguemines-Sarrebourg.

DE SARREBRUCK A SARREGUEMINES

18 k. — Chemin de fer. — Trajet en 40 m. env. — 1 m. 50 pf.; 1 m. 10 pf.; 80 pf.

Le chemin de fer de Sarreguemines, se détachant (à dr.) de la ligne de Mannheim, remonte, sur la rive dr., la vallée de la Sarre. — A dr., sur l'autre rive de la Sarre, *Arnual* (belle *église* gothique de 1315, renfermant plusieurs tombes des membres de la famille des Nassau-Saarbrücken; curieux *fonts baptismaux*).

11 k. *Klein-Blittersdorf.*

16 k. *Hanweiler.* — On franchit la Sarre.

18 k. Sarreguemines (R. 49).

ROUTE 51.

DE METZ A LUXEMBOURG

PAR THIONVILLE

66 k. — Chemin de fer. — Trajet en 2 h. — 5 m. 40 pf.; 3 m. 60 pf.; 2 m. 30 pf.

Le chemin de fer, laissant à g. la ligne de Sarreguemines-Sarrebruck, puis la ligne de Nancy, à dr. le faubourg de *Montigny-lès-Metz*, franchit la Moselle sur un remarquable pont-viaduc, en décrivant une large courbe qui ramène la voie ferrée jusqu'à Metz, en longeant la riveg. de la Moselle. On aperçoit à dr. la *digue de Wadrineau*, vaste construction (longue de 320 mèt., haute de 6 mèt. 53 depuis le radier), qui sert à retenir les eaux de la Moselle et à les faire refluer vers Metz. Ce barrage, très ancien et d'abord établi en bois, fut reconstruit en pierres vers le milieu du xve s.

8 k. **Devant-les-Ponts**, station établie près des glacis des fortifications; elle porte le nom d'une commune rurale (1772 h.) appartenant à la banlieue de Metz, et dont les habitations, très espacées, s'étendent à g. du chemin de fer.

La voie ferrée suit constamment jusqu'à Thionville la vallée de la Moselle, en longeant à g. de riants coteaux. — A g., *Woippy* (1210 h.; *église* moderne dans le style ogival du xve s.; ancienne *église* paroissiale sur un tertre, au S.-O.; restes de quelques maisons fortifiées du xive s.). — A dr., château de Ladonchamps (*V.* R. 48: Batailles autour de Metz), et à g., sur le coteau, *Norroy-le-Veneur* (519 h.; *église* du xve s., avec créneaux et guérites en pierre, anciens *vitraux* restaurés par Maréchal, *écusson de Lorraine* sculpté aux clefs de voûte, *crypte*).

18 k. *Maizières-lès-Metz*, 744 h. — A g., chemin de fer d'exploitation des carrières de Jaumont.

22 k. *Hagondange* (*Hagendingen*).

[Service de correspondance (80 pf.) pour : — (8 k.) *Clouange*, sur une éminence, à l'entrée du pittoresque vallon de l'Orne, où se trouvent les forges de Moyeuvre. En face, sur la rive dr. de l'Orne, *Rombas* (1318 h.; établissements de menuiserie, de charpenterie; fabrique de machines à battre; tanneries); — (10 k.) *Rosselange* (852 h.; *église* du xv⁰ s. renfermant des *vitraux* peints et un *autel* en pierre sculptée; *forges de Jamaille*, produisant des rails et des fers marchands); — (12 k.) *Moyeuvre-la-Grande*, v. de 3723 h. (beau *pont* sur l'Orne).

Les *forges de Moyeuvre*, qui existaient dès le xiv⁰ s. et appartenaient aux comtes de Bar, furent longtemps délaissées à la suite de la réunion du Barrois au duché de Lorraine; remises en activité au xvii⁰ s. par la famille Fabert (on voit le nom du maréchal Fabert gravé, comme souvenir, sur l'une des pierres de l'usine), elles étaient de nouveau tombées dans l'abandon, quand elles furent achetées par M. de Wendel, déjà propriétaire des forges de Hayange. Le nouvel acquéreur et ses fils, après lui, rendirent toute son activité à cet établissement métallurgique. Le minerai, extrait d'un coteau éloigné d'environ 150 mèt., est amené aux fourneaux par un petit chemin de fer. Un autre chemin de fer industriel, appartenant à l'usine, rattache les forges de Moyeuvre à la ligne de Luxembourg et à la Moselle.

A 3 k. à l'O. de Moyeuvre, sur la rive dr. de l'Orne, rocher coupé à pic, appelé le *Saut-de-Pierre-de-Bar*.

Suivant une tradition locale, Pierre de Bar, sire de Pierrefort, se serait élancé du haut de cet escarpement dans l'Orne, afin d'échapper aux Messins, avec lesquels ses déprédations l'avaient mis en guerre. Il aurait pu ainsi regagner sain et sauf son château. Il subsiste encore, à peu de distance, au milieu des bois de Homécourt, quelques vestiges du château de Pierrefort.]

Le chemin de fer laisse à dr. *Mondelange* (*église* du xv⁰ s.), franchit l'Orne et traverse *Richemont* (845 h.; *église* du xv⁰ s., renfermant de beaux *vitraux*, un *retable* et un *baptistère* de 1501 orné de sculptures intéressantes; *verrerie* installée au *château de Pépinville*, construit sur l'emplacement d'une ancienne villa royale).

28 k. *Uckange* (*Ueckingen*), v. de 1021 h., occupé en 1792 par un corps d'émigrés que commandaient les comtes de Provence et d'Artois (Louis XVIII et Charles X). A g., *Daspich* (vestiges d'une *villa* gallo-romaine; traces de *voie romaine*; *château* du xvi⁰ s.) et ligne de Sedan-Mézières-Charleville (V. R. 52).

35 k. **Thionville*** (*Diedenhofen*), V. fortifiée de 7155 h., sur les deux rives de la Moselle, et principalement sur la rive g.

Thionville (*Theodonis villa*), qui tire, dit-on, son nom d'un château construit sous les rois de la seconde race, était une des résidences favorites de Charlemagne, qui y publia plusieurs Capitulaires ; il y tint, en 803, une assemblée des grands de la nation, auxquels il fit connaître ses dernières volontés quant au partage de l'empire entre ses trois fils. Place fortifiée dès le xii° s., Thionville appartint successivement aux comtes de Luxembourg, aux deux maisons de Bourgogne, à la famille impériale des Hapsbourg, et enfin à l'Espagne (du commencement du xvi° s. jusqu'en 1683), qui la céda à la France, dont elle avait fait originairement partie.

Thionville a soutenu des sièges nombreux ; les plus remarquables sont : celui de 1643, à la suite duquel le prince de Condé s'empara de la place ; celui de 1792, tenté par l'armée d'invasion et un corps d'émigrés, et dans lequel Chateaubriand fut blessé ; celui de 1814, où le général Hugo, le père du poète, défendit vaillamment la place contre un corps d'armée prussien qu'il força à se retirer avec des pertes sensibles ; enfin celui de 1870.

Le 8 août 1870, des détachements du viii° corps de la 1re armée allemande arrivèrent devant Thionville. Pendant plus de trois mois les troupes allemandes, plusieurs fois renouvelées, ne se montrèrent pas, observant plutôt que cernant la ville. Les assiégés firent quelques sorties, le 13 et le 18 septembre et le 17 octobre. Le 22 novembre, à 7 h. du matin, le bombardement commençait. La préfecture, l'arsenal, l'hôtel de ville, etc., furent incendiés. Le 24 novembre, Thionville capitulait. 4000 hommes et 200 canons tombaient au pouvoir de l'ennemi.

En sortant de la gare, on entre à Thionville par la *porte de Metz*. Quand on l'a dépassée, une longue rue mène à une place assez étendue, garnie d'arcades, et qui se trouve à peu près au centre de la ville. En continuant à suivre, dans son prolongement au delà de la place, la rue partant de la porte de Metz, on atteint la *porte de Luxembourg*. Enfin, en tournant à dr. sur la place, on gagne, par un beau *pont* en pierre de cinq arches (127 mèt. de longueur), le quartier du *fort de la Double-Couronne* et la *porte de Sierck*.

Église paroissiale du xviii° s. avec un *portail* d'ordre dorique (*maître-autel* surmonté d'un baldaquin rehaussé de dorures). — *Tour du Beffroi*, du xiv° s. dans sa partie inférieure, et du xviii° s. à partir de l'horloge. — *Hôtel de ville, collège, halle aux blés*, etc. — *Tour* du château des comtes de Luxembourg (*Tour-aux-puces*), dont on fait remonter l'origine au x° s. ; quelques parties de cette construction dateraient même, dit-on, de l'époque de Charlemagne. — Jolie *maison* de la Renaissance. — Sur la rive dr. de la Moselle, *promenade* où, chaque année, se tient la foire.

Tanneries, fabrique de tuyaux de drainage, tuileries, brasseries, etc.

Sierck. — Château de Mensberg.

19 k. jusqu'à Sierck (chemin de fer.; 40 m. env. ; 1 m. 60 pf. ; 1 m. 10 pf. ; 65 pf.). — 6 k. de Sierck au château de Mensberg (course intéressante).

La voie ferrée franchit la Moselle, puis croise la route de

voitures, qu'elle longe ensuite à g.

3 k. *Yutz-Basse* (*Nieder-Jeutz*), 1077 h.

7 k. *Basse-Ham* (*Nieder-Ham*), 722 h.

10 k. *Kœnigsmacker* (*Königsmachern*), v. de 1235 h., sur la Canner, un peu au-dessus de son confluent avec la Moselle. — *Église* du XVIII° s., renfermant une jolie *chapelle*.

La vallée de la Moselle se resserre entre les hauteurs et prend un aspect de plus en plus pittoresque.

14 k. *Hunting* (*Hüntingen*), 309 h.

19 k. **Sierck*** (*Sierk*), V. de 1253 h., dans un site pittoresque, sur la rive dr. de la Moselle, qui décrit une grande courbe, à l'entrée de l'étroit *vallon de Montenach*, entre les côtes escarpées du Stromberg, de l'Altenberg et de Kirsch.

Sierck, qui paraît remonter au moins à l'époque gallo-romaine, fit partie du royaume d'Austrasie. Cette ville appartint ensuite à l'archevêché de Trèves, puis à l'évêché de Metz, et enfin à la famille puissante des comtes de Sierck, éteinte depuis longtemps. Passée, à la fin du XIII° s., sous la domination des ducs de Lorraine, Sierck avait été acquise à la France en 1661.

Église paroissiale, ancienne chapelle ducale du XIII° s. (?), aux voûtes remarquables. — Reste de l'ancien *château fort*, dominant la ville (au-dessus s'élève le sommet de l'Altenberg). — *Caserne* XVIII° s.) et *collège ecclésiastique*. — Maison avec un joli balcon dans le goût de la Renaissance. — Port très fréquenté sur la Moselle. — Beau *quai* (1784).

Fabriques de pipes de terre, de colle forte, distilleries, tanneries de cuirs forts dont les produits ont une grande réputation; carrières de pierre quartzeuse, rouge et très dure pour pavés; vins estimés.

[A 6 k. au N.-E. de Sierck, dans un vallon profond, *Manderen*, v. de 600 h., d'où il y a encore 2 k. env. jusqu'au haut de la colline que couronnent les restes du **château de Mensberg** (trois tours, dont une crénelée, d'un profil très élégant, à l'entrée du château; restes d'un donjon approprié pour une habitation rurale; débris de muraille), actuellement occupés par une ferme. — Ce château, qui passe pour avoir été possédé primitivement par les archevêques de Trèves, fit ensuite partie du domaine de la maison de Sierck. Il est généralement connu dans le pays sous le nom de *château de Marlborough*, en souvenir du séjour que le général anglais y fit en 1705, lors de sa campagne contre Villars.]

Bains de Mondorf.

21 k. — Route de voit.

On sort de Thionville par la porte de Luxembourg, et on suit la route de Luxembourg.

1 k. 1/2. On prend à dr. un beau chemin de voitures.

5 k. *Garsch* (*Gorsch*), v. de 772 h.

8 k. *Cattenom* (*Kattenhofen*), v. de 936 h. — *Église* avec

[ROUTE 51] SIERCK. — MONDORF. — LUXEMBOURG.

une *tour* dont on attribue la construction aux Templiers, et qui, par son style, rappelle l'époque romane. — En face de l'église, *maison* avec une *porte* du xv° s. dont le tympan est décoré d'un écusson. — *Château* du xvii° s.

11 k. *Sentzich*, v. de 571 h.

17 k. *Beyren* (*Beiern*), v. de 520 h. — Ancienne *église* avec *tour* percée d'une fenêtre du style roman; *porte* du xiv° s.; à l'int., on remarque des clefs de voûte portant des armoiries, et entre autres celles des comtes de Sierck.

On traverse une plaine assez triste, terminée par des coteaux peu élevés et mal boisés.

21 k. **Mondorf***, v. de 160 h., sur la frontière de la Lorraine et du grand-duché de Luxembourg. Il est situé à 1 k. env. des Bains du même nom, auxquels il se relie par une belle avenue.

Établissement des bains (logements, salons de conversation, restaurant; cabinets de bains, piscine) entouré d'un jardin (source abritée par un petit édifice en pierre).

La *source* minérale de Mondorf est le résultat d'un forage poussé jusqu'à 730 mèt. de profondeur. Elle fournit une eau thermale (25°,65), chlorurée sodique, qui s'emploie en bains et en boisson, contre les affections qui tiennent du lymphatisme et de la scrofule, dans le rhumatisme, dans certaines maladies des organes digestifs,

etc. La durée du traitement varie de 3 à 5 semaines.

—

De Thionville à Mézières, R. 52.

Le chemin de fer contourne à l'O. les fortifications de Thionville. Après avoir dépassé les bois de Thionville, il traverse plusieurs tranchées et s'élève sur des coteaux pour gagner le point de partage des bassins de la Moselle et de l'Alzette.

41 k. *Hettange-la-Grande* (*Gross-Hettingen*), 1080 h. — On atteint le faîte des hauteurs où l'Alzette a sa source, et on franchit la frontière pour entrer dans le grand-duché de Luxembourg. — Au delà du tunnel de *Dudelange*, long de 380 mèt., on pénètre dans la vallée de l'Alzette.

55 k. *Bettembourg*. — On laisse à g. un embranchement se dirigeant sur Esch, et l'on franchit l'Alzette sur un pont de 3 arches, long de 45 mèt.

60 k. *Fentange* (*Fentingen*).

66 k. **Luxembourg***, capitale du grand-duché de Luxembourg, V. de 13 000 h., sur un plateau qu'enveloppent, de trois côtés, des précipices presque à pic, au fond desquels coule l'Alzette.

Un tramway, partant de la gare, passe sur le viaduc de la Pétrusse (vue superbe), aborde la ville haute à g. de la *caserne du Saint-Esprit*, suit le boulevard du viaduc, s'engage dans la ville à dr. et, par la rue de l'Athénée, la rue Notre-Dame, la place Guillaume, les rues de la Reine et du Gouvernement, le Marché aux Herbes, la Grand'rue et la rue de la Porte-Neuve, conduit aux hôtels situés dans cette partie de la ville (*V.* L. Dommartin, *l'Ardenne*).

Luxembourg était entouré de fortifications, taillées en grande partie dans le roc, et célèbres par leur immense étendue et par leur construction hardie. A la suite de la guerre de 1866 entre la Prusse et l'Autriche, Luxembourg n'étant pas entré dans la confédération de l'Allemagne du Nord, ses fortifications ont été, par une convention de 1867, condamnées à être détruites. Dans les parties où les hautes murailles des remparts ont dû être conservées, les parapets ont été remplacés par des balustrades, et les bastions, transformés en terrasses, offrent de jolies promenades, d'où l'on découvre de beaux points de vue.

Vers le haut de la ville, les approches de la place et les fortifications démolies sont devenues la promenade du *parc*; entre le *boulevard du Prince* et le *boulevard Royal* s'étendent les quartiers neufs, où rayonnent de belles avenues.

Deux *viaducs* magnifiques ont été construits : celui *de la Pétrusse*, au-dessus du *faubourg du Grund*, relie la ville haute à la gare; celui *du Bisterweg*, au *faubourg du Pfaffenthal*, sert aux lignes de Trèves et de Spa.

Église Notre-Dame (commencement du XVIᵉ s.), bel édifice renfermant un élégant *jubé*, une *Adoration des Mages* attribuée à Otto Vénius; le *cénotaphe de Jean l'Aveugle*, comte de Luxembourg, roi de Bohême, tué à la bataille de Crécy, et, dans la sacristie, le *trésor*, contenant plusieurs objets précieux. — *Église Saint-Pierre*, contenant un monument élevé à Jean de Bohême. — *Église des Rédemptoristes*, dans la ville haute.

Palais-Royal ou hôtel du prince (XVIᵉ s.), autrefois maison de ville; charmant édifice. — *Hôtel de ville* (*musée Pescatore*, ouvert le dimanche et le jeudi, 25 et 65 c.; les autres jours, 1 fr. 25). — *Athénée* (bibliothèque; env. 60 000 vol.; manuscrits précieux; ouverte matin et soir, sauf le dimanche). — *Musée archéologique*.

Deux places servent de promenades aux habitants de la ville haute : la *place d'Armes*, plantée d'arbres, et la *place Guillaume* ou Grande-Place.

Le *Fetschenhof*, près de la porte de Trèves, le *Titenberg*, les anciens remparts et surtout le magnifique jardin de M. de la Fontaine (hors de la porte Neuve), accessible à tous les étrangers, offrent des points de vue variés et pittoresques.

Plusieurs lignes de chemins de fer, partant de Luxembourg, conduisent à Trèves, à Spa et à Namur (*V. Hollande et Bords du Rhin*).

ROUTE 52.
DE METZ A MÉZIÈRES

A. Par Thionville, Montmédy et Sedan.

167 k. — Chemin de fer. — Trajet en 6 h. à 8 h. 10. — 16 m. 40 pf.; 12 m.; 8 m. 50 pf.

33 k. de Metz à Thionville (*V. R. 51*).

On revient sur la ligne de Metz, jusqu'à 2 k. env. de la gare de Thionville, puis on la laisse à g. pour suivre celle de Mézières, qui s'en détache à dr., se dirige vers l'O. et s'engage dans la vallée de la Fensch.

36 k. On laisse à g. *Florange* (*Flœrchingen*); v. de 1271 h., autrefois ch.-l. d'une seigneurie importante (ancien *moulin banal* de la seigneurie; *croix* en pierre du xv° s.). — La voie ferrée remonte la vallée de la Fensch.

40 k. **Hayange** (*Hayingen*), v. de 4990 h., au fond de la vallée de la Fensch, centre d'une vaste exploitation métallurgique. — *Église paroissiale* (xviii° s.), richement ornée aux frais de Mme de Wendel. — *Château* avec parc, résidence des propriétaires et directeurs de l'usine. — *Écoles, salles d'asile, maisons ouvrières*, etc.

Les *forges de Hayange*, d'origine très ancienne, avaient perdu une grande partie de leur activité lorsque, vers le commencement de ce siècle, elles furent reprises par M. de Wendel, qui leur rendit toute leur importance. En mourant, en 1825, il laissa deux fils qui se sont consacrés au développement de cette grande entreprise, dont la fortune n'a fait que s'accroître sous leur habile direction. Les besoins nés de la construction des chemins de fer ont apporté de nouveaux éléments de prospérité à Hayange, qui a fourni aux chemins de fer français, et spécialement aux lignes ferrées de l'Est, une quantité considérable de rails, ainsi qu'une partie du matériel roulant (essieux, roues, bandages). C'est alors que la nécessité d'augmenter la production a fait créer par MM. de Wendel les vastes forges de Styring-Wendel, près de Forbach. Hayange a en outre, comme annexe, les forges voisines de Schremange et de Suzange, et la belle usine de Moyeuvre (*V. R. 51*).

Le maréchal Molitor, mort en 1849, est né à Hayange en 1770.

On traverse la Fensch et sa vallée sur un beau viaduc, long de 323 mèt. et du haut duquel on découvre Hayange et ses vastes établissements; puis la voie ferrée s'engage dans une suite de tranchées ouvertes au milieu de terrains où le minerai de fer abonde. On passe par un tunnel (323 mèt.). — Ruines du *château de Fontoy*, construit sur les fondements d'une forteresse gallo-romaine.

48 k. **Fontoy** (*Fentsch*), où est installée la douane allemande (l'heure allemande est en avance de 25 m. sur l'heure française), v. de 1057 h., dans

une gorge pittoresque (305 mèt. d'alt.), sur la source principale de la Fensch.

On passe la frontière et l'on entre dans le départ. de Meurthe-et-Moselle.

57 k. **Audun-le-Roman** (douane française), ch.-l. de c. de 604 h., près des bois d'Audun, entre les vallées de la Crusne et de la Fensch.

Tunnel et tranchées. Au delà d'un plateau boisé, on entre dans la vallée de la Crusne.

64 k. *Joppécourt*, 289 h.

A g., ruines du *château fort* des comtes de Mercy, détruit en 1681 par le maréchal de Créquy. — A dr., en face de ces ruines, *Bazailles* (284 h.), à l'extrémité N.-O. d'un plateau dominant la rive g. de la Crusne. — A g., *Mainbottel*, ham. (papeterie importante). — Viaduc sur la Crusne.

72 k. *Pierrepont*, v. de 1618 h., situé sur la Crusne, au pied d'un coteau boisé (315 mèt. d'alt.), dans un charmant site, d'un caractère agreste. — *Église paroissiale* (xviii° s.); *chapelle* moderne du style ogival. — Importante manufacture de draps pour l'armée.

La voie ferrée longe la rive g. de la Crusne et, 6 k. plus loin, la croise deux fois. — Sur la rive dr. passe le chemin de fer qui relie Pagny-sur-Moselle à Longuyon (*V*. ci-dessous, *B*). — Tunnel de 670 mèt.

81 k. **Longuyon***, ch.-l. de c. de 2618 h., dans une charmante situation, au fond d'un vallon boisé, au confluent de la Chiers et de la Crusne. — *Église* avec une *tour* formant clocher. — Scierie mécanique à vapeur, moulins à farine, tannerie, foulonneries pour draps de troupe, forges, fabriques de coutellerie, brasseries.

[A 3 k. au S., près de *Noërs* (200 h.), sur un rocher abrupt, à l'extrémité d'une presqu'île formée par la Chiers, **ruines du château de Mussy**, l'un des boulevards de la Lorraine, lors de sa lutte contre la France au xvii° s. Selon la tradition, le château de Mussy ayant été livré par trahison aux Français, la fille du gouverneur, Jeanne de Remencourt, l'aurait fait sauter en mettant le feu aux poudres, au moment où les ennemis s'en emparaient.]

De Longuyon à Pagny-sur-Moselle, *V.* ci-dessous, *B*; — à Arlon, par Longwy, R. 57.

La voie ferrée quitte la vallée de la Crusne pour suivre celle de la Chiers. — Viaduc de 13 arches sur la Chiers. — Tunnel de *Vachemont* (343 mèt.). — On franchit deux fois la Chiers. — Tunnel de 278 mèt.

A dr., *château-ferme de Mardigny*, sur un plateau dont un tilleul isolé et de grandes dimensions (6 mèt. 70 de tour au tronc) signale le point culminant. — Pont sur la Chiers.

90 k. *Vezin*, 105 h. — Viaduc de 13 arches.

95 k. *Velosnes-Torgny* (halte), 276 h. — Un peu plus loin (2 k. env.), la voie ferrée longe de très près la frontière belge sur un parcours de 4 k.

[ROUTE 52] LONGUYON. — MONTMÉDY. — AVIOTH.

Pont sur la Chiers.

102 k. **Montmédy**, ch.-l. d'arr. du dép. de la Meuse, place forte de 2ᵉ cl., V. de 3000 h., dans une position pittoresque, sur la Chiers.

Montmédy a été fondée en 1239 par Arnaud III, comte de Chiny, qui éleva un château en ce lieu, et y attacha certains privilèges, afin d'y attirer des habitants. Conquise en 1657 par Louis XIV, qui vint en faire le siège avec le maréchal de la Ferté, cette ville fut définitivement cédée à la France par le traité des Pyrénées. Les 2 et 3 septembre 1870, des parlementaires allemands se présentèrent devant Montmédy, pour sommer la place de se rendre; ils furent éconduits. Le 5, le bombardement commença; il fut un moment suspendu, mais le capitaine Reboul, commandant la place, ayant répondu par un troisième refus à une nouvelle sommation, les batteries allemandes rouvrirent le feu. Cependant la résistance de la ville obligea les Allemands de renoncer momentanément à en faire le siège. Le 11 décembre, le bombardement recommença; le 14, Montmédy, réduite à l'état de ruine, était obligée de capituler; l'ennemi y trouvait 3000 hommes, 65 canons et 237 prisonniers allemands.

Le célèbre horloger du xviiiᵉ s., Lepaute, mort en 1789 à Saint-Cloud, est né à Montmédy en 1709.

Montmédy se partage en *ville haute* et en *ville basse*. — La ville basse renferme une *église* moderne, une *caserne* et un *hôpital*; c'est la partie la plus commerçante et la plus animée de Montmédy. — La ville haute, à laquelle on monte par un chemin très raide (ouvrages défensifs nouveaux et importants) et une belle route de voitures, est située sur une colline rocheuse et très pittoresque, isolée au milieu d'une vaste campagne coupée de bois et arrosée par la Chiers. Comprise dans l'enceinte de la citadelle, la ville haute se compose presque entièrement de la *place d'Armes*, sur laquelle s'élèvent l'*église* (xviiiᵉ s.), dont la façade s'appuie à deux lourdes tours carrées, et l'*hôtel de ville* (moderne).

[A 6 k. au N., **Avioth** (275 h.). — Belle *église* des xiiiᵉ, xivᵉ et xvᵉ s. (au-dessus du portail, *statues* représentant, dit-on, le premier comte de Chiny et sa femme, fondateurs de l'église primitive d'Avioth; à l'int., long de 42 mèt. et large de 18 mèt. 30; *verrières* intéressantes; *tabernacle* en pierre, à dr. de l'autel, et, à g., *image* de Notre-Dame d'Avioth; *pierres tombales*; belle *sacristie* à deux étages). — A l'extérieur de l'église, sur une petite plate-forme, adossée à l'enceinte du parvis, *édicule* du plus charmant effet, désigné sous le nom de la *Recevresse*. — On a découvert à Avioth des restes d'anciens édifices, des tronçons de colonnes, des pierres diversement taillées, des urnes, etc.]

Tunnel de 817 mèt. sous la citadelle de Montmédy. — Viaduc de 16 arches. — Pont sur la Chiers.

108 k. *Chauvency-Saint-Hubert*, 464 h. — A 1 k. au N., *Chauvency-le-Château* (680 h.; *pont* sur la Chiers, défendu au moyen âge par un château fort dont il subsiste encore quel-

ques vestiges). — Pont sur la Chiers.

114 k. *Lamouilly*, 256 h.

La voie ferrée contourne à dr. les hauteurs de Saint-Walfroy (354 mèt.) en les entamant par plusieurs tranchées.

121 k. *Margut*, 670 h.

127 k. *Blagny* (halte), 449 h.

129 k. *Carignan**, ch.-l. de c., V. de 2098 h., au pied de hauteurs dominant la rive dr. de la Chiers. — *Église* du XIV° s. — Restes de fortifications. — Filatures de laine, fouleries de draps, laminoirs, fabriques de pointes et d'épingles.

[Un embranchement relie Carignan à (7 k.) *Messempré* (usines métallurgiques).]

134 k. *Sachy* (halte), 217 h.

138 k. *Pouru-Brevilly*, station desservant

Pouru-Saint-Remy (1577 h.; forges, filatures et papeteries) et *Brevilly* (169 h.; beaux établissements métallurgiques; importante foulerie de draps). — A g., sur une hauteur, *château de Reméhan*.

141 k. *Douzy*, v. de 1769 h., où ont été tenus deux conciles, l'un en 871, l'autre en 874.

Le chemin de fer quitte la vallée de la Chiers pour entrer dans celle de la Meuse.

145 k. Bazeilles (*V. ci-dessous*).

147 k. *Pont-Maugis*, d'où un embranchement mène à (10 k.) *Raucourt*, ch.-l. de c. de 1568 h.

On côtoie la rive g. de la Meuse, et l'on atteint la nouvelle gare de Sedan, plus à l'E. que l'ancienne. Une belle avenue et un pont de fer sur la Meuse conduisent à la ville.

152 k. *Sedan**, ancienne place forte dont les fortifications ont été en partie démolies, V. de 19 556 h., sur les deux rives de la Meuse, au pied de hauteurs qui dominent la ville au N.-E. et que couronnent les constructions de la citadelle.

Sedan, encore simple hameau au XIII° s., ne commence à prendre rang de ville que vers 1424, époque où ce domaine arriva aux sires de la Marck, qui y joignirent bientôt le duché de Bouillon dont ils prirent le titre; c'est alors que Sedan fut fortifiée. En 1591, l'héritière de la Marck l'apporta en mariage, avec le duché de Bouillon, à Henri de la Tour-d'Auvergne, vicomte de Turenne, un des compagnons de Henri IV. Le nouveau duc de Bouillon, fier de sa position, voulut s'affranchir de toute dépendance vis-à-vis de la France, et il s'unit aux ennemis de Henri IV. Celui-ci vint assiéger Sedan, s'en empara en trois jours et pardonna au duc de Bouillon sur sa promesse de « le bien et fidèlement servir » désormais. Le fils de Henri de la Tour-d'Auvergne, frère de Turenne, s'étant à son tour révolté à deux reprises contre l'autorité de Louis XIII, n'obtint, la seconde fois, grâce de la vie qu'en cédant au roi sa principauté de Sedan, qui dès lors fut réunie à la France.

Pour la bataille de Sedan (1870), V. ci-dessous.

Sedan a vu naître : Turenne, le maréchal Macdonald et M. Cunin-Gridaine, ministre de l'agriculture et du commerce sous le règne de Louis-Philippe.

Église paroissiale, occupant

un ancien temple protestant bâti en 1593, et affecté au culte catholique, à la suite de la révocation de l'édit de Nantes. — *Temple protestant* renfermant les restes de Henri de la Tour-d'Auvergne, duc de Bouillon, de sa femme et de divers membres de sa famille. — Nouvelle *synagogue*, *musée* (en construction) et *jardin botanique* (place d'Alsace-Lorraine, avenue de la Gare). — *Palais de justice, hôtel de ville* et *théâtre*, édifices modernes sans caractère, situés tous trois sur la place Turenne. — Au centre de la place Turenne, *statue*, en bronze, *de Turenne*.

Château ou *citadelle*, dont l'établissement primitif remonte au XVe s.; il doit son origine à un château dont dépendait un pavillon où est né Turenne; l'un et l'autre ont été démolis. Sur une plaque de marbre, fixée au mur d'une tour voisine de l'emplacement du pavillon, on lit ces mots: « *Ici naquit Turenne le 11 septembre* 1611 ». — Promenade dite *Promenoir des Prêtres*, à dr. de la place de la citadelle, entre celle-ci et la ville.

Sedan est célèbre par la fabrication de ses draps, dont la réputation est européenne. Cette industrie, devenue si brillante et si prospère, fut introduite à Sedan vers la fin du XVIe s. par un Calviniste. — De nombreuses filatures ont été installées à Sedan par des industriels d'Alsace réfugiés. — L'industrie métallurgique emploie aussi de nombreux ouvriers, mais surtout dans les villages des environs.

Bazeilles.

3 k. par la route de voit. (service d'omnibus). — 7 k. par le chemin de fer (*V.* ci-dessus).

En sortant de Sedan par la route de Montmédy, on traverse bientôt (1 k.) *Balan*, v. de 1545 h. — A dr. et à g. de la route on remarque de modestes croix de bois surmontées pour la plupart de petits drapeaux tricolores.

3 k. **Bazeilles**, v. de 1862 h., entièrement incendié par les Bavarois en 1870. — A l'entrée du village, la première maison à g. (*Estaminet Bourgerie : A la dernière cartouche*) porte des traces encore bien visibles de la lutte sanglante et acharnée qui se livra entre l'infanterie de marine française (commandant Martin des Pallières) et les Bavarois du général Von der Tann (*V.* ci-dessous pour la description de la bataille). On visitera avec intérêt : 1° au rez-de-chaussée, un *musée* (tronc où l'on dépose son offrande) composé d'une foule d'objets ramassés sur le champ de bataille (sabres, casques, débris d'armes de toute espèce, etc.); 2° au 1er étage, la *chambre* où M. Alphonse de Neuville a placé la scène de son tableau: *les Dernières Cartouches*, si jus-

tement admiré au Salon de Paris en 1873. Les murs, le bahut, l'alcôve ont été, depuis 1870, laissés tels quels par les propriétaires.

Dans les rues de Bazeilles, se trouvent encore des maisons en ruines ; cependant beaucoup ont été reconstruites sur un plan uniforme par la *Souscription nationale du Sou des chaumières*.

Au centre de la place, monument élevé à la mémoire des soldats français tués dans les journées du 31 août et du 1ᵉʳ septembre 1870. Il se compose d'un large piédestal, décoré de quatre frontons au milieu desquels sont sculptées des couronnes d'immortelles et des branches de chêne et de laurier. Au-dessus s'élève une pyramide sur laquelle se détachent un bouclier et une palme. Sur le piédestal on lit : *Monument élevé par souscription à la mémoire des officiers, sous-officiers et soldats de l'infanterie de marine et du 12ᵉ corps d'armée*. Du côté opposé : *La patrie à ses défenseurs* ; sur l'une des faces latérales, la liste des cinq officiers supérieurs, des huit capitaines, onze lieutenants et huit sous-lieutenants d'infanterie de marine tués à Bazeilles, et sur l'autre, la liste des vingt-sept habitants du village morts pendant les trois jours de l'incendie.

Sur une des maisons de la place, *plaque* commémorative à la mémoire de Jacques-Charles vicomte de Fougainville, lieutenant au 1ᵉʳ d'infanterie de marine.

Turenne a passé une partie de son enfance dans le château de Bazeilles.

De Bazeilles, on peut, par le *château de Montvillé, la Moncelle* et *Daigny*, remonter la vallée de la Givonne jusqu'à *Givonne* ou jusqu'à *Illy*, et de là revenir à Sedan par le *bois de la Garenne*. C'est une excursion de plusieurs heures, dans laquelle on visite la partie la plus intéressante du champ de bataille de Sedan (V. ci-dessous).

Bataille de Sedan (1870).

Après la bataille de Frœschwiller, le maréchal de Mac-Mahon se rendit au camp de Châlons, où il arriva le 16 août. Aussitôt il prenait le commandement d'une armée de cent mille hommes rassemblée sur ce point, et formée avec les débris des légions de Wissembourg et de Frœschwiller, et de troupes composées d'éléments les plus disparates, peu disciplinés, et réunis à la hâte. Là, après des hésitations causées par des dépêches contradictoires de Bazaine et du général de Palikao, il était enfin décidé, le 22 août, qu'on se porterait immédiatement sur Montmédy au secours du maréchal Bazaine. Le 23 août, l'armée se mettait en mouvement vers le N. et parvenait à

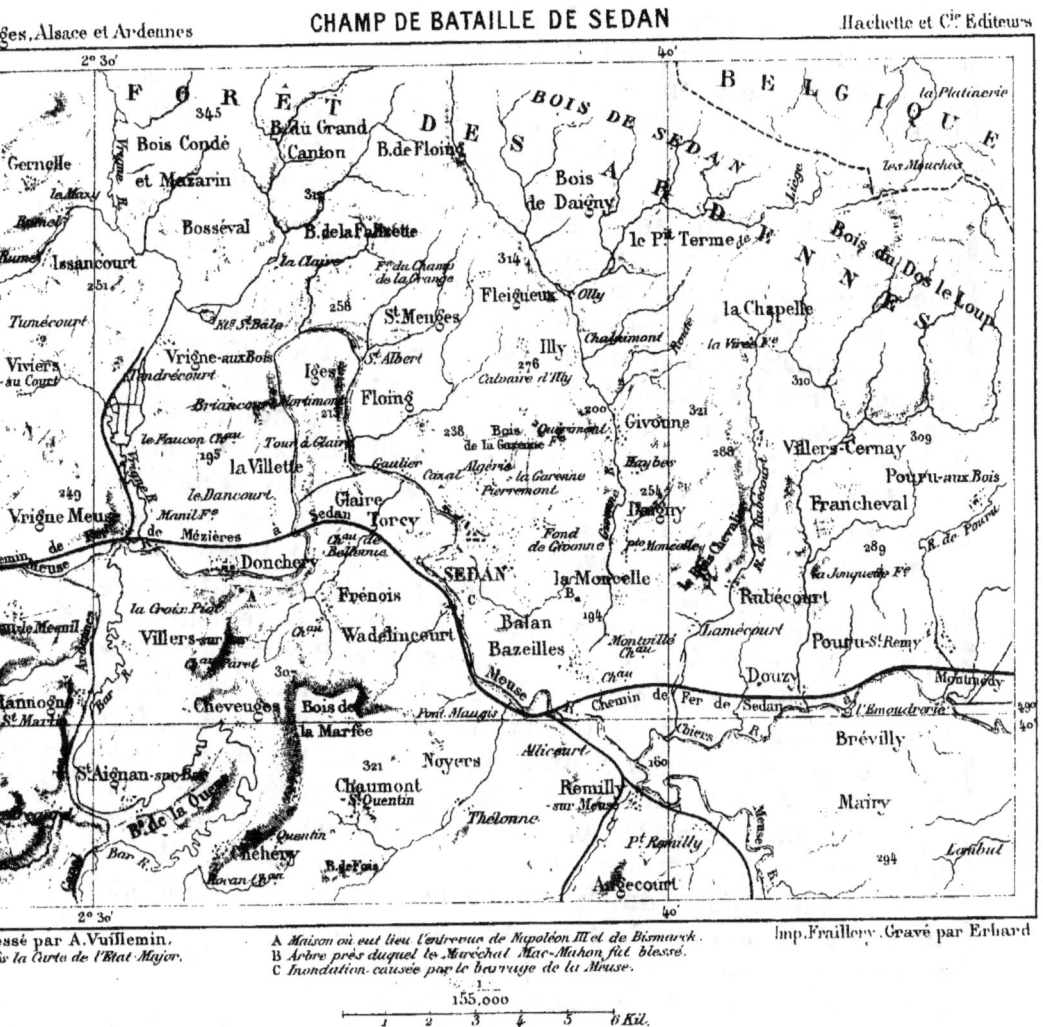

dérober pendant deux jours son mouvement aux armées allemandes du prince royal et du prince de Saxe, fortes de 240 000 hommes, qui se dirigeaient à marches forcées sur Paris.

Mais, le 25, en apprenant la décision prise par Mac-Mahon, ces armées se mettaient immédiatement à sa poursuite, et l'atteignaient dans les défilés de l'Argonne.

Le VII° corps, commandé par le général Ducrot, vivement inquiété dans sa marche, luttait un instant avec les Bavarois contre lesquels s'était imprudemment heurtée la division Conseil-Dumesnil. De son côté le général de Failly, commandant du V° corps, se laissait surprendre à Beaumont (V. R. 53).

Le 29, le général Lebrun avait passé la Meuse à Mouzon; le lendemain le 1er corps du général Ducrot la passait, un peu plus bas, à Remilly. Le général Douay, qui attendait avec impatience que la cavalerie du général Bonnemains lui laissât le passage libre, se portait peu après sur la rive droite du fleuve, que les troupes du général de Failly, dans la nuit du 30, parvenaient aussi, mais non sans peine, à franchir. Les Bavarois de von der Tann se précipitaient à leur suite, commençaient l'incendie de Bazeilles, mais, repoussés par la vigoureuse attitude de l'infanterie de marine du général de Vassoigne, ils se retiraient, tout en restant maîtres cependant du pont qu'on avait eu le tort de ne pas détruire.

Les deux armées allemandes avaient opéré leur jonction sur la rive g. de la Meuse, et s'appuyant l'une sur l'autre au S., étendaient maintenant leurs ailes vers le N., dans le but d'envelopper l'armée française en se rejoignant de nouveau sur le plateau d'Illy.

Du point culminant des hauteurs de *Frénois*, élevé de 307 mèt. au-dessus du niveau de la mer et situé non loin des communes de *Cheveuges* et de *Donchery*, où l'état-major allemand avait établi son quartier général, on a devant soi, au N.-E., la ville de Sedan, que dominent son château et un vieux camp qui existe encore. Derrière, s'étend un massif montueux, isolé, s'abaissant par le S. et par l'O. vers le fleuve qui traverse Bazeilles, passe au faubourg de Balan, inonde le champ de courses, baigne la ville, forme, peu après, par une boucle fortement dessinée, la presqu'île d'*Iges*, pour se redresser ensuite vers la petite ville de Donchery et de là se diriger vers Mézières.

Un demi-cercle de hauteurs enveloppe Sedan au N.; c'est sur ces collines qui, à vol d'oiseau, ne sont guère éloignées de la ville que de 2000 à 2500 mèt.; que le maréchal de Mac-Mahon plaça ses divers corps d'armée. Le XII° corps de Lebrun occupe *Bazeilles* et les hauteurs de *la Moncelle* à l'E. Plus loin, le 1er corps de Ducrot, s'étendant au delà du village de *Daigny*, touche à la gauche de Lebrun; le centre occupe *Givonne* et les approches du village plus important d'*Illy*. Le corps de Douay campe sur la ligne qui s'étend d'Illy à *Floing*. L'artillerie protège d'une manière presque continue tout le front de bataille.

La cavalerie (Bonnemains, Margueritte, Fénelon) s'arrête sur le plateau en arrière de Douay et de Ducrot. Quant au Ve corps de de Failly, dont le commandement vient d'être remis au général de Wimpfen, il est tellement éprouvé par l'affaire de Beaumont qu'il bivouaque, comme réserve, sous le vieux camp, au ravin du fond de Givonne, qui communique avec toutes les positions.

Si l'on porte son regard au-dessus de ce premier cercle de hauteurs, on aperçoit une série de positions plus fortes encore enveloppant celles que nous venons d'énumérer. C'est là que les armées allemandes vont se dérouler, agrandissant le théâtre de la lutte au fur et à mesure qu'elles se rapprocheront du point extrême, au N., où elles doivent de nouveau se rejoindre. Ce sont d'abord les hauteurs de *Noyers*, les *bois de la Marfée*, où le prince Frédéric-Maurice livrait autrefois bataille au maréchal de Châtillon, *Frénois*, la *Croix Piot*, qui commandent à l'O. la rive g. de la Meuse, et dominent Donchery; puis, à l'O., *Vrigne-aux-Bois*, les *bois de la Falixette*, les coteaux de *Saint-Menges*, les pentes de *Fleigneux*. Au N., au delà de la dépression d'Illy, s'étendent les vastes et épaisses forêts qui touchent à la Belgique et au travers desquelles se dessine la route de Liège. Enfin, à l'E., en face des hauteurs occupées par Ducrot et Lebrun, de l'autre côté de la vallée de la Givonne, se déroulent les positions de *Villers-Cernay*, du *bois Chevalier*, de *Montvillé*, et les coteaux qui, depuis Carignan, bordent la vallée de la Chiers. Toutes ces collines forment un immense amphithéâtre aux étages superposés, dominant le cercle intérieur occupé par l'armée française, et fermant toutes les issues et tous les passages par Mouzon comme par Mézières, par la Belgique comme par le Sud.

Le 31 au soir, on était soucieux dans le camp français; on ne se faisait pas illusion sur les périls de la situation. Le général Doutrelaine disait à Douay dans son bivouac de Floing : « Je pense que nous sommes perdus. — C'est aussi mon opinion, répondait Douay; il ne nous reste plus qu'à faire de notre mieux avant de succomber. » Une brume épaisse couvrait les vallées de la Meuse et de la Givonne, bien qu'il fît déjà grand jour, quand tout à coup, à quatre heures et demie du matin, le feu éclatait devant Lebrun, puis devant Ducrot. C'était la bataille de Sedan qui commençait.

Cette triste et sanglante journée peut se résumer en trois phases bien distinctes, marquées par trois commandements successifs, de même qu'elle se divise en trois actions principales : les combats devant Bazeilles et la Moncelle, ceux qui suivirent devant Daigny et Givonne, enfin les mêlées confuses et sanglantes du plateau d'Illy, qui furent le signal du désastre.

Les Bavarois de von der Tann, après avoir employé la nuit à disposer dix-huit batteries sur les pentes de la rive gauche de la Meuse, à l'O. de *Pont-Maugis*, franchissent ce fleuve et se portent brusquement sur Bazeilles. La brigade de marine de Martin des Pallières leur oppose une énergique résistance; leurs forces toujours croissantes sont toujours repoussées; la lutte continue pourtant et devient de plus en plus meurtrière. Bientôt les Saxons, pour soutenir les Bavarois, dirigent une attaque contre la gauche de Lebrun, qui occupe *la Moncelle*; là ils se heurtent contre les divisions de Grandchamp et Lacrételle. Plus loin, vers Daigny et Givonne, Ducrot engage l'action à son tour ; il jette dans la vallée de la Givonne la division de Lartigue, chargée de s'emparer des positions du *bois Chevalier*. Mais ces bois sont déjà occupés par le XII° corps saxon, qui s'y maintient en dépit de nos efforts pour le déloger.

Les V° et XI° corps de l'armée du prince royal, qui ont passé la Meuse à Donchery sur un pont qu'on a aussi malheureusement oublié de faire sauter, et à Dom-le-Mesnil sur un pont de bateaux, ne sont pas encore entrés en ligne ; ils se dirigent en toute hâte vers *Floing, Saint-Menges et Fleigneux* ; ils contournent la presqu'île d'Iges sur deux lignes, marchant parallèlement par *le Dancourt* et *Vrigne-aux-Bois*. Douay, auquel ils vont faire face, aura bientôt à leur tenir tête. La lutte continue avec acharnement à Bazeilles, où elle est en définitive avantageuse pour nos marins, que les Bavarois ne peuvent parvenir à entamer, lorsqu'un accident imprévu vient compliquer la situation. Dès le début de la bataille, le maréchal de Mac-Mahon est accouru vers le point le plus vivement attaqué, au pied de la Moncelle, à l'angle d'un champ, sur un tertre où a été élevée depuis une croix commémorative. Il est malheureusement atteint par un éclat d'obus et grièvement blessé. « Ramené à Sedan, il rencontre l'empereur qui vient se montrer sur ce champ de bataille, où il erre comme un fantôme (Ch. de Mazade : *la Guerre de France, 1870-1871*). »

A six heures du matin, l'armée a perdu son chef. Le général Ducrot, auquel le maréchal a remis le commandement, n'a qu'une idée fixe : tirer coûte que coûte l'armée de la situation périlleuse dans laquelle elle se trouve. Son objectif est de jeter l'armée entière sur le calvaire d'Illy, où les armées ennemies n'ont pas encore opéré leur jonction, et de prendre la direction de Mézières. Il insiste dans ce sens auprès de Lebrun, qui hésite à retirer du combat ses troupes qui tiennent énergiquement les Saxons et les Bavarois en échec. Ducrot donne ordre aux deux divisions du 1er corps, commandées par les généraux Pellé et Lhéritier, de remonter le plateau d'Illy, laissant seulement la division Lartigue aux prises avec les Saxons au delà de la Givonne; mais, au moment où ces divers mouvements reçoivent un commencement d'exécution, le général de Wimpfen réclame tout à coup le commandement en chef, auquel lui donne droit une lettre du ministre de la guerre dans laquelle il est désigné pour remplacer le maréchal de Mac-Mahon dans le cas où un malheur mettrait ce dernier dans l'impossibilité de garder le commandement.

Le premier acte du général de Wimpfen fut de ramener vers la Givonne les divisions Pellé et Lhéritier; mais, tandis qu'elles revenaient, la division Lartigue, engagée depuis le matin, et trop faible pour soutenir plus longtemps le choc de l'ennemi, se repliait en bon ordre sur le village de Daigny, qu'elle disputait encore un moment. Les généraux de Lartigue et Fraboulet de Kerléadec étaient blessés; le chef d'état-major, le colonel d'Audigné, restait sur le terrain, criblé de blessures. Les Saxons entrent alors dans *Daigny* et abordent les pentes occupées par nous; la droite du corps d'armée du général Ducrot commence à être sérieusement menacée par la garde prussienne, qui est arrivée devant le village de *Givonne*.

Il est dix heures. Le mouvement des armées allemandes commence à se dessiner. Le corps du général Ducrot a perdu du terrain, celui de Lebrun oppose encore une résistance opiniâtre aux Bavarois, toujours acharnés et qui ont mis toutes leurs forces en ligne. Les rues de *Bazeilles* et le parc du *château de Montvillé* se couvrent de leurs morts. Bazeilles, tout en feu, n'est bientôt plus qu'un amas de ruines fumantes. A onze heures, la lutte s'anime encore et s'étend. Le XIe corps prussien, venant de Donchery et précédant le ve corps, s'avance sur les pentes de Saint-Menges et de Fleigneux. Du côté opposé, la garde prussienne touche au plateau d'*Illy*. Le cercle est sur le point de se former. Douay, qui, jusqu'à ce moment, n'avait pas pris une part très active au combat, va avoir à soutenir le choc le plus rude. Un formidable feu d'artillerie s'ouvre sur lui. Le général de Wimpfen, courant de Lebrun à Douay, rencontre Ducrot, dont cette nouvelle attaque confirme les prévisions, et lui donne ordre de se porter au secours de Douay. Ducrot rallie une partie du v⁰ corps qui se trouve dans le bois de la Garenne, appelle à lui les divisions déjà éprouvées des généraux Pellé et Lhéritier et prépare une charge de cavalerie qui, débouchant par une dépression de terrain entre Floing et le bois de la Garenne, doit balayer tout ce qu'elle trouve devant elle pour se jeter ensuite, à droite, sur le flanc des lignes prussiennes en marche sur Illy. Au moment où l'intrépide général Margueritte s'avance audacieusement pour reconnaître le terrain, il tombe blessé à mort. Aussitôt le général de brigade de Galiffet prend le commandement. Il se précipite à la tête de ses cavaliers, brise la première ligne prussienne et va échouer sur la seconde. Les escadrons se replient, se reforment, s'élancent de nouveau, sans plus de succès; trois fois ils recommencent cette charge héroïque, qui arrachait au roi de Prusse placé sur les hauteurs de Frénois, ce cri d'admiration : « Oh! les braves gens! » mais ils ne parviennent pas à rompre la ligne de fer contre laquelle ils viennent se briser. Le général Tillard et nombre d'officiers sont tués. L'artillerie du général Forgeot s'avance à son tour avec intrépidité sur le plateau; en un instant les caissons sautent, les affûts sont brisés; deux batteries sont broyées par le feu convergent de 50 pièces ennemies. Ducrot s'épuise en efforts surhumains; il rallie ses bataillons, il les entraîne par son indomptable énergie, mais bientôt, accablés, ils cèdent, reculent. Artillerie, cavalerie, infanterie, pêle-mêle, descendent éperdues vers Sedan; c'est le signal de la déroute. Douay, dont les forces sont diminuées de deux brigades que Wimpfen lui a demandées pour soutenir Lebrun, fait alors d'héroïques efforts pour réoccuper cette position d'Illy dont il reconnaît toute l'importance. Cette courageuse tentative n'est pas plus heureuse que la première. Ses troupes résistent d'abord avec fermeté; son artillerie attaque avec vigueur; mais la position n'est bientôt plus tenable et les soldats abattus lâchent pied; la voix des chefs n'est plus entendue. Ces masses se dérobent aux obus qui sillonnent le plateau de toutes parts, et fuient vers Sedan où s'accumulent depuis le matin les blessés, les fuyards et les déserteurs du champ de bataille. Le 1er et le viie corps français n'existent plus. Le xiie corps de Lebrun a été obligé de se retirer vers le vieux camp et le faubourg de Balan. Le désordre est à son comble. Les rues et places de Sedan regorgent de soldats. Tous les corps sont mêlés et confondus. Les obus allemands ne cessent de pleuvoir sur cette foule éperdue, où ils font d'effroyables trouées.

Entre trois et quatre heures, l'empereur, bien qu'il n'en eût pas le droit, puisqu'il ne commandait pas, faisait hisser le drapeau parlementaire, que le chef d'état-major, le général Faure, faisait aussitôt abattre. Le général de Wimpfen, repoussant toute idée de capitulation, veut à tout prix tenter de percer les lignes bavaroises du côté de Carignan, mais, vains efforts, les soldats ne le suivent plus !

Cependant l'empereur recevait un officier parlementaire envoyé du roi de Prusse qui, chose étrange, ignorait la présence de Napoléon III à Sedan ; cet officier repartait accompagné du général Reille, porteur d'une lettre de l'Empereur qui ne contenait que ces quelques mots : « *N'ayant pu mourir à la tête de mes troupes, je remets mon épée à Votre Majesté !* » La reddition de l'empereur imposait à l'armée la nécessité de traiter. Toute lutte d'ailleurs était désormais impossible.

Le soir du 1er septembre, le général de Wimpfen, accompagné du général Faure et du général Castelnau, aide de camp de l'empereur, se rendirent à Donchery, où ils furent reçus par M. de Moltke, M. de Bismarck et le général de Blumenthal. M. de Moltke imposa les conditions suivantes : L'armée prisonnière de guerre avec armes et bagages, les officiers gardant leurs armes et prisonniers comme la troupe.

Le lendemain, à six heures, les généraux français, réunis en conseil, se résignaient à subir une capitulation à laquelle ils ne voyaient aucun moyen de se soustraire. En effet, il n'y avait plus que pour un jour de vivres dans la place ; 500 bouches à feu étaient pointées sur le dernier refuge d'une armée démoralisée par une lutte effroyable contre les 240 000 ennemis qui l'entouraient, fermant toutes les issues, tous les passages. Au même moment l'empereur se rendait à Donchery, où il croyait trouver le roi Guillaume, et ne rencontrait que M. de Bismarck, qui le recevait dans une petite maison d'ouvrier tisseur située à 4500 mèt. env. de Sedan, sur la gauche de la route, non loin du pont jeté sur la Meuse en face de Donchery. A neuf heures, la capitulation était signée dans le *château de Bellevue*, situé à 250 mèt. env. au N. de la route de Mézières à Sedan et à 3000 mèt. de cette dernière ville. C'est dans ce même château que, à 1 h. de l'après-midi, eut lieu l'entrevue du roi Guillaume et de l'empereur ; c'est là que

[ROUTE 52] BATAILLE DE SEDAN.

Napoléon III osait dire à son vainqueur « *qu'il n'avait pas voulu la guerre, que l'opinion publique de la France l'y avait forcé* ». Il partait ensuite pour Wilhelmshöhe, tandis que l'armée française allait subir pendant dix jours dans la presqu'île d'Iges, transformée en prison, toutes les humiliations et toutes les souffrances.

Cette désastreuse bataille de Sedan, qui avait mis 10 000 Allemands hors de combat, coûtait à la France 11 000 hommes, 20 généraux, un grand nombre d'officiers tués ou blessés. Aux termes de la capitulation, les officiers pouvaient rentrer en France après avoir pris l'engagement d'honneur de ne plus porter les armes contre l'Allemagne ; mais plus de 80 000 de nos soldats allèrent expier, dans une dure captivité, l'imprévoyance de ceux qui les avaient jetés sur ce champ de bataille.

De Sedan à Nancy, par Verdun et Lérouville ou par Conflans-Jarny, R. 53.

A dr., *château de Donchery*, où a été signée la capitulation de Sedan, le 2 septembre 1870 (*V.* ci-dessus). — On franchit la Meuse, puis on passe sur deux viaducs.

155 k. *Donchery*, v. de 1909 h., où Henri IV séjourna en 1606, lorsqu'il vint assiéger Sedan. — *Église* du commencement du xvi° s. (belles fenêtres). — *Mur d'enceinte*, reste d'anciennes fortifications.

158 k. *Vrigne-Meuse*, d'où un embranchement mène à *Vrigne-aux-Bois*.

On découvre à dr., au delà de la Meuse, *Dom-le-Mesnil* (838 h.), près duquel le canal des Ardennes a son origine. Cette belle voie navigable, qui traverse le département des Ardennes, où elle a un développement de 105 107 mèt., met en communication la vallée de la Meuse et celle de l'Aisne.

161 k. *Nouvion*, 335 h. — *Église* du xv° s., à créneaux et mâchicoulis (à l'int., dans le bas-côté de g., *porte* du style ogival flamboyant; dans la chapelle des fonts baptismaux, *panneaux* sculptés).

A g., *Lumes* (309 h.; ruines d'un *château fort* du xvi° s.).

On franchit la Meuse sur un pont-viaduc (7 arches), puis on traverse la grande tranchée de *Villers*, longue de 800 mèt. — A Mohon (R. 54) la ligne de Sedan rejoint celle de Mézières à Reims.

167 k. Mézières (R. 54).

B. Par Pagny-sur-Moselle et Conflans-Jarny.

184 k. — Chemin de fer.

DE METZ A PAGNY-SUR-MOSELLE

20 k. — Chemin de fer. — Trajet en 35 m. à 1 h. env. — 1 m. 70 pf 1 m. 20 pf.; 80 pf.

Pour la description de cette route, *V.* R. 48, *B*, en sens inverse.

DE PAGNY-SUR-MOSELLE A MÉZIÈRES

PAR CONFLANS-JARNY

164 k. — Chemin de fer. — Trajet en 5 h. 35 à 6 h. 25. — 20 fr. 20; 15 fr. 10; 11 fr. 10.

De la station de Pagny, on suit, l'espace d'env. 1 k. 1/2, la ligne de Metz, puis on la laisse à dr., pour se diriger au N., puis à l'O., en quittant la vallée de la Moselle et s'engageant dans celle de la Made.

3 k. *Arnaville*, v. de 851 h.; chapelle du xv° s. — On remonte la rive dr. de la Made.

8 k. *Onville*, v. de 469 h.

[D'Onville, un embranchement, remontant la vallée de la Made, conduit, par (6 k.) *Rembercourt*, v. de 546 h., à (11 k.) *Thiaucourt*, v. de 1460 h.; chapelle du xv° s.]

La voie ferrée franchit la Made, puis, décrivant une grande courbe, se dirige au N.-O., en traversant une région accidentée.

17 k. *Chambley*, 678 h. — La voie ferrée se dirige au N.

23 k. *Mars-la-Tour*, v. de 707 h. — *Monument funèbre* à la mémoire des soldats morts pour la patrie en 1870 (V. R. 48; bataille de Rezonville).

32 k. *Conflans-Jarny* (V. R. 48, A).

La voie ferrée croise la ligne de Verdun à Metz et laisse à dr. l'embranchement de Briey (V. R. 48, A), en se dirigeant au N.-O.

39 k. *Fiquelmont* (halte), ham.

45 k. *Gondrecourt*, v. de 475 h., près d'un étang. — A 1 k. N.-O., *Aix*, ham. desservi par la même station. — On longe à dr. l'Othain.

51 k. *Baroncourt*, ham. — On traverse l'*étang des Pâquis*.

58 k. *Spincourt*, ch.-l. de c. de 400 h., sur l'Othain. La voie ferrée se dirige au N.

68 k. *Arrancy*, 803 h. (château ruiné).

74 k. Longuyon, et 90 k. de Longuyon à Mézières (V. ci-dessus, A).

164 k. Mézières (R. 54).

ROUTE 53.

DE SEDAN A NANCY

A. Par Verdun et Lérouville.

213 k. — Chemin de fer.

DE SEDAN A LÉROUVILLE

149 k. — Chemin de fer. — Trajet en 4 h. 40 et 6 h. 45. — 18 fr. 35; 13 fr. 75; 10 fr. 10.

La voie ferrée remonte le cours de la Meuse en longeant toujours la rive g.

6 k. Pont-Maugis (R. 52, A). — On laisse à g. la ligne de Longuyon, puis à dr. l'embranchement de Raucourt (R. 52, A).

8 k. *Remilly-sur-Meuse*, v. de 1153 h., au S. de l'embouchure de la Chiers dans la Meuse, dont

on continue à remonter la rive g.

14 k. *Autrecourt*, 725 h. — On franchit un ruisseau.

17 k. **Mouzon**, ch.-l. de c., v. de 1887 h. — Belle *église* des XIII° et XV° s., récemment restaurée, d'une ancienne abbaye de bénédictins (deux tours; à l'int., pierres tumulaires des XV° et XVI° s.). — *Château de Gévaudan*.

La voie ferrée suit les grandes sinuosités de la Meuse, sur sa rive g.

27 k. *Létanne-Beaumont*.

[A 2 k. au S.-O. de *Létanne*, v. de 322 h., se trouve la petite ville de **Beaumont** (1199 h.), où, le 30 août 1870, deux jours avant la bataille de Sedan, le corps d'armée du maréchal de Mac-Mahon, commandé par le général de Failly, eut à soutenir contre les troupes allemandes un combat des plus vifs.

Beaumont est situé sur l'un des versants de l'Argonne, dans une sorte d'hémicycle fermé au S. par la *forêt de Dieulet* et couvert au N. par une série de collines, *les Glorlettes*.

Le général de Failly, qui ne pouvait ignorer que le prince de Saxe était auprès de lui avec les IV° et XII° corps et la garde, s'était arrêté sous Beaumont pour donner à ses troupes le temps de se reposer. Dans cette situation dangereuse il montrait la plus étrange sécurité. Aucune des dispositions exigées par la prudence la plus élémentaire n'avait été prise. L'armée du prince de Saxe, portant son centre sur les campements français au S. de Beaumont, étendait son aile droite vers la Meuse et *Létanne*, et son aile gauche jusqu'à *la Thibaudine*, sur la route de Stonne. Elle tenait le général de Failly sous le feu de ses batteries à 400 mèt. de distance. Ce fut d'abord dans le camp français une confusion indescriptible d'hommes et de chevaux; mais bientôt ces 7000 à 8000 soldats se jettent sur leurs armes, et la division Goze, unie aux deux brigades Nicolas et Saurin, parvient à tenir en échec les forces imposantes qui se trouvent devant elles. Toutefois la lutte était trop disproportionnée pour qu'elle pût se prolonger. Les troupes massées au S. de Beaumont étaient obligées de se replier, laissant une partie de leur matériel et des prisonniers aux mains de l'ennemi.

Pendant deux heures encore, le général Fontanges défendit avec la dernière énergie la position de *la Harnoterie*, permettant ainsi aux trois brigades envoyées de Mouzon par le général Lebrun au secours de de Failly, de dégager ce corps d'armée et de couvrir sa retraite, qui put s'effectuer vers Mouzon.

Le combat de Beaumont a coûté 3000 hommes aux armées allemandes. Les Français y perdirent une partie de leur artillerie, 1800 hommes et 3000 prisonniers.]

On franchit la Wammé.

31 k. *Pouilly*, 503 h. — La voie ferrée, décrivant une grande courbe, contourne la forêt de Jeaunet. — A g., sur la rive dr. de la Meuse, *Inor*, 559 h. (ancien château). — La voie ferrée se dirige vers le S.

41 k. **Stenay***, ch.-l. de c. de 3206 h., sur la rive dr. de la Meuse. — Forge importante, scierie hydraulique, mines de fer. — Des monuments antiques ont été découverts dans cette ville et aux environs.

On laisse à dr., à l'O., *Laneuville-sur-Meuse*, 585 h., et la forêt de Dieulet. — La vallée de la Meuse s'élargit beaucoup.

48 k. *Saulmory-Mont*, station desservant *Saulmory-et-Villefranche* (298 h.; restes de fortifications) et *Mont-devant-Sassey* (490 h.; belle *église* romane).

54 k. *Dun-Doulcon*, station desservant *Doulcon*, v. de 257 h., et **Dun-sur-Meuse**, ch.-l. de c. de 984 h. — Ruines d'un *château*. — *Souterrain* (bien conservé) qui, partant de la haute ville, aboutit à une montagne voisine. — Dans la haute ville, jolie *église* avec pierres tombales.

60 k. *Brieulles*, 794 h.

64 k. *Vilosnes-Sivry*, 464 et 879 h., sur la rive dr. de la Meuse (beau moulin et pont).

71 k. *Consenvoye*, 660 h., sur la rive dr. (beau pont).

76 k. *Regnéville*. — On contourne vers l'O. un grand détour de la Meuse.

81 k. *Cumières*.

88 k. *Charny*, 420 h., ch.-l. de c.

94 k. Verdun (R. 48, A).

La voie ferrée croise la ligne de Châlons, s'élève en contournant Verdun et domine la vallée de la Meuse.

102 k. *Dugny*, 801 h.; clocher des XII° et XIV° s.

107 k. *Ancemont*, 526 h. — En face, sur la rive dr., *Dieue-sur-Meuse*, 915 h.

113 k. *Villers-Benoîte-Vaux*.

On laisse à g. *Lacroix-sur-Meuse*, 875 h.; *église* gothique moderne.

123 k. *Bannoncourt*. — On traverse des prairies. — En approchant de Saint-Mihiel, on voit à l'E. les *Falaises de Saint-Mihiel*, grands rochers dominant la Meuse.

132 k. **Saint-Mihiel** *, ch.-l. de c., V. de 5915 h., sur la rive g. de la Meuse; elle se compose de la *ville neuve*, comprenant les quartiers les plus rapprochés de la Meuse, et du *bourg*, qui s'étend sur le versant S. d'une colline dominant le fleuve.

Église paroissiale, bel édifice du XVII° s.; dans la chapelle des fonts baptismaux, charmante sculpture attribuée à Ligier Richier : *Enfant jouant avec deux têtes de morts*; au fond du chœur, *Vierge défaillante*, groupe en bois, également attribué au célèbre artiste lorrain. — *Église Saint-Étienne*; admirable et célèbre *groupe*, par Ligier Richier, représentant, sous le nom de **saint-sépulcre**, la *Mise au tombeau de Jésus-Christ*.

Hôtel de ville moderne. — *Anciennes maisons*, rue du Rempart et rue Notre-Dame. — *Monument commémoratif* (par M. Martin Poirson), élevé par les habitants de Saint-Mihiel à leur compatriote, le général Blaise, tué le 21 décembre 1870 à Ville-Évrard (siège de Paris). — *Fontaine* monumentale sur la place des Halles. — *Pont* en pierre sur la Meuse. — *Promenade de Procheville* et *promenade des Capucins*.

La voie ferrée contourne vers l'O. un grand détour de la Meuse. — Vastes prairies.

139 k. *Les Kœurs*, station qui dessert les villages de *Kœurs-la-Petite* (454 h.) et *Kœurs-la-Grande* (319 h.); ce village possédait autrefois un château fort habité par René d'Anjou et par sa fille Marguerite, reine d'Angleterre. Louis XIII y avait son quartier général lors du siège de Saint-Mihiel, en 1635.

143 k. *Sampigny*, 1033 h.; ancien château, transformé en caserne.

On se rapproche de la ligne de Paris-Strasbourg.

149 k. Lérouville.

DE LÉROUVILLE A NANCY

64 k. — Chemin de fer.

64 k. de Lérouville à Nancy (*V*. R. 1).
213 k. de Sedan. Nancy (R. 1).

B. **Par Longuyon, Conflans-Jarny et Pagny-sur-Moselle.**

180 k. — Chemin de fer.

71 k. de Sedan à Longuyon (*V*. R. 52, A, en sens inverse).
74 k. de Longuyon à Pagny-sur-Moselle, par Conflans-Jarny (*V*. R. 52, B, en sens inverse).
27 k. de Pagny à Frouard (*V*. R. 48, B).
8 k. de Frouard à Nancy (*V*. R. 1).
180 k. Nancy (R. 1).

ROUTE 54.

DE PARIS A GIVET

PAR REIMS ET MÉZIÈRES-CHARLEVILLE

324 k. — Chemin de fer. — Trajet en 8 h. et en 10 h. — 58 fr. 40; 28 fr. 80; 21 fr. 10.

DE PARIS A REIMS

172 k. — Chemin de fer. — Trajet en 3 h. 25, 4 h. et 5 h. — 19 fr. 65; 14 fr. 75; 10 fr. 80.

142 k. de Paris à Épernay (*V*. R. 1).

La ligne de Reims, se détachant de la ligne de Paris à Strasbourg (à g.), à 800 mèt. env. au delà d'Épernay, franchit la Marne et le canal latéral à la Marne.

143 k. *Ay*, ch.-l. de c. de 5396 h., au pied du coteau si connu par son vignoble.

147 k. *Avenay*, 1075 h.

152 k. *Germaine* (halte), 436 h.

A 2 k. env. au delà de Germaine, on passe dans un tunnel (3250 mèt.) percé sous la *montagne de Reims*, à 110 mèt. au-dessous de son point culminant, qui est à 274 mèt. d'alt.

159 k. *Rilly-la-Montagne*, 1304 h. — On franchit la Vesle et le canal de l'Aisne à la Marne.

172 k. Reims (buffet à la gare).

REIMS

Situation

Reims*, ch.-l. d'arr. du départ.

de la Marne, V. de 93 823 h., est située près de la Vesle, dont le canal de l'Aisne à la Marne la sépare. Bien que simple sous-préfecture, Reims est de beaucoup la ville la plus considérable du département, tant par ses magnifiques édifices religieux et civils que par son industrie et son commerce.

Histoire.

Reims, à l'époque de la conquête des Gaules par César, portait le nom de *Durocortorum*; c'était une ville importante, qui fut une des premières à accepter le joug du vainqueur. Sous la domination romaine, elle devint de plus en plus florissante et prit le nom des *Remi*, dont elle était la capitale. Entourée de remparts, percée de 4 portes, elle renfermait de somptueux édifices, dont plusieurs ont laissé des débris récemment découverts.

Saint Sixte et saint Sinice y prêchèrent l'Évangile vers 352. En 406, les Vandales s'en emparèrent et massacrèrent saint *Nicaise* sur le seuil même de l'église qu'il venait de fonder; enfin Attila la détruisit presque entièrement en 451. La conquête franque eut pour Reims de meilleurs résultats. Un de ses évêques, saint Remi, devint l'ami de *Clovis*, le convertit et le baptisa (496). Depuis cette époque, les rois de la seconde et de la troisième race voulurent être sacrés à Reims avec l'huile de la sainte ampoule qui, d'après la tradition, avait été apportée du ciel par un ange lors du baptême de Clovis et qui était conservée à l'abbaye de Saint-Remi.

Chilpéric I*er* s'empara de Reims en 563, et Charles Martel en 720. Pépin et Charlemagne y eurent une entrevue avec les papes Étienne III et Léon III. Louis le Débonnaire y fut couronné en 816 par Étienne IV. L'évêché de Reims était devenu archevêché en 774.

Pendant les querelles de dynastie qui ensanglantèrent le x° s., la ville de Reims eut à subir quatre sièges en 60 ans. Les Rémois ne parvinrent à se soustraire à l'autorité temporelle de leurs archevêques qu'en 1138, époque à laquelle ils purent enfin obtenir les libertés communales.

Le concile, présidé par Calixte II, qui excommunia l'empereur Henri V, fut tenu dans cette ville en 1119. Un autre concile, en 1148, y condamna les doctrines d'*Éon* et de *Gilbert de la Porée*.

Inutilement assiégée par les Anglais en 1360, Reims leur fut cédée par le traité de Troyes (1420), et elle ne parvint à secouer leur joug qu'à l'arrivée de Jeanne d'Arc, qui vint y faire sacrer Charles VII.

Sous Louis XI, en 1461, une révolte, dite de *Miquemaque*, occasionnée par l'impôt sur le sel, y fut sévèrement réprimée.

En 1585, à l'instigation de *Louis de Guise*, son archevêque, Reims suivit la fortune des Ligueurs; elle ouvrit ses portes au duc de Mayenne, et ne se soumit à Henri IV qu'après la bataille d'Ivry.

Pendant la campagne de 1814, Reims fut plusieurs fois occupée et rançonnée par les envahisseurs. Les Russes s'en étaient emparés le 16 février 1814, malgré sa belle défense; ils en furent chassés le 5 mars par le général Corbineau. Réoccupée de nouveau par les Russes, *Reims* fut délivrée par *Napoléon*, le 13 du même mois, après une bataille où les Russes perdirent 6000 hommes et 22 pièces de canon.

Il existait à Reims une compagnie d'arquebusiers qui, fondée en 1537 par François I*er*, jouissait de grands privilèges et qui ne fut supprimée qu'à la Révolution

Parmi les hommes remarquables nés à Reims, nous mentionnerons : Colbert; le teinturier Gobelin, qui donna son nom à la célèbre manufacture; l'écrivain Henri-Nicolas Linguet, mort sur l'échafaud le 8 thermidor 1793; Antoine Pluche; le bénédictin dom Thierry Ruinart; le maréchal comte Drouet d'Erlon, et enfin le célèbre graveur Robert Nanteuil.

Direction.

En sortant de la gare, on trouve sur le *boulevard du Chemin-de-Fer* un bureau de tramway, d'où l'on peut se diriger, soit à g. vers l'hôtel de ville, soit à dr. vers la cathédrale. Prenant à dr., on contourne le *square Colbert* (statue de Colbert), on croise le *boulevard des Promenades* et, par la *place Drouet d'Erlon* (statue du maréchal), la *rue de l'Étang Saint-Pierre* et la *rue de Talleyrand*, on arrive à la *rue de Vesle*, on passe entre le théâtre et le palais de justice, et l'on débouche sur la *place du Parvis*. De là, on peut, toujours en tramway, longer le flanc N. de la cathédrale et, par la *rue du Cloître*, la *place Royale* (bureau de tramway; statue de Louis XV), la *place des Marchés* et la *rue Colbert*, gagner l'hôtel de ville, d'où, par la *rue Thiers*, on revient à la gare.

Si l'on veut voir la ville plus complètement, de la place du Parvis, par la rue de l'Étang Saint-Pierre (hospice Saint-Marcoult à dr.), la *rue Gambetta*, la *place Saint-Maurice* et l'école de Médecine, on se rend à la *place de l'Hôtel-Dieu*. De là, quittant le tramway, on va, par la *place Saint-Remi* (église Saint-Remi à g.) et la *rue Saint-Julien*, à la *place Saint-Timothée* et à la *rue du Barbâtre*, où passe une ligne d'omnibus. Remontant au N., on laisse à g. l'hôpital général, le couvent des Carmélites et le pensionnat de l'Enfant-Jésus; à dr., le petit séminaire; à g., le lycée; à dr., la *place Godinot* (*fontaine monumentale*), la sous-préfecture; et l'on atteint la place Royale, d'où part la longue *rue Cérès*, qui se dirige vers le faubourg de Cérès (esplanade Cérès; église Saint-André) et que parcourt une ligne d'omnibus. De la place Royale on revient, par la rue Colbert, l'hôtel de ville et la rue Thiers, à la gare.

Édifices religieux.

Cathédrale, un des plus beaux édifices du style ogival que possède la France, commencée en 1212 et terminée seulement au xve s. Elle avait été conçue d'après un plan très vaste, mais le manque de ressources obligea de restreindre les dimensions des parties supérieures, dont les proportions ne sont pas en rapport avec la puissance des soubassements. Telle qu'elle est, la cathédrale de Reims n'en forme pas moins un monument admirable.

La *façade* (xive s.) comprend

trois magnifiques entrées, à voussures profondes, ornées de tout un monde de sculptures. Les sculptures de la porte du milieu, dont le trumeau supporte la statue de la Vierge, représentent *l'histoire d'Adam et Ève*, l'*Annonciation*, la *Visitation*, la *Présentation au Temple*, etc.; les statues en plein relief, des ancêtres de la Vierge, des anges, des martyrs, etc. L'arcade de g. est consacrée dans son ensemble à la *Vie de Jésus-Christ*, et l'arcade de dr. à l'*Histoire du dernier jour du monde* écrite dans l'Apocalypse. — Entre les deux *tours*, hautes de 83 mèt., qui s'élèvent à l'aplomb des portes N. et S., est percée, au-dessus de la porte centrale, la *grande rose*, l'une des plus belles que l'on connaisse. — Le deuxième étage est rempli par une série de niches ogivales, abritant chacune un personnage de taille gigantesque. — Le transsept N. est percé de deux portes magnifiques (*statue du Christ*, dite *du Beau-Dieu*). — Au-dessus de l'abside s'élève une flèche élégante en bois et en plomb, appelée *clocher de l'Ange*, haute de 18 mèt. et supportée par huit cariatides; elle doit son nom à un ange en cuivre qui la couronne.

L'intérieur mesure 149 mèt. de longueur sur 30 mèt. 13 de largeur et 49 mèt. 45 au transsept; la hauteur des grandes voûtes est de 38 mèt. Les chapiteaux des grosses colonnes, qui soutiennent les arcades de la grande nef présentent une flore variée, traitée avec luxe. — *Chœur* (belles *grilles* exécutées de 1826 à 1832) entouré de sept chapelles profondes. — Beaux **vitraux** du xiiie s. aux trois roses et à la plupart des grandes fenêtres; ceux du chœur ont chacune pour sujet quatre personnages, deux rois de France et deux archevêques de Reims. — Curieuse *horloge* (xive s.) en bois peint et à personnages allégoriques, au-dessus de la sacristie. — *Buffet d'orgues* (1481), à g., vis-à-vis du sanctuaire; il a été presque entièrement réparé en 1849. — *Urnes* en or contenant les cœurs des cardinaux de Lorraine et Gousset. — *Pierres tumulaires*. — *Tableaux*, parmi lesquels nous signalerons : *Jésus-Christ apparaissant à la Madeleine*, attribué à Titien; la *Nativité de Jésus-Christ*, par le Tintoret; le *Lavement des pieds*, par Muziano; *Jésus expirant sur la Croix*, par Germain de Reims. — Belle collection d'anciennes **tapisseries** : 1° *tapisseries du Fort roi Clovis*, données en 1573 par le cardinal de Lorraine, mais plus anciennes, au nombre de deux; 2° quatorze tapisseries données en 1530 par Robert de Lenoncourt; 3° *tapisseries* dites *de Pepersack* et *des Cantiques*, œuvres du xviie s.; 4° deux superbes *tapisseries des Gobelins*, données en 1848 par le gouvernement. Une description de toutes ces tapisseries a été publiée par M. Ch. Loriquet, bibliothécaire de la ville. — *Trésor* renfermant de précieux ouvrages d'orfèvrerie : riches *reliquaires* de diverses époques; *ostensoir* du xiii° s.; *calice* en or du xii° s.; *Christ* en ivoire d'un beau travail; *bâton de saint Gibrien*, fragment d'une crosse du xii° s.; *reliquaire de la Sainte-Ampoule*, fait pour le sacre de Charles X; *vases* et *ornements* des sacres de Louis XIII, de Louis XIV, de Louis XV, de Louis XVI et de Charles X.

Église Saint-Remi (à l'extrémité S. de la ville), la plus ancienne de Reims et la plus remarquable après la cathédrale, commencée en 852, reconstruite en partie en 1005 et consacrée en 1049 par le pape saint Léon, après avoir reçu de notables additions; mais plusieurs parties sont de 1162, notamment le rond-point, le portail et les deux clochers; enfin la façade du transsept S. est de 1481. — La façade (1162), malheureusement altérée par des restaurations modernes, se compose au rez-de-chaussée de trois portes et de deux fenêtres; cinq fenêtres occupent le premier étage, surmonté d'une rose fort simple entourée d'arcatures. Tous les arcs sont en ogive, excepté ceux des clochers, appartenant au style roman pur. — Le transsept S., du style ogival flamboyant, est percé d'un beau *portail* surmonté d'un vaste vitrail. — L'intérieur (110 mèt. de longueur sur env. 24 de largeur), vaste, largement éclairé, d'un effet grandiose, appartient à l'architecture romane. La voûte a été reconstruite il y a quelques années. Au-dessous, tant dans les arcades qui donnent entrée dans les basses nefs, que dans les ouvertures de la tribune qui règne au-dessus de ces dernières, le xi° s. et le xii° se marient de manière à donner à l'ensemble une sorte d'unité. — Chœur (ouvertures en ogive) enveloppé d'un élégant déambulatoire, sur lequel s'ouvrent 5 chapelles absidales. — Derrière le grand autel, *tombeau de saint Remi* (Renaissance), entouré de statues représentant les 12 pairs de France; au chevet se voit le saint baptisant Clovis. Ce monument, détruit pendant la Révolution, a été complètement refait en 1847; les statues, en pierre de liais, sont les seuls restes de l'ancien mausolée. — Belle clôture du chœur, en marbre (époque de Louis XIII). — Magnifiques *vitraux* de la nef (xii° s.) et du chœur (xiii° s.). — *Pavés incrustés* du xiv° s. — *Émaux* de Limoges. — *Tapisseries* du xvi° s., reproduisant différents épisodes de la vie de saint Remi. — *Tableaux*.

Église Saint-Jacques (près de la rue de Vesle). Nef de 1183; chœur et chapelles des xv° et xvi° s., élégant clocher, du xvii° s. A l'int. : beau *crucifix* (près de la voûte, entre la nef et le chœur) dû à Pierre Jacques, artiste rémois; tableau attribué au Guide (la *Trinité*). — *Église Saint-Maurice* (rue Gambetta). Portail et nef modernes; chapelle de la Vierge, du style ogival fleuri; tableaux estimés. — *Église Saint-Thomas* (faubourg de Laon), dans le style ogival, et *église Saint-André* (faubourg de Cérès), dans le style roman (nef remarquable), édifices modernes.

Édifices civils.

Palais archiépiscopal (à dr. de la cathédrale), construit de 1498 à 1509, en partie rebâti en 1675 par l'archevêque Le Tellier. — A l'int. : belles salles, entre autres celle, dite *salle du Tau*, où se servait le festin royal à l'époque des sacres (immense *cheminée* dans le goût du XV° s.; *médaillons* représentant des archevêques de Reims et les portraits de 14 rois); cinq vastes *pièces* formant l'appartement des rois lorsqu'ils venaient se faire sacrer ; *chapelle*, construction très pure du XIII° s. à piliers butants intérieurs.

Hôtel de ville, un des plus magnifiques édifices du genre, commencé en 1627 et continué de 1823 à 1880. — Façade composée d'un corps principal de bâtiment dont les ailes sont appuyées à 2 pavillons, et ornée de 68 colonnes, soit d'ordre corinthien, soit d'ordre dorique (dans le fronton, *statue équestre de Louis XIII* ; élégant *campanile* s'élevant à une grande hauteur au-dessus du fronton). L'ensemble de l'édifice forme un carré long, avec pavillons aux angles.

Grand théâtre, élégante construction dont l'intérieur est décoré avec goût. — *Palais de Justice.* — *Marché couvert* et *abattoirs.* — *Hôpitaux*, etc.

Maisons anciennes. — *Maison des Musiciens* (rue de Tambour), des XIII° et XIV° s., ornée de figures de musiciens dans un style excellent. — *Maison du* XV° s. (place des Marchés), avec façade en bois. — *Maison de la Renaissance* (rue du Marc). — *Hôtel Montlaurent* (XVI° s.), rue du Barbâtre. — *Maison du* XVI° s., avec 2 statues (rue de l'Arbalète). — *Hôtel de Joyeuse* (place de l'Hôtel-de-Ville). — *Hôtel de Chevreuse* (rue de Gueux). — *Maison du Long-Vêtu* (rue de Cérès), où est né Colbert. — *Hôtel de la Maison-Rouge* (parvis de la cathédrale), contigu à *l'hôtel de l'Ane-Rayé*, qu'habita Jeanne d'Arc lorsqu'elle vint faire sacrer le roi Charles VII en 1429 (l'inscription qui porte que Jeanne d'Arc habita l'hôtel de la Maison-Rouge est fautive à cet égard). — *Portes* de maisons du XIII° s.

Musée. — Bibliothèque publique.

Musée (à l'hôtel de ville). Parmi les tableaux qu'il renferme, nous citerons :

Cima da Conegliano. La Sainte Fa-

[ROUTE 54] REIMS : — ÉDIFICES CIVILS. 515

mille. — *Bernardino Luini*. La Vierge. —. *Van Mol*. Descente de croix. — *Téniers le jeune*. Fête de village. — *Gonzalès Coques*. Vieillard entre deux femmes. — *Van der Werff*. Samson et Dalila. — *Simon Verelst*. Fleurs. — *Holbein*. Portrait. — *Cranach l'aîné*, 8 portraits. — *Cranach le jeune*. 3 portraits. — *J.-P. Hackert*. Paysages. — *Maître rémois*, de la fin du xvᵉ s. Vie et Passion de Jésus-Christ. — *Poussin* (Attribué à). Les Aveugles de Jéricho. — *Maître inconnu*. Portrait de Henry de Lorraine, marquis de Morry. — *Dubois*. Louis le Grand à l'âge de 37 ans. — *Mignard*. Portrait de Louvois. — *Rigaud*. Louis XV enfant. — *Ant. Coypel*. Silène et la nymphe Eglé. Anachorète endormi. — *Van Loo*. Femme en costume de pèlerin, etc.

Vue de Reims au xviᵉ s. — *Portraits* et *bustes* de Rémois célèbres. — *Émaux* de Limoges. — Riche collection de dessins. — Collection d'antiquités préhistoriques, gallo-romaines et du moyen âge; nous signalerons notamment le *cénotaphe de Jovin*, longtemps conservé dans l'église de Saint-Nicaise, puis dans la cathédrale. Ce monument, en marbre blanc, long de 2 mèt. 78, est orné d'un bas-relief représentant une chasse au lion.

Bibliothèque publique, *archives municipales* et *médaillier* installés à l'hôtel de ville (le public y est admis t. l. j. de 10 h. à 4 h., excepté le lundi). — La bibliothèque (80 000 vol. et 1500 man.) contient des collections de premier ordre : Bibles polyglottes; recueils des conciles, des Pères de l'Église, des historiens de France; encyclopédies; Bibles de Robert Estienne, de Mortier, de Defer; livres d'une valeur hors ligne par les souvenirs historiques qui s'y rattachent, par leur splendide exécution ou leur insigne rareté (*Hipp. Salviani aquatilium animalium historia. Romæ* 1554; *Voyage et pèlerinage de la cité Sainte de Jérusalem*; *livre d'heures* de Marie Stuart; un *Homère* de 1488; un exemplaire de la première édition du *Concile de Trente*; la *Mer des histoires* de 1488, etc.); cabinet du roi, présent de Louis XIV à l'archevêque de Reims Le Tellier; galeries de Crozat, du Luxembourg, de Versailles, de Florence, du Palais-Royal de Vienne, etc.; recueils de publications académiques, journaux et gazettes rares des xviiᵉ et xviiiᵉ s., etc.

Places, statues, promenades, antiquités.

Place Royale, construite sur les plans de Soufflot (*statue*, en bronze, *de Louis XV*, par Cartelier, avec des figures allégoriques par Pigalle). — *Place Drouet d'Erlon*, belle avenue plantée d'arbres (*statue*, en bronze, *du maréchal Drouet d'Erlon*). — *Place de l'Hôtel-de-Ville* (V. ci-dessus). — *Place Godinot*; fontaine monumentale consacrée au souvenir du chanoine Godinot, qui, par ses libéralités, a contribué à donner à Reims une distribution d'eau (1753). — Les *promenades*, formées de belles avenues qui s'étendent de la porte de Mars au canal de l'Aisne (au centre, dans un parterre, en face de la gare, *statue*, en bronze, *de Colbert*).

Porte de Mars (à l'extrémité N. des avenues), arc triomphal élevé, selon l'opinion la plus accréditée, au IV° s. La façade se compose de 3 arcades ornées de sculptures (les *Mois de l'année*, il n'en subsiste plus que 7; *Rémus et Romulus*; *Jupiter et Léda*) et de 8 colonnes. — A peu de distance, dans les Promenades, a été trouvée en 1861 une grande *mosaïque* représentant des combats de gladiateurs et de bêtes. — *Mont Arène* (faubourg de Laon), ancien emplacement d'une arène ou cirque dont les derniers vestiges ont disparu.

Industrie et commerce.

La préparation des vins de Champagne, qui y représente annuellement un chiffre d'opérations de 30 à 40 millions, et ses fabriques de tissus, filatures et tissages de laine, qui consomment pour 40 à 50 millions de matières premières, ont placé Reims au premier rang des grandes villes industrielles de la France.

DE REIMS À MÉZIÈRES-CHARLEVILLE.

83 k. — Chemin de fer. — Trajet en 1 h. 55 et 2 h. 50. — 10 fr. 90; 8 fr. 15; 6 fr.

En sortant de Reims on laisse à dr. l'embranchement de Reims pour Mourmelon, et à g. celui de Reims à Laon. — La ligne de Mézières traverse jusqu'à Rethel un plateau crayeux, jadis inculte, mais aujourd'hui cultivé, appartenant à l'une des parties les plus monotones de la Champagne.

180 k. *Witry-lès-Reims*, 1248 h. — *Église* du XII° s. (?). — Découverte de *sépultures* anciennes.

189 k. *Bazancourt* (1313 h.; filature de laine et fabrique de mérinos), d'où un embranchement, remontant la vallée de la Suippe, mène à (17 k.) *Béthéniville*. — On franchit la Suippe.

200 k. *Le Châtelet-sur-Retourne*, 369 h. — Vestiges d'un *château fort*. — Exploitation de craie pour moellons, industrie répandue dans tout le canton.

202 k. *Tagnon* (halte), 1060 h. — *Église* du XIV° s. (chœur moderne).

On traverse un tunnel (750 mèt.) ouvert sous les hauteurs qui séparent les plaines de la Champagne de la vallée de l'Aisne, qu'on découvre à dr. et à g. — On franchit le canal des Ardennes et l'Aisne (pont de trois arches de 16 mèt. d'ouverture).

211 k. **Rethel**, ch.-l. d'arr. du dép. des Ardennes, V. de 7403 h., sur le versant d'une colline, près du canal des Ardennes et de l'Aisne. — Rethel, autrefois fortifiée, est percée de rues presque toutes étroites; la plupart des maisons sont en bois.

Rethel doit son origine à un prieuré qui appartenait à l'abbaye de Saint-Remi. Au x⁰ s., le frère d'un comte de Château-Porcien, ayant été choisi comme défenseur de l'église de Rethel, en profita pour usurper l'autorité sur les lieux confiés à sa garde ; il fit construire un château fort et prit le titre de comte de Rethel. Au xiv⁰ s., la seigneurie de Rethel passa par mariage dans les mains de Philippe le Hardi, fils du roi Jean, et, après avoir appartenu successivement aux maisons d'Albret, de Clèves et de Gonzague, elle fut cédée en 1659 à Mazarin, qui la donna à son neveu par alliance, Charles de la Meilleraie, à la condition que le nom de Mazarin serait substitué à celui de Rethel ; toutefois l'ancienne désignation a toujours prévalu. En 1650, la ville, ayant été occupée par les Espagnols, fut reprise par le maréchal Duplessis-Praslin, qui deux jours après battit l'armée espagnole, commandée par Turenne. En 1653, les Espagnols s'emparèrent de nouveau de Rethel, et cette fois ce fut Turenne, redevenu fidèle à la cause de la France, qui les en chassa.

Jean Gerson, recteur de l'Université de Paris au xiv⁰ s. et considéré par plusieurs historiens comme l'auteur de l'*Imitation de Jésus-Christ*, est né à 2 k. de Rethel, au village de Gerson, détruit par les Espagnols au xvii⁰ s. M. Hachette, fondateur de la librairie de ce nom, est né à Rethel.

Église paroissiale, composée de deux églises contiguës, mais originairement distinctes (la partie la plus ancienne date du xiii⁰ s. ; les autres sont du xv⁰ et du xvi⁰ s.). — *Tour* massive (1650). — *Portail* latéral (xvi⁰ s.), servant d'entrée principale, et orné dans la voussure de 16 groupes sculptés (légende de saint Nicolas). — A l'int. : *vitrail* moderne ; *chapelle Saint-Gorgon*, but de pèlerinage ; *crypte* ogivale dite *le Sépulcre* sous la chapelle de la Vierge.

Chapelle (restaurée) d'un ancien couvent de Minimes, et formant une seconde *église* paroissiale.

Hôtel de ville (1750). — Ancien *hôtel-Dieu* (1690), converti en *école communale*. — *Hospice général*. — *Palais de justice* (1867-1869). — *Prison cellulaire* modèle. — *Théâtre* dans la *maison* dite *de l'Arquebuse* (xvii⁰ s.), ainsi nommée parce qu'elle avait été donnée à la Société de l'Arquebuse par la dernière duchesse de Rethel-Mazarin. — Anciennes constructions du château de Rethel, converties en habitations particulières. — *Jardins* sur l'emplacement du château (jolie vue sur la vallée de l'Aisne). — *Promenades des Iles*, au N.-O. de la ville, sur la rive dr. de l'Aisne. Il s'y tient chaque année une foire renommée.

Rethel est un centre considérable d'industrie pour les tissus, principalement les mérinos (filatures, tissages, etc.).

[EXCURSIONS. — *Château-Porcien* (12 k. à l'E.), ch.-l. de c. de 1585 h. (*église* du xvi⁰ s. ; vestiges des *fortifications* et du *château*). — *Barby* (7 k. à l'E. ; 415 h.), au pied de la colline où s'élevait le village de Gerson (une pierre encastrée dans le mur extérieur de l'église porte une inscription que l'on croit consacrée à la mémoire de la mère de Gerson). — *Sorbon* (4 k. au N.), 337 h., patrie de Robert Sorbon, le célèbre théologien qui fonda la Sorbonne en 1253. — *Thugny* (6 k. au S.-E.), 630 h. (magnifique *château* du XVI° s.). — *Novy-les-Moines* (7 k. au N.-E.), 788 h.; *église du* XVII° s.].

De Rethel à Sainte-Ménehould et à Verdun, R. 55.

220 k. *Amagne-Lucquy*, station desservant *Amagne* (656 h.; *église* du XVI° s.) et *Lucquy*, 460 h.

D'Amagne à Vouziers et à Sainte-Ménehould, R. 55.

On laisse à dr. la ligne de Revigny (V. R. 48 et 55).

Le chemin de fer traverse (tranchées et remblais), une région appelée les *Quatre-Vallées*, renommée pour l'abondance et la qualité de ses fruits.

228 k. *Saulces-Montclin*, station desservant *Saulces-Montclin* ou *Saulces-aux-Bois* (1034 h.) et *Vaux-Montreuil* (348 h.).

Le chemin de fer décrit deux grandes courbes avant de s'engager dans une tranchée de 16 mèt. de profondeur maxima pour gagner la vallée de la Vence. Aux riches vergers des Quatre-Vallées commencent à succéder les forêts de l'Ardenne proprement dite.

236 k. *Launois-sur-Vence*, v. de 991 h. — *Église* du XV° s. (remaniée), dont la façade et les tourelles étaient crénelées.

[Corresp. pour (11 k.; 1 fr. 35) *Signy-l'Abbaye*, ch.-l. de c., v. de 2903 h., où se trouvait autrefois une abbaye célèbre, fondée en 1134 sous l'inspiration de saint Bernard et supprimée seulement à la Révolution. — Usines métallurgiques, filatures de laine, fabrique de châles. — A 2 k. au S., belle forêt du même nom. — Sur une montagne (246 mèt.) voisine de la ville, petit lac (1 hect. de superficie) s'appelant la *Fosse au mortier* (il n'est alimenté par aucun cours d'eau apparent).]

Le chemin de fer décrit une courbe et se dirige vers l'E. — Il suit à dr. la base de coteaux boisés, en longeant la Vence, qui alimente de nombreux établissements industriels, et dont il n'abandonne le cours qu'à Mohon. — A g., *Montigny-sur-Vence* (306 h.; ancien *château* affecté à une exploitation agricole). — Le chemin de fer remonte vers le N.

244 k. *Poix-Terron* (764 h.; exploitation de marnes pour l'agriculture et de minerai de fer). — C'est au N.-O. de Poix que commencent les vastes gisements de minerai de fer des Ardennes. Ils forment une longue bande oblique se développant de la limite N.-O. du département jusqu'à sa limite S.-E.

[Corresp. pour (9 k.) *Omont*, ch.-l. de c. de 360 h., dans une contrée boisée très pittoresque (vestiges d'un *château fort* dont l'origine remonte, dit-on, au IX° s. et qui aurait été reconstruit au X° s.).]

On croise deux fois la Vence. — A dr., *Yvernaumont* (121 h.); à g., *Guignicourt* (346 h.; beau *château* et forges importantes);

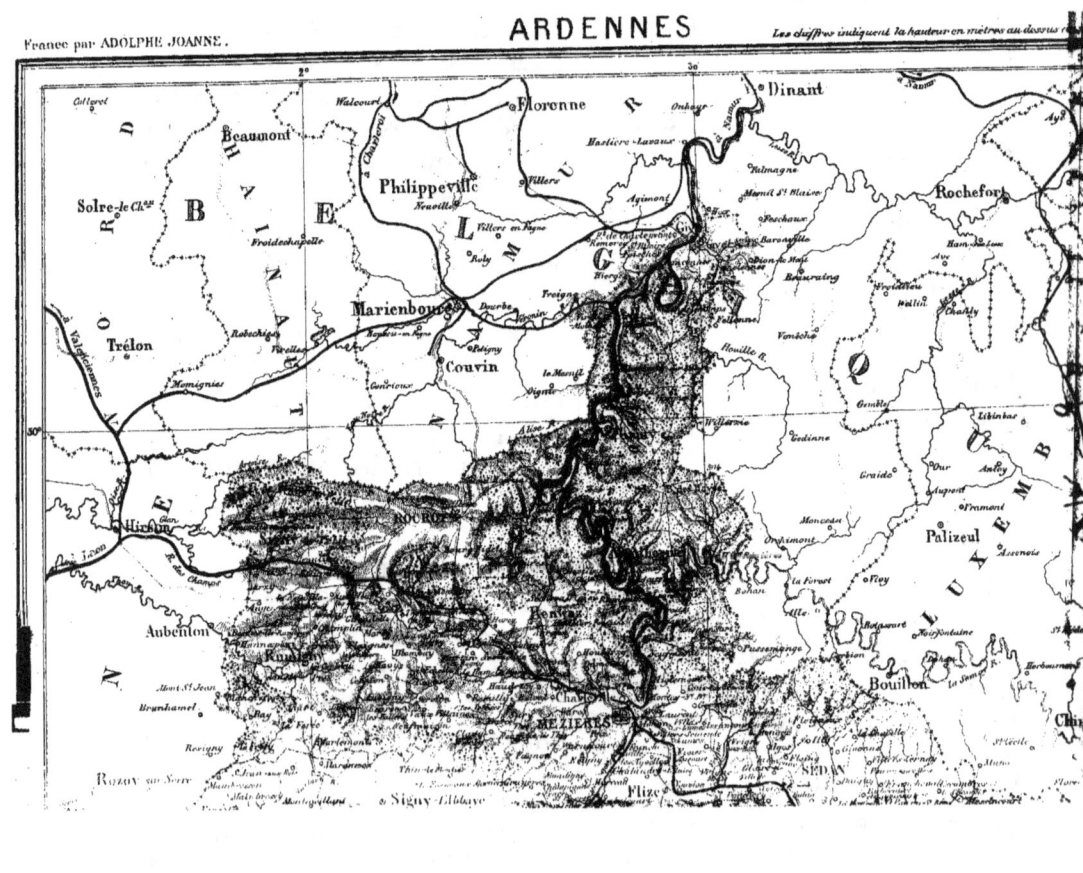

ARDENNES

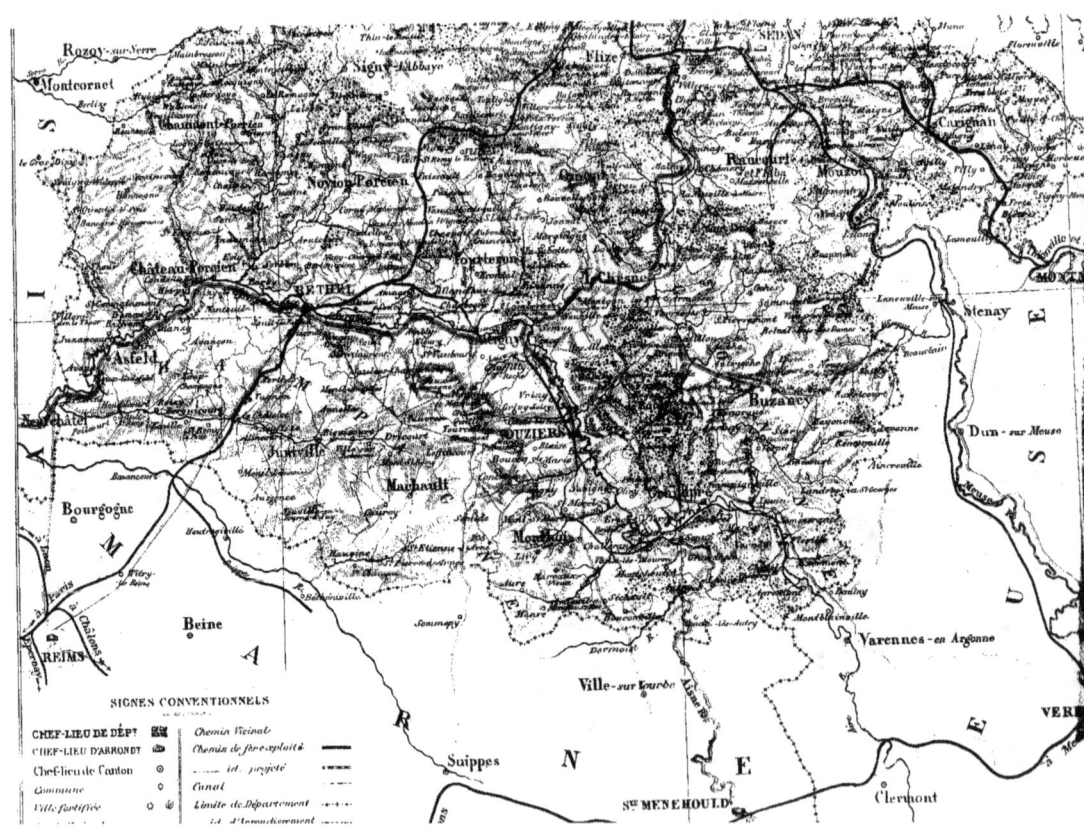

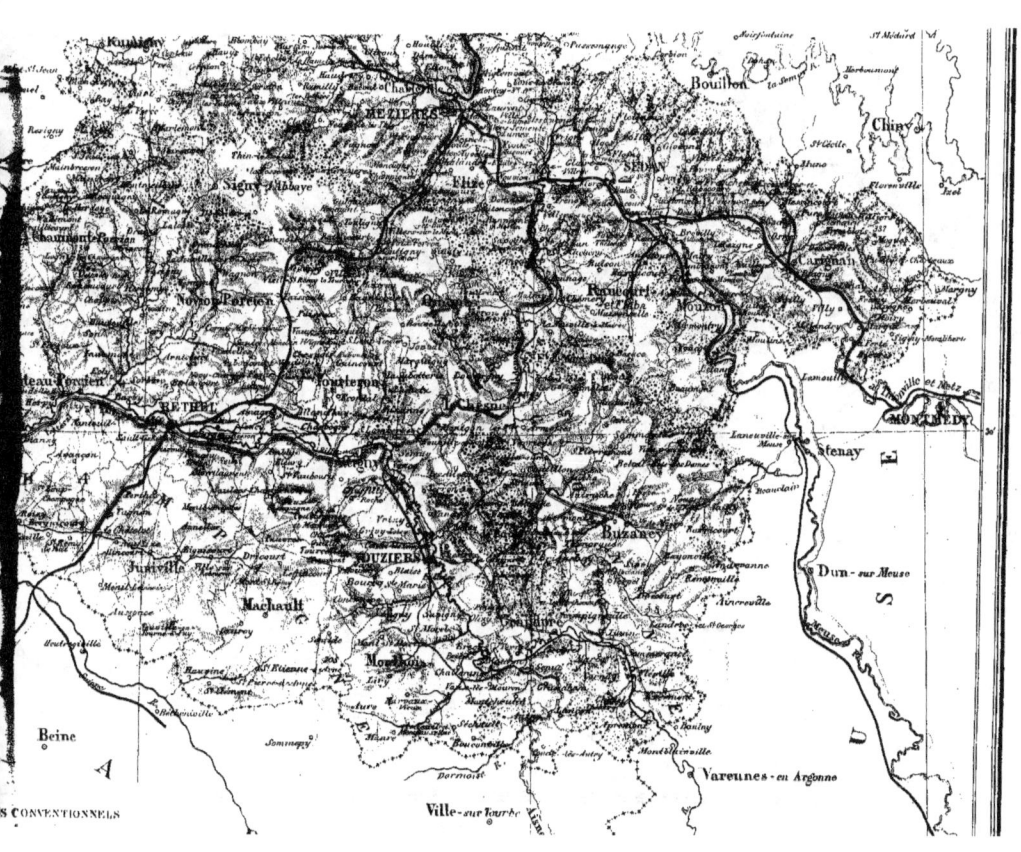

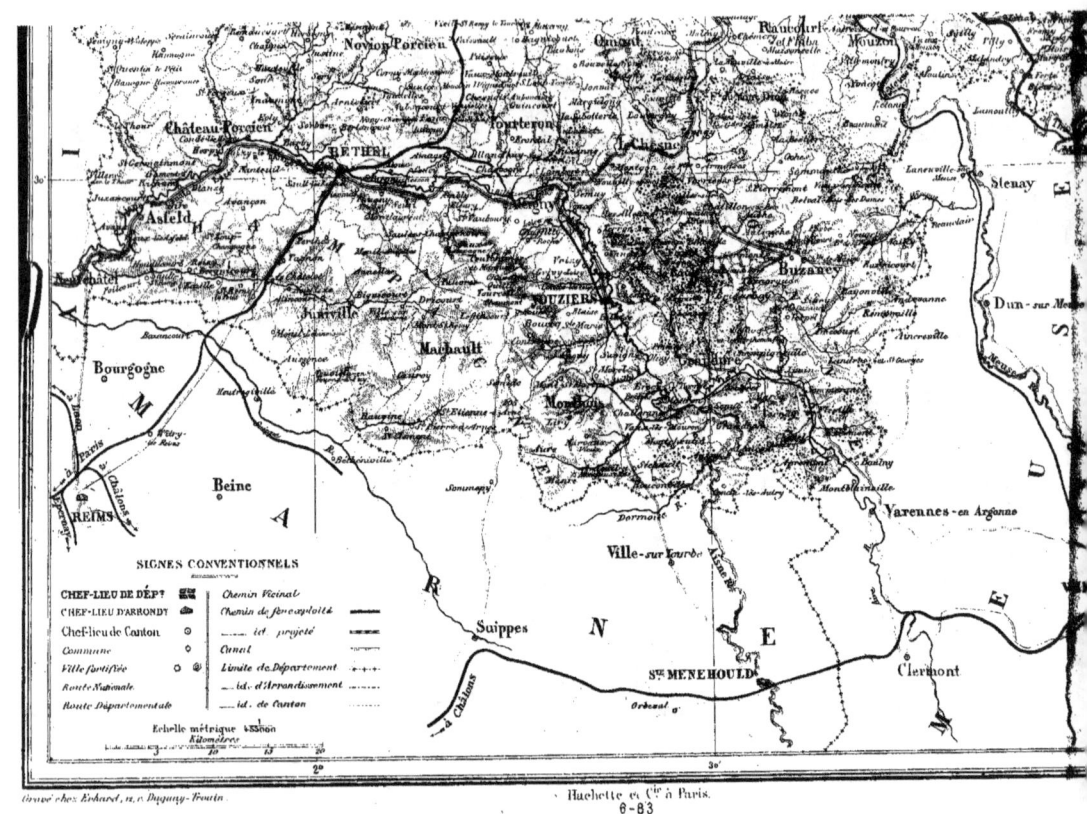

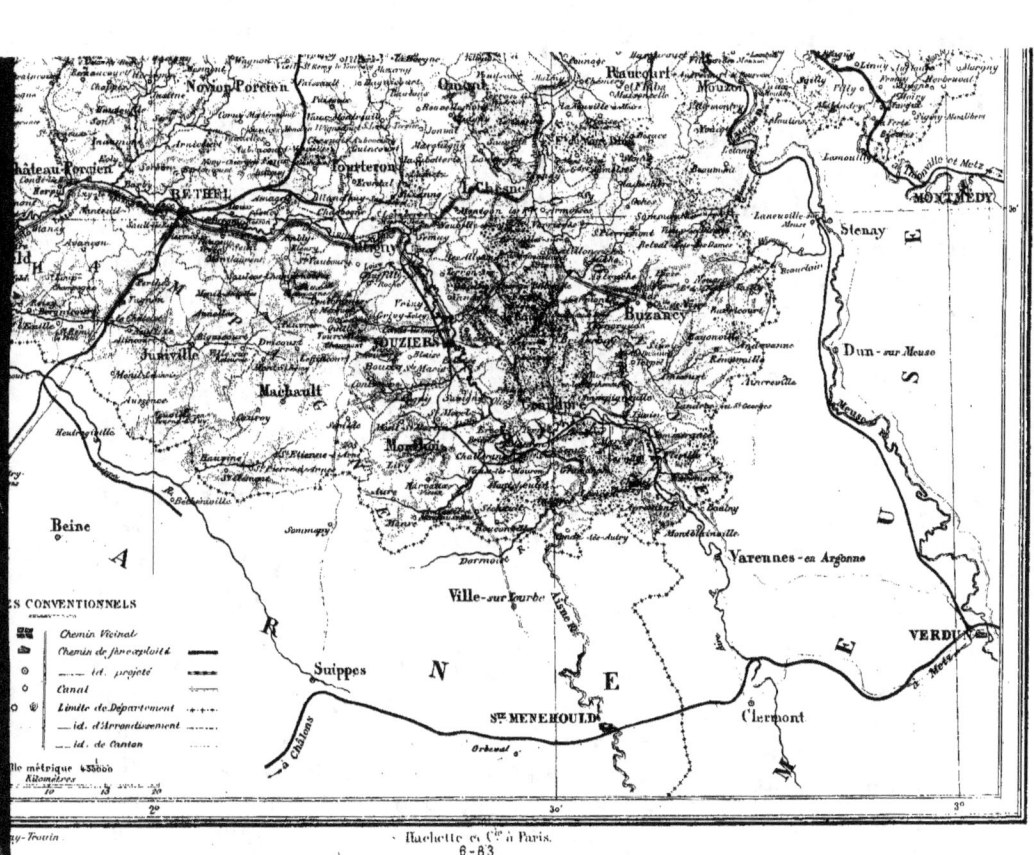

à dr., manoir de *Ville-sur-Vence*, vieille résidence seigneuriale.

231 k. **Boulzicourt**, 1149 h. — Débris d'un *château* détruit, dit-on, à l'époque de la Ligue. — Filature de laine considérable.

A dr., dans une charmante situation, au sommet d'une colline (236 mèt.), *château de Saint-Marceau* (XVII° s.), et bientôt après, *poudrerie de Saint-Ponce*, dont les ateliers, magasins et bâtiments d'habitation occupent une superficie de 7 hectares. — On franchit la Vence à *la Francheville*.

257 k. **Mohon**, v. de 2877 h., au confluent de la Vence et de la Meuse. — *Église* du XVI° s. (reliques de saint Lié, but d'un pèlerinage renommé). — Vastes *ateliers* de réparation de la compagnie des chemins de fer de l'Est.

A dr., ligne de Metz par Sedan et Thionville (R. 52).

Au delà d'une tranchée de 300 mèt. de longueur, on franchit une première fois la Meuse sur un *pont* métallique (5 arches dont trois grandes de 22 mèt. de portée). A g., on aperçoit une partie de Mézières, et à dr. la large vallée de la Meuse. — Tunnel long de 150 mèt., percé dans la colline de Boisenval. — On franchit une seconde fois la Meuse (pont de 4 arches de 15 mèt. d'ouverture chacune) que l'escarpement rocheux sur lequel s'élève Mézières oblige à décrire un long circuit. Un canal, ouvert depuis 1842, permet à la batellerie de faire en quelques minutes un trajet qui exigeait autrefois deux heures, en suivant le détour du fleuve. — Viaduc de 10 arches, d'où l'on découvre Charleville et les coteaux qui l'environnent.

260 k. (88 k. de Reims). **Charleville-Mézières** (omnibus à tous les trains pour Mézières et Charleville).

Deux beaux chemins d'accès conduisent, l'un, à g., à l'entrée de Mézières, l'autre, à dr., à la principale rue de Charleville.

Charleville*, ch.-l. de c., V. de 16185 h., sur la rive g. de la Meuse, fondée au commencement du XVII° s. par Charles de Gonzague, gouverneur de Champagne, prince souverain du domaine d'Arches.

Les rues de Charleville, en général larges et régulières, sont tracées d'après un plan uniforme. La principale de ces rues, à laquelle aboutit la voie d'accès du chemin de fer, traverse sous différents noms la ville entière. Lorsqu'on a atteint cette rue, en tournant à g. on gagne, par un beau boulevard qui la prolonge, le pont de Mézières; à dr., elle mène, en croisant la place Ducale, la plus belle de Charleville, au quai de la Madeleine, sur la rive g. de la Meuse. Celui-ci, d'un côté, à dr., se continue jusqu'à la place du Sépulcre ou du Séminaire, à l'angle S.-O. de laquelle s'ouvre une rue allant à la nouvelle église. En prenant à g., sur le quai, on longe le port établi sur la Meuse, et au delà du faubourg on sort de Charleville. — Une grande rue, coupant la place Ducale de l'E. à l'O., conduit dans les autres principaux quartiers, enveloppés à l'O. par un beau boulevard.

Église paroissiale moderne (1863), construite dans le style roman de transition, par M. Racine, architecte diocésain.

Hôtel de ville (sur la place Ducale), bâti en 1843. — *Séminaire* et *collège*, vastes constructions occupant deux côtés de la place du Sépulcre; ils ont une jolie *chapelle* commune, datant des premiers temps de Charleville. — *Théâtre* (1839).

Place Ducale, longue de 126 mèt. et large de 90 mèt. (maisons en briques, aux arcades surbaissées; fontaine), à peu près au centre de la ville. Elle rappelle tout à fait la place des Vosges, ancienne place Royale, de Paris. — En face du débouché de la rue du Moulin, sur le quai, au bord de la Meuse, pavillon pittoresque (*pavillon du Moulin*), conçu dans le meilleur style du commencement du xvii° s., et remontant aux premières constructions de la ville.

Bibliothèque publique (ouverte tous les jours), renfermant 25 000 vol. imprimés et env. 400 man. du xi° au xvi° s. Une partie a été incendiée en 1876.

Monument élevé à la mémoire des Ardennais morts pour la patrie pendant la guerre de 1870-1871.

Port très fréquenté sur la Meuse. Le canal des Ardennes le met en communication avec la Seine par l'Aisne et l'Oise.

Nombreuses fabriques, clouteries, ferronneries, etc.

Promenades: du *Petit-Bois*, entre la gare et la Meuse, et des *Boulevards*. — Au N. de la ville, sur la rive dr. de la Meuse, colline du *Mont-Olympe*, sur laquelle le prince de Gonzague avait fait établir, pour protéger la ville, une forteresse détruite en 1686; il n'en subsiste plus que quelques pans de murailles qui servent de base à un *belvédère* moderne. Le Mont-Olympe, relié au quai du Sépulcre par un pont suspendu, forme un vaste jardin dessiné à l'anglaise : c'est une propriété particulière; mais on obtient aisément l'autorisation de la visiter.

[Excursion (1 h. aller et retour) à *Bel-Air*, ham. situé au N. de la ville, sur une colline (240 mèt.) dominant la vallée de la Meuse, le Mont-Olympe et Charleville. — On s'y rend en prenant à g., au pavillon du Moulin, le quai de la Meuse.]

Le chemin de la gare de Mézières, se dirigeant au S.-O., aboutit (10 m.) par un rond-point au *pont de Mézières* (26 arches), long d'environ 250 mèt. et construit au-dessus des prairies afin d'assurer le passage à l'époque des grandes eaux. On traverse ensuite le *faubourg* d'*Arches*, et l'on entre à Mézières par un pont-levis que dominent à g., en terrasse sur la Meuse, les hôtels et les jardins de la préfecture.

Mézières*, ch.-l. du dép. des Ardennes, place de guerre de 1re cl., V. de 6119 h., sur un escarpement (171 mèt. d'alt.) se prolongeant de l'E. à l'O. à l'extrémité d'une presqu'île formée par la Meuse. Cette situation et l'impossibilité pour la ville de s'étendre au delà de son enceinte fortifiée ont rendu forcément les rues étroites et tortueuses. Mézières compte cependant deux belles places : l'une (à l'O.) devant l'église, l'autre (à l'E.) entre l'hôtel de ville et la citadelle.

Mézières, dont l'origine paraît remonter au IXe s., appartint d'abord aux évêques de Reims, et passa au Xe s. dans le domaine des comtes de Rethel. Au XIIIe s., la ville s'accrut considérablement par l'arrivée d'une colonie de Liégeois, et peu après (1233) elle obtint des comtes de Rethel le droit d'échevinage et l'autorisation de se clore de murailles. Au XVe s., une seconde colonie de Liégeois, se dérobant à la colère de Charles le Téméraire, y apporta, avec un accroissement de population, un nouveau développement industriel et commercial. Ce fut le moment de la plus grande splendeur de Mézières, et cette prospérité, qui avait commencé à décroître à l'époque des guerres de religion, fut entièrement détruite par la création de Charleville.

En 1521, Mézières, où Bayard s'était renfermé, soutint un siège célèbre contre les Impériaux. Grâce à l'énergie du chevalier et au courage des habitants, les assiégeants durent renoncer à leur entreprise après vingt-huit jours de siège. Chaque année Mézières célèbre par une fête l'anniversaire (27 septembre) de sa délivrance.

En 1815, la ville fut assiégée pendant quarante-deux jours par 20 000 Prussiens, Wurtembergeois et Hessois. Elle se défendit vaillamment et ne consentit à capituler qu'après la pacification générale.

En 1870, Mézières fut à trois reprises investie par les Allemands ; la première fois, après Sedan ; la seconde fois, dans les derniers jours d'octobre ; enfin les 20 et 21 décembre. Le 30, le bombardement commença, et, le 2 janvier 1871, la ville, à moitié détruite, fut obligée de capituler.

Il existait à Mézières, avant la Révolution, une école militaire du génie, fondée en 1750 et qui servit plus tard de modèle pour la création de l'École polytechnique. Carnot est sorti de cette école, qui compta parmi ses professeurs l'abbé Bossut, savant mathématicien, Bezout et Monge. Elle a été supprimée pendant la Révolution.

Mézières a vu naître le géographe Lapie, le physicien Félix Savart et Hachette, le savant professeur de géométrie descriptive, mort en 1834.

Église paroissiale (à l'extrémité de la Grande-Rue), commencée en 1499 et terminée en 1566.—Façade principale achevée en 1586. — *Tour* de 1626. — Sur les côtés N. et S., deux portails, dans le style le plus élégant de la seconde moitié du XVe s., surtout celui du côté droit, formant porche et remarquable par la délicatesse de ses sculptures. — A l'int. : cinq nefs, séparées par quatre grandes travées jusqu'au transsept; *vitraux* (fin du xv° et xvi° s.); *inscriptions* sur tables en marbre noir (au haut des bas-côtés de dr.) rappelant, l'une, le souvenir de la levée du siège en 1521, l'autre, le mariage de Charles IX avec la princesse Élisabeth, fille de l'empereur Maximilien II, célébré en 1570 dans l'église de Mézières. — Dans la voûte, au-dessus de la fenêtre de la première travée du chœur, on aperçoit une bombe qui, lancée par les Prussiens, perça le toit de l'église et la voûte, où elle resta encastrée sans avoir éclaté. « En 1815, dit une inscription, pendant le siège de Mézières par les Prussiens, ce temple, assailli par une grêle de bombes et de boulets, a été à la veille de sa ruine. » — En 1870, l'église fut encore plus maltraitée par les Allemands; détruite en partie, elle a été restaurée depuis. — Sur la place de l'Église, *pyramide* commémorative consacrée au souvenir de M. de Lascours, préfet des Ardennes. — De cette place, on gagne directement par la porte Saint-Julien, à l'O. de la ville, la *promenade Saint-Julien*.

Hôtel de ville (1732) renfermant quelques tableaux historiques, entre autres le *Siège de Mézières*, le *Mariage de Charles IX* et un portrait de *Bayard*. — *Hôtel de la préfecture* (place de l'Hôtel-de-Ville), du xviii° s. — En face de l'hôtel de ville, petit édifice contenant un *réservoir* d'alimentation pour les fontaines de la ville. — *Palais de justice*. — *Hôpital*. — *Théâtre*.

Tour ou *beffroi* (dans une propriété particulière, à l'angle de la rue d'Arches et de la Grande-Rue) renfermant une horloge publique.

Fortifications percées de quatre portes (*portes d'Arches, de Saint-Julien, du Pont-de-Pierre et de Theux*).

Sur les hauteurs voisines, de nouveaux *forts* ont été construits depuis 1870.

Citadelle (à l'angle N.-E. de la place de l'Hôtel-de-Ville); on y monte par un chemin en terrasse d'où l'on découvre une belle vue.

[*Excursion à Warcq* (1 h. 30). — Sortant par la porte Saint-Julien, on traverse le faubourg du même nom et toute la presqu'île de la Meuse; à l'extrémité de celle-ci, sur la rive g. du fleuve (bac), est situé *Warcq* (890 h.; *église* conservant des détails intéressants d'architecture et de beaux restes de *verrières* du xvi° s.; *tours* ayant fait partie de l'enceinte fortifiée; vestiges considérables d'une *chaussée romaine*).

De Mézières on peut encore aller visiter : (18 k. par la ligne d'Hirson) *Rimogne* (1914 h.; belles ardoisières) et (15 k. au N.-O., à dr. de la route de Rocroi) les ruines du *château de Montcornet*.]

De Mézières-Charleville à Metz, A, par Sedan et Thionville, B, par Conflans-Jarny, R. 52 ; — à Paris, par Hirson, Laon et Soissons, V. l'Itinéraire général de la France : *le Nord*, par Ad. Joanne.

[ROUTE 54].

DE MÉZIÈRES-CHARLEVILLE A GIVET

64 k. — Trajet en 1 h. 50 env.

Après avoir franchi la Meuse sur un pont de 3 arches, on laisse à g. *Montcy-Notre-Dame* (849 h.). Sur une hauteur dominant le v., restes du *château des Fées*, construit, dit-on, au XVI° s. par un seigneur d'Aspremont, afin d'enlever toute communication à Mézières par la Meuse.

267 k. *Nouzon*, v. de 7069 h., centre métallurgique important, dans une position extrêmement pittoresque, sur la rive dr. de la Meuse. — Forges, fabriques de clous, de machines, etc. — *Pont* suspendu reliant Nouzon à la rive g. de la Meuse, où l'on aperçoit, au pied d'une belle muraille de rochers, plusieurs usines.

[Les promeneurs disposant d'une journée feront bien de quitter le chemin de fer à la station de Nouzon, pour gagner, par la *maison du Leu*, le v. des *Hautes-Rivières*, dont le site dans la vallée de la Semoy est d'une grande beauté. De là on suit cette vallée en passant à *Nohan*, à *Naux*, à *Thilay*, puis on monte au *Paquis de Blossette*, maison de cantonnier d'où l'on peut gravir le *Roc de la Tour* (panorama immense) et d'où une route conduit, par la *Roche aux Corbeaux*, à *Laval-Dieu*, qu'un tramway relie en quelques min. à la station de Monthermé. (V. ci-dessous).]

A partir de Nouzon, la vallée de la Meuse offre à chaque pas jusqu'à Givet de beaux paysages, les plus remarquables, et de beaucoup, de tous ceux que peut offrir la ligne des Ardennes. Ce défilé sinueux et pittoresque, resserré entre les plateaux de Rocroi, à l'O., et des *Hautes-Buttes*, à l'E. (400 mèt. d'alt. en moyenne), est couvert de forêts coupées de gorges agrestes s'abaissant jusqu'aux bords du fleuve. Des masses énormes de roches schisteuses et ardoisières tantôt s'élèvent sur le flanc de vallons latéraux, tantôt viennent de si près serrer la Meuse, que la voie ferrée peut à peine s'y frayer un passage et forme une véritable galerie au-dessus du fleuve. Cette région accidentée est animée, sur le parcours du chemin de fer, par des villages industriels et des usines. Le touriste s'arrêtera surtout avec intérêt à Braux, à Monthermé et à Fumay.

276 k. *Braux-Levrezy*, station desservant: *Levrezy*, 656 h., sur la rive dr. de la Meuse (*pont suspendu*); *Braux*, 2854 h., sur la rive g. du fleuve. Braux doit son origine à un chapitre établi au IX° s., sous le titre d'église collégiale, par Hincmar, archevêque de Reims, dans ce site alors désert et caché au fond des bois. — Ancienne *église collégiale* mal réparée (*bas-reliefs* très anciens aux autels et à la chapelle des fonts baptismaux; *cloche* portant la date de 1400).

La voie ferrée passe dans le tunnel (518 mèt.) de *Château-regnault*, v. de 2085 h. qu'elle laisse à g.

LES VOSGES.

277 k. *Station de Monthermé*, reliée par un petit embranchement à (2 k.) **Monthermé***, ch.-l. de c., V. de 3383 h., au fond d'une presqu'île formée par la Meuse et encaissée entre des hauteurs de 350 à 400 mèt. d'alt. — *Église* du xve s. — Établissements métallurgiques considérables. — A 700 ou 800 mèt. au S.-E., *église* (xviie s.) de l'ancienne *abbaye du Val-Dieu*, fondée vers le xiie s. et supprimée à la Révolution (belles *boiseries* et *pierres tombales* des xviie et xviiie s.).

Pont biais de 4 arches sur la Meuse. — Tunnel courbe de 800 mèt.

281 k. *Deville*, 1382 h. — A la sortie de la station, l'établissement de la voie ferrée a nécessité à g. une coupure dans le roc; à dr., la voie domine la Meuse. — A dr. et à g., *Rochers de Laifour* et *de Notre-Dame-de-Meuse*.

285 k. *Laifour* (halte). — Tranchée. — Pont biais de 5 arches sur la Meuse. — Tunnel courbe de 495 mèt. — Pont biais de 5 arches sur la Meuse. — Tunnel de 390 mèt.

293 k. *Revin**, V. de 4136 h., aux rues propres et régulières. — *Église* richement décorée et bâtiments d'une abbaye de dominicains supprimée en 1789. — *Pont* suspendu. — Forges, tanneries, commerce de bois.

Pont de 5 arches sur la Meuse. — La vallée s'élargit. — On croise une dernière fois la Meuse (pont biais de 7 arches), qui reste à dr. du chemin de fer jusqu'à Givet.

300 k. **Fumay**, ch.-l. de c., V. de 5231 h., située à 700 ou 800 mèt. de la station, dans une presqu'île, sur la rive g. de la Meuse. Cette ville, dont l'origine est inconnue et qui n'apparaît dans l'histoire que vers le xiiie s., fut acquise à la France vers la fin du xviie. — *Église* moderne du style gothique.

Fumay est surtout connue par ses carrières d'ardoises, découvertes par des moines au xiie s.

« Les ardoisières les plus importantes de Fumay, dit M. J. Hubert dans son *Dictionnaire historique des Ardennes*, sont celles de Moulin-Sainte-Anne, de Saint-Gilbert, de Folemprise, des Peureux, de Bourache. Celle de Moulin-Sainte-Anne est de beaucoup la plus importante; vient ensuite celle de Saint-Gilbert, ouverte depuis environ 25 ans. L'une des plus anciennes carrières, située sous le bourg même de Fumay, et de l'exploitation de laquelle on ne connaît pas la date primitive, est celle des Trépassés, dont les travaux ont été repris il y a quelques années. On fabrique à Fumay et aux environs trois modèles principaux d'ardoises : le *Saint-Louis*, la *Flamande* et la *Commune*; on fait aussi, mais en petite quantité, un grand échantillon dit d'Angers. Il y a deux classes d'ouvriers ardoisiers : les mineurs et les ouvriers de baraque.... Les travaux souterrains étant parvenus à une grande profondeur, on a établi dans les principales carrières des machines pour remonter la pierre. Les travaux de la carrière de Moulin-Sainte-Anne s'étendent sur une longueur de plus de 500 mèt. Cette carrière produit annuellement environ 35 millions d'ardoises; celle

[ROUTE 54] FUMAY. — ROCROI. — GIVET.

de Saint-Gilbert ne produit guère que le tiers de cette quantité. »

Les environs de Fumay offrent quelques promenades agréables, entre autres la *Montagne* (469 mèt.) et les *Bois de la Haute-Manise*, au S. de la ville, sur la rive dr. de la Meuse.

[A 17 k. au S.-O., **Rocroi** *, ch.-l. d'arr. du dép. des Ardennes, place de guerre, V. de 2977 h., sur le plateau (393 mèt. d'alt.) qui domine à l'O. la vallée de la Meuse.

Rocroi, dont l'existence comme ville date de la fin du xvi° s., est célèbre par la brillante victoire que le jeune duc d'Enghien, plus tard le grand Condé, y remporta en 1643 sur l'Espagne. Cette puissance vit détruire dans cette journée, par l'infanterie française, ces vieilles bandes si fameuses, auxquelles l'Espagne devait son prestige militaire. Toutefois Rocroi ne fut définitivement cédée à la France qu'en 1659 par le traité des Pyrénées.

Rocroi a été bombardée par les Allemands le 5 janvier 1871.

Rocroi, dont les fortifications ont été élevées par Vauban, se compose d'une grande place d'où rayonnent quelques rues latérales et sur laquelle se trouvent l'*église* (xvii° s.) et les principaux édifices civils et militaires.]

Le chemin de fer s'engage dans un tunnel long de 558 mèt. et longe ensuite des hauteurs escarpées, rocheuses et boisées.

304 k. *Haybes* (halte), v. de 1843 h., relié à la station par un pont en tôle. — Ardoisières considérables.

313 k. *Vireux-Molhain*. 1350 h. — *Église paroissiale* (flèche ornée de clochetons).

[A Vireux-Molhain aboutit le chemin de fer belge d'Entre-Sambre-et-Meuse, qui se dirige sur Charleroi par Marienbourg et Walcourt (*V*. la *Belgique* diamant).]

On passe entre *Aubrives* (528 h.), à dr., et *Hierges* (286 h.), situé, à g., dans une gorge profonde que dominent les ruines du *château de Hierges*. Bientôt après on suit un quai sur lequel s'élève une vaste caserne, et l'on traverse un tunnel de 310 mèt. ouvert sous la citadelle de Charlemont.

324 k. (64 k. de Mézières-Charleville). **Givet***, ch.-l. de c., place forte de 1re classe, V. de 6972 h., sur les deux rives de la Meuse.

Givet se divise en trois parties : le *Grand-Givet*, entre la rive g. du fleuve et la citadelle (c'est la ville véritable, entourée de fortifications et renfermant la garnison et les administrations publiques); le *Petit-Givet*, sur la rive dr. de la Meuse, où sont principalement fixés les grands établissements industriels, et enfin la *citadelle de Charlemont*, qui domine la Meuse et les deux Givet, du sommet d'un rocher escarpé (215 mèt.) s'abaissant presque à pic sur la rive g. du fleuve. Il présente, au S.-O. et à l'O., des pentes moins abruptes.

Givet, comprenant simplement dans l'origine deux hameaux, appartenait alors aux évêques de Liège. Cédé à Charles-Quint au xvi° s., celui-ci y fit construire la forteresse qu'on appela de son nom : Charlemont. Dans le siècle suivant, la citadelle de Charlemont et les deux Givet ayant été acquis par la France (1680-1699). Louis XIV fit compléter les fortifications de Charlemont et de Givet, sur les plans et sous la direction de Vauban. Depuis cette époque, Givet a constamment appartenu à la France. Les Prussiens essayèrent de s'en emparer en 1815, mais la place, vaillamment défendue, résista et n'ouvrit ses portes que lorsqu'on eut appris la rentrée de Louis XVIII à Paris.

Méhul, l'un des plus illustres maîtres de la musique française, le graveur Longueil et M. de Caux, ministre de la guerre sous la Restauration (1828), sont nés à Givet.

En sortant de la gare (10 m. de Givet), on remarque tout d'abord, à dr., les fortifications de Charlemont. Un chemin, traversant des prairies et les glacis de la place, mène à la porte des Récollets, par laquelle on entre dans le *Grand-Givet*. — Dans l'axe même de la porte se présente la *rue des Récollets*, aboutissant à la *place de l'Hôtel-de-Ville*, où sont réunis les monuments principaux et peu remarquables de Givet.

Église Saint-Hilaire, bâtie à la fin du XVIIe s. par Vauban. A l'int. : belles *boiseries* sculptées (scènes de la Bible) dans le chœur et aux confessionnaux; *retable* d'un style sobre et distingué, dans le goût du XVIIe s. — *Hôtel de ville*. — *Monument* (1841) consacré à la mémoire de Méhul (buste en marbre du compositeur, sur un socle orné d'un bas-relief représentant une *Renommée*). — Ancienne *tour* sur un quai faisant suite à la place de l'Hôtel-de-Ville et par lequel on se rend à l'entrée principale de la citadelle.

Forteresse de Charlemont, conservant une partie des fortifications du temps de Charles-Quint à côté de celles élevées par Vauban. Elle a la forme d'un triangle isocèle. On y entre par deux portes : l'une qui communique avec l'intérieur de Givet; l'autre donnant sur la montagne du côté de la gare. — Des différents points de la citadelle, vue étendue sur le territoire belge, qui enveloppe Givet et Charlemont à l'O., au N. et à l'E.

Un beau *pont* en pierre, de 3 arches, fait communiquer le Grand-Givet avec le *Petit-Givet* (*église Notre-Dame*, dont on fait remonter l'origine à une époque fort ancienne, mais presque complètement refaite en 1729; *promenade* plantée d'arbres; quai aboutissant à la *porte de Rancenne*; à g., sur la hauteur appelée le *mont d'Haur*, *tour* et vestiges de fortifications).

A Givet, le chemin de fer des Ardennes se soude au réseau belge, sur les chemins de fer de Givet à Namur par Dinant (R. 56), de Givet à Charleroi par Florenne, et de Givet à Chimay (*V. la Belgique*).

Deux nouvelles lignes (en construction) relieront Givet à Liège et à Luxembourg.

De Givet à Dinant, R. 56.

ROUTE 55.

DE RETHEL A VERDUN

PAR VOUZIERS ET SAINTE-MÉNEHOULD

127 k. — Chemin de fer. — Pas de trajet direct. — 4 h. 30 env. — 15 fr. 55; 11 fr. 70; 8 fr. 60 env.

9 k. Amagne-Lucquy (R. 54).
12 k. *Amagne* (village). — 16 k. *Alland'huy*.
19 k. **Attigny**, ch.-l. de c. de 1879 h., entre l'Aisne et le canal des Ardennes. Attigny tient une place importante dans l'histoire des deux premières races. — *Église paroissiale* appartenant en grande partie au XIII° s. (tour romane; belles sculptures du portail latéral). — *Hôtel de ville* ayant pour entrée un *porche*, seul reste de l'antique palais élevé par Clovis II. — *Mosquée*, vieil édifice transformé en maison d'école. — *Halle* couverte. — *Jardins* sur l'emplacement de l'abbaye de Saint-Basle.
25 k. *Rilly-Semuy*. — 28 k. *Voncq*. — 33 k. *Vrizy-Vandy*.
36 k. **Vouziers***, ch.-l. d'arr., V. de 3453 h., sur l'Aisne, dans une charmante vallée. — *Église* des XV° et XVI° s. (beau portail; à l'int., tapisserie des Gobelins: *la Visitation*, d'après Raphaël).
40 k. *Savigny*. — 44 k. *Saint-Morel*. — 47 k. *Monthois*, ch.-l. de c., 568 h.
50 k. *Challerange*, 367 h.; *château* en ruine.

[Un embranchement se détache à g. et conduit en 1 h. 25 (2 fr. 95; 2 fr. 25; 1 fr. 60), par: (3 k.) *Vaux-lès-Mouron*; — (7 k.) *Senuc-Termes*, 520 et 552 h.; — (10 k.) *Grandpré*, 1239 h., ch.-l. de c.; dans l'*église*, tombeau de Claude de Joyeuse; — (15 k.) *Marcq-Saint-Juvin*, 437 et 398 h. — (19 k.) *Cornay-Fleville*, — et (22 k.) *Châtel-Chéhéry*, 692 h., à (24 k.) *Apremont*, 683 h.]

57 k. *Autry*.
60 k. *Cernay-en-Dormois*, 794 h.; belle *église* du XIII° s.; curieuse pierre tombale du XVI° s.; curieux chapiteaux du XIV° et XV° s.; retable en bois du XVI° s.
64 k. *Ville-sur-Tourbe*, 560 h., ch.-l. de c.; restes d'un *château* des Joyeuse; *église* ogivale (moderne).
69 k. *Vienne-la-Ville*. — 75 k. *Laneuville-au-Pont*.
80 k. *Ste-Ménehould-Guise*.
82 k. Sainte-Ménehould, et 45 k. de Sainte-Ménehould à (127 k.) Verdun (*V*. R. 48).

ROUTE 56.

DE GIVET A DINANT

22 k. — Chemin de fer. — Trajet en 1 h. env. — 1 fr. 85; 1 fr. 40; 90 c.

La ligne de Dinant continue directement, en remontant vers le N., le chemin de fer de Mézières à Givet. — Comme celui-ci, elle suit constamment, à dr., le cours de la Meuse (rive g.) jusqu'à Dinant. — A 3 k. env. de Givet, on atteint la !frontière belge à *Heer*, la première localité du territoire belge; on l'aperçoit de l'autre côté de la Meuse,

4 k. **Agimont** (douane belge).

8 k. **Hastière.**

De grandes masses de rochers laissent à peine l'espace nécessaire au passage de la voie; au delà d'une longue tranchée, le chemin de fer dépasse à g. *Freyr* et longe ensuite le *bois de Freyr*, qui renferme une *grotte* à stalactites. Après avoir traversé un tunnel, en partie naturel par suite de la disposition du rocher, on découvre à dr., au delà de la Meuse, le délicieux vallon de la Lesse. — Un peu plus loin, également sur la rive dr. du fleuve, magnifique rocher de la *Roche-Bayard*, espèce d'aiguille que les ingénieurs de Louis XIV ont séparée du massif rocheux auquel elle attenait, afin d'ouvrir, dans ce défilé artificiel, un passage à la route de Givet à Dinant.

22 k. **Dinant** *, V. de 9630 h., sur la rive dr. de la Meuse, au pied de rochers escarpés. — *Église* du XIIIe s., dans laquelle on remarque quelques restes d'une église romane primitive (deux beaux *porches*; façade, avec deux tours carrées, surmontée d'une flèche en bois, couverte en ardoise, peu élégante et du XVIIe s.). — *Pont* sur la Meuse. — Jardin et *grotte de Montfort*. — Jardin du *Casino*. — Ancienne *citadelle* (entrée, 1 fr.) couronnant la hauteur qui s'élève au-dessus de Dinant. — *Palais de justice* (1879), d'un goût prétentieux. Tanneries, coutelleries, verreries, scieries, lainages, etc. — On fabrique à Dinant une sorte de pain d'épices assez renommé sous le nom de *couques*.

De Dinant à Charleroi ou à Namur, V. la *Belgique* diamant.

ROUTE 57.
DE LONGUYON A ARLON
PAR LONGWY ET MONT-SAINT-MARTIN

38 k. — Chemin de fer.

**DE LONGUYON
A MONT-SAINT-MARTIN**

18 k. — Chemin de fer. — Trajet en 1 h. à 1 h. 10 env. — 2 fr. 20; 1 fr. 65; 1 fr. 25.

L'embranchement de Longuyon sur Arlon se détache à g. de la ligne de Mézières à Metz (en venant de Mézières), et remonte la vallée de la Chiers. On traverse deux courts tunnels et l'on croise à plusieurs reprises la Chiers, dont le cours est en général très sinueux.

10 k. *Cons-la-Grandville*, 485 h., dans une presqu'île formée par la Chiers. — *Église paroissiale* (ancienne *église prieurale*) reconstruite en 1732 (sous le chœur, caveau où se trouvent quelques débris de

tombeaux des anciens seigneurs de Cons). — Beau château de la Renaissance (1572), sur l'emplacement d'un château fort dont quelques parties ont été conservées (*tour* de la fin du xii° s. ou du commencement du xiii° s., à l'angle S.-E. du château; *porte monumentale* décorée de figures en haut-relief; *salle d'honneur* ornée de peintures à fresque et renfermant une *cheminée* dans le plus beau style de la Renaissance; *chambre* habitée pendant quelques jours par le roi de Pologne Stanislas). — *Croix* du xvi° s. dans la rue principale, dite rue de Longwy. — Fabrique de draps, forges, tannerie, etc.

16 k. **Longwy***, ch.-l. de c., place forte de 2° cl., V. de 5064 h., en partie dans la vallée, en partie à l'extrémité d'un plateau (378 à 400 mèt. d'alt.) dont le versant escarpé domine la rive dr. de la Chiers. Longwy forme ainsi une ville haute et une ville basse reliées entre elles par un chemin en zigzag.

Longwy doit, dit-on, son origine à un camp formé par les Romains sur le Titelberg, hauteur qui s'étend sur la rive g. de la Chiers. Après avoir appartenu aux ducs du Luxembourg, aux comtes de Bar et aux ducs de Lorraine, Longwy fut cédée à la France en 1678, et c'est alors que Louis XIV en fit construire la citadelle par Vauban. Longwy a été assiégée par les Prussiens en 1792 et en 1815, et, malgré son énergique résistance, surtout lors du second siège, qui dura près de trois mois, la ville fut occupée par l'ennemi; mais cette occupation ne fut que de courte durée.

On pénètre dans la ville haute, qui forme le corps de la citadelle, par deux portes entre lesquelles s'étend une longue rue qui traverse la place d'Armes.

Église paroissiale (xvii° s.), appuyée à une haute tour carrée (du sommet, vue très étendue). — *Hôtel de ville* (1730). — *Hôtel du commandant de place.* — On remarque aussi quelques belles habitations particulières. — *Puits* très profond, surmonté d'un abri voûté à l'épreuve de la bombe. — *Citadelle*, bâtie en 1680, et à laquelle de nouveaux ouvrages ont été ajoutés en 1744 et en 1836. — *Remparts*, plantés de tilleuls, formant promenade.

La ville basse renferme plusieurs établissements industriels considérables: faïencerie renommée, fonderie de cuivre, ateliers de construction, nombreux hauts fourneaux.

18 k. **Mont-Saint-Martin**, v. de 1682 h. — *Église* remarquable, de l'époque romane. Les parties les moins anciennes datent de l'ère romane secondaire du xii° s. (le *portail*, d'un style très pur, surmonté d'une belle rose romane, la partie centrale de la voûte, malheureusement en mauvais état, et l'*abside*); le reste de l'édifice remonte probablement au xi° s.; on en fixe la construction vers 1096.

DE MONT-SAINT-MARTIN A ARLON

20 k. — 3 départs par jour.

A 2 k. env. au delà de Mont-Saint-Martin, on franchit la frontière pour entrer en Belgique.

6 k. *Athus*.
8 k. *Messancy*.
16 k. *Autel-Bas*.
20 k. **Arlon***, V. de 7000 h., ch.-l. de la province de Luxembourg (Belgique). — *Terrasse* de l'ancien couvent des Capucins (panorama étendu), sur l'emplacement d'un camp romain; de nombreuses antiquités y ont été découvertes. (Pour plus de détails, V. la *Belgique diamant*.)

INDEX ALPHABÉTIQUE[1]

CONTENANT LES RENSEIGNEMENTS PRATIQUES

Ce signe * à la suite d'un nom d'hôtel indique que les prix sont de première classe.

A

AGIMONT (Belgique), 328.
AIGREMONT (Haute-Marne), 67.
AILLEVILLERS (Haute-Saône), 68.
— Bifurcation des lignes de *Plombières, de Lure, Port-d'Atelier et Épinal.* — Hôt. *de la Gare.*
ALLAND'HUY (Ardennes), 325.
ALLARMONT (Vosges), 146.
ALSPACH (A.-L.), 156.
ALTENBERG [L'] (A.-L.), 30 et 199.
ALTKIRCH (A.-L.), 60.
ALTORF (A.-L.), 223.
AMAGE (Haute-Saône), 74.
AMAGNE (Ardennes), 316. — Bifurcation pour *Vouziers et Apremont.*
AMAGNE-LUCQUY (Ardennes), 316.
AMAGNE-VILLAGE (Ardennes), 325.
AMANVILLERS (A.-L.), 250 et 277. — Auberge.
AMMERSCHWIHR (A.-L.), 155. — Hôt. *Gilnier-Baum.*
ANCEMONT (Meuse), 506.

ANCERVILLE (Haute-Marne), 86.
ANCY (A.-L.), 252.
ANDELOT (Haute-Marne), 87.
ANDILLY (Haute-Marne), 85.
ANDLAU (A.-L.), 203. — Hôt. *de la Couronne.*
ANDLAU [Château d'] (A.-L.), 205.
ANGES [Chapelle des] à Sainte-Odile (A.-L.), 212.
ANOULD (Vosges), 133.
ANZELING (A.-L.), 247.
APPEL [Pierre ou Roche d'] (Vosges), 133.
APREMONT (Ardennes), 325.
ARCHES (Vosges), 93. — Buffet. — Bifurcation des lignes de *Remiremont, Saint-Maurice-Bussang, Cornimont, Gérardmer, Saint-Dié, Fraize.*
ARCHES DE JOUY [Les] (A.-L.), 252.
ARDENNES [Canal des], 303.
ARGONNE [Forêt de l'], 218.

ARLON (Belgique), 328. — Bifurcation des lignes de *Luxembourg,*

---

[1] L'abréviation A.-L., à la suite des noms de localités, indique que ces localités sont situées en Alsace-Lorraine.

Namur et Longwy. — Buffet à la gare. — Hôt. : *du Nord ; de l'Europe.*

ARNAVILLE (Meurthe-et-Moselle), 304.
ARNUAL (Allemagne), 285.
ARRANCY (Meuse), 304.
ARSONVAL-JAUCOURT (Aube), 51.
ARS-SUR-MOSELLE (A.-L.), 232 et 277.
ASPACH-LE-HAUT (A.-L.), 173.
ATHUS (Belgique), 328.
ATTIGNY (Ardennes), 325.
AUBREVILLE (Meuse), 248.
AUBURE (A.-L.), 166. — Hôt. : *du Brézouard ; Rielle ;* pension *Glety.*
AUDUN-LE-ROMAN (Meurthe-et-Moselle), 292. — Douane française.
AUDWILLER (A.-L.), 245.
AULNOIS (Vosges), 70.
AUMONTZEY (Vosges), 118.
AUTEL-BAS (Belgique), 328.
AUTRECOURT (Ardennes), 305.
AUTRY (Ardennes), 325.
AVENAY (Marne), 307.
AVIOTH (Meuse), 293.
AVOLSHEIM (A.-L.), 219.
AVRECOURT (Haute-Marne), 85.
AVRICOURT (Deutsch) (A.-L.), 24. — Douane allemande. — Buffet.
AVRICOURT (Igney) (Meurthe-et-Moselle), 23. — Douane française. — Buffet. — Bifurcation des lignes de Paris, Strasbourg, Cirey et Dieuze. — Hôt. *de la Gare.*
AY (Marne), 307.
AZERAILLES (Meurthe-et-Moselle), 152.
AZONDANGE (A.-L.), 246.

B

BACCARAT (Meurthe-et-Moselle), 152. — Hôt. *du Pont.* — Bifurcation pour *Badonviller.*

BÆRENTHAL (A.-L.), 243. — Hôt. *du Bœuf-Rouge.*

BAINS (Vosges), 83. — Situation, aspect général, 83. — Sources, établissement, 83. — Promenades, 84. — Excursions, 84.

Omnibus : — à la gare, 50 c. sans bagages (trajet en 25 min.).
Hôtels : — *Grand-Hôtel* ;* — *de la Clef d'Or et du Commerce.*
Chambres et appartements meublés, avec ou sans table. — Prix de la pension complète : 6 à 8 fr. par jour; chambre sans la table, 1 fr. 50, 2 fr. et 2 fr. 50 par jour. — Il n'y a qu'une dizaine de maisons meublées donnant en même temps le logement et la nourriture (nous citerons, entre autres, les maisons *Thomas, Didier, Richard, Chavy.* Mlles *Hélin, Roussey, Benoît* et J. *Hocquaux*); mais dans celles où l'on n'a que le logement, on trouve aisément à se faire préparer sa nourriture chez soi, si l'on ne préfère prendre ses repas à une table d'hôte.
Café : — *du Balcon.*
Salon de lecture : — à l'hôtel de ville ; entrée pour la durée de la cure, 4 fr.
Voitures : — pour *Fontenoy-le-Château.* — Voitures de louage, 3 à 10 fr. suivant le temps employé.

BAINS [Station de] (Vosges), 82.
BAINVILLE-AUX-MIROIRS (Meurthe-et-Moselle), 93.
BAINVILLE-SUR-MADON (Meurthe-et-Moselle), 92.
BALAN (Ardennes), 295. — Omnibus pour *Sedan.*

INDEX ALPHABÉTIQUE.

BALANCE [La] (Vosges), 75.
BALE (Suisse), 85. — Hôt. : *des Trois-Rots*; *de la Cigogne*; *de la Poste*; *Central*; *National*.
BALEICOURT (Meuse), 248.
BALLON [Lac du] (A.-L.), 182.
BALLON D'ALSACE (Vosges), 106.
BALLON DE GUEBWILLER (A.-L.), 178.
BALLON DE SERVANCE (Haute-Saône), 107.
BALVEURCHE (Vosges), 127.
BAN DE LA ROCHE [Le] (A.-L.), 141.
BANNES (Haute-Marne), 85.
BANNONCOURT (Meuse), 306.
BANNSTEIN (A.-L.), 231.
BANZENHEIM (A.-L.), 172.
BARAQUES DE ROUGIMONT (Vosges), 120.
BARBEREY-SAINT SULPICE (Aube), 50.
BARBY (Ardennes), 315.

BAR-LE-DUC (Meuse), 6.

Buffet : — à la gare.
Omnibus : — des hôtels à la gare.
Hôtels : — *du Cygne et du Lion-d'Or*, réunis; — *de Metz et du Commerce*, réunis; — *du Grand-Cerf et de Lorraine*.
Cafés : — *des Oiseaux* (dans les vitrines de la salle, nombreux spécimens d'histoire naturelle); — *du Commerce*; — *de la Rochelle*; — *de Paris*.

BAROCHE [La] (A.-L.), 154.
BARONCOURT (Meuse), 314.
BARR (A.-L.), 230. — Établissement hydrothérapique et hôtel *du Bühl*. — Hôt. : *de la Couronne*; *du Coq-*

Blanc; *du Brochet*; *de la Pomme-d'Or*, près de la gare. — Omnibus pour le *Hohwald*, en été.
BAR-SUR-AUBE (Aube), 51. — Hôt. : *du Commerce*; *de la Poste*; *de la Pomme-d'Or*.
BARTENHEIM (A.-L.), 64.
BAS-EVETTE (Territoire de Belfort), 57.
BASSE-DE-LA-MINE [Col de la], 121 et 127.
BASSE-DE-L'OURS (Vosges), 121 et 125.
BASSE-HAM (A.-L.), 288.
BATILLY (Meurthe-et-Moselle), 250.
BAUDRECOURT (A.-L.), 232.
BAYON (Meurthe-et-Moselle), 93.
BAZANCOURT (Marne), 314. — Bifurcation pour *Béthéniville*.
BAZEILLES (Ardennes), 295. — Omnibus pour *Sedan*.
BAZOILLE-ET-MÉNIL (Vosges), 87.
BEAU DE PIERRE [Le] (Vosges), 125.
BEAUMONT (Ardennes), 305.
BEBLENHEIM (A.-L.), 166.
BECKENFELS (A.-L.), 213.
BEGREN (A.-L.), 239.
BEILLARD [Le] (Vosges), 120.
BEL-AIR (Ardennes), 318.

BELFORT (Territoire de Belfort), 57. — Situation, aspect général, 57. — Siège de 1870-71, 57. — Monuments, 59. — Fortifications, 59. — Excursions, 60.

Buffet : — à la gare.
Omnibus : — 30 c. par personne, 10 c. par colis.
Hôtels : — *de l'Ancienne-Poste*, — *Lapostolesi*, — *des Messageries*, tous trois faubourg de France; — *du Tonneau-d'Or*, dans la ville.
Cafés : — *du Commerce*; — *Billecart*; — *de l'Ancienne-Poste*; — *du Tonneau-d'Or*; — *du Théâtre*; —

Hirtz; — *d'Alsace*. — Café-concert de l'*Alcazar*, faubourg de France.

Bains : — faubourg des Ancêtres.

Poste et télégraphe : — place d'Armes, dans la ville, et faubourg des Ancêtres.

Voitures : — à la gare pour *Fontaine*, *Giromagny* (3 services) et *Massevaux* (1 service).

BELLE-FLEUR [Montagne de](Haute-Saône), 75
BELLEVUE (A.-L.), 205.
BELLEVUE (Vosges), 80.
BELLEVUE [Château de] (Ardennes), 302.
BELROI (Aube), 52.
BENAVAUX [Colline de](Vosges), 95.
BENESTROFF (A.-L.), 252 et 246.
BENFELD (A.-L.), 171. — Établissement hydrothérapique.
BENING (A.-L.), 279.
BENNWIHR (A.-L.), 161. — Voit. pour la Poutroye.
BERGHEIM (A.-L.), 165.
BERGHOLZ-ZELL (A.-L.), 149.
BERMERING (A.-L.), 232.
BERNSTEIN [Château de] (A.-L.), 170,
BERTHELMING (A.-L.), 232.
BERTR CHAMPS (Meurthe-et-Moselle), 153.
BÉTHENIVILLE (Marne), 314.
BETHONVILLIERS (Territoire de Belfort), 147.
BETTEMBOURG (Grand-Duché de Luxembourg), 289.
BEUREY [Ferme du] (Haute-Saône), 107.
BIAZOT [Le](Vosges), 121 et 122.
BIFFONTAINE (Vosges), 97.
BILSTEIN [Château de] (A -L.), 166.
BIRCKENWALD (A.-L.), 223.
BIRKENFELS [Château de](A.-L.),216.
BISCHERBERG [Le] (A.-L.), 217.
BISCHOFFSHEIM (A.-L.), 217.
BISCHWILLER (A.-L.), 225. — Hôt. : du Bœuf-Rouge; du Commerce.
BITCHE (A.-L.), 280. — Hôt. de Metz et de la Croix-d'Or.

BITSCHWILLER (A.-L.), 175.
BLAGNY (Ardennes), 294.
BLAINVILLE-LA-GRANDE (Meurthe-et-Moselle), 22.
BLAMONT (Meurthe-et-Moselle), 24.
BLANC [Lac] (A.-L.), 153. — Hôt.
BLANCHEMER [Lac de] (Vosges), 114.
BLANC-MURGER [Forge du] (Vosges), 81.
BLESMES (Marne), 6. — Buffet. — Bifurcation pour *Saint-Dizier*, *Bologne* et *Chaumont*.
BLIESBRÜCKEN (A.-L.), 280.
BLOSS [La] (A.-L.), 213.
BLOTZHEIM (A.-L.), 64.
BŒRSCH (A.-L.), 213. — Aub.
BOLLENBERG[Colline du](A.-L.),149.
BOLLWLLER (A.-L.), 148.
BOLOGNE (Haute-Marne), 87.
BONDY (Seine), 1.
BONHOMME [Col du], 139.
BONHOMME [Le] (A.-L.), 139.
BONNE [Ferme de la] (Vosges), 124.
BORNY (A.-L.), 277.
BORNY [Bataille de] (A.-L.), 255.
BOUCHAUX [Roche des] (Vosges), 114.
BOULAY (A.-L.), 278.
BOULZICOURT (Ardennes), 317.

BOURBONNE-LES-BAINS(Haute-Marne), 65. — Situation, aspect général, 65. — Histoire, 66. — Sources, établissements thermaux, 66. — Monuments, promenades, 67. — Excursions, 67.

Hôtels : — *Grand-Hôtel des Bains**; — *du Commerce*; — *de l'Est*.

Maisons meublées : — *Gaillard*; — *Beaurain*; — *veuve Bernardin*; — *Aubert-Laurent*;— *Perriche*; etc. — Une chambre, 2 à 5 fr. par j.; un appartement, 10 à 20 fr. par j. En moyenne, on paye 50 à 60 fr. par mois une chambre à un lit, bien située, et 6 à 8 fr. par j. pour le logement et la nourriture. — Dans un certain nombre de maisons, on ne trouve que le logement sans la table; dans d'autres, on a l'un et l'autre.

Cafés : — *des Bains* ; — *du Balcon* ; — *de la Poste*.

Casino.

Poste et télégraphe : — bureau, rue Vellone; boîte supplémentaire à l'établissement des bains.

Loueurs de voitures et de chevaux : — *Picard* ; — *Collin* ; — *Beaurain* ; — *Garnier-Roy* ; — *Fèvre*. — Tarif : à 2 chev., la journée, de 20 à 25 fr., à 1 chev., de 8 à 10 fr.

BOURLÉMONT [Château de] (Vosges), 70.
BOURMONT-SAINT-BLIN (Haute-Marne), 87.
BOUROGNE (T. de Belfort), 65.
BOURSAULT [Château de] (Marne), 3.
BOUVACÔTE [Vallée de] (Vosges), 116.
BOUXWILLER (A.-L.), 244. — Hôt. *du Soleil*.
BOUZANVILLE (Meurthe-et-Moselle), 92.
BOUZONVILLE (A.-L.), 247. — Hôt. *de la Croix-Blanche*.
BOUZULE [La] (Meurthe-et-Moselle), 247.
BRAMONT [Col de] (Vosges), 114 et 131.
BRAUX (Ardennes), 321.
BREITENBACH (A.-L.), 199.
BREITENSTEIN (A.-L.), 244.
BRESSE [La] (Vosges), 113. — Hôt. *du Soleil* (truites renommées de la Moselotte). — Voit. pour *Cornimont*, correspondant avec le chemin de fer de Cornimont à Remiremont.
BRESSOIR [Le] (A.-L.), 198.
BRETTNACH (A.-L.), 247.
BREUCHES (Haute-Saône), 74.

BREUCHIN [Vallée du] (Haute-Saône), 74.
BREVILLY (Ardennes), 294.
BRICON (Haute-Marne), 52.
BRIENNE-LE-CHÂTEAU (Aube), 51.
BRIEULLES (Meuse), 306.
BRIEY (Meurthe-et-Moselle), 250. — Hôt. : *de la Croix-Blanche* ; *du Lion-d'Or* ; *de la Croix-d'Or* ; *de la Ville-de-Jussy*.
BRIN (Meurthe-et-Moselle), 247.
BRIQUETAGE DE LA SEILLE (A.-L.), 217.
BRIXEY-AUX-CHANOINES (Vosges), 90.
BROQUE [La] (A.-L.), 142.
BRUCHBERG [Le] (A.-L.), 143.
BRUCHE (A.-L.), 141.
BRULANGE (A.-L.), 232.
BRUMATH (A.-L.), 32. — Hôt. *de la Couronne*.
BRUNSTATT (A.-L.), 61.
BRUYÈRES (Vosges), 118. — Bifurcation des lignes de *Arches-Épinal*, *Saint-Dié* et *Rambervillers*. — Hôt. *de l'Ange*.
BÜHL (A.-L.), 180.
BÜHL (A.-L.), 200. — Établissement hydrothérapique.
BURNHAUPT (A.-L.), 173.
BURTHECOURT (A.-L.), 246.
BUSSANG (Vosges), 110. — Établissement thermal. — Hôt. *des Deux-Clefs*. — Maisons et chambres meublées.
BUSSANG [Col de], 111.
BUSSANG [Croix de] (Vosges), 105.
BUZY (Meuse), 250.

C

CARIGNAN (Ardennes), 294. — Hôt. *de la Gare*. — Bifurcation des li-

INDEX ALPHABÉTIQUE.

gues de *Thionville*, *Mézières* et *Messempré*.
CARLING (A.-L.), 247.
CASTELBERG [Le] (A.-L.), 221.
CATTENOM (A.-L.), 283.
CEINTREY (Meurthe-et-Moselle), 92.
CELLES (Vosges), 115.
CELLES (Vosges), 146.
CELSOY (Haute-Marne), 85.
CERNAY (A.-L.), 172. — Hôt. : *des Deux-Clefs*; *de Paris*; *de la Pomme-d'Or*. — Corresp. à tous les trains pour *Wattwiller* (40 c.).
CERNAY-EN-DORMOIS (Marne), 325.
CERTILLIEUX (Vosges), 70.
CHAJOUX [Vallée du] (Vosges), 127.
CHALIFERT (Seine-et-Marne), 1.
CHALINDREY (Haute-Marne), 55. — Buffet. — Bifurcation pour *Dijon* et *Gray*.
CHALLERANGE (Ardennes), 325.
CHALMAISON (Seine-et-Marne), 49.

CHALONS-SUR-MARNE (Marne), 4. — Bifurcation des lignes de *Paris*, *Strasbourg*, *Troyes*, *Reims*.

Buffet : — à la gare.
Hôtels : — *de la Haute-Mère-Dieu*; — *du Renard*; — *de la Cloche-d'Or*; — *du Palais*.
Cafés : — *des Oiseaux*, quai de la Comédie; — *de la Bourse*; — *de Bellevue*; — Brasserie *Franco-Viennoise*.
Vins de Champagne : — *J. Perrier*; — *E. et B. Perrier*.

CHAMAGNE (Vosges), 93.
CHAMBIÈRE [Ile] (A.-L.), 276.
CHAMBLEY (Meurthe-et-Moselle), 304.
CHAMBREY (A.-L.), 247.
CHAMPAGNEY (Haute-Saône), 56.

CHAMPDRAY (Vosges), 118.
CHAMP-DU-FEU [Le] (A.-L.), 205.
CHAMPIGNEULLES (Meurthe-et-Moselle), 11. — Bifurcation pour *Château-Salins* et *Sarralbe*.
CHANGIS (Seine-et-Marne), 2.
CHANTRAINES (Haute-Marne), 87.
CHAPELLE [La] (Vosges), 97.
CHAPELLE-AUX-BOIS [La] (Vosges), 96.
CHAPELLE-SOUS-ROUGEMONT [La] (Territoire de Belfort), 147.
CHARBONNIERS [Col des], 110.
CHARBONNIERS [Vallée des] (Vosges), 103.
CHARLEMAGNE [Cascade de] (Vosges), 127.
CHARLEMONT [Forteresse de] (Ardennes), 324.

CHARLEVILLE (Ardennes), 317. — Bifurcation pour *Givet*, *Hirson*, *Reims* et *Sedan*

Buffet : — à la gare.
Hôtels : — *du Lion-d'Argent*; — *Grand-Hôtel*; — *de l'Europe*; — *du Commerce*
Cafés : — *de la Promenade*; — *de la Gare*.
Poste et télégraphe : — place Saint-Franço

CHARLEVILLE-MÉZIÈRES (Ardennes), 317
CHARME [La] (Vosges), 101.
CHARME DE ORMONT (Vosges), 116.
CHARMES (Vosges), 93. — Bifurcation des lignes de *Nancy*, *Épinal* et *Rambervillers*. — Hôt. *de la Poste*. — Voit. publique pour *Mirecourt*.
CHARMOY (Haute-Marne), 55.
CHARNY (Meuse), 306.

INDEX ALPHABÉTIQUE.

CHASTEL [Colline de] (Vosges), 137.
CHÂTEAU-LAMBERT (Vosges), 105 et 108.
CHÂTEAU-PORCIEN (Ardennes), 313.
CHÂTEAUREGNAULT-MONTHERMÉ (Ardennes), 321. — Tramway à vapeur.
CHÂTEAU-SALINS (A.-L.), 246.
CHÂTEAU-SUR-PERLES (Vosges), 117.

CHÂTEAU-THIERRY (Aisne), 3. — Buffet à la gare. — Hôt. : de l'*Éléphant*; de la *Sirène*; d'*Angleterre*; de la *Gare*. — Établissement hydrothérapique du Dr *Petit*.

CHÂTEL (Vosges), 93.
CHÂTEL-CHEHERY (Ardennes), 325.
CHÂTELET-SUR-RETOURNE [Le] (Ardennes), 314.
CHÂTEL-NOMEXY (Vosges), 93.
CHÂTENOIS (A.-L.), 195. — Bifurcation des lignes de *Sainte-Marie-aux-Mines* et *Molsheim*. — Établissement thermal et hydrothérapique avec casino, théâtre et parc. — Hôt. *Badbronn hotel* (5 fr. par jour).
CHÂTENOIS (Vosges), 70.
CHÂTILLON-SUR-SAÔNE (Haute-Marne), 67.
CHATRY [Le] (A.-L.), 246.
CHAUDEAU [Forges de la] (Vosges), 81.
CHAUDENAY (Haute-Marne), 85. — Bifurcation des lignes de *Paris*, *Belfort*, *Mirecourt-Nancy*.

CHAUMONT (Haute-Marne), 52. — Bifurcation des lignes de *Paris*, *Belfort*, *Châtillon-sur-Seine* et *Châlons*.

Buffet : — à la gare.
Omnibus : — 25 c. sans bagage; 50 c. avec bagage.
Hôtels : — *de l'Écu et du Commerce*; — *de France et des Postes*.
Cafés : — *de Paris*; — *du Commerce*; — *Français*; — *de Foy*.

CHAUMONT [Viaduc de] (Haute-Marne), 52.
CHAUVENCY-LE-CHÂTEAU (Meuse), 293.
CHAUVENCY-SAINT-HUBERT (Meuse), 293.
CHELLES (Seine-et-Marne), 1.
CHÊNE DES PARTISANS (Vosges), 89.
CHENIMENIL (Vosges), 117.
CHEVILLON (Haute-Marne), 86.
CHÈVREMONT (Terr. de Belfort), 80.
CHÈVRE-ROCHE (Vosges), 89.
CIREY (Meurthe-et-Moselle), 24. — Hôt. : *du Sauvage*; *du Sapeur*.
CITERS (Haute-Saône), 96.
CLAIRVAUX (Aube), 52.
CLEREY-OMELMONT (Meurthe-et-Moselle), 92.
CLERMONT-EN-ARGONNE (Meuse), 248.
CLIMBACH (A.-L.), 230.
CLOUANGE (A.-L.), 236.
COCHEREN (A.-L.), 231.
COIFFY-LE-HAUT (Haute-Marne), 67.

COLMAR (A.-L.), 150. — Situation, aspect général, 150. — Histoire, 151. — Monuments, 151. — Bibliothèque, musée, sociétés savantes, 152. — Industrie, 154. — Excursions, 154. — Bifurcation des lignes de *Strasbourg, Mulhouse, Munster* et *Fribourg.*

Buffet : — à la gare.
Hôtels : — *des Deux-Clefs; — de Thann.*
Cafés : — *Rapp; — Vauban; — du Miroir; — du Champ-de-Mars; — de Paris.*
Brasseries : — *du Griffon; du Nord; — Molly; — Kress.*
Voitures : — pour *la Poutroye* (2 services par j.); — *Orbey* (2 services par j.; on part du chemin de fer ou de l'hôtel de Thann).

COLOMBEY [Parc de] (A.-L.), 277.
COLOMBIER (Haute-Saône), 56.
COMMERCY (Meuse), 8. — Hôt. : *de Paris; de la Cloche; de la Gare; des Trois-Maures.*
CONFLANS (Meurthe-et-Moselle), 250.
CONFLANS-JARNY (Meurthe-et-Moselle), 250. — Bifurcation des lignes de *Metz, Verdun, Pagny-sur-Moselle, Longuyon, Briey.* — Buffet à la gare.
CONFLANS-VARIGNEY (Haute-Saône), 68.
CONSENVOYE (Meuse), 306.
CONS-LA-GRANDVILLE (Meurthe-et-Moselle), 326.
CONTHIL (A.-L.), 246.

CONTREXÉVILLE (Vosges), 88. — Situation, aspect général, 88. — Sources, établissement, 88. — Excursions, 89.

Hôtels : — *de l'Établissement hydrominéral**, agrandi de *l'Établissement la Souveraine; — de la Providence; — de Paris; — des Apôtres; — Harmand; — Martin aîné; — Parisot, — Martin-Mansuy; — de France; — du Vair; — de l'Anneau-d'Or; — du Parc; — de France.*
Restaurants : — de l'Établissement thermal et dans les principaux hôtels.
Café : — à l'hôtel des Apôtres.
Chambres et appartements meublés : — généralement tenus d'une façon satisfaisante (nous signalerons les maisons : *Barthélemy; — Contal; — Garion; — Amélie Gauthier; — Grandvallet; — Juvin* aîné; — *Juvin* jeune; — *Lassausse;* — *V° Leguen;* — *Gustave Lepage;* — *V° Lepage;* — *Hannussier;* — *Mansuy-Vuillaume; — Martin-Villemain;* — *Maucotel; — Ferdinand Parisot;* — *V° Robin,* etc.

A la dépense de la pension il faut joindre celle des bains, des douches, l'abonnement à la source du Pavillon, aux salons de conversation, etc.

On paye un droit fixe de 20 fr. par buveur pour l'usage des eaux en boisson pour une saison de 21 jours, et l'on ne peut boire à la source du Pavillon que sur la présentation d'une carte constatant le payement de cette redevance.

Bains et douches. — Bain minéral, 1 fr. 50; bain de son, 2 fr.; bain de carbonate de soude, 2 fr.; bain aromatique, 2 fr. 50; bain sulfureux, 2 fr. 50.

Douche ascendante, 75 c.; grande douche à percussion, 1 fr. 50; bain de siège à eau courante, 1 fr. 50; bain minéral à domicile, 3 fr.; bain de son à domicile, 3 fr. 50.

Linge supplémentaire : serviette, 10 c.; peignoir de toile, 15 c.; peignoir de laine, 25 c.; fond de bain, 20 c.; sandales, 15 c.

Transport d'un malade à l'établissement, 1 fr. aller et retour.

INDEX ALPHABÉTIQUE.

Les services sont ouverts de 5 h. à 10 h. du matin, et de 1 h. à 5 h. du soir. La durée d'un bain est de 1 h.; celle d'une douche, de 15 min. Au delà de ce temps, les bains et douches seront payés double.

Casino et théâtre (direction de M. Aurèle : — abonnement pour 21 jours : 1 personne, 25 fr.; 2 personnes, 40 fr.; 3 personnes, 55 fr.; abonnement de famille, 70 fr. — Les personnes non abonnées payent un droit de 3 fr. par personne et par jour.

Une sœur hospitalière est établie à Contréxéville, aux frais de la commune, pour donner ses soins aux buveurs qui viendraient à tomber malades pendant leur cure.

Poste et télégraphe.

Voitures de louage : — chez *Émile Grandvallet*.

Voitures pour : — (15 kil.) *Ant-nois*.

CORBEAUX [Lac des] (Vosges), 114.
CORCIEUX (Vosges), 97.
CORNAY-FLÉVILLE (Ardennes), 325.
CORNIMONT (Vosges), 113. — Buffet à la gare. — Hôt. : *de la Moselotte; du Cheval-de-Bronze; des Vosges*.
CORNY (A.-L.), 231.
CORRAVILLERS (Haute-Saône), 75.
COURCELLES-SUR-NIED (A.-L.), 273.
COURTEMAICHE (Suisse), 65.
COURTEMONT-VARENNES (Aisne), 3.
COUSSEY (Vosges), 91.
CRAUFTHAL [Le] (A.-L.), 29. — A 3 k., dans la vallée de la Zinzel, hôt. *Oberhof*.
CREHANGE (A.-L.), 279.
CRÉPY (A.-L.), 278.
CRESSON [Vallée du] (Vosges), 120.
CREUSE [Vallée de la] (Vosges), 120.
CREUSE-GOUTTE [Cascade de] (Vosges), 121.
CREUTZWALD (A.-L.), 247.

CROISETTE [La] (Vosges), 102.
CREVENEY-SAULX (Haute-Saône), 58.
CULMONT-CHALINDREY (Haute-Marne), 55.
CUMIÈRES (Meuse), 306.
CUPERLY (Marne), 243.
CUREL (Haute-Marne), 86.

D

DABO (A.-L.), 31. — Aub. chez *Dietenschneider*.
DABO [Roche de] (A.-L.), 31.
DACHSTEIN (A.-L.), 223.
DAGSBOURG [Tour de] (A.-L.), 150.
DAMBACH (A.-L.), 170 et 200. — Hôt. *de la Couronne*.
DAMBACH [Château de] (A.-L.), 242.
DAMBLAIN (Vosges), 86.
DAMELEVIÈRES (Meurthe-et-Moselle), 92.
DAMERY (Marne), 3.
DAMMARTIN (Haute-Marne), 86.
DANNEMARIE (A.-L.), 60.
DANONCE [Bois de] (Haute-Marne), 67.
DAREN [Lac de] (A.-L.), 160.
DARNIEULLES (Vosges), 71.
DASPICH (A.-L.), 286.
DELLE (Terr. de Belfort), 65.
DEMANGE-AUX-EAUX (Meuse), 69.
DETTWILLER (A.-L.), 32.
DEUTSCH-AVRICOURT (A.-L.), 24.
DEVANT-LES-PONTS (A.-L.), 285. — Tramway pour *Metz*.
DEVILLE (Ardennes), 322.
DEYCIMONT (Vosges), 118.
DIARVILLE (Meurthe-et-Moselle), 92.
DIDENHEIM (A.-L.), 61.
DIEULOUARD (Meurthe-et-Moselle), 251.
DIEUZE (A.-L.), 246. — Hôt. : *Muller; du Lion-d'Or*.
DIMBSTHAL (A.-L.), 223.
DINANT (Belgique), 326. — Hôt. : *de*

la Poste; de la Tête-d'Or; du Lion-d'Or. — Établissements hydrothérapiques des D⁰ˢ Cousol et Motte.
DINOZE (Vosges), 98.
DINSHEIM (A.-L.), 145.
DISTROFF (A.-L.), 247.
DOCELLES (Vosges), 117.
DOCELLES-CHENIMENIL (Vosges), 117. — Buffet.
DOMBASLE (Meuse), 248.
DOMBROT-LE-SEC (Vosges), 90.
DOM-LE-MESNIL (Ardennes), 303.
DOMPAIRE (Vosges), 70. — Voiture publique pour *Monthureux*.
DOMREMY-LA-PUCELLE (Vosges), 80.
DONCHERY (Ardennes), 303.
DONCHERY [Château de] (Ardennes), 303.
DONJEUX (Haute-Marne), 87.
DONON [Col du], 146.
DONON [Le] (A.-L.), 145.
DONON [Plate-forme du], 142.
DORLISHEIM (A.-L.), 219. — Aub. du *Bœuf-Rouge*.
DORMANS (Marne), 3.
DORNACH (A.-L.), 148.
DOSSENHEIM (A.-L.), 30 et 244.
DOULEVANT-LE-CHÂTEAU (Haute-Marne), 86.
DOUNOUX (Vosges), 95.
DOUZY (Ardennes), 294.
DREYSTEIN [Château de] (A.-L.), 214.
DRUMONT [Chaume de], 111.
DUGNY (Meuse), 306.
DUN-DOULCON (Meuse), 306.
DUN-SUR-MEUSE (Meuse), 306.
DUPPIGHEIM (A.-L.), 223.
DUSENBACH [Chapelles de] (A.-L.), 165.
DUTTLENHEIM (A.-L.), 223.

E

EBERMUNSTER (A.-L.), 170.
EBERSHEIM (A.-L.), 170.
EBERWILLER (A.-L.), 247.
ÉCHERY [Château d'] (A.-L.), 197.
ECHO DE RAMBERCHAMP (Vosges), 120.
ÉCHOS DE SAINT-ANTOINE (Vosges), 120 et 123.
ECOLE DU BEILLARD (Vosges), 120 et 124.
EGUISHEIM (A.-L.), 150.
EGUISHEIM [Tours d'] (A.-L.), 150.
EICHHOFEN (A.-L.), 200.
EINVAUX (Meurthe-et-Moselle), 92.
EIX-ABAUCOURT (Meuse), 249.
ELOYES (Vosges), 98.
EMBERMÉNIL (Meurthe-et-Moselle), 23.
EMERAINVILLE-PONTAULT (Seine-et-Marne), 49.
ENCHENBERG (A.-L.), 280.
ENGELBOURG [Château d'] (A.-L.), 174.
ENSISHEIM (A.-L.), 148.
ENTZHEIM (A.-L.), 223.
ENVERS DE VOLOGNE (Vosges), 124.

ÉPERNAY (Marne), 3. — Bifurcation des lignes de *Paris, Strasbourg, Reims, Romilly*.

Buffet : — à la gare.
Hôtels : — de *l'Europe*; — de *Paris*; — du *Chemin-de-Fer*.
Cafés : — de *Paris*; — du *Centre*; — de *Rohan*.
Vins de Champagne (on peut visiter les caves) : — *Moët et Chandon*; — *Mercier et C⁰*; — *Perrier, Jouet et C⁰*; — *Fournier*.

EPFIG (A.-L.), 200.

ÉPINAL (Vosges), 93. — Situation, aspect général, 93. — Histoire, 93.

— Monuments, curiosités, 94. — Promenades, 95. — Industrie, 95. — Bifurcation des lignes de *Nancy, Port-d'Atelier, Mirecourt.*

Buffet : — à la gare.
Hôtels : — *du Louvre ; — de la Poste ; — du Commerce ; — de la Gare ; — de France.*
Cafés : — *Lemaire ; — Arnould ; de la Comédie ; — des Vosges ; — Parisien.*
Brasseries : — *Viennoise ; — Spinalienne ; — Lamy ; — Hermann.*
Poste et télégraphe : — 1, rue d'Arches.
Voitures publiques pour : — (48 kil.) *Monthureux-sur-Saône,* par *Darney ; —* (7 kil.) *Girecourt-sur-Durbion.*

ÉPIS [Ile des] (A.-L.), 47.
ÉPIS [Notre-Dame des Trois-] (A.-L.), 185. — Hôt. : *des Trois-Épis ; des Trois-Rois.*
ERSTEIN (A.-L.), 171.
ESBLY (Seine-et-Marne), 2.
ETAIN (Meuse), 249. — Hôt. *de la Sirène.*
ÉTIVAL (Vosges), 134.
EULMONT-AGINCOURT (Meurthe-et-Moselle), 247.
EURVILLE (Haute-Marne), 86.

F

FÂCHEPREMONT (Vosges), 127.
FAINS (Meuse), 6.

FALKENSTEIN [Château de] (A.-L.), 243.
FALKENSTEIN [Le] (A.-L.), 143.
FARDEAU DE SAINT-CHRISTOPHE (Vosges), 101.
FARSCHWILLER (A.-L.), 279.
FAUCOGNEY (Haute-Saône), 75. — Auberge.
FAUDE [Le] (A.-L.), 139.
FAULQUEMONT (A.-L.), 279. — Hôt. : *de la Carpe-d'Or ; de la Ville-de-Metz ; du Chariot-d'Or ; du Cheval-Blanc.*
FAVERNEY (Haute-Saône), 68.
FAYMONT (Vosges), 103.
FAYS [Forêt de] (Vosges), 81.
FEES [Château des] (Ardennes), 321.
FEES [Château des] (Vosges), 81.
FEES [Pont des] (Vosges), 100 et 121.
FEGERSHEIM (A.-L.), 171.
FELLERINGEN (A.-L.), 132.
FENETRANGE (A.-L.), 245.
FENTANGE (Grand-Duché de Luxembourg), 339.
FERDRUPT (Vosges), 105.
FERRIÈRES (Seine-et-Marne), 49.
FERTE-BOURBONNE [La], *V.* Ferté-sur-Amance.

FERTÉ-SOUS-JOUARRE [LA] (Seine-et-Marne), 2. — Hôt. : *du Porc-Épic ; de l'Épée ; de Paris.*

FERTÉ-SUR-AMANCE ou Bourbonne [La] (Haute-Marne), 55.
FEUILLÉE-DOROTHÉE (Vosges), 80.
FEUILLÉE-MAGENTA (Vosges), 81.
FIQUELMONT (Meurthe-et-Moselle), 304.
FISCHBOEDLE [Étang du] (A.-L.), 194.
FLAMBOIN (Seine-et-Marne), 49.
FLECKENSTEIN [Château de] (A.-L.), 231.
FLIN (Meurthe-et-Moselle), 132.

FLORANCE (A.-L.), 291.
FLORIVAL [Le] (A.-L.), 180.
FONDROME [Lac de] (Vosges), 105.
FONTAINE-LÈS-LUXEUIL (Haute-Saône), 68.
FONTAINE PAXION (Vosges), 121 et 123.
FONTAINE SAINTE-SABINE (Vosges), 101.
FONTENOY-LE-CHÂTEAU (Vosges), 83. — Voit. publique pour *Bains*.
FONTENOY-SUR-MOSELLE (Meurthe-et-Moselle), 10.
FONTOY (A.-L.), 291.
FORBACH (A.-L.), 281. — Hôt. : *du Chariot-d'Or ; des Voyageurs*.
FORCELLES-SAINT-GEORGES (Meurthe-et-Moselle), 92.
FOSSE-AU-MORTIER [La] (Ardennes), 315.
FOUDAY (A.-L.), 141. — Hôt. *de la Poste*.
FOUG (Meurthe-et-Moselle), 9.
FOUGEROLLES-LE-CHÂTEAU (Haute-Saône), 104.
FOUGEROLLES-L'ÉGLISE (Haute-Saône), 104.
FOULAIN (Haute-Marne), 83.
FOULCREY (Meurthe-et-Moselle), 24.
FRAIZE (Vosges), 139. — Hôt. *de la Poste*.
FRAMONT (A.-L.), 142.
FRANKENBOURG [Château de] (A.-L.), 198.
FRAPELLE (Vosges), 140.
FRÉBÉCOURT (Vosges), 69.
FREISTROFF (A.-L.), 247.
FRELAND (A.-L.), 156.
FRÉMONVILLE (Meurthe-et-Moselle), 24.
FRENELLE-LA-GRANDE (Vosges), 92.
FRESSE (Vosges), 106.
FREUDENECK (A.-L.), 221.
FREYR [Bois de] (Belgique), 326.
FRŒNINGEN (A.-L.), 61.
FRŒNSBURG [Château de] (A.-L.), 231.
FRŒSCHWILLER (A.-L.), 234. — Aub : *A la Montagne-Verte; Au Rendez-Vous des Chasseurs*.

FRŒSCHWILLER [Bataille de], 235.
FRONCLES (Haute-Marne), 87.
FROUARD (Meurthe-et-Moselle), 11. — Bifurcation des lignes *de Strasbourg, Metz et Paris*.
FUMAY (Ardennes), 322.

G

GAGNY (Seine-et-Oise), 1.
GARENFÜRST [La] (A.-L.), 242.
GARSCH (A.-L.), 268.
GARTLÉ [Métairie du] (A.-L.), 180.
GASCHNEI (Forêt du) (A.-L.), 194.
GEHARD [Cascade du] (Vosges), 102.
GEISHAUSEN (A.-L.), 175.
GEISPOLSHEIM (A.-L.), 171.
GEISSFELS (A.-L.), 32.
GENEVREUILLE (Haute-Saône), 56.
GENIVAUX [Les] (A.-L.), 278.

GÉRARDMER (Vosges), 119. — Excursions, 170.

Hôtels : — *de la Poste; — des Vosges; — du Lac*.
Cafés : — *de la Poste; — des; Vosges; — Cuny-Didier; — Cholet. — Leroy; — de la Gare* (restaurant).
Établissement hydrothérapique du Dr Greuell (ouvert du 1er mai au 1er octobre).
Chevaux, voitures et ânes : — à l'hôtel de la Poste et à l'hôtel des Vosges : voitures à 1 chev., 12 à 15 fr. par jour; à 2 chev., 20

INDEX ALPHABÉTIQUE.

à 25 fr. ânes, avec voiture, 1 fr. 50 l'heure; avec selle, 75 c. — Voitures : pour la Schlucht, à 1 cheval 15 fr., à 2 chev. 25 fr. (20 et 25 fr. si l'on y couche); le Rudlin, 15 fr. et 25 fr.; Munster, 25 fr. et 45 fr.; Retournemer, 10 fr. et 18 fr. (la journée entière, 14 fr. et 25 fr.); Saut des Cuves, la Glacière, 6 fr. et 10 fr ; tour du lac et écho de Ramberchamp, 6 fr. et 10 fr.; la Bresse, 15 fr. et 25 fr.; Cornimont, 15 fr. et 25 fr.; Vagney, 12 fr. et 20 fr.; Saut du Bouchot, 10 fr. et 18 fr.; cascade de Tendon, 12 fr. et 20 fr.; Remiremont, 15 fr. et 25 fr.

Bateaux : — pour promenade sur le lac, à l'embarcadère.

Voitures publiques (en été) pour : *Munster, Vagney et la Schlucht*.

GÉRARDMER [Lac de] (Vosges), 119.
GERMAINE (Marne), 307.
GEROLDSECK [Châteaux du Grand et du Petit-] (A.-L.), 27.
GIRECOURT-SUR-DURBION (Vosges), 96. — Voit. publique pour *Épinal*.
GIROMAGNY (Terr. de Belfort), 104.
GIRONCOURT (Vosges), 70.
GIRSBERG [Château de] (A.-L.), 165.

GIVET (Ardennes), 323. — Douane française.

Buffet : — à la gare.
Hôtels : — *du Mont-d'Or* ; — *de l'Ancre*; — *du Courrier des Ardennes*.
Cafés : — *de la Place*; — *de l'Europe*.
Poste et télégraphe : — rue d'Estrées, près du pont.

Voitures pour les *grottes de Rochefort et de Han*.

GIVRY-EN-ARGONNE (Marne), 248.
GLORIETTE DU ROTHENFELS (A.-L.), 221.
GŒRSDORF (A.-L.), 234.
GŒTZENBRUCK (A.-L.), 244.
GOLDBACH (A.-L.), 175.
GONDRECOURT (Meurthe-et-Moselle), 304.
GONDRECOURT (Meuse), 69.
GORZE (A.-L.), 251. — Hôt. *de la Croix-d'Or et du Lion-d'Or*.
GOUTTE-DU-TOUR (Vosges), 121.
GOUTTE-RIDS [Les] (Vosges), 122.
GOXWILLER (A.-L.), 206.
GRAND-DRUMONT, 111.
GRAND-ETANG (Vosges), 120.
GRAND-FAHYS [Le] (Vosges), 75.
GRANDFONTAINE (A.-L.), 142. — Hôt. *du Grand-Cerf*.
GRAND-KERNÉ (Vosges), 121 et 124.
GRANDPRÉ (Ardennes), 325.
GRAND-PUITS (Seine-et-Marne), 49.
GRANDVILLARS (Territoire de Belfort), 65.
GRAND-WINTERSBERG (A.-L.), 242.
GRANGES [Vallée de] (Vosges), 118 et 125.
GRANGES (Vosges), 118.
GRAVELOTTE (A.-L.), 278. — Hôt. *du Cheval-d'Or*.
GRAVELOTTE [Bataille de], 262.
GREIFENSTEIN [Château de] (A.-L.), 27.
GRENDELBRUCH (A.-L.), 143. — Hôt. *Schaller*, avec chalet (pension, 4 fr. 50, vin non compris). — Service de voit. pour la gare de Wische (ligne de Mutzig à Rothau).
GRESSON [Le] (Vosges), 110.
GRESWILLER (A.-L.), 145.
GRETZ-ARMAINVILLIERS (Seine-et-Marne), 49. — Bifurcation pour *Coulommiers*.
GRIESBACH (A.-L.), 189.

GRIMONT [Château de] (A.-L.), 277.
GROSSE-PIERRE [Col de] (Vosges), 121 et 150.
GROS-TENQUIN (A.-L.), 245.
GUEBERSCHWIHR (A.-L.), 150.

GUEBWILLER (A.-L.), 178. — Hôt.: de l'Ange; du Lion-Rouge; du Canon-d'Or.

GUÉMAR (A.-L.), 167.
GUERTWILLER (A.-L.), 206.
GUEWENHEIM (A.-L.), 173.
GUIGNICOURT (Ardennes), 316.
GUIRBADEN [Château de] (A.-L.), 218.
GUNDERSHOFFEN (A.-L.), 233.
GUNSBACH (A.-L.), 190.
GUTLEUTRAIN (A.-L.), 200.

H

HAAG [Métairie du] (A.-L.), 182.
HABERACKER (A.-L.), 31.
HABERHOF (A.-L.), 29.
HABOUDANGE (A.-L.), 246.
HABSHEIM (A.-L.), 64.
HACHIMETTE (A.-L.), 156.
HÆGEN (A.-L.), 32.
HAGELSCHLOSS [Château de] (A.-L.), 215.
HAGONDANGE (A.-L.), 286.
HAGUENAU (A.-L.), 225. — Hôt. : de la Poste; de l'Homme-Sauvage; du Lion-d'Or ; du Cygne.
HAGUENAU [Forêt de] (A.-L.), 226.
HAIE-GRISELLE [La] (Vosges), 124.

HALGENSTEIN [Le] (A.-L.), 171 et 196.
HAMBACH (A.-L.), 245.
HAMPONT (A.-L.), 246.
HANGENSTEIN [Rochers de] (A.-L.), 205.
HANWEILLER (Allemagne), 285.
HARDALLE [La] (Vosges), 138.
HARÉVILLE (Vosges), 87.
HARGARTEN (A.-L.), 247.
HARTMANN [Chalet-hôtel], à la Schlucht, 128.
HARTMANN [Fontaine de] (A.-L.), 200.
HARTMANNWILLER (A.-L.), 148.
HARTMANNWILLER [Montagne d'] (A.-L.), 178.
HASTIÈRE (Belgique), 326.
HATTMATT (A.-L.), 30 et 244.
HATTSTATT (A.-L.), 150.
HATTSTATT [Château de] (A.-L.), 189.
HAUT-BARR [Château du] (A.-L.), 26.
HAUT-DE-LA-CHARME (Vosges), 123.
HAUT-DE-LA-HAIE-GRISELLE (Vosges), 121.
HAUT-DE-LA-RAYÉE (Vosges), 121.
HAUT-DE-MARTIMPREY (Vosges), 121.
HAUT-DE-MISELLE (Vosges), 121.
HAUT-DE-SALIN (Vosges), 90.
HAUTDOMPRÉ (Vosges), 84.
HAUT-DU-PHÉNY [Le] (Vosges), 120.
HAUT-DU-ROC (Vosges), 112.
HAUT-DU-TOT [Le] (Vosges), 115.
HAUTES-CHAUMES (A.-L.), 159.
HAUTES-RIVIÈRES [Les] (Ardennes), 321. — Hôt. Saint-Hubert (chez Barrois).
HAUTS-RUPTS [Les] (Vosges), 122.
HAYANGE (A.-L.), 291.
HAYBES (Ardennes), 323.
HAZELBOURG (A.-L.), 31.
HEER (Belgique), 325.
HEIDENBERG [Le] (A.-L.), 149.
HEIDENKOPF [Le] (A.-L.), 218.
HEIDENSCHLOSS (A.-L.), 221.
HEILIGENSTEIN (A.-L.), 201. — Aub. du Cerf.
HEMING (A.-L.), 24.
HENNECOURT (Vosges), 71.

INDEX ALPHABÉTIQUE.

HÉRIVAL [Prieuré et vallée d'] (Vosges), 102.
HERMÉ (Seine-et-Marne), 49.
HERNY (A.-L.), 279.
HERRENFLUCH [Château du] (A.-L.), 178.
HERRLISHEIM (A.-L.), 150.
HERSBACH (A.-L.), 143.
HETTANGE-LA-GRANDE (Meurthe-et-Moselle), 239.
HIERGES (Ardennes), 323.
HIRSCHENSPRUNG [Rocher] (A.-L.), 166.
HIRTZENSTEIN [Château de] (A.-L.), 178.
HOCHFELDEN (A.-L.), 32. — Hôt. de la Croix-d'Or.
HŒRDT (A.-L.), 225.
HOFFEN (A.-L.), 228.
HOHENBURG [Château de], 231.
HOHENECK [Le] (Vosges), 129.
HOHENKŒNIGSBOURG [Château de] (A.-L.), 169. — Hôtel-restaurant.
HOHENRAIN [Le] (A.-L.), 143.
HOHENSTEIN [Château de] (A.-L.), 145.
HOHLANDSPERG [Château de] (A.-L.), 187.
HOHWALD [Le] (A.-L.), 204. — Hôt.: Kuntz ou du Hohwald (très fréquenté pendant la belle saison; le prix de la nourriture, vin compris, est de 5 fr. 50 par jour; celui des chambres, de 7 fr. à 14 fr. par semaine; si l'on veut séjourner pendant la belle saison, retenir un logement d'avance; salons de lecture, de conversation, de billard, de théâtre; poste et télégraphe), et *établissement* renfermant des cabinets pour bains ordinaires, douches froides et bains aux bourgeons de sapins; — hôt. *Marchal* ou *du Chalet* (avec établissement de bains). — Omnibus en été pour Barr.
HOLTZEIM (A.-L.), 225.
HOLTZPLATZ [Scierie du] (A.-L.), 205.
HOLZBAD (A.-L.), 171. — Établissement.
HOMBOURG-L'ÉVÊQUE (A.-L.), 279.

HOMBOURG-SUR-CANNER (A.-L.), 247.
HOMÉCOURT (Meurthe-et-Moselle), 250.
HOMMARTING [Souterrain de] (A.-L.), 24.
HONACK [Château de] (A.-L.), 154.
HONACK [Le Grand-] (A.-L.), 154.
HONACK [Le Petit-] (A.-L.), 154.
HÔPITAL [L'] (A.-L.), 247.
HORBOURG (A.-L.), 183.
HORTES (Haute-Marne), 55.
HOUBE [La] (A.-L.), 31.
HOUDELAINCOURT (Meuse), 69.
HOUDEMONT (Meurthe-et-Moselle), 92.
HOUÉCOURT (Vosges), 70.
HOUSSIÈRE [La] (Vosges), 97.
HUGSTEIN [Château de] (A.-L.), 180.
HUMONT [Forêt de] (Vosges), 82.
HUNAWIHR (A.-L.), 166.
HUNDLING (A.-L.), 279.
HUNGERPLATZ (A.-L.), 203.
HUNSPACH (A.-L.), 226.
HUNTING (A.-L.), 288.
HÜSSEREN (A.-L.), 150.
HUSSEREN (A.-L.), 176.
HUTTENHEIM (A.-L.), 171.
HYMONT (Vosges), 70.

IGNEY-AVRICOURT (Meurthe-et-Moselle), 23. — Douane française. — Buffet. — Hôt. *de la Gare*. — Bifurcation pour *Cirey* et *Dieuze*.
ILE-NAPOLÉON (A.-L.), 172.
ILLFURTH (A.-L.), 61.
INGERSHEIM (A.-L.), 155.
INGWILLER (A.-L.), 244.
INOR (Meuse), 305.

INSMING (A.-L.), 245.
ISLETTES [Les] (Meuse), 248.

J

JAALONS-LES-VIGNES (Marne), 4.
JACQUOT [Ferme] (Vosges), 80.
JÆGERTHAL (A.-L.), 242.
JARMÉNIL (Vosges), 117.
JARNY (Meurthe-et-Moselle), 250.
JARVILLE-LA-MALGRANGE (Meurthe-et-Moselle), 21.
JAUCOURT (Aube), 51.
JEANDELIZE (Meurthe-et-Moselle), 250.
JESSAINS (Aube), 51.
JŒUF (Meurthe-et-Moselle), 250.
JOINVILLE (Haute-Marne), 86. — Hôt. : *du Soleil; du Grand-Cerf; des Voyageurs.*
JONCHERY (Haute-Marne), 91.
JOPPÉCOURT (Meurthe-et-Moselle), 292.
JOUARRE (Seine-et-Marne), 2. — Hôt. *du Plat-d'Étain.*
JOUY [Les Arches de] (A.-L.), 252.
JOUY-AUX-ARCHES (A.-L.), 252.
JULIENRUPT (Vosges), 116.
JUMENTERIE [La] (Vosges), 106.
JUNGHOLTZ (A.-L.), 177.
JUSSEY (Haute-Saône), 55. — Hôt. : *du Commerce*, près de la gare; *de l'Aigle-Noir.*

K

KÆSBERG (A.-L.), 244.
KAGENFELS [Château de] (A.-L.), 245.

KAHLENWASEN [Montagne du] (A.-L.), 189.
KAPPELGINGER (A.-L.), 245.
KATZENTHAL (A.-L.), 155.
KAYSERSBERG (A.-L.), 156. — Hôt. : *de la Couronne; de la Gibecière.*
KEDANGE (A.-L.), 247.
KEHL (Grand-Duché de Bade), 48. — Restaurant à la gare. — Hôt. : *de la Poste; du Saumon; Rehfuss,* etc.
KEHL [Pont de], 48.
KEMBERG [Le], 137.
KERTOFF [Glacière du], 121 et 125.
KESKASTEL (A.-L.), 245.
KICHOMPRÉ (Vosges), 121 et 125. — Hôt. *de la Vologne.*
KIENTZHEIM (A.-L.), 161.
KINTZHEIM (A.-L.), 195.
KINTZHEIM [Château de] (A.-L.), 195.
KIRCHHEIM (A.-L.), 220.
KLEIN-BLITTERSDORF (Allemagne), 235.
KLINGENTHAL (A.-L.), 209. — Aub. *de la Montagne-Verte.*
KŒNIGSBERG [Château de] (A.-L.), 170.
KŒNIGSMACKER (A.-L.), 288.
KŒPFEL (A.-L.), 208.
KŒURS [Les] (Meuse), 307.
KŒURS-LA-GRANDE (Meuse), 307.
KŒURS-LA-PETITE (Meuse), 307.
KOGENHEIM (A.-L.), 171.
KOLBSHEIM (A.-L.), 223.
KREUZBERG [Le] (A.-L.), 197.
KRUTH (A.-L.), 131. — Hôt. *du Cerf-d'Or.*
KUNTZICH (A.-L.), 248.
KUPPELEBERG [Le] (A.-L.), 61.

L

LABATTEUX [Montagne de] (A.-L.), 141.

INDEX ALPHABÉTIQUE. 345

LACROIX-SUR-MEUSE (Meuse), 306.
LADONCHAMPS (Combat de] (A.-L.), 265.
LAGNY (Seine-et-Marne), 1.
LAIFOUR (Ardennes), 322.
LAITRE (Vosges), 81 et 103.
LAITRE-SOUS-AMANCE (Meurthe-et-Moselle), 247.
LAMARCHE (Vosges), 88. — Hôt. : de la Place ; du Soleil.
LAMOUILLY (Meuse), 294.
LANDROFF (A.-L.), 232.
LANDSPERG [Château de] (A.-L.), 202.
LANEUVILLE-AU-PONT (Marne), 325.
LANGENSTEIN [Pierre de] (A.-L.), 149.

LANGRES (Haute-Marne), 53.

Omnibus : — par personne, 60 c. ; par colis, 30 c.
Hôtels : — de l'Europe ; — de la Poste.
Cafés : — de Foy ; — de Paris ; — du Grand-Balcon.
Poste et télégraphe : — place Hanriot.

LAQUIANTE [Fontaine] (A.-L.), 205.
LARIVIÈRE-SOUS-AIGREMONT (Haute-Marne), 67.
LARMES [Chapelle des], à Sainte-Odile (A.-L.), 212.
LATERAL À LA MARNE [Canal], 6.
LAUCHEN [Ferme de] (A.-L.), 183 et 190.
LAUNOIS-SUR-VENCE (Ardennes), 316.
LAUTENBACH (A.-L.), 183.
LAUTENBACH-ZELL (A.-L.), 183.
LAVAL (Vosges), 118.

LAVELINE (Vosges), 118. — Bifurcation pour Gérardmer. — Buffet à la gare.
LAY-SAINT-CHRISTOPHE (Meurthe-et-Moselle), 247.
LEMBACH (A.-L.), 230. — Hôt. du Soleil.
LEMBERG (A.-L.), 280.
LENING (A.-L.), 248.
LEOPOLDSHŒHE (Grand-Duché de Bade), 65.
LÉPANGES (Vosges), 118.
LEPUIX (T. de Belfort), 104.
LEROUVILLE (Meuse), 8. — Bifurcation des lignes de Sedan, Paris et Strasbourg. — Buffet en face de la gare.
LETANNE-BEAUMONT (Ardennes), 305.
LETZENBERG [Colline du] (A.-L.), 185.
LICHTENBERG (A.-L.), 244.
LIEBFRAUENBERG [Le] (A.-L.), 234.
LIEPVRE (A.-L.), 196. — Aub. du Cerf.
LIÉZEY (Vosges), 116.
LIFFOL-LE-GRAND (Vosges), 87.
LIGNÉVILLE (Vosges), 89.
LIGNY-EN-BARROIS (Meuse), 69.
LIMERSHEIM (A.-L.), 171.
LINDRE [Étang de] (A.-L.), 246.
LINGOLSHEIM (A.-L.), 223.
LINTHAL (A.-L.), 183.
LISPACH [Lac] (Vosges), 121 et 127.
LISS [Die gross] (A.-L.), 241.
LIVERDUN (Meurthe-et-Moselle), 10. — Restaurant Bugnet, près de la gare.
LOGELBACH [Le] (A.-L.), 184.
LOISY (Marne), 5.
LONGEMER [Lac de] (Vosges), 126.
LONGEVILLE (A.-L.), 277. — Aub.
LONGEVILLE (Meuse), 8.
LONGUEVILLE (Seine-et-Marne), 49.
LONGUYON (Meurthe-et-Moselle), 292. — Bifurcation des lignes du Luxembourg, de Thionville, Pagny-sur-Moselle, Verdun et Mézières. — Buffet à la gare. — Hôt. de Lorraine.
LONGWY (Meurthe-et-Moselle), 317.

— Bifurcation pour *Villerupt-Micheville*. — Hôt. : *de l'Europe et de la Croix-d'Or; du Commerce; de l'Industrie.* — Cafés : *du Commerce; de l'Univers.*

LOUDREFIN (A.-L.), 232.
LOXÉVILLE (Meuse), 8.
LUDRES (Meurthe-et-Moselle), 92.
LUMES (Ardennes), 303.
LUNÉVILLE (Meurthe-et-Moselle), 22.
— Bifurcation des lignes de *Paris, Strasbourg, Saint-Dié* et *Gerbéviller.* — Buffet à la gare. — Hôt. : *des Vosges; du Faisan.*

LURE (Haute-Saône), 56. — Bifurcation des lignes de *Paris, Belfort* et *Aillevillers-Plombières.* — Hôt. : *de la Balance; Colné; de la Cigogne.*

LUSIGNY (Aube), 51.
LUTTENBACH (A.-L.), 193.
LUTTERBACH (A.-L.), 148.
LUTZELBOURG (A.-L.), 25. — Hôt. *de la Cigogne;* aub. *du Chemin-de-Fer.*
LUTZELBOURG [Château de] (A.-L.), 25.
LUTZELBOURG [Le] (A.-L.), 208.
LÜTZELHARDT [Château de] (A.-L.), 231.
LUTZELHAUSEN (A.-L.), 143.
LUVIGNY (Vosges), 146. — Aub. *A la Truite-d'Or.*

LUXEMBOURG (Grand-Duché de Luxembourg), 289. — Bifurcation des lignes de *Spa, Namur, Metz* et *Trèves.*

Buffet : — à la gare.
Tramways : — de la Porte-Neuve à la gare : 20 c.
Hôtels : — *de Cologne; — de l'Europe; — des Ardennes; — de la Maison-Rouge.*
Cafés : — *de la Place; — Louis; — Metzler.*

Restaurant : — *Faber,* place d'Armes.
Voitures de place : — course, 1 fr. 25 ; heure, 2 fr. 25.
Poste et télégraphe : — rue du Génie.

LUXEUIL (Haute-Saône), 71. — Situation, aspect général, 71. — Histoire, 71. — Sources, établissements, 71. — Monuments, curiosités, 72. — Promenades et excursions, 74.

Omnibus des hôtels à la gare.
Hôtels : — *des Thermes; — du Chalet-Beauregard, — du Lion-Vert; — Villemard.*
Chambres et appartements meublés (avec ou sans la table) : — chez MM. *Grandmougin, Colard-Méné, Lacroix, Éloy, Amoy, Villaumey, Ogier* et *Olivier,* rue des Bains; MM. *Ménétrier, Piley, Magny* père, *Demonge, Bernard, Galmiche, Carbuz, Griot, Vhillemard, Zap, Bellaive, Guillet-Monnin,* etc., et Mmes *Pouthier, Fraissigne,* rues de la Corvée et du Centre. — Prix de la pension, y compris la table : 7 à 8 fr. par personne et par jour.
Cafés-restaurants : — *Hennequin; — Français; — des Voyageurs.*
Loueurs de voitures : — *Boyon; — Bernard; — Maillard; — Bassigny; — Girard.*

M

MÆNNELSTEIN [Le] (A.-L.), 214.
MAINBOTTEL (Meurthe-et-Moselle), 202.

INDEX ALPHABÉTIQUE.

MAIN-DU-PRINCE [La] (A.-L.), 231.
MAISON-ROUGE(Seine-et-Marne),49.
MAIX [Lac de la] (Vosges), 146.
MAIZIÈRES-LA-GRANDE-PAROISSE (Aube), 49.
MAIZIÈRES-LÈS-METZ (A.-L.), 236.
MALMERSPACH (A.-L.), 175.
MANCE [Vallée de] (A.-L.), 252.
MANDEREN (A.-L.), 238.
MANOIS (Haute-Marne), 87.
MANUFACTURE [La] (Vosges), 84.
MARAINVILLERS (Meurthe-et-Moselle), 23.
MARANVILLE (Haute-Marne), 52.
MARBACH [Abbaye de] (A.-L.), 130.
MARBACHE (Meurthe-et-Moselle), 251.
MARCHET [Lac]. 114.
MARCKHOLSHEIM (A.-L.), 163.
MARCQ-SAINT-JUVIN (Ardennes), 325.
MARDIGNY [Château-ferme de] (Meurthe-et-Moselle), 292.
MARIENTHAL (A.-L.), 225.
MARLENHEIM (A.-L.), 220.
MARMOUTIERS (A.-L.), 222. — Hôt.: *de la Poste; des Deux-Clefs.*
MARNE [Sources de la], 55.
MARNE AU RHIN [Canal de la], 6.
MARSAL (A.-L.), 246.
MARS-LA-TOUR [Monument funéraire de] (A.-L.), 261 et 304.
MARTIGNY-LÈS-LAMARCHE (Vosges), 86. — Établissement hydrominéral. — *Grand-Hôtel de l'Établissement.* — Casino avec salles de concerts et de théâtre.
MARTIMPREY (Vosges), 117.
MASSEVAUX (A.-L.), 173. — Aub. : *du Lion-d'Or; de l'Aigle-d'Or; de l'Étoile-d'Or.* — Voit. : pour tous les trains partant de *Sentheim*; pour *Belfort* (1 fois par jour).
MASSEVAUX [Vallée de] (A.-L.), 173.
MATTAINCOURT (Vosges), 70.
MATZENHEIM (A.-L.), 171.
MAUCHES [Bois des] (Vosges), 82.
MAXEY-SUR-VAISE (Vosges), 90.
MAXONCHAMP (Vosges), 105.
MEAUX (Seine-et-Marne), 2. — Hôt.:

des Trois-Rois; du Grand-Cerf; de la Sirène.
MEISENGOTT (A.-L.), 199.
MELZ (Seine-et-Marne), 49.
MENANCOURT (Meuse), 69.
MÉNIL [Vallée du] (Vosges), 103.
MENIL-FLIN (Meurthe-et-Moselle), 132.
MENSBERG [Château de] (A.-L.), 238.
MEROUX (T. de Belfort), 65.
MERREY (Haute-Marne), 86.
MERSUAY (Haute-Saône), 68.
MERTZWILLER (A.-L.), 233.
MERXHEIM (A.-L.), 148.
MESGRIGNY (Aube), 49.
MESSANCY (Belgique), 328.
MESSEIN (Meurthe-et-Moselle), 92.
MESSEMPRÉ (Ardennes), 294.

METZ (A.-L.), 252. — Situation, aspect général, 252. — Direction, 253. — Histoire, 254. — Siège de Metz (1870), 255. — Bataille de Borny, 255. — Batailles de Vionville et de Rezonville, 257. — Batailles de Saint-Privat et de Gravelotte, 262. — Blocus, combats de Noisseville et de Ladonchamps, capitulation, 265. — Édifices religieux, 269. — Édifices civils, 272. — Bibliothèque, musée, 273. — Établissements militaires et fortifications, 274. — Places, promenades, statues, ponts, cimetières, 275. — Industrie et commerce, 276. — Excursions, 277. — Bifurcation des lignes de *Luxembourg, Strasbourg, Sarrebruck, Verdun* et *Nancy.*

Buffet : — à la gare.
Omnibus : — 75 c. par place, 20 c. par colis.
Hôtels : — *de l'Europe*,* rue des Clercs; — *Grand-Hôtel de Metz*,* rue des Clercs; — *du Commerce et de Londres,* rue au Blé; — de

France, place de Chambre ; — *de la Poste*, rue des Clercs ; — *de Paris*, place de Chambre.

Restaurants : — *Mollrier*, rue Chapelrue ; — *Café Turc* ; — dans les hôtels.

Cafés : — *du Grand-Balcon*, avenue Serpenoise ; — *Café Turc*, rue de l'Esplanade ; — *Français*, place d'Armes ; — *Parisien*, place de la Comédie ; — *Bride*, rue du Palais. — Nombreuses brasseries allemandes.

Poste : — rue des Parmentiers, non loin de l'Esplanade. Bureau supplémentaire, place de la Comédie, à dr. du Théâtre.

Télégraphe : — rue de l'Esplanade, 10.

Voitures de place : — stations, place de Chambre et place Royale. — Tarif : voitures à 2 places, la course, 75 c.; l'heure, 2 fr ; — voitures à 4 places, la course, 1 fr.; l'heure, 2 fr. 50.

Tramways : — de Montigny à Moulins-lès-Metz, par la rue du Palais, le fort Moselle, le Ban Saint-Martin. — Bureau central : rue du Palais.

METZERAL (A.-L.), 104. — Aub. *du Soleil*.
METZERWISSE (A.-L.), 247.
MEUSE (Haute-Marne), 86.

MÉZIÈRES (Ardennes), 319.

Buffet : — à la gare.
Omnibus des hôtels à la gare.
Hôtels : — *du Palais-Royal* ; — *Bayard*.

Cafés : — *Français* ; — *de la Promenade*.

MÉZIÈRES [Pont de] (Ardennes), 318.
MEZY-MOULINS (Aisne), 3.
MIETESHEIM (A.-L.), 233.
MIGNERET [Butte] (A.-L.), 202.
MIRAUMONT [Cascade de] (Vosges), 101.

MIRECOURT (Vosges), 70. — Bifurcation des lignes de *Nancy, Épinal, Neufchâteau, Langres* et *Chalindrey*.

Buffet : — à la gare.
Hôtels : — *du Commerce* ; — *de la Poste* ; — *des Halles*.
Cafés : — *Laberthe* ; — *Goudot* ; — *des Halles* ; — *de Lorraine* ; — *du Commerce*.
Voitures publiques : — pour *Charmes*.

MIROIRS [Fontaine des] (Haute-Saône), 74.
MITTELBERGHEIM (A.-L.), 203.
MITTERSHEIM [Étang de] (A.-L.), 232.
MITZACH (A.-L.), 175.
MOHON (Ardennes), 317.
MOLIÈRES [Les] (Vosges), 85.
MOLSHEIM (A.-L.), 223. — Hôt. : *de la Charrue-d'Or* ; *des Deux-Clefs*.
MOMMENHEIM (A.-L.), 32.
MONCEL (Meurthe-et-Moselle), 247.
MONDELANGE (A.-L.), 286.
MONDORF (A.-L.), 233. — Hôt. : *de l'Établissement des bains* ; *du Grand-Cerf* ; *de Paris* ; *de l'Europe* ; *du Nord* ; *de France* ; *des Bains*.

INDEX ALPHABÉTIQUE.

MONSWILLER (A.-L.), 28.
MONTBRAS (Vosges), 90.
MONTCHARVOT (Haute-Marne), 67.
MONTCORNET [Château de] (Ardennes), 320.
MONTCY-NOTRE-DAME (Ardennes), 321.
MONT-DEVANT-SASSEY (Meuse), 306.
MONTÉCLAIR (Haute-Marne), 87.
MONTEROCHE [La] (Vosges), 84.
MONTHERMÉ (Ardennes), 322. — — Hôt. des Quatre Fils-Aymon. — Restaurant près de la gare. — Tramway à vapeur pour Châteauregnault et Laval-Dieu.
MONTHOIS (Ardennes), 325.
MONTHUREUX-LÈS-BAULAY (Haute-Saône), 55.
MONTIÉRAMEY (Aube), 51.
MONTIGNY-LE-ROI (Haute-Marne), 86.
MONTIGNY-LÈS-METZ (A.-L.), 252. — Tramway pour Metz.
MONTIGNY-SUR-VENCE (Ardennes), 316.
MONTMÉDY (Meuse), 293. — Hôt. : Saint-Nicolas; de la Croix-d'Or; du Lion-d'Or.
MONT-OLYMPE (Ardennes), 318.
MONTREUX-VIEUX (Alt Münsterol) (A.-L.), 60. — Douane allemande. — Buffet.
MONT-SAINT-MARTIN (Meurthe-et-Moselle), 327.
MONT-SAINT-QUENTIN (A.-L.), 277.
MONTVAUX [Vallée de] (A.-L.), 277.
MONUMENTS DRUIDIQUES (A.-L.), 213.
MOOSCH (A.-L.), 176.
MORHANGE (A.-L.), 252.
MORIMONT (Haute-Marne), 87.
MORIVILLE (Vosges), 96.
MORMANT (Seine-et-Marne), 49.
MORSBRONN (A.-L.), 231.
MORVILLARS (Terr. de Belfort), 65.
MOSELLE [Source de la] (Vosges), 111.
MOULINS-LÈS-METZ (A.-L.), 250. — Hôt. : Weber; du Faisan-d'Or. — Tramway pour Metz.
MOUSSE [Ferme de la] (Vosges), 101.
MOUSSEY (Vosges), 138.

MOUTIER-DES-FÉES (Vosges), 130.
MOUZON (Ardennes), 305.
MOYEMONT (Vosges), 96.
MOYENMOUTIER (Vosges), 137.
MOYENVIC (A.-L.), 256.
MOYEUVRE-LA-GRANDE (A.-L.), 286.
MÜHLSTEINTHAL (A.-L.), 209.

MULHOUSE (A.-L.), 61. — Situation, aspect général, 61. — Direction, 61. — Histoire, 61. — Monuments, curiosités, 62. — Industrie, 63. — Environs, 64.

   Buffet : — à la gare.
   Omnibus des hôtels à la gare.
   Hôtels : — Central (Graeub); — Wagner; — de l'Europe.
   Cafés : — de l'Hôtel Central; — Moll; — de la Cigogne; — Casino de la Bourse.
   Restaurant : — de l'Hôtel Central.
   Poste et télégraphe : — rue du Faubourg-de-Colmar.
   Tramway : — de la Poste aux Bains du Rhin.

MULLHEIM (A.-L.), 172.

MUNSTER (A.-L.), 190. — Situation, aspect général, 190. — Histoire, 191. — Monuments, 192. — Industrie, 192. — Excursions, 192.

   Hôtels : — Grand-Hôtel de Munster, près de la gare; — de la Cigogne.
   Voitures publiques pour Met-

zeral, Sulzeren, Stosswihr et Gérardmer (5 fr. 50 sans bagages).

MURBACH (A.-L.), 180.
MUR PAYEN [Le] (A.-L.), 164 et 213.
MUSSEY (Meuse), 6.
MUSSY [Château de] (Meurthe-et-Moselle), 292.
MUTZIG (A.-L.), 224. — Hôt. : *de la Poste; de la Couronne.*

N

NANÇOIS-LE-PETIT (Meuse), 8. — Bifurcation des lignes de *Paris, Strasbourg* et *Neufchâteau.*

NANCY (Meurthe-et-Moselle), 11. — Situation, aspect général, 11. — Histoire, 11. — Direction, 12. — Édifices religieux, 13. — Édifices civils, 16. — Places, statues, promenades, 18. — Musées, bibliothèque, collections, 19. — Industrie et commerce, 20. — Bifurcation pour *Metz, Strasbourg, Épinal, Châlons.*

Buffet : — à la gare.
Omnibus : — 30 c. par pers.; 20 c. par colis.
Hôtels : — *de France*, rue de la Poissonnerie ; — *de l'Europe*, rue des Carmes et de la Poissonnerie; — *de Paris*, rue Saint-Dizier ; — *du Commerce et des Halles*, rue des Carmes ; — *d'Angleterre*, rue Stanislas, près de la gare ; — *du Rocher de Cancale*, rue des Carmes ; — *de Metz*, faubourg Stanislas, près de la gare.
Restaurants : — *Anglais; Baudot*, tous deux place Stanislas ; — *du Rocher-de-Cancale*, rue des Carmes.
Cafés : — *de Foy, de la Comédie, du Commerce, de l'Opéra, de la Paix, Stanislas*, tous place Stanislas ; — *Brasserie de Vienne*, place des Facultés ; — *de Paris*, rue de Paris ; — *du Commerce*, rue des Carmes.
Poste et télégraphe : — rue de la Constitution, 9, en face de la cathédrale.
Bains : — *du Casino*, passage du Casino.
Voitures de place : — station, rue Sainte-Catherine, près de la place Stanislas.
Tramways : — de Bon-Secours, à Malzéville ; — de Préville, par la gare, au pont d'Essey, avec correspondance.
Omnibus : — de Saint-Roch au pont d'Essey ; — du Marché couvert à Malzéville.
Succursale de la Banque de France : — place d'Alliance.

NANGIS (Seine-et-Marne), 49.
NANTEUIL (Seine-et-Marne), 3.
NÉBING (A.-L.), 232.
NEUBOIS (A.-L.), 199.
NEUENBURG (A.-L.), 172.
NEUF-BRISACH (A.-L.), 183. — Hôt. *de la Poste; de la Lune.*

NEUFCHATEAU (Vosges), 60. — Bifurcation des lignes d'*Épinal, de*

INDEX ALPHABÉTIQUE.

Pagny-sur-Meuse, Bologne, Nançois-le-Petit, Toul et *Chalindrey.*

Hôtels : — *de la Providence ;* — *de Paris ;* — *du Commerce.*
Café : — *de l'Europe.*

NEUFGRANGE (A.-L.), 245.
NEUFS-BOIS [Chaume des] (Vosges), 109.
NEUILLY-L'ÉVÊQUE (Haute-Marne), 85.
NEUNTENSTEIN (A.-L.), 205.
NEUNTENSTEIN (A.-L.), 216.
NEUVE-ROCHE (Vosges), 115.
NEUVES-MAISONS (Meurthe-et-Moselle), 92.
NEUVEVILLE-LÈS-RAON [La] (Vosges), 133.
NEUVILLE-SAINT-JOIRE [La] (Meuse), 69.
NEUWEIHER [Lacs de], 110.
NEUWILLER (A.-L.), 30. — Aub. *du Cerf.*
NIDECK [Château et cascade du] (A.-L.), 145.

NIEDERBRONN (A.-L.), 238. — Situation, aspect général, 238. — Histoire, 239. — Sources, établissement, 239. — Monuments, antiquités, 240. — Industrie, 240. — Promenades, 240. — Excursions, 240.

Hôtels : — *de la Chaîne-d'Or et de l'Arbre-Vert* réunis ; — *du Vauxhall ;* — *du Lion-d'Or.*
Chambres et appartements meublés.

NIEDERHASLACH(A.-L.),144.—Hôt.: *de la Pomme; du Vert-Tilleul.*

NIEDERMORSCHWIHR (A.-L.), 186.
NIEDERSTEINBACH (A.-L.), 231.
NIEDERSTINZEL (A.-L.), 245.
NOËRS (Meurthe-et-Moselle), 292.
NOGENT-L'ARTAUD (Aisne), 3.
NOGENT-SUR-MARNE (Seine), 48.
NOGENT-SUR-SEINE (Aube), 49. — Hôt. : *de la Clef-d'Argent ; de l'Écu.*
NOIR [Lac] (A.-L.), 157.
NOIRMONT [Montagne du] (Vosges), 84.
NOISSEVILLE [Combat de] (A.-L.), 265.
NOISY-LE-SEC (Seine), 1.
NOMEXY (Vosges), 93.
NORROY (Vosges), 88.
NORROY-LE-VENEUR (A.-L.), 285.
NOTRE-DAME-DES-NEIGES (Vosges), 105.
NOTRE-DAME-DES-TROIS-ÉPIS [Couvent de] (A.-L.), 185. — Hôt. : *des Trois-Épis; des Trois-Rois.*
NOUVEAU-WINDSTEIN (A.-L.), 242.
NOUVELLE FEUILLÉE (Vosges), 81. — Chalet-restaurant.
NOUVION (Ardennes), 303.
NOUZON (Ardennes), 321.
NOVEANT (A.-L.), 251 et 277. — Douane allemande. — Voit. publique pour *Gorze.*
NOVY-LES-MOINES (Ardennes), 316.

O

OBERHASLACH (A.-L.), 144.
OBERMODERN (A.-L.), 244.
OBERNAI (A.-L.), 206. — Hôt. : *Wagner; Vormwald*, près de la gare *de l'Ours-Noir et des Deux-Clefs; de la Couronne.*
OBERSTEIGEN (A.-L.), 223. — Hôt *de la Belle-Vue.*

INDEX ALPHABÉTIQUE.

OBERSTEINBACH (A.-L.), 231.
OBSERVATOIRE DU PHÉNY (Vosges), 120.
OCHSENFELD [L'] (A.-L.), 172.
OCHSENSTEIN [Château d'] (A.-L.), 32.
ODEREN (A.-L.), 131. — Hôt. du Canon-d'Or.
ODEREN [Col d'], 111.
OIRY-MAREUIL (Marne), 4.
OMONT (Ardennes), 316.
ONVILLE (Meurthe-et-Moselle), 304.
ORBEY (A.-L.), 156. — Hôt. Fréchard. — Omnibus pour : Kaysersberg (1 fois par jour) ; Colmar (2 fois par jour, par Hachimette, Kaysersberg et Kientzheim).
ORBEY [Lacs d'] (A.-L.), 158.
ORSCHWHR (A.-L.), 149.
ORTENBERG [Château d'] (A.-L.), 190.
ORTONCOURT (Vosges), 96.
OSTHEIM (A.-L.), 161.
OTTERSWILLER (A.-L.), 225.
OTTMARSHEIM (A.-L.), 64 et 172.
OTTROTT (A.-L.), 203. — Hôt. de la Couronne.
OTTWILLER (A.-L.), 178.
OZOUER-LA-FERRIÈRE (Seine-et-Marne), 49.
OZOUER-LE-VOULGIS (Seine-et-Marne), 49.

P

PAGNY-SUR-MEUSE (Meuse), 9. — Bifurcation des lignes de Paris, Strasbourg et Neufchâteau.
PAGNY-SUR-MOSELLE (Meurthe-et-Moselle), 231. — Douane française. — Bifurcation des lignes de Metz, Nancy, Verdun et Sedan par Conflans-Jarny.

PAILLY [Le] (Haute-Marne), 58.
PAIRIS [Abbaye de] (A.-L.), 157.
PANTIN (Seine), 1.
PARGNY-SUR-SAULX (Marne), 6.
PARMONT [Montagne de] (Vosges), 103.
PAYNS (Aube), 49.
PELAGE (A.-L.), 205.
PELTRE (A.-L.), 277 et 278.
PEPINIÈRE [La] (Vosges), 85.
PERCHE [Lac de] (Vosges), 109.
PETIT-CROIX (Territoire de Belfort), 60. — Douane française.
PETITE-CHAUME [La], 110.
PETITE-PIERRE [La] (A.-L.), 30. — Hôt. des Trois-Roses.
PETIT-REDERCHING (A.-L.), 280.
PFAFFENHEIM (A.-L.), 149.
PFAFFENHOFEN (A.-L.), 244.
PHALSBOURG (A.-L.), 25. — Hôt. : du Cheval-Noir ; du Bœuf-Noir. — Cafés : Lobau ; de la Réunion — Voit. publ. pour Lutzelbourg (50 c.).
PHÉNY [Col du] (Vosges), 123.
PHÉNY [Le] (Vosges), 123.
PHÉNY [Observatoire du] (Vosges), 123.
PHILIPPSBOURG (A.-L.), 281.
PHLIXBOURG (A.-L.), 188.
PIERREGARRAUDE (Haute-Saône), 68.
PIERRE DE CHARLEMAGNE [La] (Vosges), 126.
PIERRE DE L'AÎTRE (Vosges), 137.
PIERRE-DU-TONNERRE [La] (Vosges), 102 et 103.
PIERRE-KERLINKIN [La] (Vosges), 101.
PIERRE ou ROCHE D'APPEL [La], 133.
PIERRE PERCÉE (Vosges), 137.
PIERREPONT (Meurthe-et-Moselle), 202.
PIERREVILLE (Meurthe-et-Moselle), 92.
PIPÉE [La] (Vosges), 85.
PISDORF (A.-L.), 245.
PLAFOND [Le] (Vosges), 117.
PLAIN DU CANON (Vosges), 106.
PLAIN DU REPOS (Vosges), 111.
PLAINE (A.-L.), 141.
PLAINFAING (Vosges), 130.

INDEX ALPHABÉTIQUE. 353

PLANCHER - LÈS - MINES (Haute-Saône), 57.
PLANEY [Source du] (Haute-Saône), 68.

PLOMBIÈRES (Vosges), 76. — Situation, aspect général, 76. — Histoire, 76. — Sources, établissements, 77. — Monuments et curiosités, 78. — Promenades et excursions, 79.

Omnibus : — à la gare.
Hôtels : — *Grand-Hôtel**; — *Grand-Hôtel de la Paix*, en face du Casino ; — *Grand-Hôtel Stanislas* ; — *de la Tête-d'Or* ; — *de l'Ours* ; — *du Lion-d'Or*.
Cafés : — *des Arcades* ; — *des Vosges* ; — *Leduc* ; — *Doney*, près du Casino.
Appartements meublés : — *Barbelin* ; — *V° Bastien* ; — *Dlles Bernardin* ; — *V° Cholé* ; — *Edme Colas* ; — *Dargot* ; — *Daval* ; — *P. Deschaseaux* ; — *Élise Duroch* ; — *Aimé Duval* ; — *Fournier* ; — *Gentilhomme* ; — *E. Gentilhomme* ; — *Gilot* ; — *Aimé Girardin* ; — *V° Girardin* ; — *Hippolyte Grillot* ; — *Haumonté* ; — *Lucien et Jules Hérisé* ; — *Lacour* ; — *Aug. Lallemand* ; — *V° Laplace* ; — *A. Leduc* ; — *Leduc-Girardin* ; — *Marotel* ; — *Mignard* ; — *Moccard* ; — *Dlle Morice* ; — *V° Morice* ; — *Nosbaumé* ; — *Augustin Parisot* ; — *Résal-Cornuot* ; — *Résal-Duroch* ; — *Rossignol* ; — *Soyard*, libraire ; — *A. Werhlé*, et beaucoup d'autres. Nous citons les principaux logeurs ; mais à Plombières toutes les maisons reçoivent des baigneurs. — Le prix de la pension, avec la nourriture, est de 7 à 15 ou 20 fr. par jour, non compris le service, qui n'est pas tarifé, la bougie, le vin, le café, le thé et les liqueurs. — Il y a un grand nombre de maisons où l'on n'est pas nourri. Les personnes qui s'y logent font venir leurs repas d'une des pensions ou de l'un des hôtels. — Il est prudent de retenir son logement à l'avance.

Location de chevaux et de voitures : — à l'*hôtel de la Tête-d'Or*, à l'*hôtel de l'Ours*, chez M. *Boyon*, etc. — Le prix des voitures pour promenades varie suivant le nombre de places et la durée de la promenade.
Les loueurs traitent aussi à forfait, moyennant 400 fr., avec les familles qui veulent avoir un équipage à leurs ordres pendant toute la durée d'un traitement (21 jours).
La course, 1 fr. 50 ; la première heure, 5 fr. ; les autres heures, 3 fr.
Les chevaux de selle se payent (à l'hôtel de la Tête-d'Or), 4 fr. la première heure, et 2 fr. chaque heure suivante. — Voitures pour Remiremont ; la Feuillée du Val-d'Ajol ; la Feuillée Dorothée, etc.
Chaises à porteurs : — V. les tarifs de l'administration.
Casino : — salons ouverts du 15 mai au 15 septembre. — Concert soit dans le kiosque, soit dans les salons, tous les jours à 3 heures de l'après-midi et à 8 h. du soir. Représentations théâtrales trois fois par semaine.
Théâtre : — pour les prix d'abonnements, voir l'Administration.
Poste et télégraphe : — rue de Luxeuil.
Cabinets de lecture : — sous les Arcades et chez M. *Soyard*, libraire.
Pour les prix des Bains, V. les tarifs de l'Administration.
Pêche dans le lac et promenade en bateau sur le lac (pour les abonnements et conditions, voir l'administration).

Voiture publique pour *Remiremont* 2 fois par jour.

POÊLE-SAUVAGE [Ferme du] (Vosges), 101.
POIX-TERRON (Ardennes), 316.
POMPEY (Meurthe-et-Moselle), 251.
— Bifurcation pour *Nomeny*.

PONT-A-MOUSSON (Meurthe-et-Moselle), 251. — Hôt. : *de France; de la Poste ; du Cygne*.

PONT-D'ASPACH (A.-L.), 147.
PONT-DES-FEES [Le] (Vosges), 100.
PONT-MAUGIS (Ardennes), 294. — Bifurcation pour *Raucourt*.
PONT-SAINT-VINCENT (Meurthe-et-Moselle), 92.
PONT-SUR-SEINE (Aube), 49.
PORRENTRUY (Suisse), 65. — Hôt. : *de l'Ours; du Cheval-Blanc; de la Cigogne; du Sauvage*. — Café *Schlachter*.
PORT-À-BINSON (Marne), 3.
PORT-D'ATELIER (Haute-Saône), 56. — Bifurcation des lignes de *Paris, Belfort, Épinal* et *Plombières*.
PORTIEUX (Vosges), 96.
PORT SUR-SAÔNE (Haute-Saône), 56.
POUILLY (Meuse), 305.
POURU-BREVILLY (Ardennes), 294.
POURU-SAINT-REMY (Ardennes), 294.
POUSSAY (Vosges), 92.
POUTROYE [La] (A.-L.), 139. — Hôt. *de la Poste*. — Voitures publiques pour *Colmar*.
POUXEUX (Vosges), 98.
PRANSIÈRE [Col de la], 107.
PRAYE (Meurthe-et-Moselle), 92.
PRENY [Château de] (Meurthe-et-Moselle), 251.

PREZ-SOUS-LA-FAUCHE (Haute-Marne), 87.
PROMENADE DES DAMES, à Plombières (Vosges), 79.
PROVENCHÈRES (Vosges), 140.
PULLIGNY-AUTREY (Meurthe-et-Moselle), 92.
PURPURKOPF [Le] (A.-L.), 216.
PUTTELANGE A.-L.), 245.

Q

QUATRE-VALLÉES [Les] (Ardennes), 316.
QUATRE-VENTS [Les] (Meurthe-et-Moselle), 25.
QUERS (Haute-Saône), 96.

R

RACÉCOURT (Vosges), 70.
RAINCY-VILLEMOMBLE [Le] (Seine-et-Oise), 1.
RAMBERVILLERS (Vosges), 96. — Hôt. : *de la Poste ; du Grand-Cerf*.
RAMONCHAMP (Vosges), 105.
RAMPILLON (Seine-et-Marne), 49.
RAMSTEIN [Château de] (A.-L.), 196 et 243.
RAMSTHAL [Scierie de] (A.-L.), 27.
RANFAING (Vosges), 98.
RANSPACH (A.-L.), 175.

INDEX ALPHABÉTIQUE.

RAON-L'ÉTAPE (Vosges), 133. — Hôt. *des Halles.*
RAON-SUR-PLAINE (Vosges), 146. — Aub. *Mathieu.*
RAPPENFELS (A.-L.), 28.
RAPPOLSTEIN [Château de] (A.-L.), 185.
RATHSAMHAUSEN [Château de] (A.-L.), 203.
RAUCOURT (Ardennes), 294.
RÉCHICOURT-LE-CHÂTEAU (A.-L.), 24.
RÉDING (A.-L.), 232.
REGNEVILLE (Meuse), 306.
REHAINCOURT (Vosges), 96.
REHAUPAL (Vosges), 116.
REICHENBERG [Château de] (A.-L.), 164.
REICHENSTEIN [Château de] (A.-L.), 166.
REICHSHOFFEN (A.-L.), 233. — Hôt. *de l'Ange-d'Or.*

REIMS (Marne), 307. — Situation, 307. — Histoire, 308. — Direction, 309. — Édifices religieux, 309. — Édifices civils, 312. — Musée, bibliothèque publique, 312. — Places, statues, promenades, antiquités, 313. — Industrie et commerce, 314. — Bifurcation des lignes de *Soissons, Mézières, Épernay, Verdun, Laon* et *Châlons.*

Buffet : — à la gare.
Omnibus : — 50 c. par personne ; 20 c. par colis.
Hôtels : — *Grand-Hôtel,* vis-à-vis la cathédrale ; — *du Lion-d'Or, de la Maison-Rouge,* tous deux place du Parvis-Notre-Dame ; — *du Commerce,* rue Notre-Dame, 2 ; — *d'Angleterre,* rue Buirette ; — *de l'Arbre-d'Or,* rue du Bourg-Saint Denis, 23 ; — *du Nord, de l'Est, Colbert,* tous trois place Drouet-d'Erlon.
Restaurants : — *du Grand-Hôtel ; — du Chat-Friand,* rue Nanteuil, 4 ; — *Magnier,* au Casino.
Cafés : — *du Palais, du Grand-Théâtre,* en face du Grand-Théâtre ; — *Courtois,* rue Talleyrand, 24 ; — *Saint-Denis,* rue Libergier, 2 ; — *Grande Brasserie de Strasbourg ; — de la Douane,* place Royale ; — *Casino Rémois* (concerts), rue de l'Étape, etc.
Poste et télégraphe : — rue Cérès.
Tramways : — du faubourg de Laon à la porte Fléchambault ; de la place Royale à la porte de Paris ; de la place Royale à la gare, par les rues Royale, Colbert, de l'Hôtel-de-Ville et Thiers. Prix : plate-forme, 10 cent. ; intérieur, 15 cent. Départs toutes les 10 min.
Omnibus : — de la place Royale au haut du faubourg Cérès ; de la place Royale à la porte Dieu-Lumière. Départs toutes les 35 *min.*
Voitures de place (stations principales : place Royale, à la gare, place Drouet-d'Erlon, place de l'Esplanade-Cérès, place Saint-Timothée, loges Coquault, hôtel de ville). — Voit. à 2 places : la course, le jour 1 fr., la nuit 1 fr. 40 ; l'heure, 2 fr. et 2 fr. 80 ; 20 c. par colis ; hors des limites de l'octroi, l'heure, 2 fr. 25 le jour, 3 fr. la nuit. — Voit. à 3 ou 4 places : la course, le jour 1 fr. 25, la nuit 1 fr. 75 ; l'heure, 2 fr. 25 et 3 fr. ; hors des limites de l'octroi, l'heure, 2 fr. 50 et 3 fr. — Voit. à 2 chev. et à 4 places : la course, le jour 1 fr. 25, la nuit 1 fr. 75 ; l'heure, 2 fr. 50 et 3 fr. ; en dehors des limites de l'octroi, l'heure, le jour 2 fr. 75, la nuit 3 fr. 25. De minuit à 6 h. du matin en été et 7 h. du matin en hiver, pour les voitures à 2 et 4 places : la course,

3 fr.; l'heure, 5 fr.; chaque malle ou colis, 20 c.

Hors des limites de l'octroi, 60 c. par k. pour les voitures à 2 places, et 75 c. par k. pour les voitures à 4 places. Ce tarif n'est applicable que pour l'aller. Lorsque les voyageurs prendront la voiture au retour, ils paieront l'aller et le retour à l'heure, d'après le tarif. Quand une voiture sera prise à l'heure, la 1re heure sera payée en entier. Après la 1re heure, tout quart d'heure commencé sera payé en entier. Le service de nuit commence à 10 h. du soir.

Vins de Champagne : — Ve *Clicquot-Ponsardin*; *Rœderer et Ce*; *Théophile Rœderer*; *Montebello*; *Champion et Ce*; *Manuel*; *Roussillon et Ce*, etc.

REIMS [Montagne de] (Marne), 4 et 307.
REINHARDSMUNSTER (A.-L.), 32.
REMBERCOURT (Meurthe-et-Moselle), 304.
REISBERG [Le] (A.-L.), 158.
REMILLY (A.-L.), 278.
REMILLY-SUR-MEUSE (Ardennes), 304.

REMIREMONT (Vosges), 98. — Bifurcation des lignes de *Cornimont* et *Saint-Maurice-Bussang*.

Hôtels : — *de la Poste* (avec café); — *du Cheval-de-Bronze*; — *de Mulhouse*.

Cafés : — *du Commerce*; — *Parisien*; — *des Halles*; — brasserie *Jehlen*.

Voitures : — pour Plombières et le Val-d'Ajol, plusieurs fois par jour pendant la saison d'été.

REMONCOURT (Vosges), 87.
RENARD [Fontaine du] (Vosges), 80.
REPY [Montagne de], 134.
RETHEL (Ardennes), 314. — Hôt. : *de France*; *du Commerce*; *Saint-Antoine*.
RETOURNEMER [Lac de] (Vosges), 127
REVIGNY-AUX-VACHES (Meuse), 6. — Bifurcation pour *Sainte-Ménehould*.
REVIN (Ardennes), 322. — Hôt. *du Grand Saint-Nicolas*.
REZONVILLE (A.-L.), 277. — Bataille de Rezonville, 257.
RHINAU (A.-L.), 171.
RIBEAUVILLÉ (A.-L.), 161. — Hôt. *de l'Agneau*.
RICHEMONT (A.-L.), 286.
RIEDSELTZ (A.-L.), 226.
RIESLING [Vin de] (A.-L.), 167.
RILLY-SEMUY (Ardennes), 325.
RIMAUCOURT (Haute-Marne), 87.
RIMBACH (A.-L.), 178.
RIMBACH-ZELL (A.-L.), 178.
RIMOGNE (Ardennes), 320.
RINGELSBERG [Le] (A.-L.), 144.
RIQUEWIHR (A.-L.), 166. — Hôt. *de la Couronne*.
RITTERSBERG [Le] (A.-L.), 196.
RIXHEIM (A.-L.), 64.
ROBERTSAU [La] (A.-L.), 46.
ROCHE [Château de la] (A.-L.), 141.
ROCHE-BAYARD (Belgique), 326.
ROCHE D'ANOZEL (Vosges), 137.
ROCHE DE THYM (Vosges), 101.
ROCHE DU DIABLE (Vosges), 127.
ROCHE DU PAGE (Vosges), 121.
ROCHE-LA-HAIE [Fort de la] (Vosges), 105.
ROCHES [Vallée des] (Vosges), 81 et 103.
ROCHESSON (Vosges), 116.
ROCROI (Ardennes), 323. — Hôt. : *de France*; *du Commerce*.

INDEX ALPHABÉTIQUE.

RODALB (A.-L.), 232.
ROESBAECHEL [Viaduc de] (A.-L.), 60.
ROLAMPONT (Haute-Marne), 53.
ROLL [Ferme de la] (A.-L.), 182. — Aub.
ROMANSWILLER (A.-L.), 222.
ROMBAS (A.-L.), 286.
ROMILLY-SUR-SEINE (Aube), 49.
ROMONT (Vosges), 96.
RONCHAMP (Haute-Saône), 56.
RONDFEING (Vosges), 115.
ROPPE (Terr. de Belfort), 147.
RORBACH (A.-L.), 230.
ROSENWILLER (A.-L.), 217.
ROSHEIM (A.-L.), 217. — Hôt. : *de la Couronne; du Cerf; de l'Arbre-Vert.*
ROSIÈRES (Vosges), 88.
ROSIÈRES-AUX-SALINES (Meurthe-et-Moselle), 22.
ROSNY-SOUS-BOIS (Seine), 48.
ROSSBERG [Le], 60 et 173.
ROSSELANGE (A.-L.), 286.
ROTHAU (A.-L.), 141. — Hôt. *des Deux-Clefs.*
ROTHENBACH [Le], 114 et 190.
ROUFFACH (A.-L.), 148. — Hôt. *de l'Ours.*
ROUGE-GAZON [Chaume du] (Vosges), 109.
ROUGIMONT (Vosges), 116.
ROUILLY-SAINT-LOUP (Aube), 51.
ROUVRES-BAUDRICOURT (Vosges), 70.
ROVILLE (Meurthe-et-Moselle), 93.
RUAUX (Vosges), 81.
RUNDKOPF [Le], 110.
RUPT (Vosges), 105.

S

SAALES (A.-L.), 140. — Hôt. *du Commerce.* — Voitures publiques pour *Saint-Dié* et *Rothau.*

SAAR-UNION (A.-L.), 245.
SAARWERDEN (A.-L.), 245.
SABLON [Le] (A.-L.), 278.
SACHY (Ardennes), 294.
SAINT-AMARIN (A.-L.), 175.
SAINT-AMÉ (Vosges), 115.
SAINT-AMÉ [Cascade de] (Vosges), 115.
SAINT-AVOLD (A.-L.), 279. — Hôt. *de la Ville-de-Paris.*
SAINT BASLEMONT (Vosges), 89.
SAINT-BLAISE-LA-ROCHE (A.-L.), 141.
SAINT-CLÉMENT (Meurthe-et-Moselle), 132.

SAINT-DIÉ (Vosges), 134. — Situation, aspect général, 134. — Histoire, 135. — Monuments, curiosités, 135. — Promenades, 136. — Excursions, 136.

Omnibus : — à tous les trains (25 c. par place ; 20 c. par colis).
Hôtels : — *du Commerce ; — de la Poste ; — Stanislas.*
Cafés : — *Parisien ; — de la Poste ; — du Commerce ; — Taverne Alsacienne,* près de la gare.
Voitures publiques : — pour *Saales, Rothau* et *Sainte-Marie-aux-Mines* (trajet en 1 h. 1/2).

SAINT-DIZIER (Haute-Marne), 86. — Hôt. : *du Soleil-d'Or ; du Commerce ; de l'Aigle-d'Or.* — Bifurcation des lignes de *Vassy* et *Doulevant-le-Château.*
SAINTE-CROIX-AUX-MINES (A.-L.), 106.
SAINTE-MARGUERITE (Vosges), 139.
SAINTE-MARIE-AUX-BOIS [Abbaye de] (Meurthe-et-Moselle), 251.

SAINTE MARIE-AUX-CHÊNES [Monument de] (A.-L.), 265 et 278.
SAINTE-MARIE-AUX-MINES (A.-L.), 197. — Hôt. : du Commerce; du Grand-Cerf. — Voit. publique pour Saint-Dié.
SAINTE-MARIE-EN-CHANOIS (Haute-Saône), 74.
SAINTE-MÉNEHOULD (Marne), 248. — Hôt. : de Saint-Nicolas; de Metz. — Bifurcation des lignes de Metz, Paris, Vouziers et Révigny.
SAINTE-ODILE (A.-L.), 209. — Couvent où l'on peut loger à des prix modérés.
SAINTE-ODILE [Fontaine de] (A.-L.), 212.
SAINT-EULIEN (Haute-Marne), 86.
SAINT-FIRMIN (Meurthe-et-Moselle), 92.
SAINT-FLORENT [Chapelle de] (Vosges), 126.
SAINT-GANGOLF [Chapelle de] (A.-L.), 183. — Aub. de la Couronne.
SAINT GERMAIN (Meuse), 90.
SAINT-HILAIRE-AU-TEMPLE (Marne), 248.
SAINT-HIPPOLYTE (A.-L.), 167.
SAINT-JEAN [Ermitage de] (A.-L.), 156.
SAINT-JEAN-DES-CHOUX (A.-L.), 28.
SAINT-JULIEN (Aube), 51.
SAINT-LÉONARD (Vosges), 97.
SAINT-LOUIS (A.-L.), 64.
SAINT-LOUP-DE-NAUX (Seine-et-Marne), 49.
SAINT-LOUP-SUR-SEMOUSE (Haute-Saône), 68.
SAINT-LYÉ (Aube), 50.
SAINT-MARCEAU [Château de] (Ardennes), 317.
SAINT-MARTIN (A.-L.), 199.
SAINT-MARTIN [Montagne] (Haute-Saône), 75.
SAINT-MARTIN [Montagne] (Vosges), 136.
SAINT-MAURICE (A.-L.), 199.
SAINT-MAURICE (Vosges), 108. — Hôt. de la Poste. — Voit. publique pour Wesserling.
SAINT-MESMIN (Aube), 49.

SAINT-MICHEL (Vosges), 134.
SAINT-MICHEL [Chapelle] (A.-L.), 29
SAINT-MIHIEL (Meuse), 306. — Hôt. : du Cygne; du Lion-d'Or; de la Croix-d'Or.
SAINT-MIHIEL [Falaises de] (Meuse), 306.
SAINT-MONT (Vosges), 100.
SAINT-MOREL (Ardennes), 325.
SAINT-NABOR (A.-L.), 209.
SAINT-NABORD (Vosges), 98.
SAINT-NICOLAS-DU-PORT (Meurthe-et-Moselle), 21.
SAINT-PONCE [Poudrerie de] (Ardennes), 317.
SAINT-PRIVAT (A.-L.), 278. — Bataille de Saint-Privat, 262.
SAINT-QUIRIN (A.-L.), 24.
SAINT-SAUVEUR (Meurthe-et-Moselle), 21.
SAINT-SAUVEUR (Haute-Saône), 96.
SAINT-SEBASTIEN [Chapelle de] (A.-L.), 170.
SAINT-ULRICH [Château de] (A.-L.), 163.
SAINT-VALBERT (Haute-Saône), 74.
SAINT-VIT [Grotte de] (A.-L.), 27.
SALM [Château de] (A.-L.), 142.
SALONNES (A.-L.), 246.
SAMPIGNY (Meuse), 307.
SANCT-JOHANN (A.-L.), 283. — Hôt. : Hagen ; Guépratte.
SAPIN GEANT [Le] (Vosges), 120 et 124.
SAPOIS (Vosges), 115.
SARRALBE (A.-L.), 245.
SARRAZINS [Source minérale des] (Marne), 6.
SARRE-ALTROFF (A.-L.), 232.
SARREBOURG (A.-L.), 24. — Hôt. de l'Abondance.
SARREBRUCK (A.-L.), 283. — Hôt.: de la Poste; Guépratte.
SARREGUEMINES (A.-L.), 279. — Hôt. : de Paris; du Lion-d'Or ; de Strasbourg.
SATTEL [Col du] (A.-L.), 194.
SAULCES-MONTCLIN (Ardennes), 316.
SAULCY-SUR-MEURTHE (Vosges) 97.

INDEX ALPHABÉTIQUE.

SAULXURES (Vosges), 112. — Aub. du Cheval-Blanc.
SAULMORY - ET - VILLEFRANCHE (Meuse), 305.
SAULMORY-MONT (Meuse), 306.
SAUT DE LA BOURRIQUE (Vosges), 120 et 123.
SAUT DE LA CUVE OU CASCADE DE SAINT-AMÉ [Le] (Vosges), 115.
SAUT DE PIERRE DE BAR (A.-L.), 236.
SAUT-DES-CUVES [Le] (Vosges), 121 et 126.
SAUT-DU-BOUCHOT [Le] (Vosges), 115.
SAUT-DU-BROC (Vosges), 127.
SAUT-DU-PRINCE-CHARLES [Rocher du] (A.-L.), 23.
SAUT-DU-SCOUËT (Vosges), 116.
SAUVIGNY (Vosges), 90.

SAVERNE (A.-L.), 25. — Bifurcation des lignes de Paris, Strasbourg, Schlestadt et Haguenau.

Hôtels : — du Soleil-d'Or; — du Bœuf-Noir; — du Cerf; — de la Ville-de-Francfort.

SAVIÈRES (Aube), 49.
SAVIGNY (Ardennes), 325.
SAVONNIÈRE [Fort de la] (Vosges), 93.
SAVONNIÈRES (Meurthe-et-Moselle), 9.

SCHÆFERHOF (A.-L.), 31.
SCHÆFFERTHAL [Chapelle de] (A.-L.), 149.
SCHÆFFERTHAL [Ferme du] (A.-L.), 194.
SCHAFSTEIN [Le] (A.-L.), 214.
SCHARRACH [Château de] (A.-L.), 220.
SCHARRACHBERGHEIM (A.-L.), 220.
SCHAUENBOURG [Château de] (A.-L.), 177.
SCHAUENBOURG [Église de] (A.-L.), 150.
SCHERHOLD [Le] (A.-L.), 230.
SCHERWILLER (A.-L.), 195.
SCHIRMECK (A.-L.), 142. — Hôt. de la Croix; de France.

SCHLESTADT (A.-L.), 167. — Bifurcation des lignes de Strasbourg, Mulhouse, Sainte-Marie-aux-Mines et Saverne.

Omnibus : — à tous les trains; 30 c. par pers.; 15 c. par colis.
Hôtels : — du Bouc et de l'Aigle (avec café); du Mouton-d'Or; de la Gare.

SCHLITTENBACH [Vallon de la] (A.-L.), 28.
SCHLOSSWALD [Le] (A.-L.), 192.
SCHLUCHT [Col de la] (Vosges), 123 — Petit hôtel-chalet Hartmann.

COURSES DE LA SCHLUCHT ET TARIF DES GUIDES.

	Heures.	Prix.
Au lac Blanc, par les crêtes	3 h. 1/2	4 fr.
Au lac Vert ou Daren	1 1/2	2 50
Au sommet du Taneck	1	2 »
A la chaume du Taneck et retour par les crêtes	2 1/2	2 »
A la roche de la Schlucht	20m	» 50

INDEX ALPHABÉTIQUE.

	Heures.		Prix.	
Au Valtin............................	1	1/2	2	»
A Fraize, par le Valtin................	4	1/2	6	»
A Retournemer, par le Collet et le chemin des Dames...	1	1/2	2	»
A Retournemer, par le Collet et la Roche du Diable....	2		2	50
A Gérardmer par les lacs.............	3	1/2	5	»
A la Bresse, par les Feignes-sous-Vologne.	4		6	»
Au lac de Blanchemer, par le Hoheneck....	3	1/2	4	»
Au Hoheneck.......................	1	1/4	2	»
Au Rothenbach, par le Hoheneck ou à la caverne du Frankenthal.........................	3	1/2	4	»
A Wildenstein, par le Hoheneck.......	4		5	»
A Wesserling, par le Hoheneck.......	6	1/2	10	»
Au Ballon de Guebwiller, par le Hoheneck, le Rothenbach, le Rheinkopf........	8		10	»
Au Fischbadel, par le Hoheneck......	2		3	»
A Munster, par le Hoheneck et la grande vallée de Metzeral.	4		5	»
A Munster, par la traverse............	2	1/2	4	»
Aux Trois-Épis, par le lac Blanc.......	7		10	»

SCHNEEBERG [Le] (A.-L.), 221.
SCHŒNAU (A.-L.), 168.
SCHŒNECK [Château de](A.-L.), 242.
SCHOPPENWIHR (A.-L.), 161.
SCHOPPERTEN (A.-L.), 215.
SCHRANKENFELS [Château de] (A.-L.), 189.
SCHUSSELSTEIN (A.-L.), 165.
SCHWARTZENBOURG (A.-L.), 192.
SCHWEIGHAUSEN (A.-L.), 233. — Hôt. *de la Couronne.*
SCHWEIGHAUSEN (A.-L.), 147.
SECHENAT (Vosges), 109.
SÉCHELLES [Tours] (Vosges), 89.

SEDAN (Ardennes), 294. — Bifurcation des lignes de *Mézières, Thionville* et *Verdun.*

Buffet : — à la gare.
Omnibus : — à la gare; 20 c. le jour, 30 c. la nuit.
Hôtels : — *de l'Europe;* — *de la Croix-d'Or;* — *de France;* — *du Lion-d'Argent.*
Cafés : — *de la Comédie;* — *des Glaces;* — *du Théâtre.*

Poste et télégraphe : — avenue Thiers.

SEDAN [Bataille de], 296.
SEMOUSE [Forges de la] (Vosges), 81.
SEMOUSE [Vallée de la] (Vosges), 81.
SENONES (Vosges), 138.
SENTHEIM (A.-L.), 173. — Restaurant *Wirth.*
SENUC-TERMES (Ardennes), 325.
SENTZICH (A.-L.), 289.
SERMAIZE (Marne), 6. — Établissement thermal des *Sarrazins.* — Hôt. : *de la Source; de la Gare; de la Cloche-d'Or; des Voyageurs.*
SERMAMAGNY (Terr. de Belfort), 104.
SERQUEUX (Haute-Marne), 67.
SERVA [Cascade de] (A.-L.), 141.
SIEGOLSHEIM (A.-L.), 161.
SIERCK (A.-L.), 288. — Hôt. *du Lion-d'Or.*
SIERENZ (A.-L.), 64.
SIGNY-L'ABBAYE (Ardennes), 316.
SINDELSBERG [Le] (A.-L.), 223.
SIONNE-MIDREVAUX (Vosges), 60.
SOLBERG [Le] (A.-L.), 193.
SOMME-TONNE (Marne), 248.

INDEX ALPHABÉTIQUE.

SOMME-TOURBE (Marne), 248.
SOMMEILLER-NETTANCOURT (Marne), 248.
SOPPE-LE-BAS (A.-L.), 147.
SORBON (Ardennes), 315.
SORCY (Meuse), 9.
SOUCHE [Le] (Vosges), 138.
SOULTZ (A.-L.), 177. — Hôt. *des Deux-Clefs*.
SOULTZBACH (A.-L.), 188. — Établissement des bains. — Voit. publique pour *Wihr*.
SOULTZEREN (A.-L.), 130.
SOULTZEREN [Lac de] (A.-L.), 160.
SOULTZ-LES-BAINS (A.-L.), 219. — Chambres et appartements meublés à l'établissement des bains.
SOULTZMATT (A.-L.), 149. — Établissement thermal. — Hôt. *des Bains*.
SOULTZMATT [Vallée supérieure de] (A.-L.), 149.
SOULTZ-SOUS-FORÊT (A.-L.), 226. — Aub. *zum Ræssle*.
SPARTZBROD [Le] (Meurthe), 31.
SPESBOURG [Château de] (A.-L.), 203.
SPICHEREN [Bataille de], 231.
SPIEMONT [Le] (Vosges), 118.
SPINCOURT (Meuse), 304.
SPITZEMBERG [Château de] (Vosges), 137.
SPITZENKOEPFE (A.-L.), 194.
STALON [Col du] (Vosges), 107.
STANISLAS [Fontaine] (Vosges), 79.
STEIGE (A.-L.), 199.
STEINBOURG (A.-L.), 32.
STENAY (Meuse), 305. — Hôt. : *du Chariot-d'Or*; *du Palais-Impérial*.
STEPHANSFELD [Asile d'aliénés de] (A.-L.), 32.
STIRING-WENDEL (A.-L.), 283.
STOLLHAFEN (A.-L.), 209.
STOLZEN-ABLASS (A.-L.), 193.
STORCKENSOHN (A.-L.), 176.
STOSSWIHR (A.-L.), 130.

STRASBOURG (A.-L.), 32. — Situation, aspect général, 32. — Histoire, 33. — Siège de 1870, 33. — Direction, 36 — Édifices religieux, 38. — Édifices civils, 42. — Musées, bibliothèque, archives, sociétés savantes, 44. — Établissements militaires et fortifications, 45. — Places, statues, promenades, 46. — Commerce, industrie, 47. — Excursion à Kehl, 47. — Bifurcation des lignes de *Paris, Kehl, Mulhouse, Metz, Carlsruhe*.

Buffet : — à la gare.
Omnibus : — à la gare.
Hôtels : — *de la Ville-de-Paris**, rue de la Mésange; — *de l'Europe*, rue de la Nuée-Bleue; — *d'Angleterre*, quai de Paris et Vieux-Marché-aux-Vins; — *de la Maison-Rouge*, place Kléber; — *de la Vignette*, rue des Tanneurs; — *de France*, Grande-Rue de l'Église; — *de l'Esprit*, rue de Sébastopol; — *de la Couronne*, faubourg de Saverne; — *de la Ville-de-Vienne*, quai de Paris; — *de la Ville-de-Lyon*, rue du Jeu-des-Enfants; — *de la Ville-de-Bâle*, place d'Austerlitz; — *Victoria*.

Restaurants : — buffet de la gare, tenu par Feypell; — *Valantin* (Köhler), rue du Vieux-Marché-aux-Vins; — *Léopold* (Dollmälsch), rue du Temple-Neuf.

Cafés : — *du Broglie*; — *du Globe*, tous deux sur le Broglie; — *de la Mésange*, rue de la Mésange; — *de l'Univers*, rue de la Mésange; — *de la Lanterne*, derrière les Petites-Arcades; — *Hauswald*, rue du Noyer; — *Saint-Étienne*, place Saint-Étienne, etc.

Brasseries : — *Taverne alsacienne*, derrière les Petites-Arcades (éclairage électrique; on ne débite que le « bocklé » de la brasserie Grubert et Cⁱᵉ, de Königshofen); — *Estaminet Viennois*, rue de l'Outre; — *Estaminet de l'Espérance*, rue de Veaux; — *Estaminet* *du Dauphin*, place de la Cathédrale ; — *Estaminet du Dôme*, rue du Dôme ; — *Taverne du Bas-Rhin* (restaurant), Vieux-Marché-aux-Vins ; — *des Quatre-Vents*, rue des Orphelins ; — *Estaminet de la Lanterne*, rue de Lanterne. — Bières de Bavière et étrangères : — *Estaminet Piton*, derrière les Petites-Arcades ; — *Münchener Hofbräu*, rue de la Lanterne ; — *Dicke Anna, zur Stadt München*, rue des Tonneliers ; — *Münchner Kindl*, rue Brûlée ; — *Felrenkeller*, Grand'-Rue ; — *Zum alten Weinmarkt*, Vieux-Marché-aux-Vins ; — *Luxhof*, rue du Luxhof.

Jardins d'été : — *Tivoli*, près de la porte de Schiltigheim ; — *Beckehärel*, près de l'Orangerie ; — *Montagne-Verte, Tour-Verte*, en dehors de la porte de Schirmeck.

Casino : — représentations théâtrales, rue du Jeu-des-Enfants, ouvert depuis le 15 septembre jusqu'au 15 mai ; en été, rue Thiergarten.

Pâtés de foie gras : — *Hummel*, Grande-Rue ; — *Doyen*, rue du Dôme ; — *L. Henry*, rue du Dôme ; — *Artzner*, rue de l'Épine ; — *Weber-Luthy*, successeur de Müller, place Saint-Étienne et rue des Juifs.

Citadines : — la course de jour en ville, 75 c.; bagages, 20 pf., le colis ; — la 1/2 heure, 1 fr. 25 (1 m.); les 3/4 d'heure, 1 fr. 50 (1 m. 20) ; l'heure, 2 fr. (1 m. 60); chaque 1/2 heure suivante, 40 c. (35 pf.). — Le soir les prix sont augmentés, et la nuit on paye le double.

Tramways (à traction de chevaux dans la ville, à vapeur hors de la ville) : — départs de la Porte de Pierre pour *Schiltigheim, Bischeim, Hohenheim*, toutes les 1/2 heures ; — de la porte d'Austerlitz pour *Kehl*, toutes les 1/2 heures, les dimanches toutes les 10 m.; — de la porte Blanche pour *Königshoffen*, toutes les heures ; — de la place de l'Empereur pour *la Robertsau*, toutes les 1/2 heures.

Omnibus : — départ de la place Kléber pour *Kehl*, toutes les heures ; — place du Corbeau, pour l'usine de *Graffenstaden*, à 8 h. et 11 h. du matin, à 2 h. du soir.

Poste : — place du Château et bureau à la gare.

Télégraphe : — quai de Paris ; bureau à la Poste (place du Château), où est établi le service du téléphone pour la ville.

Bains : — *des Roses*, rue du Bain-des-Roses, derrière le lycée ; — *de Spire*, Vieux-Marché-aux-Vins, 15.

STURZELBRONN (A.-L.), 231.
SUIPPES (Marne), 248.
SUNDHOFEN (A.-L.), 183.
SURBOURG (A.-L.), 226.
SYNDICAT-SAINT-AMÉ (Vosges), 112.

T

TAGNON (Ardennes), 314.
TAINTRUX (Vosges), 137.
TANET [Ferme et rocher du] (A.-L.), 150.
TANNAPFELMÜHL (A.-L.), 166.
TANNENKIRCH (A.-L.), 164.
TANNENWALD [Le] (A.-L.), 64.
TANNICHEL [Le] (A.-L.), 164.
TANTONVILLE (Meurthe-et-Moselle), 92.
TARQUIMPOL (A.-L.), 246.

INDEX ALPHABÉTIQUE.

TEMPELHOF [Métairie de] (A.-L.), 164.
TENDON [Cascade de], 116.
TÊTE DE FELLERING, 111.
TÊTE-DES-CUVEAUX (Vosges), 98.
TÊTE-DES-NEUFS-BOIS (Vosges), 109.
TÊTE DU BALLON (A.-L.), 182.
TÊTE DU BARRAU (Vosges), 122 et 123.
TÊTE-DU-CHIEN (A.-L.), 182.
TETERCHEN (A.-L.), 247.
THANN (A.-L.), 173. — Hôt. : de la Couronne ; de l'Ours ; des Deux-Clefs ; du Soleil-d'Or.
THANVILLÉ (A.-L.), 199.
THAON (Vosges), 93.
THIAUCOURT (Meurthe-et-Moselle), 304. — Embranch. pour Onville.
THIAVILLE (Meurthe-et-Moselle), 133.
THIÉFOSSE (Vosges), 112.
THIERBACH [Église de] (A.-L.), 177.
THILLOT [Le] (Vosges), 105. — Hôt. du Cheval-Blanc.
THIONVILLE (A.-L.), 286. — Bifurcation des lignes de Mézières, Luxembourg, Trêves, Metz et Sarreguemines. — Hôt. : de Luxembourg ; Saint-Hubert ; du Lion-d'Or ; du Commerce.
THOLY [Le] (Vosges), 116. — Hôt. Gérard.
THUGNY (Ardennes), 316.

TOUL (Meurthe-et-Moselle), 9. — Bifurcation pour Favières.

    Hôtels : — de la Cloche ; — de Metz.
    Café : — de la Comédie.
    Faïencerie artistique de Bellevue : — M. J. Aubry, près de la gare.

TOUT-BLANC [Lac] (A.-L.), 159.
TREMONZEY (Vosges), 85.

TRÉVERAY (Meuse), 69.
TRIENBACH (A.-L.), 190.
TRILPORT (Seine-et-Marne), 2.
TROIS-EPIS [Les] (A.-L.), 145. — Hôt. : des Trois-Épis ; des Trois-Rois.
TROU DE L'ENFER (Vosges), 120.

TROYES (Aube), 50. — Bifurcation des lignes de Paris, Belfort, Châtillon-sur-Seine, Sens et Châlons-sur-Marne.

    Buffet : — à la gare.
    Hôtels : — du Mulet ; — du Commerce ; — de Saint-Laurent ; — des Courriers.
    Cafés : — de Paris ; — du Nord ; — Marin ; — d'Arce ; — du Théâtre ; — de la Ville ; — de la Paix.
    Poste et télégraphe : — rue Charbonnet.

TRUTTENHAUSEN (A.-L.), 201.
TURCKHEIM (A.-L.), 185. — Hôt. Meyer.
TURKENSTEIN (Meurthe-et-Moselle), 24.

U

UCKANGE (A.-L.), 286.
UFFHOLTZ (A.-L.), 147.
UNGERSBERG (A.-L.), 205.

INDEX ALPHABÉTIQUE.

URBÈS (A.-L.), 112. — Hôt. de la Couronne.
URMATT (A.-L.), 143. — Hôt. de la Croix.

V

VAGNEY (Vosges), 115. — Hôt. : de la Poste ; du Commerce. — Voit. publique pour Gérardmer.
VAIVRE (Haute-Saône), 56. — Bifurcation des lignes de Paris, Belfort et Gray.
VAL-D'AJOL [Le] (Vosges), 103. — Voit. publique pour Remiremont.
VAL-DE-VILLÉ [Le] (A.-L.), 196.
VAL-DIEU [Abbaye du] (Ardennes), 322.
VALDOYE (Terr. de Belfort), 104.
VALLEROY-MAINNEVILLE (Meurthe-et-Moselle), 250.
VALMY (Marne), 248.
VALTIN [Vallée du] (Vosges), 123.
VANDIÈRES (Meurthe-et-Moselle), 251.
VARANGÉVILLE (Meurthe-et-Moselle), 21.
VASSY (Haute-Marne), 86. — Hôt. : du Commerce ; des Voyageurs ; de la Pomme-d'Or.
VAUCOULEURS (Meuse), 90.
VAUX-LÈS-MOURON (Ardennes), 325.
VAUX-SUR-BLAISE (Haute-Marne), 86.
VACKMUND [Tour de] (A.-L.), 150.
VÉCOUX (Vosges), 103.
VELOSNES-TORGNY (Meuse), 292. — Bifurcation pour Virton (Belgique).
VENDENHEIM (A.-L.), 32.
VENDEUVRE (Aube), 51.
VENTRON (Vosges), 112.

VERDUN-SUR-MEUSE (Meuse, 248. — Bifurcation des lignes de Paris, Metz, Sedan et Lérouville.

    Buffet : — à la gare.
    Omnibus : — à la gare.
    Hôtels : — de l'Europe ; — des Trois-Maures ; — du Coq-Hardi ; — du Petit-Saint-Martin et du Chariot-d'Or.
    Cafés : — du Balcon ; — de l'Hôtel-de-Ville ; — des Voyageurs ; — du Commerce.

VERGAVILLE (A.-L.), 246.
VERNEUIL (Seine-et-Marne), 49.
VERNEVILLE (A.-L.), 278.
VERRERIE [La] (Vosges), 96.
VERT [Lac] (A.-L.), 160.

VESOUL (Haute-Saône), 56. — Bifurcation des lignes de Paris, Belfort, Besançon, Dijon et Gray.

    Buffet : — à la gare.
    Hôtels : — de l'Europe, vis-à-vis de la gare ; — de la Madeleine ; — de l'Aigle-Noir.
    Cafés : — de l'Europe ; — de la Victoire ; — de la Bourse.
    Poste et télégraphe : — rue de l'Aigle-Noir.

VEUVE [La] (Marne), 248.
VEXAINCOURT (Vosges), 146.
VÉZELISE (Meurthe-et-Moselle), 92.
VEZIN (Meurthe-et-Moselle), 292.
VIC (A.-L.), 246.
VIEIL-DAMPIERRE [Le] (Marne), 248.

VIEIL-ÉTANG [Le] (Vosges), 121.
VIENNE-LA-VILLE (Marne), 325.
VIERGE DE LA CREUSE (Vosges), 120.
VIEUX-BRISACH (A.-L.), 184.
VIEUX-THANN (A.-L.), 173.
VIEUX-WINDSTEIN (A.-L.), 212.
VIGNE DE LA PUCELLE (Vosges), 91.
VIGNORY (Haute-Marne), 87.
VILLARS-SAINT-MARCELLIN (Haute-Marne), 65.
VILLÉ (A.-L.), 199.
VILLEPATOUR (Seine-et-Marne), 49.
VILLERS-BENOITE-VAUX (Meuse), 308.
VILLERS-DAUCOURT (Marne), 248.
VILLE-SOUS-LA-FERTÉ (Aube), 52.
VILLE-SUR-TOURBE (Marne), 325.
VILLE-SUR-VENCE (Ardennes), 317.
VILLIERS-LE-SEC (Haute-Marne), 52.
VILLIERS-SUR-MARNE (Seine-et-Oise), 48.
VILOSNES-SIVRY (Meuse), 306.
VIONVILLE (A.-L.), 277. — Bataille de Vionville, 257.
VIREUX-MOLHAIN (Ardennes), 323. — Bifurcation pour *Anor*.
VITREY (Haute-Saône), 55. — Bifurcation pour *Bourbonne-les-Bains*.
VITRY-LA-VILLE (Marne), 5.
VITRY-LE-FRANÇOIS (Marne), 5. — Hôt. : *de la Cloche-d'Or* ; *des Voyageurs*.

VITTEL (Vosges), 87. — Situation, aspect général, 87. — Sources, établissement, 87. — Excursions, 88.

Hôtels : — *Grand-Hôtel de l'Établissement* * ; — *de Lorraine* ; — *de la Providence* ; — *des Vosges* ; — *du Commerce* ; — *des Sources*.

Café : — *des Halles* — A l'hôtel de l'Établissement, le prix de la pension est de 10 à 16 fr. par jour, avec entrée aux salons de conversation et de billard, mais non compris les frais de traitement ; dans les autres hôtels, les prix varient de 10 à 15 fr. par jour.

Chambres et appartements meublés avec pension (prix modérés).

On paye 20 fr. pour l'usage des eaux en boisson pendant la durée du traitement ; les bains, les douches et le service se payent à part, d'après un tarif spécial.

Théâtre : — pendant la saison.
Tir aux pigeons : — 2 fois par semaine.

VIVIERS-LE-GRAS (Vosges), 90.
VOISEY (Haute-Marne), 65.
VONCQ (Ardennes), 325.
VORBRUCK [Scierie de] (A.-L.), 209.
VOUZIERS (Ardennes), 325. — Hôt. *des Voyageurs*.
VRIGNE-AUX-BOIS (Ardennes), 303.
VRIGNE-MEUSE (Ardennes), 303.
VRIZY-VANDY (Ardennes), 325.

W

WACHSTEIN [Le] (A.-L.), 214.
WADRINEAU [Digue de] (A.-L.), 285.
WAHLENBOURG [Tour de] (A.-L.), 150.
WALBACH (A.-L.), 190.
WALBOURG (A.-L.), 226.
WALDBACH (A.-L.), 111. — Auberge.
WALDECK [Château de] (A.-L.), 243.
WALDECK [Forêt de] (A.-L.), 281.
WANGEN A.-L.), 220.

INDEX ALPHABÉTIQUE.

WANGENBOURG (A.-L.), 221. — Hôt. *Weyer* (pension 4 fr. 50, vin non compris, jusqu'au 1er juillet ; 5 fr., vin compris, pendant les trois mois suivants). — Aub. *de la Belle-Vue.*
WANZEL (A.-L.), 198.
WARCQ (Ardennes), 320.
WASEMBOURG [Château de] (A.-L.), 241.
WASIGENSTEIN [Château de] (A.-L.), 231.
WASSELONNE (A.-L.), 220. — Hôt. *de la Pomme-d'Or.*
WASSERBOURG [Château de] (A.-L.), 189.
WASSERFELSEN (A.-L.), 194.
WATTWILLER (A.-L.), 147. — Hôt. *des Bains.*
WEGELSBOURG [Château de] (A.-L.), 231.
WEITERSWILLER (A.-L.), 30.
WELSCHBRUCK [Le] (A.-L.), 208.
WESSERLING (A.-L.), 176. — Hôt. *de Wesserling.*
WIHR-AU-VAL (A.-L.), 190.
WILDENSTEIN (A.-L.), 131. — Hôt. *du Soleil.*
WILDENSTEIN [Château de] (A.-L.), 131.
WILLER (A.-L.), 175.
WILLERWALD (A.-L.), 245.
WIMMENAU (A.-L.), 244.
WINDSTEIN (A.-L.), 242.
WINECK [Château de] (A.-L.), 242.
WINECK [Tour de] (A.-L.), 154.
WINTERBERG [Le] (A.-L.), 283.
WINTZENHEIM (A.-L.), 186. — Hôt. *de la Cigogne.*
WISCHE (A.-L.), 143.
WISEMBACH (Vosges), 140.
WISSEMBOURG (A.-L.), 226. — Hôt.: *de l'Ange; du Cygne; de la Couronne.*
WISSEMBOURG [Bataille de], 227.
WISSEMBOURG [Lignes de] (A.-L.), 228.

WITRY-LÈS-REIMS (Marne), 314.
WITTELSHEIM (A.-L.), 148.
WŒRTH (A.-L.), 234. — Hôt. *du Cheval-Blanc.*
WOIPPY (A.-L.), 285.
WOLFSKIRCHEN (A.-L.), 245.
WOLXHEIM (A.-L.), 219.
WORMSPEL (A.-L.), 194.
WUENHEIM (A.-L.), 178.
WURZELSTEIN (A.-L.), 159.

X

XERTIGNY (Vosges), 95.

Y

YÜTZ-BASSE (A.-L.), 288.

Z

ZAHNACKER [Vin de] (A.-L.), 167.
ZAINVILLERS (Vosges), 112.
ZELLENBERG (A.-L.), 166.
ZIEGENBERG [Le] (A.-L.), 241.
ZILLISHEIM (A.-L.), 181.
ZORNHOF [Le] (A.-L.), 28.

8026. — PARIS, IMPRIMERIE A. LAHURE
9, rue de Fleurus, 9

PUBLICITÉ DES GUIDES JOANNE
Appendice 1883-1884

I. — RENSEIGNEMENTS GÉNÉRAUX

Livrets ; Indicateurs.
Journaux français et étrangers. — Curiosités.
Sociétés financières.
Compagnies de chemins de fer. — Compagnies maritimes.
Télégraphie.

II. — PARIS ET ENVIRONS

Hôtels, Restaurants, Cafés. — Industries diverses.

III. — FRANCE

Hôtels, Casinos, Stations thermales,
Etablissements divers classés par ordre alphabétique des localités.

IV. — PAYS ÉTRANGERS

Grande-Bretagne, Belgique, Suisse, Italie, Espagne,
Autriche-Hongrie, Tunisie.

V. — SUPPLÉMENT

Spécialités. — Chemins de fer portatifs. — Chocolat Menier.
Loterie tunisienne.

AVIS IMPORTANT

MM. les Voyageurs peuvent se procurer dans les gares et les librairies, les Recueils suivants, seules publications officielles des chemins de fer, paraissant depuis trente-six ans, avec le concours et sous le contrôle des Compagnies :

L'INDICATEUR-CHAIX, SEUL JOURNAL OFFICIEL

contenant les services de tous les chemins de fer français et internationaux, publié avec le concours et sous le contrôle des Compagnies. *Paraissant tous les dimanches. Prix : 80 cent.*

SOMMAIRE : Table alphabétique épargnant au voyageur toute difficulté de recherches. — Service des chemins de fer. — Voyages circulaires à prix réduits ; Itinéraires ; Conditions. — Services maritimes. — Carte des chemins de fer avec renvoi aux pages et indication des lignes desservies par les trains express.

LIVRET-CHAIX CONTINENTAL, Guide officiel des

Voyageurs sur tous les chemins de fer de l'Europe et les principaux paquebots, indiquant les curiosités à voir dans les principales villes. Deux volumes in-18 (format de poche). *Paraissant chaque mois.*

1er *Volume*. CHEMINS DE FER FRANÇAIS ; services maritimes ; Guide sommaire dans les principales villes ; voyages circulaires ; carte des chemins de fer de la France et de l'Algérie. — Prix : 1 fr. 50

2e *Volume*. — CHEMINS DE FER ÉTRANGERS ; trains français desservant les frontières ; services franco-internationaux ; billets directs ; itinéraires tout faits ; services de la navigation maritime, fluviale et sur les lacs de l'Italie et de la Suisse ; Guide sommaire dans les principales villes étrangères ; voyages circulaires ; carte coloriée de l'Europe centrale, à l'échelle de 1:2,400,000 (1 centimètre pour 24 kilomètres). Prix : 2 fr.

Pour se rendre à l'étranger des divers points de la France, le voyageur n'a pas besoin de recourir au premier volume, contenant les services français.

LIVRETS-CHAIX SPÉCIAUX DES CINQ GRANDS

RÉSEAUX FRANÇAIS (format de poche), avec carte. *Paraissant le 1er de chaque mois.*

OUEST. — ORLÉANS, MIDI, ÉTAT. — LYON. — NORD. — EST. — Prix de chaque livret : 40 cent.

AUX VOYAGEURS

LIVRET-CHAIX SPÉCIAL DES ENVIRONS DE PARIS, avec *dix plans coloriés*: Chemin de fer de ceinture, Versailles, Bois de Boulogne, de Saint-Cloud, de Vincennes, Jardin d'acclimatation, Forêts de Saint-Germain, de Compiègne et de Fontainebleau. Carte générale des environs de Paris (format de poche). *Paraissant le 1er de chaque mois.* — Prix : 1 fr.

MM. les Voyageurs consulteront très utilement, pour établir et suivre leur itinéraire, les CARTES extraites du Grand Atlas des Chemins de fer, publié par la LIBRAIRIE CHAIX.

Ces Cartes indiquent toutes les lignes en exploitation, en construction ou à construire.

Nomenclature des cartes :

CARTE DES CHEMINS DE FER DE L'EUROPE au 1/2,400,000 (un centimètre pour 24 kilom.), en 4 feuilles, imprimée en deux couleurs. — Dimensions totales : 2 m. 15 sur 1 m. 55. Prix avec l'annexe : les 4 feuilles, 22 fr. ; sur toile avec étui, 32 fr. ; montée sur gorge et rouleau, vernie, 36 fr. Port en sus, pour la France, 1 fr. 50.

CARTE DES CHEMINS DE FER DE LA FRANCE au 1/800,000 (un centimètre pour 8 kilom.), avec carte de l'Algérie de l'Algérie et des colonies et les plans des principales villes de France, imprimée en deux couleurs sur quatre feuilles grand-monde. — Dimensions : 2 m. 15 sur 1 m. 55. — Indiquant toutes les stations avec un coloris spécial pour chaque réseau. Prix : les 4 feuilles, 20 fr. ; sur toile avec étui, 30 fr. ; montées sur gorge et rouleau, vernie, 34 fr. Port en sus pour la France, 1 fr 50.

CARTE DES CHEMINS DE FER DE LA FRANCE à l'échelle de 1/600,000, indiquant toutes les stations avec un coloris spécial pour chaque réseau. Une feuille grand-aigle (96 cent. sur 72. Prix, en feuille : Paris, 3 fr. ; départements, 4 fr. 50. — Collée sur toile avec étui : Paris et départements, 5 fr. 50.

CARTES SPÉCIALES Europe centrale, — Grande-Bretagne, Ecosse et Irlande — Etats-Unis d'Amérique. — Russie. — Allemagne. — Italie, Espagne et Portugal. — Réseau de l'Ouest, — d'Orléans. — du Midi, — de Lyon, — du Nord, — de l'Est, — de l'Algérie, — des environs de Paris, Plan de Paris.

Chaque carte forme une feuille grand-aigle. Prix en feuille : Paris, 2 fr. ; départements, 3 fr. 50. — Collée sur toile avec étui : Paris et départements, 4 fr. 50.

Adresser les demandes à la LIBRAIRIE CHAIX, *rue Bergère, 20, à Paris.*

JARDIN ZOOLOGIQUE D'ACCLIMATATION

Du Bois de Boulogne
OUVERT TOUS LES JOURS AU PUBLIC

PRIX D'ENTRÉE		ABONNEMENTS	
En semaine	1 fr. »	Par personne :	25 fr. par an,
Dimanche	» fr. 50		15 fr. par semestre
Voitures	3 fr. »	Par Voitures :	50 fr. par an,
			30 fr. par semestre

COLLECTION DES ANIMAUX UTILES DE TOUS LES PAYS

Et principalement de ceux que l'on cherche à acclimater en France.

Les Éléphants, Dromadaires, Autruches et Poneys
Sont employés chaque jour à la promenade des Enfants.

GRAND JARDIN D'HIVER. — AQUARIUM

Engraissement mécanique de volailles (Système O. MARTIN)

HYDRO-INCUBATEURS, COUVEUSES ARTIFICIELLES

Le Jardin d'Acclimatation vend et achète les Animaux.
S'adresser au bureau de l'Administration, près la porte d'entrée.

EXPOSITION PERMANENTE
ET VENTE DES OBJETS INDUSTRIELS

Utiles à l'Agriculture, à l'Horticulture, à l'entretien des animaux

MANÈGE
École d'équitation expressément réservée pour les enfants. Le cachet donnant l'entrée à l'élève et à la personne qui l'accompagne : 2 fr. 50.

LIBRAIRIE
On peut se procurer à la librairie spéciale du Jardin d'Acclimatation, les ouvrages qui traitent d'agriculture, d'horticulture, d'histoire naturelle et d'acclimatation.

LAIT
Envoyé à domicile, deux fois par jour, en vases plombés. — Pour les commandes, s'adresser par écrit au Directeur de l'Établissement.

BUFFET
Déjeuners et Dîners. — Rafraîchissements divers.

AVIS
Les CATALOGUES publiés par le Jardin d'Acclimatation sont envoyés *franco* en réponse à toute demande (Catalogue des animaux et des œufs *en vente*, Catalogue du Chenil), Catalogue des Plantes, Catalogue des Vignes et Catalogue de la Librairie).

LA CURIOSITÉ — LE SUCCÈS DU JOUR

GRAND PANORAMA

LES

CUIRASSIERS DE REICHSHOFFEN

251, rue Saint-Honoré, 251.

ANCIENNE SALLE VALENTINO

LA FRANCE VAINCUE ET GLORIEUSE

Le **Panorama de Reichshoffen** de MM. POILPOT et JACOB, véritable tableau historique, rappelle cette page mémorable de la guerre de 1870 sur le frontispice de laquelle la postérité a déjà écrit : *Gloria victis*.

Le paysage, d'une exactitude parfaite, a été exécuté par M. RAPIN.

PRIX D'ENTRÉE :

Dimanches et Fêtes 1 franc. — *En semaine*, 2 francs.

PANORAMA DE LA BATAILLE DE CHAMPIGNY

5, rue de Berri (Champs-Élysées)

Par MM. de NEUVILLE et DETAILLE

Bien des Panoramas ont été ouverts à Paris et ailleurs; aucun ne saurait entrer en sérieuse comparaison avec celui-ci.

MM. DE NEUVILLE et DETAILLE, ces artistes justement célèbres qui ont su donner à la représentation des faits militaires un accent de vérité inconnu avant eux, s'y sont surpassés. Tout y est à souhait : la clarté de la mise en scène, le mâle intérêt des épisodes, la beauté accomplie du paysage, le dessin, la couleur, l'exécution, et une magie d'illusion tout à fait extraordinaire.

Le Panorama de la *Bataille de Champigny* est sans contredit la plus belle œuvre d'art de notre époque. Il met le sceau à l'immense et légitime renommée de MM. DE NEUVILLE et DETAILLE.

Ouvert tous les jours de 10 heures du matin à 11 heures du soir, 3, rue de Berri (Champs-Élysées).

CRÉDIT LYONNAIS

FONDÉ EN 1863

CAPITAL : 200 MILLIONS

LYON : SIÈGE SOCIAL, Palais du Commerce.
PARIS : Boulevard des Italiens.

AGENCES DANS PARIS

A. Place du Théâtre-Français, 4. — **B.** Rue Vivienne, 31. — **C.** Rue Montmartre, 106. — **D.** Rue Turbigo, 3. — **E.** Rue de Rivoli, 43. — **F.** Boulevard Sébastopol, 92. — **G.** Rue de Rambuteau, 15. — **H.** Rue de Rivoli, 8. — **I.** Faubourg Saint-Antoine, 63. — **J.** Boulevard Voltaire, 43. — **K.** Rue du Temple, 201. — **L.** Boulevard Saint-Denis, 10. — **M.** Rue d'Allemagne, 194. — **N.** Boulevard Magenta, 81. — **O.** Faubourg Poissonnière, 39. — **P.** Avenue de Clichy, 1. — **R.** Boulevard Haussmann, 72. — **S.** Faubourg Saint-Honoré, 82. — **T.** Boulevard Saint-Germain, 1. — **U.** Boulevard Saint-Michel, 25. — **V.** Rue de Rennes, 66. — **W.** Rue Saint-Dominique-Saint-Germain, 88. — **X.** Boulevard Saint-Germain, 205.— **Y.** Rue Monge, 119.— **Z.** Rue Lecourbe, 109. — **AB.** Rue de Flandres, 30. — **AC.** Place de Passy, 2. — **AD.** Boulevard Malesherbes, 44.— **AF.** Avenue des Ternes, 39. — **AG.** Faubourg Montmartre, 58. — **AJ.** Faubourg du Temple, 73. — **AK.** Avenue des Champs-Élysées, 50. — **AM.** Annexe de l'agence **M** (abattoirs). — **AT.** Entrepôt de Bercy. Porte Gallois.

CRÉDIT LYONNAIS

AGENCES EN FRANCE ET EN ALGÉRIE

Aix-en-Provence. — Aix-les-Bains. — Alais. — Alger (Algérie). — Amiens. — Angers. — Angoulême. — Annecy. — Annonay. — Arras. — Bar-le-Duc. — Beaune. — Belleville sur Saône. — Besançon. — Béziers. — Bordeaux. — Bourg. — Caen. — Cannes. — Cette. — Châlon sur Saône. — Chambéry. — Dijon. — Dunkerque. — Epinal. — Grenoble. — Havre (le). — Lille. — Limoges. — Mâcon. — Marseille. — Menton. — Montpellier. — Moulins. — Nancy. — Nantes. — Narbonne. — Nevers. — Nice. — Nimes. — Oran (Algérie). — Orléans. — Perpignan. — Reims. — Rennes. — Rive de Gier. — Roanne. — Roubaix. — Rouen. — Saint-Chamond. — Sedan. — Saint Etienne. — Saint Germain en Laye. — Saint Quentin. — Thizy. — Toulouse. — Tourcoing. — Troyes. — Valence. — Valenciennes. — Versailles. — Vienne (Isère). — Villefranche sur Saône. — Voiron.

AGENCES A L'ÉTRANGER

Londres. — Saint-Pétersbourg. — Madrid. — Constantinople. — Alexandrie (Egypte). — Le Caire. — Port-Saïd. — Genève.

Il émet des lettres de crédit et des mandats sur toutes les villes de France et de l'étranger. — Il ouvre des comptes de dépôt sans commission. — Il délivre des bons à échéance ou reçoit des dépôts à échéance fixe dont l'intérêt plus élevé que celui des comptes de dépôt, varie suivant la durée des placements. — Il reçoit gratuitement en dépôt les titres de ses clients; il en encaisse les coupons et en porte d'office le montant au crédit des déposants dans un compte productif d'intérêts. — Il exécute les ordres de bourse. — Il se charge de toute régularisation de titres, remboursement d'obligations, versements en retard, souscriptions, conversions, transferts, échanges, renouvellements, etc., etc.

PRÊTS SUR TITRES

Le Crédit Lyonnais prête sur rentes, obligations et actions françaises et étrangères, cotées ou non cotées à la Bourse de Paris.
Les intérêts sont calculés au taux des avances, à la Banque de France.
La commission varie suivant la nature des titres.

17ᵉ Année. — Paris, 15 cent. le Numéro. — Dépᵗˢ et gares, 20 cent.

ARTHUR MEYER　　　　　　　H. DE PÈNE
Directeur　　　　　　　　　　*Rédacteur en chef.*

Le Gaulois

JOURNAL POLITIQUE ET QUOTIDIEN

9, Boulevard des Italiens, Paris

Depuis le mois de juillet 1882, le Gaulois, dont M. Arthur Meyer a repris la direction avec M. H. de Pène comme rédacteur en chef, a de nouveau marqué sa place à la tête de la presse quotidienne de Paris.

Aucun journal n'est plus parisien que le Gaulois, par l'allure vive et mondaine de sa rédaction, par la variété et le piquant de ses informations. Aucun n'est plus résolument conservateur, plus fermement respectueux de tout ce qui est respectable.

Le Gaulois et le Paris-Journal, réunis en une seule feuille, ont résolu le problème de plaire à la fois aux lecteurs sérieux et à ceux qui veulent avant tout être distraits par leur journal.

La nature de la clientèle du Gaulois, dont le nombre s'accroît chaque jour à Paris et en province, donne une valeur exceptionnelle à sa publicité.

PRIX DES ABONNEMENTS

PARIS....	1 mois, 5 fr.;	3 mois, 13 f. 50;	6 mois, 27 fr.;	1 an, 54 fr.
DÉPART...	— 6 fr.;	— 16 fr.	— 32 fr.;	— 64 fr.
ÉTRANGER.	— 7 fr.;	— 18 fr.	— 36 fr.;	— 72 fr.

Les frais de poste en plus pour les pays ne faisant pas partie de l'Union postale.

PRIX DE LA PUBLICITÉ

Réclames dans le corps du journal.......	20 et 10 fr. la ligne.
Faits divers...........................	9 fr. —
Annonces et réclames de la 3ᵉ page......	6 fr. —
Annonces de la 4ᵉ page.................	2 fr. 50 —

15 cent. à Paris, 20 cent. dans les dép. Suppl. 20 et 25 cent.

LE FIGARO

JOURNAL POLITIQUE ET QUOTIDIEN
26, rue Drouot, Paris.

Le *Figaro*, fondé par M. de Villemessant, est depuis le 3 mai 1879 sous la direction de MM. Magnard, de Rodays et Périvier. C'est le plus important de tous les journaux français ; il est lu par toutes les classes intelligentes de la Société. Il tire tous les jours de 80 à 100,000 exemplaires et réalise chaque année plus de 2 millions de bénéfices. C'est l'organe le plus parisien, le plus actuel et le plus indépendant. Il plait à toutes les opinions, mais il est avant tout conservateur.

Comme la clientèle du *Figaro* se recrute principalement parmi les lecteurs riches, la publicité de ce journal est très recherchée par le commerce parisien et par le commerce étranger.

Le *Figaro* est actuellement, pour le Français raisonnable, plus soucieux de l'avenir de la France que de sa haine ou de ses rancunes de parti, ce que le *Times* est pour l'Anglais, à l'étranger : c'est le souvenir de Paris. En province, le *Figaro* apporte chaque jour à ceux qui ont habité Paris et qui en sont momentanément absents, la nouvelle du jour. Par lui, il apprend les succès de ses artistes aimés, il connait la pièce nouvelle le lendemain de sa première représentation. Avant que le livre nouveau qui doit dans quelques jours être en toutes les mains, ait paru, il en a lu des fragments dans le *Figaro*.

La publicité du *Figaro* est excellente. Peu importe où elle soit placée : aux échos, aux nouvelles diverses en première, seconde ou troisième page, en annonces à la quatrième page, ou en réclame dans la correspondance. Comme ses abonnés, sont généralement riches, tous les meilleurs produits peuvent y être annoncés : objets d'arts, objets de première nécessité, établissements nouveaux, anciennes maisons connues et recommandables. Un modèle de publicité très productif, qui a été beaucoup employé dans le *Figaro*, c'est l'encartage. De grandes maisons de librairie, de nouveautés, l'ont employé. Des suppléments dans le format du journal, renfermant les plus belles gravures des livres d'étrennes, ou les dessins des modes nouvelles et des joujoux d'invention récente, ont été distribués à tous les abonnés du *Figaro*.

S'adresser, pour les conditions de publicité, soit à *M. Dollingen, fermier d'annonces, passage des Princes, à Paris*, soit directement à *l'administration du Figaro, 26, rue Drouot*.

PRIX DE LA PUBLICITÉ : Réclames dans le corps du journal 20 et 30 fr. la ligne. Petites annonces 8 fr. la ligne. Annonces de la 4ᵉ page 4 fr. la ligne. *Pour les encartages, on traite de gré à gré.*

ABONNEMENTS POUR PARIS : Un mois 6 fr. — Trois mois 16 fr. — Six mois 32 fr. — Un an 64 fr. — POUR LES DÉPARTEMENTS : Un mois 7 fr. — Trois mois 19 fr. 50. — Six mois 39 fr. — Un an 78 fr. — POUR L'ETRANGER : Un mois 7 fr. 50. — Trois mois 21 fr. 50 — Six mois 43 fr. — Un an 86 fr.

MILAN TREVES FRÈRES, ÉDITEURS MILAN

L'ILLUSTRAZIONE ITALIANA

Anno X — 1883

**PARAIT TOUS LES DIMANCHES
A MILAN, EN 16 PAGES DE GRAND FORMAT**

AVEC DES DESSINS D'ARTISTES ITALIENS

Ce grand journal occupe en Italie le même rang que l'*Illustration* en France, l'*Illustrated London News* en Angleterre, l'*Illustrirte Zeitung* en Allemagne.

Huit pages sont réservées aux illustrations d'actualités et de beaux-arts, qui portent les noms des peintres les plus distingués de l'Italie moderne, comme *Dalbono, Michetti, Favretto, Biseo, Paolocci,* etc., etc.

De même pour le texte, les courriers, les revues, les nouvelles, les poésies sont signés par *De Amicis, Verga, Carducci, Stechetti, Molmenti, Castelnuovo, Barrili,* et d'autres écrivains les plus populaires.

L'ILLUSTRAZIONE ITALIANA tient les lecteurs parfaitement au courant du mouvement politique, littéraire, artistique et scientifique de la Péninsule. Ce journal, qui est le plus répandu des journaux d'Italie, et qui se trouve dans les cercles aristocratiques aussi bien que dans les cercles populaires, est même très recherché à l'étranger. Chaque livraison donne l'histoire contemporaine de l'Italie, et de plus une histoire illustrée avec un grand cachet artistique.

PRIX D'ABONNEMENT

Pour la France, l'Angleterre, l'Allemagne et tous les États de l'Union postale
32 francs par an. — 17 francs pour six mois.

ANNONCES

L'énorme publicité de ce journal donne aussi beaucoup de valeur à ses annonces, qui se recommandent surtout aux grands industriels, aux articles de nouveautés, aux objets d'art, etc. 50 centimes pour chaque ligne de colonne.

GAZZETTA D'ITALIA

(18ᵉ Année)

JOURNAL POLITIQUE, LITTÉRAIRE & COMMERCIAL
LE JOURNAL LE PLUS GRAND ET LE PLUS COMPLET D'ITALIE

Paraissant tous les jours à Rome.

PRIX D'ABONNEMENT :

	3 mois.	6 mois.	1 an.
Pour l'Italie	9 fr.	18 fr.	36 fr.
Pour la France et l'Union postale	13 fr.	26 fr.	50 fr.

ANNONCES : 4ᵉ page, 30 cent. la ligne, ou espace de ligne. — Sous la signature du Gérant, 1 fr. 50 la ligne. — Dans le corps du journal, 3 fr. la ligne.

RIVISTA EUROPEA

(14ᵉ Année)

LITTÉRATURE. — CRITIQUE. — SCIENCES. — BEAUX-ARTS
VARIÉTÉS. — NOUVELLES. — ROMANS.

La **Rivista Europea** occupe en Italie la place que tient en France la *Revue des Deux-Mondes* et elle paraît, comme cette Revue, deux fois par mois, le 1ᵉʳ et le 16.

PRIX D'ABONNEMENT :

	3 mois.	6 mois.	1 an.
Pour l'Italie	10 fr.	20 fr.	40 fr.
Pour la France et l'Union postale	12 fr.	24 fr.	50 fr.

Prix du numéro courant, 3 fr.; du numéro arriéré, 5 fr.

Les annonces de la **Gazzetta d'Italia** et de la **Rivista Europea** sont une des publicités les plus sérieuses et les plus efficaces que les négociants français puissent trouver pour faire connaître leurs produits en Italie.

Les Bureaux de la **Gazzetta d'Italia** *et de la* **Rivista Europea** *sont :*

A ROME	A FLORENCE	A LIVOURNE
399, 401, Corso.	6, via del Castellacio.	2, Scali Nunzoni.

A la SALLE DES DÉPÊCHES de la *Gazzetta d'Italia*, 399, 401, à Rome, on trouve tous les journaux étrangers, les nouveautés dans toutes les langues, des photographies, des plans, des cartes, des guides et des objets d'art.

LE VOYAGEUR

PUBLIE

UNE CHRONIQUE, DES NOUVELLES

DES ARTICLES BIBLIOGRAPHIQUES

SCIENTIFIQUES, ARTISTIQUES ET FINANCIERS

ET DONNE COMME SUPPLÉMENT

UN INDICATEUR COMPLET

DE CHACUN DES RÉSEAUX DE CHEMIN DE FER

Ce journal s'offre comme intermédiaire gratuit entre les Voyageurs et les Compagnies.

Il offre, en outre, une prime de 500 francs à tout voyageur en chemin de fer. Voir les conditions de la délivrance de cette prime dans un des numéros du journal : **LE VOYAGEUR**.

Le numéro est en vente, au prix de **15 centimes**, dans les bibliothèques des gares, dans les kiosques et chez les libraires et marchands de journaux.

ADMINISTRATION

15, rue Grange-Batelière, Paris.

CHEMINS DE FER DE L'ÉTAT

VOYAGEURS

BILLETS D'ALLER ET RETOUR

Il est délivré, tous les jours, par toutes les gares, stations et haltes du réseau de l'État et pour tous les parcours sur ce réseau, des billets d'aller et retour, avec réduction de 40 0/0 sur le double des prix des billets simples.

CONDITIONS

Les billets d'aller et retour ne sont valables, à l'aller, qu'au départ des gares pour lesquelles ils ont été délivrés.

Ils sont valables au retour :

1° Pour les trajets jusqu'à 100 kilomètres, pendant la journée de l'émission et celle du lendemain jusqu'à minuit ;

2° Pour les trajets de 101 à 200 kilomètres, pendant la journée de l'émission, celle du lendemain et celle du surlendemain jusqu'à minuit ;

3° Pour les trajets au dessus de 200 kilomètres, les délais sont augmentés de 24 h. par 200 kilomètres ou fraction de 100 kilomètres.

Si le délai de validité d'un billet aller et retour expire un dimanche ou un jour de fête, ce délai est augmenté de 24 heures.

Si le jour où expire ce délai de validité d'un billet aller et retour est un dimanche suivi d'un jour de fête, ou un jour de fête suivi d'un dimanche, le délai est augmenté de 48 heures.

Les jours considérés comme fêtes légales sont le 1er janvier, le lundi de Pâques, l'Ascension, le lundi de la Pentecôte, le 14 juillet, l'Assomption, la Toussaint et le jour de Noël.

(Des affiches spéciales apposées dans les gares font connaître les autres conditions auxquelles est soumis l'usage de ces billets).

Nota. — L'Administration des chemins de fer de l'État a soumis à l'homologation ministérielle la proposition d'augmenter d'un jour, pour toutes les distances, le délai de validité des billets d'aller et retour. Dès que cette proposition aura été approuvée, elle sera mise en vigueur sur tout le réseau de l'État.

BAINS DE MER

De Pornic, La Bernerie, Saint-Croix-de-Vie, Les Sables d'Olonne La Rochelle, Chatel-Aillon, Saint-Laurent-Fouras et Royan

Billets d'aller et retour avec 40 0/0 de réduction valables pendant 15 jours.

Les billets d'aller et retour 40 0/0 de réduction, délivrés du 15 juin au 31 octobre de chaque année, en destination de Pornic, La Bernerie, St-Gilles-Croix-de-Vie, les Sables-d'Olonne, La Rochelle, Châtel-Aillon, St-Laurent-Fouras et Royan, par toutes les gares, stations et haltes directement reliées avec huit villes, par les lignes du réseau de l'État, sont valables, pour le retour jusqu'au quinzième jour à minuit (non compris le jour de la délivrance).

Si le délai de validité d'un billet expire un dimanche ou un jour férié, ce délai est augmenté de 24 heures.

Au retour, les voyageurs ont le droit de prendre tout train partant réglementairement de la station de retour avant l'expiration du délai ci-dessus fixé, lors même que ce train ne pourrait les ramener à leur point de départ qu'après l'expiration de ce délai.

Billets de voyages sur le littoral de l'Océan

Des billets à prix réduits, dits « billets de voyages sur le littoral de l'Océan » valables pendant 10 jours (non compris le jour de la délivrance), et permettant aux voyageurs de s'arrêter aux gares intermédiaires, sont délivrés pour les gares de Pornic, St-Gilles-Croix-de-Vie, les Sables-d'Olonne, la Rochelle, Rochefort, Royan et Blaye, ou vice-versa, par les gares du réseau de l'État avec lesquelles elles sont reliées directement par rail.

Nota. — Des affiches spéciales, placardées dans toutes les gares du réseau de l'État font connaître les prix des places pour chaque parcours et les conditions dans lesquelles sont délivrés les billets de voyages sur le littoral de l'Océan.

CHEMINS DE FER DE L'OUEST
SAISON DE 1883
BAINS DE MER

BILLETS D'ALLER ET RETOUR A PRIX RÉDUITS
Valables du VENDREDI au LUNDI inclusivement
Délivrés de mai à octobre

DE PARIS A	BILLETS ALLER ET RETOUR 1re classe Fr. C.	2e classe Fr. C.
DIEPPE. — Le Tréport, Criel	30 »	22 »
LE TRÉPORT, par Serqueux et Abancourt. Du 1er juil. au 30 sept.	33 »	20 »
CANY. — Veulettes, les Petites-Dalles	33 »	24 »
SAINT-VALERY-EN-CAUX. — Veules		
LE HAVRE. — Sainte-Adresse, Bruneval		
LES IFS. — Etretat, Bruneval	33 »	24 »
FÉCAMP. — Yport, Etretat, Bruneval, les Petites-Dalles		
TROUVILLE-DEAUVILLE. — Villerville, Villers-sur-Mer	33 »	24 »
HONFLEUR		
CAEN		
CABOURG. — Le Home-Varaville	37 »	27 »
DIVES. — Houlgate, Beuzeval		
LUC, LION-SUR-MER, LANGRUNE, SAINT-AUBIN, BERNIÈRES	38 »	28 »
COURSEULLES	Ces prix comprennent le parcours total	
BAYEUX. — Arromanches, Port-en-Bessin, Asnelles	40 »	30 »
COUTANCES. — Agon, Coutainville	57 »	44 »
ISIGNY. — Grand-Camp, Sainte-Marie-du-Mont	44 »	33 »
VALOGNES. — Port-Bail, Carteret, Quinéville, St-Vaast	50 »	38 »
CHERBOURG	55 »	42 »
GRANVILLE. — Saint-Pair, Donville	50 »	38 »
ST-MALO-ST-SERVAN. — Dinard-St-Enogat, St-Lunaire, St-Briac, Paramé	66 »	50 »
LAMBALLE-ERQUY. — Le Val André	66 »	50 »
EAUX THERMALES		
FORGES-LES-EAUX (Seine-Inf.), ligne de Dieppe par Gournay	21 45	16 05
BAGNOLES DE L'ORNE, par Briouze et la Ferté-Macé. Ces prix comprennent le parcours total	47 »	36 »

DÉPART par tous les Trains du Vendredi et du Dimanche.
RETOUR par tous les Trains du Dimanche et du Lundi.

VOYAGES CIRCULAIRES OU D'EXCURSIONS
SUR LES
CHEMINS DE FER DE PARIS A LYON ET A LA MÉDITERRANÉE

Les billets de ces voyages se délivrent pendant toute l'année, à l'exception des billets des voyages ci-après, dont l'émission a lieu pendant les périodes suivantes :
4 *bis* (*valables pendant 2 mois*), du 1ᵉʳ juin au 31 août;
4 *bis* (— — 1 *mois*), 4 *ter*, 81 à 83, du 1ᵉʳ juin au 30 septembre;
71 à 76, du 1ᵉʳ mai au 30 septembre.

Les billets des voyages franco-algériens nᵒˢ 51 à 62 sont délivrés exclusivement par la Compagnie générale Transatlantique dans ses bureaux et agences de France, de Corse, d'Algérie, de Tunisie, du Maroc, de l'île de Malte, de Sicile, d'Italie et d'Espagne.

NOMENCLATURE DES ITINÉRAIRES

1 Paris, Dijon, Besançon, Pontarlier, Neuchâtel, Berne, Fribourg, Lausanne, Genève, Aix-les-Bains, Annecy, Modane, Bourg (ou Lyon), Paris. 45 jours; 1ʳᵉ cl. 160 fr., 2ᵉ cl. 121 fr.
2 Paris, Nevers, Vichy, Clermont-Ferrand, Montbrison, St-Etienne, Lyon, Aix-les-Bains, Annecy, Modane, Bourg (ou Lyon), Dijon, Paris. 45 jours, 1ʳᵉ cl. 160 fr., 2ᵉ cl. 120 fr.
4 Paris, Dijon, Pontarlier, Neuchâtel, Berne, Interlaken, Fribourg, Lausanne, Genève, Mâcon (ou Vallorbes, Pontarlier, Dôle), Dijon, Paris. 30 jours; 1ʳᵉ cl. 138 fr., 2ᵉ cl. 105 fr. et 50 jours, 1ʳᵉ cl. 150 fr., 2ᵉ cl. 114 fr.
4 *bis* Paris, Dijon, Mâcon, Genève, Lausanne, Fribourg, Berne, Thoune, Darligen, Interlaken, Bonigen, Brienz, Alpnach, Lucerne, Olten, Bâle, Mulhouse (ou Delle), Belfort, Paris. 1 mois; 1ʳᵉ cl. 152 fr. 35, 2ᵉ cl. 118 fr. 75, et 2 mois, 1ʳᵉ cl. 165 fr. 80, 2ᵉ cl. 128 fr. 90.
4 *ter* Paris, Dijon, Pontarlier, Neuchâtel, Berne, Thoune, Darligen, Interlaken, Bonigen, Brienz, Alpnach, Lucerne, Olten, Bienne, Délémont, Delle (ou Bâle), Mulhouse, Belfort, Paris. 1 mois, *via* Belfort-Delle; 1ʳᵉ cl. 138 fr. 35, 2ᵉ cl. 108 fr. 25, et 1 mois, *via* Belfort, Mulhouse-Bâle, 1ʳᵉ cl. 144 fr. 65, 2ᵉ cl. 112 fr. 95.

Pour les autres très nombreux itinéraires de la Compagnie Paris-Lyon-Méditerranée, consulter l'appendice des *Guides Joanne*, grand format, et les prospectus de la Compagnie.

CHEMINS DE FER D'ORLÉANS ET DU MIDI

EXCURSIONS

DANS

LE CENTRE DE LA FRANCE

ET LES PYRÉNÉES

VOYAGES CIRCULAIRES A PRIX RÉDUITS

En voitures de 1re classe et de 2e classe. — Durée, 30 jours.

Prix : 1re classe........... 225 francs.
2e classe............ 170 »

Les billets sont délivrés jusqu'à nouvel avis à la gare du chemin de fer d'Orléans, quai d'Austerlitz; au Bureau central, rue Saint-Honoré, n° 130, et au Bureau succursale, rue de Londres, 8, à Paris. — Il est également délivré des billets à toutes les gares et stations du réseau de la Compagnie d'Orléans, et aux principales gares du réseau de la Compagnie du Midi situées sur l'itinéraire à parcourir, pourvu que la demande en soit faite au moins trois jours à l'avance.

Les Billets des voyages circulaires donneront droit aux parcours ci-après, savoir : Paris à Bordeaux. — Bordeaux à Arcachon. — Arcachon à Biarritz. — Biarritz à Hendaye. — Hendaye à Pau. — Pau à Lourdes. — Lourdes à Pierrefitte. — Pierrefitte à Tarbes. — Tarbes à Bagnères-de-Bigorre. — Bagnères-de-Bigorre à Tarbes. — Tarbes à Montréjeau. — Montréjeau à Bagnères-de-Luchon. — Bagnères-de-Luchon à Montréjeau. — Montréjeau à Toulouse. — Toulouse à Tarascon (Ariège). — Tarascon à Toulouse. — Toulouse à Cerbère. — Cerbère à Cette. — Cette à Toulouse. — Toulouse à Albi. — Albi à Rodez. — Rodez à Tulle. — Tulle à Brive. — Brive à Limoges (par Périgueux ou Saint-Yrieix). — Limoges à Bourges. — Bourges à Paris.

Les billets d'excursions sont personnels.

Ils sont valables pour tous les trains. Toutefois, les billets de 2e classe ne sont admis que dans les trains qui comportent des voitures de cette classe.

Les voyageurs peuvent s'arrêter aux gares intermédiaires, situées entre les points indiqués à l'itinéraire.

Les voyageurs peuvent suivre, à leur gré, l'itinéraire dans l'ordre inverse de celui indiqué ci-dessus; ils peuvent également ne pas effectuer tous les parcours détaillés dans cet itinéraire, et se rendre directement sur les seuls points où ils désirent passer ou séjourner, en suivant toutefois le sens général de l'itinéraire qu'ils ont choisi et en abandonnant leur droit aux parcours non effectués.

CHEMINS DE FER DU MIDI

VOYAGES DE PLAISIR A PRIX RÉDUITS

AUX PYRÉNÉES

Billets de 1re classe délivrés du 15 avril au 10 octobre de chaque année, et valables pendant 20 jours, avec faculté d'arrêt dans toutes les stations du parcours.

PRIX : 75 FRANCS.

Les billets peuvent être pris à l'avance ils sont valables à partir du jour où ils ont été timbrés par la première station de départ, sans toutefois qu'ils puissent être utilisés après le 31 octobre.

Au-dessous de trois ans, les enfants sont transportés gratuitement et doivent être placés sur les genoux des personnes qui les accompagnent; de 3 à 7 ans, ils payent demi-place ; au-dessus de sept ans, ils payent place entière.

INDICATION DES PARCOURS
ET DÉSIGNATION DES STATIONS DE DÉLIVRANCE DES BILLETS

Premier parcours : Bordeaux, Agen, Montauban, Toulouse, Montréjeau, Bagnères-de-Luchon, Tarbes, Bagnères-de-Bigorre, Mont-de-Marsan, Arcachon, Bordeaux.

Deuxième parcours : Bordeaux, Agen, Montauban, Toulouse, Montréjeau, Bagnères-de-Luchon, Tarbes, Bagnères-de-Bigorre, Pierrefitte, Pau, Bayonne, Dax, Arcachon, Bordeaux.

Le voyageur porteur d'un billet du premier et du deuxième parcours qui passe par Mont-de-Marsan, perd tout droit de parcours entre Tarbes, Pau, Bayonne, Dax et Morceux. Celui qui passe par Pau, Bayonne et Dax perd tout droit de parcours entre Tarbes, Mont-de-Marsan et Morceux. Pour le deuxième parcours, le trajet Pau, Bayonne, Dax, peut être remplacé par le trajet Pau, Mimbaste, Dax.

Troisième parcours : Bordeaux, Arcachon, Mont-de-Marsan, Tarbes, Bagnères-de-Bigorre, Montréjeau, Bagnères-de-Luchon, Pierrefitte, Pau, Bayonne, Dax, Bordeaux.

Le voyageur qui veut suivre le troisième parcours doit demander le billet qui est établi spécialement pour ce parcours. — Le trajet Pau, Bayonne, Dax peut être remplacé par le trajet Pau, Mimbaste, Dax.

OBSERVATIONS. — Le voyage peut s'effectuer, pour les trois parcours, de l'une quelconque des stations indiquées sur ledit parcours, et dans l'une quelconque des deux directions qui peuvent être suivies à partir de la station du départ.

Le voyageur peut s'arrêter à toutes les stations du réseau situées sur celui des trois parcours circulaires qu'il a choisi, à la seule condition de faire estampiller son billet au départ de chaque station d'arrêt.

Le prix de 75 francs s'applique indistinctement au premier, au deuxième ou au troisième parcours.

Les voyageurs supportent les frais des excursions en dehors des itinéraires ci-dessus.

Bagages. — Le voyageur qui a acquitté le prix de 75 francs ci-dessus a droit au transport gratuit sur le chemin de fer, de 30 kilogr. de bagages ; cette franchise ne s'applique pas aux enfants transportés gratuitement, et elle est réduite à 20 kilogr. pour les enfants transportés à moitié prix. Les excédents de bagages sont taxés d'après le tarif général de la Compagnie.

Pour chaque partie de parcours, les bagages sont enregistrés à chaque point de départ. Ils peuvent être expédiés à l'avance sous condition de payement du droit accessoire de dépôt, d'après le tarif général de la Compagnie.

CHEMIN DE FER DU NORD

Saison d'Été 1883

VOYAGES CIRCULAIRES A PRIX RÉDUITS

1° Pour visiter
LE NORD DE LA FRANCE ET LA BELGIQUE

BILLETS VALABLES POUR UN MOIS

1re classe, 91 fr. 55 — 2e classe, 68 fr. 25

Les bureaux d'émission sont : *Paris, Amiens, Rouen, Douai, Lille et St-Quentin*.

2° Pour visiter le Château de Pierrefonds
Les Ruines du Château de Coucy
Les Bords de la Meuse et les Grottes de Han et de Rochefort

Prix : 80 fr. en 1re classe et 54 fr. en 2e classe.

Toutes les gares comprises sur l'itinéraire peuvent délivrer des billets directs.

3° Pour visiter la Hollande

PRIX : 123 fr. 70 en 1re classe et 92 fr. 50 en 2e classe

Les bureaux d'émission sont : *Paris, Amiens, Rouen, Douai et St-Quentin*.

4° Pour visiter les bords du Rhin.

PRIX : 149 fr. en 1re classe.

Les bureaux d'émission sont : *Paris, Amiens, Douai et St-Quentin*.

5° Pour visiter la France, la Belgique, la Hollande, les Bords du Rhin et la Suisse.

(*Voir les voyages de P.-L.-M. N° 71, 73, 74 et 76*).

Pour les itinéraires de ces cinq voyages circulaires, consulter les affiches de la Compagnie et les prospectus détaillés qui sont délivrés gratuitement dans toutes les gares.

Les billets sont délivrés du 1er mai au 30 septembre inclus.

Chaque voyageur a droit au transport gratuit de 25 kil. de bagages sur tout le parcours.

Ces différents billets sont valables par tous les trains, y compris les trains de marée.

Tout voyageur muni d'un de ces billets a le droit de s'arrêter dans toutes stations de la ligne du Nord comprises dans l'itinéraire du voyage, à condition, lorsque l'arrêt n'est pas indiqué par un coupon de billet, de déposer son livret entre les mains du chef de gare.

Les billets ne sont valables que pour un mois. Ainsi, les billets délivrés le 1er juin ne sont plus valables le 1er juillet, et ceux délivrés le 27 juillet ne sont plus valables le 27 août.

Les voyageurs qui désireraient partir pour entreprendre le voyage circulaire d'un point autre que ceux où se délivrent les billets spéciaux, n'ont qu'à prendre un billet ordinaire pour le bureau d'émission le plus voisin.

CHEMINS DE FER DE L'EST

EXCURSIONS ET VOYAGES CIRCULAIRES

A PRIX RÉDUITS

VOYAGES CIRCULAIRES A PRIX RÉDUITS,
POUR VISITER :

1° LES BORDS DU RHIN et LA BELGIQUE.
2° LA SUISSE CENTRALE (Oberland bernois) et LE LAC DE GENÈVE.
3° L'EST DE LA FRANCE, LE JURA et L'OBERLAND BERNOIS.
4° LE NORD-EST DE LA SUISSE et LE GRAND-DUCHÉ DE BADE.
5° L'ALLEMAGNE DU SUD, L'AUTRICHE et LA SUISSE.
6° LES VOSGES et BELFORT.

Pour tous les détails concernant lesdits **Voyages circulaires à prix réduits**, les prix des billets, les divers itinéraires facultatifs à suivre, etc., etc., consulter les affiches et les prospectus de la Compagnie de l'Est que les voyageurs trouveront dans toutes les gares du réseau de l'Est.

PARIS-BALE. — Pendant la saison d'Été, du 15 mai au 15 octobre, la Compagnie fait délivrer à la gare de PARIS des billets de PARIS à BALE viâ Belfort-Delle ou viâ Belfort-Mulhouse et retour.
PRIX DES BILLETS VALABLES PENDANT **un mois** : 1re cl. 106 fr. 05 ; — 2e cl. 79 fr. 35. Les voyageurs ont droit au transport gratuit de 30 kil. de bagages sur tout le parcours.

VOYAGES CIRCULAIRES DE VACANCES. — Itinéraires établis au gré des voyageurs. La Compagnie des Chemins de fer de l'Est met à la disposition du public, pour la saison des vacances, à partir du 15 juillet jusqu'au 15 octobre, 1° des billets à prix réduits de voyages circulaires sur son réseau, à itinéraires composés au gré des voyageurs, pour le parcours de 300 kilomètres et au-dessus ; 2° des billets à prix réduits de voyages circulaires communs entre la Compagnie des Chemins de fer de l'Est et celle de Paris à Lyon et à la Méditerranée, à itinéraires facultatifs permettant d'effectuer, en empruntant les deux réseaux des parcours totaux de 500 kilomètres et au-dessus, devant former des circuits complètement fermés, afin que le voyageur revienne à son point de départ. Les prix et conditions de ces voyages sont portés à la connaissance du public par un livret spécial.

COMPAGNIE DU CHEMIN DE FER
DU
GOTHARD

Le **Chemin de fer du Gothard**, la ligne de montagne la plus pittoresque et la plus intéressante de l'Europe, traverse la Suisse primitive chantée par les poètes et glorifiée par l'histoire. Sur le parcours on rencontre **Lucerne**, au bord du lac du même nom, le lac de Zoug, **le Rigi**, célèbre dans le monde entier par la vue incomparable dont on jouit de son sommet. (Chemin de fer entre la station d'**Arth** de la ligne du Gothard et la cime même), le lac de Lowerz, Schwyz, **le lac des Quatre-Cantons**, avec le Rûtli et la Chapelle de Guillaume Tell, Brunnen, la route de l'Axen, Fluelen, Altdorf, **Gœschenen**, station de la tête nord du tunnel, où commence l'ancienne route du Saint-Gothard et d'où l'on atteint en une demi-heute le célèbre **pont du Diable et la galerie dite du Trou d'Uri près d'Andermatt** (tous deux d'un accès facile), Bellinzona, Locarno, **le lac Majeur** (*îles Borromées*), Lugano sur le lac de même nom, Côme enfin et son lac. La ligne réunit ainsi des deux côtés des Alpes les bords des lacs les plus ravissants, émaillés de villas splendides.

Parmi les nombreux travaux d'art, œuvres gigantesques construites dans les flancs des Alpes et qui excitent l'étonnement du voyageur, il faut citer en première ligne **le grand tunnel du Gothard**, le plus long tunnel existant (14,950 mètres), dont le percement a exigé neuf années de travail; viennent ensuite les **tunnels hélicoïdaux**, au nombre de 3 sur le côté nord et de 4 sur le côté sud, le pont du Kerstelenbach près d'Amsteg, etc., etc.

Deux trains express, en été trois, font journellement en neuf ou dix heures le trajet dans chaque direction de **Lucerne à Milan**, point central pour tous les voyageurs allant en Italie. **Wagons-lits** (*sleeping cars*), **voitures directes, éclairage au gaz, freins continus**.

Prix de Milan à Lucerne : 1re classe   36 fr. 65
— 2e — 25 fr. 65

Le chemin de fer du Gothard est la voie de **communication la plus courte entre Paris et Milan** (via Belfort-Bâle). A Milan, correspondance directe de et pour **Venise, Bologne, Florence, Gênes, Rome, Turin**. A Lucerne, coïncidence directe de et pour **Paris, Calais, Londres, Ostende, Bruxelles, Cologne, Francfort, Strasbourg**, ainsi que de et pour toutes les gares principales de la Suisse.

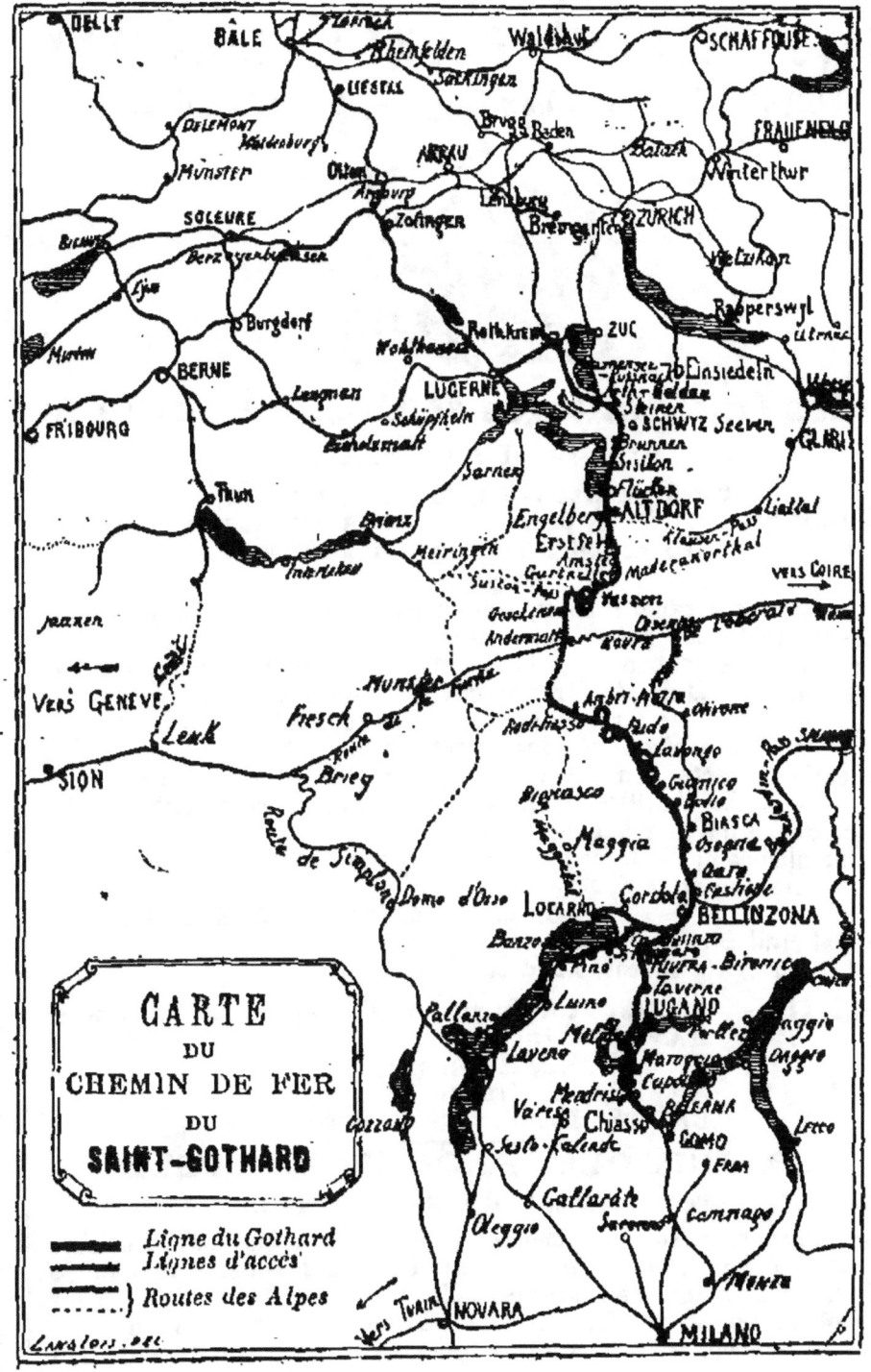

ROYAL MAIL STEAM PACKET COMPANY
COMPAGNIE ROYALE DES PAQUEBOTS-POSTE ANGLAIS

Indes Occidentales et Océan Pacifique
Via PANAMA
Colon ou Aspinwall, Savanilla, Mexique,
Amérique Centrale et Océan Pacifique du Sud, San Francisco
Japon, Chine et Colombie anglaise.

Les bateaux à vapeur Atlantiques font maintenant le trajet direct de Southampton à Colon (Aspinwall).

Le départ des bateaux de la compagnie, de Southampton, avec les malles de Sa Majesté Britannique, a lieu les 2 et 17 de chaque mois, tant pour le transport des passagers et des paquets que pour celui des espèces et des marchandises sur connaissement à destination directe. Un bateau supplémentaire part le 11 de chaque mois pour les Antilles, Carupano, La Guayra, Porto-Cabello, Curaçao, Savanilla, Carthagena et Colon.

Pour plus amples informations, s'adresser à Mr. J. K. LINSTEAD, Cargo Department, à Southampton;

Ou au Secrétaire, Mr. J. M. LLOYD.
Royal Mail Steam Packet Company,
18, Moorgate Street, Londres, E. C.

AGENTS. — PARIS, GEO. DUNLOP et Cⁱᵉ, 38, avenue de l'Opéra
HAVRE, MARCEL et Cⁱᵉ.
HAMBOURG, H. BINDER.
ANVERS, F. HUGER.
BRÊME, EGGERS et STALLFORTH.

SERVICE DES PAQUEBOTS-POSTE
Pour le Brésil et le Rio de la Plata.

Les Paquebots royaux partent aussi de Southampton, plusieurs fois chaque mois, aux dates régulières, chargés des malles de Sa Majesté Britannique, de Passagers, de Cargo, d'Espèces, etc., pour Cherbourg, Bordeaux, Carril, Vigo, Lisbonne, Cap de Verd, Pernambuco, Maceio, Bahia, Rio de Janeiro, Santos, Monte-Video et Buenos-Ayres.

Pour plus amples informations, s'adresser comme ci-dessus

NOUVELLE COMPAGNIE MARSEILLAISE DE NAVIGATION A VAPEUR

FRAISSINET & Cᵉ
Place de la Bourse, 6, à Marseille.

CAPITAL : 12 MILLIONS

PAQUEBOTS-POSTE FRANÇAIS POUR LA CORSE ET L'ITALIE

Services réguliers pour le Languedoc, le Levant, le Danube, Malte, l'Égypte, les Indes et la Chine.

LIGNES DESSERVIES PAR LA COMPAGNIE

SERVICE POSTAL POUR LA CORSE ET L'ITALIE. — Départs de Marseille : Pour Ajaccio, Porto-Torres, et alternativement tous les huit jours pour Propriano ou Bonifacio, le Vendredi, à 9 h. du matin. — Pour Bastia et Livourne, le Dimanche à 9 h. du matin. — Pour Calvi et l'Ile-Rousse, alternativement tous les huit jours, le Lundi, à 9 h. du matin. — Pour Nice, Bastia et Livourne, le Mardi, à 8 h. du matin. Départs de Nice pour Bastia et Livourne, le Mercredi, à 5 h. du soir.

LIGNE DE MALTE, EGYPTE ET SYRIE. — Départs de Marseille, toutes les deux semaines à partir du 21 nov 1882, les mardis à 9 h. du m. pour Naples, Malte et Alexandrie.

LIGNE DE CONSTANTINOPLE. — Départs de Marseille, le Jeudi à 8 h. du matin. Pour Gênes, Naples, Pirée, Volo, Salonique, Dédéagach, Dardanelles, Gallipoli, Rodosto et Constantinople, (en transbordement à Constantinople, pour Galatz, Ibraïla, Odessa, Jneboli, Sinope, Samsoum, Kerassunde, Trébizonde et Poti).

LIGNE DU DANUBE (directe et sans transbordement). — Départ de Marseille, toutes les deux semaines, à partir du 15 oct. 1882, le dimanche à 9 h. du m. Pour : Gênes, Syra, Smyrne, Métélin, Dardanelle, Constantinople, Soulina, Toultch, Galatz, Braïla. NOTA. — Cette ligne n'est desservie que jusqu'à Constantinople pendant la fermeture du Danube par les glaces.

LIGNE DES INDES ET DE LA CHINE (directe et sans transbordement). — Départs de Marseille, toutes les quatre semaines, à partir du 19 novembre 1882, le Dimanche, à 10 h. du matin pour : Suez, Aden, Colombo, Singapore, Saigon et Hong-Kong. Retour par : Saigon, Singapore, Penang, Colombo, Tuticorin, Aden, Suez.

LIGNE DE LONDRES ET DU HAVRE. — Départs pour Marseille, toutes les quatre semaines, à partir du 10 novembre 1882, le Vendredi, à 5 h. du soir, pour Londres, avec escale au retour au Havre.

Les départs de Marseille et les retours de Londres coïncideront avec les arrivées et les départs de Marseille des bateaux de la ligne des Indes et de la Chine.

LIGNE D'ITALIE. — Départs de Marseille directement pour Naples, tous les deux mardis, à 9 h. du matin. — Le Dimanche, à 8 h. du matin, Pour : Gênes, Livourne, Civita-Vecchia et Naples. — Le Jeudi à 8 h. du matin, pour Gênes et Naples.

LIGNE DE CANNES, NICE ET GÊNES. — Départs de Marseille, le Mercredi, à 7 h. du soir, pour Cannes, Nice et Gênes.

LIGNE DU LANGUEDOC. — Départs de Marseille pour Cette, les Lundis, Jeudis et Samedis, à 8 h. du soir. — Départs de Marseille pour Agde, les Dimanches, Mercredis et Vendredis, à 7 h. du soir. — Pour la Nouvelle, les Mercredis et les Samedis à 5 h. du soir.

FLOTTE DE LA COMPAGNIE

Navire	chev.	tonn.	Navire	chev.	tonn.
Golconde	700	4000	Junon	250	1200
Liban	500	3000	Asie	250	1200
Europe	500	3000	Algérie	200	900
Stamboul	500	3000	Assyrien	200	800
Amérique	500	3000	Saint-Marc	120	700
Thibet	700	3500	Durance	120	400
Galata	400	2500	Echo	100	350
Braïla	400	2500	Aude	100	323
Taygète	470	2500	Marie-Louise	120	700
Taurus	400	2500	Spahis	200	400
Balkan	400	2500	Isère	120	400
Pélion	400	2500	Blidah	120	400
Gyptis	250	1200	Médéah	120	350
Euxène	250	1200	Rhône	200	300

Pour tous renseignements s'adresser MM. Fraissinet et Cᵉ, 6, place de la Bourse, à Marseille. — M. Ach. Noton, 9, rue Rougemont, à Paris.

Eastern Telegraph Company
LIMITED

LES TÉLÉGRAMMES PEUVENT ÊTRE TRANSMIS
DE
MARSEILLE
OU D'UN POINT QUELCONQUE DE LA FRANCE
EN LES DÉPOSANT DANS LES BUREAUX DE L'ADMINISTRATION

Aux prix du Tarif suivant :

	PAR mot.		PAR mot.
	fr. c.		fr. c.
Algérie et Tunisie............	0 10	— Pérou : Ariqua et Tacna....	27 95
Aden........................	4 80	— — Lima et Callao........	33 60
Afrique australe : Zanzibar.....	9 30	Australie : Victoria, Tasmanie et	
Mozambique................	10 60	Australie méridionale.......	12 90
— San Lourenço, Marqués, Delagos-bay...............	10 60	Australie : New South Wales et Queensland................	13 15
— Natal : Durban.............	10 55	Chine : Hong-Kong, Amouy et Sanghaï...................	10 »
— Autres stations.............	10 75	Cochinchine................	8 75
— Colonie du Cap : toutes les stations..................	10 95	Chypre : Larnaca et stations de l'île....................	1 70
Amérique du Sud : Pernambuco.	11 60	Egypte : Alexandrie.........	1 70
— Bahia et Maraham..........	15 60	— Caire, Suez et station du Canal....................	1 95
— Rio de Janeiro et Para......	17 10	Gibraltar*..................	1 05
— Santos, Santa-Catarina, Rio-Grande du Sud............	19 60	Indes : Ouest de Chittagong...	5 60
— Toutes les autres stations du Brésil...................	20 10	— Est de Chittagong et Ceylan.	5 85
— Uruguay : Montevideo......	19 60	Japon.....................	15 10
— — Autres stations.........	20 10	Java......................	3 25
République Argentine : Buenos-Ayres...................	20 40	Madère...................	2 65
— Autres stations.............	20 90	Malte.....................	0 55
— Valparaiso et toutes les stations du Chili.............	19 15	Manille....................	12 25
		Maurice et Réunion (taxe d'Aden, plus 2 fr. de poste).......	
— Pérou : Iquique............	26 10	Penang....................	6 75
— — Mollendo, Isley, Puno et Arequipa...............	29 85	St-Vincent et les îles du Cap-Vert.	5 65
		Singapore.................	7 75

* Pour Gibraltar, ajouter à la taxe résultant du nombre effectif des mots, une taxe égale à celle de 5 mots par télégramme. (Conv. art. XVII).

Les dépêches pour Malte, l'Egypte, Aden, les Indes, les pays au delà des Indes et l'Amérique du Sud, par cette route, doivent mentionner l'indication « **Vià** Marseille-Bone ; » cette indication est transmise gratuitement par toutes les administrations.

Marseille, 1er avril 1883.

Par ordre,
A. L. TERNANT, *directeur.*

Appendice 1883-1884

II

PARIS

HOTELS — RESTAURANTS

CAFÉS

INDUSTRIES DIVERSES

ENVIRONS DE PARIS

VERSAILLES

APPAREIL GAZOGÈNE-BRIET
SEUL APPROUVÉ
Par l'Académie de Médecine.
POUR FAIRE SOI-MÊME
EAU DE SELTZ
DE VICHY, VINS MOUSSEUX, ETC.

APPAREILS BRIET		POUDRES les 100 doses	
1 bouteille...	12 fr.	1 bouteille...	10 fr.
2 —	15 —	2 —	15 —
3 —	18 —	3 —	20 —
4 —	25 —	4 —	25 —

MÉDAILLE D'OR
EXPOS. UNIV. PARIS 1878

MONDOLLOT
72, rue du Château-d'eau, à Paris

En province et à l'étranger, chez les principaux Pharmaciens et Marchands d'articles de Paris.

 EXPOSITION UNIVERELLE 1878 Hors concours — Membre du Jury

1855 1867

MAISON
DE LA
BELLE JARDINIÈRE
2, rue du Pont-Neuf, 2
PARIS

HABILLEMENTS TOUT FAITS ET SUR MESURE
Pour hommes et pour enfants

CHAPELLERIE — CHAUSSURES — BONNETERIE — CHEMISERIE

EXPÉDITION EN PROVINCE

Franco contre remboursement, au-dessus de 25 francs.
Succursales : LYON, MARSEILLE, NANTES, ANGERS
A Paris, au coin des rues de Clichy et d'Amsterdam.

RAYON SPÉCIAL POUR VÊTEMENTS ECCLÉSIASTIQUES

PHARMACIE NORMALE

19, rue Drouot et 15, rue de Provence

PHARMACIES DE FAMILLE ET DE VOYAGE

MÉDAILLÉES AUX EXPOSITIONS

Demander la note explicative. Elle est adressée gratuitement et franco aux personnes qui la demandent.

CAFÉ SYLVAIN RESTAURANT

12, RUE HALÉVY, COTÉ DROIT DE L'OPÉRA

Maison de premier ordre, entièrement transformée

CAVE ET CUISINE EXCEPTIONNELLES

Pouvant offrir à sa clientèle, avec sa magnifique terrasse sur la place de l'Opéra, l'agrément de déjeuner et dîner en plein air. — **Ses soupers, la nuit, en font une des curiosités de Paris.**

Téléphone à la disposition des clients.

Nous recommandons à nos lecteurs le service

D'INFORMATIONS FINANCIÈRES
DE
M. GOURREAU

Boulevard Haussmann, 40

Les opérations sont faites par les clients directement chez les agents de change.

Rémunération due seulement en cas de succès.

SERVICE TÉLÉGRAPHIQUE A 1,000 FRANCS PAR AN
SANS PARTICIPATION AUX BÉNÉFICES

MALADIES DES FEMMES
GUÉRISON SANS REPOS NI RÉGIME
PAR
Mme LACHAPELLE
Maîtresse Sage-Femme

Les moyens employés, aussi simples qu'infaillibles, sont le résultat de longues observations pratiques dans le traitement de leurs affections spéciales : Langueurs, palpitations, débilité, faiblesses, malaises nerveux, maigreur, etc., etc.

STÉRILITÉ DE LA FEMME
CONSTITUTIONNELLE OU ACCIDENTELLE
COMPLÈTEMENT DÉTRUITE PAR LE TRAITEMENT DE
Mme LACHAPELLE
Maîtresse Sage-Femme

Consultations tous les jours, de trois à cinq heures.

27, rue du Mont-Thabor, près les Tuileries.

EAU ET POUDRES DENTIFRICES
Seule médaille de mérite à l'Exposition de Vienne (1873)

MAISON
DU
Docteur PIERRE
De la Faculté de Médecine de Paris
8, PLACE DE L'OPÉRA, 8
PARIS

Agents à LONDRES, BRUXELLES, HAMBOURG et SAINT-PÉTERSBOURG

EXIGER LA MARQUE DE FABRIQUE.

HOTEL CONTINENTAL

TABLE D'HOTE

DINER A 7 FRANCS, VIN COMPRIS

Admission de 6 à 6 h. 1/2

DEJEUNERS A 5 FRANCS, VIN COMPRIS

Servis de 11 h. à midi 1/2, à des tables séparées

RESTAURANT A LA CARTE

TROIS ASCENSEURS DESSERVENT TOUS LES ÉTAGES JUSQU'À 1 HEURE DU MATIN.

BAINS D'HYDROTHÉRAPIE — POSTE ET TÉLÉGRAPHE

Cet immense établissement se développant sur les rues *Castiglione* et *Rivoli*, en façade sur le *Jardin des Tuileries*, dans le centre préféré des étrangers, près des Champs-Élysées, des grands Boulevards et des principaux théâtres, se recommande par le luxe et le confort de son installation. Cour d'entrée spacieuse, entourée d'un péristyle garni de colonnes, ornée de fleurs l'été et chauffé l'hiver, vastes salons de lecture, de conversation et de musique, jardin d'hiver dans le salon mauresque, formant une charmante annexe au salon de lecture, salles des fêtes et galeries pour réceptions.

L'**HOTEL CONTINENTAL**, qui est aujourd'hui une des attractions de Paris, est fréquenté chaque jour par l'élite de la société française et étrangère qui se rend chaque année dans la capitale.

HOTEL CONTINENTAL. — 600 chambres et salons de 5 à 35 fr.

LE CAFÉ RICHE

RESTAURANT BIGNON PÈRE & FILS

BOULEVARD DES ITALIENS ET RUE LE PELETIER

Sur la partie de ce Boulevard, fréquentée par le monde comme il faut de tous les pays.

MAISON DE PREMIER ORDRE
L'UNE DES PLUS ANCIENNES DE PARIS
RENDEZ-VOUS DES GENS DE DISTINCTION

Outre les salons du rez-de-chaussée, un grand nombre de salons du meilleur goût permettent d'y déjeuner et dîner en famille ou en sociétés séparées.

Les Cuisines ont une réputation européenne.

Les Caves renferment les meilleurs vins de tous les grands crus de France; elles sont connues des gourmets du monde entier.

Pour les personnes qui ne veulent pas se donner la peine du détail de leur menu, on sert des dîners depuis le prix de 8 fr., les vins non compris.

Outre les salons du restaurant, ce magnifique établissement possède des salles de café et des fumoirs spacieux largement aérés; on y trouve les journaux importants de tous les pays.

Le Café Riche, propriétaire de Vignobles importants dans les contrées à Vins fins de Bordeaux, et dont les caves considérables s'approvisionnent directement chez les principaux propriétaires des Grands Vignobles de France, tient à la disposition des personnes qui fréquentent l'Établissement des vins de choix; soit en bouteilles, soit en pièces, aux prix raisonnés tels qu'ils sont cotés aux lieux de production.

Paniers de Vins fins pour Voyage ou pour Campagne, 6 ou 12 bouteilles assorties.

Le Café Riche.

HOTEL MALESHERBES

26, boulevard Malesherbes, 26

PRÈS DE LA MADELEINE, À PARIS

CHAMBRES DEPUIS 5 FRANCS — APPARTEMENTS DE GARÇON

GRANDS ET PETITS APPARTEMENTS COMPLETS

Service particulier dans la salle à manger de chaque appartement

RESTAURANT A LA CARTE OU A L'ABONNEMENT

TABLE D'HOTE

Salon de lecture et de conversation. — Salle de bains. — Hydrothérapie complète. — Eau chaude et eau froide à tous les étages. — Ascenseur desservant tous les étages. — Porte cochère, grande cour.

RESTAURANT DU DINER DE PARIS

11, passage Jouffroy ; 12, boulevard Montmartre.

Déjeuner, 3 fr., de 10 h. à 1 h. 1/2. — Diners, 5 fr., de 5 h. à 8 h. 1/2.

English spoken. — Man spricht Deutsch.

PARFUMERIE ORIZA DE L. LEGRAND

Fournisseur de plusieurs Cours
207, rue Saint-Honoré, Paris

Les Catalogues et Prix courant sont adressés franco sur demande affranchie.

MACHINES A VAPEUR

HORIZONTALES ET VERTICALES DE 1 A 50 CHEVAUX

MACHINE HORIZONTALE — MACHINE VERTICALE — MACHINE HORIZONTALE
Chaudière à flamme directe — de 1 à 28 chevaux — Chaudière à retour de flamme
de 5 à 50 chevaux — — de 5 à 50 chevaux

Toutes ces Machines sont prêtes à livrer. Envoi franco des prospectus détaillés.

MAISON J. HERMANN LACHAPELLE
J. BOULET et Cⁱᵉ, Successeurs
RUE BOINOD, 31-33, PARIS
4-6, BOULEVARD ORNANO

Anciennement 144, rue du Faubourg-Poissonnière, Paris.

MÉDAILLE D'OR, PARIS 1878.

JOSEPH GILLOTT
DE BIRMINGHAM

recommande ses excellentes

PLUMES D'ACIER

connues du monde entier sous les

Nᵒˢ 303 et 404

EN VENTE CHEZ TOUS LES PAPETIERS

Dépôt chez DELIHU et ANGOT

36, BOULEVARD SÉBASTOPOL, PARIS

A LA REINE DES FLEURS

MAISON FONDÉE EN 1774

L. T. PIVER

PARFUMEUR - CHIMISTE

PARIS, 10, boulevard de Strasbourg, PARIS

LAIT D'IRIS

POUR LA FRAICHEUR, L'ÉCLAT ET LA BEAUTÉ DU TEINT

PARFUMERIE A BASE DE LAIT D'IRIS

Savon............	au *Lait d'iris*.	Huile légère......	au *Lait d'iris*.
Parfum pudique...	au *Lait d'iris*.	Eau Lustrale......	au *Lait d'iris*.
Eau de Cologne...	au *Lait d'iris*.	Crème d'amandes...	au *Lait d'iris*.
Vinaigre styptique.	au *Lait d'iris*.	Poudre de savon..	au *Lait d'iris*.
Poudre de riz..	au *Lait d'iris*.	Crème de concombres	au *Lait d'iris*.
Cold Cream......	au *Lait d'iris*.	Farine de noisettes.	au *Lait d'iris*.
Poudre dentifrice.	au *Lait d'iris*.	Sachet...........	au *Lait d'iris*.
Eau dentifrice....	au *Lait d'iris*.	Boîtes de Parfumerie	au *Lait d'iris*.
Hble Moelle de bœuf.	au *Lait d'iris*.	Irisine L.T.Piver(Poud°de riz incompble)	

VÉRITABLE SAVON AU SUC DE LAITUE

LE MEILLEUR DES SAVONS DE TOILETTE

Parfumerie extra-fine au Corylopsis du Japon

PARFUM NOUVEAU IMPORTÉ PAR L. T. PIVER A PARIS

Savon......	au Corylopsis du Japon.	Brillantine	au Corylopsis du Japon.
Extrait.....	au Corylopsis du Japon.	Huile.....	au Corylopsis du Japon.
Eau de toilette	au Corylopsis du Japon.	Pommade..	au Corylopsis du Japon.
Poudre de riz	au Corylopsis du Japon.	Vinaigre..	au Corylopsis du Japon.

Dépôt chez les principaux Parfumeurs et Coiffeurs de France et de l'Étranger.

AVURES ET IMPRESSIONS EN TOUS GENRES

ALLAIN

12, QUAI DU LOUVRE, 12, PARIS

rnisseur de plusieurs grandes administrations publiques, Banques, Sociétés de crédit, etc.

achets, matrices, **timbres**, poinçons, boutons de rée, cartes de visite, **pierres** fines, clichés et gra- es sur bois pour annonces de journaux, pros- tus, etc.

PARIS 1867
MÉDAILLE D'ARGENT

POITRASSON

CARROSSIER

PARIS, 29, rue des Petites-Écuries, **PARIS**

VIENNE 1873 (Médaille de mérite)

ORFÈVRERIE CHRISTOFLE

MANUFACTURE A PARIS, RUE DE BONDY, 56 (Succursale à Carlsruhe)

REPRÉSENTANTS dans les PRINCIPALES VILLES DE FRANCE et de L'ÉTRANGER

EXPOSITION UNIVERSELLE DE 1878

SEUL GRAND PRIX

POUR L'ORFÈVRERIE ARGENTÉE

MÉDAILLE D'OR

COUVERTS CHRISTOFLE argentés sur métal blanc.

MARQUE DE FABRIQUE

a seule garantie pour le consommateur est de n'acheter que les produits portant la marque de que ci-dessus et le nom de Christofle en toutes lettres. CHRISTOFLE et Cⁱᵉ.

7 Médailles. — 4 en or, plus

ONT ÉTÉ DÉCERNÉS A

CRESPIN AINÉ

De Vidouville (Manche)

DEMEURANT A

PARIS, BOULEVARD BARBÈS, 11, 13, 15

Ancien boulevard Ornano.

1° Pour avoir créé son genre de

VENTE A CRÉDIT

RECONNU CRÉATION UTILE

2° Pour la bonne qualité de ses marchandises et la modicité des prix de tout ce qui concerne :

Machines à plisser et à tuyauter, Machines à coudre,
Ménages, Toilettes, Nouveautés,
Confections pour hommes et enfants, chaussures,
Charbons de terre et de bois, etc., etc.

On ne paye pas plus cher qu'au comptant.

Les Machines à coudre sont livrées à moitié payement en province ; à Paris, elles sont délivrées avant moitié payement.

LAIT GARANTI PUR

du domaine de Combault, livré à domicile en boîtes cachetées à 60 centimes le litre.

CRESPIN aîné n'a pas fermé pendant les deux sièges de Paris.

LIBRAIRIE HACHETTE ET Cⁱᵉ
BOULEVARD SAINT-GERMAIN, 79, A PARIS.

Ouvrage complet en 9 livraisons
IL A PARU UNE LIVRAISON PAR MOIS
DEPUIS LE MOIS D'OCTOBRE 1882

NEUF LIVRAISONS A 3 FRANCS
NOUVELLE PUBLICATION

ATLAS MANUEL
DE GÉOGRAPHIE MODERNE
Contenant cinquante-quatre cartes
IMPRIMÉES EN COULEUR

L'OUVRAGE COMPLET
CARTONNÉ EN PERCALINE GAUFRÉE
A ÉTÉ MIS EN VENTE EN JUIN 1883
Et coûte 32 francs

Nous avons mis en vente, le 16 octobre 1882, la première livraison de l'Atlas manuel annoncé ci-dessus. Chaque livraison, du prix de 3 francs, contient six cartes, dont deux doubles. Cet atlas est une édition française d'un ouvrage qui a obtenu en Allemagne un immense succès. Le fond de l'ouvrage a été conservé, sauf remplacement de quelques cartes détaillées d'Allemagne par des cartes détaillées de France, etc...; les noms ont été traduits par une réunion de géographes, de professeurs et de spécialistes, et cette traduction a été faite, non sur le texte allemand, mais pour chaque pays, autant que possible, sur des cartes écrites dans la langue même du pays. De la sorte, nous présentons au public, non point un Atlas allemand simplement transcrit, mais une véritable édition française.

L'édition originale, publiée dans un pays où les bons Atlas sont communs, y a obtenu un succès extraordinaire; nous ne doutons pas que notre nouvel ouvrage n'obtienne, en France, un succès analogue.

SPÉCIALITÉ POUR LES CAS DIFFICILES

BIONDETTI (Henri) ✠✠✠✠
BANDAGISTE-ORTHOPÉDISTE

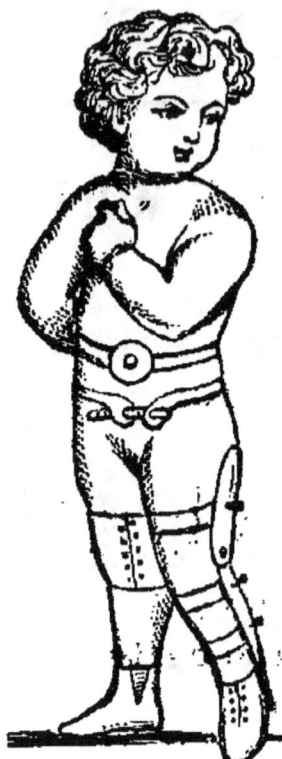

Chevalier de plusieurs ordres ; seul de ce nom qui a obtenu sa 17e médaille à l'Exposition Universelle de Paris, 1878.

Le Bandage à Régulateur est reconnu pour le plus efficace pour la guérison et la contention des Hernies et Descentes. Il est recommandé par nos plus grandes célébrités chirurgicales et médicales. Ceintures hypogastriques, ventrières et pour cavaliers. Nouveau corset pour le redressement des difformités et de la taille, tout ce qui se fait de plus léger. Bas pour varices et entorses. Suspensoirs.

Pour toutes Commandes, s'adresser à l'inventeur, **Henri BIONDETTI**, 48, rue Vivienne, *Paris (près du boulev. Montmartre).*

Aucun dépôt ni succursale dans aucune ville de France ni de l'étrangerr

---

ENVIRONS DE PARIS

VERSAILLES
GRAND HOTEL DES RÉSERVOIRS
RESTAURANT
Attenant au Palais et au Parc
Rue des Réservoirs, 9, 11 et 11 bis.
Maison meublée et annexe. — Grands et petits appartements.

HOTEL VATEL
RUE DES RÉSERVOIRS, 28

A l'angle du boulevard de la Reine, en sortant du Parc, grille de Neptune, à gauche, rue des Réservoirs. — RIVIÈRE, propriétaire. — Les prix des diners dans l'hôtel et au restaurant sont de 3 fr. 50 à 5 fr. — Service à la carte. — Grands et petits appartements meublés. — Pension de famille.

II
FRANCE

HOTELS — RESTAURANTS — CASINOS
STATIONS THERMALES

Établissements divers classés par ordre alphabétique de localités

AIX-LES-BAINS

GRAND HOTEL DE L'EUROPE

OUVERT TOUTE L'ANNÉE
BERNASCON

Maison de premier ordre, admirablement située près de l'Établissement thermal et des Casinos.—120 chambres et 20 salons, chalets pour familles.—Vue splendide du Lac et des montagnes. — **Beau Jardin et Parc d'agrément.** — Vaste salle à manger. — Excellente cuisine. — En mot, cet hôtel ne laisse rien à désirer pour la satisfaction des familles. — Equipages, écuries et remises. — **Omnibus à tous les trains.**

GRAND HOTEL D'AIX

EX-HOTEL IMPÉRIAL (OUVERT TOUTE L'ANNÉE)
E. GUIDERT, Propriétaire

Établissement de premier ordre, admirablement placé près du Jardin public, du Casino, et à proximité de l'Établissement Thermal ; 120 chambres et 30 salons : salons de musique, de lecture, de conversation et fumoir.—*Omnibus à la gare.*—*Voitures de remise.*

HOTEL DAMESIN & CONTINENTAL

Établissement de premier ordre, près de la gare, du Casino, de l'Établissement thermal et du Jardin public. — Vue splendide, grand jardin, salon, piano. — *English and American travellers will receive particular care.* — *Moderate terms.* — **Saison d'hiver :** même hôtel à San-Remo (Italie) en plein midi.
Table d'hôte et particulière. — *American proprietors.*

A 2*

AIX-LES-BAINS (Savoie)
HOTEL LAPLACE
(ANCIENNE MAISON GUILLAND)
GRANDE MAISON MEUBLÉE

Rue du Casino, en face de l'Établissement Thermal.

L'hôtel remis à neuf, et le jardin ont reçu des embellissements considérables. — Appartements, chambres et service très confortables. — Omnibus à la gare.

HOTEL DE LA POSTE
HELME-GUILLAND, propriétaire

Cet hôtel, d'ancienne réputation, est recommandé pour son confortable et sa situation près de l'Établissement Thermal et du Casino (*Cercle d'Aix-les-Bains*).

GRAND HOTEL DES BERGUES
Avenue de la Gare
Ouvert toute l'année

Hôtel de premier ordre, le plus près et le mieux placé entre l'établissement et les deux Casinos.
80 chambres, 8 salons. — Grand salon de musique et fumoir. — Ascenseur. — Omnibus à la Gare. — Voitures de remise.

DARPHIN, propriétaire.

ALLEVARD-LES-BAINS (ISÈRE)
Gᴅ HOTEL LOUVRE ET PLANTA
OMNIBUS EN GARE DE GONCELIN

SUCCURSALES :

Gᴅ HOTEL DE L'UNIVERS	Gᴅ HOTEL DES ÉTRANGERS
LYON	HYÈRES (Var)

AMPHION-LES-BAINS (HAUTE-SAVOIE)

LAC DE GENÈVE (Saison d'Été), près Évian (Haute-Savoie).

Succursale de l'HOTEL BEAU-SITE, à Cannes. — Propriétaire, **Georges GOUGOLTZ**. — Eau ferrugineuse alcaline. — Omnibus à tous les bateaux, à Évian, et transport gratuit des personnes habitant l'hôtel qui désirent faire la cure à Évian. — Orchestre tous les jours.

Station d'hiver **ARCACHON** Station d'été.

DOMAINE DE LA SOCIÉTÉ IMMOBILIÈRE D'ARCACHON
A RESPONSABILITÉ LIMITÉE
Capital social : 2,000,000 de francs

VILLAS DANS LA FORÊT

Très confortablement meublées et à proximité du Casino. — Usine à eau. — Usine à gaz. — Vente de Terrains et de Villas. *Pour tous renseignements s'adresser à l'Agent principal de la Société immobilière d'Arcachon*

LOCATION DE VILLAS
Maison fondée en 1860
EXPERT successeur de DROUET et BÉCHADE
600 villas à louer sur la mer et dans la forêt de Pins. **Depuis 100 fr. jusqu'à 2,000 fr. par mois**
Renseignements entièrement gratuits. Adresse : EXPERT. Arcachon
ENTREPOT DE VINS ET SPIRITUEUX

LOCATION DE VILLAS

Vente et Gérance d'immeubles. Renseignements gratuits. — **A. BRANNENS**, Agence générale la plus ancienne d'Arcachon, — 282, boulevard de la Plage, vis-à-vis le Grand-Hôtel. — Vins et spiritueux. — Caves du Grand-Hôtel.

GRAND HOTEL D'ARCACHON
HOTEL DE PREMIÈRE CLASSE, SUR LA PLAGE
Tenu par Auguste VAN-HYMBEECK

Chambres à 3 fr. — Table d'hôte. — Déjeuners, 4 fr. — Diners, 5 fr. — Restaurant à la carte. — Bains de mer. — Hydrothérapie complète. — Poste. — Télégraphe. — Pension d'hiver avec chambres sur la ville d'hiver à 9 fr. par jour.

ARRAS
HOTEL DE L'UNIVERS

Au centre de la ville. — **MINELLE**, propriétaire. — De premier ordre, recommandée aux familles et aux voyageurs. — Grands et petits appartements. — Salons particuliers. — Omnibus à la gare. — Chevaux et voitures. — **Vaste jardin**.

AULUS, par Saint-Girons (Ariège)

Établissement thermal. — *Eaux minérales naturelles, diurétiques, laxatives, arsénicales*, — Température à 20°.
Maladie de Foie, de la Vessie, de la Peau.
Les Grands Hôtels du Parc et des Bains et le Grand Hôtel Calvet sont la propriété de la Société. — **Casino-Théâtre**.

AUVERGNE et NIVERNAIS (Eaux minérales)

(Puy-de-Dôme) LA BOURBOULE (Puy-de-Dôme)

EAU CHLORURÉE SODIQUE, BICARBONATÉE, ARSÉNICALE
24 milligrammes d'arséniate de soude par litre.
C'est l'eau la plus reconstituante qui existe
Anémie, Lymphatisme, Maladies de la peau et des Voies respiratoires,
Fièvres intermittentes, Diabète, Rhumatisme.
Bains. — Douches. — Vapeurs. — Hydrothérapie chaude et froide. — Pulvérisation.
VENTE DES EAUX CHEZ TOUS LES PHARMACIENS
SAISON THERMALE DU 25 MAI AU 30 SEPTEMBRE

(PUY-DE-DÔME) ROYAT (PUY-DE-DÔME)

| Décret d'intérêt public, Approbation de l'Académie de Médecine. | ÉTABLISSEMENT THERMAL
SAISON DU 15 MAI AU 15 OCTOBRE
CASINO, CONCERTS, SPECTACLES
Salons de Jeux et de Lecture.
Musique dans le Parc. | Médaille d'argent à l'Exposition Universelle en 1878. |

EAU MINÉRALE GAZEUSE NATURELLE. — Lithinées, arsénicales, ferrugineuses. — Chlorose, anémie, affection du foie, de la peau, diabète, goutte, gravelle, rhumatisme, eczéma sec, convalescences longues, maladies des voies respiratoires.

(Puy-de-Dôme) CHATEL-GUYON (Puy-de-Dôme)

ÉTABLISSEMENT THERMAL — KISSINGEN FRANÇAIS
Saison thermale du 15 mai au 15 octobre.
CASINO — CONCERTS — PARC — SPECTACLES
SOURCE GUBLER
Eau minérale gazeuse naturelle, stomachique, laxative, diurétique, tonique, stimulante du tube digestif. — L'eau de la SOURCE GUBLER se trouve dans toutes les pharmacies et chez tous les marchands d'eaux minérales. — Constipation, dyspepsie, congestions cérébrales, engorgement du foie, de la rate, calculs biliaires, jaunisse, gravelle, obésité, maladies de l'utérus, etc.

Pour les expéditions de l'eau embouteillée et pour tous les renseignements s'adresser, au Régisseur de l'Établissement Thermal à Chatel-Guyon ou au Gérant, 5, rue Drouot, à Paris. — EXPÉDITION DIRECTE de l'Établissement Thermal par caisses de 10, 20, 30 et 50 bouteilles.

ÉTABLISSEMENT THERMAL DE POUGUES
(NIÈVRE)

| POUGUES
Autorisation d'exploitation par lettres patentes de Louis XIV, 1670. | | POUGUES
Déclaration d'intérêt public. Décret du 4 août. |

SAISON DU 15 MAI AU 1er OCTOBRE
5 heures de Paris. — Ligne du Bourbonnais. — 9 heures de Lyon.
TRAJET DE TOUS LES POINTS DE LA FRANCE
Hors concours, Exposition Universelle 1878

Station d'été **BAGNÈRES-DE-BIGORRE** Station d'hiver
(HAUTES-PYRÉNÉES)
GRAND HOTEL BEAU-SÉJOUR
Paul BOURDETTE, propriétaire.

Cet hôtel, ouvert toute l'année, se recommande par son confort et sou heureuse situation dans le plus beau quartier de la ville. — Omnibus à tous les trains. — **Prix spécial pour la Saison d'hiver**. — Tapis dans toutes les chambres.
MÊME HOTEL A PAU ET A SALIES-DU-BÉARN

BIARRITZ
AGENCE DE LOCATIONS
SÉBIE
LIBRAIRIE GÉNÉRALE, PAPETERIE, RUE MAZAGRAN, 3
Location de Villas, Chalets, etc. — Vente et gérance d'immeubles. Renseignements gratuits. — BUREAU DU JOURNAL : *Le Phare de Biarritz*.

BLOIS
GRAND HOTEL DE BLOIS
HENRI GIGNON, propriétaire.

Établissement de 1er ordre, au centre de la ville, près du Château. — Bains d'eau de Loire dans l'hôtel. — Appartements pour familles. — Vastes salons. — Table d'hôte. — **Voitures pour Chambord, Chaumont**, etc.

BORDEAUX
HOTEL DE FRANCE
Maison de 1er ordre remise entièrement à neuf, situation magnifique en face du port, au centre du commerce. — Grand salon réservé pour dames. — Salle de lecture. — Fumoir. — Restaurant. — Table d'hôte, la plus belle de Bordeaux. — Salons. — 90 chambres, depuis 3 fr. et au-dessus. — Salles de bains à chaque étage. — *On y parle toutes les langues*. — Journaux belges, anglais, etc.— **Diminution de prix pour les voyageurs qui désirent séjourner**.
L. PÉTER, Propriétaire.

HOTEL DES PRINCES ET DE LA PAIX
HÉRITIER DE L'HOTEL DE PARIS

Maison de premier ordre. — Bureau télégraphique et de Poste. — *Journaux étrangers*. — *On parle toutes les langues*.

HOTEL & RESTAURANT DU CHAPON-FIN
3, 5, 7, rue Montesquieu, BORDEAUX

Vastes Salons. — Grand jardin d'été et d'hiver.

BORDEAUX (Suite)

LONGCHAMPS

HYDROTHÉRAPIE SCIENTIFIQUE

Station thermale, près du Jardin public à Bordeaux
Établissement fondé en 1869 par le Docteur **PAUL DELMAS**

TRAITEMENT DES MALADIES CHRONIQUES

Bains russes, minéraux, douches sulfureuses, inhalation, pulvérisation, électricité, gymnase. — Pensionnaires. — Externes. — Prix modérés. — Tarif pour Employés et Sociétés mutuelles.

STATION D'HIVER		STATION D'ÉTÉ
Près de Pau	**DAX** (LANDES)	Près de Biarritz

THERMES DE DAX

Résidence d'Hiver pour les Rhumatismes et les maladies de poitrine

EAUX ET BOUES MINÉRALES NATURELLES

Approuvées par l'Académie. — Autorisation par l'Etat
Médaille d'argent. Exposition universelle. Paris 1878

Établissement Thermal. — Grand Hôtel.
Table de famille, Salons, Appartements confortables, Galeries vitrées de 280 mètres de longueur, servant de promenade, tenues **tout l'hiver** à la température de 16 à 18 degrés **par** la chaleur naturelle des sources, et **destinées spécialement aux maladies de la poitrine et du larynx.**

Installation balnéothérapique remarquable : Salles de bains *d'eaux et de boues, douches d'eaux, de vapeurs et de gaz, piscines de natation, inhalation, pulvérisation des eaux.*

Boues sulfurées chaudes de Dax, très efficaces dans les *Rhumatismes, Gouttes, Névralgies, Névroses, Paralysies.* — **Pension :** (vin compris), *logement et service ordinaire,* l'été 8 fr., l'hiver 9 fr. — *Traitements balnéaires de 1 à 3 fr. la séance.*

S'ADRESSER AU GÉRANT des Thermes de Dax
POUR TOUS LES RENSEIGNEMENTS

BREST

HOTEL DES VOYAGEURS
18, RUE DE SIAM, 18

FOURCHON et HORÉ, propriétaires. — Maison de premier ordre entièrement remise à neuf. — Appartements et Salons pour familles. — On parle anglais et allemand. — *Omnibus à tous les trains*

CANNES

HOTEL DU PAVILLON

Maison de premier ordre située dans le quartier Ouest, *résidence préférée de la Haute Aristocratie française*. — Vaste Jardin avec vue splendide sur la mer et l'Estérel. — Omnibus à tous les trains. — **M. ELLMER**, propriétaire *(autrefois à l'hôtel Baur, au Lac, à Zurich)*.

HOTELS BEAU-SITE et de L'ESTÉREL

Réunis et tenus par **Georges GOUGOLTZ**, propriétaire

Situés dans la plus belle partie du quartier de l'Ouest. — Bains. — Ascenseur.

Le même propriétaire tient pendant l'été l'Établissement thermal d'**Amphion-les-Bains**, près Evian (lac de Genève).

CHAMBÉRY

HOTEL DE L'EUROPE

Établissement de premier ordre, 17, *rue d'Italie*, près de la *Station*. — Grands et petits appartements meublés avec soin. — Bains très luxueux et douches de vapeur dans l'hôtel. — CHAMBÉRY, ancienne capitale de la SAVOIE, est le point généralement choisi et celui qui convient le mieux pour s'arrêter de Paris en Italie. — **A. DARDEL**, propriétaire. — *English spoken.*

HOTEL DE FRANCE

Établissement de premier ordre, à proximité du débarcadère et des promenades. — Chambres et salons. — Appartements à service confortable. — Prix modérés. — Omnibus à tous les trains.

CHIRON, *propriétaire*. — **L. RAYNAUD**, *successeur.*

EAU MINÉRALE
DE
CONTREXÉVILLE

(Vosges)

SOURCE DU

PAVILLON

SEULE DÉCRÉTÉE D'INTÉRÊT PUBLIQUE

Employée avec succès depuis plus d'un siècle

Contre la Goutte, la Gravelle,
les Coliques néphrétiques et hépatiques, le Catarrhe
vésical et toutes les maladies des voies urinaires

ÉTABLISSEMENT OUVERT DU 20 MAI AU 15 SEPTEMBRE

BAINS, DOUCHES, HYDROTHÉRAPIE

CASINO, THÉATRE, JEUX
Vastes et confortables Salons de lecture et de jeux

MUSIQUE DANS LE PARC
Tous les jours, matin et soir

TÉLÉGRAPHIE, BUREAU DE POSTE
Nombreux Hôtels et Maisons meublées à des prix très modérés.

EXPÉDITION DES EAUX DANS LE MONDE ENTIER

DÉPOT CENTRAL
A Paris, 31, boulevard des Italiens.

Tous les chemins de fer conduisent à Contrexéville.

DIJON

HOTEL DE LA CLOCHE

Tenu par Edmond GOISSET

A proximité de la gare et à l'entrée de la ville. — Appartements pour familles. — Voitures de promenades. — Omnibus à la gare. — Bonne table d'hôte. — *Man spricht deutsch.* — *English spoken.* — **Expéditions de vins de Bourgogne.**

Le nouvel hôtel de la CLOCHE sera ouvert fin 1883.

HOTEL DU JURA

Le plus près de la gare. — MERCIER, propriétaire. — Maison de premier ordre entièrement restaurée, agrandie et meublée à neuf ; Bains à tous les étages ; Salons et appartements pour familles. — *English spoken.* — *Man spricht deutsch.*

Expéditions de vins de Bourgogne.

DIJON

MOUTARDE GREY — 14 médailles d'honneur
DIJON — FABRIQUE DE MOUTARDE Mson GREY — MAISON FONDÉE EN 1777 — MARQUE DE FABRIQUE — A. POUPON, Succr. DIJON
MOUTARDE GREY — 14 médailles d'honneur

STATION HIVERNALE DE **GRASSE** (Alpes-Maritimes)

GRAND HOTEL DE GRASSE

AVENUE THIERS

Les familles étrangères trouvent aujourd'hui à Grasse, sur la ravissante promenade Thiers, un splendide hôtel pour familles

GRENOBLE

HOTEL MONNET

TRILLAT
GENDRE ET SUCCESSEUR

Hôtel le plus confortable

OMNIBUS A TOUS LES TRAINS

Hôtel et Restaurant tenus par **MONNET**, à Uriage-les-Bains.

HOTEL DE L'EUROPE

BESSON, propriétaire.

Maison de premier ordre. La plus recommandable par sa position et son confort. — Omnibus à tous les trains. — Renseignements et voitures particulières pour excursions.

HAVRE (LE)

GRAND HOTEL & BAINS FRASCATI

Ouvert toute l'année, reconstruit et meublé à neuf en 1871. — **Seul hôtel du Havre, situé au bord de la mer.** — Omnibus à tous les trains.

Bien que Frascati soit à la hauteur des positions les plus élevées, il est aussi à la portée des fortunes modestes.

HOTEL D'ANGLETERRE

GRELLÉ, propriétaire. — Rue de Paris, 124-126. — Établissement très confortable, situé dans le quartier le plus beau et le plus central. — Appartements pour familles ; salons de musique et de conversation. — Table d'hôte et restaurant à la carte ; déjeuners, 2 fr. 75 ; dîners, 3 fr. 75, vins compris. — Chambres de 2 à 5 fr. — On parle anglais et allemand.

HYÈRES

GRAND HOTEL DU PARC

WATTEBLED (de Lyon), propriétaire.

HYÈRES-LES-PALMIERS
(VAR)

STATION D'HIVER

La Place des Palmiers à Hyères.

Hyères est la plus ancienne station hivernale de la Méditerranée. Si le caprice ou la mode lui ont créé des rivales heureuses, cette ville n'en reste pas moins la première entre toutes pour les malades.

Située à quatre kilomètres du bord de la mer, et orientée au S.-S.-E., elle s'inonde des tièdes rayons du soleil pendant l'hiver, tandis que la verte chaîne des collines des Maures la protège contre le N.-O.

L'air d'Hyères est très pur et enrichi des aromes balsamiques des montagnes qui l'abritent. Son faible éloignement de la mer lui en laisse la vue, et spécialement celle de la rade vaste et animée, dite d'Hyères, et des riantes îles du même nom, qui la closent de toutes parts. Cet éloignement procure à Hyères un air plus doux, moins variable et moins excitant que celui des autres stations du littoral.

Le chemin de fer de Toulon à Hyères, qui va être continué sur le littoral, et qui correspond avec tous les trains express et directs de la grande ligne de Marseille en l'Italie, a une station en cette ville, qui se trouve ainsi à deux heures de Marseille.

Hyères, qui vient de contracter un emprunt de quinze cent mille francs pour créer des embellissements en faveur de ses hôtes d'hiver, possède des hôtels de premier ordre, souvent habités par des souverains, de nombreuses villas, un grand nombre de maisons garnies et de vastes boulevards éclairés à la lumière électrique.

Hyères possède également une salle de spectacle desservie par la troupe du grand Théâtre de Toulon et une musique municipale qui donne de nombreux concerts; plusieurs jardins publics, dont un est la succursale du Jardin d'acclimatation du bois de Boulogne et a une superficie de 6 hectares, sont ouverts aux étrangers. Un splendide **Casino** sera inauguré en 1883 dans le magnifique *jardin Farnoux*, récemment acquis par la Société.

Ses environs offrent les promenades les plus variées, et la plus belle végétation indigène et exotique. Ses orangers et ses dattiers n'ont pas de rivaux sur le littoral.

LIMOGES
GRAND HOTEL DE LA PAIX

J. MOT. — place Jourdan, en face du Palais de la Division militaire. Établissement de premier ordre, construit récemment, meublé avec élégance et confortable. — *Situé sur la plus belle place de la ville et le plus près de la gare.* — Omnibus à la gare. — RECOMMANDÉ AUX FAMILLES.

LOURDES
HOTEL BELLEVUE, en face de la GROTTE

Appartements pour familles. — Beau jardin en terrasse. — Panorama unique, embrassant la basilique, les couvents, le château-fort, la chaîne des Pyrénées. — Chambres et appartements exposés en plein midi pour la saison d'hiver. — **Ouvert toute l'année.** — Omnibus à tous les trains.

LYON
GRAND HOTEL COLLET
ET CONTINENTAL

Le meilleur et le mieux situé de la ville

Près la place Bellecour, le bureau de Poste et le Télégraphe

Ascenseur Édoux à tous les étages. — Chambres et salons depuis 3 fr. jusqu'à 20 fr. — *Table d'hôte.* — Restaurant à la carte à toute heure et service particulier — Cour splendide. — Salons de conversation. — Fumoir. — Bains. — Interprètes. — *Omnibus de l'Hôtel à l'arrivée des trains.* — Voitures à volonté.

GRAND HOTEL BELLECOUR

Ancien hôtel **BEAUQUIS**. — **BRON**, propriétaire

Hôtel agrandi, restauré et meublé à neuf. — Façade d'entrée sur la place Bellecour, près le grand bureau de Poste et l'église de la Charité. — Grands et petits appartements pour familles. — Installation confortable. — Salons et appartements au rez-de-chaussée. — Table d'hôte. — Interprètes. — Voitures. — Omnibus.

GRAND HOTEL D'ANGLETERRE

PLACE PERRACHE

Établissement de premier ordre, le plus près de la gare de Perrache. — Chambres depuis 2 francs. — Interprètes dans toutes les langues.

LYON

GRAND HOTEL DU GLOBE

BILLOT, ancien propriétaire, **LOMBARD**, successeur

Rue Gasparin, près de la place Bellecour

Installation moderne, offrant aux familles de confortables appartements au rez-de-chaussée et à tous les étages. — 119 chambres pour voyageurs à différents prix. — Cabinet de lecture et fumoir. — Salon de conversation avec piano, — Table d'hôte et service particulier. — Interprètes. — Omnibus à la gare.

PRIX MODÉRÉS.

WATTEBLED & Cie

1, place de la Bourse, & rue Buisson, 8

COMESTIBLES

Marée, volailles de Bresse. — Conserves alimentaires de toute nature. — Spécialité de plats de cuisine : Queues d'écrevisses Nantua, Quenelles truffées, Pâtés de chasse et de volailles. — Chapons, poulardes et gibier truffés. — Le tout s'expédie facilement avec les indications nécessaires pour le service. — Dîners avec matériel complet. — Vins fins et liqueurs.

AU ROSBIF

GRANDS ÉTABLISSEMENTS DE BOUILLON
C. GAILLETON

7, place Henri IV, 1, quai de la Picherie, 42, place de la République

AVIS. Les Voyageurs arrivant gare Perrache, avec arrêt de demi-heure, peuvent en 5 minutes se rendre au Bouillon de la place Henri IV.

AU PLUS BEAU PANORAMA DU MONDE
OBSERVATOIRE

RESTAURANT ET PASSAGE GAY, A FOURVIÈRES

Seul étalissement pour voir le splendide panorama de Lyon.

LYON

GRAND HOTEL DE L'UNIVERS

EN FACE LA GARE DE PERRACHE
Seule maison située au midi.

MACON

GRAND HOTEL DE L'EUROPE

A 5 minutes de la station. — Le mieux situé et le premier de la ville, en façade sur la Saône. — Interprètes.

Veuve BATAILLARD, propriétaire

Mâcon est l'arrêt le plus central des lignes de Paris pour la Suisse, l'Italie, la Méditerranée et le Bourbonnais.

MÂRSEILLE

GRAND HOTEL LOUVRE & PAIX

Réputation universelle. — Canebière prolongée.

ASCENSEUR

Le plus grand des hôtels de Marseille ayant sa façade en plein midi. — BAINS A TOUS LES ÉTAGES. — Hydrothérapie à l'hôtel. — Chambres et salons. — Table d'hôte, restaurants, salon de lecture et de musique. Fumoirs. Billards. Jardin d'hiver. — *Prix modérés*. — **Paul NEUSCHWANDER** et Cie, propriétaires. — Le Bureau délivre des billets de chemins de fer.

N. B. — Cet établissement est le seul à Marseille où les omnibus et les voitures entrent dans une cour vitrée.

Service télégraphique à l'hôtel.

MENTON

HOTEL DU MIDI. — PENSION

SUR LA PROMENADE DU MIDI

Magnifique vue sur la mer. — *Situation exceptionnelle.*

BIGNON, propriétaire.

MONACO

SAISON D'HIVER ET SAISON D'ÉTÉ

30 MINUTES DE NICE, 15 MINUTES DE MENTON

Le trajet de **Paris** à **Monaco** se fait en 24 heures; de **Lyon**, en 15 heures; — de **Marseille**, en 7 heures; de **Gênes**, en 5 heures.

Parmi les **Stations** hivernales du **Littoral** méditerranéen, **Monaco** occupe la première place par sa position climatérique, par les distractions et les plaisirs élégants qu'il offre à ses visiteurs et qui en ont fait le rendez-vous du monde élégant.

Monaco possède un vaste établissement de **Bains de mer**, ouvert toute l'année, où se trouvent également des salles d'hydrothérapie. Le fond de la plage, ainsi qu'à **Trouville**, est garni de sable fin. C'est le seul bain de mer possédant un **Casino** où l'on joue la ROULETTE et le TRENTE-ET-QUARANTE.

Pendant la saison d'hiver, une troupe d'artistes y joue, plusieurs fois par semaine, l'**Opéra**, la **Comédie**, le **Vaudeville** et l'**Opérette**.

Des **Concerts** dans lesquels se font entendre les premiers artistes d'Europe ont également lieu pendant toute la saison d'hiver. L'orchestre ordinaire du Casino se fait entendre deux fois par jour toute l'année.

COURSES DE NICE FIN JANVIER

Au bas des terrasses et des jardins donnant sur la mer, on a installé un **magnifique** Tir aux pigeons, dans lequel a lieu, pendant le temps des courses de Nice, un grand concours international.

La température, en été comme en hiver, est toujours très tempérée, grâce à la brise de mer, qui rafraîchit constamment l'atmosphère.

GRAND HOTEL DE PARIS
UN DES PLUS SOMPTUEUX DU LITTORAL MÉDITERRANÉEN

GRAND HOTEL DES BAINS
avec annexe
ATTENANT A L'ÉTABLISSEMENT DES BAINS DE MER

NARBONNE (Aude)

Maison G^{el} GERBAUD, fondée en 1862

AU PAYS DU SOLEIL

Quand on a trois heures à passer dans une ville que l'on ne connaît pas, que faire, sinon de visiter cette ville ?

Juste en face de la gare s'élèvent les immenses constructions de la maison *Gerbaud*, véritable ruche où l'on travaille du lever au coucher du soleil, et qui, sur les 8.000 mètres de terrain qu'elle occupe, emploie un nombre considérable d'ouvriers.

Ce qui frappera le plus le visiteur, c'est d'abord l'étonnante collection de 35 *foudres*, qui laissent loin derrière eux le fameux tonneau de Heidelberg, et dont chacun a une contenance de 450 à 500 *hectol*. Quant aux petits foudres qui sont déjà des fûts énormes, il est impossible de les compter.

On se perdrait dans les caves. Il y a là — aussi bien que dans la cour, à l'ombre de magnifiques platanes — des montagnes de tonneaux. On se dit involontairement qu'il y a là de quoi griser toute la France !

Ajoutons que ce serait avec des vins exquis qu'on la griserait !

Il y a là le *Clos Gerbaud*, le meilleur vin de consommation courante que nous connaissions ; des *Banyuls*, des *Malaga* exquis pour les personnes qui veulent faire leur quinquina elles-mêmes ; du *Grenache vieux doré*, qui est véritablement du soleil en bouteilles ; de l'*amer Gerbaud* le meilleur et le plus tonique des apéritifs, etc., etc.

M. Gerbaud, qui reçoit très gracieusement les visiteurs, peut faire voir son domaine de *Romillac* qui produit des *Clos Gerbaud* supérieurs et d'où l'on jouit d'une vue splendide.

Envoi franco du Catalogue des prix à toute demande affranchie.

NICE

HOTEL DU PAVILLON
ET CROIX DE MARBRE
FAMILY HOTEL. — 29, Promenade des Anglais.

Situation magnifique. — Vaste jardin avec pelouse. — Omnibus spécial de l'hôtel à la gare. — Ouvert toute l'année.

LONDON HOUSE
RESTAURANT DES FRÈRES PROVENÇAUX
OUVERT TOUTE LA NUIT
Rue Croix-de-Marbre, 3, et Jardin-Public, 10

A. COGERY et Cie, ex-chef de M. le comte Paul Demidoff. — Maison spéciale pour les dîners en ville et Parties de pique-nique. — Cuisine russe. — Blinis et Pâques russes. — Comestibles russes et primeurs. — Salons de société, jardin d'hiver. — L'HOTEL DE PARIS, à Monte-Carlo, et le CASINO DE LA VILLA DES FLEURS, à Aix-les-Bains, sont tenus par les mêmes propriétaires.

AMARA BLANQUI
à base d'écorces d'oranges amères et de quinquina

Sans contredit le plus agréable des Apéritifs

DANS TOUS LES ÉTABLISSEMENTS

DISTILLERIE A VAPEUR
BLANQUI FILS A NICE

(STATION D'HIVER) # PAU (STATION D'HIVER)

SAISON DU 1er OCTOBRE A FIN MAI

Pau est situé au pied des Pyrénées. Sa position topographique, à l'extrémité d'un plateau entouré de coteaux élevés qui le protègent contre les vents, a fait déjà la réputation de cette ville comme station d'hiver. Excellente contre les maladies de gorge et de poitrine, elle est à proximité des grandes stations thermales des Pyrénées. La colonie étrangère qui la fréquente depuis trente ans en a fait sa ville de sport de prédilection. — Courses de chevaux, polo, chasse au renard, tir aux pigeons, Casino, Théâtre, Skatings. — Eglises et temples pour tous les cultes. — Consuls. — Hôtels, boarding-houses, maisons, villas, appartements à prix modérés et très confortables. — Renseignements GRATUITS au bureau de l'**Union syndicale**, 7, rue des Cordeliers, **Pau**.

PAU
GRAND HOTEL BEAU-SÉJOUR

De premier ordre, au centre du quartier le plus recherché, le plus recommandé par son confort, sa situation incomparable et la magnificence du panorama — Beaux appartements pour familles avec vue embrassant la chaîne des Pyrénées, les coteaux et la vallée du Gave. — Jardins environnant l'hôtel.
American and english family hotel.

PÉRIGUEUX
GRAND HOTEL DE FRANCE

House of first order, newly decorated, very confortable; the best and most central situation. — Private rooms and apartments for families. — **Truffed pies and preserved truffles.** — *Expedition to foreign countries.*

Maison de premier ordre, très confortable. — Situation centrale. — *Pâtés du Périgord, Commerce de truffes.* — *Volailles truffées et truffes conservées.* — Expédition à l'étranger. — Omnibus à la gare. — **F. GROJA**, **C. BUIS**, Successeur.

(VOSGES) PLÔMBIÈRES (VOSGES)
ÉTABLISSEMENT THERMAL
Ouvert du 15 mai au 1er octobre

Traitement des maladies du tube digestif (Dyspepsie, Gastralgie, Entéralgies, Troubles intestinaux, Diarrhée chronique, etc.), de la Goutte et des affections rhumatismales (Rhumatisme musculaire, articulaire, sciatique, névralgique et viscéral).

Traitement des maladies des femmes (Nervosisme, Métrite, Névralgies, utérines, Troubles de la Menstruation, Stérilité).

Douches chaudes, froides, écossaises, massage sous la douche, hydrothérapie.

ÉTUVES ROMAINES, sans rivales (source du Robinet, 73 degrés cent.) avec lits de repos, salle de massage, etc. — Eau en boisson:

Action puissante contre la Goutte, le Rhumatisme et les Névralgies.

CASINO, THÉATRE, 3 représentations par semaine. — Salle des fêtes, Salons de jeux, de conversation pour les dames, billards, etc. — Parc, pêche, tir au pistolet et à la carabine, promenades en voitures, à ânes. — Concerts le soir sur la Promenade.

Grands hôtels. — Eau pour boisson, bains concentrés. — Dépôt principal, maison Adam, 31, boulevard des Italiens, Paris.

On se rend de Paris à Plombières par la ligne de Belfort en 9 heures, trajet direct sans transbordement. — La Compagnie de l'Est met à la disposition des voyageurs des coupés-lits, wagons-salons à prix modérés.

POITIERS

GRAND HOTEL DU PALAIS

LE PLUS PRÈS DE LA FACULTÉ ET DU PALAIS DE JUSTICE

RECOMMANDÉ AUX FAMILLES

Omnibus de l'hôtel à tous les trains.

A. GUERLIN, propriétaire

REIMS (Marne)

GRAND-HOTEL

De premier ordre. — Excellente situation, près de la Cathédrale. — Appartements pour familles. — Table d'hôte à 11 h. et à 6 h. — Service particulier à toute heure. — Ascenseur desservant tous les étages. — Omnibus à tous les trains. — J. WILMART.

ROCHELLE (LA)

GRAND HOTEL DE FRANCE

Établissement de premier ordre remis complètement à neuf. Vaste jardin. — Table d'hôte. — Salons particuliers. — Salons de réception et de lecture. Appartements de famille. *Omnibus aux deux gares desservant tous les trains.* — Prix modérés. — J. V. PICARD prop'.

Bains de mer de ROYAN

GRAND HOTEL DE BORDEAUX

Ouvert toute l'année

LAFLEUR, directeur, successeur de DELHOMME. — Belle situation sur la promenade. — Vue sur la mer. — Omnibus à tous les trains.

GRAND HOTEL DE PARIS

Rendez-vous de la bonne société. — **Ouvert toute l'année.** — Se recommande par le confortable et la modicité de ses prix. — Arrangements avec les familles.

Mme JEANTY-MASSOU, propriétaire.

SAINT-ÉTIENNE (Loire)

HOTEL DE FRANCE

Place Dorian, le plus au centre de la ville. — Appartements pour familles. — Grand confort. — Salon de lecture. — Table d'hôte. — Service particulier. — Ascenseur EDOUX. — Omnibus à touses trains.

J. JOURNEL, propriétaire.

ST-GERVAIS-LES-BAINS (Haute-Savoie)
HOTEL DES ALPES
SAINT-GERVAIS-LE-FAYET

Sur la route des diligences de Chamoinx. — A 12 minutes de l'Établissement thermal, dans une position exceptionnelle pour ceux qui veulent user des eaux. — On reçoit également les touristes de passage. — Maison de pension très confortable. — Voitures, guides et mulets pour promenades et excursions.

TERGNIER
AVIS AUX VOYAGEURS
DE PARIS A BRUXELLES ET COLOGNE ET VICE-VERSA

Demander au **BUFFET DE TERGNIER**, pour emporter :
Déjeuner ou Dîner à 4 fr.

Rosbif ou Côte de mouton chauds aux pommes.
Volaille. — Jambon. — Pâté de foie gras.
Fruit et Fromage. — 1/2 bouteille de Bordeaux.

Le tout dans un panier bien convenable qui devra être remis à la gare d'Aulnoye et de Compiègne.

VICTOR BUFFETRY. — Directeur du Buffet de Tergnier.

TOULOUSE
GRAND HOTEL TIVOLLIER

Cours d'Alsace-Lorraine, 31, 33, et rue Baour-Lormian, 6.

Maison de premier ordre, appartements pour familles, Seule maison offrant un **ascenseur hydraulique**. — Salons. — Café-Restaurant renommé. — Spécialité de pâtés de foies de canards aux truffes du Périgord (Premières médailles aux dernières expositions). — Expéditions en France et à l'étranger.

TOURS
GRAND HOTEL DE L'UNIVERS

Sur le boulevard, près de la Gare. — Réputation européenne. — Recommandation exceptionnelle de tous les guides français et étrangers. — E. GUILLAUME, propriétaire.

GRAND HOTEL DE LA BOULE-D'OR
29, rue Royale, 29.

De premier ordre. — Recommandé par sa situation et son confortable. — Omnibus à tous les trains. — E. BONNIGAL, propriétaire.

Remarquable cheminée *Renaissance* dans la salle à manger de l'hôtel.

ÉTABLISSEMENT THERMAL
d'URIAGE
EAUX SULFUREUSES ET SALINES PURGATIVES
Saison du 15 Mai au 15 Octobre

Stations de Grenoble et de Cières. Service spécial de voitures à tous les trains

Fortifiantes et dépuratives, elles conviennent surtout aux personnes délicates et aux enfants faibles, lymphatiques, scrofuleux. — Elles sont employées avec le plus grand succès contre la plupart des Maladies cutanées

L'Établissement d'Uriage est situé dans la plus belle partie du Dauphiné, à proximité de la Grande Chartreuse, sur la route de la Savoie, de la Suisse et de l'Italie.

GRANDS HOTELS — APPARTEMENTS POUR FAMILLES
VILLAS ET CHALETS — TÉLÉGRAPHE TOUTE L'ANNÉE — CASINO
MUSIQUE DANS LE PARC

L'Eau d'Uriage est employée avec avantage à domicile, en boissons, lotions et pulvérisation.

VICHY
GRAND HOTEL DU PARC

En face du Parc du Casino et de l'Établissement thermal

GERMOT, propriétaire

Vastes remises et écuries installées avec tout le confort moderne

PAVILLONS SÉPARÉS POUR FAMILLES

Voitures de promenades et Omnibus à la gare.

GRAND HOTEL DES AMBASSADEURS

En face du Casino et du Kiosque de la Musique. — ROUBEAU-PLACE, propriétaire. — The HOTEL DES AMBASSADEURS is frequented by the nobility and gentry of England. The HOTEL is the largest and the best situated in Vichy. — 200 chambres, 20 salons de famille, de 10 fr. à 50 fr. par jour. Salle à manger de 200 couverts. Salon de fête pour 500 personnes. Salon-fumoir, Billard, etc. Interprètes. Omnibus et voitures de famille. Les prix varient suivant les étages, de 12 à 20 fr. par jour, y compris la chambre et la table d'hôte, à 10 h. et à 5 h. 1/2.

Annexe : **Hôtel de France et de Brésil,**

GRAND-HOTEL

Situé sur le Parc, en face le Casino et le nouveau Kiosque de la musique, au centre de la Source et des Bains. Hôtel de premier ordre, fréquenté par l'élite de la société qui visite nos thermes. Recommandé par sa position exceptionnelle, son bon service et son excellente table d'hôte. Salons, Fumoirs, Salles de jeux, etc. — Grands et petits appartements pour familles. Magnifiques salles de restaurant pour service particulier et à la carte. Journaux français et étrangers. Interprètes parlant plusieurs langues. Voitures et omnibus de l'hôtel à tous les trains.

BONNET, propriétaire.

GRAND HOTEL MOMBRUN ET DU CASINO
SUR LE PARC

En face les sources, les établissements thermaux, le casino, le kiosque des concerts du jour, et rue de Nismes, en face l'église Saint-Louis. — Cet hôtel, tenu par M. MOMBRUN, propriétaire, se recommande par sa position exceptionnelle, et principalement par les agrandissements considérables qui y ont été faits, ainsi que par le luxe et le confortable de son ameublement complètement renouvelé. Grands et petits appartements particuliers avec salons. Pavillons complètement isolés pour familles. Table d'hôte. Service particulier. Interprète parlant plusieurs langues.

Omnibus des voitures de l'Hôtel à tous les trains.

VICHY

GRAND HOTEL DE LA PAIX

A VICHY, SUR LE PARC

Entre l'Établissement Thermal et le Casino.

EN FACE LA SOURCE DU PARC

LAURENT, propriétaire

Maison et Hôtel de premier ordre — Calèches à volonté. — Omnibus à chaque train. — Interprètes pour toutes langues.

VILLA EUGÉNIE pour Familles.

On parle toutes les langues

CERCLE INTERNATIONAL

Cet Établissement est situé sur le parc, au centre des établissements thermaux, des sources et des théâtres.

Grand salon de réception, salle de billards, de jeu et de lecture.

Restaurant de premier ordre.

ON PEUT DINER OU SOUPER A TOUTE HEURE

Les Étrangers sont admis à ce cercle à la condition d'être munis d'une carte indiquant qu'ils font partie d'un autre cercle français ou étranger ou bien encore s'ils sont présentés par deux membres du Cercle de Vichy. — **J. JURIETTI, gérant.**

EAU MINÉRALE NATURELLE DE VICHY

SOURCE ST-YORRE la plus fraîche et, par suite, la plus gazeuse et la moins altérable par le transport. Elle est souveraine **contre les maladies du foie**, de l'estomac et des **reins**, le **diabète**, la **gravelle** et la **goutte.**

SOURCE PRUNELLE très efficace dans les mêmes cas et quand il y a des complications du côté de la **peau** ou des **voies respiratoires.**

PRIX : **20 fr. la Caisse de 50 bouteilles,**
en gare de Vichy.

S'adresser au propriétaire, M. LARBAUD-SAINT-YORRE, à Vichy.

DÉPÔT dans toutes les pharmacies et chez les marchands d'eaux minérales.

Exiger le nom de la source et du propriétaire sur l'étiquette et la capsule.

ÉTABLISSEMENT THERMAL — PROPRIÉTÉ DE L'ÉTAT

VICHY

Administration de la Compagnie concessionnaire
Paris, 22, boulevard Montmartre

LES PERSONNES QUI BOIVENT

L'Eau minérale de Vichy

Ignorent souvent qu'il n'est pas indifférent de boire de telle ou telle source, car une source indiquée spécialement dans telle maladie peut être contraire ou nuisible dans telle autre. Voici quelles sont les principales applications en médecine des **SOURCES DE L'ÉTAT** a Vichy : Grande-Grille : maladies du foie et de l'appareil biliaire ; — Hôpital : maladies de l'estomac ; — Hauterive : affections de l'estomac et de l'appareil urinaire ; — Célestins : gravelle, maladies de la vessie, etc.

La caisse de 50 bouteilles (emballage *franco*) coûte :

A PARIS, 35 fr. — A VICHY, 30 fr.

VICHY CHEZ SOI

Les personnes que la distance, leur santé ou la dépense empêchent de se rendre à l'établissement thermal, trouvent, au moyen de l'emploi simultané de l'Eau minérale en boisson et des Bains préparés avec les sels extraits des Eaux minérales de VICHY, aux sources mêmes, un traitement presque semblable à celui de Vichy. — Ces sels n'altèrent pas l'étamage des baignoires.

Ces bains s'expédient en rouleaux de 250 grammes, au prix de **1 fr. 25**. Chaque rouleau pour un bain.

PASTILLES DIGESTIVES DE VICHY

Fabriquées avec les sels extraits des sources, ces pastilles jouissent tous les jours d'une réputation plus grande. Cette réputation est justifiée par leur efficacité. Elles forment un bonbon d'un goût agréable, et d'un effet certain contre les aigreurs et les digestions pénibles.

Boîtes de 500 gr. : **5** fr. ; Boîtes de **1** et **2** fr.

L'ETABLISSEMENT THERMAL EST OUVERT TOUTE L'ANNEE

Le Casino n'est ouvert que du 15 mai au 1er octobre. Tous les jours, il y a concert matin et soir dans le parc, et tous les soirs, concerts, bals et représentations théâtrales dans le Casino. Le Casino de Vichy rivalise avec les plus beaux monuments de l'Allemagne.

Trajet direct en chemin de fer.

On se rend de tous les pays à Vichy par les chemins de fer.

(Voir l'**Indicateur des Chemins de fer**, p. 41, et le **Livret-Chaix**, p. 244.)

En vente à la librairie Hachette et C⁰, à Paris, et chez les principaux libraires de France et de l'Etranger.

NOUVELLE CARTE DE FRANCE

au 1/100,000ᵐᵉ

DRESSÉE PAR LE SERVICE VICINAL
Par ordre du ministre de l'Intérieur

Cette carte formera environ 600 feuilles de 28 centimètres sur 38.

L'échelle adoptée se prête à une évaluation prompte des distances.

L'emploi de quatre couleurs, le rouge pour les voies de communication et la population, le bleu pour les cours d'eau, le vert pour les bois et les forêts, le noir pour les autres indications, permet de faire ressortir avec une grande netteté les nombreux renseignements que l'on est en droit de demander à une carte à grande échelle.

Les feuilles, de petit format, correspondant à une partie de la surface terrestre de 38 kilomètres de long sur 28 de large en moyenne, sont d'un maniement facile ; elles sont orientées, étant déterminées par le croisement des parallèles et des méridiens.

La réunion de 14 ou de 16 de ces feuilles constitue de belles cartes de région comprenant un département et des abords considérables.

Il est essentiel, pour qu'un pareil document ne perde pas de sa valeur au bout d'un certain temps, qu'il représente toujours fidèlement et complètement l'état actuel des voies de communication, en lacunes ou construites. L'organisation du personnel du service vicinal, composé de 5,000 agents répartis sur tout le territoire de la France, permet d'assurer la *mise à jour constante* de la carte au 1/100,000ᵐᵉ.

Un tableau d'assemblage, tenu à la disposition de ceux qui en feront la demande, indique l'état actuel d'avancement de la carte. La première mise en vente se compose de 20 planches : d'autres feuilles paraîtront à bref délai et la publication suivra un cours régulier.

Chaque feuille se vend isolément 75 cent.

On peut se procurer, au prix de 5 fr., un carton spécialement établi pour renfermer les feuilles de la Carte.

IV. — PAYS ÉTRANGERS
ANGLETERRE — BELGIQUE — SUISSE — ITALIE
Autriche-Hongrie — Espagne — Tunisie

ANGLETERRE

MÉDAILLE D'OR   PARIS, 1876

PLUMES MÉTALLIQUES
DE
JOSEPH GILLOTT

EN VENTE CHEZ TOUS LES PAPETIERS DU MONDE

Seul dépôt en gros pour la France   Chaque boîte porte la signature de

Chez DELIHU et ANGOT
86, boulevard Sébastopol, PARIS.

PARFUMERIE ANGLAISE
de RIMMEL

Fournisseur breveté de S. A. R. la Princesse de Galles.
96, *Strand* — 128, *Regent Street* et 24, *Cornhill*,
LONDRES

Paris, 9, boulevard des Capucines.

SUCCURSALES. — 76, King's Road-Brigton. — 22, Marché aux Souliers, Anvers. — 3, rue des Dominicains, Liège. — 25, Hogstraat, La Haye. — 302 Kalverstraat, Amsterdam. — 524, Corso, Rome. — 20, Via Tornabuoni, Florence.

Se trouve aussi dans les principaux magasins de parfumerie de l'Europe.

ÉCOSSE
SUMMER TOURS IN SCOTLAND

GLASGOW AND THE HIGHLANDS
(Royal Route viâ Crinan and Caledonian Canals)
THE ROYAL MAIL STEAMERS
Cavalier new screw Steamship.

Columba, Iona, Chevalier, Gondolier, Mountaineer, Pioneer, Glengarry, Linnet, Staffa, Glencoe, Inveraray Castle, Islay, Claymore, Clydesdale, Clansman, Fingal, Lochiel, Lochawe.

Sail during the Season for Islay, Oban, Fort William, Inverness, Staffa, Iona, Lochawe, Glencoe, Tobermory, Portree, Strome-Ferry, Gairloch, Ullapool, Lochinver, Lochmaddy, Tarbert Harris, and Stornoway; affording Tourists an opportunity of visiting the magnificent scenery of Glencoe, the Cuchullin Hills, Loch Coruisk, Loch Maree, and the famed Islands of Staffa and Iona.

Official Guide Book 3d, Illustrated 6d et 1sh. Time Bills with Maps free by post on application to the owner.

DAVID MACBRAYNE, 119, Hope Street, Glasgow; Scotland.

BELGIQUE
BRUXELLES

GRAND-HOTEL
21, boulevard Anspach, 21

Maison de 1er ordre, l'une des plus vastes, des mieux aménagées de l'Europe. — Splendide Restaurant et Café. — 200 chambres. — Ascenseur pour tous les étages. — Bains dans l'hôtel. — Omnibus de l'hôtel aux gares.

HOTEL DE BELLEVUE

HOTEL DE FLANDRE
En face du Parc, entre la place du Palais, la rue et la place Royale.
Propriétaire : EDOUARD DREMEL

ANVERS
HOTEL DU GRAND LABOUREUR
Place de Meir, 26, près le Palais-Royal

Établissement de premier ordre, très confortable, le mieux situé de la ville. — Prix modérés. — Bains. — Musée de tableaux attenant à la salle à manger. — Les tramways venant de la gare passent devant l'hôtel.

SPA
GRAND HOTEL DE L'EUROPE
M. HENRARD-RICHARD, Propriétaire

Maison de tout premier ordre, dans une situation spéciale, **au centre de tous les Etablissements**. — Grands salons de table d'hôte et de conversation. — Fumoir, etc. ; en un mot, le plus grand confort y règne. — Omnibus de l'hôtel à tous les trains.

GRAND HOTEL DE BELLEVUE
MAISON DE PREMIER ORDRE

Magnifiquement située près de l'Etablissement des Bains. Des Jardins de l'hôtel, on entend le Concert qui se donne dans le Parc.
Omnibus à tous les trains.

BELGIQUE (SUITE)

LA MERVEILLE DE LA BELGIQUE
GROTTES DE ROCHEFORT
A une heure et demie de Namur, par la ligne du Luxembourg

Visitées par des milliers d'étrangers. Visibles toute l'année. — Propriété de M. A. COLLIGNON. — Dans ces grottes formées des plus belles éruptions volcaniques de l'Europe et de pétrifications splendides, on remarque les *fantastiques* SALLES DU SABBAT, de VAL D'ENFER, pouvant contenir plus de 4,000 personnes. — Le parcours, très facile, se fait en 2 ou 3 heures. — Elles sont situées à 5 minutes de la station de Rochefort (*ligne de Namur à Luxembourg*).

Omnibus spécial à tous les trains.

SUISSE : GENÈVE ET SON LAC

GENÈVE
A. GOLAY-LERESCHE ET FILS

Fabricants d'Horlogerie, de Bijouterie et de Joaillerie. — Vaste magasin complètement assorti en articles de goût et d'excellente fabrication.

Quai des Bergues 31. — *Même maison à Paris, rue la Paix, 2.*

GENÈVE, 17, rue du Rhône, 17.
Henry CAPT

Fabricant d'horlogerie simple et compliquée; de bijouterie et joaillerie, le tout en qualité supérieure et de meilleur goût — Succursales à **PARIS, NICE LONDRES.**

ÉVIAN-LES-BAINS FRANCE (Haute-Savoie)

Sur les bords du lac de Genève. — Établissement thermal de Cachat. Principales sources : CACHAT, GUILLOT, BONNEVIE connues depuis 1789. Eaux minérales alcalines, célèbres par leur spécialité unique contre les affections des voies urinaires et digestives, maladie du foie, goutte, etc.
GRAND HOTEL DES BAINS. M. SIORIST, directeur, à Evian.
Directeur des bains : M. MACQUAIRE, à Evian.

Expédition des Eaux :

En caisses de 30 et 60 bouteilles. En bonbonnes de 30 et 60 litres.
S'adresser au Dépôt central, 11, place Dumolard, à **Genève.**
Pour tous renseignements, s'adresser à M. BESSON, agent général de la Société des eaux, à Evian. (Haute-Savoie).

AMPHION-LES-BAINS (PRÈS ÉVIAN

Succursale de l'hôtel BEAU-SITE, à Cannes. — Propriétaire, **Georges GOUGOLTZ.** — Eau ferrugineuse alcaline. — Omnibus aux trains et à tous les bateaux à Evian, et transport gratuit à Evian des personnes habitant l'hôtel qui désirent y faire la cure. — Culte anglais. — Orchestre tous les jours.

BUDA-PESTH (Hongrie).
HOTEL DE LA REINE D'ANGLETERRE
Au centre de la ville. — Vue sur le Corso et sur le Danube.

Maison de premier ordre
Dirigée par un Français. — Cuisine française.
Joseph MARCHAL, Propriétaire.

PESTH (Hongrie

JOSEPH RAINER'S
HOTEL DE L'EUROPE
TRÈS BIEN SITUÉ EN FACE DU PALAIS-ROYAL
A BUDA-PESTH

VIENNE (Autriche)
GRAND-HOTEL
ÉTABLISSEMENT DE 1er ORDRE

ITALIE

EXPOSITION GÉNÉRALE ITALIENNE A TURIN  EXPOSITION GÉNÉRALE ITALIENNE A TURIN

Ouverture Avril. — Clôture Octobre 1884

Beaux-Arts. — Industrie. — Agriculture. — Zootechnique.
Galerie du Travail en action.
EXPOSITION INTERNATIONALE D'ÉLECTRICITÉ
ART ANCIEN : Le XVe siècle (château et village) reproduit dans sa vie civile, militaire, industrielle et artistique.
GRAND SALON DES CONCERTS
Spectacles extraordinaires avec les plus célèbres artistes.
Fêtes civiles et militaires. — Courses de chevaux.
Régates sur le Pô, etc.
Chemin de fer funiculaire de LA SUPERGA

Prix réduits et courses de plaisir sur toutes les lignes des chemins de fer, bateaux, etc.

ITALIE (Suite)

TURIN

GRAND HOTEL D'EUROPE
PLACE DU CHATEAU, VIS-A-VIS LE PALAIS DU ROI
Hôtel de premier ordre sous tous les rapports.

ESPAGNE

MADRID

GRAND HOTEL DE LA PAIX
Tenu par J. CAPDEVIELLE et Cie, PUERTA DEL SOL, nos 11 et 12

Établissement de premier ordre, au centre de Madrid. — Cuisine française. — Cave garnie des meilleurs vins d'Espagne et de l'Etranger. — Cabinet de lecture, salon de réunion, salles de bains, voitures de luxe et interprètes. — Grands et petits appartements meublés avec luxe. — **Prix modérés.**

Family Hôtel HOTEL DE LONDRES Puerta del Sol

Succursale du GRAND HOTEL DE LA PAIX, recommandé aux familles. — 12 années d'existence. — Établissement confortable et élégant, jouissant de l'un des plus beaux panoramas de Madrid, 40 balcons sur la voie publique.

NOTA. — Ces deux Hôtels sont les *seuls hôtels français* de Madrid.

GRAND HOTEL DE L'ORIENT

Puerta del Sol y calle Arenal, 4, à Madrid.

Ce magnifique Établissement, situé au centre de la ville, est, comme installation, à la hauteur des meilleurs hôtels. — Magnifiques appartements et chambres luxueuses pour familles. — Prix depuis 30 réaux.

Voitures aux gares.

TUNIS

GRAND HOTEL DE PARIS OU BERTRAND
J. AUDEMARD, propriétaire.

Maison de premier ordre, reconstruite tout récemment, avec balcons à chaque étage; sonneries électriques et ventilateur dans chaque salle. — **Vue splendide sur la mer et les environs**; façade sur deux grandes rues; exposition au levant, au midi et au couchant. — Table d'hôte. — Salon de conversation. — Cuisine française. — **Prix modérés.** — *Bains dans l'hôtel.* — *Voitures de luxe.* — **Drogman à l'arrivée des bateaux.**

V. — SUPPLÉMENT

Coton-ouate iodé Adam. — Cigarettes Schaedelin. — Curaçao d'Amsterdam. — Pharmacie Gaffard. — Plus de maux de dents. — Vinaigre et bain de Pennès. — Élixir Grez. — Vin de Chassaing. — Chemins de fer portatifs (plus de Brouettes). — Chocolat Menier. — Loterie tunisienne.

AMSTERDAM (HOLLANDE)

CURAÇAO ET ANISETTE

DE LA MAISON

ERVEN LUCAS BOLS

Fabrique T. LOOTSJE, fondée en 1575, à AMSTERDAM.

La seule Maison d'Amsterdam ayant obtenu la plus haute récompense de l'Exposition de Vienne. Médailles or et argent à diverses Expositions. — Seul dépôt à Paris, 22 bis, boulevard Haussmann, et dans les principales maisons de Paris et des départements.

Médailles d'or et d'argent à l'Exposition universelle de Paris 1878

USINE A VAPEUR
Maison Aug. GAFFARD, A Aurillac (Cantal)

Aperçu de quelques produits spéciaux ayant obtenu les plus hautes récompenses dans toutes les Expositions où ils ont figuré. — **Gland doux et Néomoka**, pseudo-cafés hygiéniques remplaçant avantageusement la chicorée. — **Mélanogène**, poudre pour encres noire, violette, rouge et bleue. — **Muricide phosphoré** pour la destruction des rats. — **Extraits saccharins** pour l'obtention rapide des liqueurs de table. — **Lustro-cuivre**. — **Oxyde d'aluminium** pour affiler les rasoirs. — **Poudre vulnéraire vétérinaire**. — Produits spéciaux divers. — Usine à vapeur et maison d'expédition, enclos Gaffard, à Aurillac (Cantal). — Dépôt général, rue des Halles, 2, à Paris. — Conditions spéciales pour d'importantes commandes.

VINAIGRE DE PENNÈS

Rapport favorable de l'Académie de médecine.
ANTISEPTIQUE, HYGIÉNIQUE, DÉSINFECTANT, CICATRISANT
Préconisé pour maladies épidémiques, contagieuses infectieuses
et surtout pour les affections chroniques de la peau
Supérieur à tous les autres produits pour les soins intimes
et hygiéniques du corps. — Le flacon, 2 fr. — Le litre, 12 fr.

BAIN DE PENNÈS

HYGIÉNIQUE, RECONSTITUANT ET STIMULANT.
Remplace les **bains alcalins ferrugineux**, **sulfureux**, surtout les **bains de mer**. — Le rouleau, 1 fr. 25.
(*Exiger le timbre de l'Etat pour éviter les contrefaçons de ces 2 produits*)
GROS : **rue de Latran, 2, à Paris**. — DÉTAIL : Toutes pharmacies.

MAUX D'ESTOMAC, *Digestions difficiles,*
ANÉMIE, PERTE DE L'APPÉTIT, ENFANTS DÉBILES
Guérison sûre et rapide par

ELIXIR GREZ
TONI-DIGESTIF

Aux Quinquina, Coca et Pepsine
Employé avec succès dans les hôpitaux (Médaille des hôpitaux).
— 4 fr. 50 le flacon dans toutes les pharmacies. — **Pharmacie GREZ, 34, rue La Bruyère, Paris.**

VIN DE CHASSAING

BI-DIGESTIF

Prescrit depuis 20 ans

CONTRE LES AFFECTIONS DES VOIES DIGESTIVES

Paris, 6, Avenue Victoria.

CHEMINS DE FER PORTATIFS

DEMANDER LE CATALOGUE illustré formant un superbe album avec 200 gravures envoyé gratis et franco, donnant l'adresse des 1960 clients, en 6 ans,
DU PORTEUR DECAUVILLE.
Chemin de fer portatif breveté S. G. D. G.
22 Médailles d'Or et tous les 1ers prix. Exposition universelle, 1878. Médaille d'or et Légion d'honneur.
AUX ATELIERS DE PETIT-BOURG (Seine-et-Oise),
Une voiture attend les visiteurs les mardi et vendredi, train 11 h. 22 (gare de Lyon pour Évry-Petit-Bourg).

Spécimen (reduction) des Gravures du **CATALOGUE ILLUSTRÉ DU PORTEUR DECAUVILLE** envoyé **GRATIS** et **FRANCO** sur demande faite aux
ATELIERS DE PETIT-BOURG (Seine-et-Oise).

GRAND PRIX
à
l'Exposition universelle de Paris 1878

CHOCOLAT MENIER

Éviter les similitudes de nom.

LOTERIE TUNISIENNE
Internationale

AUTORISÉE PAR DÉCRET DE S. A. LE BEY, LE 22 FÉVRIER 1882
et par circulaire ministérielle en date du 1er Juin 1882.
POUR LA CRÉATION D'ÉTABLISSEMENTS DE BIENFAISANCE
et d'utilité publique en Tunisie.

LA SEULE QUI DONNE LE SIXIÈME DE SON CAPITAL
UN MILLION DE FRANCS DE LOTS

LE TIRAGE DE LA LOTERIE AURA LIEU A PARIS

Le payement des lots se fera en argent, au siège du Comité, à Paris.
Les fonds provenant de la vente des billets seront déposés à la Banque de France

LA SEULE QUI OFFRE
5 GROS LOTS DE 100,000 FR.
2 LOTS DE 50,000 FRANCS
4 lots de 25,000 fr. | 100 lots de 1,000 fr.
10 lots de 10,000 fr. | 200 lots de 500 fr.

Total 321 lots formant 1,000,000 de fr.

PRIX DU BILLET : UN FRANC

Les billets ne sont délivrés que contre espèces, chèques ou mandats, adressés à l'ordre de M. ERNEST DÉTRÉ, Secrétaire général, au siège du Comité de la Loterie,
rue de la Grange-Batelière, 13, à Paris.

ON TROUVE DES BILLETS :
Au siège du Comité de la Loterie, 13, rue de la Grange-Batelière, à Paris, et chez les débitants de tabac, à Paris et dans les départements.

www.ingramcontent.com/pod-product-compliance
Lightning Source LLC
Chambersburg PA
CBHW071617230426
43669CB00012B/1973